Das Streikrecht im öffentlichen Dienst

Studien zum Arbeitsrecht und zur Arbeitsrechtsvergleichung

Herausgegeben von Manfred Weiss, Bernd Waas und Spiros Simitis

Band 31

Zur Qualitätssicherung und Peer Review der vorliegenden Publikation

Die Qualität der in dieser Reihe erscheinenden Arbeiten wird vor der Publikation durch einen Herausgeber der Reihe geprüft.

Notes on the quality assurance and peer review of this publication

Prior to publication, the quality of the work published in this series is reviewed by one of the editors of the series.

Christin Mett

Das Streikrecht im öffentlichen Dienst

Eine arbeitsvölkerrechtliche Untersuchung

PL ACADEMIC RESEARCH

Bibliografische Information der Deutschen Nationalbibliothek
Die Deutsche Nationalbibliothek verzeichnet diese Publikation in der Deutschen Nationalbibliografie; detaillierte bibliografische Daten sind im Internet über http://dnb.d-nb.de abrufbar.

Zugl.: Jena, Univ., Diss., 2016

27
ISSN 1615-4606
ISBN 978-3-631-71768-4 (Print)
E-ISBN 978-3-631-71769-1 (E-PDF)
E-ISBN 978-3-631-71770-7 (EPUB)
E-ISBN 978-3-631-71771-4 (MOBI)
DOI 10.3726/b10849

PL Academic Research ist ein Imprint der Peter Lang GmbH.

Peter Lang – Frankfurt am Main · Bern · Bruxelles · New York · Oxford · Warszawa · Wien

Diese Publikation wurde begutachtet.

www.peterlang.com

Vorwort

Bei der vorliegenden Publikation handelt es sich um die leicht überarbeitete Fassung meiner Dissertationsschrift, die ich während meiner Zeit als wissenschaftliche Mitarbeiterin am Lehrstuhl für Bürgerliches Recht, deutsches und europäisches Arbeitsrecht und Rechtsvergleichungen an der Friedrich-Schiller-Universität Jena verfasst habe.

Für mich war die Erstellung dieser Arbeit nicht nur eine Herausforderung, sondern zugleich eine persönlich bereichernde Erfahrung. Den zahlreichen Personen, die mich während dieser Zeit begleitet und unterstützt haben, möchte ich an dieser Stelle ganz herzlich danken.

Mein Dank gilt in besonderer Weise meinem Doktorvater, Herrn Prof. Dr. Achim Seifert, für seine außerordentliche Unterstützung und sein persönliches Engagement bei der Betreuung dieser Arbeit. Durch seine konstruktiven Anmerkungen und seine kontinuierliche Diskussionsbereitschaft hat er entscheidend zum Gelingen meiner Arbeit beigetragen.

Ebenfalls bedanken möchte ich mich bei Herrn Prof. Dr. Christoph Ohler für die freundliche Übernahme und zügige Erstellung des Zweitgutachtens sowie bei Herrn Prof. Dr. Christian Fischer für sein Mitwirken in der Prüfungskommission.

Im Laufe meines Promotionsprozesses habe ich in den verschiedenen Phasen der Erstellung zahlreiche fachliche Diskussionen geführt und dadurch nicht nur wichtige praktische Einblicke in die Thematik, sondern ebenso konstruktive Anregungen erhalten.

Mein Dank gebührt daher Frau Prof. Dr. Monika Schlachter, die mich so herzlich an der Universität in Trier empfangen und die sich u. a. in ihrer Funktion als Mitglied des European Committee of Social Rights bereit erklärt hat, alle meine Fragen zu beantworten.

Gleichermaßen bedanken möchte ich mich bei Frau Sylvana Donath, Geschäftsführerin des Kommunalen Arbeitgeberverbands Thüringen e. V., Herrn Gregor Klöcker, Referat Tarifpolitik Marburger Bund (Bund) und Frau Kerstin Boldt, Geschäftsführerin Marburger Bund (Thüringen), die sowohl ihre Erfahrungen als auch ihre Eindrücke im Hinblick auf die Streikpraxis im öffentlichen Dienst – insbesondere in der Daseinsvorsorge – mit mir geteilt haben.

Ein herzlicher Dank gebührt gleichfalls Frau Ramona Bornschein, die mich mit ihrer unvergleichlichen Art jederzeit und besonders bei der Redigierung der Arbeit unterstützt hat.

Mein größter Dank gilt schließlich meiner Familie und besonders meinem Freund, die mich auf meinem Weg zur Promotion in jeder Hinsicht unterstützt und unablässig an mich geglaubt haben. Ihnen widme ich die Arbeit.

Christin Mett

Inhaltsverzeichnis

Abkürzungsverzeichnis

a.A.	andere Ansicht
Abl.EG	Amtsblatt der Europäischen Gemeinschaften
Abl.EU	Amtsblatt der Europäischen Union
Abs.	Absatz
AEUV	Vertrag über die Arbeitsweise der Europäischen Union
a.F.	alte Fassung
AG	Amtsgericht (Zeitschrift)
AiB	Arbeitsrecht im Betrieb (Zeitschrift)
AöR	Archiv des öffentlichen Rechts (Zeitschrift)
AP	Arbeitsrechtliche Praxis
ArbG	Arbeitsgericht
ArbGG	Arbeitsgerichtsgesetz
ArbRB	Der Arbeits-Rechts-Berater (Zeitschrift)
Art.	Artikel (Singular)
Artt.	Artikel (Plural)
AuA	Arbeit und Arbeitsrecht (Zeitschrift)
AuR	Arbeit und Recht (Zeitschrift)
Az.	Aktenzeichen
BAG	Bundesarbeitsgericht
BAGE	Entscheidungssammlung des Bundesarbeitsgerichts
BB	Der Betriebsberater (Zeitschrift)
BBesG	Bundesbesoldungsgesetz
BBG	Bundesbeamtengesetz
Bd.	Band
BeamtStG	Beamtenstatusgesetz
BeamtVG	Gesetz über die Versorgung der Beamten und Richter des Bundes
BetrVG	Betriebsverfassungsgesetz
BFH	Bundesfinanzhof
BGB	Bürgerliches Gesetzbuch
BGBl.	Bundesgesetzblatt
BGH	Bundesgerichtshof
BGHZ	Entscheidungssammlung des Bundesgerichtshofes für Zivilsachen
BPersVG	Bundespersonalvertretungsgesetz
BR-Drs.	Bundesrats-Drucksache
BT-Drs.	Bundestags-Drucksache
BVerfG	Bundesverfassungsgericht
BVerfGE	Entscheidungssammlung des Bundesverfassungsgerichts
BVerwG	Bundesverwaltungsgericht
bzw.	beziehungsweise

CEACR	Committee of Experts on the Application of Convention and Recommendations
CESCR	Committee on Economic, Social and Cultural Rights
CLLPJ	Comparative Labor Law Policy Journal
DB	Der Betrieb (Zeitschrift)
ders.	derselbe
d.h.	das heißt
dies.	dieselbe
DÖD	Der öffentliche Dienst (Zeitschrift)
DÖV	Die Öffentliche Verwaltung (Zeitschrift)
Drs.	Drucksache
DVBl.	Deutsches Verwaltungsblatt (Zeitschrift)
EASR	Europäische Ausschuss für Soziale Rechte
ECHR	European Convention on Human Rights
EG	Europäische Gemeinschaften
EGMR	Europäischer Gerichtshof für Menschenrechte
EGV	Vertrag zur Gründung der Europäischen Gemeinschaft
EMRK	Europäische Menschenrechtskonvention
EU	Europäische Union
EuGH	Europäischer Gerichtshof
EuGRZ	Europäische Grundrechte-Zeitschrift (Zeitschrift)
EuR	Europarecht (Zeitschrift)
EUV	Vertrag über die Europäische Union
EuZA	Europäische Zeitschrift für Arbeitsrecht (Zeitschrift)
EuZW	Europäische Zeitschrift für Wirtschaftsrecht (Zeitschrift)
EWG	Europäische Wirtschaftsgemeinschaft
f.	folgende
FAZ	Frankfurter Allgemeine Zeitung
ff.	fortfolgende
FS	Festschrift
GEW	Gewerkschaft Erziehung und Wissenschaft
GG	Grundgesetz
ggf.	gegebenenfalls
GRC	Europäische Grundrechtecharta
Hrsg.	Herausgeber
Hs.	Halbsatz
IAO	Internationale Arbeitsorganisation
IGH	Internationaler Gerichtshof
ILC	International Labour Conference
ILO	International Labour Organization
IPBPR	Internationaler Pakt über bürgerliche und politische Rechte
IPWSKR	Internationaler Pakt über wirtschaftliche, soziale und kulturelle Rechte
i.S.d.	im Sinne des

i.S.v.	im Sinne von
i.V.m.	in Verbindung mit
JuS	Juristische Schulung
JZ	Juristenzeitung
Kap.	Kapitel
KJ	Kritische Justiz (Zeitschrift)
KOM	Dokumente der Kommission der Europäischen Union
Komm	Kommentar
KritV	Kritische Vierteljahresschrift für Gesetzgebung und Rechtswissenschaft
LAG	Landesarbeitsgericht
LAGE	Entscheidungssammlung der Landesarbeitsgerichte
LG	Landgericht
lit.	Buchstabe
m.w.N.	mit weiteren Nachweisen
n.F.	neue Fassung
NJW	Neue Juristische Wochenschrift (Zeitschrift)
Nr.	Nummer
NVwZ	Neue Zeitschrift für Verwaltungsrecht (Zeitschrift)
NZA	Neue Zeitschrift für Arbeitsrecht (Zeitschrift)
NZA-RR	Neue Zeitschrift für Arbeitsrecht Rechtsprechungs-Report Arbeitsrecht (Zeitschrift)
OLG	Oberlandesgericht
OVG	Oberverwaltungsgericht
PersR	Der Personalrat (Zeitschrift)
PersV	Die Personalvertretung (Zeitschrift)
RdA	Recht der Arbeit (Zeitschrift)
RG	Reichsgericht
RGBl.	Reichsgesetzblatt
RGZ	Entscheidungen des Reichsgerichts in Zivilsachen
RiA	Recht im Amt (Zeitschrift)
RL	Richtlinie
Rn.	Randnummer
Rs.	Rechtssache
Rspr.	Rechtsprechung
RVO	Reichsversicherungsordnung
S.	Satz / Seite
SGB	Sozialgesetzbuch
Slg.	Sammlung der Rechtsprechung des Europäischen Gerichtshofs und des Gerichts erster Instanz
StGB	Strafgesetzbuch
ThürBG	Thüringer Beamtengesetz
ThürLbG	Thüringer Laufbahngesetz
TV	Tarifvertrag

TV-L	Tarifvertrag des öffentlichen Dienstes der Länder
TVG	Tarifvertragsgesetz
TVöD	Tarifvertrag des öffentlichen Dienstes des Bundes
u. a.	unter anderem
u. U.	unter Umständen
v.	von
Var.	Variante
VG	Verwaltungsgericht
vgl.	vergleiche
VwVfG	(Bundes-)Verwaltungsverfahrensgesetz
WVK	Wiener Vertragsrechtskonvention
ZAAR	Zentrum für Arbeitsbeziehungen und Arbeitsrecht
z. B.	zum Beispiel
ZBR	Zeitschrift für Beamtenrecht (Zeitschrift)
ZESAR	Zeitschrift für Europäisches Sozial- und Arbeitsrecht (Zeitschrift)
ZEuS	Zeitschrift für Europäische Studien (Zeitschrift)
ZfA	Zeitschrift für Arbeitsrecht (Zeitschrift)
ZTR	Zeitschrift für Tarifrecht (Zeitschrift)

Kapitel 1: Einleitung

A. Problemstellung und Gegenstand der Untersuchung

Das Streikrecht im öffentlichen Dienst – eine unumstößliche Sonderproblematik des deutschen Arbeitskampfrechts in „zwei Akten"?

Zugegeben, seit jeher unterliegt das Streikrecht im öffentlichen Dienst der Bundesrepublik einer rigorosen Zweiteilung. Grundlegender Anknüpfungspunkt hierfür ist die am Status orientierte Untergliederung in Beamte und Arbeitnehmer des öffentlichen Dienstes.

Entsprechend wird den Beamten nach überwiegender Ansicht[1] ein Streikrecht verwehrt, obwohl sie ebenso wie andere Beschäftigte des öffentlichen Dienstes Grundrechtsträger des Art. 9 Abs. 3 GG sind[2]. Die Hauptgründe hierfür sind zum einen die öffentlich-rechtliche Ausgestaltung des Beamtenverhältnisses[3] und zum anderen die hergebrachten Grundsätze des Berufsbeamtentums aus Art. 33 Abs. 5 GG, die als verfassungsimmanente Schranke des Beamtenstreikrechts fungieren[4]. Das hieraus resultierende und am Status des Beamten angelehnte Streikverbot soll so der Sicherung einer rechtsstaatlichen, stabilen, von den staatsgestaltenden politischen Kräften unabhängigen öffentlichen Verwaltung dienen, die durch fachlich qualifizierte, gesetzestreue, loyale sowie wirtschaftlich unabhängige Beschäftigte erbracht wird.[5] Im Gegensatz dazu wird den Arbeitnehmern des öffentlichen Dienstes ein Streikrecht ohne spezifische Einschränkungen zugestanden, durchaus vergleichbar mit dem der Beschäftigten in der Privatwirtschaft.

Ein solches an der Dichotomie des öffentlichen Dienstes orientiertes, statusbezogenes Streikrecht bzw. Streikverbot, wie es in Deutschland praktiziert wird, ist jedoch vielen anderen Ländern fremd. Entsprechend ist in Frankreich das Streikrecht im öffentlichen Dienst zwar durch Sonderregelungen eingeschränkt; allerdings kann es nur bestimmten Staatsbeamten versagt werden, wenn sie in "sensiblen" Bereichen tätig sind, wie etwa Richtern, Militär- oder Polizeibeamten.[6] Darüber hinaus gewährt

---

1 BVerfGE 11.06.1958, 8, 1 (17); 11.06.1958, 8, 28 (35); 30.03.1977, 44, 249 (264); BAGE 10.09.1985, 49, 303 (312 ff.); BGHZ 31.01.1978, 70, 277 (279); BVerwGE 19.09.1977, 53, 330 (331 f.); 03.12.1980, 73, 97 (102); 10.05.1984, 69, 208 (212 f.); BVerwG NZA 2014, 616 (618 ff.); VG Bremen 03.07.2012 – DK 20/11, Rn 19 ff. (juris); OVG Münster 07.03.2012 NVwZ 2012, 890 (893 ff.); OVG Lüneburg 12.06.2012, BeckRS 2012, 51816; *Weber* in: Leisner, Berufsbeamtentum, S. 201.

2 *Otto*, Arbeitskampf, S. 171.

3 BeckOK/GG/*Waas*, Art. 9, Rn. 112.

4 *Gamillscheg*, KollArbR I, S. 1108

5 BVerfGE 7, 155 (162 f.); 8, 1 (16 f.) 21, 329 (345); 39, 196, (200 f.); 44, 249 (265); 70, 251 (267); 99, 300 (317).

6 *Warneck*, Streikregeln in der EU27, S. 27.

auch Art. 40 der italienischen Verfassung ein Streikrecht, das grundsätzlich für alle Angehörigen des öffentlichen Dienstes gilt.[7] Lediglich Art. 52 der italienischen Verfassung sieht ein Streikverbot für Angehörige der Polizei und des Militärs vor.[8] In Schweden ist das Streikrecht ebenfalls allen Bürgern verfassungsrechtlich garantiert. Es steht demnach allen Beschäftigten des öffentlichen Dienstes zu und ist nur im Falle eines rein politischen Streiks unrechtmäßig.[9] Darüber hinaus ist das Recht zur Beteiligung an Solidaritätsstreiks eingeschränkt, wenn der Bedienstete mit der Ausübung von Staatsgewalt betraut ist.[10] Ein ähnliches Bild hinsichtlich der rechtlichen Einschränkbarkeit des Streikrechts der Angehörigen des öffentlichen Dienstes ergibt sich u. a. in Kroatien, Lettland, Luxemburg, Slowenien, Spanien, der Tschechischen Republik und Zypern.[11] In der Gesamtbetrachtung wird damit ein Konsens deutlich, der eine gerechte Lösung zur Beschränkung des Streikrechts im öffentlichen Dienst an tätigkeitsbezogene, funktionelle Aspekte knüpft.

In Anbetracht der internationalen Vorgaben ist diese Übereinstimmung allerdings keineswegs überraschend. Schließlich beinhaltet sowohl das Völkerrecht als auch das Unionsrecht mehrere Rechtsquellen, die ein Streikrecht gewährleisten. So schützen etwa Art. 6 Nr. 4 der Europäischen Sozialcharta, Art. 8 Abs. 1 Buchst. d) des Internationalen Pakts über wirtschaftliche, soziale und kulturelle Rechte[12], Art. 22 Abs. 1 des Internationalen Pakts über bürgerliche und politische Rechte[13], Art. 23 Abs. 4 der Allgemeinen Erklärung der Menschenrechte, Art. 11 Abs. 1 der Europäischen Menschenrechtskonvention, Art. 3 i.V.m. Artt. 8, 10 des IAO-Übereinkommens Nr. 87, aber auch Art. 28 der Europäischen Grundrechtecharta zumindest die Koalitionsfreiheit, zum Teil aber auch direkt ein Recht auf Streik. Für all diese Gewährleistungen ergeben sich ebenfalls Schranken, die funktional an bestimmte Berufsgruppen mit hoheitlichem Tätigkeitsbereich anknüpfen oder die ein legitimes Ziel zu Gunsten grundlegender Rechte verfolgen.

Verbunden mit dem fortschreitenden Prozess der Europäisierung und der Internationalisierung[14] stellt sich daher auch für die Bundesrepublik Deutschland zunehmend die Frage, inwieweit die europäischen sowie internationalen Rechtsquellen innerstaatliche Geltung beanspruchen und damit Einfluss auf das deutsche Recht nehmen. In diesem Fall wird sich das Streikrecht im öffentlichen Dienst an den im europäischen Konsens liegenden internationalen Vorgaben messen lassen müssen. Sodass zu klären bleibt, ob das am Bedienstetenstatus anknüpfende Streikrecht im öffentlichen Dienst mit dem internationalen Recht vereinbar ist oder in welchem Umfang tatsächlich ein rechtlicher Änderungsbedarf angezeigt ist. Ein derartiges

---

7 *Warneck*, Streikregeln in der EU27, S. 36.
8 *Warneck*, Streikregeln in der EU27, S. 37.
9 *Warneck*, Streikregeln in der EU27, S. 60.
10 *Warneck*, Streikregeln in der EU27, S. 61.
11 *Warneck*, Streikregeln in der EU27, S. 38, 40f., 44f., 64f., 66f., 68f., 72.
12 Auch als UN-Sozialpakt bezeichnet.
13 Auch als UN-Zivilpakt bezeichnet.
14 *Di Fabio*, RdA 2012, 262 (262).

Erfordernis würde jedoch nicht nur das Beamtenstreikverbot betreffen, wie vermutet werden könnte, sondern hätte ebenso Auswirkungen auf das Streikrecht der Arbeitnehmer des öffentlichen Dienstes. Da die verschiedenen Bereiche der so genannten „Daseinsvorsorge" zumindest aus historischer Sicht eng mit dem öffentlichen Dienst verknüpft sind, könnte sich letztlich auch auf diesem Gebiet ein Änderungsbedarf ergeben.

B. Anlass der Untersuchung

Es wäre vermessen zu behaupten, dass das Spannungsverhältnis zwischen dem nationalen Streikrecht im öffentlichen Dienst bzw. dem Beamtenstreikverbot und dem internationalen Recht eine bisher unbemerkte Thematik wäre. Vielmehr steht dieser Problembereich schon seit mehreren Jahrzehnten im Fokus der internationalen Überwachungsorgane. Dementsprechend kritisierten sowohl der IAO-Sachverständigenausschuss[15] als auch der IAO-Ausschuss für Vereinigungsfreiheit[16] das absolute und funktional undifferenzierte deutsche Beamtenstreikverbot wegen Verstoßes gegen das IAO-Übereinkommen Nr. 87. Daneben traf der UN-Ausschuss für wirtschaftliche, soziale und kulturelle Rechte ebenfalls die Feststellung, dass das Streikverbot für Beamte gegen Art. 8 Abs. 2 Buchst. d UN-Sozialpakt verstoße und nicht durch den Vorbehalt in Art. 8 Abs. 2 UN IPWSKR gedeckt sei.[17] Eine ganz ähnliche Auffassung vertritt der Europäische Ausschuss für soziale Rechte, indem er klarstellte, dass das Beamtenstreikverbot mit Art. 6 Nr. 4 ESC nicht kompatibel sei.[18]

Gleichwohl führten erst zwei Entscheidungen des Europäischen Gerichtshofes für Menschenrechte in den Rechtssachen Demir und Baykara/Türkei[19] sowie Enerji Yapi-Yol Sen/Türkei[20] in Deutschland zu der gebotenen Aufmerksamkeit für die gegebene Problematik. So entschied der Europäische Gerichtshof für Menschenrechte im ersten Urteil vom 12.11.2008[21], abweichend von seiner bisherigen Rechtsprechung, dass das Recht auf Kollektivverhandlung ein wesentliches Element des Koalitionsrechts nach Art. 11 Abs. 1 EMRK sei, welches prinzipiell auch Beamten zustehe. In der darauffolgenden Entscheidung vom 21.04.2009[22] stellte der Gerichtshof darüber hinaus fest, dass das Streikrecht aus Art. 11 Abs. 1 EMRK zwar nicht

15 U.a. ILC, 81th Session, 1994, General Survey, Report III (Part 4B), S. 68f. (Abs. 157, 158).

16 *ILO*, Digest, S. 118f.

17 Economic and Social Council, Doc. E/C.12/1/Add.68, 24. September 2001, Ziff. 22.

18 European Committee of Social Rights, Conclusion XVII-1 (Germany), Article 6, S. 12; European Committee of Social Rights, Conclusion XVIII-1 (Germany), Article 6, S. 9

19 EGMR NZA 2010, 1425ff., Urteil vom 12.11.2008–34503/97, Demir und Baykara/Türkei.

20 EGMR NZA 2010, 1423ff., Urteil vom 21.04.2009–68959/01, Enerji Yapi-Yol Sen/Türkei.

21 EGMR NZA 2010, 1425 (1429f.), Urteil vom 12.11.2008, Demir und Baykara/Türkei.

22 EGMR NZA 2010, 1423 (1424), Urteil vom 21.04.2009, Enerji Yapi-Yol Sen/Türkei.

absolut sei und folglich auch unter bestimmten Voraussetzungen eingeschränkt werden könne. Allerdings sei ein generelles Streikverbot, welches den gesamten öffentlichen Dienst betreffe, unverhältnismäßig.[23] Und obwohl beide Urteile gegen die Republik Türkei ergangen sind, waren sie hierzulande „Stein des Anstoßes", um das Streikrecht im öffentlichen Dienst und das universale Verbot des Beamtenstreiks erneut zu überdenken.

Dies führte letztlich dazu, dass sich auch die nationalen Gerichte vermehrt mit dem europäischen und internationalen Recht auseinandersetzten. Insbesondere im Rahmen beamtenrechtlicher Disziplinarstreitigkeiten anlässlich verschiedener Streikmaßnahmen durch verbeamtete Lehrer befassten sich die Gerichte speziell mit Art. 11 Abs. 1 und 2 EMRK und den hierzu jüngst ergangenen Entscheidungen. Diesbezüglich gelangten u. a. sowohl das VG Düsseldorf[24], das VG Kassel[25], das VG Osnabrück[26], also auch im Anschluss daran das OVG Lüneburg[27] und später auch das BVerwG[28], zu dem Ergebnis, dass das deutsche Beamtenstreikverbot mit der Konvention unvereinbar sei. Aus dieser Feststellung schlussfolgerte jedoch nur das VG Kassel ein grundsätzliches Streikrecht für Beamte, die nicht im Kern hoheitliche Tätigkeiten verrichten.[29] Alle anderen Gerichte kamen mit unterschiedlicher Begründung zu dem Schluss, dass das deutsche Beamtenstreikverbot weiterhin Gültigkeit beanspruche.[30] Gegen das Urteil des OVG Lüneburg erhob die GEW sodann Verfassungsbeschwerde beim Bundesverfassungsgericht.[31] Im Anschluss an das VG Düsseldorf und entgegen aller anderen bis dahin ergangenen Entscheidungen lehnte das OVG Münster die Konventionswidrigkeit des deutschen Beamtenstreikverbotes gänzlich mit der Begründung ab, dass sich schon aus Art. 11 EMRK kein Streikrecht für Beamte ableiten lasse.[32] Das Bundesverwaltungsgericht, welches über die Revision gegen die Entscheidung des OVG Münster entschied, schloss sich dieser Ansicht allerdings nicht an, sondern betätigte den grundsätzlichen Widerspruch eines generellen statusbezogenen Streikverbots für Beamte zu Art. 11 Abs. 2 S. 2 EMRK.[33] Allerdings erachtete das Bundesverwaltungsgericht die ergangene Disziplinarverfügung ebenfalls für rechtmäßig, da das statusbezogene beamten-

23 EGMR NZA 2010, 1423 (1425), Urteil vom 21.04.2009, Enerji Yapi-Yol Sen/Türkei.
24 VG Düsseldorf AuR 2011, 74 (75).
25 VG Kassel AuR 2012, 36 (36).
26 VG Osnabrück NVwZ-RR 2012, 323 (325).
27 OVG Lüneburg, AuR 2012, 329 (329).
28 BVerwG NZA 2014, 616 (620).
29 VG Kassel AuR 2012, 36 (37).
30 VG Düsseldorf AuR 2011, 74 (75); VG Osnabrück NVwZ-RR 2012, 323 (325 ff.); OVG Lüneburg, AuR 2012, 329 (329); BVerwG NZA 2014, 616 (621).
31 http://www.gew.de/beamte/beamtenstreik/gew-verfahren-fuer-das-streikrecht/ (Stand 25.09.2015).
32 OVG Münster NVwZ 2012, 890 (895 ff.).
33 BVerwG NZA 2014, 616 (620).

rechtliche Streikverbot bis zur Auflösung der Kollisionslage durch den dazu allein berufenen Gesetzgeber geltendes Recht sei.[34]

Sowohl die Rechtswissenschaft als auch die Rechtsprechung sind sich hinsichtlich dieser Problematik uneins. Es besteht weder Einigkeit über den generellen Gehalt der Entscheidungen des Europäischen Gerichtshofes für Menschenrechte noch über deren Auswirkungen auf das deutsche Streikrecht im öffentlichen Dienst oder über mögliche Lösungswege. Auch die Einbettung der Problematik in das internationale Mehrebenensystem wirft Fragen auf.

Darüber hinaus gibt der durch den Gerichtshof vertretene funktionale Ansatz Anlass dazu, die Begrenzungsmöglichkeiten des Streikrechts in den Bereichen der „Daseinsvorsorge" neu auszuloten. Seit der Abkehr des Bundesarbeitsgerichts vom Grundsatz der Tarifeinheit im Betrieb[35] und dem zunehmenden Agieren von Berufsgruppengewerkschaften, wird das Verlangen nach einer Einschränkung des Streikrecht in der „Daseinsvorsorge" zu Gunsten streikbetroffener Dritter immer energischer. Die Übertragung des Gedankens der funktionalen Einschränkung auf die Parallelproblematik in der „Daseinsvorsorge" wird daher vermehrt in Erwägung gezogen.[36]

C. Gang der Untersuchung

Ziel dieser Arbeit ist es daher, die Bedeutung des internationalen Rechts, insbesondere des Art. 11 EMRK und der hierzu ergangenen Rechtsprechung, für das nationale Streikrecht im öffentlichen Dienst sichtbar zu machen und dessen Auswirkungen zu analysieren. Um anschließend anhand dessen ein für den gesamten öffentlichen Dienst brauchbares Lösungsmodell zu entwickeln, das dem internationalen Recht in seiner völkerrechtlichen und supranationalen Ausprägung gerecht wird.

Aufgrund dessen werden in Kapitel 2 zunächst die Grundlagen der Thematik erörtert. Hierfür wird der öffentliche Dienst bezüglich seiner Terminologie und seiner personellen Struktur untersucht. Darüber hinaus wird aufgrund der historischen Verknüpfung des öffentlichen Dienstes mit den funktionalen Bereichen der so genannten „Daseinsvorsorge" und der gewandelten gesellschaftlichen, politischen und rechtlichen Umstände eine zeitgemäße Definition der „Daseinsvorsorge" entwickelt.

Anschließend erfolgt eine eingehende Betrachtung des Streikrechts und seiner Einbettung in das nationale Arbeitskampfrecht. Die rechtlichen Grundlagen des Streikrechts bilden sodann den Schwerpunkt der Grundlagenbetrachtung. Dabei werden vorweg die nationalen Rechtsgrundlagen sowohl auf Verfassungs- als auch auf Bundes- und Landesebene erörtert, um im Folgenden die Gewährleistung des Streikrechts im internationalen Recht kritisch zu hinterfragen. Dabei erfolgt eine genaue Betrachtung des universellen und regionalen Völkerrechts als auch des

34 BVerwG NZA 2014, 616 (621).

35 Vgl. BAG NZA 2010, 778 ff.

36 U.a. *Greiner*, DÖV 2012, 623 (629 f.); *Steinau-Steinbrück/Sura*, NZA 2014, 580 (583).

Unionsrechts. Im Einzelnen werden die unterschiedlichen Rechtsquellen auf ihre innerstaatliche Geltung und ihre Streikgewährleistungen untersucht. In diesem Rahmen werden zudem spezifische Auslegungsprobleme diskutiert und sowohl die Reichweite wie auch die Grenzen der einzelnen Streikgarantien erörtert.

Daran anknüpfend befasst sich Kapitel 3 eingehend mit dem deutschen Beamtenstreikverbot im Lichte der in Kapitel 2 herausgearbeiteten internationalen Maßgaben. Diesbezüglich soll zunächst eine historische Hintergrundbetrachtung durchgeführt werden, um die Bedeutung und den Zweck des geschichtlich geprägten Beamtenstreikverbots deutlich zu machen. Anschließend erfolgt eine detaillierte Auseinandersetzung mit den rechtlichen Gründen, die der herrschenden Meinung zur Herleitung des Beamtenstreikverbots dienen. Das dargestellte statusorientierte Streikverbot ist sodann auf seine Vereinbarkeit mit den internationalen funktionsbezogenen Vorgaben zu untersuchen. Im Falle der Inkompatibilität werden ferner die rechtlichen Möglichkeiten ausgelotet, die zur Auflösung des Konflikts zwischen nationalem und internationalem Recht beitragen könnten, um sodann einen Lösungsweg zu erarbeiten. In diesem Rahmen werden sowohl die Umsetzung des angestrebten Lösungsweges als auch die damit verbundenen rechtlichen Folgeprobleme zu beleuchten sein. Insbesondere soll dabei die Frage beantwortet werden, wie ein funktionaler Lösungsansatz mit Art. 33 Abs. 4 und 5 GG zu vereinbaren ist.

Im folgenden Kapitel 4 wird das Streikrecht der Arbeitnehmer des öffentlichen Dienstes untersucht. Hierfür ist zu Beginn ebenfalls eine historische Reflexion des Streikgeschehens in Bezug auf die Arbeitnehmer des öffentlichen Dienstes vorzunehmen. Darüber hinaus wird im ersten Teil dieser Untersuchung erörtert, ob der für das Beamtenstreikrecht herangezogene Lösungsansatz auf das Streikrecht der Arbeitnehmer des öffentlichen Dienstes übertragbar ist und damit eine Gesamtlösung für das Streikrecht im öffentlichen Dienst geschaffen werden kann. Im Rahmen dieser Fragestellung ist insbesondere auf die damit einhergehenden Folgeprobleme einzugehen.

Der zweite Teil des vierten Kapitels befasst sich gewissermaßen als Annex mit dem Streikrecht in der „Daseinsvorsorge“. Diesbezüglich sind die spezifischen Problembereiche herauszuarbeiten, die mit den Streikmaßnahmen in diesen Sektoren einhergehen, um daran anknüpfend die Zulässigkeit ausgewählter Begrenzungsmöglichkeiten hinsichtlich des Streikrechts in der „Daseinsvorsorge“ am Maßstab des nationalen und internationalen Rechts prüfen zu können. Im Speziellen wird hierbei diskutiert, ob die für das Beamtenstreikverbot angedachte Lösung spiegelbildlich für eine Restriktion des Streikrechts in Bereichen der „Daseinsvorsorge“ herangezogen werden kann.

Im Anschluss an die dargestellte Untersuchung wird eine zusammenfassende Schlussbetrachtung folgen, die der aufgeworfenen Fragestellung dieser Arbeit eine angemessene Antwort zuführen soll, um diese Ergebnisse abschließend in Thesen zu fassen.

Kapitel 2: Die Grundlagen des Streikrechts im öffentlichen Dienst[37]

A. Der öffentliche Dienst

Gegenstand der vorliegenden Untersuchung ist das Streikrecht im öffentlichen Dienst. Auf Grund dessen ist eine vorherige Begriffsbestimmung des öffentlichen Dienstes und seiner Angehörigen für das grundlegende Verständnis dieser Arbeit unerlässlich.

I. Der Begriff des öffentlichen Dienstes

Im Gegensatz zum allgemeinen Sprachgebrauch wurde der Terminus des öffentlichen Dienstes in der deutschen Gesetzgebung erst relativ spät verwandt[38]. So wurde der Begriff erstmals in der Reichsgesetzgebung etabliert[39] und fand beispielsweise in § 123 StGB nach der Neufassung durch das Änderungsgesetz vom 19.06.1912[40] Erwähnung. Der Gesetzgeber kannte jedoch schon damals keinen einheitlichen für alle Gesetze gültigen Begriff des öffentlichen Dienstes[41], was zur Folge hatte, dass der Terminus insbesondere in der ersten Hälfte des 20. Jahrhunderts heftig umstritten war. Diese Uneinigkeit lässt sich partiell auch darauf zurückführen, dass Teile der wissenschaftlichen Literatur[42] stets bestrebt waren, einen über die einzelnen Gesetze hinausgehenden allgemeingültigen Begriff des öffentlichen Dienstes zu schaffen.

Die überwiegende Auffassung[43] geht, früher wie heute, freilich davon aus, dass eine allgemeingültige Begriffsbestimmung des öffentlichen Dienstes nicht existiert. Hieraus erwächst sodann die Konsequenz, dass der Begriff des öffentlichen Dienstes für jedes Gesetz gesondert durch normspezifische Auslegung gewonnen werden muss[44], wenn er nicht schon im Anwendungsbereich ausdrücklich definiert ist. Die notwendige Abgrenzung des Begriffes des öffentlichen Dienstes von sonstigen Dienst- und Beschäftigungsverhältnissen könnte dann entweder nach der Art der

---

37 Wenn im Weiteren u. a. von Arbeitnehmern, Angestellten, Beamten, Beschäftigten, Arbeitgebern, Dienstherren oder auch Bürgern die Rede ist, so sind damit sowohl männliche als auch weibliche Vertreter inkludiert.

38 Vgl. *Fischbach*, DÖV 1955, 709 (709); *Gröbing*, AuR 1959, 225 (225).

39 Vgl. *Gröbing*, AuR 1959, 225 (225); *Fischbach*, DÖV 1955, 709 (709).

40 Vgl. RGBl. 1912, 395 (395).

41 So auch *Kümmel*, RiA 1954, 64 (64).

42 Vgl. *Denecke*, RdA 1955, 401 ff.; *Gröbing*, AuR 1959, 225 ff.; *Stoermer*, PersV 1997, 4 (4).

43 Vgl. u. a.BVerfGE 15, 46 (61); BVerwGE 30, 81 (83); *Kümmel*, RiA 1954, 64 (64); *Fischbach*, DÖV 1955, 709 (709).

44 Hierzu Schmidt-Aßmann/Schoch/*Kunig*, Verwaltungsrecht, S. 782; *Kümmel*, RiA 1954, 64 (67).

Tätigkeit, der normativen Ausgestaltung des Dienstverhältnisses oder dem formellen Status des Dienstherrn vorgenommen werden[45].

1. *Das Kriterium der Art der Tätigkeit*

Eine früher in Deutschland weit verbreitete Auffassung[46] legt dem Begriff des öffentlichen Dienstes ein materielles bzw. funktionelles Verständnis als entscheidendes Abgrenzungskriterium zu anderen Beschäftigungsverhältnissen zugrunde, indem sie den öffentlichen Dienst als jedwede Tätigkeit definiert, welche eine Verwaltung im funktionellen Sinne darstellt[47], folglich jede Tätigkeit im öffentlichen Interesse, für die Allgemeinheit, zur Verwirklichung unmittelbarer Staatsaufgaben[48] nach den Maßgaben des öffentlichen Rechts[49].

Dementsprechend sollen die Beschäftigten des Staates oder der Gebietskörperschaften, welche in rein privatwirtschaftlichen Bereichen tätig sind, nicht zum öffentlichen Dienst gezählt werden.[50] Wohingegen diejenigen, die zwar in Unternehmen tätig sind, welche von juristischer Personen des Privatrechts geführt werden, aber trotz allem öffentlich-rechtliche Aufgabe erfüllen, wie beispielsweise Versorgungsbetriebe der Gemeinden, dem öffentlichen Dienst zugeordnet werden sollen[51].

Begründet wurde diese Auffassung mit unterschiedlichen Argumenten. So vertritt *Denecke*[52] jedoch bei dem Versuch, einen allgemeinen Rechtsbegriff des öffentlichen Dienstes zu definieren, die Auffassung, dass schon die historische Entwicklung des Begriffes für ein materielles Verständnis spreche, zumal der Begriff des öffentlichen Dienstes schon seinem Wesen nach immer eine Tätigkeit im öffentlichen Interesse, für die Allgemeinheit, zur Erfüllung staatlicher Aufgaben dargestellt habe. Geändert habe sich lediglich der Umfang der staatlichen Aufgaben, da sie nunmehr nicht nur obrigkeitlicher, sondern auch beschützender und fürsorgerischer Art seien[53]. Dessen ungeachtet handle es sich gleichwohl um öffentliche Aufgaben, sodass es nicht darauf ankommen könne, ob diese von einer öffentlichen Körperschaft oder einer juristischen Person des Privatrechts, welche in Form eines Eigenbetriebes, dessen Anteile ganz oder überwiegend in der Hand der Gebietskörperschaft liegen, erfüllt werden[54]. Dies sei lediglich ein formeller, etatrechtlicher – finanztechnischer

45 Vgl. BVerfGE 15, 46 (61); 55, 207 (230); *Pfennig*, Begriff, S. 30 ff.; *Stern*, Staatsrecht – I, S. 339.
46 Früher BAGE 3, 124 ff. (aufgehoben in BAGE 8, 84 ff.); so u. a. auch *Fischbach*, DÖV 1955, 709 ff.; *Gröbing*, AUR 1959, 225 ff.; *Denecke*, RdA 1955, 401 ff.
47 So *Kümmel*, RiA 1954, 64 (64).
48 Vgl. *Gröbing*, AuR 1959, 225 (225 f.); *Denecke*, RdA 1955, 401 (403).
49 *Pfennig*, Begriff, S. 30.
50 So sinngemäß *Kümmel*, RiA 1954, 64 (64); *Denecke*, RdA 1955, 401 (402 f.).
51 So entsprechend *Gröbing*, AUR 1959, 225 (226); *Pfennig*, Begriff, S. 31.
52 Vgl. *Denecke*, RdA 1955, 401 (402).
53 So *Denecke*, RdA 1955, 401 (402).
54 Vgl. *Denecke*, RdA 1955, 401 (402).

Unterschied, der an Art und Wesen der von den öffentlichen Körperschaften zu erfüllenden Aufgaben nichts ändere[55]. In Anlehnung an *Denecke* vertritt auch *Gröbing*[56] diesen Ansatz.

Das *Bundesarbeitsgericht*[57] vertrat nach seiner früheren Auffassung zur Auslegung des Art. 131 GG („Frühere Angehörige des öffentlichen Dienstes")[58] und dem zugehörigen Regelungsgesetz gleichfalls einen materiellen Ansatz, mit einer ähnlichen Begründung wie *Denecke* und *Gröbing*. Das BAG hatte im konkreten Fall zu entscheiden, ob das Regelungsgesetz zu Art. 131 GG auf den Kläger Anwendung findet, obwohl er Arbeitnehmer eines kommunalen Versorgungsbetriebs mit eigener Rechtspersönlichkeit war, dessen Gesellschaftsanteile aber alle in der Hand der Kommune lagen. Hierzu stellte das *BAG* fest, dass es gerade bei der unmittelbaren Versorgung der Bevölkerung keinen Unterschied machen könne, ob diese durch einen Eigenbetrieb oder eine Eigengesellschaft erfolge[59]. Es komme eben nicht darauf an, ob gesellschaftsrechtlich verschiedene Rechtspersonen tätig oder ob aus arbeitsrechtlicher Sicht unterschiedliche Arbeitgeber vorhanden seien.[60] Entscheidend sei allein der Versorgungszweck, dem auch eine Eigengesellschaft dienen könne.[61] Schließlich werde die Eigengesellschaft auf Rechnung der Kommune geführt, deren Organe alle wesentlichen Entscheidungen treffen, an die die in die Gesellschaft entsandten Vertreter gebunden sind[62]. Damit fehle jeder innere Grund, die Beschäftigten von Versorgungsbetrieben, die allesamt gemeindliche Zwecke erfüllen, anders zu behandeln, nur weil sie unterschiedliche Organisationsformen besitzen.[63]

Kümmel[64] wiederum kommt bei dem Versuch der Verallgemeinerung des Begriffes zu dem Schluss, dass es als wesentliches Merkmal jeden öffentlichen Dienstes

55 So sinngemäß *Denecke*, RdA 1955, 401 (402).

56 *Gröbing*, AUR 1959, 225 (225f.).

57 BAGE 3, 124 (127f.).

58 Art. 131 [Frühere Angehörige des Öffentlichen Dienstes]
[1]Die Rechtsverhältnisse von Personen einschließlich der Flüchtlinge und Vertriebenen, die am 8. Mai 1945 im öffentlichen Dienste standen, aus anderen als beamten- oder tarifrechtlichen Gründen ausgeschieden sind und bisher nicht oder nicht ihrer früheren Stellung entsprechend verwendet werden, sind durch Bundesgesetz zu regeln.[2]Entsprechendes gilt für Personen einschließlich der Flüchtlinge und Vertriebenen, die am 8. Mai 1945 versorgungsberechtigt waren und aus anderen als beamten- oder tarifrechtlichen Gründen keine oder keine entsprechende Versorgung mehr erhalten.[3]Bis zum Inkrafttreten des Bundesgesetzes können vorbehaltlich anderweitiger landesrechtlicher Regelung Rechtsansprüche nicht geltend gemacht werden.

59 BAGE 3, 124 (127).

60 BAGE 3, 124 (128).

61 BAGE 3, 124 (128).

62 So BAGE 3, 124 (128).

63 BAGE 3, 124 (128).

64 Vgl. *Kümmel*, RiA 1954, 64 ff.

Voraussetzung sei, dass die ausgeübte Tätigkeit eine Verwaltung im funktionellen Sinne darstelle[65]. Nach seiner Ansicht liege eine solche Verwaltung auch bei privatrechtlichen Unternehmen der öffentlichen Hand vor[66].

2. *Das Kriterium der normativen Ausgestaltung des Dienstverhältnisses*

Darüber hinaus wurde der Begriff des öffentlichen Dienstes zuweilen im Sinne eines institutionellen Verständnissens nach der rechtlichen Ausgestaltung des zu Grunde liegenden Beschäftigungsverhältnisses bestimmt[67]. Hiernach ist bei der Abgrenzung vom öffentlichen Dienst zu sonstigen Beschäftigungsverhältnissen auf den Charakter der das Dienst- bzw. Beschäftigungsverhältnis beherrschenden Norm abzustellen.

So vertritt *Fischbach*[68] die Ansicht, dass es sich nur dann um den öffentlichen Dienst als „Sammelbegriff" handeln könne, wenn ein Dauerschuldverhältnis bei einem öffentlichen Arbeitgeber vorliegt, dessen Dienstrecht sich nach gesetzlichen, verordneten oder allgemeinverbindlichen tarifvertraglichen Normen regelt. Entscheidend sei daher wohl, dass es sich um generelle Regelungen handelt, welche nicht individuell mit einer juristischen Person des öffentlichen Rechts vereinbart wurden.

In ähnlicher Weise definiert *Wacke*[69] den öffentlichen Dienst als alle Rechtsverhältnisse derjenigen Personen, die bei einem öffentlichen Dienstherrn von Bund, Ländern und Gemeinden tätig sind, welche inhaltlich durch das Beamtenrecht oder in Anlehnung an dieses ausgestaltet sind, um dadurch den Besonderheiten, welche sich gerade aus der Tätigkeit bei diesem besonderen Arbeitsgeber ergeben, Rechnung zu tragen.

3. *Das Kriterium der Rechtsform des Dienstherrn*

Demgegenüber wird von der obergerichtlichen Rechtsprechung[70], und nunmehr überwiegend auch in der Wissenschaft[71], ein formelles Verständnis des Begriffes des öffentlichen Dienstes vertreten. Hiernach ist „öffentlicher Dienst" die Beschäftigung im Dienste einer juristischen Person des öffentlichen Rechts[72], also des Bundes, eines

---

65 So *Kümmel*, RiA 1954, 64 (64); sinngemäß *Kümmel*, RiA 1954, 207 (207).
66 Vgl. *Kümmel*, RiA 1954, 64 (64).
67 *Pfennig*, Begriff, S. 36.
68 Vgl. *Fischbach*, DÖV 1955, 705 (705).
69 So *Wacke*, Grundlagen, S. 19f.
70 U.a.BVerfGE 15, 46ff.; 55, 207ff.; BVerwGE 30, 81ff.; BAGE 8, 84ff.; BGH JZ 1968, 272 (272).
71 So beispielsweise *Pfennig*, Begriff, S. 44; *Box*, LKV 1991, 87 (87); *Jung*, Zweispurigkeit, S. 27f.; *Dietz*, FS A. Huck, S. 148.
72 So auch Battis/*Battis*, § 4 Rn. 3; Baeck/Deutsch/*Baeck/Deutsch*, § 19 Rn. 8.

Landes, einer Körperschaft, Anstalt oder Stiftung des öffentlichen Rechts[73], so wie es sich beispielsweise aus § 4 Abs. 1 i. V. m. § 1 S. 1 BPersVG ergibt.

Dementsprechend stellt das *Bundesverwaltungsgericht* in seiner Entscheidung vom 27.06.1968[74] klar, dass es zwar keine allgemeingültige Begriffsbestimmung des öffentlichen Dienstes gibt, aber es gebe einen allgemeinen Rechtsbegriff[75]. Dieser sei in solchen Gesetzen vorausgesetzt, in denen eine besondere Begriffsbestimmung fehle.[76] Darüber hinaus knüpfen die Gesetze, welche eine ausdrückliche Begriffsbestimmung enthalten, an diesen Begriff an, sodass ein für alle Gesetze gemeinsamer Kernbereich existiere, welcher formell zu definieren sei.[77]

Das *Bundesverfassungsgericht*[78] geht mit dem partiell konform, indem es einen allgemeingültigen Begriff des öffentlichen Dienstes ablehnt, aber die Auffassung vertritt, dass es jeweils dem Gesetzgeber überlassen ist, den Begriff in der jeweiligen Norm auszufüllen[79]. Entscheidendes Auslegungskriterium könnte hierbei lediglich die öffentlich-rechtliche Ausgestaltung des Dienstherrn sein.[80] Denn öffentlicher Dienst sei schon seit jeher eine Tätigkeit im Dienste des Reichs oder anderer Körperschaften, Anstalten und Stiftungen des öffentlichen Rechts und der Verbände von solchen.[81]

4. *Stellungnahme*

Wie bereits einleitend festgestellt, existiert nach heute einhelliger Auffassung kein allgemeingültiger Begriff des öffentlichen Dienstes. Dem ist nicht entgegenzutreten, da gleichwohl hierfür keine Notwendigkeit besteht. Schließlich wird eine allgemeine übergesetzliche Definition, wie sie beispielsweise *Denecke* zu konstruieren versucht, obsolet, wenn man bedenkt, dass sich die Begriffsbestimmung, wenn sie nicht sogar durch das jeweilige Gesetz selbst legal definiert wird, aus dem Sinn und Zweck der entsprechenden Regelung ableiten lässt. Eine darüber hinausgehende Begriffsbestimmung wäre folglich ein überflüssiges Konstrukt, welches den einzelnen Gesetzen nicht gerecht werden könnte.

Ungeachtet dessen lässt die nationale gesetzliche Terminologie durchaus eine Art „Regelbegriff" des öffentlichen Dienstes erkennen, welchen schon *Fischbach*[82] als so genannte „Sammelbezeichnung" deklarierte. In der Regel wird der Begriff des öffentlichen Dienstes also formell verstanden, wie beispielsweise in Art. 131

73 So *Pfennig*, Begriff, S. 40; *Jung*, Zweispurigkeit, S. 28.
74 BVerwG 30, 81 ff.; BVerwG DÖV 1969, 208 ff.; BVerwG PersV 1970, 112 ff.
75 BVerwG 30, 81 (84); BVerwG DÖV 1969, 208 (208); BVerwG PersV 1970, 112 (113).
76 BVerwG 30, 81 (84); BVerwG DÖV 1969, 208 (208); BVerwG PersV 1970, 112 (113).
77 BVerwG 30, 81 (84); BVerwG DÖV 1969, 208 (208 f.); BVerwG PersV 1970, 112 (113).
78 BVerfGE 15, 46 ff.; BVerfG DÖV 1963, 262 ff.
79 BVerfGE 15, 46 (61); BVerfG DÖV 1963, 262 (262).
80 BVerfGE 55, 207 (230); BVerfG NJW 1981, 971 (973).
81 BVerfGE 55, 207 (230); BVerfG NJW 1981, 971 (973).
82 Vgl. *Fischbach*, DÖV 1955, 709 (709).

GG[83] oder sogar als Legaldefinition in § 15 Abs. 2 Arbeitsplatzschutzgesetz in Folge der Bekanntmachung vom 14.04.1980[84]. Entscheidend ist somit die Tätigkeit im Dienste einer juristischen Person des öffentlichen Rechts. Aus rein pragmatischen Gründen erscheint es daher zumindest auf den ersten Blick als durchaus schlüssig, den öffentlichen Dienst nach der Zuordnung des Dienstherren abzugrenzen, da es wenig Schwierigkeiten bereitet, diesen als juristische Person des öffentlichen Rechts zu qualifizieren oder nicht.

Demgegenüber erscheint die funktionale Abgrenzung des öffentlichen Dienstes zu anderen Beschäftigungsverhältnissen aus dem Gesichtspunkt der Praktikabilität als eher schwer umsetzbar. Zum einen erweist sich diese Form der Abgrenzung als ziemlich ungenau, was stets zu Auslegungsproblemen führen würde. Denn auch wenn Bund, Länder oder andere Gebietskörperschaften privatrechtlich tätig werden, so kann das dahinterstehende Interesse öffentlich-rechtlicher Natur sein[85] und somit eine mittelbar öffentlich-rechtliche Tätigkeit darstellen[86]. Immer dann ist jedoch fraglich, wo die Grenzen zwischen privatrechtlicher und öffentlich-rechtlicher Tätigkeit zu ziehen sind. Auch hier würden sich verschiedenartige Ansichten vertreten lassen, sodass es wiederum zu Definitionsschwierigkeiten kommen würde. Darüber hinaus erscheint es wenig einleuchtend, Beschäftigte, die ununterbrochen in privatrechtlichen Einrichtungen oder Unternehmen tätig sind und privatrechtliche Tätigkeiten übernehmen, als privatrechtlich beschäftigt anzusehen, sobald ihnen aber rein tatsächlich öffentliche Aufgabenfelder zugeteilt werden, sie plötzlich rechtlich als Beschäftigte des öffentlichen Dienstes zu qualifizieren. Eine solche Einordnung hätte weitreichende Konsequenzen etwa auch für die Anwendbarkeit von Tarifverträgen.

Etwas anderes könnte sich allerdings mit Blick auf die internationale Rechtsprechung ergeben. So wählt beispielsweise der Europäische Gerichtshof für Menschenrecht (EGMR) in seiner Enerji Yapi-Yol Sen-Entscheidung zur Bestimmung derjenigen Beschäftigten die in den Kreis der „Angehörigen der Staatsverwaltung" im Sinne des Art. 11 Abs. 2 S. 2 EMRK fallen, funktionale Abgrenzungsmerkmale, indem er auf die Natur der Aufgaben und Verpflichtungen, die der Bedienstete erfüllt, abstellt[87].[88] Es geht in dieser Entscheidung zwar nicht um die Definition und Reichweite des öffentlichen Dienstes im Ganzen, sondern nur um den Teil der „Staatsverwaltung"; trotzdem könnte die Rechtsprechung für die hier diskutierte Problematik wegweisend sein.

Die funktionale Vorgehensweise des EGMR basiert allerdings darauf, dass sowohl das Völkerrecht als auch das Unionsrecht multinational geprägt sind. So kennt

83 Vgl. BVerfGE 15, 46 (61).

84 Vgl. BGBl. I 1980, 425 (430).

85 Ähnlich auch *Dietz*, FS A. Huck, S. 127.

86 So sinngemäß auch *Jung*, Zweispurigkeit, S. 27.

87 EGMR NZA 2010, 1423 (1425), Urteil vom 21.04.2009, Enerji Yapi-Yol Sen/Türkei.

88 Ebenso der EuGH in seiner Rechtsprechung zu Art. 45 Abs. 4 AEUV (ex Art. 39 Abs. 4 EUV) und Art. 48 Abs. 4 EWG-Vertrag.

nicht jede nationale Rechtsordnung eine formell am Status orientierte Zweiteilung des öffentlichen Dienstes (Beamte/Arbeitnehmer des öffentlichen Dienstes) wie in Deutschland, anhand derer eventuell der Kreis der „Angehörigen der Staatsverwaltung" bestimmt werden könnte. Aufgrund dessen ist für die Begriffsbestimmung hinsichtlich der „Angehörigen der Staatsverwaltung" in Bezug auf internationale Regelungen wie den IAO-Übereinkommen oder der EMRK davon auszugehen, dass vor dem Hintergrund einer in vielen Staaten anwendbaren Norm ein Anwendungsbereich geschaffen wurde, der für alle Nationen praktikabel ist. Kurz gesagt, eine nach aufgabenbezogenen Kriterien bestimmte Definition bildet den „kleinsten gemeinsamen Nenner", welcher bei den verschiedensten formellen Ausgestaltungen der „öffentlichen Dienste" in den Konventionsstaaten umsetzbar erscheint. Mit einer solchen Betrachtungsweise kann daher sichergestellt werden, dass alle Bediensteten aus den verschiedensten Staaten in ihren Rechten und Pflichten gleich behandelt werden, unabhängig davon, wie sie in den verschiedenen nationalen Rechtsordnungen klassifiziert werden. Ferner nehmen immer mehr Angehörige des öffentlichen Dienstes soziale oder wirtschaftliche und nicht mehr nur für die öffentliche Verwaltung typische hoheitliche Aufgaben wahr. Diese „ursprünglichen" Aufgaben sind es aber gerade, die vom Sinn und Zweck der Ausnahmeregelung erfasst werden, sodass es einer funktionalen Abgrenzung bedarf, um ihren Anwendungsbereich zu bestimmen.

Derartige Anforderungen sind aber gerade nicht an die nationale Definition des „öffentlichen Dienstes" zu stellen. Darüber hinaus betont der Gerichtshof bei alledem selbst, dass es sich im Hinblick auf diese internationale Norm um eine autonome Auslegung handelt – unabhängig von der konventionsstaatlichen Organisation des öffentlichen Dienstes.[89] Die Reichweite des „öffentlichen Dienstes" an sich bleibt daher den einzelnen Staaten überlassen, sodass die vom EGMR vorgenommene funktionale Abgrenzungsmethode für die hier geführte Diskussion, nach welchen Kriterien der „öffentliche Dienst" der Bundesrepublik zu anderen nationalen Beschäftigungsverhältnissen abgegrenzt werden soll, nicht relevant ist.

Demgegenüber kann die Abgrenzung nach der normativen Ausgestaltung des Dienstverhältnisses ebenfalls zu keinem brauchbaren Ergebnis führen, da die Begriffsbestimmung des öffentlichen Dienstes durch die auf das Dienstverhältnis anzuwendenden Normen lediglich zu einem Zirkelschluss führt. Schließlich setzt diese Vorgehensweise gerade voraus, dass die den öffentlichen Dienst betreffenden Normen auf ein solches Dienstverhältnis anzuwenden sind, wofür der Begriff des öffentlichen Dienstes freilich erst einmal definiert sein müsste. Die Definition des Begriffes muss demnach denknotwendigerweise vor der Anwendbarkeit der Normen geklärt werden, was die Argumentation dieser Ansicht hinfällig macht.

Es bleibt daher bei einer an der Rechtsform des Dienstherrn orientierten Bestimmung des öffentlichen Dienstes.

89 EGMR NVwZ 2000, 661 (663), Urteil vom 8.12.1999, Pellegrin/Frankreich.

II. Die „Daseinsvorsorge" im Verhältnis zum öffentlichen Dienst und deren Begriff

Neben dem allgemeinen Begriff des öffentlichen Dienstes ist speziell im Zusammenhang mit der Existenzsicherung der Bevölkerung und dem Streikrecht im öffentlichen Dienst oft von der so genannten „Daseinsvorsorge" die Rede. Dieser Umstand ist nicht zuletzt der Tatsache geschuldet, dass die Sicherung einer menschenwürdigen Existenz und die Wahrung elementarer Rechtsgüter für die Bevölkerung eine verfassungsrechtlich anerkannte Aufgabe der öffentlichen Hand darstellt[90], die unter anderem mit Hilfe der Leistungsverwaltung zu bewältigen ist. Und obwohl die Bereiche der Versorgung der Bevölkerung mit den für den Alltag notwendigen Leistungen heute immer häufiger privatisiert werden und sich der Bezug zum öffentlichen Dienst mehr und mehr löst, besteht zumindest eine hinreichend tradierte Verknüpfung zu der gegebenen Thematik, sodass es im Folgenden einer näheren Begriffsbestimmung bedarf.

Der rechtswissenschaftliche Terminus der „Daseinsvorsorge" ist seit seinem Ursprung in den Schriften *Ernst Forsthoffs*[91] stets umstritten gewesen. Bis heute lässt sich keine allgemeingültige abschließende Definition des Begriffs finden.[92] Vielmehr wird immer wieder der Versuch unternommen, die „Daseinsvorsorge" beispielhaft zu umschreiben, damit zumindest ein gewisser „Kernbereich der Daseinsvorsorge" herauskristallisiert werden kann.[93] Ob eine solche Vorgehensweise eine hinreichende Umschreibung der „Daseinsvorsorge" zu liefern vermag, ist gleichwohl fraglich. Dennoch setzt eine Beschäftigung mit der „Daseinsvorsorge" auch ein gewisses Grundverständnis voraus, um sachgerecht beurteilen zu können, ob mit einer Zuordnung zur „Daseinsvorsorge" gewisse rechtliche Folgen verknüpft sind – hier namentlich Besonderheiten bezüglich des Streikrechts. Aufgrund dessen werden sich die folgenden Ausführungen zwar nicht anmaßen, eine abschließende Definition des Terminus der „Daseinsvorsorge" schaffen zu wollen, jedoch soll zumindest ein für diese Arbeit grundlegendes rechtliches Begriffsvermögen der „Daseinsvorsorge" gefunden werden.

1. Die Herkunft des Begriffs und sein ursprüngliches Verständnis

Der Ursprung des Begriffs der „Daseinsvorsorge" geht auf die Verwaltungsrechtswissenschaft zurück. So wurde der Terminus von *Ernst Forsthoff* konzipiert und erstmals in seiner Schrift „Die Verwaltung als Leistungsträger" aus dem Jahre 1938 verwendet. Das Anliegen *Forsthoffs* war es, in dieser Abhandlung die „dogmatische Grundlage" der modernen Verwaltungswissenschaft zu beleuchten, indem er unter

---

90 U.a. BVerfG NVwZ 2015, 559 (561); BVerfG NJW 1984, 1872 (1873); *Kissel*, Arbeitskampfrecht, S. 1014.

91 *Forsthoff*, Verwaltung, S. 1 ff.; *ders.*, Kommunen, S. 4 ff.; *ders.*, Rechtsfragen, S. 25 ff.

92 *Püttner*, in: Hrbek/Nettesheim, Mitgliedstaatliche Daseinsvorsorge, S. 32 (35 f.).

93 So beispielsweise *Franzen/Thüsing/Waldhoff*, Daseinsvorsorge, S. 21 ff.

anderem sowohl die Bedeutung als auch die Aufgaben der Verwaltung im damaligen Staat näher untersuchte.[94] In diesem Zusammenhang prägte *Forsthoff* die „Daseinsvorsorge“ als eine durch sozial-, gesellschafts- und rechtstheoretische Ansätze von *José Ortega y Gasset, Otto Veit, Friedrich Dessauer*[95], *Georg Wilhelm Friedrich Hegel, Lorenz von Stein, Max Weber* und *Karl Jaspers* inspirierte[96] „Legitimation“ der sich ausweitenden Leistungsverwaltung. Und obwohl *Forsthoff* zunächst Anhänger der NS-Bewegung war und eine solche Tendenz ansatzweise auch aus seinen ersten Werken herausgelesen werden kann, entsprachen seine Überlegungen doch ebenfalls dem damaligen philosophischen Zeitgeist[97], sodass er seine Lehre auch nach 1945 wieder aufgreifen konnte und fortentwickelte.

Ausgangspunkt seiner Überlegungen war daher eine Analyse des mit der Industrialisierung verbundenen Wandels der sozialen Wirklichkeit.[98] Das damit einhergehende Bevölkerungswachstum in Verbindung mit der Landflucht und der Ausdehnung der städtischen Lebensformen führten nach *Forsthoff* zur drastischen Minimierung des so genannten „beherrschten Lebensraums“, der einem jeden Menschen als *„allein gehörend“* bezeichnet werden könne (Haus, Hof, Acker) und durch den sich der Mensch autark mit Lebensgütern versorgen und eine gesicherte Lebensbasis erhalten könne.[99] Im Verhältnis dazu beobachtet *Forsthoff* die Zunahme des von ihm als *„effektiven Raum“* bezeichneten Lebensraums, in dem sich konkret das Leben der Menschen abspiele.[100] Die Ausdehnung des *„effektiven Lebensraums“* bringe zwar den Vorteil der modernen Technik und damit einer weiträumigen Lebensweise mit sich.[101] Allerdings sei die Bevölkerung durch die gleichzeitige Verringerung des *„beherrschten Lebensraums“* nicht mehr in der Lage, sich mit den wesentlichen Lebensgütern autonom zu versorgen[102], sodass die *„soziale Bedürftigkeit“* steige.[103] Diese *„soziale Bedürftigkeit“* versteht *Forsthoff* als *„die Lage, in der sich derjenige befinde, der sich die notwendigen oder über das Maß der Notwendigkeit hinaus erstrebten Lebensgüter nicht durch Nutzung eigener Sachen, sondern im Wege der Appropriation*[104] *zugänglich machen muss“*[105]. Dementsprechend wachse

94 *Forsthoff*, Verwaltung, S. 2.
95 *Scheidemann*, Begriff, S. 20 ff.
96 Ausführlich hierzu *Knauff*, Gewährleistungsstaat, S. 23 ff.; *Scheidemann*, Begriff, S. 6 ff.
97 *Püttner*, in: Hrbek/Nettesheim, Mitgliedstaatliche Daseinsvorsorge, S. 32 (34); *Franzen/Thüsing/Waldhoff*, Daseinsvorsorge, S. 23 ff..
98 *Forsthoff*, Verwaltung, S. 4.
99 *Forsthoff*, Verwaltung, S. 4.
100 *Forsthoff*, Verwaltung, S. 4 f.
101 *Forsthoff*, Verwaltung, S. 4 f.
102 *Forsthoff*., Kommunen, S. 6.
103 *Forsthoff*, Verwaltung, S. 4 f.
104 Hierbei handelt es sich um einen Ausdruck *Max Webers*, welchen *Forsthoff* für sich übernimmt. Vgl. *Forsthoff*, Verwaltung, S. 5.
105 *Forsthoff*, Verwaltung, S. 5.

das *„Appropriationsbedürfnis"* proportional mit der Verengung des *„beherrschten Lebensraums"* und der Ausdehnung des *„effektiven Lebensraums"*.[106]

In diesem sozial-gesellschaftlichen Zusammenhang definiert *Forsthoff* die „Daseinsvorsorge" zunächst als diejenigen Vorkehrungen, die zur Befriedigung des *„Appropriationsbedürfnis[ses]"* getroffen werden müssen.[107] Später stellt *Forsthoff* hierzu fest, dass es sich um einen „Leitbegriff" handle, der die Funktionen der Leistungsverwaltung zusammenfasse.[108] Welche Leistungen allerdings hierunter zu fassen sind, ließ *Forsthoff* zunächst offen.[109] Erst in seinen folgenden Abhandlungen erklärte er, dass der Begriff der „Daseinsvorsorge" nicht auf lebensnotwendige Leistungen beschränkbar sei.[110] Darüber hinaus zählten ebenfalls Vorkehrungen dazu, die es der Bevölkerung ermöglichten, all das, was nach technischen und finanziellen Möglichkeiten zur normalen Ausgestaltung des modernen Daseins gehöre, zu erlangen.[111] Welche Leistungen aber im Detail hierunter fallen, sei abstrakt nicht bestimmbar.[112] Denn das Versorgungsbedürfnis der Menschen bleibe nicht konstant, da es sich am allgemeinen Lebensstandard orientiere, der durch die generellen Lebensumstände bestimmt sei[113], die jedoch stets einem gesellschaftlichen Wandel unterworfen sind. Folglich sind nach *Forsthoff* sowohl der Umfang als auch die Art der zur Befriedigung des *„Appropriationsbedürfnisses"* zu erbringenden Leistungen nie konstant.

Die so genannte *„Daseinsverantwortung"* zur Befriedigung des *„Appropriationsbedürfnisses"* komme darüber hinaus dem Staat[114], insbesondere aber der Verwaltung in den Städten und Kommunen[115] zu. Daher bezeichnet *Forsthoff* schließlich all das als „Daseinsvorsorge", *„was von Seiten der Verwaltung geschieht, um die Allgemeinheit oder nach objektiven Merkmalen bestimmte Personenkreise in den Genuss nützlicher Leistungen zu versetzen"*[116]. Es handle sich um eine öffentliche Aufgabe, die zwar nicht nur Angelegenheit des öffentlichen Rechts sei, aber immer Sache der öffentlichen Verwaltung.[117]

Zusammengefasst versteht *Forsthoff* „Daseinsvorsorge" daher als die Gesamtheit der notwendigen Vorkehrungen der Leistungsverwaltung, die der Befriedigung der Bedürfnisse der Bürger dienen, um eine dem Lebensstandard einer jeweiligen Gesellschaft entsprechende Lebensführung zu gewährleisten.[118]

---

106 *Forsthoff*, Verwaltung, S. 6.
107 *Forsthoff*, Verwaltung, S. 6; *ders.*, Kommunen, S. 6.
108 *Forsthoff*, Verwaltungsrecht, S. 370.
109 *Forsthoff*, Verwaltung, S. 6.
110 *Forsthoff*, Rechtsfragen, S. 12; *ders.*, Verwaltungsrecht, S. 370.
111 *Forsthoff*, Industriegesellschaft, S. 77.
112 *Forsthoff*, Industriegesellschaft, S. 77.
113 *Forsthoff*, Rechtsfragen, S. 12.
114 *Forsthoff*, Verwaltung, S. 6 f.; *ders.*, Kommunen, S. 6; *ders.*, Industriegesellschaft, S. 76.
115 *Forsthoff*, Kommunen, S. 28; *ders.*, Industriegesellschaft, S. 76.
116 *Forsthoff*, Verwaltungsrecht, S. 370.
117 *Forsthoff*, Rechtsfragen, S. 56; *ders.*, Verwaltungsrecht, S. 370.
118 Vgl. auch *Henneke*, in: Krautscheid, Daseinsvorsorge, 17 (18).

2. *Der Wandel des Begriffs und das heutige Verständnis von „Daseinsvorsorge"*

Wie aus den vorstehenden Ausführungen ersichtlich, war der Begriff der „Daseinsvorsorge", wie er von *Forsthoff* verwendet wurde, nicht gleichbleibend. So hat selbst er den Terminus „Daseinsvorsorge" im Laufe seiner Publikationen verändert und immer wieder weiterentwickelt. Daher ist es nicht verwunderlich, dass auch das damalige Verständnis nicht mehr dem heutigen entspricht. Vordergründig ist dies allerdings nicht durch die sich ständig ändernden kulturellen, sozialen oder gesellschaftlichen Anforderungen an den Lebensbedarf bedingt.[119] Diese beeinflussen lediglich den Umfang der „Daseinsvorsorge", nicht aber den Begriff an sich. Entscheidend sind an dieser Stelle vielmehr die politischen und rechtlichen Veränderungen. Ein entsprechender Grund hierfür ist die zunehmende Aufgabenübertragung vom Staat auf die Privatwirtschaft, wovon vermehrt Bereiche betroffen sind, die im forsthoff'schen Sinne zur „Daseinsvorsorge" zählen (z. B. Post, Bahn, Telekommunikation). Diese Privatisierung hat jedoch nicht zur Konsequenz, dass derartige Bereiche nicht mehr der „Daseinsvorsorge" zugeordnet werden können. Denn zum einen steht es der öffentlichen Hand grundsätzlich frei, ihre Aufgaben selbst zu erfüllen oder diese Privaten zu überlassen.[120] Zum anderen ist eine Aufgabenübertragung an private Unternehmen nicht mit dem Verlust des öffentlichen Interesses verbunden.[121] Vielmehr ändert sich allein die Rolle der öffentlichen Hand. Die vormals als selbstverständlich erachtete Erfüllungsverantwortung wandelt sich in eine so genannte Gewährleistungsverantwortung.[122] Denn obwohl sich der Staat aus der Erbringung bestimmter Aufgabenbereiche zurückzieht, behält er trotz allem die grundrechtlich geschützte Verantwortung[123] dafür[124], dass allen Bürgern flächendeckend die durch private Unternehmen erbrachten Leistungen qualitativ und quantitativ angemessen zur Verfügung stehen.[125] Diese Verantwortung ergibt sich unter anderem aus dem Rechts- und Sozialstaatsprinzip[126], aber auch aus einzelnen Grundrechten wie etwa Art. 87e Abs. 4 GG bzw. Art. 87 f. Abs. 1 GG für Bahn, Post und Telekommunikation. Das hat zur Folge, dass privatisierte Bereiche trotz allem zur „Daseinsvorsorge" zu zählen sind, obwohl sie nicht mehr durch die Leistungsverwaltung erbracht werden. Diese Entwicklung hat allerdings zur Konsequenz, dass sich die Bereiche

---

119 So aber *Luch/Schulz*, MMR 2009, 19 (21).

120 *Schneiderhan*, Vergaberecht, S. 36; *Maurer*, Verwaltungsrecht AT, § 3 Rn. 25; *Henneke*, in: Krautscheid, Daseinsvorsorge, S. 17 (22).

121 So auch *Rudkowski*, Daseinsvorsorge, S. 45 f.

122 *Schneiderhan*, Vergaberecht, S. 30; *Rudkowski*, Daseinsvorsorge, S. 46 f.

123 Diese Verantwortung ergibt sich unter anderem aus dem Rechts- und Sozialstaatsprinzip.

124 *Kissel*, Arbeitskampfrecht, S. 1014.

125 *Schneiderhan*, Vergaberecht, S. 30.

126 So auch *Badura*, in: Schwarze, Daseinsvorsorge Wettbewerbsrecht, S. 25 (26); *Ronellenfitsch*, DVBl. 2008, 201 (202); *Schoch*, NVwZ 2008, 241 (244).

der „Daseinsvorsorge“ vom öffentlichen Dienst und dessen Arbeitnehmern ablöst und sich mehr und mehr rechtlich verselbstständigen. Für den Begriff der „Daseinsvorsorge“ kann daher das Merkmal der Leistungsverwaltung (wie bei *Forsthoff*) oder des öffentlichen Dienstes nicht mehr allein konstitutiv sein.[127] Vielmehr muss der Begriff dahingehend erweitert werden, dass auch alle Formen der staatlich gewährleisteten, privatwirtschaftlichen Leistungserbringung erfasst sind.[128]

Darüber hinaus muss der Begriff im Forsthoff´schen Sinne offen gehalten werden.[129] Es bedarf entsprechend keiner abschließenden Aufgabenaufzählung.[130] Denn die Frage, welche Aufgaben bzw. Leistungen die „Daseinsvorsorge“ umfasst, ist nach hier vertretener Ansicht grundsätzlich zeitbezogen[131] und orientiert sich an dem Vorsorgebedarf einer zeitgemäßen Lebensführung eines gedachten Normalbürgers[132]. Der hieraus oftmals erwachsende Einwand, der Begriff der „Daseinsvorsorge“ sei nicht justiziabel, da er keine festen Konturen aufweise und daher zu unbestimmt sei[133], ist so nicht haltbar. Denn auch wenn es sich bei dem Begriff der „Daseinsvorsorge“ um einen offenen handelt, kann hieraus geschlossen werden, welche Leistungen darunter fallen. Schließlich ist nicht der Begriff an sich dynamisch, sondern die sich aus dem Begriff abzuleitenden Leistungen und Aufgaben, also der Umfang der „Daseinsvorsorge“.[134] Dieser Umfang kann in Anbetracht des zeitlich gegebenen sozialen und gesellschaftlichen Lebensbedarfs, der anhand eines Normalbürgers bestimmbar ist, ermittelt werden. Damit beinhaltet der Terminus der „Daseinsvorsorge“ zwar unbestimmte Begriffsmerkmale, was ihn jedoch nicht zugleich unbrauchbar macht. Ein Begriff, der sich auf gesellschaftliche Verhältnisse bezieht, muss flexibel sein, damit er bei den sich ständig wandelnden Anforderungen an Wirtschaft und Gesellschaft praktikabel bleibt. Ein aufgabenbezogener und starrer Begriff könnte dies nicht gewährleisten. Der Bezug zum Normalbürger tritt zudem dem Argument der Subjektivität entgegen.

Ferner kann der Begriff der „Daseinsvorsorge“ nicht lediglich auf lebensnotwendige Leistungen beschränkt werden[135], so wie es *Forsthoffs* anfängliche Begriffsbestimmung noch zugelassen hätte. Hierfür wird angeführt, dass das Merkmal der Lebensnotwendigkeit aufgrund seiner Subjektivität abzulehnen sei.[136] Das mag

---

127 Ähnlich *Knauff*, Gewährleistungsstaat, S. 52.

128 So auch *Badura*, in: Schwarze, Daseinsvorsorge Wettbewerbsrecht, S. 25 (27).

129 Selbst bezeichnet dies *Forsthoff* als begriffliche „Unschärfe“., *Forsthoff*, Industriegesellschaft, S. 77.

130 So auch *Sandmann*, Kommunale Unternehmen, S. 54.

131 So auch *Franzen/Thüsing/Waldhoff*, Daseinsvorsorge, S. 25.

132 Vgl. *Ronellenfitsch*, in: Blümel, 100. Geburtstag Forsthoffs, S. 53 (78).

133 U.a. *Koenig*, EuZW 2001, 481 (481); *Schink*, DVBl. 2005, 861 (861); *Löwer*, DVBl. 1991, 132 (137).

134 A.A. wohl *Luch/Schulz*, MMR 2009, 19 (21).

135 So auch *Ronellenfitsch*, in: Blümel, 100. Geburtstag Forsthoffs, S. 53 (113); a.A. Brox/Rüthers/*Rüthers*, Arbeitskampfrecht, S. 335 f.; *Gamillscheg*, KollArbR I, S. 1176.

136 So aber *Rudkowski*, Daseinsvorsorge, S. 49.

zwar grundsätzlich richtig sein, kombiniert man allerdings die Anforderungen an den Begriff der „Daseinsvorsorge", wie oben dargestellt, mit dem Merkmal eines fiktiven Normalbürgers, so kann dieses Argument nicht mehr greifen. Der Bezug zur Lebensnotwendigkeit der Leistungen muss gleichwohl abgelehnt werden, denn der für einen Normalbürger bestehende Lebensbedarf umfasst nicht nur die für das schlichte Überleben unverzichtbaren Leistungen wie etwa die Wasser- oder Elektrizitätsversorgung, sondern beispielsweise auch kulturelle Leistungen[137] wie Theater oder Museen, die zum schlichten Überleben gerade nicht notwendig sind. Schließlich kann sich das im heutigen Rechts- und Sozialstaat zu schützende und zu gewährleistende Dasein nicht darin erschöpfen, die bloße physische Existenz aufrecht zu erhalten, sondern es muss darüber hinaus eine gewisse menschenwürdige, der Gesellschaft angepasste Lebensqualität sichergestellt werden, die für die Bewältigung des Alltags essenziell ist. Alles andere würde grundlegenden Strukturprinzipien widersprechen. Aufgrund dessen werden Leistungen der „Daseinsvorsorge", nach Ansicht der Bundesregierung, auch im Interesse der Allgemeinheit erbracht und mit staatlichen Gemeinwohlverpflichtungen verknüpft, wenn durch die privaten Unternehmen respektive unter den gegebenen Marktbedingungen keine ausreichende Versorgung gewährleistet werden kann.[138] Als eine Art Negativprobe kann daher die Allgemeinbetroffenheit herangezogen werden. Dementsprechend handelt es sich mit großer Wahrscheinlichkeit um einen Bereich der „Daseinsvorsorge", wenn der Ausfall einer in dieser Branche vororteten Leistung unmittelbar zur Beeinträchtigung der Lebensführung der Bevölkerung führt.[139]

Des Weiteren ist die „Daseinsvorsorge" sowohl durch einen Austausch von Leistungen als auch durch eine gewisse Entgeltlichkeit[140] geprägt. Diese Merkmale sind stets notwendig, um die „Daseinsvorsorge" von der reinen Fürsorge (u. a. ALG II) abzugrenzen.[141] Derartige Leistungen sind jedem einzelnen, unabhängig von individuellen Besonderheiten und Gewinnerzielungsabsichten[142], gleichermaßen, kontinuierlich und flächendeckend[143] zu einem erschwinglichen Preis[144] zu gewährleisten. Zudem müssen die Leistungen einem gewissen in Deutschland vorgeschriebenen Mindeststandard entsprechen (z. B. Trinkwasserqualität).[145] Diese von der „Daseins-

137 *Bull*, Der Staat 2008 (47), 1 (13).
138 BT-Drs. 14/6249, S. 4.
139 Ähnlicher Ansatz *Rudkowski*, Daseinsvorsorge, S. 53f.; *Franzen/Thüsing/Waldhoff*, Daseinsvorsorge, S. 36f.; *Scherer*, Grenzen, S. 36.
140 *Schneiderhan*, Vergaberecht, S. 34; *Louis*, Besteuerung, S. 9.
141 *Knauff*, Gewährleistungsstaat, S. 49.
142 So ebenfalls *Papier*, DVBl. 2003, 686 (688f.).
143 *Schneiderhan*, Vergaberecht, S. 34; *Sandmann*, Kommunale Unternehmen, S. 57; *Simon*, Liberalisierung, S. 17; *Bocklet*, in: Schader-Stiftung: Zukunft, S. 11 (13); *Kersten/Neu/Vogel*, WISO direkt Januar 2015, S. 2.
144 *Simon*, Liberalisierung, S. 17; *Ronellenfitsch*, in: Blümel, 100. Geburtstag Forsthoffs, S. 53 (80).
145 *Sandmann*, Kommunale Unternehmen, S. 58f.

vorsorge“ erfassten Leistungen können sowohl wirtschaftlicher, sozialer, gesellschaftlicher als auch kultureller Natur sein.[146]

3. *Die „Daseinsvorsorge“ als Rechtsbegriff?*

So umstritten der Begriff der „Daseinsvorsorge“ auch sein mag, er ist trotz allem ein nicht mehr wegzudenkender Bestandteil der Amts- und Rechtssprache geworden. Nicht nur in der rechtswissenschaftlichen Literatur, sondern auch in der Rechtsprechung und im Gesetz findet der Terminus Verwendung. Daneben sprechen beispielsweise auch die Koalitionspartner von „Daseinsvorsorge“. So beschreibt die KAV Thüringen auf der Startseite ihrer Homepage ihren Tätigkeitsbereich unter anderem mit der „kommunalen Daseinsvorsorge“.[147] Aufgrund dessen stellt sich im Folgenden die Frage, ob sich aus der Verwendung des Begriffs Rückschlüsse ziehen lassen, insbesondere im Hinblick auf seine Rechtsbegriffsqualität.

Die Rechtsprechung verwendet den Begriff der „Daseinsvorsorge“ nachweislich in allen Gerichtszweigen und Instanzen als gängigen Argumentationsansatz. Entsprechend lassen sich derzeit, beispielsweise bei der Datenbank Juris, 3.251 Entscheidungen finden, die den Begriff beinhalten.[148] Erstaunlich ist allerdings, dass ein Großteil dieser Rechtsprechung Leistungen oder auch Einrichtungen als „Daseinsvorsorge“ qualifiziert, ohne überhaupt zuvor erläutert zu haben, was abstrakt unter diesem Begriff zu verstehen ist.[149] Entsprechend erfolgt zumeist lediglich die Feststellung, dass eine Leistung der „Daseinsvorsorge“ vorliegt. Werden darüber hinaus Begründungsansätze für die Zuordnung zur „Daseinsvorsorge“ dargetan, so gestalten sich diese oft sehr unterschiedlich, wenn sich auch mit viel Mühe vier wesentliche Ansätze[150] unterscheiden lassen. Allerdings können dieser uneinheitlichen und zum Teil auch sehr oberflächlichen Handhabe keine verlässlichen Kriterien für die Begriffsbildung entnommen werden.[151] Insbesondere lassen die in der Rechtsprechung beispielhaft aufgeführten Bereiche der „Daseinsvorsorge“ keinen Rückschluss auf den Begriff an sich zu. Damit würde man das Pferd von hinten aufzäumen. Vielmehr müssen sich die Bereiche und die damit verbundenen Leistungen der „Daseinsvorsorge“ unter den Begriff subsumieren lassen, nicht aber

---

146 *Simon*, Liberalisierung, S. 16 f.; *Sandmann*, Kommunale Unternehmen, S. 54; *Bocklet*, in: Schader-Stiftung: Zukunft, S. 11 (12).

147 http://www.kav-thueringen.de/ (Stand 08.06.2015).

148 Datenbank Juris, Stand 09.06.2015.

149 U.a. BVerfG NJW 1999, 2659 (2669); BVerfG NVwZ 2015, 288 (292); BVerfG NJW 2011, 1201 (1204); BGHZ 73, 114 (116); BGH NJW 1985, 197 (198, 200); BGH NJW 2003, 1658 (1658); BVerwG NJW 1990, 134 (135); BVerwGE 97, 240 (241 f.); BAG NZA 2007, 139 (145); BAG NZA 2006, 848 (848); BAG NZA 2003, 337 (338); BSG NZS 2007, 55 (56); OLG Naumburg NVwZ 2002, 251 (252).

150 Siehe hierzu *Krajewski*, VerwArch 2008 (99), 174 (186 ff.).

151 *Krajewski*, VerwArch 2008 (99), 174 (188).

andersherum. Diese Praxis spiegelt allenfalls den Kernbereich des zeitorientierten und gesellschaftsabhängigen Umfangs der „Daseinsvorsorge“ wider.

Darüber hinaus macht dieses Vorgehen deutlich, dass der Begriff der „Daseinsvorsorge“ von der Rechtsprechung oftmals nur rein deskriptiv verwendet wird, um einen bestimmten Bereich aufzuzeigen.[152] Daneben lässt sich zwar nicht leugnen, dass auch gewisse Rechtsfolgen an die „Daseinsvorsorge“ geknüpft werden. Hierbei handelt es sich aber nicht um eigenständige Rechtsfolgen, die sich direkt aus der Charakterisierung einer Leistung als „Daseinsvorsorge“ ergeben, sondern eher um solche, die aus den damit verbundenen Begleitumständen erwachsen.[153] So wird die Einordnung einer Leistung zur „Daseinsvorsorge“ etwa dazu benutzt, ein besonderes öffentliches Interesse an einer Leistung nachzuweisen.[154] Nichtsdestotrotz spricht dies zumindest für die rechtliche Relevanz des Begriffs[155].

Ferner bedient sich auch der Gesetzgeber des Terminus der „Daseinsvorsorge“. So findet die „Daseinsvorsorge“ explizit etwa in § 1 Abs. 1 Regionalisierungsgesetz, § 50 Abs. 1 Wasserhaushaltsgesetz, § 3 Abs. 1 S. 2 Zukunftsinvestitionsgesetz, § 2 Abs. 2 Nr. 1, 3 Raumordnungsgesetz, § 1 Abs. 3 Nr. 6, 13 Thüringer Landesplanungsgesetz, § 6 Abs. 2 Nr. 4 Thüringer Verfassungsschutzgesetz, § 2 Abs. 1 S. 1 Thüringer Gesetz über den öffentlichen Personennahverkehr, § 71 Abs. 2 Nr. 4 Thüringer Kommunalordnung Verwendung. Allerdings sucht man auch an dieser Stelle vergeblich nach einer Legaldefinition. Dies ist jedoch nicht verwunderlich, da ein jedes Gesetz die „Daseinsvorsorge“ bezogen auf den jeweiligen Sachbereich darstellt.[156] Ein allgemeingültiger Begriff der „Daseinsvorsorge“ kann daher auch nicht aus dem Gesetz abgeleitet werden. Gleichwohl könnte die gesetzliche Verwendung des Begriffs einen Rückschluss auf seine Qualität als Rechtsbegriff zulassen. Dementsprechend müsste der Begriff klar erkennbarer Anknüpfungspunkt für eine Rechtsfolge sein. Dies wird regelmäßig beispielswiese anhand von § 1 Abs. 1 Regionalisierungsgesetz bejaht.[157] Gegen diese Einordnung wird vorgebracht, dass der Terminus der „Daseinsvorsorge“ aufgrund seiner begrifflichen Weite und der damit einhergehenden Konturlosigkeit irreführend und daher nicht als Rechtsbegriff im technischen Sinne zu verstehen sei.[158] Dem wiederum wird entgegengehalten, dass die Unschärfe kein hinreichendes Argument darstellen könne, wie man an der Existenz unbestimmter Rechtsbegriffe sehe.[159] Dies ist tatsächlich nicht ganz von der Hand zu weisen, zumal die Offenheit des Begriffs der „Daseinsvorsorge“ sogar ein entscheidendes Charak-

152 Statt vieler BGH NJW 2005, 1772 (1773); BGH NJW 1995, 2295 (2296).
153 *Krajewski*, VerwArch 2008 (99), 174 (192).
154 Statt vieler BVerfG NJW 1998, 1776 (1777).
155 So auch *Ronellenfitsch*, DVBl. 2008, 201 (201).
156 *Ronellenfitsch*, in: Blümel, 100. Geburtstag Forsthoffs, S. 53 (81).
157 *Schneiderhan*, Vergaberecht, S. 39; *Ronellenfitsch*, in: Blümel, 100. Geburtstag Forsthoffs, S. 53 (81).
158 U.a. *Koenig*, EuZW 2001, 481 (481); *Schink*, DVBl. 2005, 861 (861); *Löwer*, DVBl. 1991, 132 (137); *Gerke*, Jura 1985, 249 (352).
159 *Sandmann*, Kommunale Unternehmen, S. 56.

teristikum des Terminus darstellt, um flexibel genug zu bleiben, den sich ändernden technischen, gesellschaftlichen und sozialen Verhältnissen gerecht zu werden.

Grundsätzlich bleibt daher festzuhalten, dass der Begriff der „Daseinsvorsorge" Einzug in die Rechtsprechung sowie in gesetzliche Regelungen gefunden hat. Aufgrund dessen muss der Terminus zumindest als „deskriptiver Sammelbegriff" mit „Problemzeigefunktion" und rechtlicher Relevanz bezeichnet werden.

4. Das Unionsrecht und der Begriff der „Daseinsvorsorge"

Unabhängig von der Verwendung des Begriffs der „Daseinsvorsorge" in Deutschland stellt sich im Weiteren die Frage, welches Verhältnis zwischen dem Unionsrecht und dem Terminus der „Daseinsvorsorge" besteht.

Einen Hinweis darauf könnten die deutschen Fassungen der Mitteilungen der Kommission vom 26. 9. 1996[160] als auch vom 20. 9. 2000[161] geben, welche sich jeweils auf die *„Leistungen der Daseinsvorsorge"* beziehen. Indem der Terminus „Daseinsvorsorge" verwendet wurde, könnte der Eindruck entstanden sein, dass das deutsche Verständnis von „Daseinsvorsorge" nicht nur als Vorbild für den Inhalt der Mitteilungen diente, sondern auch dass die hierin beschriebenen Leistungen mit der deutschen „Daseinsvorsorge" sogar gleichzusetzen sind. In Anbetracht der anderen Sprachfassungen der Mitteilungen, in welchen unter anderem von *„services d'intérêt general"* oder *„service of general interest"* die Rede ist, was jeweils mit „Dienstleistungen von allgemeinen Interesse" zu übersetzen ist[162], kann eine solche Gleichstellung allerdings nicht angenommen werden. So wird anhand der weiteren sprachlichen Fassungen deutlich, dass der deutsche Sprachdienst der Union den Begriff der „Daseinsvorsorge" schlichtweg aus dem deutschen Sprachgebrauch übernommen hat, ohne dabei den spezifischen deutschen Bedeutungsgehalt zu berücksichtigen. Dies wird ferner dadurch unterstrichen, dass in den späteren Fassungen des Grün- und Weißbuchs[163] gerade nicht mehr von „Daseinsvorsorge" die Rede ist, sondern ebenfalls von „Dienstleistungen von allgemeinem Interesse". Darüber hinaus geht die Kommission davon aus, dass es sich bei den *„gemeinwohlorientierten Leistungen"*[164], auf die sich die Mitteilungen beziehen, um *„marktbezogene oder nichtmarktbezogene Tätigkeiten, die im Interesse der Allgemeinheit erbracht und daher von den Behörden mit spezifischen Gemeinwohlverpflichtungen verknüpft werden"*[165], handelt. Damit

160 ABl. 1996 EG C 281/3.
161 ABl. 2001 EG C 17/4 (endgültige Fassung).
162 *Simon*, Liberalisierung, S. 30.
163 Grünbuch zu Dienstleitungen von allgemeinem Interesse, KOM(2003) 270 endgültig, 21. 5. 2003; Weißbuch zu Dienstleistungen von allgemeinem Interesse, KOM(2004) 374 endgültig, 12. 5. 2004.
164 ABl. 1996 EG C 281/3 (3); ABl. 2001 EG C 17/4 (23).
165 ABl. 1996 EG C 281/3 (3); ABl. 2001 EG C 17/4 (23).

schafft die Kommission ein eigenes Begriffsverständnis, welches dem Begriff der „Daseinsvorsorge“ zwar nicht unähnlich ist, aber dennoch Unterschiede bestehen.[166]

Darüber hinaus findet sich in Art. 106 Abs. 2 AEUV die Wendung der „Dienstleistungen von allgemeinem wirtschaftlichem Interesse“, welche mit dem Begriff der „Dienste von allgemeinem wirtschaftlichem Interesse“ nach Art. 14 S. 1 AEUV gleichzusetzen ist[167]. Diesbezüglich kennt das Unionsrecht zwar keine genaue Definition[168], gleichwohl definiert die Kommission unter derartige Dienstleistungen *„marktbezogene Tätigkeiten, die im Interesse der Allgemeinheit erbracht und daher von den Mitgliedstaaten mit besonderen Gemeinwohlverpflichtungen verbunden werden“.*[169] Damit bildet der Begriff lediglich einen Teilbereich der „Dienstleistungen von allgemeinem Interesse“ und ist daher auch viel enger gefasst als der Begriff der „Daseinsvorsorge“.[170] Darüber hinaus obliegt es allerdings den Mitgliedstaaten, zu bestimmen, was als eine solche besondere Dienstleistung zu gelten hat.[171] Entsprechend ist hier nicht das unionsrechtliche Verständnis maßgebend, sondern das des jeweiligen Mitgliedstaates. Aufgrund dessen darf an dieser Stelle durch die Kommission lediglich eine Kontrolle auf offenkundige Fehler stattfinden.[172]

Letztlich ist daher feststellen, dass die Unionsrechtsordnung den Begriff der „Daseinsvorsorge“ nicht kennt. Dafür allerdings Termini wie „Dienstleistungen von allgemeinem (wirtschaftlichem) Interesse“, die mit dem Begriff der „Daseinsvorsorge“ zumindest gemeinsame Anknüpfungspunkte, insbesondere in der Gemeinwohlorientierung, haben.

5. *Zwischenfazit*

Entsprechend der vorstehenden Überlegungen soll der Terminus der „Daseinsvorsorge“ in dieser Arbeit als problemorientierter „Deskriptivbegriff“ verwendet werden, dem folgendes Verständnis zugrunde gelegt wird: „Daseinsvorsorge“ ist die staatlich gewährleistete, entgeltliche, flächendeckende, kontinuierliche und gemeinwohlorientierte Leistungserbringung, die der Befriedigung der Bedürfnisse der Bevölkerung dient, um eine zeitgemäße, dem Lebensstandard einer jeweiligen Gesellschaft entsprechende, Lebensführung eines gedachten Normalbürgers zu sichern.

Aufgrund dessen zählen unter anderem Bereiche wie Gesundheitsversorgung, Wasser- und Elektrizitätsversorgung, Abfallentsorgung, Abwasserbeseitigung, Post,

---

166 Vgl. Kapitel 4, D., I., 2.
167 Grabitz/Hilf/Nettesheim/*Wernicke*, Recht der EU, AEUV, Art. 106 Rn. 37.
168 EuG, Rs. T-289/03, Slg. 2008, II-162 (BUPA/Kommission), Rn. 165.
169 ABl. 1996 EG C 281/3 (3); ABl. 2001 EG C 17/4 (23).
170 *Badura*, in: Schwarze, Daseinsvorsorge Wettbewerbsrecht, S. 25 (33).
171 ABl. 2001 EG C 17/4 (8); Calliess/Ruffert/*Christian Jung*, EUV/AEUV, AEUV Art. 106 Rn. 37.
172 ABl. 2001 EG C 17/4 (8); EuG, Rs. T-17/02, Slg. 2005, II-2031 (Olsen/Kommission), Rn 216; *Badura*, in: Schwarze, Daseinsvorsorge Wettbewerbsrecht, S. 25 (33).

Bahn, öffentlicher Personen- und Güterverkehr, Telekomunikation, Internet, Bestattungswesen, Feuerwehr, Rundfunk, Fernsehen, Schulen, Kindergärten, Schwimmbäder, Tiergehege, Theater, Museen und Bibliotheken zur „Daseinsvorsorge" im Sinne dieser Untersuchung.[173]

Die entsprechenden Aufgaben der „Daseinsvorsorge" können somit eigens durch den öffentlichen Dienst wahrgenommen werden, aber auch durch private Anbieter ausgeführt werden. Die der öffentlichen Hand einst als selbstverständlich zugewiesene Erfüllungsverantwortung in den Bereichen der „Daseinsvorsorge" wandelt sich daher heute mehr und mehr in eine so genannte Gewährleistungsverantwortung.

III. Die Angehörigen des öffentlichen Dienstes im deutschen Rechtssystem

Nachdem festgestellt werden konnte, nach welchen Kriterien sich der öffentliche Dienst in Deutschland bestimmt und in welchem Verhältnis die Daseinsvorsorge zum öffentlichen Dienst steht, stellt sich im Weiteren die Frage, welche Berufsgruppen in personeller Hinsicht tatsächlich unter den öffentlichen Dienst zu fassen sind und ob sich hierbei weitere Besonderheiten für das deutsche Rechtssystem ergeben.

1. Die personelle Reichweite des öffentlichen Dienstes

Im Allgemeinen werden die im öffentlichen Dienst beschäftigten Personen als Angehörige des öffentlichen Dienstes[174] bezeichnet. Welche Beschäftigten im deutschen Recht aber tatsächlich hierunter zu fassen sind, ist abhängig von der vertretenen personellen Reichweite des öffentlichen Dienstes.

Im „weitesten Sinne" zählen zu den Angehörigen des öffentlichen Dienstes alle Dienstnehmer einer juristischen Person des öffentlichen Rechts[175], einschließlich des Personals der Kirche[176]. Explizit handelt es sich hierbei um Beamte, Arbeitnehmer (Angestellte sowie Arbeiter) des öffentlichen Dienstes, Richter, Soldaten, politische Amtsträger wie beispielsweise der Bundespräsident oder die Bundesminister[177].

Der öffentliche Dienst im „weiteren Sinne" umfasst hingegen Beamte, Richter, Soldaten und die Arbeitnehmer des öffentlichen Dienstes[178].

Mithin wird allerdings von der überwiegenden Meinung ein öffentlicher Dienst im „engeren Sinne" angenommen, zu dem lediglich Beamte sowie Arbeitnehmer

173 *Franzen/Thüsing/Waldhoff*, Daseinsvorsorge, S. 21 f.; *Papier*, DVBl. 2003, 686 (687 f.); *Bull*, Der Staat 2008 (47), 1 (13); *Henneke*, in: Krautscheid, Daseinsvorsorge, S. 17 (18).

174 *Stoermer*, PersV 1997, 4 (4).

175 Hierzu *Stern*, Staatsrecht – I, S. 340; *Lieb*, Arbeitskampf, S. 336.

176 So *Jung*, Zweispurigkeit, S. 29; *Pfennig*, Begriff, S. 65.

177 Hierzu *Stern*, Staatsrecht – I, S. 340.

178 Vgl. *Jung*, Zweispurigkeit, S. 29; Battis/*Battis*, § 4 Rn. 3.

(Arbeiter und Angestellte) des öffentlichen Dienstes gerechnet werden[179]. *Fischbach*[180] hingegen versteht hierunter nur den Beamtendienst. Wohingegen *Pfennig*[181] diesen mit öffentlichem Dienst im „engsten Sinne“ umschreibt. Davon abweichend verstehen sowohl *Wacke*[182] als auch *Grewe*[183] unter der Bezeichnung öffentlicher Dienst im „engeren Sinne“ lediglich das Recht der Arbeitnehmer (Angestellten und Arbeiter) des öffentlichen Dienstes.

Aufgrund der vielfältigen personenbezogenen Abstufungen des öffentlichen Dienstes und der darüber hinausgehenden partiellen Uneinigkeit im Hinblick auf spezielle Abstufungen soll der vorliegenden Arbeit ein Verständnis im engeren Sinne zugrunde gelegt werden, welches nur Beamte und Arbeitnehmer (Angestellte sowie Arbeiter) des öffentlichen Dienstes umfasst. Dies nicht zuletzt deswegen, weil es der Übersichtlichkeit der Arbeit geschuldet ist und dem üblichen Sprachgebrauch am nächsten kommt.

2. Die Zweiteilung des öffentlichen Dienstes

Der öffentliche Dienst unterliegt in Bezug auf seine Angehörigen in Deutschland einer personellen Dichotomie[184]. Diese grundsätzliche Zweiteilung des öffentlichen Dienstes ist an mehreren Stellen des Grundgesetzes wie in Art. 85 Abs. 2 S. 2 GG oder Art. 132 Abs. 1 GG verankert. Es wird zum einen zwischen denjenigen Personen, die in einem öffentlich-rechtlichen Dienst- oder Ausbildungsverhältnis und solchen, die in einem privatrechtlichen Vertragsverhältnis stehen, unterschieden. Es handelt sich hierbei um eine rein statusbezogene Unterscheidung.

a. Die Personen im öffentlich-rechtlichen Dienst- oder Ausbildungsverhältnis

Zu der erstgenannten Gruppe zählen Beamte, Richter, Soldaten und Beamtenanwärter[185]. Ausgehend von dem der vorliegenden Arbeit zugrunde gelegten engen Verständnis der Angehörigen des öffentlichen Dienstes sind in dieser Gruppe lediglich Beamte und deren Anwärter zu beleuchten. Der Begriff des Beamten hat im deutschen Recht keine gesetzliche Definition erfahren. Die allgemeine Terminologie lässt sich allerdings aus einer Zusammenschau von Art. 33 Abs. 4, 5 GG, §§ 3 bis 12 BeamtStG, §§ 4 bis 15 BBG[186] und den entsprechenden Regelungen der Beam-

---

179 So auch Battis/*Battis*, § 4 Rn. 3.
180 Vgl. *Fischbach*, DVBl.. 1951, 524 (524).
181 Siehe *Pfennig*, Begriff, S. 65
182 Vgl. *Wacke*, Grundlagen, S. 25.
183 So *Grewe*, Verh. 39. DJT, S. D 29.
184 *Lieb*, Arbeitskampf, S. 335; *Stoermer*, PersV 1997, 4 (4).
185 *Müller/Landshuter*, Arbeitsrecht öffentlicher Dienst, Erster Abschnitt Allgemeines, Grundbegriffe, Rn. 7.
186 *Müller/Landshuter*, Arbeitsrecht öffentlicher Dienst, Erster Abschnitt Allgemeines, Grundbegriffe, Rn. 8.

tengesetze der Länder[187] herleiten. Hiernach ist derjenige Beamte im dienst- bzw. staatsrechtlichen Sinne[188], der in einem öffentlich-rechtlichen Dienst- und Treueverhältnis steht, in das er unter Aushändigung der vorgeschriebenen Ernennungsurkunde berufen worden ist[189]. Darüber hinaus stehen auch die Beamtenanwärter in einem öffentlich-rechtlichen Ausbildungsverhältnis. Aufgrund dieser Stellung kommt den Anwärtern die Bezeichnung als Dienstanfänger[190] oder Laufbahnbewerber[191] zu. Die als Laufbahnbewerber bezeichneten Anwärter leisten einen Vorbereitungsdienst im Beamtenverhältnis auf Widerruf im Sinne des § 4 Abs. 4a BeamtStG ab. Ferner besitzt das Beamtenrecht der Länder die Möglichkeit, so genannte Dienstanfänger beispielsweise für den mittleren und gehobenen Dienst[192] in einem öffentlich-rechtlichen Ausbildungsverhältnis zu beschäftigen, ohne dass sie verbeamtet werden. Wer sich allerdings als Dienstanfänger bewährt, kann in den Vorbereitungsdienst als Beamter auf Widerruf übernommen werden.[193]

b. Die Personen in einem privatrechtlichen Vertragsverhältnis

Zu der zweiten Gruppe der Angehörigen des öffentlichen Dienstes gehören die Arbeiter und Angestellten des öffentlichen Dienstes sowie deren Auszubildende.[194] Bei der Unterscheidung zwischen Arbeitern und Angestellten handelt es sich um eine in Deutschland seit langem vorherrschende Praxis, die heute, vorbehaltlich einzelner Ausnahmen, freilich einzig eine sprachliche Differenzierung darstellt und keinen relevanten gesetzlichen Anknüpfungspunkt mehr findet. Gerade im Arbeitsrecht des öffentlichen Dienstes, als noch zuletzt bedeutende kodifizierte Bastion, konnte sich die Trennung nicht halten. Mit Inkrafttreten des TVöD bzw. der TV-L entfiel auch hier die Abgrenzung im Geltungsbereich der Tarifverträge. Darüber hinaus wurden ebenfalls im Personalvertretungsrecht Arbeitnehmer und Angestellte begrifflich zu Arbeitnehmern[195] zusammengefasst, sodass aufgrund der Gehaltlosigkeit der begrifflichen Differenzierung in der vorliegenden Abhandlung von Arbeitnehmern des öffentlichen Dienstes gesprochen werden soll. Eine Erläuterung der terminologischen Unterschiede zwischen Arbeitern und Angestellten wird daher obsolet. Zu den Auszubildenden des öffentlichen Dienstes zählen zudem alle Personen, die eine Berufsbildung nach dem Berufsbildungs-

---

187 U.a. §§ 5 bis 8 ThürBG.

188 Daneben existieren im deutschen Recht noch Beamtenbegriffe im strafrechtlichen und haftungsrechtlichen Sinne, welche für die vorliegende Darstellung keine Relevanz besitzen.

189 Battis/*Battis*, § 4 Rn. 2; Maunz/Dürig/*Papier*, Art. 34 Rn. 105; MünchKomm BGB/*Papier*, § 839 Rn. 130.

190 Siehe u. a. § 13 ThürLbG.

191 Siehe u. a. § 12 Abs. 2 ThürLbG.

192 Siehe u. a. § 13 Abs. 1 ThürLbG.

193 Siehe u. a. § 13 Abs. 1 Nr. 1 ThürLbG.

194 MünchArbR/*Giesen*, § 326 Rn. 2; *Stoermer*, PersV 1997, 4 (4f.).

195 Siehe § 4 Abs. 1, 3 BPersVG.

gesetz erfahren, wozu die Berufsausbildungsvorbereitung, Berufsausbildung, berufliche Fortbildung, berufliche Umschulung, Volontariate oder Praktika zählen.[196]

Überdies gibt es bei den Trägern der gesetzlichen Kranken- und Unfallversicherungen[197] eine spezielle Form der Arbeitnehmer, welche als Dienstordnungsangestellte[198] bezeichnet werden. Obwohl diese aufgrund eines privatrechtlichen Vertrags angestellt sind, besteht ihre Besonderheit darin, dass sie einer Dienstordnung unterstehen[199]. Hierbei handelt es sich um eine öffentlich-rechtliche Satzung, die kraft ihrer Normwirkung[200] das zugrundeliegende Vertragsverhältnis gestaltet.[201] Die Anwendung des Dienstordnungsrechts hat nunmehr dazu geführt, dass Dienstordnungsangestellte und Beamte nahezu gleichgestellt sind.[202] Nichtsdestotrotz darf nicht verkannt werden, dass es sich weiterhin um Arbeitnehmer des öffentlichen Dienstes handelt und nicht um Beamte, da sie aufgrund eines privatrechtlichen Vertrags angestellt sind. Nach der Ausschlussbestimmung gemäß § 358 RVO dürfen die Krankenkassen allerdings seit dem 1. 1. 1993 keine Verträge mehr mit Beschäftigten abschließen, die der Dienstordnung unterstehen würden.

B. Das Streikrecht

Um das Streikrecht im öffentlichen Dienst näher beleuchten zu können, bedarf es neben einer eingehenden Betrachtung der Strukturen des öffentlichen Dienstes ebenfalls einer grundsätzlichen Untersuchung des Streiks als „das klassische Arbeitskampfmittel“[203] der Beschäftigten und des damit einhergehenden allgemeinen Rechts auf Streik. Aufgrund dessen erfolgt im Weiteren eine begriffliche Einordnung des Arbeitskampfes zum Zweck der Einbettung des Streiks als Arbeitskampfmittel in das geltende Arbeitskampfrecht. Im Anschluss daran wird das Streikrecht näher beleuchtet.

I. Der Arbeitskampf – eine Begriffsbestimmung

Was im Allgemeinen unter Arbeitskampf zu verstehen ist, entzieht sich im deutschen Recht einer Legaldefinition. Zwar wird der Arbeitskampf im geltenden

196 *Müller/Landshuter*, Arbeitsrecht öffentlicher Dienst, Erster Abschnitt Allgemeines, Grundbegriffe, Rn. 48.
197 Siehe § 144 SGBVII; § 164 Abs. 3 SGB V.
198 StaudingerBGB/*Richardi, Reinhard/Fischinger, Philipp S.*, Vormerkung §§ 611 ff., Rn. 420.
199 MünchArbR/*Richardi*, § 18 Rn. 58; MünchArbR/*Giesen*, § 326 Rn. 138; *Weber, W.*, Die Rechtsstellung der Dienstordnungsangestellten der Sozialversicherungsträger, ZBR 1955, 129 (129).
200 *Weber*, ZBR 1955, 129 (129).
201 BAGE 39, 76 (81).
202 SchaubArbRHdb/*Linck*, § 29 Rn. 15.
203 ErfKomm/GG/*Linsenmaier*, Art. 9 Rn. 94; *Nikisch*, Arbeitsrecht II, S. 80.

Bundes- und Landesrecht an den unterschiedlichsten Stellen[204] erwähnt, ohne dass aber zugleich der Begriff an sich definieren wurde. Vielmehr wird der Inhalt des Begriffes in den verschiedenen Normen vorausgesetzt.[205] Eine Begriffsbestimmung muss daher eigenständig konstruieren werden. Es ist somit wenig überraschend, dass Inhalt, Reichweite und das damit verbundene Funktionsverständnis dieser Begriffserklärung variieren. Die diesbezügliche Uneinigkeit ist grundsätzlich durch zwei gegensätzliche Lager geprägt. So werden sowohl ein enger als auch ein weiter Arbeitskampfbegriff vertreten, wobei zu beiden zahlreiche Definitionsansätze existieren, die jeweils unterschiedliche Begriffsmerkmale als zentral erachten.

1. Der enge Arbeitskampfbegriff

Der Begriff des Arbeitskampfes wird von Teilen der älteren Literatur[206] in einem engen Sinne verstanden. So nimmt u. a. *Nipperdey*[207] an, dass der Arbeitskampf allein als tarifbezogener Regelungsstreit begriffen werden kann, sodass das Arbeitskampfziel (das Erstreben oder die Abwehr eines Tarifvertrags) ein wesentliches Begriffsmerkmal darstellt und die Begriffsbestimmung dahingehend einengt. Demzufolge sei ein Arbeitskampf

> *„die auf Grund eines Kampfentschlusses der Arbeitnehmer- oder Arbeitgeberseite erfolgte Störung des Arbeitslebens durch kollektive Kampfmaßnahmen zu dem Zweck, mit Hilfe des dadurch ausgeübten Drucks eine freiwillige nicht zugestandene kollektivvertragliche Regelung zu erreichen (Angriffsarbeitskampf) oder abzuwehren (Abwehrarbeitskampf)“*[208].

Eine sehr ähnliche Auffassung vertritt *Kaskel*[209], indem er Arbeitskampf zwar als *„feindliche Maßnahme zwischen Arbeitgeberschaft und Arbeitnehmerschaft zum Zweck der Erkämpfung günstigerer Arbeitsbedingungen, als sie von der Gegenseite freiwillig zugestanden werden“*, definiert, das Kampfziel allerdings nur in einem engen Sinne, nämlich dem Abschluss von Gesamtvereinbarungen, insbesondere Tarifverträgen, versteht. Diesem engen Verständnis des Arbeitskampfbegriffes hat sich grundsätzlich auch *Ramm*[210] angeschlossen.

Konsequenz dieser Auffassung ist, dass zumindest der Eindruck erweckt wird, schon die Begriffsbestimmung enthalte eine rechtliche Wertung und schaffe da-

204 Vgl. u. a. Art. 9 Abs. 3 S. 3 GG, § 2 Abs. 1 Nr. 2 ArbGG, § 74 Abs. 2 S. 1 BetrVG, § 25 KSchG.
205 StaudingerBGB/*Richardi/Fischinger*, Vormerkung §§ 611 ff., Rn. 812; *Richardi*, FS Wolf, S. 550.
206 U.a. *Hueck/Nipperdey/Säcker*, Arbeitsrecht, S. 870 ff.; *Ramm*, AcP 160, 336 ff.; *Kaskel*, Arbeitsrecht, S. 370 *ff.*
207 *Hueck/Nipperdey/Säcker*, Arbeitsrecht, S. 884.
208 *Hueck/Nipperdey/Säcker*, Arbeitsrecht, S. 870.
209 *Kaskel*, Arbeitsrecht, S. 371.
210 *Ramm*, AcP 160, 336 (365).

mit einen materiell-rechtlichen und nicht nur einen „Materien abgrenzenden“[211] Begriff.

2. *Der weite Arbeitskampfbegriff*

Die überwiegende Meinung[212] spricht sich hingegen für eine weit gefasste Begriffsbestimmung aus, die den Arbeitskampf als gesamtes „soziales Phänomen kollektiver Konfliktlösung“[213] erfassen soll.

So verstehen sowohl *Kissel*[214], *Otto*[215], *Preis*[216], *Schwarze*[217] als auch *Treber*[218] den Arbeitskampf als „*die zielgerichtete Ausübung kollektiven Drucks durch die Arbeitnehmer- oder Arbeitgeberseite mittels Zufügung von Nachteilen oder deren Abwehr*“. Bezeichnend für dieses „weiteste“ Verständnis des Arbeitskampfbegriffes ist, dass weder die Art des Arbeitskampfmittels noch die des Arbeitskampfzieles, oder gar, wer im Speziellen den Arbeitskampf führt, für die Terminologie entscheidend sein soll.[219] Einzig wirklich maßgebliches Abgrenzungskriterium ist der kollektive Aspekt.[220]

Abweichend hiervon existieren im Schrifttum verschiedene Ansätze eines, wie ihn *Kornbichler*[221] bezeichnet, „relativ weiten“[222] Arbeitskampfbegriffes.

Eine weit verbreitete Richtung beschränkt die am „weitesten“ gefasste Definition anhand einer Konkretisierung des Begriffsmerkmales der kollektiven Druckausübung, indem der Druck zu einer „Störung der Arbeitsbeziehungen“[223], „Störung

---

211 *Richardi*, FS Wolf, S. 557.

212 U.a. *Otto*, Arbeitskampf, S. 2 ff.; *Treber*, Maßnahmen, S. 99 ff.; MünchArbR/*Ricken*, § 193 Rn. 3; *Kissel*, Arbeitskampfrecht, S. 139 ff., 151 f.; *Preis*, Kollektivarbeitsrecht, S. 303 ff.; *Schwarze*, RdA 1993, 264 ff.; *Zöller/Loritz/Hergenröder*, Arbeitsrecht, S. 414 f.; *Richardi*, FS Wolf, S. 549 ff.; *Kornbichler*, Stilllegung, S. 19 ff.; *Wesch*, Arbeitskampfmittel, S. 19 ff.; Brox/Rüthers/*Brox*, Arbeitskampfrecht, S. 11 ff.; Däubler/*Däubler*, Arbeitskampfrecht, S. 59 f.

213 *Treber*, Maßnahmen, S. 99; *Otto*, Arbeitskampf, S. 2; SchaubArbRHdb/*Treber*, § 192 Rn. 6; *Wesch*, Arbeitskampfmittel, S. 19.

214 Vgl. *Kissel*, Arbeitskampfrecht, S. 139 f., 152.

215 Vgl. *Otto*, Arbeitskampf, S. 3.

216 Vgl. *Preis*, Kollektivarbeitsrecht, S. 304.

217 Vgl. *Schwarze*, RdA 1993, 264(268).

218 Vgl. *Treber*, Maßnahmen, S. 99 ff., insbesondere S. 103; SchaubArbRHdb/*Treber*, § 192 Rn. 6.

219 *Otto*, Arbeitskampf, S. 2; *Kissel*, Arbeitskampfrecht, S. 139; *Kalb*, KassHdB, Bd. 2, S. 1031.

220 *Kalb*, KassHdB, Bd. 2, S. 1031; ähnlich *Münch*, Jura 1979, 25 (26).

221 *Kornbichler*, Stilllegung, S. 23.

222 So auch *Zöller/Loritz/Hergenröder*, Arbeitsrecht, S. 415.

223 Brox/Rüthers/*Brox*, Arbeitskampfrecht, S. 13; *Kornbichler*, Stilllegung, S. 22 ff.; *Zöller/Loritz/Hergenröder*, Arbeitsrecht, S. 414.

des Arbeitsfriedens“[224] oder auch zur „Störung der Vertragspflichten“[225] führen solle, die übrigen Begriffsmerkmale aber beibehalten werden. Durch diesen Bezug zum Arbeitsverhältnis wird der Arbeitskampfbegriff enger, indem kollektive Störungen Dritter und bestimmte Arbeitskampfziele, die über die Störung der Arbeitsbeziehungen hinausgehen, ausgenommen werden.[226]

Ferner spricht sich auch *Däubler*[227] für einen weiten Arbeitskampfbegriff aus, schränkt diesen aber im gleichen Atemzug durch eine „fünfte – negative – Voraussetzung“[228] wieder ein. So vertritt er die Auffassung, dass es sich nur dann um einen Arbeitskampf handeln könne, wenn *„sich die Beteiligten außerhalb des überkommenen Vertrags- und Deliktsrechts bewegen“*[229]. *Däubler* schafft somit zwar einen relativ weiten, aber auch einen rechtsfolgenorientierten, materiell-rechtlichen Arbeitskampfbegriff[230], welcher über die reine Abgrenzung tatsächlicher Lebenssachverhalte hinausgeht.

Unter Ausklammerung der Begriffsbestimmung *Däublers* besteht indes Einigkeit über das Funktionsverständnis der „weiten“ Arbeitskampfdefinitionen. Ein so gearteter Arbeitskampfbegriff soll kein Präjudiz darstellen[231], sodass es sich folglich um keinen rechtsdogmatischen Begriff handelt[232]. In Ermangelung eines Normenbezuges können mit diesem gerade keine unmittelbaren Rechtsfolgen verbunden werden[233], was zur Konsequenz hat, dass aus einer solchen Begriffsbestimmung weder die Rechtmäßigkeit noch die Rechtswidrigkeit eines Verhaltens abgeleitet werden kann. Vielmehr handelt es sich um einen reinen „Gebrauchsbegriff“[234], der lediglich einen Wirklichkeitsbezug aufweist[235]. Der allgemeine Begriff des Arbeitskampfes im weiten Sinne dient daher lediglich der Abgrenzung eines Lebenssachverhaltes, für welchen grundsätzlich eine rechtliche Beurteilung in Betracht kommen könnte, ohne dass sich eine solche direkt aus der Terminologie ergibt.[236] Dieses Funktionsverständnis hat im Umkehrschluss zur Folge, dass der Begriffsinhalt des in den jeweiligen gesetzlichen Bestimmungen

---

224 *Nikisch*, Arbeitsrecht II, S. 78.

225 *Wesch*, Arbeitskampfmittel, S. 20 f. – der die Einschränkung des Begriffes durch das Merkmal „Störung der Arbeitsbeziehungen“ oder „Störung des Arbeitslebens“ für zu unbestimmt hält.

226 So auch *Kornbichler*, Stilllegung, S. 23.

227 Däubler/*Däubler*, Arbeitskampfrecht, S. 59 f.

228 Däubler/*Däubler*, Arbeitskampfrecht, S. 60.

229 Däubler/*Däubler*, Arbeitskampfrecht, S. 60.

230 *Richardi*, FS Wolf, S. 556.

231 *Otto*, Arbeitskampf, S. 2; *Richardi*, FS Wolf, S. 559.

232 *Richardi*, FS Wolf, S. 559.

233 *Dütz/Thüsing*, Arbeitsrecht, S. 322; *Otto*, Arbeitskampf, S. 2.

234 *Kissel*, Arbeitskampfrecht, S. 139; StaudingerBGB/*Richardi/Fischinger*, Vormerkung §§ 611 ff., Rn. 813.

235 *Richardi*, FS Wolf, S. 551, 559.

236 *Otto*, Arbeitskampf, S. 2.

genannten „Arbeitskampfes" zusätzlich gesetzesspezifisch ausgelegt werden muss.[237] Der Arbeitskampfbegriff der verschiedenen Gesetze ist folglich nicht einheitlich und kann Abweichungen zu dem dargestellten „Gebrauchsbegriff" aufweisen.[238]

3. *Stellungnahme*

Betrachtet man die soeben dargestellten Definitionsansätze, lässt sich feststellen, dass alle Auffassungen zu unterschiedlichen Zeitpunkten herrschend waren. So ist eine Tendenz erkennbar, dass der Arbeitskampfbegriff im „engen Sinne" eher im 19. und Anfang bis Mitte des 20. Jahrhunderts herrschend war.[239] Die „relativ weite" Begriffsbestimmung hat sich später gegen Ende des 20. Jahrhunderts bis heute durchsetzen können, wobei die „weiteste" Definition des Arbeitskampfes heute immer mehr im Vordringen begriffen ist. Der Grund hierfür ist darin zu sehen, dass zur Zeit des „engen" Arbeitskampfbegriffes Einigkeit dahingehend bestand, dass unter Arbeitskampf im Wesentlichen der Streik und die Aussperrung zu verstehen war, die Enge der vertretenen Terminologie also durchaus plausibel erschien. Im Laufe der Zeit und unter Fortentwicklung der gesellschaftlichen und wirtschaftlichen Gegebenheiten wurden die Kampfmittel den gewandelten Umständen angepasst, um eine funktionierende Tarifautonomie sicherzustellen[240], sodass sich auch das Spektrum der Kampfformen erweiterte. Dies ist zumindest nach der Rechtsprechung des BAG[241] durchaus legitim, da dem Schutz des Art. 9 Abs. 3 GG nicht nur ein historisch gewachsener, anerkannter und abschließender Kern an Arbeitskampfmitteln unterfalle, sondern vielmehr eine generelle Freiheit der Koalitionen, ihre Kampfmittel weiterzuentwickeln und zu wählen. Aufgrund dessen kann sich die Begriffsbestimmung einer Öffnung nicht entziehen, da ansonsten die Kampfmaßnahmen, die nunmehr prinzipiell als Arbeitskampf verstanden werden (z.B. Betriebsbesetzung, Betriebsblockade, Streikbruchprämien), künstlich vom allgemeinen Begriff losgelöst werden würden. Diesem Kontext entsprechend wird hier der Arbeitskampfbegriff im „weitesten" Sinne als vorzugswürdig erachtet, da nur ein solcher die sukzessive Weiterentwicklung des Arbeitskampfes kompensieren kann, ohne ständig einer Anpassung unterworfen zu sein. Die Gefahr einer institutionellen Verfestigung oder Verengung kann damit entgegengewirkt

---

237 Brox/Rüthers/*Brox*, Arbeitskampfrecht, S. 12; *Richardi*, FS Wolf, S. 551, 558f.; sinngemäß *Gamillscheg*, KollArbR I, S. 934; dem entgegentretend *Bötticher*, RdA 1955, 81(81).

238 *Zöller/Loritz/Hergenröder*, Arbeitsrecht, S. 415; Däubler/*Däubler*, Arbeitskampfrecht, S. 62.

239 *Ramm*, AcP 160, 336 (339).

240 So auch sinngemäß BVerfG NJW 1996, 185 (186); BAG NZA 2007, 1055 (1056); BAG NZA 2009, 1347 (1351).

241 Vgl. u.a. BAG NZA 2007, 1055 (1056); BAG NZA 2009, 1347 (1351); zustimmend u.a. SchaubArbRHdb/*Treber*, § 193 Rn. 66; ErfKomm/GG/*Dieterich*, § 9 Rn. 271; kritisch hingegen u.a. *Otto*, RdA 2010, 135ff.; *Hohenstatt/Schramm*, NZA 2007, 1034ff.; *Jacobs*, ZfA 2011, 71ff.; *Rieble*, NZA 2008, 796ff.

werden.[242] Ferner können die neuen Erscheinungsformen des Arbeitskampfes, wie beispielsweise „Flashmob-Aktionen"[243], terminologisch erfasst werden, ohne dass der Begriff des Arbeitskampfes für die Zukunft seiner Geltung beraubt werden würde oder Verunsicherungen hervorgerufen werden.

Hinzu kommt, dass die Begriffsbestimmung im „engen Sinne" nicht lediglich den allgemeinen Sprachgebrauch widerspiegelt, sondern immer auch rechtsfolgenorientiert ist. Eine solche Einengung geht viel zu weit; sie vermischt Begriff und Rechtmäßigkeit des Arbeitskampfes. Denn auch rechtswidrige Arbeitskämpfe, wie der politische Streik, können Arbeitskämpfe sein.[244] Es entspricht nicht dem Zweck der begrifflichen Eingrenzung und Zuordnung von Lebenssachverhalten, im Arbeitskampfbegriff materielle Rechtsfragen abzuhandeln, weil so automatisch Fragen des Arbeitskampfrechts in die Definition einbezogen werden.[245] Obwohl *Däubler* einen Arbeitskampfbegriff im „engen Sinne" zurückweist, ist die von ihm geforderte Ausklammerung der nach dem allgemeinen Vertragsrecht offenstehenden Maßnahmen ebenfalls aus genannten Gründen abzulehnen.

Aber auch die „relativ weite" Begriffsbestimmung engt den Arbeitskampfbegriff zu sehr ein. Würde es bezüglich des Kampfzieles begrifflich darauf ankommen, dass der Arbeitskampf auf die „Störung der Arbeitsbeziehung", „Störung des Arbeitsfriedens" oder „Störung der Vertragspflichten" gerichtet ist, so würden als Arbeitskampfmaßnahmen grundsätzlich anerkannte Mittel, wie der Boykott oder auch Streikbruchprämien, unter Umständen nicht mehr unter den Begriff des Arbeitskampfes fallen, da hierbei nicht zwingend die vertragliche Durchführung des Arbeitsverhältnisses gestört wird. Aufgrund dessen ist sich *Otto*[246] anzuschließen, welcher das Zufügen von Nachteilen für die jeweils andere Seite durch kollektiven Druck genügen lässt. Der Druck muss nicht notwendigerweise direkt die Vertragsbeziehung betreffen, ausreichend ist eine unmittelbare oder mittelbare kollektive Druckausübung auf den sozialen Gegenspieler, beispielsweise durch Käuferboykott/Warenboykott, um dadurch inhaltlich auf eine Veränderung des Arbeitsverhältnisses hinzuwirken und begrifflich einen Arbeitskampf anzunehmen.[247]

II. Der Streik als Arbeitskampfmittel

Aus der soeben vorgenommenen Herleitung des allgemeinen Arbeitskampfbegriffs wird deutlich, dass der Arbeitskampf verschiedenartige Formen an Kampfmitteln umfasst. Hierbei stellte der Streik nicht nur ein traditionelles, sondern auch das

242 *Treber*, Maßnahmen, S. 100.

243 Diese sind nach der neuen Rechtsprechung des BAG als nicht generell unzulässig zu bewerten, da sie zumindest in den Schutzbereich des Art. 9 Abs. 3 GG fallen; vgl. BAG NZA 2009, 1347 ff.

244 *Münch*, Jura 1979, 25 (26); *Kreuz*, Verhältnismäßigkeit, S. 22.

245 StaudingerBGB/*Richardi/Fischinger*, Vormerkung §§ 611 ff., Rn. 820.

246 *Otto*, Arbeitskampf, S. 3.

247 Ähnlich auch MünchArbR/*Ricken*, § 193 Rn. 3.

wichtigste Druckmittel der Arbeitnehmerseite im Arbeitskampf dar. Diesbezüglich wird im Weiteren ein Überblick hinsichtlich des Streiks als generell wählbares Kampfmittel gegeben, um in den darauffolgenden Kapiteln das Streikrecht der Beschäftigten im öffentlichen Dienst diskutieren zu können.

1. Die Freiheit der Wahl der Arbeitskampfmittel

Bezüglich der Freiheit der Koalitionen, ihre Arbeitskampfmittel selbst zu wählen, besteht inzwischen überwiegend Einigkeit, dass eine solche grundsätzlich dem Schutzbereich des Art. 9 Abs. 3 GG unterfällt.[248] Nicht ganz unproblematisch verhält es sich hingegen mit der Reichweite der Kampfmittelwahlfreiheit. Es stellt sich weiterhin die Frage, ob eine begrenzte oder unbegrenzte Kampfmittelfreiheit von Art. 9 Abs. 3 GG umfasst ist.

Zwar hat der Erste Senat des BAG schon in seinem Urteil vom 28.01.1955[249] den Grundsatz der freien Kampfmittelwahl fundiert; allerdings nur dahingehend, dass sowohl die Arbeitnehmer- als auch die Arbeitgeberseite *„in den Grenzen des legitimen Kampfes das ihr gemäß, historisch überkommene, der Natur der Sache entsprechende Kampfmittel wählen"*[250] darf. Dementsprechend ging das BAG klar von einem beschränkten Freiheitsrecht aus. Im Grunde sollte dies nichts anderes bedeuten, als dass die Koalitionen zwischen den der Rechtsordnung entsprechenden, traditionellen Kampfmitteln wählen konnten – die Arbeitnehmerseite sich also des Streikes und die Arbeitgeberseite der Aussperrung bedienen durfte (oder auch nicht), da zumindest zum Entscheidungszeitpunkt lediglich Streik und Aussperrung als „historisch überkommene" Kampfmittel etabliert waren[251]. Indes vollzog das BAG bezüglich der Reichweite der Kampfmittelwahlfreiheit allerdings einen tiefgreifenden Wandel. So postuliert der Erste Senat des BAG in seinen neueren Entscheidungen eine im Grunde uneingeschränkte Kampfmittelwahlfreiheit, welche die Koalitionen dazu befugt, sich nicht nur der traditionellen Kampfmittel zu bedienen, sondern diese auch weiterzuentwickeln oder gar vollkommen neue Kampfmittel zu konstruieren und zu nutzen, soweit dadurch ein von einer Koalition verfolgtes Ziel erstrebt wird[252] und es die Umstände

248 BVerfG NJW 1996, 185 (186); BVerfG NZA 2007, 394 (395); BAG NZA 2007, 1055 (1056); BAG NZA 2009, 1347 (1351); *Czerweny von Arland*, Die Arbeitskampfmittel, S. 26; Däubler/*Bieback/Wroblewski*, Arbeitskampfrecht, S. 349; *Preis*, Kollektivarbeitsrecht, § 113, S. 305; grundsätzlich auch *Jacobs*, ZfA 2011, 71 (82, 85, 86).

249 BAGE 1, 291 ff.

250 BAGE 1, 291 (309).

251 Vgl. BAG 1, 291 (300), Das BAG bezeichnet in dieser Entscheidung Arbeitskämpfe im Einzelnen als Streik und Aussperrung. Im Umkehrschluss lässt sich daraus schließen, dass nur der Streik und die Aussperrung als Kampfmittel angesehen wurden. Später so auch *Glietsch*, Zulässigkeit, S. 36.

252 Andeutungsweise in BAG NZA 2007, 1055 (1056); ausdrücklich in BAG NZA 2009, 1347 (1351).

erfordern, um „ausgewogene Tarifabschlüsse zu erzielen".[253] Der Erste Senat stützte die Begründung seines Rechtsprechungswandels grundsätzlich auf die Aufgabe der „Kernbereichslehre"[254] durch das BVerfG. Dieses stellte in seinem Urteil vom 04.07.1995[255] klar, dass der Schutzbereich des Art. 9 Abs. 3 GG alle koalitionsspezifischen Verhaltensweisen umfasst[256] und nicht nur durch den „Bereich des Unerlässlichen" begrenzt ist, was nach Ansicht des BAG eine „generelle" Kampfmittelfreiheit zur Folge hat[257], da jede Betätigung schon dann als koalitionsspezifisch anzusehen sei, wenn eine Koalition damit ein tarifliches Ziel verfolgt[258]. Der Dogmenwechsel des BAG, gestützt auf die Rechtsprechung des BVerfG, ist im Schrifttum auf heftige Kritik gestoßen, insbesondere im Hinblick auf die angeblich verfehlte Interpretation der Rechtsprechung des BVerfG.[259]

Nach hier vertretener Auffassung ist die Entscheidung des BVerfG vom 04.07.1995 dahingehend zu verstehen, dass die Koalitionen nach Art. 9 Abs. 3 GG nicht nur auf die historisch etablierten Arbeitskampfmittel in der üblichen Erscheinungsform verwiesen sind, sondern ihre Kampfmittel den gewandelten Umständen anpassen können, um die Kampfparität zu wahren und dadurch die Tarifautonomie zu gewährleisten. So führt das BVerfG wörtlich aus:

> *„Grundsätzlich ist es den Tarifvertragsparteien selbst überlassen, ihre Kampfmittel den sich wandelnden Umständen anzupassen, um dem Gegner gewachsen zu bleiben und ausgewogene Tarifabschlüsse zu erzielen."*[260] *[...] Sie werden jedenfalls insoweit von der Koalitionsfreiheit erfaßt, als sie erforderlich sind, um eine funktionierende Tarifautonomie sicherzustellen."*[261]

Hieraus ergibt sich zumindest, dass die Kampfmittelfreiheit die Weiterentwicklung der gegebenen Kampfmittel umfasst und die Koalitionen unter diesen frei wählen können. Für die vorliegende Diskussion führt dies zu der Konsequenz, dass der Streik auch in seinen verschiedenen Erscheinungsformen vom Schutzbereich des Art. 9 Abs. 3 GG erfasst ist, soweit dies die veränderten Umstände gebieten und die verschiedenen Erscheinungsformen freilich noch der Durchsetzung tariflich regelbarer Forderungen dienen. In diesem Umfang kann daher auch der Rechtsprechung des BAG gefolgt werden.

Nichtsdestotrotz wird es als kritisch bewertet, in welchen Fällen das BAG Verhaltensweisen der Tarifparteien als „koalitionsspezifisch" beurteilt und somit in den Schutzbereich des Art. 9 Abs. 3 GG fallen lässt. So ist laut BAG auf das von der Koalition verfolgte Ziel der Maßnahmen abzustellen. Ausgehend von einem solchen subjektiven

---

253 BAG NZA 2009, 1347 (1351).
254 Siehe BVerfG NJW 1996, 185 ff.
255 Vgl. BVerfG NJW 1996, 185 (186).
256 Vgl. BAG NZA 2007, 1055 (1056); BAG NZA 2009, 1347 (1351).
257 Vgl. BAG NZA 2007, 1055 (1056); BAG NZA 2009, 1347 (1351).
258 BAG NZA 2009, 1347 (1351).
259 Ausführungen zu einzelnen Kritikpunkten siehe u. a. *Wank*, RdA 2009, 1 ff.; *Jacobs*, ZfA 2011, 71 ff.; *Otto*, RdA 2010, 135 ff.; *Hohenstatt/Schramm*, NZA 2007, 1034 ff.
260 BVerfG NJW 1996, 185 (186).
261 BVerfG NJW 1991, 2549 (2550); BVerfG NJW 1996, 185 (186).

Verständnis wäre es den Koalitionen generell möglich, autonom zu bestimmen, welche Betätigungen in den Schutzbereich des Art. 9 Abs. 3 GG fallen und damit grundsätzlich verfassungsrechtlich geschützt wären. Eine dementsprechende Auslegung würde dazu führen, dass die Prüfung des Schutzbereiches obsolet werden würde, da die jeweiligen Koalitionen immer behaupten werden, dass ihre Maßnahmen auf die Durchsetzung tariflicher Aspekte abzielten.[262] Daher müssen, nach hier vertretener Ansicht, die Koalitionshandlungen zur Durchsetzung tariflicher Forderungen nicht nach subjektiven Maßstäben, sondern objektiv nach Gehalt und äußerem Erscheinungsbild als koalitionsspezifisch bestimmt werden, entsprechend anderer Grundrechte[263].

Zusammenfassend lässt sich daher festhalten, dass dem BAG dahingehend zuzustimmen ist, dass es den Tarifparteien aufgrund der Kampfmittelfreiheit durchaus frei steht, die ihnen traditionell an die Hand gegebenen Kampfmittel den veränderten Umständen anzupassen. Diese müssen allerdings objektiv koalitionsspezifisch sein, um vom Schutzbereich des Art. 9 Abs. 3 GG erfasst zu werden. Ob zudem Kampfmittelneuschöpfungen unter den Grundsatz der freien Kampfmittelwahl fallen, kann dahinstehen, da es für die weiteren Ausführungen unerheblich ist.

Die Freiheit der Wahl der Kampfmittel ist darüber hinaus auch durch arbeitsvölkerrechtliche Normen gedeckt, die eine Koalitionsfreiheit garantieren. So umfasst das Recht auf Vereinigungsfreiheit aus Art. 11 Abs. 1 EMRK ähnlich wie Art. 9 Abs. 3 GG die Betätigungsfreiheit der Gewerkschaften.[264] Dementsprechend muss das Handeln der Gewerkschaften ebenfalls gewährleistet sein, damit diese die beruflichen Interessen ihrer Mitglieder durch „kollektive Maßnahmen“ verwirklichen und verteidigen können.[265] Im Hinblick darauf bestätigt der EGMR in ständiger Rechtsprechung, dass jeder Staat die Wahl habe, welches Mittel er einsetze, um die Gewerkschaften in die Lage zu versetzen, für den Schutz ihrer Mitglieder zu kämpfen[266]. Darüber hinaus stellt der EGMR klar, dass das Streikrecht zwar eines der wichtigsten Instrumente der Gewerkschaften zur Wahrnehmung der Interessen ihrer Mitglieder sei, aber gerade nicht das einzige.[267] Zudem sei die in der Rechtsprechung des Gerichtshofes enthaltene

262 Ähnlich auch *Jacobs*, ZfA 2011, 71 (82).

263 So ist etwa auch bei der Interpretation von Art. 4 GG ein objektiver Maßstab entscheidend und nicht das Selbstverständnis der Religionsgemeinschaft. Vgl. BVerfG NJW 1991, 2623 (1624).

264 U.a. EGMR-E 1, 158 (160) Nationale Belgische Polizeigewerkschaft/Belgien; EGMR ÖPJ 2003, 729 (730) Wilson/The National Union of Journalists.

265 U.a. EGMR-E 1, 158 (162) Nationale Belgische Polizeigewerkschaft/Belgien; EGMR-E 1, 165 (168) Schwedischer Lokomotivführerverband/Schweden; EGMR-E 1, 172 (174) Schmidt und Dahlström/Schweden; EMRK NZA 2010, 1423 (1424) Enerji Yapi-Yol Sen/Türkei.

266 U.a. EGMR-E 1, 158 (160) Nationale Belgische Polizeigewerkschaft/Belgien; EGMR-E 1, 165 (168) Schwedischer Lokomotivführerverband/Schweden; EGMR NZA 2010, 1425 (1430) Demir und Baykara/Türkei.

267 EGMR-E 1, 172 (175) Schmidt und Dahlström/Schweden; EGMR ÖJZ 2003, 276 (277) Unison/Vereinigtes Königreich.

Liste der durch Art. 11 Abs. 1 EMRK geschützten Maßnahmen nicht abschließend.[268] Bedenkt man im Hinblick darauf, dass es sich bei der EMRK um ein „lebendes Instrument" handelt, das anhand der Entwicklungen in der Arbeitswelt stets fortzuentwickeln ist[269], so ist hieraus zu schließen, dass dem Staat bei der Wahl seiner Kampfmittel, durch welche die Betätigungsfreiheit aus Art. 11 EMRK erst wahrgenommen werden kann, nicht nur ein weiter Beurteilungsspielraum zusteht[270], sondern ebenfalls die Möglichkeit, diese Kampfmittel den sich ändernden Gegebenheiten in der Arbeitswelt anzupassen und weiterzuentwickeln.

Darüber hinaus verbürgt die Europäische Sozialcharta in Art. 6 Nr. 4 schon ihrem Wortlaut nach nicht nur ein Streikrecht[271], sondern vielmehr ein Recht auf Ergreifung *„kollektiver Maßnahmen"*, um *„im Fall von Interessenkonflikten"* zwischen Arbeitgeber und Arbeitnehmer die *„wirksame Ausübung des Rechts auf Kollektivverhandlungen"* gewährleisten zu können. Damit ergibt sich direkt aus dem Wortlaut der Norm und unter der Verwendung des Wortes *„einschließlich"*, dass das Streikrecht lediglich beispielhaft aufgeführt ist und Art. 6 Nr. 4 ESC als Oberbegriff *„kollektive Maßnahmen"*[272] und damit Kampfmittel[273] für den Adressaten der Norm gewährleistet, um damit die Ausübung des Rechts auf Kollektivverhandlungen im Konfliktfall sicher zu stellen. Da es sich bei der Wendung *„kollektive Maßnahmen"* somit um einen Überbegriff handelt, müssen neben dem Streikrecht weitere Maßnahmen existieren, zwischen welchen eine Wahlfreiheit besteht, sofern sie der wirksamen Ausübung des Rechts auf Kollektivverhandlungen im Fall des Interessenkonflikts zwischen Arbeitgeber und Arbeitnehmer dienen. Auch die englische Fassung (*„collective action in cases of conflicts of interest, including the right to strike"*) und die französische Fassung (*„actions collectivbes en cas de conflits d´intérêt, y compris le droit de grève"*) bestätigen dies.

Im Recht der Internationalen Arbeitsorganisation kommt dem IAO-Übereinkommen Nr. 87 von 1948 über die Vereinigungsfreiheit und den Schutz des Vereinigungsrechts hinsichtlich der Gewährleistung von Arbeitskampfmittel und damit auch der Wahlfreiheit eine besondere Bedeutung zu. So entwickelten die Überwachungsorgane der IAO[274] in ihrer Spruchpraxis zur Auslegung von Art. 3 i.V.m. Art. 10 des IAO-Übereinkommens Nr. 87 ein regelrechtes „case law" im Hinblick auf die Gewährleistung von Kampfmitteln insbesondere bezüglich des Streikrechts als Ausformung der Garantie gewerkschaftlicher Betätigung[275]. Hiernach stehe den Arbeitnehmerorganisationen eine Vielzahl an Mittel zur

---

268 EGMR NZA 2010, 1425 (1430) Demir und Baykara/Türkei.

269 EGMR NZA 2010, 1425 (1430) Demir und Baykara/Türkei.

270 Karpenstein/Mayer/*Arndt/Schubert*, EMRK Komm., Art. 11, Rn. 53; EGMR AuR 1997, 408 (410) Gustafsson/Schweden I.

271 *Evju*, AuR 2012, 276 (279).

272 *Dumke*, Streikrecht i.S.d. Art. 6 Nr. 4 ESC, S. 72.

273 *Mitscherlich*, Europäische Sozialcharta, S. 62.

274 Hierzu zählen namentlich der Sachverständigenausschuss für die Anwendung von Übereinkommen und Empfehlungen und der Ausschuss

275 *Weiss/Seifert*, GS Zachert, 130 (130).

Verfügung, um ihre ökonomischen und sozialen Interessen zu fördern und zu schützen.[276] Das Streikrecht sei nur eines der wesentlichen Mittel, das den Arbeitnehmern und ihren Organisationen für die Förderung und den Schutz ihrer ökonomischen und sozialen Interessen zustehe.[277] Daneben erfasse Art. 3 i.V.m. Art. 10 IAO-Übereinkommen Nr. 87 ebenso Kampfmittel wie die Betriebsbesetzung, den „go-slow", den Dienst nach Vorschrift oder die Betriebsblockade[278], um nur einige zu nennen. Unabhängig von der Frage, inwieweit der Spruchpraxis der IAO-Überwachungsorgane rechtliche Verbindlichkeit zukommt[279], wird an dieser Stelle deutlich, dass auch im Recht der IAO den Gewerkschaften bei der Wahrnehmung der Interessen ihrer Mitglieder verschiedene Kampfmittel frei zur Verfügung stehen, zwischen welchen sie grundsätzlich wählen können.

Somit ist die in Art. 9 Abs. 3 GG gewährleistete Kampfmittelfreiheit dem Grunde nach auch durch eine Vielzahl arbeitsvölkerrechtlicher Normen gedeckt.

2. Der Begriff des Streiks

Das im Allgemeinen als Streik bekannte Kampfmittel, früher auch als „Ausstand"[280] bezeichnet, leitet sich begrifflich vom Englischen „to strike work"[281] ab, was sinngemäß übersetzt so viel bedeutet wie: „die Arbeit mit Wucht oder Nachdruck einstellen"[282]. In Deutschland fand dieser Ausdruck erst Anfang bis Mitte des 19. Jahrhunderts[283] Eingang in den allgemeinen Sprachgebrauch, wenngleich zunächst die englische Schreibweise (der Strike) mit sprachgetreuer deutscher Artikulation („stricke") benutzt wurde.[284] In den achtziger Jahren des 19. Jahrhunderts etablierte sich dann aber recht zügig die uns heute geläufige Schreibweise, ausgenommen in der Gesetzessprache, welche die eher umgangssprachliche Bezeichnung noch mied.[285]

Der uns nunmehr vertraute Begriff des Streiks wird heute überwiegend als „gemeinsame und planmäßig durchgeführte Arbeitseinstellung einer größeren Anzahl

---

276 ILC, 69th Session, 1983, General Survey, Report III (Part 4B), S. 62, (Abs. 199).

277 ILC, 69th Session, 1983, General Survey, Report III (Part 4B), S. 62, (Abs. 200); ILO, Digest, S. 109.

278 ILC, 69th Session, 1983, General Survey, Report III (Part 4B), S. 62, (Abs. 199); ILO, Digest, S. 113.

279 Diese Rechtsfrage soll an anderer Stelle Gegenstand dieser Arbeit sein: Kapitel 2. B., III., 2., b., aa., (2), (a), (aa).

280 Vgl. beispielsweise in *Kaskel/Dersch,* Arbeitsrecht. S. 424; so auch Däubler/*Däubler*, Arbeitskampfrecht, S. 62; *Preis*, Kollektivarbeitsrecht, § 113, S. 305.

281 *Bernstein*, Streik, S. 7; ähnlich auch *Kluge*, Etymologisches Wörterbuch, S. 890.

282 *Bernstein*, Streik, S. 7; *Hartung*, Der Streik, S. 2; ähnlich auch *Kluge*, Etymologisches Wörterbuch, S. 890.

283 Vgl. Däubler/*Däubler*, Arbeitskampfrecht, S. 62, Dieser meint hier von 1830 bis 1850.; *Bernstein*, Streik, S. 8, Dieser legt den Zeitpunkt eher in die 60er Jahre des 19. Jahrhunderts.; So auch Hartung in *Hartung*, Der Streik, S. 1.

284 *Bernstein*, Streik, S. 8; *Wacke*, RdA 1992, 34 (34); *Hartung*, Der Streik, S. 1.

285 *Wacke*, RdA 1992, 34 (34).

von Arbeitnehmern innerhalb eines Berufes oder Betriebes zu einem Kampfzweck (mit dem Willen zur Fortsetzung der Arbeit nach Erreichen des Kampfzieles und Beendigung des Arbeitskampfes)[286]"[287] definiert. Entsprechend dem allgemeinen Begriff des Arbeitskampfes enthält auch der Streikbegriff keine Aussage über dessen Rechtmäßigkeit oder Rechtswidrigkeit.[288] Aus der genannten Definition und dem Wesen des Streiks wird dennoch deutlich, dass der Streik stets einen kollektiven Charakter innehat, da die Beteiligung einer Mehrheit unerlässlich ist.[289] Dabei besteht grundsätzlich kein Anlass, eine genaue Anzahl an Arbeitnehmern fordern zu wollen, gleichwohl muss der Streik aber grundsätzlich von einer nicht unerheblichen Anzahl an Arbeitnehmern[290] oder ausnahmsweise auch nur von einer geringeren Anzahl von Arbeitnehmern getragen sein, wenn diese gerade eine Schlüsselposition einnehmen (Spezialistenstreik)[291], damit der erforderliche Druck auf den sozialen Gegenspieler ausreichend ist.

Darüber hinaus ist der Streik typischerweise durch eine Arbeitsniederlegung gekennzeichnet. Diese bezieht sich ausschließlich auf die durch den Arbeitnehmer vertraglich geschuldeten Dienste und nicht etwa auf die Leistungsverweigerung bezüglich vertraglich nicht geschuldeter Überstunden.[292] Nach dem Wortlaut der Definition umfasst der Streik dabei nur die vollumfängliche Arbeitsniederlegung.[293]

Ein weiteres konstitutives Merkmal des Streikbegriffes stellt das gemeinsame Ziel dar, welches die Arbeitnehmer bei der kollektiven Arbeitseinstellung verfolgen, wobei dieses nicht notwendigerweise wirtschaftlicher oder tariflicher Natur sein muss, da die Terminologie des Streiks, wie soeben erwähnt, von dessen Zulässigkeit unterschieden werden muss.[294]

Ob es sich bei dem Willen des Arbeitnehmers, während des Streiks am Bestand des Arbeitsverhältnisses festzuhalten und dieses nach Beendigung des Streikes fortzusetzen, um einen notwendigen Begriffsbestandteil handelt, wird hingegen kontrovers diskutiert. Das BAG[295] nimmt dies zumindest mit der Begründung an, dass dem Streik eine vorübergehende Natur innewohne, da er nur auf die zeitweise Unterbrechung

---

286 Die Ausklammerung bezeichnet ein strittiges Begriffselement.

287 BAGE 1, 291 (304); BAGE 42, 52 (55); so auch *Gamillscheg*, KollArbR I, S. 985; ähnlich auch Brox/Rüthers/*Brox*, Arbeitskampfrecht, S. 17; *Nikisch*, Arbeitsrecht II, S. 84.

288 *Söllner/Waltermann*, Arbeitsrecht, S. 255.

289 So sinngemäß auch BAGE 1, 291 (304).

290 *Preis*, Kollektivarbeitsrecht, § 113, S. 306; sinngemäß auch *Nikisch*, Arbeitsrecht II, S. 84; *Kaskel/Dersch*, Arbeitsrecht, S. 425.

291 *Gamillscheg*, KollArbR I, S. 985; *Preis*, Kollektivarbeitsrecht, § 113, S. 306; *Kaskel/Dersch*, Arbeitsrecht, S. 425 in Fn. 5.

292 So auch Däubler/*Däubler*, Arbeitskampfrecht, S. 873; *Preis*, Kollektivarbeitsrecht, § 113, S. 306.

293 *Müller/Landshuter*, Arbeitsrecht öffentlicher Dienst, Zweiter Abschnitt Kollektives Arbeitsrecht, Rn. 144.

294 *Nikisch*, Arbeitsrecht II, S. 84.

295 BAGE 1, 291 (305); BAGE 14, 52 (55); im Umkehrschluss zur Aussperrung vgl. BAG NJW 1964, 941 (941).

des betrieblichen Geschehens und nicht etwa auf die Veränderung des Betriebes gerichtet sei.[296] Demnach sei es charakteristisch für einen Streik, dass nach dessen Beendigung der Betrieb und die damit verbundenen Arbeitsverhältnisse fortgeführt werden sollen.[297] Zudem sei das Wesen des Streiks in der Arbeitsverweigerung zu sehen, welche nicht mehr vorgenommen werden könnte, wenn durch Kündigung des Arbeitsverhältnisses die Arbeitspflicht erloschen wäre.[298] Auch ein Großteil des Schrifttums[299] schließt sich dieser Ansicht mit dem Argument an, dass die endgültige Abkehr vom Arbeitsvertrag eine rein individualrechtliche Frage darstelle, was zwingend dazu führen müsse, dass das weitere Verhalten des Arbeitnehmers nicht mehr als arbeitskampfspezifisch beurteilt werden kann[300]. Abweichend hiervon nehmen aber u. a. *Brox/Rüthers*[301] an, dass es eines Willens zur Fortsetzung der Arbeit nach Beendigung des Arbeitskampfes gerade nicht als Begriffsmerkmal bedarf, da der Wille der jeweiligen Arbeitnehmer sehr verschieden sei und sich auch ändern könne. Vor allem sei aber ein solches subjektives Begriffselement nur schwer feststellbar.[302] Dem ist nach hier vertretener Auffassung allerdings entgegenzuhalten, dass eine solch pragmatische Vorgehensweise der Problematik nicht gerecht werden kann, da es subjektiven Begriffselementen stets immanent ist, dass sie schwer feststellbar sind. Die befürchtete Ungewissheit über den tatsächlichen Willen des Arbeitnehmers wird zudem dadurch relativiert, dass ein Arbeitnehmer, der sich endgültig vom Arbeitsverhältnis lösen will, dies auch nach außen kenntlich macht, indem er beispielsweise seine Kündigungsabsicht anzeigt bzw. Arbeitspapiere oder Arbeitszeugnis anfordert. Sollte sich der Arbeitnehmer unschlüssig sein, ob er sich vom Arbeitsverhältnis lösen will oder nicht, entscheidet sich aber am Ende des Arbeitskampfes für das Festhalten an seinem Arbeitsverhältnis, so ist im Zweifel auf das Gesamtgeschehen als Einheit abzustellen.[303] Dementsprechend ist nach der hier vertretenen Ansicht auch der Wille des Arbeitnehmers, nach Beendigung des Arbeitskampfes im Betrieb weiterzuarbeiten, wesentliches Begriffsmerkmal des Streiks.

3. *Die Erscheinungsformen des Streiks und dessen gebräuchlichste Surrogate*

a. *Die Streikformen*

Unter dem soeben dargestellten allgemeinen Streikbegriff lassen sich, unabhängig von ihrer Rechtmäßigkeit, eine Vielzahl an Streikarten subsumieren, welche sich

296 NJW 1982, 2835 (2836); in diesem Sinne auch ErfKomm/GG Art. 9/*Dieterich*, Rn. 161.
297 NJW 1982, 2835 (2836); so sinngemäß auch ErfKomm/GG Art. 9/*Dieterich*, Rn. 161.
298 BAGE 1, 291 (305).
299 U.a.*Hueck/Nipperdey/Säcker*, Arbeitsrecht, S. 879 f.; *Gamillscheg*, KollArbR I, S. 987; *Kalb*, KassHdB, Bd. 2, S. 1034; *Hartung*, Der Streik, S. 30 f.
300 *Preis*, Kollektivarbeitsrecht, S. 307, ähnlich *Gamillscheg*, KollArbR I, S. 987.
301 Brox/Rüthers/*Brox*, Arbeitskampfrecht, S. 18.
302 Brox/Rüthers/*Brox*, Arbeitskampfrecht, S. 18.
303 So auch *Preis*, Kollektivarbeitsrecht, S. 307.

in Anlehnung an *Brox*[304] und *Hueck/Nipperdey/Säcker*[305] mit verschiedenen Schnittmengen nach den unterschiedlichsten Gesichtspunkten kategorisieren lassen.

aa. Nach der Streikleitung

So wird zwischen dem „gewerkschaftlichen", welcher auch als „organisierter" Streik bezeichnet wird, und dem „nichtgewerkschaftlichen", also dem „wilden" Streik, unterschieden. Wie die Bezeichnung vermuten lässt, wird erstgenannter Streik von einer Gewerkschaft organisiert und geleitet, wohingegen der „wilde" Streik ohne die Leitung oder den Willen einer Gewerkschaft von einer Mehrzahl an Arbeitnehmern geführt wird.[306]

bb. Nach der Streikinitiative

Ob ein Streik als Angriffsstreik[307] (Aggressivstreik) oder als Abwehrstreik[308] (Defensivstreik) bezeichnet wird, richtet sich maßgeblich danach, welche Kampfpartei die Initiative ergreift und den Streik beginnt. Initiiert daher die Arbeitnehmerseite den Streik, so wird dieser als Angriffsstreik betitelt. Eröffnet hingegen die Arbeitgeberseite den Arbeitskampf, so handelt es sich bei der Streikmaßnahme der Arbeitnehmerseite um einen Abwehrstreik.

cc. Nach dem Streikziel

Darüber hinaus lassen sich Erzwingungsstreik, Warnstreik, Demonstrationsstreik, Sympathiestreik und der politische Streik nach ihrem spezifischen Streikziel unterscheiden.

Der Erzwingungsstreik, welcher üblicherweise auch als Kampf- oder Beugungsstreik bezeichnet wird, kennzeichnet sich dadurch aus, dass die Arbeitnehmer durch unbefristete Ausübung von Druck versuchen, den Willen des Gegners zu beugen, um damit einen für ihre Forderungen günstigen Tarifvertrag zu erzwingen.[309] Im Unterschied dazu handelt es sich bei dem Warnstreik[310] um einen sehr kurzen Streik-

---

304 Brox/Rüthers/*Brox*, Arbeitskampfrecht, S. 18 ff.

305 *Hueck/Nipperdey/Säcker*, Arbeitsrecht, S. 896 ff.

306 Brox/Rüthers/*Brox*, Arbeitskampfrecht, S. 118 f.; *Hueck/Nipperdey/Säcker*, Arbeitsrecht, S. 897; *Hromadka/Maschmann*, Arbeitsrecht, S. 161; *Auffarth*, RdA 1977, 129 (132); Näheres zum „wilden" Streik siehe zudem Däubler/*Däubler*, Arbeitskampfrecht, S. 63.

307 Näheres hierzu siehe *Grote*, Streik, S. 41 f.

308 Weitergehende Erläuterungen hierzu siehe *Grote*, Streik, S. 42.

309 *Hueck/Nipperdey/Säcker*, Arbeitsrecht, S. 897; Brox/Rüthers/*Brox*, Arbeitskampfrecht, S. 19.

310 Ausführliche Erläuterungen zur Entwicklung der Rechtsprechung zum Warnstreik siehe *Kissel*, Arbeitskampfrecht, S. 567 ff.; Brox/Rüthers/*Brox*, Arbeitskampfrecht, S. 90 ff.

einsatz, welcher meist nicht länger als einen Tag andauert.[311] Dieser soll dem Kampfgegner die Entschlossenheit der Arbeitnehmer aufzeigen, die Forderungen auch in einem unbefristeten Erzwingungsstreik durchsetzen zu wollen.[312] Demgegenüber verfolgt der Demonstrationsstreik allerdings kein tarifvertragliches Ziel, sondern dient ausschließlich der Meinungsbekundung zu bestimmten sozialen oder politischen Fragestellungen, was grundsätzlich zur Folge hat, dass keine speziellen Maßnahmen eingefordert werden.[313] Ähnlich wird auch durch den politischen Streik zu einer politischen Frage Stellung genommen, wobei der Streik darüber hinaus auf die Beugung des Willens eines politischen Organs abzielt, um damit gewisse staatliche Entscheidungen zu erzwingen.[314] Von den bisherigen Streikarten hebt sich der Sympathie- oder Solidaritätsstreik dahingehend ab, dass dieser nicht auf die Erzwingung eigener Forderungen abzielt, sondern der Unterstützung anderer streikender Arbeitnehmer dient, um diesen dadurch eine günstigere Kampfposition zu verschaffen.[315]

dd. Nach der Streiktaktik

Taktisch sind zudem General- und Vollstreik sowie Teil- und Schwerpunktstreik voneinander abzugrenzen.

Die weitestgehende Streiktaktik umfasst hierbei wohl der Generalstreik[316], da bei diesem, unabhängig vom jeweiligen Wirtschaftszweig, Verband oder Tarifgebiet, alle Arbeitnehmer die Arbeit einstellen, um damit die gesamte Wirtschaft zum Erliegen zu bringen.[317] Dabei handelt es sich zumeist um einen politischen Streik. Demgegenüber spricht man von einem Vollstreik, wenn alle Arbeitgeber eines Wirtschaftszweiges, Verbandes oder Tarifgebietes, aber auch einzelne Arbeitgeber, von allen ihren organisierten Arbeitnehmern bestreikt werden.[318] Tritt allerdings nur ein Teil der Arbeitnehmer in den Streik, so spricht man von einem Teilstreik oder auch Schwerpunktstreik. Kennzeichnend hierfür ist, dass lediglich einzelne Betriebe eines Arbeitgeberverbandes bestreikt werden oder nur Teile der Arbeitnehmer-

---

311 Vgl. Däubler/*Däubler*, Arbeitskampfrecht, S. 63.

312 *Kissel*, Arbeitskampfrecht, S. 566; *Hromadka/Maschmann*, Arbeitsrecht, S. 160; *Hueck/Nipperdey/Säcker*, Arbeitsrecht, S. 897; *Auffarth*, RdA 1977, 129 (132); Brox/Rüthers/*Brox*, Arbeitskampfrecht, S. 90.

313 *Auffarth*, RdA 1977, 129 (132); Brox/Rüthers/*Brox*, Arbeitskampfrecht, S. 19 f., 80 f.; *Hueck/Nipperdey/Säcker*, Arbeitsrecht, S. 897 f.

314 ErfKomm/GG/*Dieterich*, Art. 9 Rn. 162; Brox/Rüthers/*Brox*, Arbeitskampfrecht, S. 20 f., 79; *Hoyningen-Huene*, JuS 1987, 505 (511); *Hromadka/Maschmann*, Arbeitsrecht, S. 160.

315 *Hoyningen-Huene*, JuS 1987, 505 (510); *Hromadka/Maschmann*, Arbeitsrecht, S. 160; *Auffarth*, RdA 1977, 129 (133).

316 Ausführliche Erläuterungen hierzu siehe *Grote*, Streik, S. 42 ff.

317 Brox/Rüthers/*Brox*, Arbeitskampfrecht, S. 19; *Auffarth*, RdA 1977, 129 (132); *Hueck/Nipperdey/Säcker*, Arbeitsrecht, S. 899.

318 *Hueck/Nipperdey/Säcker*, Arbeitsrecht, S. 899; *Hromadka/Maschmann*, Arbeitsrecht, S. 160 f.

schaft in einem Betrieb oder Wirtschaftszweig die Arbeit niederlegen.[319] Hierdurch soll mit möglichst wenig Aufwand ein Höchstmaß an Druck auf die Gegenseite ausgeübt werden.[320] Insbesondere vor dem Hintergrund der zunehmenden „just-in-time"-Produktion, welche durch die Verzahnungen von Produktionsunternehmen gekennzeichnet ist, kann diese Taktik weitreichende Folgen für den Kampfgegner haben.[321] Basierend auf dieser Überlegung sind Gewerkschaften zu den so genannten Wechsel- bzw. Wellenstreiks übergegangen, bei welchen kurzzeitig wechselnde Unternehmen bestreikt werden bzw. in einem Unternehmen mehrmals kurzfristig mit einer stets unbekannten Anzahl an Arbeitnehmern gestreikt wird, wodurch die Streikmaßnahmen nur schwer vorhersehbar sind, sodass der Arbeitgeber kaum mehr der Prävention oder Reaktion fähig ist.[322]

Darüber hinaus handelt es sich um einen so genannten Spezialistenstreik, eine Unterart des Teilstreiks, wenn lediglich einzelne Arbeitnehmer, die eine wichtige Schlüsselposition im Betrieb einnehmen, diesen bestreiken.[323]

ee. Nach der Selbstständigkeit des Streiks

Ferner ist es möglich, bestimmte Streikformen nach ihrer Selbstständigkeit zu unterscheiden. Der Hauptstreik dient hierbei der Durchsetzung von eigenen Zielen. Wohingegen der Sympathie- und Solidaritätsstreik als Unterstützung eines fremden Hauptstreiks fungiert.[324]

b. Die häufigsten Streiksurrogate im öffentlichen Dienst

Im öffentlichen Dienst entwickelten sich, neben den dargestellten Streikformen, weitere streikähnliche Kampfmaßnahmen, welche im Gegensatz zum Streik eine offensichtliche Arbeitsniederlegung vermeiden, dafür aber ebenfalls eine streikgleiche Wirkung auf den Arbeitgeber erzielen. Der diesen Maßnahmen zugrundeliegende Erfindungsreichtum ist nicht zuletzt der Tatsache geschuldet, dass die Zulässigkeit eines Streikrechts im öffentlichen Dienst, insbesondere im Beamtenrecht, stets intensiver Ablehnung begegnete und noch begegnet. Somit entwickelten sich aus dem entsprechenden Umgehungsbestreben die nun im Folgenden aufgeführten Kampfhandlungen. Charakteristisch für diese Maßnahmen ist dabei ihr Mangel

---

319 *Auffarth*, RdA 1977, 129 (132); Brox/Rüthers/*Brox*, Arbeitskampfrecht, S. 19; ErfKomm/GG/*Dieterich*, Art. 9 Rn. 162.

320 Vgl. *Grote*, Streik, S. 65.

321 *Kissel*, Arbeitskampfrecht, S. 388; MünchArbR/*Ricken*, § 193 Rn. 5; *Otto*, Arbeitskampf, S. 4.

322 *Otto*, Arbeitskampf, S. 5; Däubler/*Däubler*, Arbeitskampfrecht, S. 63; MünchArbR/*Ricken*, § 193 Rn. 5.

323 Brox/Rüthers/*Brox*, Arbeitskampfrecht, S. 19.

324 *Hoyningen-Huene*, JuS 1987, 505 (510); *Hromadka/Maschmann*, Arbeitsrecht, S. 160; *Auffarth*, RdA 1977, 129 (133).

an Offenkundigkeit für den Arbeitgeber sowie die Ausübung von Druck durch kollektive Leistungsminderung, nicht Arbeitsniederlegung.

aa. Der „Bummelstreik"

Der „Bummelstreik", auch als "Go Slow" bezeichnet[325], charakterisiert sich durch die Erbringung der inhaltlich vertragsgemäßen Arbeitsleistung in einer zum regulären Arbeitstempo gedrosselten Geschwindigkeit[326]. Dies führt zu einer Divergenz im gewöhnlichen Arbeitsrhythmus gegen den Willen des Dienstherrn, welche dementsprechend eine Verringerung der quantitativen Arbeitsleistung zur Folge hat.[327] Teile des Schrifttums und der Rechtsprechung bewerten diese Art von Kampfmaßnahme als spezielle Form des Streiks[328], indem sie den „Bummelstreik" als „getarnten Streik"[329] oder auch als „verschleierten Streik"[330] begreifen. Nach der hier vertretenen Ansicht handelt es sich, entgegen der gängigen Bezeichnung, allerdings nicht um einen solchen, sondern lediglich um eine streikähnliche Maßnahme[331] mit streikgleicher Wirkung. Schließlich ist dem Streik stets eine offene Arbeitsniederlegung immanent, wohingegen der „Bummelstreik" weder von einer Arbeitseinstellung noch von Kampfklarheit geprägt ist. Der wohl bekannteste „Bummelstreik" der Bundesrepublik war der „Fluglotsenstreik" aus dem Jahre 1973[332], bei dem die Fluglotsen u.a. ihr Arbeitstempo derart verlangsamten, dass der Flugverkehr erhebliche Verzögerungen erlitt. Bezüglich seiner Rechtmäßigkeit besteht im Allgemeinen Uneinigkeit. Diejenigen, welche den „Bummelstreik" als Kampfstreik kategorisieren, plädieren dafür, diesen auch in rechtlicher Hinsicht wie einen „normalen" Streik im öffentlichen Dienst zu behandeln.[333] Ferner wird argumentiert, dass kollektive Leistungsminderungen wie der „Bummelstreik" rechtlich unzulässig seien, da es

---

325 BVerfG NJW 1980, 1809 (1809); BGH NJW 1977, 1875 (1875); BGH NJW 1980, 2457 (2458); *Gamillscheg*, KollArbR I, S. 1063.

326 *Kissel*, Arbeitskampfrecht, S. 854; *Reuss*, FS Ule, S. 433; MünchArbR/*Ricken*, § 193, Rn. 6.

327 So auch *Kissel*, Arbeitskampfrecht, S. 854.

328 Brox/Rüthers/*Schlüter*, Arbeitskampfrecht, S. 326; *Otto*, Arbeitskampf, S. 202; *Hueck/Nipperdey/Säcker*, Arbeitsrecht, S. 893; *Isensee*, Beamtenstreik, S. 144; RGZ 111, 105 (112).

329 So u.a. *Hueck/Nipperdey/Säcker*, Arbeitsrecht, S. 893.

330 So das Reichsgericht in RGZ 111, 105 (112).

331 Dieser Ansicht sind wohl auch der Bundesgerichtshof und das Bundesverfassungsgericht. In den jeweiligen Entscheidungen ist stets die Rede von „streikähnlichen kollektiven Maßnahmen". Vgl. u.a.BGH NJW 1977, 1875 (1878); BGH NJW 1978, 816 (817); BGH NJW 1980, 2457 (2458); BVerfG NJW 1980, 1809 (1809); BVerfG NJW 1980, 169 (169).

332 Zum Sachverhalt und der hierzu ergangenen Entscheidung des Bundesgerichtshofs siehe BGH NJW 1977, 1875ff.; BGH JZ 1977, 718ff.

333 Brox/Rüthers/*Schlüter*, Arbeitskampfrecht, S. 326; so auch der Reichsgerichtshof in Bezug auf den Oberbegriff der passiven Resistenz, siehe RGZ 111, 105 (111f.).

ihnen an einer offenen Kampfansage fehle und trotz Reduzierung der Arbeitsleistung den Beschäftigten die volle Entlohnung zukomme[334], sodass ein sittenwidriges, die Treuepflicht verletzendes Verhalten gegeben sei[335]. Hiergegen macht *Seiter*[336] allerdings geltend, dass bei Zulässigkeit einer gemeinschaftlichen Leistungsminderung als Abwehrmittel eine kollektive Lohnminderung zuzulassen sei. Darüber hinaus habe der Arbeitgeber immer die Möglichkeit einer suspendierenden Abwehraussperrung, mit der er den „Bummelstreik" in einen üblichen Streik überführen könne.[337]

bb. Der „Dienst nach Vorschrift"

Als weiteres Streiksurrogat gehört der „Dienst nach Vorschrift" zu denjenigen Kampfmitteln, die ausschließlich im öffentlichen Dienst praktikabel erscheinen, da nur hier eine solch ausgeprägte Vielfalt an Dienstvorschriften und -anweisungen vorzufinden ist. Kennzeichnend für diese Art des Arbeitskampfes ist daher die übertrieben genaue oder wortgetreue Befolgung der dienstrechtlichen Regelungen und Verwaltungsvorschriften[338], was wiederum zu einer Verzögerung des Arbeitsablaufes und damit zu erheblichen Störungen in der Verwaltung führt. Hierin liegt auch der Unterschied zum „Bummelstreik", welcher sich nicht durch übertrieben formalistische und streng „regelhafte" Arbeit, sondern durch bewusste regelwidrige „Langsamarbeit" charakterisiert.[339]

Entgegen der Ansicht von u. a. *Müller/Landshuter*[340] handelt es sich bei der übergenauen Befolgung von Ordnungs- und Dienstvorschriften nicht um eine Arbeitseinstellung bzw. einen Streik im wörtlichen Sinne, sondern nur um eine streikähnliche Kampfform[341], die wie auch der „Bummelstreik" lediglich die gleiche Druckwirkung erzielen soll.

Aufgrund des aufgezeigten Mantels der Rechtschaffenheit und der Flucht in das geltende Dienstrecht wird der „Dienst nach Vorschrift" oftmals als rechtmäßige Handlungsform gesehen, insbesondere mit der Begründung, dass eine exakte, sinngemäße Befolgung von Dienstvorschriften stets rechtmäßig sei.[342] Dieser isolationistischen Ansicht kann entgegengehalten werden, dass auch eine Verwaltung, die

---

334 So beispielsweise RGZ 111, 105 (112).

335 Vgl. *Reuss*, DVBl.. 1968, 57 (60); ähnlich auch *Schinkel*, ZBR 1974, 282 (288).

336 *Seiter*, Streikrecht, S. 267.

337 *Seiter*, Streikrecht, S. 267.

338 *Isensee*, Beamtenstreik, S. 149; *ders.*, JZ 1971, 73 (74); ähnlich Däubler/*Däubler*, Arbeitskampfrecht, S. 878; *Reuss*, DVBl.. 1968, 57 (60).

339 So auch *Isensee*, Beamtenstreik, S. 149; a. A. der „Dienst nach Vorschrift" sei ein Unterfall des „Bummelstreiks" so *Kissel*, Arbeitskampfrecht, S. 854.

340 *Müller/Landshuter*, Arbeitsrecht öffentlicher Dienst, Zweiter Abschnitt Kollektives Arbeitsrecht, Rn. 144.

341 So auch *Isensee* JZ 1971, 73 (74, 78); ähnlich auch in *ders.*, Beamtenstreik, S. 148.

342 ErfKomm/Gesetz/*Dieterich*, GG Art. 9, Rn. 274; Däubler/*Däubler*, Arbeitskampfrecht, S. 878 ff.; wobei beide gegenseitig aufeinander verweisen.

an das Gesetz gebunden ist, bei sinngemäßer Auslegung nicht den Einzelfall und das Ziel der Verwaltungstätigkeit außer Acht lassen dürfe.[343] Auch die Verwaltung ist an das Gebot der Effizienz gebunden, sodass es einer gewissen Praktikabilität geschuldet sei, von einer „stoischen Überbeachtung" der Dienstvorschriften abzusehen, um den reibungslosen Verwaltungsablauf zu gewährleisten.[344] Natürlich kann auch hier die Rechtmäßigkeit kaum derart pauschal festgestellt werden. Entscheidend ist letztendlich, wie der so genannte „Dienst nach Vorschrift" tatsächlich umgesetzt wird, da auch hier die Grenzen fließend sind. So kann beispielsweise ein bewusstes „Missverständnis" oder eine „Überinterpretation" einer Dienstvorschrift nicht mehr als effiziente Auslegung von dienstlichen Vorschriften oder gar als übergenaue Befolgung der dienstrechtlichen Vorschriften gewertet werden, sodass im Grunde schon gar kein „Dienst nach Vorschrift", sondern allenfalls eine Unterart des „Bummelstreiks" vorliegt.[345]

cc. „Go sick"

Kumulativ wurde von den Arbeitnehmern im aufgezeigten „Fluglotsenstreik"[346] der so genannte „go sick", welcher auch als „go out"[347] bezeichnet wird, als Druckmittel verwandt. Hierbei handelt es sich um eine verabredete, unrichtige Krankmeldung einer überdurchschnittlichen Anzahl an Arbeitnehmern eines Betriebes.[348] Die Rechtsprechung hält eine solche grundlose kollektive Krankmeldung, ähnlich dem „Bummelstreik", für eine streikähnliche Maßnahme, welche aus den hierfür aufgezeigten Gründen als sittenwidrige Treupflichtverletzung gegenüber dem Dienstherren zu beurteilen ist.[349] In der Literatur wird hingegen vertreten, dass es sich bei derartigen Krankmeldungen – haben sie ihren Ursprung auch in einer kollektiven Verabredung – lediglich um arbeitsvertragliche Pflichtverletzungen handle, welche wohl individualrechtlich zu behandeln seien.[350]

dd. Die Passive Resistenz

Neben den aufgeführten Streiksurrogaten findet man gerade in der älteren Rechtsprechung, aber auch im Schrifttum, oftmals eine weitere Handlungsform, die als passive Resistenz bezeichnet wird. Diese ist jedoch weniger als zusätzliches Kampfmittel zu verstehen als vielmehr eine Art übergeordneter Terminus. Die Begriff-

343 Vgl. *Isensee*, JZ 1971, 73 (74); Brox/Rüthers/*Schlüter*, Arbeitskampfrecht, S. 326.
344 Vgl. Brox/Rüthers/*Schlüter*, Arbeitskampfrecht, S. 326 f.; *Isensee*, Beamtenstreik, S. 153; *ders.*, JZ 1971, 73 (74 f.).
345 Däubler/*Däubler*, Arbeitskampfrecht, S. 878; *Reuss*, DVBl.. 1968, 57 (60).
346 Zum Sachverhalt und der hierzu ergangenen Entscheidung des Bundesgerichtshofs siehe BGH NJW 1977, 1875 ff.; BGH JZ 1977, 718 ff.
347 *Schinkel*, ZBR 1974, 282 (288); Däubler/*Däubler*, Arbeitskampfrecht, S. 870.
348 So *Kissel*, Arbeitskampfrecht, S. 854; Däubler/*Däubler*, Arbeitskampfrecht, S. 870.
349 Vgl. BGH NJW 1977, 1875 (1878); BGHZ 69, 128 (133 f.).
350 So *Kissel*, Arbeitskampfrecht, S. 854 f.

lichkeit wurde maßgeblich durch das Reichsgericht[351] geprägt, wobei das Gericht hierunter das Verhalten der Arbeitnehmer subsumierte, die zwar am Arbeitsplatz erschienen, aber auch unter mehrmaliger Aufforderung der Aufseher lediglich in den Räumlichkeiten herumstanden, plauderten oder nur sehr wenig arbeiteten[352]. Dementsprechend versteht auch das Schrifttum im Allgemeinen unter passiver Resistenz gerade nicht die völlige Arbeitsniederlegung der Arbeitnehmer, sondern die Arbeitserbringung durch Bummeln, überzogene Sorgfalt oder durch Scheinarbeit[353], sodass die erbrachte Arbeitsleistung sowohl quantitative als auch qualitative Mängel erleidet. Hieraus wird erkenntlich, dass nach heutigem Verständnis sowohl der „Bummelstreik" als auch der „Dienst nach Vorschrift" als passive Resistenz zu verstehen sind und diese damit kein eigenständiges Arbeitskampfmittel darstellen, allenfalls einen Auffangtatbestand[354] für den Fall, dass die Abgrenzung zwischen „Bummelstreik" und „Dienst nach Vorschrift" nicht mehr möglich ist.

III. Die rechtlichen Grundlagen des Streikrechts

Die vielfältigen Spielarten und „Umgehungsformen" des Streiks veranschaulichen dessen Zugehörigkeit zur gefestigten tatsächlichen Arbeitswirklichkeit und spiegeln die Anerkennung als „Sozialphänomen" wider. Nichtsdestotrotz gestaltete sich die rechtliche Legitimation durch eine normative Grundlage als stets problematisch. Aus diesem Grund erscheint es für die weiteren Ausführungen dieser Arbeit geboten, die nationalen sowie internationalen rechtlichen Grundlagen des Streiks zu erörtert, um im Anschluss die Zulässigkeit des Streiks im öffentlichen Dienst untersuchen zu können.

1. Die nationalen Rechtsgrundlagen des Streikrechts

a. Die verfassungsrechtliche Herleitung des Streikrechts

Aufgrund der Zurückhaltung des Gesetzgebers im Arbeitskampfrecht liegt der Schluss nahe, zunächst die rechtliche Grundlage des Streiks in der Verfassung zu suchen. Über die Jahrzehnte hat sich diesbezüglich eine Bandbreite an Auseinandersetzungen angehäuft, welche heute kaum noch überschaubar ist. Aus diesem Grund erfolgt im Weiteren eine konzentrierte Abhandlung der grundlegenden Problematik.

aa. Art. 9 Abs. 3 S. 3 GG

Bei genauer Betrachtung des Grundgesetzes wird ersichtlich, dass der Streik an keiner Stelle und der Arbeitskampf lediglich in Art. 9 Abs. 3 S. 3 GG Erwähnung findet. Unter der Prämisse, dass die hier verwendete Bezeichnung des Arbeitskamp-

---

351 So in RGZ 111, 105ff.; RGZ 113, 197ff.

352 Vgl. RGZ 111, 105 (111).

353 U.a. *Hartung*, Der Streik, S. 34; *Hueck/Nipperdey/Säcker*, Arbeitsrecht, S. 893.

354 So ebenfalls *Isensee*, Beamtenstreik, S. 146.

fes zugleich den Streik umfasst[355], ist dessen verfassungsrechtliche Gewährleistung durch die Arbeitskampfschutzklausel des Satzes 3 durchaus denkbar. In Anknüpfung an diesen Aspekt wird in der Literatur[356] häufig angenommen, dass eine verfassungsmäßige Gewährleistung des Streiks direkt aus Art. 9 Abs. 3 S. 3 GG herzuleiten sei, insbesondere mit der Begründung eines Erst-Recht-Schlusses: Wenn schon der Arbeitskampf bzw. der Streik – welcher erhebliche Gefahren für das Allgemeinwohl mit sich bringt – in Notstandsfällen verfassungsrechtlich geschützt ist, dann müsse dies erst recht für „normale“ Zeiten gelten.[357]

Dem hält das BAG[358] und eine Mehrheit des Schrifttums[359] sowohl die Entstehungsgeschichte der so genannten „Notstandsverfassung“[360] wie auch systematische Gesichtspunkt zu Recht entgegen. So gibt das Gesetzgebungsverfahren des Notstandsrechts weitreichende Aufschlüsse über den damaligen Willen des verfassungsändernden Gesetzgebers. In der Bundestagssitzung vom 24.01.1963[361] wie auch in schriftlichen Berichten des Rechtsausschusses zum entsprechenden Gesetz zur Grundgesetzänderung[362] kommt zum Ausdruck, dass zumindest der legitime arbeitsrechtliche Streik, genau wie die Koalitionsfreiheit, nicht erst durch die Ergänzung des Satzes 3 als in Art. 9 Abs. 3 GG gewährleistet galt. Ferner führt das BAG aus, Art. 9 Abs. 3 S. 3 GG habe insbesondere den Zweck, Missbrauch durch staatliche Eingriffe in Arbeitskämpfe mittels Notstandsmaßnahmen auszuschließen.[363] Dies lasse zwar den Schluss zu, dass Arbeitskämpfe zulässig sein müssen; diesen aber automatisch Verfassungsrang zuzugestehen, sei verfehlt.[364] So muss dem Arbeitskampf i.S.d. Art. 9 Abs. 3 S. 3 GG nicht notwendigerweise eine verfassungsrechtliche Gewährleistung zukommen, damit der Schutz vor Notstandsmaßnahmen sinnvoll

355 Vgl. BAG NZA 1988, 775 (777); *Gamillscheg*, KollArbRI, S. 935; *Otto*, Arbeitskampf, S. 65; *Barby*, AuR 1986, 267 (268).

356 *Frowein*, Aussperrung, S. 24ff., insbesondere S. 34; *Evers*, Arbeitskampffreiheit, S. 103; angedeutet von Brox/Rüthers/*Rüthers*, Arbeitskampfrecht, S. 33f.; ähnlich auch Däubler in *Däubler*, Öffentlicher Dienst, S. 73, wobei dieser Zugeständnisse dahingehend macht, dass Art. 9 Abs. 3 S. 3 GG auch nur klarstellende Funktion im Hinblick auf Art. 9 Abs. 3 S. 1 GG und der dort enthaltenen Streikgarantie hat.; Däubler/*Däubler*, Arbeitskampfrecht, S. 80f.

357 U.a. *Lerche*, Zentralfragen, S. 89; *Schmid*, Notstand, S. 88, 90.

358 Vgl. BAG NZA 1988, 775 (777).

359 U.a. Barby, AuR 1986, 267 (269); *Seiter*, Streikrecht, S. 71ff., insbesondere S. 74; *Konzen*, AcP 177 (1977), 473 (525); *Schuh*, Streik, S. 46; *Gamillscheg*, KollArbRI, S. 942; *Gamillscheg*, Grundrecht, S. 95; *Kemper*, Koalitionsfreiheit, S. 150f.

360 17. Gesetz zur Ergänzung des Grundgesetzes vom 24. Juni 1968, BGBl. I, S. 709ff.

361 Stenographischer Bericht der Verhandlungen des Deutschen Bundestages, 4. Wahlperiode, S. 2485.

362 Deutscher Bundestag, 5. Wahlperiode, Drucksache V/2873, S. 3; Deutscher Bundestag, 5. Wahlperiode, Drucksache V/1879, S. 24.

363 Vgl. BAG NZA 1988, 775 (777).

364 Vgl. BAG NZA 1988, 775 (777).

erscheint.[365] Angesichts dessen ist es nicht haltbar, aus der Arbeitskampfschutzklausel den Verfassungsrang des Streiks im konstitutiven Sinne zu schlussfolgern. Allenfalls lässt dies den Schluss zu, dass Art. 9 Abs. 3 S. 3 GG eine deklaratorische Funktion[366] im Hinblick auf die Gewährleistung des Streiks aus Art. 9 Abs. 3 S. 1 GG einnimmt, was im Folgenden zu untersuchen bleibt.

bb. Art. 9 Abs. 3 S. 1 GG

Wenn man mit der aufgeführten Argumentation Art. 9 Abs. 3 S. 3 GG als Rechtsgrundlage des Streiks ausklammert, spricht freilich vieles für eine Verankerung in Art. 9 Abs. 3 S. 1 GG. Zwar entspricht der Text des Art. 9 Abs. 3 S. 1 GG fast gänzlich dem des Art. 159 Weimarer Verfassung[367], bei dem man sich einig war, dass er eine derartige verfassungsrechtliche Verankerung des Streiks nicht gewährleiste[368]. Allerdings wird aus der Entstehungsgeschichte des Art. 9 GG ersichtlich, dass der historische Gesetzgeber im Hinblick auf Art. 9 Abs. 3 GG durchaus zu einer anderen Ansicht tendierte.[369] In der sechsten Sitzung des Ausschusses für Grundsatzfragen des Parlamentarischen Rates vom 05.10.1948 wurde schon für die Fassung des Art. 12 GG (jetzt Art. 9 GG) ein Streikrecht in Absatz 4[370] vorgesehen. Dass Art. 9 Abs. 4 GG letztlich doch aus dem Verfassungstext gestrichen wurde, zwingt jedoch nicht notwendig zu dem Schluss, dass Art. 9 Abs. 3 S. 1 GG den Streik nicht verfassungsrechtlich verorte. Tatsächlich war die Streichung des vierten Absatzes der parlamentarischen Uneinigkeit[371] bezüglich der inhaltlichen Formulierung, insbesondere in Bezug auf den Ausschluss des Beamtenstreiks und des politischen Streik, geschuldet.[372] Zudem enthält die 1968

365 So auch *Kissel*, Arbeitskampfrecht, S. 160.

366 So auch *Glietsch*, Zulässigkeit, S. 34.

367 Art. 159 Weimarer Reichsverfassung: „Die Vereinigungsfreiheit zur Wahrung und Förderung der Arbeits- und Wirtschaftsbedingungen ist für jedermann und für alle Berufe gewährleistet. Alle Abreden und Maßnahmen, welche diese Freiheit einzuschränken oder zu behindern suchen, sind rechtswidrig.", vgl. RGBl. I 1919, 1383 (1414).

368 Vgl. Parlamentarischer Rat, Ausschuß für Grundsatzfragen, Band 5/I, Protokoll Nr. 7, 117 (124); Parlamentarischer Rat, Ausschuß für Grundsatzfragen, Band 5/II, Protokoll Nr. 32, 648 (700); *Sinzheimer*, Arbeitsrecht, S. 86 f.; *Rüthers*, Verfassung, S. 26.

369 So u. a. auch *Pieber*, AuR 1987, 212 (124 f.).

370 Art. 12 Abs. 4 in der Fassung des Redaktionsausschusses des AFG: „Das Streikrecht wird im Rahmen der Gesetze anerkannt.", vgl. Parlamentarischer Rat, Ausschuß für Grundsatzfragen, Band 5/I, Protokoll Nr. 7, 117 (117), Fn. 2; Parlamentarischer Rat, Ausschuß für Grundsatzfragen, Band 5/I, Protokoll Nr. 7, 117 (124).

371 Zur Uneinigkeit siehe Parlamentarischer Rat, Ausschuß für Grundsatzfragen, Band 5/I, Protokoll Nr. 7, 117 (125 ff.); Parlamentarischer Rat, Ausschuß für Grundsatzfragen, Band 5/II, Protokoll Nr. 32, 648 (695 ff.); Parlamentarischer Rat, Hauptausschuss, Band 14/I, Protokoll Nr. 17, 507 (522 ff.).

372 Ähnliche Ansicht *Gross*, GMH 1963, 560 (561).

eingefügte Vorschrift des Art. 9 Abs. 3 S. 3 GG zwar keine verfassungsrechtliche Garantie des Streiks, trägt aber zur Klärung der Verortung bei. Denn aus der erwähnten parlamentarischen Beratung geht hervor, dass der verfassungsändernde Gesetzgeber davon ausging, dass der Streik bereits verfassungsmäßig in Art. 9 Abs. 3 GG verankert war. Bedenkt man ferner den bewusst gewählten „redaktionellen Zusammenhang“[373] zwischen Art. 9 Abs. 3 S. 3 GG und Art. 9 Abs. 3 S. 1 GG[374] sowie die Verweisung auf „Vereinigungen im Sinne des Satzes 1“, spricht gleichsam die Systematik für die deklaratorische Funktion der „Notstandklausel“ und damit für die Verankerung des Streiks in Art. 9 Abs. 3 S. 1 GG als verfassungsrechtliche Garantie[375].

Die Zweckrichtung des Art. 9 Abs. 3 GG lässt darüber hinaus zumindest eine mittelbare verfassungsmäßige Verankerung des Streiks erkennen. Der grundsätzliche Schutz des Art. 9 Abs. 3 GG gewährt seinem Wortlaut nach das Recht, zur Wahrung und Förderung der Arbeits- und Wirtschaftsbedingungen Vereinigungen zu bilden. Damit die Gewährleistung, Koalitionen zu bilden und diesen beizutreten, nicht leer läuft, verbürgt Art. 9 Abs. 3 GG daher über den Wortlaut hinaus spezifischer Teilgarantien, welche u.a. in Form der Bestands-, Koalitionszweck- und Koalitionsbetätigungsgarantie[376] nunmehr unstreitig dessen Schutzbereich unterfallen[377]. Durch die Betätigungsgarantie in Form der Tarifautonomie wird den Koalitionen die Möglichkeit eingeräumt, durch spezifisches koalitionsmäßiges Handeln den sich aus Art. 9 Abs. 3 GG ergebenden Zweck zu verfolgen. Damit dieses Recht allerdings nicht weitestgehend leerläuft, muss den Gewerkschaften ein Instrument wie beispielsweise der Arbeitskampf in Form des Streiks an die Hand gegeben werden, um die häufige Übermachtstellung der Arbeitgeberseite kompensiert.[378] Dies ist aber nur dann möglich, wenn die hierfür notwendigen Mittel, zumindest mittelbar, verfassungsrechtlich geschützt sind, als eine Art Annex zur Tarifautonomie.[379] Nur so kann sichergestellt werden, dass der Richter oder der Gesetzgeber den Koalitionen bestimmte Mittel nicht vorenthalten oder entziehen kann, mit welchen sie den in Art. 9 Abs. 3 GG genannten Zweck erfüllen können.[380] Aufgrund dessen ist das Streikrecht zumindest mittelbar in Art. 9 Abs. 3 S. 1 GG gewährleistet.

cc. Die Rechtsprechung des Bundesarbeits- und Bundesverfassungsgerichts

Auch das Bundesarbeitsgericht und das Bundesverfassungsgericht haben sich mit der aufgeworfenen Problematik beschäftigt. Zwar gibt die bisherige Rechtsprechung

---

373 *Isensee*, Beamtenstreik, S. 23.

374 *Däubler*, Öffentlicher Dienst, S. 73.

375 So auch *Glückert*, Arbeitskampfschutzklausel, S. 173, 176; *Kemper*, Koalitionsfreiheit, S. 151; *Däubler*, Öffentlicher Dienst, S. 73, *Hueck*, RdA 1968, 430 (431).

376 Auch als Koalitionsverfahrensgarantie bezeichnet, vgl. Maunz/Dürig/*Scholz*, Art. 9 Rn. 278.

377 Ebenso *Lieb*, Arbeitskampf, S. 59; Maunz/Dürig/*Scholz*, Art. 9 Rn. 255, 278.

378 Ähnlich auch *Glietsch*, Zulässigkeit, S. 28; ebenfalls *Gamillscheg*, KollArbR I, S. 939.

379 Ähnlich *Scherer*, Grenzen, S. 50.

380 So auch *Säcker*, Grundprobleme, S. 84.

über eine präzise Einordnung einer verfassungsrechtlichen Gewährleistung des Streiks keinen Aufschluss, bestätigt allerdings die grundsätzliche Verortung in Art. 9 Abs. 3 GG[381]. So begründet das BAG den verfassungsrechtlichen Schutz des Streiks in Art. 9 Abs. 3 GG als eine Art Mittel zum Zweck und stellt fest: *„Ohne das Druckmittel des Streiks könnte die Tarifautonomie nicht wirksam werden.*[382]*"* Obwohl dies sehr spät geschieht, schließt sich das BAG damit der verbreiteten Literaturmeinung an, dass auch der Streik von der Koalitionsfreiheit umfasst sei, da nur so eine funktionierende Tarifautonomie sichergestellt werden könne. Ebenso argumentiert auch das BVerfGE u. a. in seinem Beschluss vom 02.03.1993[383] und führt aus:

> *„Zu den geschützten Mitteln zählen jedenfalls die Arbeitskampfmaßnahmen, die erforderlich sind, um eine funktionierende Tarifautonomie sicherzustellen. Ein solches Mittel ist auch der Streik.*[384]*"*[385]

Es entspricht daher auch der gefestigten obergerichtlichen Rechtsprechung, die Gewährleistung des Streiks in Art. 9 Abs. 3 GG zu verorten, wenn auch nur mittelbar.

dd. Sonstige Verfassungsnormen

In der wissenschaftlichen Literatur existier(t)en zudem Bewegungen, die bestrebt waren und sind, das Streikrecht – unabhängig von Art. 9 Abs. 3 GG – verfassungsrechtlich herzuleiten. Zu Recht werden diese jedoch von der vorherrschenden Meinung in Literatur und Rechtsprechung abgelehnt.

So wurde gerade in den 50er Jahre verstärkt die Ansicht vertreten, dass in Ermangelung der positiven Erwähnung des Streikrechts in Art. 9 Abs. 3 GG und der Tatsache, dass der Wortlaut des Art. 9 Abs. 3 GG stark dem des Art. 159 WRV ähnelt, der Streik nicht über Art. 9 Abs. 3 GG gewährleistet[386], sondern vielmehr Ausfluss der allgemeinen Handlungsfreiheit nach Art. 2 Abs. 1 GG sei.[387] Wie zuvor erörtert, führt diese Argumentation aber nicht zwingend zum Ausschluss einer Streikgarantie aus Art. 9 Abs. 3 GG[388], sodass letztlich die hier vertretene Gewährleistung über Art. 9 Abs. 3 S. 1 GG die Heranziehung von Art. 2 Abs. 1 GG unterbindet, da es sich lediglich um ein Auffanggrundrecht[389] handelt, welches nur dann subsidiär greifen würde, wenn der Streik nicht schon durch ein spezielleres Grundrecht garantiert

---

381 U.a. NJW BVerfG 1993, 1379 (1380); NZA 1995, 754 (755); NJW BAG 1980, 1642 (1644); NZA BAG 1984, 393 (397); NZA BAG 1993, 39 (40).
382 NJW BAG 1980, 1642 (1644).
383 Az.: 1 BvR 1213/85, NJW BVerfG 1993, 1379 ff.
384 NJW BVerfG 1993, 1379 (1380).
385 Ähnlich auch in NJW BVerfG 1991, 2549 (2550); NZA BVerfG 1995, 754 (755).
386 *Arras*, NJW 1953, 241 (241); *Löffler*, NJW 1962, 1601 (1601).
387 Vgl. *Löffler*, NJW 1962, 1601 (1601).
388 Vgl. Kapitel 2, B., III., 1., a., aa.
389 U.a. BVerfGE 23, 50 (55 f.).

wäre[390].[391] Aufgrund der verfassungsrechtlichen Subsidiarität erweist sich der Rückgriff auf die allgemeine Handlungsfreiheit daher sogar als unzulässig.[392]

Daneben wird vertreten, dass die vertragswidrige Nichterbringung der Arbeitsleistung aufgrund eines Streiks gerade bei kurzfristigen Arbeitsniederlegungen eine nach Art. 5 Abs. 1 GG geschützte Meinungsäußerung darstellen könne.[393] Allerdings umfasst der Schutzbereich des Art. 5 Abs. 1 S. 1 GG lediglich die Äußerung bzw. Verbreitung von Meinungen[394]. So wird nur eine geistige Argumentation geschützt, welche sich auf die Überzeugungskraft von Darlegungen bzw. Erläuterungen beschränkt und sich gerade keiner Mittel bedient, die den Angesprochenen einem wirtschaftlichen Druck aussetzt, sodass dieser keine vollkommen freie Entscheidung mehr treffen kann.[395] Dementsprechend kann der Streik an sich als spezielle Koalitionsbetätigung nicht dem Schutzbereich der Meinungsfreiheit unterfallen.

Im Weiteren wird versucht, ein Streikrecht über die Versammlungsfreiheit aus Art. 8 Abs. 1 GG zu generieren. Zugegebenermaßen macht insbesondere im Fall des Demonstrationsstreiks die gemeinsame Versammlung einen wichtigen Bestandteil des Streiks aus, wodurch die Wirkung der Arbeitsniederlegung durchaus intensiviert wird. Allerdings stellt auch in diesem Fall die Versammlung nur einen Teil des Streiks dar[396], genau wie die Meinungsäußerung, welche durch Art. 5 Abs. 1 GG geschützt ist. Ein Streik kann somit durchaus anderweitige Grundrechte tangieren. Dies heißt aber noch lange nicht, dass er hierdurch auch verfassungsrechtlich geschützt ist. Dementsprechend handelt es sich bei einem Demonstrationsstreik auch lediglich um eine Streikunterart und keine für sich verfassungsrechtlich geschützte Erscheinungsform des Arbeitskampfes.[397] So kann aus Art. 8 Abs. 1 GG genauso wenig wie aus Art. 5 Abs. 1 GG eine Streikgarantie abgeleitet werden.

Eine kontinuierlich diskutierte Herleitungsmöglichkeit der verfassungsrechtlichen Streikgarantie bietet u. a. auch die im Sozialstaatsprinzip (Art. 20 Abs. 1 GG, Art. 28 Abs. 1 S. 1 GG) verankerte soziale Selbstverwaltung. Hierbei geht es grundsätzlich um die autonome Ordnungsgewalt gesellschaftlicher Gruppen in ihren Lebensbereichen.[398] Dementsprechend wird argumentiert, dass auch die durch

---

390 U.a. BVerfGE 23, 50 (55 f.).

391 Allenfalls im Zusammenhang mit der so genannten „Außenseiterproblematik" oder Ausländern könnte darüber hinaus Art. 2 Abs. 1 GG als verfassungsrechtliche Grundlage des Streiks diskutiert werden. Hierauf soll aber mangels näheren Themenbezugs nicht weiter eingegangen werden.

392 So *Lerche*, Zentralfragen, S. 45.

393 U.a. Däubler/*Däubler*, Arbeitskampfrecht, S. 82 f.

394 Maunz/Düring/*Herzog*, Art. 5 Rn. 49.

395 BVerfG NJW 1969, 1161 (1162); ähnlich auch *Isensee*, Beamtenstreik, S. 141; a. A. Däubler/*Däubler*, Arbeitskampfrecht, S. 83; in Bezug auf den Demonstrationsstreik: *Löwisch*, RdA 1982, 73 (82).

396 Vgl. *Engels*, Verfassung, S. 156.

397 Ähnlich auch *Gamillscheg*, KollArbR I, S. 945.

398 *Rüthers*, Verfassung, S. 37.

Arbeitskampf ausgetragenen Spannungen der Sozialpartner zum Erscheinungsbild der sozialen Autonomie und damit zur verfassungsrechtlichen geschützten Sozialordnung gehören.[399] Allerdings handelt es sich bei dem Sozialstaatsprinzip um eines der am wenigsten greifbaren Verfassungsprinzipien, da es so vieldeutig wie kein anderes ist[400], was zur Folge hat, dass es inhaltlich sehr unbestimmt bleibt und damit einen eher kryptischen normativen Aussagegehalt aufweist[401]. Hieraus nun konkrete Rechte entnehmen zu wollen, fällt schwer. Nachvollziehbarer erscheint daher, das Sozialstaatsprinzip lediglich als Interpretationshilfe zur näheren Deutung anderer Grundrechte heranziehen zu wollen.[402]

ee. Landesverfassungen

Aufgrund der föderalistischen Strukturen der Bundesrepublik haben neben den Bundesgrundrechten die Landesgrundrechte mögliche Bedeutung für die verfassungsrechtliche Gewährleistung des Streiks. So enthalten verschiedene Landesverfassungen im Gegensatz zum Grundgesetz gleichwohl explizite Aussagen zum Streikrecht. Hierzu zählen sowohl die Verfassungen von Berlin[403], Brandenburg[404], Bremen[405], Hessen[406], Rheinland-Pfalz[407], Saarland[408] und Thüringen[409].

Da aber der Zentralstaat ebenso wie die einzelnen Gliedstaaten für sich eine eigene Staatsgewalt und damit eigenständige Rechtsetzungsgewalt beanspruchen, stellt sich das Problem des Geltungsvorranges sowohl im Fall von gleichlaufenden als auch sich widersprechenden Verfassungsbestimmungen. Für den speziellen Fall des sich überschneidenden Bundes- bzw. Landesverfassungsrechts enthält das Grundgesetz daher in Art. 31 und Art. 142 sich hierzu äußernde Normen.

Bei der Anwendung dieser Normen treten jedoch verschiedene Probleme auf. So stellt sich zunächst die Frage, welche der beiden Regelungen insbesondere im Fall des Verfassungsrechts konstitutive Wirkung entfaltet. Damit verbunden ist zudem die Problematik, in welchem Fall gerade ein das Landesverfassungsrecht verdrängender „Widerspruch“ vorliegt.

Bezüglich des Verhältnisses von Art. 31 GG zu Art. 142 GG existierten schon seit jeher, nicht zuletzt aufgrund der gegenständlichen Überschneidungen Unstimmigkeiten.[410] So wird unter anderem angenommen, dass es sich bei Art. 142

---

399 Vgl. *Rüthers*, Verfassung, S. 37 ff.
400 Maunz/Düring/*Herzog/Grzeszick*, Art. 20 Rn. 19.
401 Maunz/Düring/*Herzog/Grzeszick*, Art. 20 Rn. 18.
402 So *Seiter*, Streikrecht, S. 100 ff. im Falle des Art. 9 Abs. 3 GG.
403 Art. 27 Abs. 2 BLNVerf.
404 Art. 51 Abs. 2 S. 3 BbgVerf.
405 Art. 51 Abs. 3 BremVerf.
406 Art. 29 Abs. 4 HV.
407 Art. 66 Abs. 2 RhpfVerf.
408 Art. 56 Abs. 2 SLVerf.
409 Art. 37 Abs. 2 VerfThür.
410 *Dietlein*, JA 1994, 57 (58).

GG gegenüber Art. 31 GG um eine Spezialnorm[411] handle, da Art. 142 GG lediglich eine Aussage zu übereinstimmendem Verfassungsrecht der Länder und des Bundes trifft und damit an einen enger gefassten Tatbestand eine von Art. 31 GG abweichende Rechtsfolge knüpft, sodass Art. 31 GG zumindest in diesem Teilbereich (der „Übereinstimmung") verdrängt werde. Damit habe die Sonderregelung des Art. 142 GG konstitutive Wirkung.[412] Dies hat für übereinstimmendes bzw. gleichlaufendes Verfassungsrecht die Konsequenz, dass das Landesverfassungsrecht nach Art. 142 GG neben dem Bundesverfassungsrecht in Kraft bleibt. Eine identische Konsequenz folgert allerdings das Bundesverfassungsgericht in seinem Beschluss vom 29.01.1974[413] aus Art. 31 GG, indem es klarstellt, dass durch Art. 31 GG nur dem Bundesverfassungsrecht widersprechendes Landesverfassungsrecht, aber nicht übereinstimmendes, aufgehoben wird. Aufgrund dessen stellte sich die Frage, welchen Gehalt Art. 142 GG neben Art. 31 GG noch haben kann. Eine Ansicht in der Literatur nimmt daher an, dass Art. 142 lediglich eine klarstellende/deklaratorische Bedeutung zukommen könne.[414] Denn schon aus der Kollisionsnorm des Art. 31 GG ergebe sich zwingend, dass mit Bundesgrundrechten übereinstimmende oder sich nicht widersprechende Landesgrundrechte aufrecht erhalten bleiben.[415]

Aber auch im Fall des sich widersprechenden Verfassungsrechts kann die Folge des zurücktretenden Landesverfassungsrechts aus beiden Bestimmungen geschlussfolgert werden. Zum einen direkt aus Art. 31 GG, wenn davon auszugehen ist, dass Art. 142 GG nur das Verhältnis übereinstimmenden Bundes- nun Landesverfassungsrechts regelt, sodass im Kollisionsfall Bundesrecht Landesrecht bricht. Demgegenüber könnte aber ebenso aus einem Umkehrschluss des Art. 142 GG geschlussfolgert werden, dass Bestimmungen der Landesverfassungen soweit sie gerade nicht mit Art. 1–18[416] des Grundgesetzes übereinstimmen, außer Kraft gesetzt werden, mit der Konsequenz, dass das Verhältnis zwischen Bundes- und Landesverfassungsrecht ganz dem Anwendungsbereich des Art. 31 GG entzogen wird.[417] Unabhängig davon, welcher Ansicht man den Vortritt einräumt, bleibt die sich hieraus ergebende Rechtsfolge doch dieselbe: indem man im Sinne des Bundesverfassungsgerichts lediglich ein „Mindestmaß an Homogenität" nach Art. 28 GG[418] fordert, ergibt sich sowohl aus Art. 31 GG wie auch aus Art. 142 GG, dass bei Vor-

---

411 Maunz/Düring/*Korithe*, Art. 142 Rn. 3; *Böckenförde/Grawert*, DÖV 1971, 119 (120); *Dietlein*, JA 1994, 57 (58).

412 *Tjarks*, Landesgrundrechte, S. 28 ff. mit der Feststellung auf S. 33.

413 BVerfG NJW 1974, 1181 ff.; BVerfGE 36, 342 ff.

414 *Gallwas*, JA 1981, 536 (538).

415 Maunz/Düring/*Korithe*, Art. 31 Rn. 14 f.

416 Hierzu zählen aber, entgegen des Wortlautes des Art. 142 GG, nicht nur diejenigen Rechte, die im Grundgesetz im ersten Abschnitt stehen, sondern auch grundrechtsgleiche Rechte, welche an anderer Stelle der Verfassung zu finden sind. Vgl. u. a. BVerfG NJW 1967, 1955 (1955); *Dietlein*, JA 1994, 57, 58 f.

417 So auch *Tjarks*, Landesgrundrechte, S. 32, 34.

418 Vgl. BVerfG NJW 1974, 1181 (1182); so auch *Gallwas*, JA 1981, 536, 538.

liegen eines Widerspruches zwischen einem Bundes- und einem Landesgrundrecht lediglich eine (Teil-)Nichtigkeit/Unwirksamkeit der landesverfassungsrechtlichen Bestimmung im Umfang des Widerspruches anzunehmen ist.[419]

Trotz dieser Folgerung bleibt die Frage entscheidend, wann genau ein solcher Widerspruch bzw. eine Kollision von Bundes- und Landesgrundrechten vorliegt. Dieses Problem gewinnt gerade im Fall des Streikrechts an Bedeutung, da die in den Landesverfassungen verbürgten Streikrechte trotz ihrer Individualität zumindest ihrem Wortlaut nach über die bisherige Rechtsprechung in Bezug auf das sich aus Art. 9 Abs. 3 GG ergebende Streikrecht hinausgehen. So besteht beispielsweise in Thüringen und Brandenburg eine uneingeschränkte Streikgarantie. Das hat u.a. zur Folge, dass die dementsprechenden Streikrechte beispielsweise nicht nur auf die Erkämpfung eines Tarifvertrags abstellen, sodass die in diesen Bundesländern gewährte Streikgarantie über die bundesrechtliche hinausgeht. Daraus lässt sich aber nicht zwangsweise schlussfolgern, dass es sich um einen Widerspruch im Sinne des Art. 31 GG bzw. Art. 142 GG handelt.

Denn einen derartigen Widerspruch bzw. eine solche Normenkollision zwischen Bundes- und Landesverfassungsrecht nimmt das Bundesverfassungsgericht in ständiger Rechtsprechung im Falle des Art. 31 GG erst dann an, wenn beide Normen auf einen Sachverhalt anwendbar sind und bei ihrer Anwendung zu verschiedenen Ergebnissen führen.[420] Diese sehr allgemein gefasste Aussage lässt jedoch viel Interpretationsspielraum zu, sodass in Bezug auf sich gegenüberstehende Landes- und Bundesgrundrechte ebenfalls Art. 142 GG herangezogen werden muss. Denn auch wenn man diesen als rein deklaratorische Bestimmung betrachtet, dient er doch einem klarstellenden Zweck, indem er verdeutlicht, wann gerade ein „Nichtwiderspruch" nach Art. 31 GG und damit eine Übereinstimmung zwischen Landes- und Bundesgrundrechten vorliegt.[421] Es ist somit für die vorliegende Diskussion gleichermaßen entscheiden, wann eine Übereinstimmung existiert, um damit positiv eine Kollision ausschließen zu können. Maßgeblich für den Fall der Übereinstimmung bzw. des „Nichtwiderspruchs" ist daher nach einhelliger Meinung die Inhaltsgleichheit der Schutzwirkung.[422] Hieraus lässt sich schließen, dass nicht nur der Wortlaut der Bestimmungen ausschlaggebend ist, sondern vielmehr der Gewährleistungsgehalt.[423] Vergleicht man nun die verfassungsrechtlichen Bestimmungen bezüglich des Streiks, so stellt sich schnell heraus, dass der Gewährleistungsgehalt der Landesnormen in unterschiedlicher Weise über den des Art. 9 Abs. 3 GG hinausgeht. So lässt etwas die Thüringer Verfassung einen Demonstrationsstreik oder gar einen politischen Streik zu. Eine solche Mehrgewährleistung stellt aber nach ganz

---

419 Ähnlich auch *Tjarks*, Landesgrundrechte, S. 34.
420 BVerfGE 26, 116 (135).
421 Ähnlich *Sachs* DÖV 1985, 469 (470f.); *Winkelmann* DVBl. 1991, 791 (793).
422 Dreier/*Dreier*, Art. 142, Rn. 43 in der er auf sich selbst verweist.
423 So auch *Gallwas*, JA 1981, 536 (540f.).

überwiegender Ansicht gerade keinen Kollisionsfall dar.[424] Plausibel lässt sich dies damit begründen, dass das Grundgesetz lediglich ein gewisses Mindestmaß statuiert, sodass darüber hinausgehende Landesgrundrechte lediglich einen höheren Standard setzten, welcher mit der Bundesverfassung nicht im Widerspruch stehen kann[425], solange nicht gesicherte Grundrechtspositionen Dritter gefährdet werden oder sich aus dem entsprechenden Grundrecht ergibt, dass nicht mehr gewährleistet sein darf[426]. Da dies vorliegend nicht der Fall ist, hat es in der Bundesrepublik letztlich zur Konsequenz, dass das Streikrecht durchaus in den unterschiedlichen Bundesländern in verschiedenem Maße gewährt wird.

b. Die bundesgesetzlichen Regelungen

Der Gesetzgeber hat es in vielen Bereichen des deutschen Arbeitsrechts unterlassen, eine einheitliche gesetzliche Regelung zu schaffen. Insbesondere im Arbeitskampfrecht existiert trotz mehrfacher Anregungen aus der Wissenschaft kein einheitliches Bundesgesetz bezüglich der Voraussetzungen, Inhalt, Grenzen oder Beendigung des Arbeitskampfes. Dies wiederum erklärt den bestehenden Fokus auf das deutsche Verfassungsrecht. Nichtsdestotrotz finden sich in zahlreichen Regelungen die Begriffe des „Arbeitskampfes" bzw. des „Streiks" wieder. Hierzu zählen unter anderem § 2 Abs. 1 Nr. 2 ArbGG, § 64 Abs. 3 Nr. 2c ArbGG, § 11 Abs. 5 AÜG, § 25 KSchG, §§ 100, 160 SGB III oder auch § 91 Abs. 6 SGB IX. Grundsätzlich enthalten diese Normen allerdings keine unmittelbaren Regelungen zum Arbeitskampf, sodass das BAG diese als „neutrale Rechtsnormen" deklariert.[427] Dies bedeutet aber auch nur, dass derartigen Gesetzen keine Anhaltspunkte über die Modalitäten des Arbeitskampfes entnommen werden können. Indem der Gesetzgeber rechtliche Konsequenzen an den Arbeitskampf bzw. den Streik knüpft, kann aber durchaus darauf geschlossen werden, dass er diese als Teil der Rechtsordnung voraussetzt.[428] Damit gibt der Gesetzgeber zumindest zu verstehen, dass grundsätzlich ein rechtmäßiger Arbeitskampf bzw. Streik existiert. Ein originäres, fest umrissenes Recht auf Streik kann dem zwar nicht entnommen werden, trotz allem spiegelt es das Vorhandensein eines rechtlich zulässigen Streikrechts wider.

2. Die Gewährleistung des Streikrechts im internationalen Recht

Die immer fortschreitende Entwicklung des internationalen Rechts und die stetig vorangehende „Europäisierung" des nationalen Rechts lässt auch das deutsche Arbeitskampfrecht, insbesondere das Streikrecht, nicht unberührt. So ist das Recht

---

424 U.a.*Engels*, Verfassung, S. 160; *Gallwas*, JA 1981, 536 (540).

425 Zu diesem Ergebnis gelangt auch *Gallwas*, indem er auf das aus Art. 28 Abs. 1 GG geforderte Mindestmaß an Homogenität abstellt. Vgl. *Gallwas*, JA 1981, 536 (538).

426 *Gallwas*, JA 1981, 536 (541).

427 BAGE 23, 292 (308); 33, 140 (157); BAG NJW 1979, 2268 (2270).

428 BAGE 33, 140 (157).

zu streiken nicht nur in verschiedenen völkerrechtlichen Verträgen, wie auch in allgemeinen Regeln des Völkerrechts, sondern auch im Unionsrecht verortet. Für die gegenwärtige Problematik stellt sich daher die grundlegende Frage, aus welchen internationalen Regelungen ein derartiges Streikrecht abgeleitet werden kann und noch wichtiger, in welcher Form und Intensität dieses Streikrecht im Recht der Bundesrepublik Deutschland zur Anwendung gelangt.

a. Das Völkerrecht und seine innerstaatliche Geltung

Neben dem nationalen Recht gewinnt auch das Völkerrecht immer mehr an Bedeutung für das Streikrecht der Bundesrepublik. Schließlich eröffnet Art. 25 GG den deutschen Rechtsraum für die „allgemeinen Regeln des Völkerrechts“[429], indem es das Verhältnis zwischen Völkerrecht und innerstaatlichem Recht für den Zweck der innerstaatlichen Rechtsanwendung regelt. Dementsprechend sichert Art. 25 S. 2, 1. HS GG den allgemeinen Völkerrechtsregeln in der innerstaatlichen Normhierarchie einen Rang noch über dem Bundesgesetz zu[430], der sicherstellt, dass das Agieren deutscher Staatsorgane völkerrechtskonform ist[431].

Daneben enthält Art. 59 Abs. 2 GG für die innerstaatliche Geltung völkerrechtlicher Verträge[432] eine spezielle Regelung. Demgemäß können Normen des Völkervertragsrechts durch eine gesetzliche Zustimmung nach Art. 59 Abs. 2 S. 1 GG innerstaatliche Geltung[433] im Rang eines einfachen Bundesgesetzes erlangen. Die so genannten Zustimmungsgesetze bewirken folglich ebenfalls eine Öffnung der deutschen Rechtsordnung für Regelungen aus anderen Rechtskreisen.[434] Daneben verpflichten sich die Unterzeichnerstaaten nach Art. 26 Wiener Vertragsrechtskonvention[435] (WVK), das entsprechende Vertragsziel nach Treu und Glauben zu verfolgen und somit Vertragsverstöße zu vermeiden, sodass nach Art. 27 WVK eine Berufung auf entgegenstehendes innerstaatliches Recht grundsätzlich verwehrt ist.

Darüber hinaus ergibt sich aus einer Zusammenschau der Wertungen in der Präambel des Grundgesetzes, Art. 1 Abs. 2, 23, 24, 25, 26 und 59 GG, die Völker-

---

429 Hierzu gehören beispielsweise die UN-Pakte. Bezüglich der Begrifflichkeit „allgemeinen Regeln des Völkerrechts“ vgl. Maunz/Dürig/*Herdegen*, Art. 25, Rn. 19.

430 Maunz/Dürig/*Herdegen*, Art. 25, Rn. 1.

431 BeckOK GG/*Heinegg*, Art. 25, Einleitung.

432 Hierzu zählt beispielsweise die Europäische Menschenrechtskonvention.

433 Vgl. *Zuleeg*, ZaöRV 35 (1975), 341 (348). Dieser weist auch darauf hin, dass die innerstaatliche Geltung nicht gleichbedeutend mit der innerstaatlichen Anwendung ist, sondern zwischen beiden differenziert werden muss. In diesem Zusammenhang verweist er zu Recht auf die Monografien von *Bleckmann* und *Koller*, vgl. S. 344 f. Fn. 9.

434 Maunz/Düring/*Nettesheim*, Art. 59 Rn. 178.

435 Die Wienervertragsrechtskonvention (Wiener Übereinkommen) ist selbst ein völkerrechtlicher Vertrag, der das Zustandekommen und die Auslegung von Verträgen, die zwischen Staaten geschlossen werden, regelt.

rechtsfreundlichkeit des Grundgesetzes.[436] Dementsprechend sind die Grundrechte und rechtsstaatlichen Grundsätze völkerrechtsfreundlich auszulegen, sodass ein Konflikt mit völkerrechtlichen Verpflichtungen der Bundesrepublik vermieden werden kann.[437]

Aufgrund der soeben dargestellten Bedeutung des Völkerrechts für den deutschen Rechtsraum stellt sich im Folgenden die Frage, welche Regelungen des Völkerrechts für das nationale Streikrecht von Bedeutung sind, um im Weiteren klären zu können, welche Wirkung diese auf die derzeitige innerstaatliche Rechtslage der Bundesrepublik haben.

b. Das universelle Völkerrecht

Im Weiteren soll zunächst das universelle Völkerrecht auf die Gewährleistung eines für die Bundesrepublik einschlägigen Streikrechts untersucht werden. Schließlich beansprucht das universelle Völkerrecht weltweit Gültigkeit, woraus sich weitreichende Auswirkungen auf das deutsche Recht ergeben können. Im Bereich des Arbeitsrechts sind daher insbesondere die Übereinkommen der Internationalen Arbeitsrechtsorganisation, die Allgemeine Erklärung der Menschenrechte und die UN-Pakte näher zu beleuchten.

aa. Die Internationale Arbeitsrechtsorganisation (IAO)[438]

(1) Die Entstehung und Zielsetzung der IAO

Bei der IAO handelt es sich um das Resultat eines wirtschaftlichen und sozialen Entwicklungsprozesses des 19. Jahrhunderts, aus dem die Notwendigkeit nach einem internationalen, grenzüberschreitenden Arbeits- und Sozialrecht erwuchs.[439] Neben dem Bedürfnis zur Beseitigung unmenschlicher Arbeitsbedingungen, zur Erhöhung der Leistungsfähigkeit der Arbeiter und zur Produktivitätssteigerung war das vordergründige Motiv für eine internationale Arbeitsschutzpolitik im Wesentlichen der Wettbewerbsschutz[440] derjenigen Länder, die höhere Arbeitsschutzanforderungen und damit höhere Produktionskosten im Vergleich zu anderen Ländern hervorbrachten.[441] Dementsprechend konnten diese Länder ihre Waren im internationalen Wettbewerb auch nur mit vergleichsweise höheren Preisen anbieten, als die Länder, in welchen ein niedrigerer Schutzstandard gewährleistet wurde und waren daher, ohne Angleichung des Arbeitsschutzniveaus, nicht mehr konkurrenzfähig.[442] Der

---

436 BVerfGE 6, 309 (362 f.); BVerfG NJW 2004, 3407 (3408); BVerfG NJW 2011, 1931 (1935).

437 BVerfG NJW 2004, 3407 (3408); BVerfG NJW 2011, 1931 (1935).

438 Auch International Labour Organization = ILO.

439 *Böhmert*, Recht der ILO, S. 27.

440 Hierzu ausführlich *Sengenberger*, in: 75 Jahre IAO, 55 (58 f.).

441 *Brinkmann*, in: 75 Jahre IAO, 13 (14).

442 *Brinkmann*, in: 75 Jahre IAO, 13 (14).

hieraus resultierende Entwicklungsprozess fand 1919 mit der Gründung der IAO auf der Washingtoner Arbeitskonferenz ihren vorläufigen Höhepunkt. Als Teil XIII (Art. 387–427)[443] des Versailler Friedensvertrags („Gründungsurkunde") wurden die Grundsätze für das materielle Arbeitsrecht und die organisatorischen Bestimmungen für die IAO festgelegt.[444] Die hieraus erwachsene IAO-Verfassung macht zudem deutlich, welche Funktionen und Zielsetzungen der IAO zugrunde liegen. So kommt schon in der Präambel offensichtlich zum Ausdruck, dass die Sicherung des Weltfriedens und die soziale Gerechtigkeit Kernmotive der IAO darstellen.[445] Daneben zählen die Verbesserung der Arbeitsbedingungen[446] und die Unterbindung von Wettbewerbsvorteilen aufgrund schlechter Sozialstandards[447] zu den Hauptaufgaben der IAO.[448]

Um der dargestellten Zielsetzung gerecht zu werden, bedient sich die IAO der Schaffung von internationalen Arbeitsnormen. Hierzu zählen insbesondere Übereinkommen und Empfehlungen. Von besonderer Bedeutung für das Streikrecht ist u. a. das Übereinkommen Nr. 87, welches sich mit der Vereinigungsfreiheit und dem Schutz des Vereinigungsrechts befasst und daher im Folgenden näher beleuchtet werden soll. Im Allgemeinen handelt es sich bei derartigen Übereinkommen um völkerrechtliche Vereinbarungen, die mit ihrer Ratifizierung für den jeweiligen Mitgliedstaat Verbindlichkeit erlangen[449]. Insofern hat der Mitgliedstaat die völkerrechtliche Aufgabe, das Übereinkommen in innerstaatliches Recht umzusetzen. Dementsprechend enthalten sie zum Großteil[450] lediglich eine Schutzverpflichtung der Mitgliedstaaten, aber keine unmittelbare rechtliche Wirkung für den Einzelnen[451]. Hierbei ist es grundsätzlich dem Mitgliedstaat überlassen, welche Maßnahmen oder Mechanismen er vorsieht, damit das entsprechende Übereinkommen umgesetzt wird[452], es sei denn, aus dem Übereinkommen ergibt sich etwas anderes.

Die Bedeutung der IAO geht heute aber weit über die Verabschiedung von Übereinkommen und Empfehlungen hinaus. Sie dokumentiert und kritisiert darüber hinaus Verletzungen von Arbeitnehmer- und Gewerkschaftsrechten und hilft damit, diese Rechte international durchzusetzen. Die IAO und die Spruchpraxis ihrer

---

443 Dieser Teil wird heute als Verfassung der IAO bezeichnet.

444 *Brinkmann,* in: 75 Jahre IAO, 13 (26); *Wisskirchen,* ZfA 2003, 691 (693); *Böhmert,* Recht der ILO, S. 31.

445 *Böhmert,* Recht der ILO, S. 33; *Wisskirchen,* ZfA 2003, 691 (693 f.).

446 *Böhmert,* Recht der ILO, S. 36.

447 *Wisskirchen,* ZfA 2003, 691 (694); *Böhmert,* Recht der ILO, S. 35 f.

448 Durch die 1944 auf der 26. Internationalen Arbeitskonferenz verabschiedete „Erklärung von Philadelphia" und die „ILO Declaration on fundamental principles and rights at work" vom 18.06.1998" wurden die Grundsätze, Leitmotive und Aufgaben der IAO aus der Verfassung bestätigt und weiterentwickelt.

449 *Böhmert,* Recht der ILO, S. 71; *Wisskirchen,* ZfA 2003, 691 (697).

450 Ausnahmen stellen die so genannten „self executing" Normen dar.

451 Vgl. u. a. BAG 03.12.1997–7 AZR 236/97, Rn. 23, zitiert nach juris.

452 Art. 19 Abs. 5 d) IAO-Verfassung.

Überwachungsorgane sind zugleich wichtiger Referenzrahmen für nationale und internationale Gerichte; sie sind Bezugspunkt für internationale Übereinkommen wie der Europäischen Sozialcharta, der Europäischen Menschenrechtskonvention oder den UN-Pakten, und darüber hinaus sind sie Referenz für Sozialstandards in Ethikrichtlinien, Nachhaltigkeitsrankings, Grundrechtereports.[453] Die IAO setzt damit als eine Art „Satellitenorganisation" internationale Standards.

(2) Das Streikrecht im Recht der IAO

Die Vereinigungsfreiheit stellt eines der „Fundamentalrechte"[454] der IAO dar. Bereits in den grundlegenden Urkunden der IAO, insbesondere in Art. 427 Nr. 2 Versailler Vertrag[455], der Präambel der IAO Verfassung[456], aber auch in Ziffer I (b) der Erklärung von Philadelphia von 1944[457] und in der IAO-Erklärung über grundlegende Prinzipien und Rechte vom 18.06.1998[458], findet die Vereinigungsfreiheit Erwähnung, wodurch ihre herausragende Stellung im Recht der IAO deutlich zum Ausdruck kommt. Freilich kann von der Vereinigungsfreiheit nicht automatisch auf ein im Recht der IAO verankertes Streikrecht geschlossen werden; vor allem, da die erwähnten Dokumente ein solches nie ausdrücklich als Teil der Vereinigungsfreiheit nennen. Allerdings könnte sich ein solches aus den zahlreichen Übereinkommen, die sich im weitesten Sinne mit der Vereinigungsfreiheit beschäftigen, ergeben. Hierzu zählen unter anderem das Übereinkommen Nr. 11 von 1922[459], das Übereinkommen Nr. 84 von 1947[460], das Übereinkommen Nr. 87 von 1948[461], das Überein-

453 MünchArbR/*Kohte*,§ 288, Rn. 41; *Schumacher*, express 12/2014, S. 2.

454 Vgl. *Böhmert*, Recht der ILO, S. 107.

455 Art. 427 Versailler Vertrag: *„[...]Unter diesen Verfahren und Grundsätzen erscheinen den hohen vertragschließenden Teilen die folgenden von besonderer und Beschleunigung erheischender Wichtigkeit: [...]2. das Recht des Zusammenschlusses zu allen nicht dem Gesetz zuwiderlaufenden Zwecken sowohl für Arbeitnehmer als auch für Arbeitgeber; [...]"*.

456 Präambel der IAO-Verfassung: *„[...] Eine Verbesserung dieser Bedingungen ist dringend erforderlich, zum Beispiel durch [...]Anerkennung des Grundsatzes der Vereinigungsfreiheit, [...]"*.

457 Erklärung von Philadelphia, Anlage 1 zur IAO-Verfassung: *„I. Die Konferenz erneuert das Bekenntnis zu den leitenden Grundsätzen, auf die sich die Organisation stützt, und erklärt im besonderen: [...]* b) *Freiheit der Meinungsäußerung und Vereinigungsfreiheit sind wesentliche Voraussetzungen beständigen Fortschritts. [...]"*.

458 *Wagner*, Internationaler Schutz, S. 292f.

459 Dieses verpflichtet den Staat, den in der Landwirtschaft tätigen Arbeitern die Vereinigungsfreiheit im gleichen Maße wie den Industriearbeitern zu gewähren.

460 Dieses befasst sich mit der Vereinigungsfreiheit für außerhalb des Mutterlandes gelegene Gebiete.

461 Übereinkommen Nr. 87 bezieht sich im Allgemeinen auf die Vereinigungsfreiheit und den Schutz des Vereinigungsrechts.

kommen Nr. 98 von 1949[462], das Übereinkommen Nr. 151 von 1978[463] oder auch das Übereinkommen Nr. 154 von 1981[464] – um nur einige zu nennen. Hiervon gehören die Übereinkommen Nr. 87 und Nr. 98 zu den heute bedeutendsten, wenn es um die Frage nach der Gewährleistung eines Streikrechts im Recht der IAO geht. Im Hinblick auf die gegebene Thematik des Streikrechts im öffentlichen Dienst sollen daher diese, aber auch das Übereinkommen Nr. 151 näher beleuchtet werden.

(a) Das IAO-Übereinkommen Nr. 87

Das Übereinkommen Nr. 87 stammt aus dem Jahre 1948, wurde von der Bundesrepublik Deutschland 1956 ratifiziert[465] und entfaltet daher seit diesem Zeitpunkt völkerrechtliche Bindungswirkung im Rang eines einfachen Bundesgesetzes für die Bundesrepublik. Eine unmittelbare Anwendbarkeit des IAO-Übereinkommens Nr. 87 ist allerdings nicht ersichtlich.[466]

Grundsätzlich handelt das Übereinkommen von der Vereinigungsfreiheit und dem Schutz des Vereinigungsrechts. Das in Frage stehende Streikrecht wird auch hier nicht genannt. In Artt. 3, 8 und 10 heißt es lediglich:

> *„Artikel 3*
> *1. Die Organisationen der Arbeitnehmer und der Arbeitgeber haben das Recht, sich Satzungen und Geschäftsordnungen zu geben, ihre Vertreter frei zu wählen, ihre Geschäftsführung und Tätigkeit zu regeln und ihr Programm aufzustellen.*
> *2. Die Behörden haben sich jedes Eingriffes zu enthalten, der geeignet wäre, dieses Recht zu beschränken oder dessen rechtmäßige Ausübung zu behindern.“*
>
> *Artikel 8*
> *1. Die Arbeitnehmer und die Arbeitgeber und ihre Organisationen haben sich gleich anderen Personen und organisierten Gemeinschaften bei Ausübung der ihnen durch dieses Übereinkommen zuerkannten Rechte an die Gesetze zu halten.*
> *2. Die in diesem Übereinkommen vorgesehenen Rechte dürfen weder durch die innerstaatliche Gesetzgebung noch durch die Art ihrer Anwendung geschmälert werden.*
>
> *Artikel 10*
> *In diesem Übereinkommen bezeichnet der Ausdruck ‚Organisation‘ jede Organisation von Arbeitnehmern oder von Arbeitgebern, welche die Förderung und den Schutz der Interessen der Arbeitnehmer oder der Arbeitgeber zum Ziele hat.“*

---

462 Übereinkommen Nr. 98 befasst sich mit dem Vereinigungsrecht und dem Recht auf Kollektivverhandlungen.

463 Dieses Übereinkommen beschäftigt sich mit dem Schutz des Vereinigungsrechts und dem Verfahren zur Festsetzung der Beschäftigungsbedingungen im öffentlichen Dienst.

464 Das Übereinkommen Nr. 154 befasst sich mit der Förderung von Kollektivverhandlungen.

465 BGBl. II Nr. 37 1956, S. 2072.

466 Ausführlich zur unmittelbaren Anwendbarkeit von IAO-Übereinkommen: *Böhmert*, Recht der ILO, S. 160 ff.

(aa) Die Auslegung des IAO-Übereinkommens Nr. 87 durch die Kontrollausschüsse

Für die Interpretation der IAO-Übereinkommen hat gerade die Auslegungspraxis der Überwachungsausschüsse in ihrer ständigen Berichterstattung eine immense Bedeutung. Zu diesen Ausschüssen zählen zum einen der Sachverständigenausschuss für die Durchführung von Übereinkommen und Empfehlungen und zum anderen der Ausschuss für Vereinigungsfreiheit.[467] Aufgrund dessen muss sich im Weiteren gefragt werden, inwieweit die besagten Ausschüsse das IAO-Übereinkommen Nr. 87 auslegen und welches Gewicht dieser Auslegung beizumessen ist.

Der Sachverständigenausschuss für die Durchführung von Übereinkommen und Empfehlungen, der im Jahre 1926 vom Verwaltungsrat ins Leben gerufen wurde[468], dient der Entlastung des Verwaltungsrats, indem er die Durchführung der IAO-Normen durch die Mitgliedstaaten überwacht[469]. Im Rahmen dieser Kontrolltätigkeit legt der Sachverständigenausschuss das Übereinkommen Nr. 87 in ständiger Praxis dahingehend aus, dass Art. 3 mit Blick auf Art. 8 und Art. 10 ein Streikrecht gewährleistet:

> *„The Committee considers that right to strike is one of the essential means available to workers and their organisations for the promotion and protection of their economic and social interests.*[470] *The Committee´s reasoning is therefore based on the recognized right of workers´ and employers´ organizations to organize their activities and to formulate their programms for the purposes of furthering and defending the interests of their members (Articles 3, 8 and 10 of Convention No. 87) […] In the view of the committee, strike action is part of these activities under the provisions of Article 3. […] In the light of the above the Committee confirms its basic position that the right to strike is an intrinsic corollary of the right to organize protected by Convention No. 87. […]“*[471]

Folglich handelt es sich nach Auffassung des Sachverständigenausschusses bei dem Streikrecht um ein immanent durch die Vereinigungsfreiheit gedecktes Recht, welches durch Art. 3 Übereinkommen Nr. 87 mit gewährleistet ist. Das Streikrecht sei unerlässlich für die Ausübung der gewerkschaftlichen Funktionen aus Art. 3 Übereinkommen Nr. 87. Denn nur durch derartige Kampfmittel sei es den Arbeitnehmerorganisationen möglich, ihrer Aufgabe der Förderung und des Schutzes der Arbeitnehmerinteressen nachzukommen.

---

467 Darüber hinaus können Untersuchungsausschüsse gebildet werden, die ebenfalls der Überwachung von IAO-Normen dienen. Da diese allerdings bei der Diskussion um das Streikrecht aus IAO-Übereinkommen Nr. 87 keine entscheidende Rolle spielen, konzentriert sich diese Arbeit auf die oben angeführten Kontrollgremien.

468 *Böhmert*, Recht der ILO, S. 85; *Wagner*, Internationaler Schutz, S. 63.

469 *Böhmert*, Recht der ILO, S. 85.

470 ILC, 69th Session, 1983, General Survey, Report III (Part 4B), S. 62. (Abs. 200).

471 ILC, 81th Session, 1994, General Survey, Report III (Part 4B), S. 65 f. (Abs. 147, 149, 151).

Daneben kommt der Ausschuss für Vereinigungsfreiheit, der im Jahre 1951 vom Verwaltungsrat errichtet wurde[472], und die Überwachung der Einhaltung des Grundsatzes der Vereinigungsfreiheit zur Aufgabe hat[473], in ständiger Auslegung freilich zum gleichen Ergebnis wie der Sachverständigenausschuss, da sich beide Gremien in ihrer Auslegungspraxis abstimmen[474]. Letztlich hat sich daher aus der konsequenten Spruchpraxis dieses Ausschusses ein entsprechend detailliertes „Case Law" entwickelt.[475]

Trotz der jahrzehntelangen und eindeutigen Praxis der Überwachungsausschüsse der IAO ein Streikrecht in Art. 3 Übereinkommen Nr. 87 zu interpretieren, hat das nicht zwangsläufig zur Konsequenz, dass diese Auslegung für die Mitgliedstaaten Verbindlichkeit entfaltet.[476] Vielmehr wäre dies nur dann der Fall, wenn die Spruchpraxis der Ausschüsse als authentische Auslegung des IAO-Rechts zu qualifizieren wäre.

Art. 37 Abs. 1 IAO-Verfassung weist allerdings nur dem Internationalen Gerichtshof (IGH) die Kompetenz zur Auslegung der Verfassung sowie nach der Verfassung abgeschlossenen Übereinkommen zu. Die einzige Ausnahme, die die IAO-Verfassung davon macht, ist in Art. 37 Abs. 2 IAO-Verfassung geregelt, wonach der Internationalen Arbeitskonferenz (IAK) das Recht eingeräumt wird, auf Vorschlag des Verwaltungsrates ein spezielles Gericht für Auslegungsschwierigkeiten einzurichten. Weder an dieser noch an anderen Stellen der Verfassung ist dem Sachverständigenausschuss oder dem Ausschuss für Vereinigungsfreiheit ein ähnliches Recht zugedacht. Was wohl auch der Tatsache geschuldet ist, dass beide Kontrollausschüsse schon keine rechtliche Grundlage in der IAO-Verfassung haben.

Das mangelnde Recht zur authentischen Auslegung ergibt sich darüber hinaus aus der Tatsache, dass den Kontrollausschüssen nicht mehr Kompetenz zukommen kann, als den Organen, die sie eingesetzt haben.[477] Sowohl der Sachverständigenausschuss als auch der Ausschuss für Vereinigungsfreiheit wurden vom Verwaltungsrat eingesetzt.[478] Die IAO-Verfassung lässt dem Verwaltungsrat allerdings an keiner Stelle eine Kompetenz zur authentischen Auslegung des IAO-Rechts zukommen. Somit kann er diese auch nicht an die Ausschüsse mitteln.[479]

Gleichwohl erkannte sogar die Arbeitgeberseite zunächst die Auslegungspraxis der Kontrollausschüsse bezüglich der Gewährleistung eines Streikrechts wortlos an[480], sodass der Sachverständigenausschuss in seinem Bericht von 1990 selbst so

---

472 *Neubauer*, in: Zangl, Rechtsherrschaft, 191 (198).

473 Die ILO auf einem Blick, S. 9 http://www.ilo.org/wcmsp5/groups/public/---dgreports/---dcomm/---webdev/documents/publication/wcms_090711.pdf (Stand 28.09.2015).

474 *Wagner*, Internationaler Schutz, S. 167.

475 Vgl. ILO, Digest, S. 109ff.

476 A.A. *Ben-Israel*, International Labour Standards, S. 57ff.

477 So auch *Seifert*, FS Eichenhofer, S. 603 (609).

478 *Schlachter*, RdA 2011, 341(345).

479 So auch *Wagner*, Internationaler Schutz, S. 208.

480 Der Grund hierfür war die starke Politisierung der Arbeit in den verschiedenen Kontrollausschüssen zur Zeit des Kalten Krieges. Der ständig schwelende Ost-

weit ging, festzustellen, dass, solange der IGH zu einer Sache nicht entschieden habe, die Auslegung des Ausschusses verbindlich sei.[481] Diese Aussage stieß aber schon auf der darauffolgenden IAK auf erhebliche Kritik der Arbeitgebervertreter[482], sodass der Sachverständigenausschuss diese Auffassung in seinem Bericht von 1991 deutlich korrigierte, indem er die Auslegungspraxis des Sachverständigenausschusses nunmehr selbst als nicht bindende Entscheidungen ansah[483]. Dies auch vollkommen zu Recht, da sich weder aus der IAO-Verfassung noch aus den den Ausschüssen zugewiesenen Aufgabenbereichen etwas anderes ergibt. So wurde auf der 8. Tagung der IAK am 4. Juni 1926 in der Diskussion um die Einsetzung des Sachverständigenausschusses deutlich gemacht, dass dem Ausschuss lediglich rein technische und nicht gerichtliche Aufgaben zukommen.[484] Der diesbezügliche Arbeitsauftrag wurde zwar später vom Verwaltungsrat neu formuliert, bringt aber seither auch nur zum Ausdruck, dass der Sachverständigenausschuss die Berichte der Mitgliedstaaten bezüglich der Durchführung von ratifizierten (Art. 22 IAO-Verfassung) und nicht ratifizieren Übereinkommen (Art. 19 Abs. 5 lit. e) IAO-Verfassung), zu prüfen hat[485]. Im Kontrollverfahren des „Berichtssystems"[486] steht die Arbeit des Sachverständigenausschusses daher ganz am Anfang des Überwachungsprozesses, sodass den Berichten, in welchen der Sachverständigenausschuss die Ergebnisse seiner Prüfung festhält, eher eine selektive als gerichtliche Wirkung zukommt. Denn im weiteren Verfahren werden die jährlichen Berichte des Sachverständigenausschusses an den Ausschuss der IAK für die Durchführung der Übereinkommen und Empfehlungen (Konferenzausschuss) weitergeleitet, der sich wiederum mit den Berichten auseinandersetzt und seinerseits der IAK Bericht erstattet.[487] Hierbei ist der Konferenzausschuss allerdings nicht auf die Vorarbeit des Sachverständigenausschusses beschränkt.[488] Dies verdeutlicht aber nur einmal mehr, dass der Sachverständigenausschuss lediglich eine Hilfsfunktion innehat, indem er

West-Konflikt, insbesondere hinsichtlich Problembereichen wie der fehlenden Vereinigungsfreiheit bzw. der Einheitsgewerkschaften in den kommunistischen Staaten, führte dazu, dass Arbeitnehmer und Arbeitgeber der westlichen Staaten gemeinsame Positionen vertragen, um den gelebten Sozialismus in den Ostblockstaaten zurückzudrängen., ausführlich hierzu *Wisskirchen,* ZfA 2003, 691 (722 ff.).

481 ILC, 42th Session, 1990, General Report, Report III (Part 4A), S. 8 (Abs. 7).

482 Mit der Auflösung des Ost-West-Konfliktes entfiel auch die Grundlage der Arbeitgeberseite, einerseits die Auslegung des IAO-Übereinkommen Nr. 87 bezüglich des Streikrechts hinzunehmen und andererseits eine verbindliche Auslegung der Kontrollausschüsse zu akzeptieren.

483 ILC, 43th Session, 1991, General Report, Report III (Part 4A), S. 8 f. (Abs. 11–13).

484 Vgl. ILC, 8th Session, 1926, Final Record, Appendix V, S. 395; *Wagner,* Internationaler Schutz, S. 60.

485 Vgl. ILC, 102nd Session, 2013, General Report, Report III (Part 1A), Reader´s note, Mandate, S. 2.

486 Vgl. *Lörcher,* in: 75 Jahre IAO, 76 (76 f.).

487 Vgl. *Böhmert,* Recht der ILO, S. 85 ff.; *Seifert,* FS Eichenhofer, S. 603 (609).

488 Vgl. *Böhmert,* Recht der ILO, S. 87.

der Konferenz bzw. deren Ausschuss vorbereitend zuarbeitet. Ähnlich verhält es sich mit dem Ausschuss für Vereinigungsfreiheit, der die Beschwerden wegen Verletzung der Vereinigungsfreiheit für den Verwaltungsrat aufarbeitet[489] und daher ebenfalls lediglich unterstützend tätig wird. Nach alledem kann weder die Spruchpraxis des Sachverständigenausschuss noch die des Ausschusses für Vereinigungsfreiheit als eine authentische Auslegung qualifiziert werden.

Aber auch wenn man mit *Lörcher* geht, und der Spruchpraxis der Ausschüsse eine unter der authentischen Auslegung liegende Auslegung mit ähnlichem Legitimationsgehalt[490] zuspricht, bleibt die Verbindlichkeit für die Mitgliedstaaten doch nur und gerade durch die authentische Auslegung gegeben[491], sodass der Interpretation in Bezug auf das Übereinkommen Nr. 87 durch die Kontrollorgane für die Mitgliedstaaten keine Rechtsverbindlichkeit zukommt.

(bb) Die aktuelle Entwicklung

Der seit 1994 schwelende Konflikt zwischen den Vertretern der Arbeitnehmer- und Arbeitgeberschaft um die Interpretation des IAO-Übereinkommens Nr. 87 hinsichtlich eines zu entnehmenden Streikrechts als auch um die grundsätzliche Frage nach der Auslegungskompetenz des Sachverständigenausschusses spitzte sich letztlich im Jahre 2012 auf der IAK erheblich zu und drohte zu eskalieren.[492] So weigerte sich die Gruppe der Arbeitgeber innerhalb des Konferenzausschusses, die Liste derjenigen Mitgliedstaaten zu diskutieren und zu beschließen, welchen schwerste Verletzungen von IAO-Übereinkommen vorgeworfen werden, solange nicht die Arbeitnehmerschaft in eine Überarbeitung des Mandats des Sachverständigenausschusses einwillige.[493] Die Brisanz dieser beispiellosen Kooperationsverweigerung liegt gerade in ihrer Wirkung auf die Funktionsfähigkeit der IAO. Denn die IAO-Verfassung basiert auf dem Prinzip der Dreigliedrigkeit (Arbeitgeberschaft, Arbeitnehmerschaft, Regierung), sodass eine Verweigerung einer dieser Gruppen zwangsläufig die Arbeitsunfähigkeit der IAO zur Folge hat.[494] Und obwohl auf der IAK im Jahre 2013 wieder eine entsprechende Liste beschlossen werden konnte, war dies nur möglich, weil die Frage des Streikrechts bei der betreffenden Diskussion außen vor gelassen wurde.[495] Erst in der Sitzung des Verwaltungsrates der IAO im November 2014 kam es erneut zu einer kontroversen Debatte bezüglich eines möglichen Streikrechts aus IAO-

---

489 *Neubauer*, in: Zangl, Rechtsherrschaft, 191 (200).
490 Däubler/*Lörcher*, Arbeitskampfrecht, S. 123.
491 *Ipsen*, Völkerrecht, S. 407 f.
492 *Hofmann*, in: Friedrich-Ebert-Stiftung, Globale Politik, S. 1, (http://library.fes.de/pdf-files/iez/10738.pdf).
493 *Hofmann*, in: Friedrich-Ebert-Stiftung, Globale Politik, S. 1, (http://library.fes.de/pdf-files/iez/10738.pdf).
494 *Hofmann/Schuster*, AVR 2013 (51). 483 (483 f.).
495 ILC, 102nd Session, 2013, Provisional Record No. 16–2 (Rev.), S. 30. 45, 50, 57, 64, 71.

Übereinkommen Nr. 87.[496] Infolgedessen wurde sich darauf verständigt, die Frage nach der Normierung des Streikrechts nicht dem Internationalen Gerichtshof vorzulegen, sondern die Vorlagefrage im Zuge einer dreigliedrigen Tagung der Gruppe der Arbeitgeber, Arbeitnehmer und der Regierung zu erörtern.[497] Auf dieser Tagung im Februar 2015 kam es schließlich zu einer vorläufigen Einigung[498] zwischen den Gruppen der Arbeitgeber und der Arbeitnehmer. Entsprechend konnte eine Vereinbarung geschlossen werden, nach der von einer Anrufung des Internationalen Gerichtshofes abgesehen, aber das Recht zur Durchführung von Arbeitskampfmaßnahmen grundsätzlich anerkannt wird.[499] Darüber hinaus soll das bestehende Überwachungssystem der IAO modernisiert werden.[500] Letztendlich handelt es sich bei dieser Lösung zwar um einen Schritt in die richtige Richtung, allerdings nur auf Zeit. Im Ergebnis wird eine endgültige Problemlösung des Konflikts um das Streikrecht sowie die Frage, welches Gremium der IAO zur authentischen Auslegung der Übereinkommen befugt ist, lediglich hinausgeschoben.

(cc) Die Auslegung des IAO-Übereinkommen Nr. 87 nach den weiteren Auslegungsmethoden

Unabhängig von der Auslegung durch die Kontrollorgane der IAO bleibt die Frage zu klären, ob sich unter Heranziehung der herkömmlichen Auslegungsmethoden ein für die Mitgliedstaaten verbindliches Streikrecht in Übereinkommen Nr. 87 interpretieren lässt. Da es sich bei einem Übereinkommen um eine völkerrechtliche Vereinbarung handelt, kommt auch hier als Auslegungsmaßstab Art. 31 f. WVK in Betracht – zumal die Wiener Vertragsrechtskonvention die von den Kulturvölkern anerkannten allgemeinen Rechtsgrundsätze kodifiziert und diese nach Art. 38 Abs. 1 c) IGH-Statut zu den wichtigsten Quellen des Völkerrechts zählen. Gegen die Anwendbarkeit von Art. 31 f. WVK spricht auch nicht das Rückwirkungsverbot aus Art. 4 WVK[501], da hiervon gerade die allgemeinen völkerrechtlichen Grundsätze, denen die Verträge unterworfen sind, ausgenommen werden.[502] Daneben kann die

---

496 *Conzemius,* in: BDA, euro-info Nr. 5, 2014, 1 (6).

497 *Conzemius,* in: BDA, euro-info Nr. 5, 2014, 1 (6).

498 Die Vereinbarung hat bis zur Sitzung des Verwaltungsrates im November 2016 Bestand.

499 Vgl. ILO, Tripartite Meeting on the Freedom of Association and Protection of the Right to Organise Convention, 1948 (No. 87), in relation to the right to strike and the modalities and practices of strike action at national level (Geneva, 23. – 25. February 2015), (TMFAPROC/2015/2), S. 2 f.

500 Ausführlich hierzu ILO, Tripartite Meeting on the Freedom of Association and Protection of the Right to Organise Convention, 1948 (No. 87), in relation to the right to strike and the modalities and practices of strike action at national level (Geneva, 23–25 February 2015), (TMFAPROC/2015/2), S. 3 ff.

501 So u. a. *Schneider,* Vereinbarkeit, S. 66.

502 Vgl. *Wisskirchen,* ZfA 2003, 691 (716) .

Anwendbarkeit der Konvention auch nicht über Art. 5 HS. 2 WVK ausgeschlossen werden, da die IAO-Verfassung eigene Auslegungsregeln nicht vorsieht.[503]

Wie zuvor erwähnt, lässt sich dem Wortlaut des Übereinkommens kein Streikrecht entnehmen. Allerdings sind darüber hinaus nach Art. 31 Abs. 1 WVK die Ziele und der Zweck des Übereinkommens bei dessen Auslegung zu berücksichtigen. So ergibt sich aus Art. 3 des Übereinkommens unstreitig eine Betätigungsgarantie der Arbeitnehmer- und Arbeitgeberorganisationen. Bei diesen Organisationen handelt es sich nach Art. 10 Übereinkommen Nr. 87 um solche, die *„die Förderung und den Schutz der Interessen der Arbeitnehmer oder der Arbeitgeber zum Ziele"* haben. Damit allerdings die besagten Organisationen, zu welchen demnach auch Gewerkschaften zählen, ihrer Betätigung nachkommen können, die Interessen ihrer Mitglieder zu fördern und zu schützen, bedarf es neben dem Recht, Kollektivverträge zu schließen, auch eines gewissen ökonomischen Drucks, welcher nur durch Kampfmaßnahmen sinnvoll gewährleistet werden kann, sodass sich aus einer Zusammenschau von Art. 3 und 10 des Übereinkommens durchaus ein gewährleistetes Streikrecht ergibt.[504]

Daneben spricht auch vieles dafür, dass im Zusammenhang mit anderen Bestimmungen ein Streikrecht in das Übereinkommen Nr. 87 hineininterpretiert werden kann. Dementsprechend seien nach *Weiss und Seifert*[505] auch andere Übereinkommen oder gar Empfehlungen bei der systematischen Auslegung von Art. 3 Übereinkommen Nr. 87 heranzuziehen. So ist es vollkommen zutreffend, dass weitere IAO-Übereinkommen eindeutig von einem existierenden Streikrecht ausgehen – Art. 1 lit. d Übereinkommen Nr. 105 von 1957 verpflichtet beispielsweise die Mitgliedstaaten, Zwangsarbeit zu beseitigen und in keiner Form als Strafe für eine Streikteilnahme zu verwenden. Hieraus lässt sich ohne Zweifel die Legitimation des Streiks ableiten. Fraglich ist nur, ob Art. 31 Abs. 1, 2 WVK eine derartige Heranziehung von Übereinkommen bei der Auslegung eines anderen Übereinkommens zulässt. Denn wendet man Art. 31 WVK lediglich wortwörtlich an, stellt man fest, dass die in Abs. 1 erwähnten im Zusammenhang stehenden Bestimmungen außerhalb des eigentlichen Übereinkommens durch Abs. 2 abschließend konkretisiert werden. Demnach wären nur solche Übereinkünfte für die Auslegung von Bedeutung, die *„zwischen den Vertragsparteien anlässlich des Vertragsschlusses getroffen"* wurden oder Urkunden, die *„anlässlich des Vertragsschlusses abgefasst"* wurden. Da weder andere Übereinkommen noch Empfehlungen „anlässlich" der Entstehung des Übereinkommens Nr. 87 noch der IAO abgefasst wurden, kann an dieser Stelle bezweifelt werden, dass diese bei einer systematischen Auslegung i.S.d. Art. 31 Abs. 1, 2 WVK herangezogen werden können. Auf der anderen Seite wäre es sinnwidrig, aufgrund eines übersteigerten Festhaltens am Wortlaut des Art. 31 WVK eindeutige systematische Hinweise auf ein Streikrecht hinwegdeuten zu wollen.

---

503 Vgl. *Wagner*, Internationaler Schutz, S. 207.

504 Ebenfalls *Schneider*, Vereinbarkeit, S. 42 ff.; *Weiss/Seifert*, GS Zachert, 130 (140).

505 *Weiss/Seifert*, GS Zachert, 130 (140 f.).

Seit jeher werden Verträge in ihrer systematischen Einbettung betrachtet, hierzu gehört im vorliegenden Fall die Gesamtheit der internationalen Arbeitsnormen, die im Rahmen der IAO ergangen sind („International Labour Code“). So kann durchaus davon ausgegangen werden, dass jüngere Übereinkommen im Lichte von älteren gedeutet werden müssen, was im Umkehrschluss natürlich auch den Rückschluss auf die älteren Übereinkommen zulässt. Folglich hat auch eine systematische Auslegung in Anbetracht der „IAO-Normgebung“ die Gewährleistung eines Streikrechts zur Konsequenz.

Bei der Auslegung völkerrechtlicher Verträge sind ferner über den Zusammenhang hinaus nach Art. 31 Abs. 3 lit. b WVK spätere Übungen bei der Vertragsanwendung zu beachten, aus welchen die Übereinstimmung der Vertragsparteien über die Auslegung hervorgeht. Derartige Übungen werden von einigen Autoren in der seit Jahrzehnten von den Kontrollausschüssen verfolgten Spruch- und Auslegungspraxis gesehen.[506] Da die Spruchpraxis der Ausschüsse aber weder eine Vertragsanwendung durch die Mitgliedstaaten selbst darstellt noch als Widerspieglung deren Verständnis ausgelegt werden kann, wird an dieser Stelle die Möglichkeit diskutiert, dass eine solche Übung auch durch die ständige Handhabe der Organe einer internationalen Organisation hergestellt werden kann[507]. Das ist allerdings nur dann möglich, wenn die Organpraxis eine gewisse Dauer aufweist und nicht auf den Widerstand eines Mitgliedstaates stößt.[508] Die erforderliche Konsistenz der Spruchpraxis der Kontrollausschüsse kann an dieser Stelle wohl kaum bezweifelt werden. Allerdings bestehen dahingehend Bedenken, aus dieser Praxis auf eine übereinstimmende Anerkennung der Mitgliedstaaten zu schließen. Denn eine ausdrückliche Anerkennung der Spruchpraxis durch die Mitgliedstaaten fand unstreitig zu keinem Zeitpunkt statt. Aber auch eine höchst umstrittene konkludente Zustimmung durch Schweigen kann an dieser Stelle kaum bejaht werden. So machte beispielsweise die Bundesrepublik Deutschland unumstößlich deutlich, dass sie ein Streikrecht aus dem Übereinkommen Nr. 87 und die dementsprechende Auslegungspraxis der Kontrollausschüsse ablehne.[509] Wollte man an dieser Stelle einwenden, dass die Ablehnung der Spruchpraxis durch die Bundesrepublik möglicherweise zu spät stattfand und damit eine ständige Übung längst zu bejahen sei, ist dem entgegenzuhalten, dass zumindest die mangelnde Anerkennung durch diverse Mitgliedstaaten und die damit einhergehende Verweigerung der Umsetzung der Kritik der Ausschüsse als eine ablehnende Haltung gegenüber der entsprechenden Auslegung zu werten ist, was wiederum als Widerstand interpretiert werden muss. Dem Schweigen kann somit nicht mehr Gewicht zukommen, als einer solchen eindeutig negativen Handhabe durch einen Mitgliedstaat. Einer möglichen ständigen Praxis fehlt daher die

506 So u. a. *Weiss/Seifert*, GS Zachert, 130 (137 ff.); *Seifert*, FS Eichenhofer, S. 603 (610 f.).
507 Vgl. *Klein*, in: Bieber/Ress, Dynamik, S. 101 (104 ff.).
508 Vgl. *Schneider*, Vereinbarkeit, S. 72; *Weiss/Seifert*, GS Zachert, 130 (138).
509 Vgl. BT-Drs. 12/3495, S. 19.

Legitimation durch alle Mitgliedstaaten.[510] Einen Widerspruch zur oben angeführten Auslegung kann dem allerdings nicht entnommen werden, da der Mangel an einer ständigen Übung mit dem Fehlen einer Streikgarantie im Übereinkommen Nr. 87 keinesfalls gleichgesetzt werden kann. Aus der Ablehnung einer ständigen Übung kann lediglich geschlussfolgert werden, dass es sich bei der Spruchpraxis der Kontrollausschüsse nicht um eine authentische Auslegung handeln kann.

Darüber hinaus ist auch eine entgegenstehende entstehungsgeschichtliche Auslegung des Übereinkommens Nr. 87, wie sie beispielsweise *Wisskirchen*[511] anbringt, nach hier vertretener Ansicht nicht haltbar. Die Entstehungsgeschichte kann nach Art. 32 WVK nur subsidiär als Auslegungsmittel für völkerrechtliche Verträge herangezogen werden, wenn die Auslegung nach Art. 31 WVK zu einem mehrdeutigen oder sinnwidrigen Ergebnis führt. Da die bisherige Auslegung allerdings ein positives Resultat zur Folge hat und die weiteren Auslegungsmethoden diesem Ergebnis zumindest nicht entgegenstehen, muss die Entstehungsgeschichte als nur ergänzendes Auslegungsmittel dahinter zurückstehen, sodass die Gewährleistung eines Streikrechts durch das Übereinkommen Nr. 87 an dieser Stelle bejaht werden kann, ohne auf die Spruchpraxis der Kontrollausschüsse zurückgreifen zu müssen.

(dd) Die Reichweite des IAO-Übereinkommens Nr. 87 in Bezug auf das Streikrecht im öffentlichen Dienst

Da die bisherige Argumentation zu dem Schluss führt, dass die Garantie gewerkschaftlicher Betätigung ein Streikrecht zumindest mit umfasst, stellt sich im Weiteren die Frage, in welchem Umfang dieses Recht durch Art. 3 des Übereinkommens Nr. 87 gewährleistet ist, insbesondere ob der personelle Anwendungsbereich ein Streikrecht für die Beschäftigten des öffentlichen Dienstes mit umfasst.

Dem Wortlaut zufolge steht unterschiedslos allen Arbeitnehmern das Recht auf Vereinigungsfreiheit und damit ein mit garantiertes Streikrecht zu. Würde man nun den deutschen Arbeitnehmerbegriff auf das IAO-Übereinkommen Nr. 87 übertragen, so wäre schon der Anwendungsbereich für Beamte nicht eröffnet. Allerdings muss die Terminologie der IAO-Übereinkommen autonom bestimmt werden[512] und nicht durch die einzelnen nationalen Rechtsordnungen. Ansonsten käme es zu der abwegigen Konsequenz, dass es jeder Nation freigestellt wäre, den Inhalt der Übereinkommen hinsichtlich ihrer eigenen Rechtsordnung zu bestimmen und gegebenenfalls außer Kraft zu setzen.[513] Ferner beinhaltet jede nationale Rechtsordnung bestimmte Eigenheiten sowie soziale und rechtliche Traditionen, die aber gerade aufgrund ihrer mangelnden Generalisierbarkeit, auf die Auslegung von IAO-Übereinkommen keine Auswirkung haben kann.[514] Demzufolge muss der

510 A.A. *Weiss/Seifert*, GS Zachert, 130 (138ff.).
511 *Wisskirchen*, ZfA 2003, 691 (728f.).
512 *Schneider*, Vereinbarkeit, S. 99.
513 So auch *Schneider*, Vereinbarkeit, S. 99.
514 Vgl. ILC. 81th Session, 1994, General Survey, Report III (Part 4B), S. 69, Rn. 158.

Arbeitnehmerbegriff im Sinne des IAO-Übereinkommens Nr. 87 verstanden und durch allgemeine und faire Kriterien[515] bestimmt werden. Einen wichtigen Anhaltspunkt für das Verständnis des Arbeitnehmerbegriffes im Sinne des besagten Übereinkommens gibt Art. 9 Abs. 1 des Übereinkommens Nr. 87[516], indem er vorsieht, dass den Angehörigen des Heeres und der Polizei ein jegliches Recht des Übereinkommens Nr. 87 versagt werden kann, wenn dies durch innerstaatliches Recht bestimmt ist. Da es sich aber bei Angehörigen des Heeres bzw. der Polizei üblicherweise um Beschäftigte des öffentlichen Dienstes oder Beamte handelt, kann im Umkehrschluss daraus geschlossen werden, dass der Arbeitnehmerbegriff im Sinne des Übereinkommens auch diese Beschäftigten einschließt, da die Notwendigkeit einer solchen Einschränkung ansonsten nicht gegeben wäre.[517] Darüber hinaus wird die Vereinigungsfreiheit als zentraler Grundsatz schon in der Präambel der IAO-Satzung und in Ziffer I (b) der Erklärung von Philadelphia aufgeführt, sodass sie als eine Art „Fundamentalrecht" der IAO Geltung für alle Beschäftigten entfaltet, unabhängig davon, ob diese dem öffentlichen Dienst oder der Privatwirtschaft angehören. Würden Beamte daher nicht in den personellen Anwendungsbereich des IAO-Übereinkommens Nr. 87 fallen, würde dieser zentrale IAO-Grundsatz enorm an Schutzwirkung verlieren[518] und nicht effektiv umgesetzt werden können.

Aber auch dem Streikrecht der Beschäftigten des öffentlichen Dienstes sind Grenzen gesetzt. Dementsprechend ergibt sich bereits aus Art. 9 Abs. 1 IAO-Übereinkommen Nr. 87 eine Einschränkung, indem, wie oben angedeutet, das Streikrecht gerade für die Beschäftigten des Heeres und der Polizei durch innerstaatliches Recht begrenzt werden kann. Zum anderen dürfte sich aus der Funktion des Streikrechts das Gebot ergeben[519], dass der Streik im öffentlichen Dienst dann Beschränkungen unterworfen werden darf, wenn diese der Aufrechterhaltung notwendiger Dienste dient, deren Unterbrechung zu einer Gefährdung des Lebens, der Gesundheit oder der persönlichen Sicherheit eines wesentlichen Teils oder der gesamten Bevölkerung führen würde[520]. Ein Streikverbot, welches sich lediglich im Allgemeinen auf den öffentlichen Dienst oder auf notwendige Dienste bezieht, ist demnach nicht ausreichend und unzulässig.[521] Allerdings kann ein Streikverbot für Beschäftigte des öffentlichen Dienstes zulässig sein, dass funktional eingegrenzt ist und sich auf diejenigen Beschäftigten bezieht, die hoheitliche Befugnisse ausüben[522]. Somit rechtfertigt nicht der (öffentlich-rechtliche) Status des Beamten ein

515 Vgl. ILC, 81th Session, 1994, General Survey, Report III (Part 4B), S. 69, Rn. 158.

516 Art. 9 Abs. 1 Übereinkommen Nr. 87: *„Die innerstaatliche Gesetzgebung bestimmt, inwieweit die in diesem Übereinkommen vorgesehenen Rechte auf das Herr und die Polizei Anwendung findet."*.

517 So auch *Riegel*, ZTR 1993, 223 (224).

518 *Lörcher*, PersR 1996, 302 (305) zumindest hinsichtlich IAO-Übereinkommen Nr. 98.

519 *Weiss/Seifert*, GS Zachert, 130 (143).

520 Vgl. ILC, 69th Session, 1983, General Survey, Report III (Part 4B), S. 66, Rn. 214.

521 Vgl. ILC, 69th Session, 1983, General Survey, Report III (Part 4B), S. 66, Rn. 214.

522 Vgl. ILC, 81th Session, 1994, General Survey, Report III (Part 4B), S. 69, Rn. 158.

Streikverbot, sondern ausschließlich die Funktion des Berufsbeamten, hoheitliche Aufgaben wahrzunehmen.[523]

(b) Das IAO-Übereinkommen Nr. 98

Neben dem IAO-Übereinkommen Nr. 87 befasst sich das IAO-Übereinkommen Nr. 98 mit dem Recht auf Kollektivverhandlungen, wodurch durchaus ein Bezug zum Arbeitskampf hergestellt werden kann, sodass auch diesem Übereinkommen eine gewisse Bedeutung für die gegebene Problematik zukommen könnte. Das Übereinkommen über die Anwendung der Grundsätze des Vereinigungsrechts und des Rechts zu Kollektivverhandlungen vom 01.07.1949 wurde von der Bundesrepublik im Jahre 1956 ratifiziert und trat am 08.06.1957 in Kraft[524], sodass es für Deutschland völkerrechtliche Bindungswirkung entfaltet. Bezüglich eines möglichen Streikrechts wird gelegentlich Art. 4 des Übereinkommens als selbstständige Garantie eines solchen ins Feld geführt.[525] Art. 4 statuiert in seiner deutschen Übersetzung:

> *„Soweit erforderlich, sind in den Landesverhältnissen angepasste Maßnahmen zu treffen, um im weitesten Umfang Entwicklung und Anwendung von Verfahren zu fördern, durch die Arbeitgeber oder Organisationen von Arbeitgebern einerseits und Organisationen von Arbeitnehmern andererseits freiwillig über den Abschluss von Gesamtarbeitsverträgen zur Regelung der Lohn- und Arbeitsbedingungen verhandeln können."*[526]

Demnach sollen Verfahren gefördert werden, durch die freiwillige Koalitionsverhandlungen über Koalitionsvereinbarungen bezüglich Lohn- und Arbeitsbedingungen ermöglicht werden. Fraglich ist daher, ob aus einer reinen „Förderungspflicht" von freiwilligen Verhandlungen eine Streikgarantie abgeleitet werden kann. Dem Wortlaut zufolge zwingt Art. 4 den Staaten weder die Pflicht auf, den (Arbeitnehmer-)Koalitionen eine Streikgarantie einzuräumen, noch ein verbindliches Recht auf Verhandlungsmöglichkeiten über Kollektivverträge zuzugestehen. Abgesehen von seinem Wortlaut kann aber auch dem Zweck des Art. 4 kein Streikrecht entnommen werden. Dementsprechend statuiert Art. 4 lediglich die Sicherstellung von freiwilligen Verhandlungsmöglichkeiten, nicht aber die Sicherstellung eines ausgeglichenen Verhandlungsgleichgewichts. Denn der Streik als Arbeitskampfmittel dient nicht der Wahrung von zwanglosen Koalitionsverhandlungen, sondern vielmehr der Paritätssicherung, um ein Verhandlungsungleichgewicht zu Gunsten der Arbeitgeberseite zu verhindern und eine ausgeglichene Interessenvertretung gewährleisten zu können. Die in Art. 4 festgelegte Verpflichtung ist dieser Frage aber allenfalls vorgelagert. Da dem Übereinkommen Nr. 98 an keiner weiteren Stelle

---

523 *Weiss/Seifert*, GS Zachert, S. 130 (143).
524 BGBl. II 1957, S. 1231.
525 *Schneider*, Vereinbarkeit, S. 121.
526 Die von der Bundesrepublik Deutschland ratifizierten IAO-Übereinkommen in ihrer deutschen Übersetzung sind auf http://www.ilo.org/berlin/arbeits-und-standards/lang--de/index.htm (Stand 25.09.2015) zu finden.

ein möglicher Bezug zu einer Streikgarantie gegeben ist, kann diesem grundsätzlich kein Recht auf Streik entnommen werden.[527]

(c) Das IAO-Übereinkommen Nr. 151

Das IAO-Übereinkommen Nr. 151 über den Schutz des Vereinigungsrechts und über Verfahren zur Festsetzung der Beschäftigungsbedingungen im öffentlichen Dienst wurde 1978 verabschiedet und trat am 25.02.1981 in Kraft. Es steht inhaltlich in enger Verbindung mit den IAO-Übereinkommen Nr. 87 und Nr. 98, da es nicht nur selbst Regelungen zur Vereinigungsfreiheit trifft, sondern in Absatz 3 seiner Präambel auch explizit auf beide Übereinkommen Bezug nimmt. Somit könnte das IAO-Übereinkommen Nr. 151, das sich gerade auf die Beschäftigten des öffentlichen Dienstes bezieht, für die vorliegende Thematik von zentraler Bedeutung sein.

So sind grundsätzlich nach Art. 7 des IAO-Übereinkommens Nr. 151

> *„den innerstaatlichen Verhältnissen entsprechend Maßnahmen zu treffen, um die uneingeschränkte Entwicklung und Anwendung von Verfahren und Einrichtungen zur Aushandlung von Beschäftigungsbedingungen zwischen den beteiligten öffentlichen Stellen und den Verbänden der öffentlich Bediensteten oder von anderen Verfahren zu fördern, die eine Mitwirkung der Vertreter der öffentlich Bediensteten an der Festsetzung dieser Bedingungen erlauben.“*[528]

Ferner ist nach Art. 8 des Übereinkommens

> *„die Beilegung von Streitigkeiten über die Festsetzung der Beschäftigungsbedingungen [...] entsprechend den innerstaatlichen Verhältnissen durch Verhandlungen zwischen den Parteien oder durch unabhängige und unparteiische Verfahren wie Vermittlung, Schlichtung und Schiedsverfahren, anzustreben, deren Einführung in einer Weise erfolgt, dass die beteiligten Parteien ihnen Vertrauen entgegenbringen.“*[529]

Wichtig ist daneben auch Art. 9, der den öffentlichen Bediensteten, wie allen anderen Arbeitnehmern, die bürgerlichen und politischen Rechte gewährleistet, welche die Voraussetzung für die Ausübung der Vereinigungsfreiheit sind, nur begrenzt durch die Pflicht, die sich aus ihrer Stellung und der Art ihrer Aufgaben ergeben.

Dementsprechend gewährleistet das IAO-Übereinkommen Nr. 151 in Anlehnung an die entsprechenden innerstaatlichen Verhältnisse ein Koalitions- und Arbeitskampfrecht, das es den Verbänden der Beschäftigten des öffentlichen Dienstes ermöglicht, die Beschäftigungsbedingungen ihrer Mitglieder auszuhandeln. Zur Beilegung von Streitigkeiten bezüglich der Festsetzung von Beschäftigungsbedingungen sieht Art. 8 neben Verhandlungsmöglichkeiten auch unabhängige und unparteiische Verfahren wie Vermittlung, Schlichtung und Schiedsverfahren vor. Damit erkennt das IAO-Übereinkommen Nr. 151 die Schlichtung ausdrücklich als

527 Ähnlich auch *Böhmert*, Recht der ILO, S. 116; a. A. *Schneider*, Vereinbarkeit, S. 116 ff.
528 BT-Drs. 10/2123, S. 5.
529 BT-Drs. 10/2123, S. 5.

ein geeignetes Mittel an, beispielsweise Arbeitskämpfe zu beenden. Jedoch ergibt sich aus Art. 8 IAO-Übereinkommen Nr. 151 keine Pflicht oder unbedingte Notwendigkeit zur Einführung eines solchen Verfahrens, was die Formulierung „ist anzustreben" verdeutlicht. Ferner muss beachtet werden, dass derartige Maßnahmen immer nur *„entsprechend der innerstaatlichen Verhältnisse"* möglich sind. Folglich wird eine nach deutschem Recht unzulässige Zwangsschlichtung auch über Art. 8 IAO-Übereinkommen Nr. 151 nicht zulässig.

Unabhängig von der inhaltlichen Reichweite des IAO-Übereinkommens Nr. 151 stellt sich allerdings auch die Frage nach dessen Verbindlichkeit für die deutsche Rechtsordnung. Denn im Gegensatz zu den IAO-Übereinkommen Nr. 87 und Nr. 98 wurde Nr. 151 von der Bundesrepublik Deutschland nie ratifiziert und entfaltet daher für diese keine völkerrechtliche Bindungswirkung. Der Grund für die Verweigerung der Bundesrepublik das IAO-Übereinkommen Nr. 151 zu ratifizieren, liegt in der deutschen Verfassung und den darin verankerten Grundsätze für das Beamtentum. Denn ausweislich der Präambel und Art. 1 des IAO-Übereinkommens Nr. 151 werden die Garantien aus den IAO-Übereinkommen Nr. 87 und Nr. 98 auf alle im öffentlichen Dienst Beschäftigten und damit auch auf Beamte übertragen. Die Beschäftigungsbedingungen von Beamten werden jedoch nach dem verfassungsrechtlichen System des Art. 33 Abs. 4 und 5 GG durch den Gesetzgeber festgelegt und stehen daher gerade nicht zur Disposition der Verbände der Beschäftigten des öffentlichen Dienstes. Zudem ist sehr zweifelhaft, ob das deutsche Beteiligungsverfahren i.S.d. § 53 BeamtStG, nach dem bei der Schaffung gesetzlicher Regelungen hinsichtlich der beamtenrechtlichen Verhältnisse die Spitzenorganisationen der zuständigen Gewerkschaften und Berufsverbände zu beteiligen sind, den Garantien aus Art. 7 und 8 IAO-Übereinkommen Nr. 151 genügt. Aufgrund dessen merkt die Bundesregierung selbst an:

> *„Da die Bundesregierung die zu den Artikeln 7 und 8 geschilderten Interpretationsschwierigkeiten nicht ausräumen kann, ist nicht auszuschließen, daß die zuständigen Gremien der Internationalen Arbeitsorganisation im Falle einer Ratifizierung des Übereinkommens durch die Bundesrepublik Deutschland die Nichtvereinbarkeit der bestehenden Beteiligungsrechte mit dem Übereinkommen feststellen und die Bundesregierung auffordern, die gesetzlichen Bestimmungen so zu ändern, daß sie dem Übereinkommen entsprechen. Dies würde den o. a. verfassungsrechtlichen Gegebenheiten zuwiderlaufen."*[530]

Die mit der fehlenden Ratifikation einhergehende Unverbindlichkeit des IAO-Übereinkommens Nr. 151 könnte allerdings durch die Erklärung der IAO über grundlegende Prinzipien und Rechte bei der Arbeit und ihre Folgemaßnahmen vom 8. Juni 1998 und die sich hierauf beziehende Erklärung der IAO über soziale Gerechtigkeit für eine faire Globalisierung vom 10. Juni 2008 relativiert werden. So hat die Internationale Arbeitsorganisation folgende Erklärung angenommen: In der Erwägung, dass

530 BT-Drs. 10/2123, S. 10; ähnlich Begründung auch in BT-Drs. 12/3495, S. 14.

„mit dem freien Beitritt zur IAO alle Mitglieder die in ihrer Verfassung und in der Erklärung von Philadelphia niedergelegten Grundsätze und Rechte anerkannt und sich verpflichtet haben, im Rahmen ihrer Möglichkeiten und ihrer besonderen Umstände auf die Erreichung der Gesamtziele der Organisation hinzuwirken; [...] wird erklärt, dass alle Mitglieder, auch wenn sie die betreffenden Übereinkommen nicht ratifiziert haben, allein aufgrund ihrer Mitgliedschaft in der Organisation verpflichtet sind, die Grundsätze betreffend die grundlegenden Rechte, die Gegenstand dieser Übereinkommen sind, in gutem Glauben und gemäß der Verfassung einzuhalten, zu fördern und zu verwirklichen, nämlich die Vereinigungsfreiheit und die effektive Anerkennung des Rechts zu Kollektivverhandlungen."[531]

Dementsprechend verpflichten die Erklärungen die Mitgliedstaaten der IAO die grundlegenden Rechte, die Gegenstand ratifizierter und nicht ratifizierter Übereinkommen sind, in gutem Glauben und gemäß der Verfassung einzuhalten. Beide Erklärungen können jedoch nicht darüber hinweghelfen, dass Normen des Völkervertragsrechts nur durch gesetzliche Zustimmung gemäß Art. 59 Abs. 2 S. 1 GG in der Bundesrepublik innerstaatliche Geltung erlangen können. Dies wird auch durch Art. 11 IAO-Übereinkommen Nr. 151 unterstrichen, in dem explizit geregelt ist, dass dieses Übereinkommen nur diejenigen Mitgliedstaaten bindet, die das Übereinkommen auch förmlich ratifiziert haben. Hinzu kommt, dass die Bundesrepublik Deutschland unter anderem das IAO-Übereinkommen Nr. 87 ratifiziert hat, durch welches nach hier vertretener Ansicht sowohl die Vereinigungsfreiheit als auch das Recht auf Kollektivverhandlung für alle Beschäftigten der Privatwirtschaft und des öffentlichen Dienstes gewährleistet wird. Die in den angeführten Erklärungen zu schützenden grundlegenden Rechte sind daher auch ohne die Ratifizierung des IAO-Übereinkommens Nr. 151 für die Bundesrepublik bindend.

Ungeachtet der fehlenden Bindungswirkung des IAO-Übereinkommens Nr. 151 für die Bundesrepublik Deutschland bleibt es für die Diskussion um die Reichweite der Vereinigungsfreiheit nach den IAO-Übereinkommen Nr. 87 bzw. Nr. 98 insbesondere hinsichtlich des Streits um den personellen Anwendungsbereich gleichwohl von Bedeutung. Ausweislich der Präambel nimmt das IAO-Übereinkommen Nr. 151 nicht nur Bezug auf die IAO-Übereinkommen Nr. 87 und Nr. 98, sondern

„berücksichtigt die Auslegungsschwierigkeiten, die im Zusammenhang mit der Anwendung einschlägiger Bestimmungen des Übereinkommens über das Vereinigungsrecht und das Recht zu Kollektivverhandlungen, 1949, auf die öffentlich Bediensteten aufgetreten sind, und die von den Aufsichtsorganen der IAO wiederholt gemachte Feststellung, daß einige Regierungen diese Bestimmungen in einer Weise angewendet haben, die große Gruppen von öffentlich Bediensteten vom Geltungsbereich dieses Übereinkommens ausschließt."

531 Erklärung der IAO über grundlegende Prinzipien und Rechte bei der Arbeit und ihre Folgemaßnahmen vom 8. Juni 1998, S. 4f.; Erklärung der IAO über soziale Gerechtigkeit für eine faire Globalisierung vom 10. Juni 2008, S. 7; so auch *Engelen-Kefer*, in: 75 Jahre IAO, S. 87 (90).

Dieser Passus macht deutlich, dass das IAO-Übereinkommen bezüglich der Vereinigungsfreiheit von Beschäftigten des öffentlichen Dienstes eine Art klarstellende Funktion hat. Die ausdrückliche Bezugnahme der Präambel des IAO-Übereinkommens Nr. 151 auf die Ansicht der Aufsichtsorgane zur Problematik des persönlichen Anwendungsbereichs des IAO-Übereinkommens Nr. 98 und die Umsetzung dieser Ansicht im Übereinkommen Nr. 151, verdeutlicht, dass diese als richtig und verbindlich gelten soll. Die IAO greift mit diesem Übereinkommen ein „altes Thema" auf, das bisher hinsichtlich der Beschäftigten des öffentlichen Dienstes streitig war und gibt ihm damit eine klare Fassung. Der persönliche Anwendungsbereich der durch die IAO geschützten Vereinigungsfreiheit wird durch das IAO-Übereinkommen Nr. 151 daher nicht erweitert, sondern lediglich bestätigt.[532] Daher ist auch die Ansicht abzulehnen, nach der aus der Existenz des IAO-Übereinkommens Nr. 151 geschlussfolgert werden könne, dass durch die explizite Regelung der Vereinigungsfreiheit für den öffentlichen Dienst, die IAO-Übereinkommen Nr. 87 und Nr. 98 in personeller Hinsicht auf Arbeitnehmer der Privatwirtschaft beschränkt seien.[533]

Aufgrund der vorstehenden Ausführungen hat das IAO-Übereinkommen Nr. 151 wegen seiner fehlenden Bindungswirkung zwar keine unmittelbare Bedeutung für die weiteren Überlegungen, kann aber entscheidend die hier vertretene Ansicht bezüglich des personellen Anwendungsbereichs des IAO-Übereinkommens Nr. 87 bestätigen.

bb. Die "International Bill of Rights"

Einen weiteren bedeutenden Bestandteil des „universellen Völkerrechts" bildet die so genannte „International Bill of Rights" als fester Kern des UNO Menschenrechtssystems.[534] Hierbei handelt es sich um das Zusammenspiel der Allgemeinen Erklärung der Menschenrechte (AEMR) von 1948, den Pakt über bürgerliche und politische Rechte von 1966 sowie den Pakt über wirtschaftliche, soziale und kulturelle Rechte von 1966.[535] Im Folgenden soll der hierdurch gewährleistete universelle Menschenrechtsschutz dahingehend untersucht werden, ob hierin ein für die Bundesrepublik Deutschland relevantes Streikrecht verbürgt ist.

(1) Die Allgemeine Erklärung der Menschenrechte (AEMR)

Nach dem Vorbild der französischen Erklärung der Rechte des Menschen und Bürger von 1789[536] nahm die UNO-Generalversammlung am 10. Dezember 1948, auf Vorschlag der ersten Menschenrechtskommission, einen umfassenden Menschenrechtskatalog in Form einer Resolution als „Allgemeine Erklärung der Menschenrechte"

532 *Ganser-Hillgruber*, ZBR 1998, 15 (22).
533 So aber die Bundesregierung in BT-Drs. 10/2123, S. 8.
534 *Buergenthal/Thürer*, Menschenrechte, S. 29.
535 *Nußberger*, Sozialstandards, S. 64 ff.
536 *Hofmann*, Menschenrechte, S. 5, 7, 8; *Buergenthal/Thürer*, Menschenrechte, S. 30.

an.[537] Es handelte sich hierbei um die „Geburtsstunde“ des ersten Menschenrechtsdokuments auf universaler Ebene, das die Gleichwertigkeit und Unteilbarkeit der Menschenrechte manifestiert.[538] Aufgrund der politischen Situation während des Kalten Krieges entschied sich die Staatengemeinschaft, die Resolution der Generalversammlung zunächst als unverbindliche Deklaration zu verabschieden, um damit möglichst viele Staaten dazu zu bewegen, dieser zuzustimmen.[539] Heute wird die AEMR als teilweise völkerrechtlich verbindlicher Menschenrechtskatalog begriffen, da einzelne elementare Rechte der AEMR im Laufe der Zeit zu Völkergewohnheitsrecht bzw. zu allgemeinen Rechtsgrundsätzen aufgestiegen sind.[540]

Grundsätzlich verbürgt die AEMR zwei Kategorien von Menschenrechten: zum einen bürgerliche und politische Rechte und zum anderen wirtschaftliche, soziale[541] und kulturelle Rechte.[542] Entscheidend für die zugrundeliegende Frage nach einem Streikrecht ist sowohl das bürgerliche/politische Recht auf Vereinigungsfreiheit in Art. 20 AEMR und das wirtschaftliche Recht auf Koalitionsfreiheit in Art. 23 Abs. 4 AEMR. Integralen Bestandteil beider Freiheiten ist das Recht, Gewerkschaften zu bilden und diesen beizutreten oder auch nicht. Das Recht zur Gewerkschaftsgründung muss allerdings zugleich als „Mitwirkungs- und Selbstbestimmungsrecht“ der Arbeitnehmer begriffen werden, damit die Arbeitnehmer über ihr Arbeitsverhältnis zumindest mitbestimmen dürfen.[543] Damit die Vereinigung in Gewerkschaften für die Arbeitnehmer kein „stumpfes Schwert“ bleibt, bedarf es somit eines integrierten Druckmittels, welches letztlich 1966 als Konkretisierung der AEMR in Art. 8 des Internationalen Pakts über wirtschaftliche, soziale und kulturelle Rechte in Form des Streikrechts ausdrücklich verankert wurde.

(2) Die UN-Pakte

Dementsprechend verabschiedete die UNO-Generalversammlung im Jahr 1966 zwei weitere Menschenrechtsinstrumente in Form von so genannten UN-Pakten, welche sowohl bürgerliche, politische (UN-Zivilpakt) als auch soziale Rechte (UN-Sozialpakt) schützen. Durch die Übereinkommen wurden Teile der zunächst unverbindlichen AEMR in verbindliches Vertragsrecht überführt und konkretisiert.[544]

537 *Nußberger*, Sozialstandards, S. 64.

538 *Mahler*, AnwBl. 2013, 245 (245).

539 *Buergenthal/Thürer*, Menschenrechte, S. 29; *Mahler*, AnwBl. 2013, 245 (245).

540 *Fischer-Lescano/Kommer*, in: Sandkühler, Menschenrechte, 91 (92 f.); *Buergenthal/Thürer*, Menschenrechte, S. 31.

541 Die Verankerung von wirtschaftlichen und sozialen Rechten in der AEMR geht vor allem auf *René Cassin* zu zurück. Als einer der führenden Köpfe und als französischer Vertreter in der Menschenrechtskommission, wird er heute vielfach als einer der „Väter der Menschenrechtserklärung“ gesehen., vgl. *Huhle/Krennerich*, transit nürnberg 2008 (2), 4 (5).

542 Näheres hierzu: vgl. *Buergenthal/Thürer*, Menschenrechte, S. 30 Fn 45, 46.

543 Pollmann/Lohmann/*Mahler*, Menschenrechte, S. 275.

544 *Riedel*, in: Giegerich/Zimmermann, Recht im globalen Zeitalter, 71 (72 f.)

(a) Der UN-Zivilpakt (IPBPR)

Zu den UN-Pakten zählt zum einen der Internationale Pakt über bürgerliche und politische Rechte (UN-Zivilpakt/IPBPR), welcher im Jahre 1973 von der Bundesrepublik ratifiziert[545] wurde und inhaltlich vergleichbar mit der EMRK auf die bürgerlichen und politischen Menschenrechte ausgerichtet ist. Dementsprechend beinhaltet er in Art. 22 zwar keine ausdrückliche Nennung eines Streikrechts, garantiert aber im gewissen Umfang das Recht auf Koalitionsfreiheit:

> *„Artikel 22*
> *(1) Jedermann hat das Recht, sich frei mit anderen zusammenzuschließen sowie zum Schutz seiner Interessen Gewerkschaften zu bilden und ihnen beizutreten.*
> *(2) Die Ausübung dieses Rechts darf keinen anderen als den gesetzlich vorgesehenen Einschränkungen unterworfen werden, die in einer demokratischen Gesellschaft im Interesse der nationalen oder der öffentlichen Sicherheit, der öffentlichen Ordnung, zum Schutz der Volksgesundheit, der öffentlichen Sittlichkeit oder zum Schutz der Rechte und Freiheiten anderer notwendig sind. Dieser Artikel steht gesetzlichen Einschränkungen der Ausübung dieses Rechts für Angehörige der Streitkräfte oder der Polizei nicht entgegen.*
> *(3) Keine Bestimmung dieses Artikels ermächtigt die Vertragsstaaten des Übereinkommens der Internationalen Arbeitsorganisation von 1948 über die Vereinigungsfreiheit und den Schutz des Vereinigungsrechts, gesetzgeberische Maßnahmen zu treffen oder Gesetze so anzuwenden, dass die Garantien des oben genannten Übereinkommens beeinträchtigt werden. [...]“*

Ob sich aus diesem Recht ein immanent mit verbürgtes Streikrecht ableiten lässt, ist nicht geklärt. So stellte der UN-Menschenrechtsausschuss in seiner „Albert-Entscheidung“ vom 18.07.1986[546] fest, dass das Streikrecht gerade kein „impliziter Bestandteil“ des Art. 22 Abs. 1 IPBPR darstelle. Hierfür verweist der Ausschuss zum einen auf den entstehungsgeschichtlichen Hintergrund der Norm[547], welcher eindeutig zeige, dass kein Streikrecht mit garantiert sei.[548] Ferner stellt er auf eine vergleichende Analyse zu Art. 8 Abs. 1 lit. d des Internationalen Paktes über wirtschaftliche, soziale und kulturelle Rechte ab. Dementsprechend sei in Art. 8 Abs. 1 lit. d des Internationalen Paktes über wirtschaftliche, soziale und kulturelle Rechte ein Streikrecht zusätzlich mit garantiert, woraus sich im Umkehrschluss ergebe, dass das bloße Recht, Gewerkschaften zu bilden und ihnen beizutreten, kein Streikrecht mit impliziert.[549] Allerdings haben die Erfahrungen mit anderen internationalen

545 BGBl. II 1973, S. 1533.

546 Siehe UN-AMR NJW 1987, 3065 ff.

547 Der Ausschuss greift in diesem Fall auf das ergänzende Auslegungsmittel nach Art. 32 WVK zurück, da die Auslegung im Lichte des Normzusammenhanges sowie Ziel und Zweck der Regelung im Sinne des Art. 31 WVK wohl zu keinem Ergebnis führten. Vgl. NJW 1987, 3065 (3065).

548 UN-AMR NJW 1987, 3065 (3066).

549 UN-AMR NJW 1987, 3065 (3066).

Regelungen gezeigt, dass sich aus dem Recht, Gewerkschaften zu bilden und diesen beizutreten, durchaus ein mittelbares Streikrecht ableiten lässt. Im Lichte der internationalen Entwicklungen und im Vergleich zur EMRK, welche sich als „lebendes Instrument" an die gegebenen gesellschaftlichen Entwicklungen anzupassen pflegt, ist es durchaus denkbar, nun auch aus Art. 22 IPBPR, welcher ebenfalls bürgerliche und politische Menschenrechte schützt, ein mittelbar geschütztes Recht auf Streik abzuleiten. Denn das Recht, Gewerkschaften zu gründen und ihnen beizutreten, ist unstreitig in Art. 22 IPBPR garantiert. Dieses Recht besteht aber nicht um seines Selbstzweckes willen, sondern um die Interessen der organisierten Arbeitnehmer zu schützen und durchzusetzen. Damit dieser Zweck aber erfüllt werden kann, müssen den Gewerkschaften und deren Mitgliedern eine geschützte zweckdienliche Handlungsmöglichkeit wie das Streikrecht eingeräumt werden. Aufgrund dessen ist Art. 22 IPBPR durchaus dahingehend zu verstehen, dass auch hier ein mittelbar geschütztes Streikrecht garantiert ist.[550]

Daneben kommt auch *Lörcher*[551] zu dem Ergebnis, dass der UN-Menschenrechtsausschuss nicht mehr starr an seiner in der „Albert-Entscheidung" geäußerten Ansicht festhalte. Vielmehr habe sich der Ausschuss in seiner Spruchpraxis einem „streikfreundlichen Ansatz" zugewandt, indem er erklärte, dass u. a. ein absolutes Streikverbot für Beamte Art. 22 IPBPR verletze.[552] Laut *Lörcher* könne man diesem Ansatz entnehmen, dass auch der UN-Menschenrechtsausschuss seine Ansicht geändert habe und dem Art. 22 IPBPR ein Streikrecht entnehme.[553]

Das nach hier vertretener Ansicht in Art. 22 Abs. 1 IPBPR verbürgte Streikrecht gestaltet sich als ein Recht für Jedermann, was in personeller Hinsicht dazu führt, dass das Streikrecht für Arbeitnehmer des öffentlichen Dienstes und Beamte gleichermaßen gilt.

Einschränkungen erfährt das Streikrecht lediglich in funktionaler Hinsicht durch gesetzlich vorgesehene Restriktionen, die in einer demokratischen Gesellschaft im Interesse der nationalen oder öffentlichen Sicherheit, der öffentlichen Ordnung, zum Schutz der Volksgesundheit, der öffentlichen Sittlichkeit oder zum Schutz der Rechte und Freiheiten anderer notwendig sind (Art. 22 Abs. 2 S. 1). Dieser Aufzählung ist zu entnehmen, dass eine Einschränkung nicht durch ein verallgemeinerndes, funktionsunabhängiges Streikverbot vorgenommen werden kann. Vielmehr muss im Einzelfall erwogen werden, ob eine Einschränkung den Schutz eines oben aufgezählten Gutes bezweckt und hierfür notwendig ist. Für die Angehörigen des öffentlichen Dienstes hat dies zur Folge, dass ihr Streikrecht lediglich in einem solchen funktionalen Bereich eingeschränkt werden kann und auch nur dann, wenn

---

550 Ein ähnliches Verständnis des Art. 22 IPBPR hatte schon eine Minderheit des UN-Menschenrechtsausschusses in der „Albert-Entscheidung". Vgl. *Joseph/Schultz/Castan*, IPBPR, Article 22, S. 436 f.

551 Däubler/*Lörcher*, Arbeitskampfrecht, S. 127.

552 Däubler/*Lörcher*, Arbeitskampfrecht, S. 127.

553 Däubler/*Lörcher*, Arbeitskampfrecht, S. 127.

es in der nationalen Rechtsordnung „gesetzlich vorgesehen" ist. Nach deutschem Rechtsverständnis könnte vom Wortlaut her „gesetzlich" als lediglich förmliches Gesetzesrecht verstanden werden. Dem ist allerdings entgegenzuhalten, dass bei der Auslegung einer internationalen Regelung nicht auf einen rein nationalen Sprachgebrauch abgestellt werden kann, es sei denn, dies ist ausdrücklich vorgesehen. Eine solche eingeschränkte Interpretation würde zudem zu der abwegigen und unsachgemäßen Konsequenz führen, dass die Eingriffe in das Streikrecht in Ländern, in welchen das Arbeitskampfrecht bzw. die entsprechende Beschränkung nicht durch förmliches Gesetzesrecht geregelt ist, nie durch eine Rechtfertigung aus Art. 22 Abs. 2 IPBPR gedeckt sein könnte.[554] Demnach kann ein Eingriff in gleicher Weise durch nationales materielles Recht oder gesetzesvertretendes Richterrecht wie durch Parlamentsgesetze gerechtfertigt sein.

Darüber hinaus kann die Ausübung des Streikrechts ebenfalls für die Angehörigen der Streitkräfte und der Polizei durch gesetzliche Einschränkungen limitiert werden (Art. 22. Abs. 2 S. 2 IPBPR).

(b) Der UN-Sozialpakt (IPWSKR)

Neben dem UN-Zivilpakt beinhaltet ebenfalls der die sozialen Menschenrechte umfassende Internationale Pakt über wirtschaftliche, soziale und kulturelle Rechte (UN-Sozialpakt), welcher von der Bundesregierung im Jahre 1973 ratifiziert[555] wurde, in Art. 8 Abs. 1 lit. d eine ausdrückliche Streikgarantie:

> *„Artikel 8*
> *(1) Die Vertragsstaaten verpflichten sich, folgende Rechte zu gewährleisten: [...]*
> *d) das Streikrecht, soweit es in Übereinstimmung mit der innerstaatlichen Rechtsordnung ausgeübt wird. [...]*
> *(2) Dieser Artikel schließt nicht aus, dass die Ausübung dieser Rechte durch Angehörige der Streitkräfte, der Polizei oder der öffentlichen Verwaltung rechtlichen Einschränkungen unterworfen wird. [...]"*

Trotzdem bleibt die Frage zu klären, in welchem Umfang und in welchen Grenzen das ausdrücklich im Sozialpakt geregelte Streikrecht gewährleistet ist. Grundsätzlich ist in Art. 8 Abs. 1 lit. d UN-Sozialpakt ein Recht auf Streik vorgesehen, dass seinem reinen Wortlaut nach weder auf die Ausübung durch gewerkschaftlich organisierte Arbeitnehmer noch (im Gegensatz zum Recht auf Gewerkschaftsbegründung aus Art. 8 Abs. 1 lit. a UN-Sozialpakt) in seiner Zielsetzung auf die Förderung und den Schutz wirtschaftlicher und sozialer Interessen beschränkt ist. Demzufolge könnte man davon ausgehen, dass es sich hierbei sogar um ein Individualrecht handelt, das nicht nur unter Ausübung von wirtschaftlichen oder sozialen Motiven rechtmäßig ist, sondern beispielsweise auch politisch moti-

554 Vgl. entsprechende Problematik zu Art. 31 ESC, Kapitel 2, B., III., 2., c., aa., (3) und zu Art. 11 Abs. 2. S. 1 EMRK, Kapitel 2, B., III., 2., c., bb., (3), (a).

555 BGBl. II 1973, S. 1569.

viert sein kann.[556] Nach hier vertretener Ansicht ist eine solche Sichtweise aber zu kurz gedacht. Betrachtet man Art. 8 Abs. 1 UN-Sozialpakt in seiner Gesamtkonzeption so wird schnell klar, dass darin ausschließlich Gewerkschaftsrechte gewährleistet werden, beginnend mit dem Begründungsrecht über das Recht der internationalen Vereinigungsbildung bis hin zur freien Betätigung. Hieraus lässt sich ableiten, dass auch das Recht auf Streik in Art. 8 Abs. 1 lit. d UN-Sozialpakt als spezielle Betätigungsform der Gewerkschaften zu verstehen ist. In personeller Hinsicht beschränkt sich das Streikrecht daher nur auf diejenigen Personen, die Mitglied einer Gewerkschaft sein können. Hierzu gehören nicht nur Arbeitnehmer der Privatwirtschaft, sondern grundsätzlich auch Arbeitnehmer des öffentlichen Dienstes wie auch Beamte. Allerdings wird das Streikrecht durch Art. 8 Abs. 1 lit. d, 2 HS UN-Sozialpakt dahingehend eingeschränkt, dass es mit der innerstaatlichen Rechtsordnung übereinstimmend auszuüben ist. Da nach deutschem Recht ein Beamtenstreikrecht aber gerade ausgeschlossen ist, verbleibt lediglich ein Streikrecht für Arbeitnehmer des öffentlichen Dienstes. Ob darüber hinaus auch ein politisch motivierter Streik durch Art. 8 Abs. 1 lit. d UN-Sozialpakt gedeckt ist, ist höchst fraglich. Im direkten Vergleich von Abs. 1 lit. a und 1 lit. d mag dies das Fehlen der Eingrenzung durch eine genaue Zielsetzung, wie es das Begründungsrechts vorsieht, suggerieren. Allerdings kann diesbezüglich wiederum auf die Einschränkung des Streikrechts auf die „Übereinstimmung mit der innerstaatlichen Rechtsordnung" verwiesen werden.[557] Die deutsche Rechtsordnung untersagt einen derart politisch motivierten Streik. Daneben gewährt Abs. 2 die Möglichkeit, die Ausübung des Streikrechts durch Angehörige der Streitkräfte, der Polizei oder der öffentlichen Verwaltung rechtlichen Einschränkungen zu unterwerfen.

(c) Die Bindungswirkung der UN-Pakte

Aufgrund der Gewährleistung eines Streikrechts bleibt die Frage nach der Bindungswirkung und damit der Bedeutung der UN-Übereinkommen für die Bundesrepublik Deutschland entscheidend. Näheren Aufschluss könnte diesbezüglich Art. 2 Abs. 1 UN-Sozialpaktes[558] sowie Art. 2 Abs. 1, 2 IPBPR[559] geben. Demnach sind die Vertrags-

---

556 So Pollmann/Lohmann/*Mahler*, Menschenrechte, S. 276.

557 Ebenfalls *Kälin/Künzli*, Menschenrechtsschutz, S. 484.

558 (1) Jeder Vertragsstaat verpflichtet sich, einzeln und durch internationale Hilfe und Zusammenarbeit, insbesondere wirtschaftlicher und technischer Art, unter Ausschöpfung aller seiner Möglichkeiten Maßnahmen zu treffen, um nach und nach mit allen geeigneten Mitteln, vor allem durch gesetzgeberische Maßnahmen, die volle Verwirklichung der in diesem Pakt anerkannten Rechte zu erreichen. Siehe *Meyer-Ladewig/Uhink*, Deutsche Übersetzung, S. 137.

559 (1) Jeder Vertragsstaat verpflichtet sich, die in diesem Pakt anerkannten Rechte zu achten und sie allen in seinem Gebiet befindlichen und seiner Herrschaftsgewalt unterstehenden Personen ohne Unterschied, wie insbesondere der Rasse,

staaten angehalten, die Pakte in der jeweiligen innerstaatlichen Rechtsordnung Wirkung zu verleihen. Dies kann im Umkehrschluss nur bedeuten, dass es sich bei den Regelungen der UN-Pakte nicht um self-executing-Normen handelt, die unmittelbare rechtliche Wirkung in den verschiedenen Signatarstaaten entfalten.[560] Vielmehr bedarf es auch an dieser Stelle nach dem deutschen Recht eines Umsetzungsakts in Form eines Zustimmungsgesetzes. Da beide Pakte mit Gesetz von 1973 ratifiziert wurden, kommt ihnen somit zwar innerstaatliche Geltung, aber keine unmittelbare Rechtswirkung gegenüber dem einzelnen Individuum zu. Darüber hinaus hat sich der Ausschuss für Wirtschaftliche, Soziale und Kulturelle Rechte (Sozialpaktausschuss) in Bezug auf den Sozialpakt in seiner Allgemeinen Bemerkung[561] Nr. 9[562] dergestalt geäußert, dass der Pakt weder genau festlege, wie der Pakt in die nationale Rechtsordnung umzusetzen sei, noch verpflichte der Pakt an keiner Stelle zur umfassenden Umsetzung.[563] So seien die Vertragsstaaten noch nicht einmal formal verpflichtet, die Vorschriften des Sozialpakts in innerstaatliches Recht umzusetzen, dies wäre lediglich wünschenswert.[564] Demzufolge ist es sogar den Staaten überlassen, ob und wie sie den Pakt in das nationale Recht inkorporieren.

Letztlich fehlt es den UN-Pakten aber auch an rechtlichen Sanktionsmöglichkeiten. In Bezug auf den Sozialpakt existiert zwar ein obligatorisches Staatsberichtsverfahren, welches der Kontrolle zur Einhaltung des Pakts dient, allerdings bei Nichteinhaltung keine rechtliche Handhabe vorsieht.[565] Ferner schließt auch der Zivilpakt ein ähnliches Staatsberichtsverfahren ein, dessen Feststellungen allerdings auch keinen rechtsverbindlichen Charakter haben.[566] Lediglich die Furcht

---

der Hautfarbe, des Geschlechts, der Sprache, der Religion, der politischen oder sonstigen Anschauung, der nationalen oder sozialen Herkunft, des Vermögens, der Geburt oder des sonstigen Status, zu gewährleisten.
(2) Jeder Vertragsstaat verpflichtet sich, im Einklang mit seinem verfassungsmäßigen Verfahren und mit den Bestimmungen dieses Paktes die erforderlichen Schritte zu unternehmen, um die gesetzgeberischen oder sonstigen Vorkehrungen zu treffen, die notwendig sind, um den in diesem Pakt anerkannten Rechten Wirksamkeit zu verleihen, soweit solche Vorkehrungen nicht bereits getroffen worden sind. Siehe *Meyer-Ladewig/Uhink*, Deutsche Übersetzung, S. 121 f.

560 So auch *Seibert-Fohr* ZaöRV 2002, 391 (398).

561 General Comments.

562 *Deutsches Institut für Menschenrechte*, General Comments, CESCR E/C.12/1998/24, 03.12.1998, Allgemeine Bemerkung Nr. 9, Die innerstaatliche Anwendbarkeit des Pakts, 19. Sitzung (1998), S. 238 ff.

563 *Deutsches Institut für Menschenrechte*, General Comments, CESCR E/C.12/1998/24, 03.12.1998, Allgemeine Bemerkung Nr. 9, Die innerstaatliche Anwendbarkeit des Pakts, 19. Sitzung (1998), S. 239.

564 *Deutsches Institut für Menschenrechte*, General Comments, CESCR E/C.12/1998/24, 03.12.1998, Allgemeine Bemerkung Nr. 9, Die innerstaatliche Anwendbarkeit des Pakts, 19. Sitzung (1998), S. 240.

565 *Buergenthal/Thürer*, Menschenrechte, S. 41.

566 *Buergenthal/Thürer*, Menschenrechte, S. 34 f.

vor negativer Publizität könnte die Staaten dazu veranlassen, die im Berichtsverfahren beanstandeten Mängel bei der Umsetzung des entsprechenden Paktes zu beseitigen. Daneben existiert im Hinblick auf den Zivilpakt ein fakultatives Staatsbeschwerdeverfahren, das aber nur dann zur Anwendung gelangt, wenn beide involvierten Vertragsstaaten durch Abgabe einer entsprechenden Erklärung das Beschwerdeverfahren anerkannt haben.[567] Ferner ist ein ebenfalls fakultatives Individualbeschwerdeverfahren vorgesehen, welches aber nur dann zulässig ist, wenn der betroffene Vertragsstaat das dem Verfahren zugrundeliegende Zusatzprotokoll ratifiziert hat.[568] Ein entsprechendes Individualbeschwerdeverfahren wurde auch für den Sozialpakt durch das Fakultativprotokoll vom 10.12.2008 eingeräumt. Allerdings ist die Entscheidung des zuständigen Ausschusses nicht bindend.[569] Darüber hinaus steht dieses Verfahren für Deutschland nicht zur Verfügung, da die Bundesrepublik das Fakultativprotokoll nicht ratifiziert hat.[570] Die Gesamtschau aller Aspekte lässt daher nur den Schluss zu, dass keine unmittelbare Wirkung[571], sondern lediglich eine „völkerrechtsfreundliche Auslegung" des nationalen Rechts im Sinne der UN-Pakte in Betracht kommt.[572]

c. *Das regionale Völkerrecht*

Neben dem universellen Völkerrecht soll auch das regionale Völkerrecht, welches zwischen verschiedenen Völkerrechtssubjekten in einem bestimmten geographischen Raum Wirksamkeit entfaltet, auf seine Bedeutung für die Gewährleistung eines Streikrechts auf internationaler Ebene untersucht werden. Zum Recht des Europarates zählen insbesondere die Europäische Sozialcharta und die Europäische Menschenrechtskonvention, die es im Folgenden zu beleuchten gilt.

aa. Die Europäische Sozialcharta (ESC)

Die Europäische Sozialcharta als „soziales Pendant" zur Europäischen Menschenrechtskonvention wurde am 18.10.1961 in Turin von 15 Mitgliedern des Europarates unterzeichnet[573] und von der Bundesrepublik Deutschland im Jahre 1964 ratifiziert[574], wonach sie 1965 in Kraft trat[575]. Die ESC verkörpert damit den Inbegriff der „sozialen Grundrechte" auf internationaler Ebene. Darüber hinaus kommt der ESC für die gegebene Problematik eine besondere Position zu, da das Streikrecht völkerver-

567 *Buergenthal/Thürer*, Menschenrechte, S. 36f.
568 *Buergenthal/Thürer*, Menschenrechte, S. 37.
569 *Mahler*, AnwBl. 2013, 245 (247).
570 *Mahler*, AnwBl. 2013, 245 (247).
571 A.A. *Mahler*, AnwBl. 2013, 245 (246).
572 So auch *Buschmann*, FS Kempen, 255 (268).
573 *Witter*, Europarechtliche Aspekte, S. 43; *Konzen*, JZ 1986, 157 (161); *Dumke*, Streikrecht i.S.d. Art. 6 Nr. 4 ESC, S. 7.
574 BGBl. II Nr. 43 (1964), S. 1261ff.
575 BGBl. II Nr. 31 (1965), S. 1122ff.

tragsrechtlich erstmals ausdrücklich in Art. 6 Nr. 4 ESC Erwähnung fand.[576] So bestimmt Art. 6 der ESC:

> *„Um die wirksame Ausübung des Rechtes auf Kollektivverhandlungen zu gewährleisten, verpflichten sich die Vertragsparteien: [...] und anerkennen:*
>
> > *4. das Recht der Arbeitnehmer und der Arbeitgeber auf kollektive Maßnahmen einschließlich des Streikrechts im Falle von Interessenkonflikten, vorbehaltlich etwaiger Verpflichtungen aus geltenden Gesamtarbeitsverträgen."*

Dieses Streikrecht hat die Bundesrepublik Deutschland zudem in der Bekanntmachung über das Inkrafttreten der Europäischen Sozialcharta vom 09.08.1965 ratifiziert und damit als ausdrücklich für sich bindend anerkannt.[577]

(1) Die (un-)mittelbare Anwendbarkeit des Art. 6 Nr. 4 ESC?

Obwohl die ESC demnach mit Zustimmungsgesetz vom 19.09.1964[578] in Deutschland innerstaatliche Geltung erlangt hat, bleibt gleichwohl offen, ob Art. 6 Nr. 4 ESC unmittelbar anwendbares Recht darstellt. Anders ausgedrückt, es muss im Weiteren untersucht werden, ob Art. 6 Nr. 4 ESC auch ohne zusätzlichen innerstaatlichen Durchsetzungsakt in Deutschland Anwendung findet.[579] In diesem Fall würde man von einer so genannten „self-executing"[580] Norm sprechen.[581] Ob dies der Fall ist oder ob es sich lediglich um eine völkervertragsrechtliche Verpflichtung gegenüber den Unterzeichnerstaaten handelt („non self-executing" Norm), ist durch Auslegung des Art. 6 Nr. 4 ESC und des entsprechenden Zustimmungsgesetzes zu ermitteln.[582] Führt die Auslegung zu dem Ergebnis, dass Art. 6 Nr. 4 ESC seinem Wortlaut, Zweck und Inhalt nach geeignet und hinreichend bestimmt ist, wie eine innerstaatliche Vorschrift rechtliche Wirkung zu entfalten[583], hat dies zur Konsequenz, dass Art. 6 Nr. 4 ESC wie unmittelbar geltendes innerstaatliches Recht zu behandeln ist.

Diese nicht unbedeutende Frage wird sowohl in der Literatur als auch in der Rechtsprechung kontrovers diskutiert. So wird für eine unmittelbare innerstaatliche Wirkung des Art. 6 Nr. 4 ESC häufig der Wortlaut ins Feld geführt. Im Gegensatz zu Nr. 1 bis Nr. 3 verpflichte Art. 6 in Nr. 4 nicht lediglich die Bundesrepublik gegenüber den anderen Unterzeichnerstaaten, sondern mache durch das Wort „anerkennen" deutlich, dass hier ein Recht als solche garantiert sei.[584] Demgegenüber argumentiert

---

576 *Kahn-Freund*, in: ESC, 151 (151).
577 BGBl. II Nr. 31 (1965), S. 1122.
578 BGBl. II Nr. 43 (1964), S. 1261.
579 *Konzen*, JZ 1986, 157 (162).
580 Maunz/Schmidt-Bleibtreu/Klein/Bethge/*Bethge*, BVerfGG, § 79, Rn. 76.
581 *Witter*, Europarechtliche Aspekte, S. 62; *Konzen*, JZ 1986, 157 (162).
582 Maunz/Düring/*Nettesheim*, Art. 59 Rn. 179.
583 BVerfGE 29, 348 (360); BVerwGE 80, 233 (235); 87, 11 (13).
584 *Cycholl/Frieling*, ZESAR 2011, 322 (323); *Mitscherlich*, Europäische Sozialcharta, S. 38; Däubler/*Lörcher*, Arbeitskampfrecht, S. 109; *Ramm*, AuR 1967, 97 (98); *ders.*,

die konträre Auffassung mit der Intention des Art. 5 ESC. Hierdurch werde die Formulierung des Art. 6 Nr. 4 ESC relativiert, da Art. 5 ESC lediglich ein völkerrechtliches Verbot der Beeinträchtigung der Vereinigungsfreiheit enthalte und dies mit einer unmittelbaren Streikgarantie nicht zusammenpassen könne.[585] Dem kann allerdings genauso gut entgegengehalten werden, dass die ESC gerade zwischen der Vereinigungsfreiheit in Art. 5 ESC und dem Recht auf Kollektivverhandlung, insbesondere dem Streikrecht, in Art. 6 Nr. 4 ESC trennen wolle, sodass der Rückschluss von Art. 5 ESC auf Art. 6 ESC nicht zwingend ist. Nach hier vertretener Ansicht ist es durchaus denkbar, zwischen der grundsätzlichen Vereinigungsfreiheit und der konkreten Betätigung zu unterscheiden, obwohl beide unbestritten eng miteinander in Verbindung stehen. Nichtsdestotrotz kann Art. 5 ESC Aufschluss bezüglich der Wertigkeit des Wortlautargumentes aus Art. 6 ESC geben. Denn in Art. 5 Abs. 1 ESC wird wörtlich die „Verpflichtung" der Signatarstaaten geregelt, Beeinträchtigungen der Vereinigungsfreiheit durch nationales Recht zu unterlassen, wohingegen Abs. 2 exakt das gleiche Beeinträchtigungsverbot nicht mehr als Verpflichtung der Signatarstaaten, sondern als Garantie bezeichnet. Aufgrund dessen bleibt durchaus fraglich, wie viel Gewicht dem Wortlaut der deutschen Fassung der ESC wirklich zugesprochen werden kann. Denn wenn schon die Wörter „verpflichten" und „Garantie" ein und denselben Sinngehalt haben, kann dann noch aus dem in Art. 6 Nr. 4 ESC verwendeten Wort „anerkennen" eine über die reine Verpflichtung der Unterzeichnerstaaten hinausgehende Garantie für ein unmittelbar anwendbares Streikrecht geschlussfolgert werden? Dies ist doch stark zu bezweifeln.

Ferner wird für eine unmittelbare Anwendbarkeit Art. 32 ESC angeführt, in dem es heißt, dass die Vorschriften der ESC innerstaatliches Recht unberührt lassen, sofern sie den darin geschützten Personen eine günstigere Behandlung einräumen. Hieraus könne nun geschlussfolgert werden, dass Art. 32 ESC leerlaufen würde, nehme man an, dass sämtliche Bestimmungen der ESC ausschließlich mittelbare Bindungswirkung entfalten.[586] Allerdings muss nach hier vertretener Meinung an dieser Stelle beachtet werden, dass Art. 32 ESC schon dann nicht leer laufen würde, wenn ein anderer Artikel im innerstaatlichen Raum als verbindlich zu betrachten wäre, sodass sich aus diesem Argument nicht notwendig ein Rückschluss auf Art. 6 Nr. 4 ESC ziehen lässt.

Allerdings bekräftige die authentische Auslegung im Anhang zu Teil II der ESC, die nach Art. 38 ESC Bestandteil der Sozialcharta gewordene ist, schon eher diese Ansicht, da hiernach Einverständnis darüber besteht, dass jede Vertragspartei für sich die Ausübung des Streikrechts regeln kann, solange sich jede Einschränkung dieses Rechts im Rahmen des Art. 31 ESC bewegt. Dementsprechend wird argumen-

---

AuR 1971, 65 (69); *Neubeck*, Europäische Sozialcharta, S. 168; *Zuleeg*, ZaöRV 1975, 341 (359); *Dumke*, Streikrecht i.S.d. Art. 6 Nr. 4 ESC, S. 155.

585 *Konzen*, JZ 1986, 157 (162).

586 *Däubler*, Öffentlicher Dienst, S. 180; *Witter*, Europarechtliche Aspekte, S. 65; *Neubeck*, Europäische Sozialcharta, S. 168.

tiert, dass diese Bestimmung vollkommen sinnentleert sei, wenn es sich bei Art. 6 Nr. 4 ESC lediglich um eine staatliche Verpflichtung und keine national unmittelbar anwendbare Regelung handeln würde.[587] Denn wenn es sich lediglich um eine „non self-executing"-Norm handeln würde, sei es doch geradezu eine Selbstverständlichkeit, dass der nationale Gesetzgeber über die Ausübung des Streikrechts bestimmt.[588] Die authentische Auslegung mache daher nur dann Sinn, wenn Art. 6 Nr. 4 ESC als unmittelbar innerstaatlich verbindliche Regelung zu sehen sei, da dann mit der Vorschrift klargestellt werde, dass die einzelnen Staaten ihre Rechtsetzungskompetenz auf diesem Gebiet behalten.[589]

Demgegenüber sei die Klarstellung im Anhang zu Teil III der ESC ausschlaggebendes Argument gegen eine unmittelbare Anwendbarkeit des Art. 6 Nr. 4 ESC.[590] Schließlich werde hiernach verdeutlicht, dass die Überwachung der ESC lediglich vom so genannten Sachverständigenausschuss ausgeht und damit der direkten Kontrolle der nationalen Gerichte entzogen ist.[591] Aufgrund dessen könne es sich bei Art. 6 Nr. 4 ESC keinesfalls um eine unmittelbar national anwendbare Norm handeln, weil diese von innerstaatlichen Gerichten überprüft werden können müsste.[592] Diese Begründung basiert auf der Vorstellung, dass das subjektive Recht als notwendige Voraussetzung gerichtlich durchsetzbar sein müsse.[593] Hiergegen wird zwar eingewandt, dass der Rechtsprechung in der Bundesrepublik gerade auf dem Gebiet des Arbeitskampf- und Schlichtungsrechts die Funktion des „Ersatzgesetzgebers" zukommt[594], sodass sich der Einzelne doch zumindest indirekt in gerichtlichen Verfahren auf die ESC berufen könne[595], da die Gerichte aufgrund ihrer Ersatzrolle ebenso denjenigen Bindungen unterworfen sein müssten, welchen auch der Gesetzgerber unterliegt[596]. Somit gäbe es doch zumindest im Falle des Streikrechts eine abgeschwächte Möglichkeit der Geltendmachung vor den nationalen Gerichten.[597] Dem kann so nicht gefolgt werden. Denn nur weil die ESC als Auslegungshilfe beachtet werden muss, heißt das letztlich nicht, dass sich der Einzelne vor Gericht auf einen bestimmten Artikel der ESC berufen und hieraus ein Recht geltend machen kann. Zudem ist nicht ersichtlich, worum die gerichtliche Durchsetzbarkeit, als Voraussetzung der Qualifizierung als unmittelbar anwend-

---

587 *Cycholl/Frieling*, ZESAR 2011, 322 (323); Däubler/*Lörcher*, Arbeitskampfrecht, S. 109.
588 *Engels*, Verfassung, S. 368; *Mitscherlich*, Europäische Sozialcharta, S. 38.
589 *Däubler*, Öffentlicher Dienst, S. 180; *Engels*, Verfassung, S. 368, *Ramm*, AuR 1971, 65 (71); a. A. *Seiter*, Streikrecht, S. 132.
590 *Zuleeg*, ZaöRV 1975, 341 (357).
591 *Zuleeg*, ZaöRV 1975, 341 (357).
592 Brox/Rüthers/*Rüthers*, Arbeitskampfrecht, S. 66.
593 Brox/Rüthers/*Rüthers*, Arbeitskampfrecht, S. 66; Sachs/*Sachs*, Vor Art. 1, Rn. 39; *Huber*/Mangoldt/Klein/Starck, GG, Art. 19, Rn. 386.
594 *Seiter*, Streikrecht, S. 138.
595 *Witter*, Europarechtliche Aspekte, S. 68.
596 *Seiter*, Streikrecht, S. 138.
597 *Witter*, Europarechtliche Aspekte, S. 68.

bares Recht, im Fall des Streikrechts abgeschwächt sein sollte. Ferner wird ebenfalls in Bezug auf den Anhang zu Teil III der ESC auf dessen Wortlaut Bezug genommen, indem auch hier zwischen „Verpflichtungen" und „Anerkennungen" unterschieden wird. Demnach beziehe sich der Anhang zu Teil III lediglich auf Verpflichtungen.[598] Da das Streikrecht aus Art. 6 Nr. 4 ESC allerdings „anerkannt" wird und nicht lediglich eine Verpflichtung der Signatarstaaten darstelle, sei der Anhang zu Teil III auf Art. 6 Nr. 4 ESC nicht anwendbar.[599] Genau genommen macht diese Begründung aber auch nur dann Sinn, wenn man tatsächlich in den Wortlaut des Art. 6 Nr. 4 ESC eine derartig wörtliche Differenzierung hineininterpretiert. Wie oben ausführlich erläutert, ist allerdings aus dem Wortlaut des Art. 6 Nr. 4 ESC nicht eindeutig ersichtlich, ob eine qualitative Unterscheidung gewollt war.

In einer Gesamtschau der gegebenen Argumente spricht daher vieles gegen eine innerstaatliche unmittelbare Anwendbarkeit des Art. 6 Nr. 4 ESC.[600]

Daneben setzt sich die Diskussion um die innerstaatliche Anwendbarkeit des Art. 6 Nr. 4 ESC in der deutschen Rechtsprechung nur zum Teil fort. Dies liegt nicht zuletzt daran, dass insbesondere das Bundesverfassungsgericht und das Bundesarbeitsgericht in einer Vielzahl von Entscheidungen zu dem Schluss gelangt sind, dass die ESC nicht entscheidungserheblich sei und damit die hier maßgebliche Frage offen gelassen wird.[601]

Relativ klar hat sich auf den ersten Blick jedoch das Bundesverwaltungsgericht zu dieser Problematik geäußert, indem es die ESC als Völkerrechtsvertrag qualifiziert, welcher „lediglich rechtspolitische Ziele beinhaltet"[602] und daher „keine unmittelbaren Rechte für den einzelnen Bürger begründet"[603]. Hiervon macht es allerdings im gleichen Atemzug eine Ausnahme, indem es auf zwei Entscheidungen des BAG verweist, in denen dieses Art. 6 Nr. 4 ESC nach Ansicht des BVerwG wohl als unmittelbar geltendes Recht anwendet.[604] Bei näherer Betrachtung dieser beiden Entscheidungen wird jedoch deutlich, dass das BAG selbst nie eine Aussage zur Anwendbarkeit des Art. 6 Nr. 4 ESC trifft. Nur aufgrund der Tatsache, dass das BAG die entsprechende Norm anprüft, kann nicht geschlussfolgert werden, dass es von einer unmittelbaren innerstaatlichen Anwendbarkeit ausgeht. Dies wird insbesondere im Vergleich zu anderen Entscheidungen des BAG[605] deutlich. Denn wäre dies der Fall, müsste das BAG dort nicht den umständlicheren Weg der Anwendbarkeit über die „Ersatzgesetzgeberfunktion" im Bereich des Arbeitskampfrechts gehen, sondern könnte die innerstaatliche Anwendbarkeit gleich bejahen. Dementsprechend kann

598 *Ramm*, AuR 1971, 65 (70); *Witter*, Europarechtliche Aspekte, S. 68.
599 *Ramm*, AuR 1971, 65 (70); *Witter*, Europarechtliche Aspekte, S. 68.
600 Gleicher Ansicht *Kutzki*, DÖD 2011, 169 (170).
601 Zum Beispiel BVerfG NJW 1982, 815 (817); BVerfG NJW 1993, 1379 (1379); BAGE 33, 140 (157); BAG NZA 1984, 393 (398); BAG NZA 2007, 987 (994).
602 BVerwG NVwZ 1993, 778 (778).
603 BVerwG NVwZ 1993, 778 (778).
604 BVerwG NVwZ 1993, 778 (778).
605 U.a. BAG NZA 1984, 393 (398); BAG NZA 2007, 987 (994).

zwar daraus geschlossen werden, dass das BVerwG Art. 6 Nr. 4 ESC durchaus für „unmittelbares Recht des einzelnen Bürgers" hält, der damit verbundene Verweis auf die Entscheidungen des BAG kann dies allerdings nicht untermauern.

Wie bereits zuvor angerissen, hat das BAG hingegen die Frage stets offen gelassen, ob es sich bei Art. 6 Nr. 4 ESC um unmittelbar geltendes Bundesrecht handelt. Gleichwohl blieb diese Norm vom BAG nicht in Gänze unbeachtet. So argumentiert es in ständiger Rechtsprechung: Da auf dem Gebiet des Arbeitskampfrechts eine gesetzliche Lücke besteht[606], welche durch gesetzesvertretendes Richterrecht geschlossen werden muss[607], habe der Richter als „Ersatzgesetzgeber" denselben Bindungen zu unterliegen, wie der Gesetzgeber selbst[608]. Somit müsse auch der Richter bei der gesetzesvertretenden Rechtsfortbildung an die entsprechenden Regeln gebunden sein[609], weil die ESC zumindest völkerrechtliche Verpflichtungen[610] gegenüber den Unterzeichnerstaaten enthält, welche in das innerstaatliche Recht umgesetzt werden müssen. In Bezug darauf hat das BAG sogar erstmals in seiner Entscheidung vom 10.12.2002[611] darauf hingewiesen, dass die bestehende Rechtsprechung bezüglich der Rechtmäßigkeitsvoraussetzung der tariflichen Durchsetzbarkeit eines Streiks, anhand des Art. 6 Nr. 4 ESC, nochmals überprüft werden müsse. Damit bekräftigt das BAG die oben ausgeführte Argumentation. Zusammenfassend ist dem somit zu entnehmen, dass es sich auch nach der Rechtsprechung des BAG bei Art. 6 Nr. 4 ESC nicht um unmittelbar anwendbares Recht handelt; die Gerichte als „Ersatzgesetzgeber" diesen jedoch auf dem Gebiet des Arbeitskampfrechts zu beachten und bei ihrer Rechtsfortbildung „völkerrechtskonform" vorzugehen haben, wodurch Art. 6 Nr. 4 ESC zumindest mittelbar zur Anwendung gelangt.[612]

(2) Die Verbindlichkeit der Aussagen des Europäischen Ausschusses für Soziale Rechte und der Empfehlungen des Ministerkomitees

Obwohl eine unmittelbare nationale Anwendbarkeit des Art. 6 Nr. 4 ESC ausscheidet, bleiben aufgrund der Relevanz der ESC für die nationale Rechtsprechung auf dem Gebiet des Arbeitskampfrechts die Frage der Interpretationshoheit und damit die Problematik der Verbindlichkeit der Spruchpraxis des Europäischen Ausschusses für Soziale Rechte (Sachverständigenausschuss) und der Empfehlungen des Ministerkomitees von Bedeutung.

Sowohl Ausschuss als auch Ministerkomitee stellen Kontrollinstrumente dar, welche in einem umfangreichen Berichtsverfahren nach Art. 21 ff. ESC der Über-

606 Vgl. BAG NZA 1984, 393 (398); BAG NZA 2003, 734 (739); BAG NZA 2007, 1055 (1058).
607 Vgl. BAGE 23, 292 (319f.).
608 Vgl. BAG NZA 1984, 393 (398); BAG NZA 2003, 734 (739).
609 Vgl. BAG NZA 1984, 393 (398); BAG NZA 2003, 734 (739).
610 Vgl. BAG NZA 2007, 1055 (1058).
611 BAG NZA 2003, 734ff.
612 So auch *Dumke*, Streikrecht i.S.d. Art. 6 Nr. 4 ESC, S. 209f.

wachung der Bestimmungen aus Teil II der Charta dienen. Dieses Verfahren gliedert sich grundsätzlich in drei Schritte. Zunächst erstellen die Vertragsstaaten nach Art. 21–23 ESC im Zweijahresrhythmus einen Bericht darüber, wie das Recht der ESC in der nationalen Rechtsordnung umgesetzt wird. Diese Berichte werden im Folgenden dem Generalsekretär des Europarats zugesandt und vom Sachverständigenausschuss gewissermaßen als „erste Instanz“ nach Art. 24 ESC aus rechtlicher Sicht, auf die Übereinstimmung des innerstaatlichen Rechts mit den Verpflichtungen aus der Charta geprüft. Das Ergebnis dieser Überprüfung sind die so genannten Schlussfolgerungen (= conclusions). Über eine Zwischenprüfung im Regierungsausschuss (Art. 27 ESC) gelangen sodann dessen Stellungnahme und die Länderberichte mit den entsprechenden Schlussfolgerungen des Sachverständigenausschusses zum Ministerkomitee, welches letztlich darüber entscheidet, ob gegenüber dem jeweiligen Vertragsstaat eine notwendige Empfehlung (= recommendation) zu entrichten ist (Art. 29 ESC). Eine solche setzt aber immer die Feststellung voraus, dass das innerstaatliche Recht mit der ESC nicht im Einklang steht.[613]

Diesbezüglich gelangt man allerdings überwiegend zu dem Ergebnis, dass weder die Spruchpraxis des Sachverständigenausschusses noch die Empfehlungen des Ministerkomitees zu einer authentischen Interpretation der ESC führen[614], sodass die entsprechenden Vorgaben für den nationalen Rechtsanwender lediglich Orientierungshilfen, aber keineswegs Verbindlichkeiten darstellen können.

Lörcher[615] hingegen argumentiert, dass den Schlussfolgerungen des Ausschusses unabhängiger Sachverständiger durchaus Bindungswirkung zukomme, da nach Verabschiedung des „Turiner Änderungsprotokolls“ nur noch der Sachverständigenausschuss für die Entscheidung über die rechtliche Vereinbarkeit der Charta mit nationalem Recht zuständig sei.[616] Dieser bekräftigt sein Argument damit, dass nun sogar der Europäische Gerichtshof für Menschenrechte (EGMR) in seiner neueren Rechtsprechung[617] dieser Auffassung entspreche, da er zur Interpretation der EMRK die Spruchpraxis des Sachverständigenausschusses heranzieht.[618] Dem ist nicht zu folgen: Zum einen wurde weder das „Turiner Änderungsprotokoll“ von 1991 noch das Zusatzprotokoll über Kollektivbeschwerden von 1995 von der Bundesrepublik ratifiziert. Ferner bleibt die Methodik der Rechtsprechung des EGMR im

---

613 Ein ausführlicher Überblick über den Ablauf des Berichtsverfahrens bietet auch: *Neubeck*, Europäische Sozialcharta, S. 83 ff.

614 Statt vieler siehe *Däubler*, AuR 1998, 144 (147); *Bepler*, FS Wissmann, S. 107; *Kohte/Doll* ZESAR 2003, 393 (395); in Bezug auf den Sachverständigenausschuss *Swiatkowski*, Charter of Social Rights, S. 383 und *Löwisch*, Arbeitskampf- und Schlichtungsrecht, S. 42; a.A. bezüglich der Empfehlungen *Löwisch*, Arbeitskampf- und Schlichtungsrecht, S. 42.

615 Däubler/*Lörcher*, Arbeitskampfrecht, S. 111 f.

616 So auch *Schlachter*, RdA 2011, 341 (346).

617 EGMR AuR 2009, 269 (270 f.), Urteil vom 12.11.2008, Demir und Baykara/Türkei.

618 Däubler/*Lörcher*, Arbeitskampfrecht, S. 111.

Fall von Demir/Baykara[619] fraglich. Auch *Seifert*[620] kommt zu dem Ergebnis, dass es sich bei den Schlussfolgerungen des Sachverständigenausschusses keineswegs um eine authentische Interpretation handle, sondern lediglich um „die Grundlage für die Debatte innerhalb des Ministerkomitees".[621] Dieser Ansicht entspricht auch die Gestaltung des Kontrollverfahrens nach Art. 21 ff. ESC. Der Sachverständigenausschuss überprüft das nationale Recht nur in „erster Instanz". Sollte der Sachverständigenausschuss zu dem Ergebnis gelangen, dass das innerstaatliche Recht der Charta widerspricht, kann das Ministerkomitee dennoch davon absehen, eine Empfehlung auszusprechen, wenn keine Zweidrittelmehrheit zustande kommt – und damit zu einer anderen Auffassung gelangen. Wenn also das Ministerkomitee schon nicht an die Schlussfolgerungen des Ausschusses gebunden ist, kann dies erst recht nicht für die Vertragsstaaten gelten.

Gegen die Bindung der Unterzeichnerstaaten an die conclusions und die recommendation wird zudem angeführt, dass im Gegensatz zu den strikten Regelungsmechanismen zur Durchsetzung völkerrechtlicher Vorgaben, welche sich beispielsweise aus Art. 53 Europäische Menschenrechtskonvention oder Art. 267 AEUV[622] ergeben, eine „Empfehlung", wie sie die ESC vorsieht, schon dem Wortlaut nach[623], aber auch von seiner Wirkungsweise her, viel weniger einschneidend sei. Dies folgt ferner aus dem völkerrechtlichen Grundsatz, dass eine Empfehlung im Gegensatz zu einer Entscheidung nicht verbindlich ist.[624] Ferner sieht die ESC eine ausdrückliche Bindung der Vertragsstaaten an die Spruchpraxis des Sachverständigenausschusses oder die Empfehlungen nicht vor, was tatsächlich auf eine Unverbindlichkeit hindeutet[625], wenn man bedenkt, dass bei Inkrafttreten der Charta 1965 die EMRK schon in Kraft war und daher als Orientierung diente.

Gegen eine bindende Wirkung der Spruchpraxis des Sachverständigenausschusses spricht sich ebenfalls *Schlachter* aus, ihres Zeichens selbst Mitglied des Sachverständigenausschusses.[626] Diesbezüglich führt sie an, dass der Europäische Ausschuss für Soziale Rechte nach Art. 25 ESC zwar aus „Sachverständigen höchster Integrität und anerkannter Sachkenntnis in internationalen sozialen Fragen", zumeist Universitätsprofessoren, bestehen. Aber schon die sprachliche Barriere im Sachverständigenausschuss stelle eine erhebliche Hürde in Bezug auf die Erfassung der im Ausschuss zu diskutierenden Berichte dar, da die Abgeordneten englische oder französische Begriffe im Rahmen ihrer eigenen Rechtskultur begreifen und ver-

619 EGMR AuR 2009, 269 ff., Urteil vom 12.11.2008, Demir und Baykara/Türkei.
620 *Seifert*, KritV 2009, 357 (365).
621 Ebenfalls *Dumke*, Streikrecht i.S.d. Art. 6 Nr. 4 ESC, S. 52.
622 Ehemals Art. 234 EGV.
623 Ähnlich *Bepler*, FS Wissmann, S. 107.
624 *Dahm*, DÖV 1959, 361 (361 f.).
625 Ähnlich auch *Neubeck*, Europäische Sozialcharta, S. 193 f.; *Witter*, Europarechtliche Aspekte, S. 78.
626 Die anschließenden Inhalte stammen aus einem persönlichen Gespräch mit Frau Prof. Dr. Dr. h. c. Schlachter vom 04. Juni 2013 in Trier.

wenden. Das habe zur Folge, dass das eine Mitglied gegebenenfalls etwas anderes unter einem Begriff verstehe, als ein anderer. Hinzu komme, dass nicht jedes Mitglied des Ausschusses die Rechtsstrukturen aus dem anderen Land kenne bzw. im Detail durchdrungen habe. Dies sei aber auch nicht zwingend der Anspruch des Ausschusses. Er diene vielmehr dazu, die ESC auf einem gewissen europäischen Mindeststandard auszulegen. So finden die Abgeordneten in den Diskussionen einen Kompromiss des Verständnisses, wie die Normen der ESC zu verstehen seien. Deswegen entstehe durch den Ausschuss auch keine ausgefeilte Dogmatik, da die Rechtsstruktur in den verschiedenen Ländern einfach zu unterschiedlich sei. Die Auslegung durch den Ausschuss könne der Dogmatik in den Ländern lediglich Grenzen aufzeigen bzw. Grenzen korrigieren. Es werden also soziale Mindeststandards gesetzt und keine ausgefeilte Dogmatik erarbeitet. Die Aussagen des Sachverständigenausschusses haben dementsprechend auch keine bindende, sondern lediglich feststellende Wirkung. Hierzu merkt *Schlachter* aber weiterhin an, dass, obwohl eine solche Bindung nicht bestehe, die Spruchpraxis des Ausschusses das Argumentationsfundament für andere darstelle, die rechtlichen oder politischen Einfluss auf die nationale Rechtslage haben. Ein Beispiel hierfür sei die neuere Rechtsprechung des EGMR, indem sich das Gericht nunmehr auf die Spruchpraxis der Ausschüsse beziehe. Da diese Entscheidungen für das betreffende Land bindend seien, gewinnt die Spruchpraxis dementsprechend Einfluss auf die Mitgliedstaaten. Für die Anwendbarkeit der ESC sei der Dogmenwechsel des EGMR daher ein Durchbruch gewesen.

Hiergegen spricht auch nicht, dass sich durch eine fehlende Verbindlichkeit in den verschiedenen Vertragsstaaten durchaus unterschiedliche Interpretationen der ESC herausbilden können. Denn obgleich sowohl der Sachverständigenausschuss als auch das Ministerkomitee aus angesehenen Sachkundigen auf ihrem jeweiligen Gebiet bestehen, so handelt es sich beispielweise bei dem kollektiven Arbeitsrecht der Bundesrepublik um eine Rechtsmaterie, die in anderen Ländern erheblich Unterschiede in ihrer Ausgestaltung aufweist. Das hat zwingend zur Folge, dass zum einen auch die Sachverständigen aus anderen Ländern nur schwerlich die Auswirkungen auf das deutsche Recht abschätzen mögen und zum anderen würde eine allgemeine länderübergreifende Interpretation zu einem Bruch oder Fremdkörper im Geflecht des kollektiven deutschen Arbeitsrechts führen.

Letztlich spricht daher vieles gegen eine authentische Interpretation der ESC durch die Spruchpraxis des Sachverständigenausschusses oder die Empfehlungen des Ministerkomitees. Nichtsdestotrotz kommt ihnen aber durchaus die Funktion einer Orientierungshilfe für den nationalen Rechtsanwender zu.

(3) Die Reichweite des Art. 6 Nr. 4 ESC in Bezug auf das Streikrecht im öffentlichen Dienst und dessen Grenzen

Nachdem festgestellt wurde, dass es sich bei der Spruchpraxis des Sachverständigenausschusses und den Empfehlungen des Ministerkomitees zumindest um eine Orientierungshilfe zur Feststellung der Reichweite und zur Auslegung des Art. 6 Nr. 4

ESC handelt, soll im Weiteren danach gefragt werden, inwieweit das Streikrecht in Art. 6 Nr. 4 ESC gewährleistet ist, wo die diesbezüglichen Grenzen zu ziehen sind und vor allem, in welchem Umfang der personelle Anwendungsbereich auszulegen ist.

Im Hinblick auf die Gewährleistung eines Streikrechts gibt schon der Wortlaut des Art. 6 Nr. 4 ESC Aufschluss darüber, dass der Streik ausdrücklich als spezielle Ausformung einer kollektiven Maßnahme in Art. 6 Nr. 4 ESC verbürgt ist. Obgleich für den Streikbegriff i.S.d. Art. 6 Nr. 4 ESC keine klare Definition existiert, kann objektiv davon ausgegangen werden, dass das Verständnis des Streikbegriffes seiner grundlegenden Bedeutung entspricht – „einer gemeinsamen Arbeitsniederlegung der Arbeitnehmer i. S. eines kompletten Entzugs der Arbeitskraft".[627]

Das in Art. 6 Nr. 4 ESC garantierte Recht auf Streik ist allerdings weder uneingeschränkt noch vorbehaltslos gewährleistet. So verbürgt Art. 6 ESC in sachlicher Hinsicht ein Streikrecht, welches sich als Mittel zur *„wirksamen Ausübung des Rechts auf Kollektivverhandlungen"* präsentiert. Ferner gewährleistet Art. 6 Nr. 4 ESC das Streikrecht nur *„im Falle* von *Interessenkonflikten"*, wobei *„etwaige Verpflichtungen aus geltenden Gesamtarbeitsverträgen"* zu berücksichtigen sind. Darüber hinaus ergeben sich für das Streikrecht aus Art. 6 Nr. 4 Halbs. 2 ESC als auch aus dem Anhang zu Art. 6 Nr. 4 ESC i. V. m. Art. 31 Abs. 1 ESC weitere Einschränkungen.

Im Einzelnen bedeutet das, dass die kollektiven Maßnahmen einschließlich des Streikrechts dem Ziel der *„wirksamen Ausübung des Rechts auf Kollektivverhandlungen"* dienen, so wie es sich aus dem Einleitungssatz des Art. 6 ESC ergibt. Hieraus wird vereinzelt geschlossen, dass Art. 6 Nr. 4 ESC nur ein Streikrecht gewährleistet, das der Aushandlung von Tarifverträgen dient, da Kollektivverhandlungen mit Tarifverhandlungen gleichzusetzen seien.[628] Damit wäre ein Streik nur dann rechtmäßig, wenn er ein tariflich regelbares Ziel zum Gegenstand hätte. Dieser Auslegung ist allerdings nicht zu folgen. Denn betrachtet man die maßgebliche englische Fassung des Art. 6 ESC, so ist dort von *„right to bargain collectively"* die Rede, was vielmehr mit „dem Recht kollektiv zu verhandeln" zu übersetzen ist und nicht, wie es die deutsche Fassung vorgibt, mit „Kollektivverhandlung" („collective bargaining"). In Anbetracht dieses Verständnisses dient die Verwendung des Wortes „kollektiv" wohl eher der Abgrenzung zwischen einem einzelnen Arbeitnehmer und einer Gruppe von Arbeitnehmern.[629] Somit ist der Einleitungssatz des Art. 6 ESC weit zu verstehen, indem den Arbeitnehmern ein Individualrecht gewährleistet wird, welches sie im Kollektiv, also mit anderen Arbeitnehmern zusammen ausüben können, um ihre Interessen gegenüber dem Arbeitgeber durchzusetzen.[630] Weder der Wortlaut noch Sinn und Zweck der Regelung geben einen Hinweis darauf, dass es sich bei diesen Verhandlungen im Kollektiv ausschließlich um solche mit Tarifbe-

627 *Evju*, AuR 2012, 276 (279).
628 So wohl *Däubler*, Öffentlicher Dienst, S. 186.
629 Ebenfalls *Czycholl/Frieling*, ZESAR 2011, 322 (325).
630 Ebenfalls *Czycholl/Frieling*, ZESAR 2011, 322 (325).

zug handelt.[631] Auch nach dem Verständnis des Sachverständigenausschusses sind „Tarifverhandlungen" mit *„to bargain collectively"* nicht identisch.[632] Und sogar das deutsche Verständnis von „Kollektivverhandlungen" lässt keine Beschränkung auf Tarifverhandlungen zu, da auch ein Betriebsrat als Arbeitnehmerkollektiv begriffen und damit die Aushandlung einer Betriebsvereinbarung zwischen Betriebsrat und Arbeitgeber als „Kollektivverhandlung" verstanden werden kann.[633] Diese Schlussfolgerung führt darüber hinaus zu der wesentlichen Konsequenz, dass das in Art. 6 Nr. 4 ESC verbürgte Streikrecht kein tariflich regelbares Ziel zum Gegenstand haben muss. Darüber hinaus untermauert dieses Verständnis die Auffassung, dass es sich bei dem hier gewährleisteten Streikrecht um ein Individualrecht des einzelnen Arbeitnehmers handelt. Denn wenn am Ende eines jeden Streiks notwendig ein Tarifvertrag stehen müsste, so könnte der Arbeitnehmer seine Interessen nur mit Hilfe einer Gewerkschaft durchsetzen, da nur diese Vertragspartei wäre. Damit würde es sich bei dem Recht auf Streik nicht um eine individuelle, sondern um eine kollektive Gewährleistung handeln, da sonst Art. 6 Nr. 4 ESC leer laufen würde. Da aber davon auszugehen ist, dass ein tariflich regelbares Ziel keine Streikvoraussetzung ist, bedarf es keiner Mitwirkung einer Gewerkschaft, sodass von einem Individualrecht auszugehen ist. Hierfür spricht auch der systematische Vergleich zu Art. 6 Nr. 2 ESC, welcher sich gerade auf Arbeitnehmerorganisationen bezieht und nicht wie Art. 6 Nr. 4 ESC nur auf den Arbeitnehmer.[634] Würde es sich bei dem Streikrecht aus Art. 6 Nr. 4 ESC um eine kollektive Rechtsposition handeln, die nur mit Hilfe einer Gewerkschaft ausgeübt werden dürfte, so hätte der Normgeber systematisch konsequent in Art. 6 Nr. 4 ESC ebenfalls den Begriff der Arbeitnehmerorganisationen verwendet. Aber auch der Blick in die verschiedenen Rechtsordnungen der Mitgliedstaaten des Europarates lässt den Schluss zu, dass Art. 6 Nr. 4 ESC ein Recht des einzelnen Arbeitnehmers auf die Ausübung eines nicht durch eine Gewerkschaft geführten Streiks garantiert. So ist ein nichtgewerkschaftlicher Streik in der Mehrzahl der Mitgliedstaaten des Europarates dem gewerkschaftlichen Streik gleichgestellt oder zumindest nicht verboten.[635] Hieraus lässt sich schlussfolgern, dass auch Art. 6 Nr. 4 ESC von einem Individualrecht ausgeht, da die Gewährleistung in Art. 6 Nr. 4 ESC andernfalls hinter dem Rechtszustand der Mitgliedstaaten des Rates zurückfallen würde.[636] Einen weiteren Rückschluss auf die Gewährleistung eines Individualrechts gibt auch die Entstehungsgeschichte des Art. 28 der Europäischen Grundrechtecharta. Denn bei der Beratung zu Art. 28 EU-GRC bestand Einigkeit

---

631 So auch *Dumke*, Streikrecht i.S.d. Art. 6 Nr. 4 ESC, S. 65 ff.

632 Conclusion I, 180 f., 184; Conclusion II, 27 f.; Conclusion III, 41; Conclusion IV, 50; Conclusion XVIII-1, 307 ff.

633 *Ramm*, AuR 1967, 97 (109); *Gamillscheg*, KollArbR I, S 1.

634 Ebenfalls *Czycholl/Frieling*, ZESAR 2011, 322 (324).

635 Vgl. zu den verschiedenen Rechtsordnungen ausführlich *Mitscherlich*, Europäische Sozialcharta, S. 125 ff.

636 *Mitscherlich*, Europäische Sozialcharta, S. 131.

darüber, dass insbesondere Art. 6 Nr. 4 ESC als Vorbild zu nehmen sei[637], da man keine völlig neuen Grundrechte schaffen wollte[638]. Letztlich wurde Art. 28 EU-GRC derart formuliert, dass die hieraus resultierenden Rechte allen Arbeitnehmern, Arbeitgebern und deren jeweiligen Organisationen zustehen sollen. Dem eindeutigen Wortlaut zufolge wurde Art. 28 EU-GRC somit als Individualrecht ausgestaltet, was angesichts seiner Entstehungsgeschichte Rückschlüsse auf Art. 6 Nr. 4 ESC zulässt.

Darüber hinaus ist ein Streik nur dann vom Schutzbereich des Art. 6 Nr. 4 ESC umfasst, wenn er auf einem *„Interessenkonflikt"* basiert. Zu der Frage, welche Interessen explizit miteinander kollidieren müssen, hält sich der Vertragstext in Art. 6 Nr. 4 ESC bedeckt. Allerdings kann dieser Aspekt durch eine systematische Gesamtschau des Art. 6 ESC zumindest eingegrenzt werden. Da in Art. 6 Nr. 2 ESC auf die Regelung von *„Beschäftigungsbedingungen durch Gesamtarbeitsverträge"* und in Art. 6 Nr. 3 ESC auf *„Arbeitsstreitigkeiten"* Bezug genommen wird, ergibt sich ein Interessenspektrum, welches sich jedenfalls auf das Arbeitsverhältnis zwischen Arbeitnehmer und Arbeitgeber und diesen als Konfliktparteien beschränken lässt.[639] Letztlich werden damit Interessenkonflikte basierend auf politischen oder privaten Interessen, die keinen Bezug zu einer das Arbeitsverhältnis betreffenden Streitigkeit haben[640], von vornherein ausgeschlossen, sodass beispielsweise Streikmaßnahmen, die ausschließlich der Meinungsbekundung zu bestimmten sozialen oder politischen Fragestellungen dienen („Demonstrationsstreik") oder die zu einer politischen Frage Stellung nehmen wollen, um damit auf die Beugung des Willens eines politischen Organs abzuzielen, um so gewisse staatliche Entscheidungen zu erzwingen („politischer Streik"), dem Anwendungsbereich des Art. 6 Nr. 4 ESC entzogen sind[641].

Ferner wird das Streikrecht nach Art. 6 Nr. 4 Halbs. 2 ESC nur *„vorbehaltlich etwaiger Verpflichtungen aus geltenden Gesamtarbeitsverträgen"* gewährleistet. Hiermit sind Verpflichtungen aus Kollektivvereinbarungen gemeint.[642] Aufgrund dieses Vorbehalts beurteilt das BAG in ständiger Rechtsprechung die tarifvertragliche Friedenspflicht, in Gestalt einer Beschränkung des deutschen Streikrechts, als mit Art. 6 Nr. 4 ESC vereinbar.[643] Die diesbezügliche Ansicht des Sachverständigenausschusses veränderte sich allerdings im Laufe der Jahre, was sich durchaus mit der wechselnden Besetzung des Ausschusses erklären lässt.[644] Dementsprechend beurteilte der Sachverständigenausschuss in seiner ersten Conclusion eine sich aus dem Tarifvertrag ergebende relative Friedenspflicht, wie sie im deutschen Recht

637 Meyer/*Beate Rudolf*, Komm. EU-GRC, Art. 28 Rn. 2.
638 *Kohte/Doll*, ZESAR 2003, 393 (397).
639 Ähnlich *Czycholl/Frieling*, ZESAR 2011, 322 (325).
640 *Dumke*, Streikrecht i.S.d. Art. 6 Nr. 4 ESC, S. 114.
641 *Fabricius*, Streik und Aussperrung, S. 32; *Dumke*, Streikrecht i.S.d. Art. 6 Nr. 4 ESC, S. 114f.
642 *Dumke*, Streikrecht i.S.d. Art. 6 Nr. 4 ESC, S. 69ff., 123.
643 Vgl. u. a.BAG NZA 2003, 734 (739); BAG NZA 2007, 1055 (1057); ebenfalls *Ramm*, AuR 1967, 97 (110).
644 Vgl. *Evju*, AuR 2012, 276 (279ff.).

angenommen wird, noch als mit Art. 6 Nr. 4 ESC kompatibel[645], kam aber im Jahre 2002 zu dem Schluss, dass eine solche rechtliche Vorstellung gegen Art. 6 Nr. 4 ESC verstieße[646]. Demnach sei eine Friedenspflicht nur dann zulässig, wenn diese ausdrücklich im Kollektivvertrag enthalten sei.[647] Diese Ansicht währte allerdings nicht lange, da schon im Jahre 2004 der Sachverständigenausschuss zu seiner ursprünglichen Ansicht zurückkehrte.[648] Nunmehr wird erneut akzeptiert, dass eine Friedenspflicht aus Tarifvertag gesetzlich auferlegt werden bzw. sich eine solche auch konkludent aus dem Tarifvertrag ergeben könne, wenn dies aus dem Willen der Sozialpartner abzuleiten sei.[649]

Das sich dergestalt aus Art. 6 Nr. 4 ESC ergebende Streikrecht unterliegt zudem außerhalb des eigentlichen Wortlautes Grenzen. So besagt der Anhang zu Art. 6 Nr. 4 ESC[650], dass

> *„jede Vertragspartei für sich die Ausübung des Streikrechts durch Gesetz regeln kann, vorausgesetzt, dass jede weitere Einschränkung dieses Rechts auf Grund des Artikels 31 gerechtfertigt werden kann."*

Somit darf das Streikrecht aus Art. 6 Nr. 4 ESC nach Art. 31 Nr. 1 ESC nur dann Einschränkungen oder Begrenzungen unterliegen,

> *„wenn diese gesetzlich vorgeschrieben und in einer demokratischen Gesellschaft zum Schutz der Rechte und Freiheiten anderer oder zum Schutz der öffentlichen Sicherheit und Ordnung, der Sicherheit des Staates, der Völkergesundheit und der Sittlichkeit notwendig ist."*

Demzufolge ist eine Einschränkung des Streikrechts beispielsweise auf bestimmte „Arbeitnehmergruppen"[651] denkbar, wenn diese notwendig ist, um ein oben beschriebenes Gut zu schützen. Notwendig ist eine solche Beschränkung also nur, wenn kein geringeres bzw. weniger einschneidendes Mittel zur Verfügung steht, welches der Gefahr in gleichem Maße begegnen könnte.[652] Darüber hinaus müsste die Einschränkung oder Begrenzung „gesetzlich vorgeschrieben" sein. An diesem Punkt stellt sich für das nationale Streikrecht, welches gerade nicht durch ein förmliches Gesetz geregelt ist, die entscheidende Frage, ob die Voraussetzung „gesetzlich vorgeschrieben" auch das gesetzesvertretende Richterrecht umfasst oder ob ein Tätigwerden seitens des Gesetzgebers unumgänglich ist. Hierzu vertritt das

---

645 *Evju*, AuR 2012, 276 (279).
646 Conclusion XVI-1, 177, 236 f.
647 *Evju*, AuR 2012, 276 (280).
648 Conclusion XVII-1, 404 f.
649 Conclusion XVII-1, 404 f.
650 Der Anhang der ESC gilt nach Art. 38 Abs. 1 ESC als deren Bestandteil, wodurch der Anhang zu Art. 6 Nr. 4 ESC unmittelbar zur Auslegung herangezogen werden kann.
651 Möglicherweise auf Beamte oder Angestellte des öffentlichen Rechts.
652 Vgl. *Dumke*, Streikrecht i.S.d. Art. 6 Nr. 4 ESC, S. 139.

BAG die Ansicht, dass eine Einschränkung i.S.d. Art. 31 Nr. 1 ESC *„die gesetzesvertretende Ausgestaltung des Arbeitskampfrechts durch den Grundsatz der Verhältnismäßigkeit“*[653] darstelle und damit, dass eine einfachgesetzliche Regelung nicht notwendige Voraussetzung einer solchen Einschränkung ist. Im Gegensatz dazu erachtet das BVerfG das gesetzesvertretende Richterrecht nicht als Gesetzesrecht.[654] Der deutschen Übersetzung des Art. 31 Nr. 1 ESC zufolge, welche von „gesetzlichen“ Vorschriften spricht, wäre nach dem Verständnis des BVerfG zu entnehmen, dass das gegebene Richterrecht nicht als ausreichende Grundlage zur Einschränkung des Streikrechts herangezogen werden kann.[655] Folglich bedürfte es des Tätigwerdens des nationalen Gesetzgebers. Diese Sichtweise missachtet allerdings, dass die Regelungen der ESC nicht lediglich nach deutschen Maßstäben zu beurteilen ist. Denn nach Art. 38 Abs. 3 S. 1 ESC ist nicht die deutsche, sondern die englische und französische Textfassung verbindlich – auch wenn sich hieraus ebenfalls kein eindeutiges Ergebnis ableiten lässt. Denn die verbindlichen Textfassungen verwenden in der fraglichen Passage den Begriff „law“ bzw. „loi“. Das englische Wort „law“ kann sowohl mit „das Gesetz“ als auch mit „das Recht“ übersetzt werden. Die französische Fassung hingegen kann nur mit „Gesetz“ übersetzt werden. Die Analyse des Wortlautes liefert daher keinen Aufschluss über die tatsächliche Reichweite der Regelung – untermauert aber auch nicht die deutsche Begriffsverwendung. Etwas anderes ergibt sich allerdings bei genauerer Betrachtung des Zweckes der Vorschrift. Denn ginge man davon aus, dass die Einschränkung nach dem Anhang zu Art. 6 Nr. 4 ESC i. V. m. Art. 31 Nr. 1 ESC nur für diejenigen Länder greifen würde, die das Arbeitskampfrecht bzw. das Streikrecht förmlich in einem Gesetz geregelt haben, würde eine unsachgemäße und grundlose Ungleichbehandlung zustande kommen, die derart von der ESC nicht gewollt sein kann. Ferner kann nicht angenommen werden, dass die ESC die Vertragsstaaten zum Erlass eines Arbeitskampfgesetzes zwingen will.[656] Zumal weder der Sozialausschuss noch das Ministerkomitee das Fehlen eines solchen förmlichen Parlamentsgesetzes beispielweise für die Bundesrepublik Deutschland gerügt haben.[657] Somit kann das Streikrecht aus Art. 6 Nr. 4 ESC nicht nur durch eine förmliche gesetzliche Regelung, sondern auch durch Richterrecht eingeschränkt werden.

Neben dem sachlichen Anwendungsbereich des Streikrechts und dessen Einschränkungen bleibt zudem die Frage zu klären, wer Träger des Streikrechts i.S.d. Art. 6 Nr. 4 ESC ist. Da der Wortlaut lediglich auf „Arbeitnehmer“ abstellt, werden gerade für die deutsche Rechtsordnung zwei Problemfelder aufgeworfen. Zum einen ist fraglich, ob das Recht zum Streik lediglich den Gewerkschaften vorbehalten ist oder,

---

653 BAG NZA 2007, 1055 (1058).

654 BVerfG NJW 1975, 968 (969); BVerfG NJW 1991, 2549 (2550); ebenso *Ramm*, AuR 1967, 97 (110).

655 So zumindest *Czycholl/Frieling*, ZESAR 2011, 322 (325).

656 So auch *Dumke*, Streikrecht i.S.d. Art. 6 Nr. 4 ESC, S. 130.

657 *Dumke*, Streikrecht i.S.d. Art. 6 Nr. 4 ESC, S. 131.

wie es der Wortlaut und ein systematischer Vergleich mit Art. 6 Nr. 2 ESC vermuten lassen könnte, ebenfalls Einzelpersonen hierzu berechtigt sind.[658] Für die dieser Arbeit zugrunde gelegte Problematik ist allerdings die Frage viel entscheidender, welche Personen des öffentlichen Dienstes von Art. 6 Nr. 4 ESC erfasst werden. Die Norm verwendet den Begriff des „Arbeitnehmers", welcher im Weiteren nicht näher definiert wird. Nun liegt es allerdings auf der Hand, dass der Begriff des „Arbeitnehmers" i.S.d. ESC nicht gleichbedeutend mit dem deutschen Arbeitnehmerbegriff sein muss.

Für die Beschäftigten des öffentlichen Dienstes ist die Frage, ob diese vom Begriff des Arbeitnehmers im Sinne des Art. 6 Nr. 4 ESC erfasst werden, allerdings weit weniger problematisch. Da schon der Wortlaut des Art. 6 Nr. 4 ESC keinen Hinweis auf eine Beschränkung im Hinblick auf die Privatwirtschaft gibt, ist davon auszugehen, dass Art. 6 Nr. 4 ESC durchaus Arbeitnehmer des öffentlichen Dienstes umfasst.[659]

Wesentlich prekärer und damit auch umstritten ist da die Frage, ob auch Beamte unter „Arbeitnehmer" im Sinne der ESC zu zählen sind. Die wohl überwiegende Ansicht in der Literatur geht davon aus, dass unter „Arbeitnehmer" in diesem Sinne auch Beamte fallen.[660] Begründet wird dies damit, dass im Gegensatz zu Art. 5 ESC, der für die Vereinigungsfreiheit personelle Einschränkungen für Polizei und Streitkräfte vorsieht, diese gerade in Art. 6 Nr. 4 ESC oder Art. 31 ESC nicht vorgesehen sind.[661] Wobei im Übrigen Personengruppen der Polizei und der Streitkräfte zum Großteil aus Beamten bestehen. Zwar enthält Art. 31 ESC auch funktionale Einschränkungen; die gesamte Beamtenschaft kann aber keineswegs auf eine oder wenige Funktionen reduziert werden. Eine statusmäßige Einschränkung sieht Art. 31 ESC daneben nicht vor, sodass durchaus von einer Einbeziehung der Beamten ausgegangen werden kann.[662]

Hierfür spricht aber nicht nur die dargestellte systematische Interpretation des Art. 5 ESC, sondern auch seine Entstehungsgeschichte. Denn ursprünglich war es angedacht, nicht nur Polizei und Streitkräfte aus dem Anwendungsbereich des Art. 5 ESC auszuschließen, sondern sogar „administrators of State", demnach alle Beamten.[663] Im Umkehrschluss spricht dies dafür, dass die Väter der ESC die Intention hatten, unter die Arbeitnehmer im Sinne der ESC auch Beamte zu fassen. Da vorliegend davon ausgegangen wird, dass sich die Arbeitnehmerbegriffe in Art. 5 ESC und Art. 6 Nr. 4 ESC entsprechen, spricht dies ebenfalls für eine Einbeziehung der Beamten in Art. 6 Nr. 4 ESC.

---

658 Näheres hierzu *Däubler*, in: ESC, 103 (126ff.); *Ramm*, AuR 1976, 97 (108ff.); *Mitscherlich*, Europäische Sozialcharta, S. 119ff.; *Czycholl/Frieling*, ZESAR 2011, 322 (324); *Bepler*, FS Wissmann, S. 108; *Evju*, AuR 2012, 276 (283ff.); ein rechtsvergleichender Überblick vgl. *Kahn-Freund*, in: ESC, 151 (156ff.).

659 So auch *Däubler*, Öffentlicher Dienst, S. 182.

660 U.a. *Witter*, Europarechtliche Aspekte, S. 53ff.; *Däubler*, Öffentlicher Dienst, S. 183ff.; *Mitscherlich*, Europäische Sozialcharta, S. 95ff.; *Däubler*, in: ESC, S. 128.

661 *Mitscherlich*, Europäische Sozialcharta, S. 97f.; *Däubler*, in: ESC, S. 129.

662 So auch *Däubler*, in: ESC, S. 130f.

663 *Mitscherlich*, Europäische Sozialcharta, S. 100; *Däubler*, in: ESC, S. 129.

Daneben lässt sich aber auch aus dem international gängigen Sprachgebrauch eine derartige Interpretation des Art. 6 Nr. 4 ESC ableiten. So verwendet die maßgebliche englische bzw. französische Fassung der ESC den Begriff des „worker" bzw. des „travailleur", denen gegenüber man sich durchaus einig ist, dass diese auch Beamte inkludieren.[664] Eine wörtliche Übersetzung mit dem im deutschen Recht gebräuchlichen Arbeitnehmerbegriff, welcher gerade auf ein privatrechtliches Dienstverhältnis abstellt, wäre daher verfehlt. Hätte man folglich wirklich beabsichtigt, Beamte auszuschließen, hätte dies in der Charta kenntlich gemacht werden müssen. Demzufolge können sich sowohl die Angestellten des öffentlichen Dienstes wie auch Beamte grundsätzlich auf das Streikrecht aus Art. 6 Nr. 4 ESC berufen.

bb. Die Europäische Menschenrechtskonvention (EMRK)

Bei der Europäischen Menschenrechtskonvention handelt es sich ebenfalls um einen „multilateralen völkerrechtlichen Vertrag"[665], der von den Mitgliedstaaten des Europarates ausgearbeitet wurde und nach der Ratifizierung durch zunächst 10 Staaten am 03.09.1953 in Kraft trat.[666] Da es dem Europarat ein satzungsgemäßes Anliegen war, den Schutz sowie die Fortentwicklung der Menschenrechte und Grundfreiheiten sicherzustellen, lag das Hauptaugenmerk bei der Schaffung der EMRK auf der Gewährleistung klassischer Freiheitsrechte.[667] So wird in Art. 11 EMRK grundsätzlich die klassische Versammlungs- und Vereinigungsfreiheit geschützt, indem es in Abs. 1 heißt:

> *(1) Jede Person hat das Recht, sich frei und friedlich mit anderen zu versammeln und sich frei mit anderen zusammenzuschließen; dazu gehört auch das Recht, zum Schutz seiner Interessen Gewerkschaften zu gründen und Gewerkschaften beizutreten.*

Daneben wird deutlich, dass sich hieraus ebenfalls das Recht ergibt, eine Gewerkschaft zu gründen und darin Mitglied zu werden. Ob Art. 11 EMRK daneben auch das in Rede stehende Streikrecht schützt, steht allerdings seit langem im Brennpunkt der Diskussion.

(1) Die innerstaatliche Wirkung und die Anwendbarkeit der EMRK

Als völkerrechtlicher Vertrag wurde die Konvention mit Zustimmungsgesetz (Art. 59 Abs. 2 S. 1 GG) vom 07.08.1952[668] und anschließender Bekanntmachung vom 15.12.1953[669] für die Bundesrepublik Deutschland verbindlich und trat am 03.09.1953 in Kraft. Damit kommt der EMRK zwar kein Verfassungsrang zu, sie hat

664 So auch *Däubler*, in: ESC, S. 128; *Neubeck*, Europäische Sozialcharta, S. 71 .
665 *Grabenwarter/Pabel*, EMRK, S. 4.
666 Mayer-Ladewig/*Mayer-Ladewig*, Komm. EMRK, Einleitung Rn. 1.
667 Mayer-Ladewig/*Mayer-Ladewig*, Komm. EMRK, Einleitung Rn. 1; *Witter*, Europarechtliche Aspekte, S. 42.
668 BGBl. II 1952, S. 685 ff.
669 BGBl. II 1954, S. 14.

aber mit ihrer Ratifizierung den innerstaatlichen Rang eines Bundesgesetzes[670] und stellt damit eine Auslegungshilfe bei der Bestimmung von Inhalt und Tragweite von Grundrechten dar[671], die somit völkerrechtsfreundlich auszulegen sind[672]. Die damit verbundene menschenrechtliche Ausrichtung des Grundgesetzes kommt insbesondere durch Art. 1 Abs. 2 GG zum Ausdruck, indem sich das deutsche Volk zu den unverletzlichen und unveräußerlichen Menschenrechten bekennt.[673]

Daneben enthält die Konvention im Gegensatz zu anderen völkerrechtlichen Verträgen, im Speziellen der ESC, eine Besonderheit. Durch Art. 1 EMRK wird eine unmittelbare Verpflichtung der Vertragsstaaten begründet, ihren Staatsbürgern die Konventionsrechte zu sichern.[674] Demzufolge stellt die EMRK nicht lediglich eine völkervertragliche Verpflichtung gegenüber den Unterzeichnerstaaten dar, sondern regelt auch und insbesondere das Verhältnis des Individuums zu den entsprechenden Staaten, sodass sich der Einzelne unmittelbar auf die Konvention berufen kann.[675]

(2) Die Streikgarantie aus Art. 11 EMRK

Im Lichte dessen ist für das vorliegende Thema zunächst von besonderer Bedeutung zu klären, ob Art. 11 Abs. 1 EMRK überhaupt eine allgemeine Streikgarantie gewährleistet. Zur Beantwortung dieser Frage ist zunächst der Konventionstext und im Weiteren die Spruchpraxis des Europäischen Gerichtshofs für Menschenrechte näher zu beleuchten.

(a) Die allgemeine Auslegung des Konventionstextes

Ausgangspunkt für die Auslegung der EMRK bildet selbstverständlich der Wortlaut der Konvention. Hierbei unterliegt die Interpretation völkerrechtlicher Verträge der Besonderheit, dass nach dem Umkehrschluss aus Art. 33 Abs. 2 WVK die Sprache(n) maßgeblich ist(sind), die als Sprache(n) authentisch festgelegt wurde(n). Da in der Schlussklausel der EMRK die französische und englische Fassung als verbindlich festgelegt sind[676], ist auch bei der Wortlautauslegung auf diese abzustellen.[677]

Demnach heißt es in der verbindlichen englischen Fassung des Art. 11 Abs. 1 EMRK:

---

670 BVerfG NJW 1987, 2427 (2427); BVerfG NJW 1990, 2741 (2741); BVerfG NJW 2004, 3407 (3408); BVerfG NJW 2011, 1931 (1935).

671 BVerfG NJW 1987, 2427 (2427); BVerfG NJW 1991, 1043 (2742); BVerfG NJW 2004, 3407 (3408); BVerfG NJW 2011, 1931 (1935).

672 BVerfG NJW 2004, 3407 (3408); BVerfG NJW 2011, 1931 (1935); Mayer-Ladewig/*Mayer-Ladewig*, Komm. EMRK, Art. 1 Rn. 4, Art. 46 Rn. 19, 33.

673 BVerfG NJW 2011, 1931 (1935).

674 Mayer-Ladewig/*Mayer-Ladewig*, Komm. EMRK, Einleitung Rn. 32.

675 *Witter*, Europarechtliche Aspekte, S. 16; *Payandeh*, JuS 2009, 212 (215).

676 Vgl. BGBl. 2002, S. 1054.

677 *Grabenwarter/Pabel*, EMRK, S. 30.

„Everyone has a right to freedom of peaceful assembly and to freedom of association with others, including the right to form and to join trade unions for the protection of his interests."

Es ist ersichtlich, dass die Versammlungs- und die Vereinigungsfreiheit hier als selbstständige Rechte garantiert sind; daneben wird die Koalitionsfreiheit als Bestandteil dessen mit garantiert.[678] Ein in Frage stehendes Streikrecht könnte daher allenfalls aus dem zweiten Halbsatz:

„[...], including the right to form and to join trade unions for the protection of his interests."

abgeleitet werden. Eine diesbezügliche Wortlautauslegung ergibt allerdings, dass sich die Gewährleistung des Koalitionsrechts als Mittel zum „Schutz der Interessen" durch die Gewerkschaft lediglich auf die im Konventionstext angegebenen Mittel, und zwar der Gründung (*„to form"*) und dem Beitritt zur Gewerkschaft (*„to join trade unions"*) beschränkt.[679] Dass hiervon weitere Mittel der Gewerkschaften erfasst sind, wird aus dem Konventionswortlaut nicht ersichtlich. Auch handelt es sich lediglich um einen rein individuell angelegten Schutz der Koalitionsfreiheit.[680] Daneben bleibt völlig unklar, welche Interessen im Einzelnen geschützt sein sollen, sodass keineswegs auf die Wahrung und Förderung von Arbeitnehmerrechten geschlossen werden kann.[681] Aus dem Wortlaut des Art. 11 Abs. 1 EMRK lässt sich demzufolge kein Streikrecht ableiten.

Auch aus historischer Sicht lässt sich in Art. 11 Abs. 1 EMRK kein Streikrecht hineinlesen. Ganz im Gegenteil, denn damit bei den damals wirtschaftlich, politisch und gesellschaftlich sehr unterschiedlich ausgerichteten Mitgliedstaaten des Europarates ein einheitlicher Konventionstext verabschiedet werden konnte, war es notwendig, wirtschaftlich oder sozial strittige Rechte aus der Konvention auszuklammern und hierfür spezielle Instrumente wie die ESC vorzusehen.[682] Dementsprechend ist davon auszugehen, dass zumindest zu diesem Zeitpunkt bewusst auf eine Erwähnung eines Streikrechts verzichtet und somit nicht mit garantiert wurde. Letztlich kommt der historischen Auslegung aber ohnehin eine eher eingeschränkte bzw. subsidiäre Bedeutung bei der Interpretation völkerrechtlicher Verträge zu, was in Art. 32 WVK zum Ausdruck kommt.

Daneben gibt auch die Systematik der EMRK keinen weiteren Hinweis darauf, dass in Art. 11 EMRK ein Streikrecht garantiert sein könnte.[683] Alle Rechte und Freiheiten, die in der Konvention enthalten sind, sind in Abschnitt I geregelt. Außer Art. 11 EMRK bietet keine andere Norm einen systematischen Anknüpfungspunkt für eine Streikgarantie.[684]

---

678 So auch *Schlachter*, RdA 2011, 341 (343).
679 So auch *Witter*, Europarechtliche Aspekte, S. 20.
680 So auch *Schlachter*, RdA 2011, 341 (343).
681 So auch *Schlachter*, RdA 2011, 341 (343 f.).
682 *Schlachter*, RdA 2011, 341 (344).
683 Vgl. *Witter*, Europarechtliche Aspekte, S. 25.
684 So auch *Witter*, Europarechtliche Aspekte, S. 25.

Etwas anderes ergibt sich allerdings aus dem Sinn und Zweck dieser Regelung. Wie zuvor herausgestellt, kann dem reinen Wortlaut des Art. 11 Abs. 1 EMRK lediglich die individuelle Koalitionsfreiheit in Form des Rechts, Gewerkschaften zu bilden und diesen beizutreten, entnommen werden. Würde sich aus Art. 11 Abs. 1 EMRK nur dieser Inhalt ergeben, bliebe stets die Frage offen, wie hierdurch die Position des Einzelnen denn tatsächlich verbessert wird. Gerade im Lichte des Vertragszweckes der EMRK, welcher in der Präambel der EMRK[685] seinen Ausdruck findet, würde sich ein Widerspruch ergeben, beschränkte man die Konvention gerade nur auf diesen Wortlaut.[686] Daher bedarf es einer weitergehenden teleologischen Auslegung des Konventionstextes, womit auch dem völkerrechtlichen Grundsatz des „effet utile" (Grundsatz der Effektivität)[687], den Vertragszweck möglichst umfassend umzusetzen, Rechnung getragen wird. Denn der Schutz der Rechte und die Durchsetzung der Interessen der Arbeitnehmer erfahren nur dann eine effektive Verbesserung, wenn eine entsprechende „Betätigungsfreiheit" mit gewährleistet wird.[688] Dies entspricht einem Recht auf gemeinsames Aushandeln von Arbeitsbedingungen, welchem aus Gründen der „Waffengleichheit" ein Druckmittel zum Ausgleich der Unterlegenheit der Arbeitnehmer gegenüber dem Arbeitgeber und damit zur Durchsetzung der entsprechenden Positionen an die Hand gegeben werden muss.[689] Demzufolge umfasst Art. 11 Abs. 1 EMRK aus teleologischen Gesichtspunkten und aus Gründen der Effektivität ebenso ein Recht auf Streik. Aufgrund dessen könnte man zu dem Schluss gelangen, dass ähnlich dem deutschen Recht ein Streikrecht nur in dem Umfang gewährleistet ist, als es als Druckmittel zur Durchsetzung der Interessen der Gewerkschaftsmitglieder in Tarifverhandlungen dient. Allerdings ist in Art. 11 Abs. 1 EMRK – anders als in Art. 9 Abs. 3 GG – nur das Recht auf Kollektivverhandlung, nicht aber das Recht auf Tarifautonomie garantiert.[690] Aufgrund dessen ist Art. 11 Abs. 1 EMRK dahingehend auszulegen, dass das Recht auf Tarifverhandlung und das Recht auf Streik gesonderte nebeneinander existierende Instrumente

---

685 In dieser heißt es in der deutschen Fassung:
„Die Unterzeichnerregierungen, Mitglieder des Europarats – [...] in der Erwägung, dass diese Erklärung bezweckt, die universelle und wirksame Anerkennung und Einhaltung der in ihr aufgeführten Rechte zu gewährleisten; [...] und dass eines der Mittel zur Erreichung dieses Zieles die Wahrung und Fortentwicklung der Menschenrechte und Grundfreiheiten ist; [...] welche die Grundlage von Gerechtigkeit und Frieden in der Welt bilden und die am besten durch eine wahrhaft demokratische politische Ordnung sowie durch ein gemeinsames Verständnis und eine gemeinsame Achtung der diesen Grundfreiheiten zugrunde liegenden Menschenrechte gesichert werden; [...] haben Folgendes vereinbart:[...]"

686 Vgl. *Däubler,* Öffentlicher Dienst, S. 174.

687 *Guradze,* EGMR, Einführung § 11, S. 34; *Bleckmann* NJW 1982, 1177 (1180).

688 So auch *Witter,* Europarechtliche Aspekte, S. 27.

689 Vgl. *Gitter,* ZfA 1971, 127 (134); *Witter,* Europarechtliche Aspekte, S. 27; *Däubler,* Öffentlicher Dienst, S. 175.

690 So auch *Schubert,* AöR 2012, 92 (107).

der Gewerkschaft und ihrer Mitglieder darstellen, die dazu dienen, die Interessen der Arbeitnehmer durchzusetzen. Es ist nicht ersichtlich, dass eines dieser Mittel lediglich als Annex zum anderen gewährleistet ist.

Das soeben aus Art. 11 Abs. 1 EMRK herausgearbeitete Recht auf Streik steht zudem in personeller Hinsicht „everyone", also jedermann zu. Und obwohl Art. 11 Abs. 2 S. 1 EMRK den Rechten aus Art. 11 Abs. 1 EMRK gerade für Staatsbedienstete Schranken setzt, beschränkt sich dieses lediglich auf spezielle Gruppen von Staatsbediensteten; um solche aber ausschließen zu können, muss das Recht aus Abs. 1 erst einmal für alle Staatsbediensteten Geltung erlangen, sodass sich aus diesem Umkehrschluss ergibt, dass sich das Streikrecht aus Art. 11 Abs. 1 EMRK durchaus auf Angehörige des öffentlichen Dienstes[691] bezieht.

(b) Die Auslegung durch die Rechtsprechung des Europäischen Gerichtshofs für Menschenrechte (EGMR)

Der EGMR hat lange Zeit eine Streikgarantie abgelehnt. Mit der Entscheidung in Sachen Enerji Yapi-Yol Sen/Türkei vom 21.04.2009[692] machte die 3. Sektion des EGMR allerdings eine Kehrtwende, indem sie nun ein von Gewerkschaften organisiertes Streikrecht aus Art. 11 Abs. 1 EMRK ausdrücklich anerkennt. Dieser Entscheidung kommt umso mehr Gewicht zu, bedenkt man, dass die Rechtsprechung des EGMR nach Art. 32 Abs. 1 EMRK als Auslegungshilfe für die Konvention heranzuziehen ist, somit also der Inhaltskonkretisierung dient und ihren aktuellen Entwicklungsstand als „lebendes Instrument"[693] wiedergibt.

(aa) Der Rechtsprechungswandel des EGMR im Überblick

Vor der wegweisenden Entscheidung des EGMR vom 21.04.2009[694] zur Anerkennung eines Streikrechts stand in Bezug auf Art. 11 EMRK eher die Versammlungs- und die Koalitionsfreiheit im Fokus der Rechtsprechung. Daher waren die Ausführungen des EGMR zum Streikrecht zurückhaltend und vage. Gleichwohl ließ sich in der Rechtsprechung des Gerichtshofs im Laufe der Jahre eine gewisse „Öffnung" erkennen, indem er sich in mehreren Entscheidungen mit dem Streikrecht zumindest auseinandersetzte, einer Anerkennung eines Streikrechts allerdings vorerst verschlossen blieb. So stellte der EGMR jedenfalls klar, dass mit der Wendung *„for the protection of his interests"* aus Art. 11 Abs. 1 EMRK die Freiheit gemeint ist, berufliche Interessen der Gewerkschaftsmitglieder durch kollektive Maßnahmen

---

691 So auch *Widmaier*, ZBR 2002, 244 (248); *Däubler*, Öffentlicher Dienst, S. 172, 175, so auch EGMR (Große Kammer) Urt. v. 12.11.2008–34503/97, Demir u. Baykara/Türkei, NZA 2010, 1425 (1429).

692 EGMR (III. Sektion) – 68959/01, NZA 2010, 1423ff.

693 Statt vieler EGMR NZA 2010, 1425 (1427), Urteil vom 12.11.2008, Demir und Baykara/Türkei; Mayer-Ladewig/*Mayer-Ladewig*, Komm. EMRK, Einleitung Rn. 37.

694 EGMR AuR 2009, 274ff.

zu verteidigen.[695] Diesbezüglich führt er jedoch an, dass die hierfür notwendigen Mittel von dem jeweiligen Vertragsstaat selbst gewählt werden dürfen[696], wie beispielsweise die Konsultierung[697] oder der Abschluss eines Tarifvertrags[698]. Damit bringt der Gerichtshof wiederholt zum Ausdruck, dass Art. 11 Abs. 1 EMRK weder für die Gewerkschaft noch für ihre Mitglieder bestimmte Behandlungen durch den Staat garantiert[699]. Ein solches Recht aus Art. 11 Abs. 1 EMRK könne zudem auch nur dann garantiert sein, wenn es für die Ausübung der Gewerkschaftsfreiheit unabdingbar wäre.[700] Dementsprechend deklariert der Gerichtshof im Fall Schmidt und Dahlström/Schweden das Streikrecht zwar als das bedeutendste Beispiel eines von den Vertragsstaaten zu wählenden Mittels[701], merkt aber sogleich an, dass es auch andere Mittel gäbe, die Interessen der Gewerkschaftsmitglieder zu wahren[702], sodass auch das Streikrecht nicht als für die Gewerkschaftsfreiheit unabdingbar einzuordnen ist.

Gleichwohl deutete sich schon mit der Jahrhundertwende eine Abkehr von dieser Rechtsprechung an, hin zu einer Gewährleistung eines Grundrechts auf Kollektiv-

---

695 EGMR-E 1, 158 (160), Urteil vom 27.10.1975, Nationale Belgische Polizeigewerkschaft/Belgien; EGMR-E 1, 165 (168), Urteil vom 06.02.1976, Schwedischer Lokomotivführerverband/Schweden; EGMR-E 1, 172 (174), Urteil vom 06.02.1976, Schmidt und Dahlström/Schweden; EGMR AuR 1997, 408 (409), Urteil vom 25.04.1996, Gustafsson/Schweden; EGMR ÖJZ 2003, 276 (277), Urteil vom 10.01.2002, Unison/das Vereinigte Königreich; EGMR ÖJZ 2003, 729 (730), Urteil vom 02.07.2002, Wilson/das Vereinigte Königreich.

696 EGMR-E 1, 158 (160), Urteil vom 27.10.1975, Nationale Belgische Polizeigewerkschaft/Belgien; EGMR-E 1, 165 (168), Urteil vom 06.02.1976, Schwedischer Lokomotivführerverband/Schweden; EGMR-E 1, 172 (175), Urteil vom 06.02.1976, Schmidt und Dahlström/Schweden; EGMR AuR 1997, 408 (409), Urteil vom 25.04.1996, Gustafsson/Schweden; EGMR ÖJZ 2003, 276 (277), Urteil vom 10.01.2002, Unison/Vereinigtes Königreich; EGMR ÖJZ 2003, 729 (730), Urteil vom 02.07.2002, Wilson/Vereinigtes Königreich.

697 EGMR-E 1, 158 (160), Urteil vom 27.10.1975, Nationale Belgische Polizeigewerkschaft/Belgien.

698 EGMR-E 1, 165 (168), Urteil vom 06.02.1976, Schwedischer Lokomotivführerverband/Schweden.

699 EGMR-E 1, 158 (160), Urteil vom 27.10.1975, Nationale Belgische Polizeigewerkschaft/Belgien.

700 EGMR-E 1, 158 (160), Urteil vom 27.10.1975, Nationale Belgische Polizeigewerkschaft/Belgien.

701 EGMR-E 1, 172 (175), Urteil vom 06.02.1976, Schmidt und Dahlström/Schweden, so auch in EGMR ÖJZ 2003, 276 (277), Urteil vom 10.01.2002, Unison/Vereinigtes Königreich.

702 EGMR-E 1, 158 (160), Urteil vom 27.10.1975, Nationale Belgische Polizeigewerkschaft/Belgien; EGMR-E 1, 165 (168), Urteil vom 06.02.1976, Schwedischer Lokomotivführerverband/Schweden; EGMR-E 1, 172 (175), Urteil vom 06.02.1976, Schmidt und Dahlström/Schweden.

verhandlungen bzw. Streik durch Art. 11 Abs. 1 EMRK.[703] So erachtete der EGMR in seiner späteren Rechtsprechung das Verbot eines Streiks, welcher dazu diente, die durch Art. 11 Abs. 1 EMRK gedeckten beruflichen Interessen der Gewerkschaftsmitglieder durchzusetzen, als eine Einschränkung der durch Art. 11 Abs. 1 EMRK garantierten Assoziierungsfreiheit.[704] In der Entscheidung Wilson u. a./GB ging der Gerichtshof dann sogar so weit, einer Gewerkschaft das Recht anzuerkennen, Schritte wie Arbeitskampfmaßnahmen einzuleiten, um den Arbeitgeber geneigt zu machen, mit ihr Kollektivvereinbarungen abzuschließen.[705]

Der einschneidende Paradigmenwechsel des EGMR erfolgte aber erst mit der Entscheidung der Großen Kammer in Sachen Demir und Baykara/Türkei[706] und der Entscheidung der 3. Sektion in Sachen Enerji Yapi-Yol Sen/Türkei[707]. So erkannte der Gerichtshof mit der Entscheidung vom 12.11.2008 erstmals ein Recht auf Kollektivverhandlungen aus Art. 11 EMRK an.[708] Anknüpfend daran entschied der EGMR am 21.04.2009 ausdrücklich, dass Art. 11 Abs. 1 EMRK ein Streikrecht sogar für die Beschäftigten im öffentlichen Dienst garantiere.[709] Die Anerkennung eines Streikrechts und dessen Verankerung in der Vereinigungsfreiheit aus Art. 11 Abs. 1 EMRK wurde bis 2014 ebenfalls durch alle fünf Sektionen des EGMR bestätigt. Entsprechend schloss sich zunächst die 2. Sektion des Gerichtshofs in zwei weiteren Entscheidungen gegen die Türkei in den Rechtssachen Kaya und Seyhan/Türkei[710] sowie Cerikci/Türkei[711] der 3. Sektion in Sachen Enerji Yapi-Yol Sen/Türkei an. Es blieb allerdings nicht nur bei diesen Entscheidungen gegen die Türkei. In Sachen RMT/Vereinigtes Königreich[712] erkannte auch die 4. Sektion ausdrücklich ein Streikrecht aus Art. 11 Abs. 1 EMRK an. Die 5. Sektion kam in Sachen Tymoshenko u. a./Ukraine[713] und HLS/Kroatien[714] ebenfalls zu diesem Ergebnis, sodass die Verankerung des Streikrechts in Art. 11 Abs. 1 EMRK nunmehr als durch den EGMR allgemein anerkannt bezeichnet werden kann.

(bb) Die Methodik der Rechtsprechung des EGMR in Sachen Demir und Baykara/Türkei und Enerji Yapi-Yol Sen/Türkei

Darüber hinaus können die Entscheidungen in Sachen Demir und Baykara/Türkei sowie Enerji Yapi-Yol Sen/Türkei nicht nur als besondere „Meilensteine" in der

703 So auch *Krejci*, Recht auf Streik, S. 51.
704 EGMR ÖJZ 2003, 276 (277), Urteil vom 10.01.2002, Unison/Vereinigtes Königreich.
705 EGMR ÖJZ 2003, 729 (730), Urteil vom 02.07.2002, Wilson/Vereinigtes Königreich.
706 EGMR AuR 2009, 269 ff., Urteil vom 12.11.2008, Demir und Baykara/Türkei.
707 EGMR AuR 2009, 274 ff., Urteil vom 21.04.2009, Enerji Yapi-Yol Sen/Türkei.
708 EGMR NZA 2010, 1425 ff., Urteil vom 12.11.2008, Demir und Baykara/Türkei.
709 EGMR NZA 2010, 1423 ff., Urteil vom 21.04.2009, Enerji Yapi-Yol Sen/Türkei.
710 EGMR AuR 2011, 304 ff., Urteil vom 15.09.2009, Kaya und Seyhan/Türkei.
711 EGMR AuR 2011, 306 f., Urteil vom 13.07.2010, Cerikci/Türkei.
712 EGMR AuR 2014, 208, Urteil vom 08.04.2014, RMT/Vereinigtes Königreich.
713 EGMR AuR 2015, 140 (142 f.), Urteil vom 02.10.2014, Tymoshenko u. a./Ukraine.
714 EGMR AuR 2015, 146 (148), Urteil vom 27.11.2014, HLS/Kroatien.

inhaltlichen Auslegung des Art. 11 Abs. 1 EMRK bezeichnet werden – der von der Großen Kammer in Sachen Demir und Baykara/Türkei erstmals in dieser Dimension angewandten Methodik zur Auslegung des Art. 11 Abs. 1 EMRK kommt ebenfalls eine besondere Bedeutung zu.[715] So bedient sich der EGMR der Auslegungsregeln in Art. 31–33 WVK, insbesondere Art. 31 Abs. 3 c WVK[716], nach dem *„jeder in den Beziehungen zwischen den Vertragsparteien anwendbare einschlägige Völkerrechtssatz"* bei der Auslegung der Konvention zu berücksichtigen ist. Dementsprechend stützt der Gerichtshof seine Argumentation auf internationale Normen des Arbeitsrechts und führt aus:

> *„Wenn der Gerichtshof die Bedeutung des Wortlauts und der Begriffe in der Konventionsvorschrift bestimmt, muss er auch die Grundsätze in anderen völkerrechtlichen Vereinbarungen berücksichtigen, ihre Auslegung durch die zuständigen Institutionen und die Praxis der europäischen Staaten, die ihre gemeinsamen Werte deutlich machen. Bei der Auslegung der Konventionsvorschriften in einem bestimmten Fall kann der sich aus speziellen internationalen Instrumenten und der Praxis der Vertragsstaaten ergebende Konsens ein wesentlicher Gesichtspunkt sein.*
> *Dabei ist es nicht erforderlich, dass der beklagte Staat alle völkerrechtlichen Vereinbarungen ratifiziert hat, die auf den Gegenstand des gegen ihn anhängigen Falls anwendbar sind. [...]"*[717]

Eine auf die Regelung des Art. 31 Abs. 3 c WVK beziehungsweise auf die Vorschriften des internationalen Arbeitsrechts bezogene Auslegungsmethode ist dem EGMR zwar nicht fremd[718], zumal der Gerichtshof die EMRK in ständiger Rechtsprechung als „lebendes Instrument" begreift, welches unter Berücksichtigung der heutigen Verhältnisse und der Entwicklung der Normen des staatlichen Rechts und des Völkerrechts ausgelegt werden müsse.[719] Allerdings ist die Generalisierung internationaler Arbeitsrechtsnormen in ihrer Gesamtheit und Intensität sowie die systematische Anerkennung externer Einflüsse auf die EMRK durchaus als neuartig zu betrachten.[720] Ferner ist eine Methodik, die sich auf die Auslegungs- und Spruchpraxis der Sachverständigenausschüsse der IAO und ESC und auf internationale Normen aus völkerrechtlichen Verträgen, die der beklagte Staat nicht ratifiziert hat, höchst fraglich. In diesem Zusammenhang erscheint zudem der Verweis des EGMR auf die Praxis der Mehrheit der Vertragsstaaten als problematisch, sodass die aufgeworfenen Problempunkte zu hinterfragen sind.

---

715 Diese Methodik wurde ebenfalls in Sachen Tymoshenko u. a./Ukraine fortgeführt. Vgl. EGMR AuR 2015, 140 (142 f.), Urteil vom 02.10.2014, Tymoshenko u. a./Ukraine.
716 EGMR NZA 2010, 1425 (1426 f.), Urteil vom 12.11.2008, Demir und Baykara/Türkei.
717 EGMR NZA 2010, 1425 (1428), Urteil vom 12.11.2008, Demir und Baykara/Türkei, Rn. 85, 86.
718 Vgl. *Fütterer*, EuZA 2011, 505 (513).
719 EGMR NZA 2010, 1425 (1427), Urteil vom 12.11.2008, Demir und Baykara/Türkei.
720 So auch *Lörcher*, AuR 2011, 88 (89).

(α) Die Bezugnahme auf nicht ratifizierte internationale Normen

An der methodischen Grundlage der betreffenden Entscheidung des EGMR ist zunächst problematisch, dass sich der Gerichtshof zur Auslegung der Konventionsvorschriften solcher internationaler Normen bedient, die von dem beklagten Staat gar nicht ratifiziert wurden. Eine solche Vorgehensweise wird vom EGMR mit der Argumentation untermauert, dass zur Prüfung von Ziel und Zweck der Konventionsvorschriften auch das Völkerrecht heranzuziehen sei, welches von der breiten Mehrheit der Staaten anerkannt sei und damit Regeln und Grundsätze bildet, die einen gemeinsamen internationalen und staatlichen Standard einer Wirklichkeit abbilden.[721] Dementsprechend nahm der Gerichtshof in der Rechtssache Demir und Baykara/Türkei explizit Bezug auf Art. 6 Nr. 4 ESC, obwohl dieser zu diesem Zeitpunkt von der Türkei nicht ratifiziert war.[722] Dieses Vorgehen verstößt allerdings gegen grundlegende völkerrechtliche Normen und Prinzipien. Denn die ESC sieht in Teil III Art. 20 Abs. 1 ESC[723] ausdrücklich vor, dass nur eine bestimmte Anzahl der aufgeführten ESC-Vorschriften bei der Ratifikation als bindend akzeptiert werden müssen, was zur Konsequenz hat, dass die Staaten generell nur in diesem Umfang an die Normen der ESC gebunden sind, da für völkerrechtliche Verträge grundsätzlich gilt, dass sich die Staaten nur insoweit binden, als sie sich durch Ratifikation verpflichtet haben[724]. Bezieht nun der EGMR trotz fehlender Ratifizierung den Grundgedanken der entsprechenden Norm in seine Auslegung ein, so stellt dies doch eine klare Umgehung des Sinn und Zwecks des Teils III Art. 20 Abs. 1 ESC[725] und damit eine Missachtung der Souveränität des betroffenen Staates dar.

Etwas anderes kann sich auch nicht aus Art. 31 Abs. 3 lit. c WVK ergeben, da dieser Regelung zufolge bei der Auslegung der EMRK nur solche völkerrechtlichen Normen berücksichtigt werden dürfen, die *„zwischen den Vertragsparteien anwendbar[e]“* sind, demzufolge von den Vertragsstaaten ratifiziert wurden. Das hat zur Folge, dass diejenige internationale Norm, die nicht von allen Vertrags-

---

721 Vgl. EGMR NZA 2010, 1425 (1427), Urteil vom 12.11.2008, Demir und Baykara/ Türkei.

722 *Widmaier/Alber*, ZEuS 2012, 387 (408).

723 (1) Jede der Vertragsparteien verpflichtet sich,
a) Teil I dieser Charta als eine Erklärung der Ziele anzusehen, die sie entsprechend dem einleitenden Absatz jenes Teils mit allen geeigneten Mitteln verfolgen wird;
b) mindestens fünf der folgenden sieben Artikel des Teils II dieser Charta als für sich bindend anzusehen: Artikel 1, 5, 6, 12, 13, 16 und 19;
c) zusätzlich zu den nach Maßgabe des Buchstabens b ausgewählten Artikeln so viele Artikel oder nummerierte Absätze des Teils II der Charta auszuwählen und als für sich bindend anzusehen, dass die Gesamtzahl der Artikel oder nummerierten Absätze, durch die sie gebunden ist, mindestens 10 Artikel oder 45 nummerierte Absätze beträgt.

724 *Schlachter*, RdA 2011, 341 (346).

725 So auch *Seifert*, KritV 2009, 357 (366).

staaten ratifiziert wurde, auch nicht zur Auslegung der EMRK nach Art. 31 Abs. 3 lit. c WVK herangezogen werden darf[726]. Dies macht Art. 31 Abs. 3 lit. c WVK zwar zu einer vergleichsweise weniger anwendbaren Auslegungsvorschrift, ist rechtlich aber nur konsequent.

(β) Die Anwendung der rechtsvergleichenden Methode

Da der Gerichtshof selbst um die Problematik der fehlenden Ratifikation der zur Auslegung des Art. 11 Abs. 1 EMRK herangezogenen Normen weiß, versucht er diese mit der Argumentation zu kompensieren:

> *„Es genügt, dass die einschlägigen internationalen Instrumente eine kontinuierliche Entwicklung [...] des staatlichen Rechts der Mehrheit der Mitgliedstaaten des Europarats zeigen und beweisen, dass bei einer bestimmten Frage eine übereinstimmende Auffassung der modernen Gesellschaft besteht."*[727]

Damit bemüht sich der EGMR, aus der Praxis der überwiegenden Mehrheit der europäischen Staaten eine gemeinsame Werteauffassung abzuleiten, die der Auslegung der Konvention dienen soll. Die hierfür notwendige Auseinandersetzung mit den verschiedenen Rechtsordnungen der einzelnen Vertragsstaaten und deren Analyse lässt die Entscheidungen allerdings vermissen.[728] Ferner lässt der Gerichtshof es genügen, eine gemeinsame Wertauffassung lediglich aus der Mehrheit der Rechtsordnungen der Mitgliedstaaten des Europarats abzuleiten. Und dies auch nicht grundlos, denn wirft man einen genauen Blick auf die unterschiedlichen innerstaatlichen Rechtssysteme zum Streikrecht von Beamten, so fällt auf, dass nicht nur die Türkei und Deutschland ein solches verwehren, sondern auch Länder wie Estland[729], Polen[730], die Ukraine[731] oder Bulgarien[732]. Aufgrund dessen kann wohl kaum von einer „gemeinsamen Werteauffassung" gesprochen werden, wenn sie nicht durch alle Vertragsstaaten legitimiert ist.[733] Es mag sich zwar um einen überwiegenden europäischen Standpunkt handeln,

---

726 Ähnlich *Seifert*, KritV 2009, 357 (366); *ders.* EuZA 2013, 205 (209); *Monika Schlachter* hält diese Ansicht für vertretbar: *Schlachter*, RdA 2011, 341 (346); a. A. *Lörcher*, AuR 2011, 88 (90); *Ickenroth*, Beamtenstreikverbot, S. 151ff.

727 Vgl. EGMR NZA 2010, 1425 (1428), Urteil vom 12.11.2008, Demir und Baykara/Türkei.

728 Vgl. EGMR NZA 2010, 1425ff., Urteil vom 12.11.2008, Demir und Baykara/Türkei; EGMR NZA 2010, 1423ff., Urteil vom 21.04.2009, Enerji Yapi-Yol Sen/Türkei.

729 Vgl. Internationaler Gewerkschaftsbund: http://survey.ituc-csi.org/Estonia.html#tabs-2 (Stand 03.02.2014).

730 Vgl. Internationaler Gewerkschaftsbund: http://survey.ituc-csi.org/Poland.html#tabs-2 (Stand 03.02.2014).

731 Vgl. Internationaler Gewerkschaftsbund: http://survey.ituc-csi.org/Ukraine.html#tabs-2 (Stand 03.02.2014).

732 Vgl. Internationaler Gewerkschaftsbund: http://survey.ituc-csi.org/Bulgaria.html?lang=de#tabs-2 (Stand 03.02.2014).

733 So auch *Ickenroth*, Beamtenstreikverbot, S. 154f.

allerdings bedeutet das nicht, dass dieser auch zur Auslegung der EMRK dienlich ist. Denn zieht man einen solchen nur mehrheitlich legitimierten Gedanken zur Auslegung der Konvention heran, so kann es auch auf diesem Weg beispielsweise zu einer Aushöhlung des Art. 20 Abs. 1 ESC kommen, indem der Ausschluss des Art. 6 ESC durch die Hintertür der Konventionsauslegung für den betreffenden Staat obsolet wird, indem er in Form einer „gemeinsamen Werteauffassung“ trotz allem Geltung erlangt. Das wäre nicht der Fall, würde der Gerichtshof ausschließlich solche Werteüberzeugungen zur Auslegung der Konvention heranziehen, die durch einen Konsens aller Vertragsstaaten legitimiert sind.

(γ) Die Bezugnahme auf die Spruchpraxis internationaler Kontrollgremien

Indem der Gerichtshof bei der Auslegung des Art. 11 Abs. 1 EMRK auf internationale Arbeitsnormen wie beispielsweise Art. 6 Nr. 4 ESC oder auf die IAO-Übereinkommen Nr. 87 und 98 zurückgreift, tut er dies in der entsprechenden Interpretation durch die jeweiligen Sachverständigenausschüsse bzw. durch das Ministerkomitee des Europarates. Kritisch an dieser Tatsache ist der Mangel an Authentizität sowohl im Hinblick auf die Spruchpraxis des Sachverständigenausschusses der IAO[734] als auch hinsichtlich des Europäischen Ausschusses für Soziale Rechte und des Ministerkomitees[735] in Bezug auf Art. 6 Nr. 4 ESC. Eine solche nicht authentische Auslegung des Gewährleistungsgehalts verschiedener internationaler Normen ist daher als äußerst kritisch zu beurteilen.

(cc) Die Bindungswirkung der Entscheidungen des EGMR nach der EMRK

Trotz der fragwürdigen Methodik bezüglich der Auslegung des Art. 11 Abs. 1 EMRK erlangt mit der Anerkennung des Streikrechts durch den EGMR die Frage nach der Rechtswirkung einer solchen Entscheidung für die gegebene Problematik besondere Bedeutung. Hierbei muss allerdings zunächst unterschieden werden, ob der jeweilige Vertragsstaat in der entsprechenden Entscheidung Partei war oder ob das Urteil gegen einen anderen Signatarstaat erging.

So müssen sich diejenigen Vertragsstaaten, welche Partei des zugrunde liegenden Verfahrens waren, gemäß Art. 46 Abs. 1 EGMR nach dem endgültigen Urteil richten. Dementsprechend ist die Rechtskraft der Entscheidung in personeller Hinsicht auf den involvierten Staat beschränkt, d. h. das Urteil erwächst lediglich inter partes in Rechtskraft (so genannte Rechtskraftwirkung).[736] Stellt der EGMR daher mit einem solchen Urteil eine Konventionsverletzung fest, so ist der betroffene Vertragsstaat gehalten, die Verletzung abzustellen, die vor der Konventionsverletzung bestehende Situation wiederherzustellen und Wiedergutmachung zu leisten.[737]

---

734 Siehe Kapitel 1, B., III., 2., b., aa., (2), (a), (cc).
735 Siehe Kapitel 1, B., III., 2., c., aa., (2).
736 Vgl. *Grabenwarter/Pabel*, EMRK, S. 102.
737 Vgl. *Grabenwarter/Pabel*, EMRK, S. 102 f.

Daneben entfalten die Urteile des EGMR eine so genannte „Orientierungswirkung“[738] für diejenigen Vertragsstaaten, die nicht an dem entsprechenden Verfahren beteiligt waren. Die Entscheidungen haben in diesen Fällen folglich keine rechtliche Bindungswirkung, sondern lediglich eine durch Art. 1 EMRK gestützte[739] „Präjudizwirkung“[740] bzw. „indirekte Wirkung“[741], durch die die Vertragsstaaten gehalten sind, die Rechtsprechung zur Kenntnis zu nehmen und dadurch ihr eigenes Verhalten anzupassen, um eine eigene Verurteilung aufgrund einer vergleichbaren Konventionsverletzung zu vermeiden[742]. Da sich die Große Kammer des EGMR oft mit schwierigen Rechtsfragen der Konventionsauslegung und -anwendung beschäftigen, kommt gerade diesen Rechtssätzen besondere Orientierungswirkung für verfahrensfremde Vertragsstaaten zu.[743]

Neben dieser „völkerrechtlichen Bindungswirkung“ spricht das Bundesverfassungsgericht den Entscheidungen des EGMR auch „innerstaatliche Bindungswirkung“ zu. Wie für die Konvention an sich erklärt das BVerfG die Rechtsprechung des EGMR zur Auslegungshilfe.[744] Dementsprechend sind alle staatlichen Organe gehalten, die Entscheidungen zu berücksichtigen und das nationale Recht konventionskonform auszulegen.[745] Dies muss somit auch für die Entscheidung des EGMR in Sachen Demir und Baykara/Türkei und Enerji Yapi-Yol Sen/Türkei gelten, unabhängig davon, wie kritisch man die Art und Weise der Rechtsgewinnung des EGMR beurteilen mag. Welche Folgen diese für das deutsche Streikrecht gerade im öffentlichen Dienst hat, soll in Kapitel 2 und 3 näher untersucht werden.

(3) Die Reichweite und die Grenzen der Streikgarantie aus Art. 11 EMRK

Wie zuvor festgestellt, garantiert Art. 11 Abs. 1 EMRK zumindest grundsätzlich ein Streikrecht, welches seinem Wortlaut nach für alle Gewerkschaften und deren Mitglieder gewährleistet ist. Ein Ausschluss der Angehörigen des öffentlichen Dienstes ist nicht ersichtlich. Dies ergibt sich schon aus dem Umkehrschluss aus Art. 11 Abs. 2 S. 2 EMRK, da im Allgemeinen die dort aufgeführten Personengruppen als Angestellte des öffentlichen Dienstes oder Beamte zu qualifizieren sind.[746] Es bedürfte demnach keiner gesonderten Einschränkungsmöglichkeit, würde sich das Streikrecht aus Abs. 1 nicht auch auf diese Personen erstrecken.

---

738 Vgl. *Kilian*, in: Höland, Rechtsprechung des EGMR, 119 (132); *Pache*, EuR 2004, 393 (405 f.); BVerwG NVwZ 2000, 810 (811); *Grabenwarter/Pabel*, EMRK, S. 106.

739 *Cremer*, EuGRZ 2004, 683 (692); *Grabenwarter/Pabel*, EMRK, S. 106.

740 *Pache*, EuR 2004, 393 (406); *Seifert*, KritV 2009, 357 (371).

741 *Frowein/Villiger*, Human Rights Law Journal 1988, 23 (40).

742 *Ress*, ZaöRV 2004, 621 (630 f.).

743 Vgl. *Seifert*, KritV 2009, 357 (371).

744 BVerfG NJW 2004, 3407 (3408); BVerfG NStZ 2011, 450 (451).

745 Vgl. *Gooren*, ZBR 2011, 400 (402).

746 In diesem Sinne auch EGMR NZA 2010, 1425 (1429), Urteil vom 12.11.2008, Demir und Baykara/Türkei.

(a) Art. 11 Abs. 2 S. 1 EMRK

Das Streikrecht ist allerdings, wie soeben angerissen, nicht absolut, sondern erfährt unter anderem durch Art. 11 Abs. 2 S. 1 EMRK Einschränkungen. Demgemäß kann ein Eingriff in Art. 11 Abs. 1 EMRK gerechtfertigt sein, wenn er „gesetzlich vorgesehen" ist, eines oder mehrere der in Art. 11 Abs. 2 S. 1 EMRK aufgezählten funktionalen Ziele verfolgt und „in einer demokratischen Gesellschaft notwendig" ist, um dieses Ziel zu erreichen.[747] Zu diesen Zielen zählen: die nationale oder öffentliche Sicherheit, die Aufrechterhaltung der Ordnung, die Verhütung von Straftaten, der Schutz der Gesundheit oder der Moral wie auch der Schutz der Rechte und Freiheiten anderer.

In Anbetracht all dieser Voraussetzungen zur Einschränkung des Streikrechts aus Art. 11 Abs. 1 EMRK könnte insbesondere die Wendung „gesetzlich vorgesehen" problematisch sein.[748] In diesem Zusammenhang ist zunächst davon auszugehen, dass die eingriffsbegründende Maßnahme eine Grundlage im staatlichen Recht haben muss.[749] Diese innerstaatliche Rechtsgrundlage muss nach der Rechtsprechung des EGMR aber auch eine bestimmte Qualität aufweisen.[750] Entsprechend müsse das Recht den Betroffenen

> *„zugänglich und mit ausreichender Präzision formuliert sein, um sie in die Lage zu versetzen – wenn nötig mit entsprechender Beratung – bis zu einem den Umständen angemessenen Maß die Folgen, die eine bestimmte Handlung nach sich ziehen könnte, vorherzusehen"*[751].

Bei näherer Betrachtung könnte diese Formulierung jedoch die Vermutung nahelegen, dass damit ausschließlich formelle Gesetze gemeint sind. Der EGMR legt diese Wendung in ständiger Rechtsprechung aber dahingehend aus, dass auch „untergesetzliches" Recht[752], also materielles geschriebenes wie ungeschriebenes Recht – sowohl in Form von Gesetzen als auch Richterrecht[753] – als gesetzliche Eingriffsgrundlage dienen können. Somit reicht es aus, wenn die funktionsbezoge-

---

747 Art. 11 Abs. 2 EMRK: *„[...] (2) [1]Die Ausübung dieser Rechte darf nur Einschränkungen unterworfen werden, die gesetzlich vorgesehen <u>und</u> in einer demokratischen Gesellschaft notwendig sind für die nationale <u>oder</u> öffentliche Sicherheit, zur Aufrechterhaltung der Ordnung oder zur Verhütung von Straftaten, zum Schutz der Gesundheit oder der Moral oder zum Schutz der Rechte und Freiheiten anderer. [2]Dieser Artikel steht rechtmäßigen Einschränkungen der Ausübung dieser Rechte für Angehörige der Streitkräfte, der Polizei oder der Staatsverwaltung nicht entgegen."*

748 Hier besteht eine ähnliche Problematik wie bei Art. 31 ESC. Vgl. Kapitel 2, B., III., 2., c., aa., (3).

749 EGMR NVwZ 2006, 1389 (1390), Urteil vom 10.11.2005, Leyla Sahin/Türkei; EGMR NZA 2010, 1423 (1424), Urteil vom 21.04.2009, Enerji Yapi-Yol Sen/Türkei.

750 EGMR AuR 2015, 140 (146), Urteil vom 02.10.2014, Tymoshenko u. a./Ukraine.

751 EGMR AuR 2015, 140 (146), Urteil vom 02.10.2014, Tymoshenko u. a./Ukraine.

752 EGMR NZA 2010, 1423 (1424), Urteil vom 21.04.2009, Enerji Yapi-Yol Sen/Türkei.

753 U.a. EGMR NVwZ 2006, 1389 (1391), Urteil vom 10.11.2005, Leyla Sahin/Türkei.

nen Grenzen für das in Art. 11 Abs. 1 EMRK gewährleistete Streikrecht durch die Judikative konkretisiert werden. Dies könnte gerade für den öffentlichen Dienst zur Folge haben, dass einer gewissen Gruppe von Beschäftigten der Streik rechtmäßig durch die Rechtsprechung verboten werden kann. Darüber hinaus muss die gesetzliche Grundlage rechtsstaatlichen Grundsätzen entsprechen und somit dem Gebot der Bestimmtheit und Vorhersehbarkeit genügen.[754] An diese Voraussetzung sind allerdings keine überzogenen Anforderungen zu stellen, sodass durchaus auch unbestimmte Rechtsbegriffe möglich sind.[755]

Darüber hinaus muss die eingriffsbegründende Maßnahme ein legitimes Ziel verfolgen. Dieses ergibt sich aus den in Art. 11 Abs. 2 S. 1 EMRK aufgezählten Beschränkungsgründen, welche eng auszulegen und abschließend sind[756].

Um die Voraussetzungen des Art. 11 Abs. 2 S. 1 EMRK zu erfüllen, müsste der Eingriff ferner „in einer demokratischen Gesellschaft notwendig" sein, um eines der aufgezählten Ziele zu erreichen. Dementsprechend muss sowohl ein dringendes soziales Bedürfnis für den Eingriff als auch eine angemessene Zweck-Mittel-Relation zwischen dem legitimen Ziel und dem Eingriff bestehen.[757] Der EGMR prüft daher an dieser Stelle, ob die entsprechende Maßnahme unter Berücksichtigung der Umstände des Einzelfalls und in Bezug auf das erstrebte Ziel verhältnismäßig i.e.S. ist.[758] Damit nimmt der Gerichtshof ebenfalls eine Art Konkordanzprüfung vor, indem er eine Abwägung zwischen den konkurrierenden Interessen und Rechte und der Koalitionsfreiheit vornimmt. Dies hat zur Folge, dass die eingriffsbegründende Maßnahme oder die Vorschrift auch so eindeutig und begrenzt wie möglich die Gruppen der betroffenen Beschäftigten bestimmen muss[759], sodass ein allgemeines Streikverbot, welches sich auf den gesamten öffentlichen Dienst oder auf nicht eindeutig definierte Gruppen bezieht, nicht gerechtfertigt i.S.d. Art. 11 Abs. 2 S. 1 EMRK sein kann.

(b) Art. 11 Abs. 2 S. 2 EMRK

Darüber hinaus kann im Bereich des öffentlichen Dienstes die Ausübung des Streikrechts nach Art. 11 Abs. 2 S. 2 EMRK für diejenigen Personen durch rechtmäßige Einschränkungen begrenzt werden, bei denen es sich um Angehörige der Streitkräfte, der Polizei oder der Staatsverwaltung handelt. Derartige Einschränkungen sind nach der Rechtsprechung des EGMR allerdings eng auszulegen, was zur Folge habe, dass dem Wortlaut entsprechend lediglich die Ausübung des Streikrechts

754 EGMR AuR 2015, 140 (146), Urteil vom 02.10.2014, Tymoshenko u. a./Ukraine.
755 Dörr/Grote/Marauhn/*Bröhmer*, Konkordanzkommentar EMRK/GG, Art. 11, Rn. 75.
756 Dörr/Grote/Marauhn/*Bröhmer*, Konkordanzkommentar EMRK/GG, Art. 11, Rn. 76.
757 Dörr/Grote/Marauhn/*Bröhmer*, Konkordanzkommentar EMRK/GG, Art. 11, Rn. 64.
758 Vgl. statt vieler EGMR AuR 2011, 303 (303 f.), Urteil vom 27.03.2007, Karacay/Türkei; EGMR AuR 2015, 146 (149), Urteil vom 27.11.2014, HLS/Kroatien; Dörr/Grote/Marauhn/*Bröhmer*, Konkordanzkommentar EMRK/GG, Art. 11, Rn. 76.
759 EGMR NZA 2010, 1423 (1424 f.), Urteil vom 21.04.2009, Enerji Yapi-Yol Sen/Türkei.

beschränkt werden könne – das Recht an sich dürfe aber nicht in seinem Wesensgehalt angetastet werden.[760] Damit müsse die fragliche Einschränkung nicht nur eine Grundlage im nationalen Recht haben und dürfe nicht willkürlich sein, sondern müsse ebenfalls verhältnismäßig sein.[761]

Problematisch ist hierbei allerdings die Reichweite des Begriffs der Angehörigen der „Staatsverwaltung". Einen Hinweis darauf, welcher Personenkreis im Detail darunter zu subsumieren ist, gibt der EGMR in seinem Urteil Enerji Yapi-Yol Sen, indem er zum einen selbst herausstellt, dass es sich um Angehörige des öffentlichen Dienstes handelt, die *„im Namen des Staates Hoheitsgewalt"* ausüben.[762] Und zum anderen, indem er auf das Urteil in Sachen Pellegrin/Frankreich[763] aus dem Jahr 1999 verweist, in dem die Große Kammer die Ausnahmen von den in Art. 6 Abs. 1 EMRK verankerten Garantien näher definiert. Entsprechend geht es auch hier um Angehörige des öffentlichen Dienstes, die Staatsgewalt ausüben. Hierzu führt die Große Kammer aus, dass zur Abgrenzung der Angehörigen des öffentlichen Dienstes auf funktionale Merkmale abzustellen sei, die auf die Natur der Aufgaben und Verpflichtungen, die die Bediensteten erfüllen, abstellt.[764] Dies geschehe unabhängig davon, ob die Angehörigen im nationalen Recht als Beamte oder Angestellte kategorisiert werden.[765] Aufgrund dessen gehören Beschäftigte des öffentlichen Dienstes nur dann der Staatsverwaltung an, wenn

> *„deren Dienstpflichten für den besonderen Tätigkeitsbereich der öffentlichen Verwaltung charakteristisch sind, insoweit, als sie als Träger der Staatsgewalt handeln, der damit betraut ist, die allgemeinen Interessen des Staates oder anderer öffentlicher Körperschaften zu wahren"*[766].

Dies sei jeweils anhand des Einzelfalles zu prüfen.[767] Ferner verweist der EGMR zur näheren Konkretisierung auf die Aufzählung der Tätigkeitsmerkmale und Dienstposten durch die Europäische Kommission in ihrer Mitteilung vom 18.3.1988 zur „Freizügigkeit der Arbeitnehmer und Zugang zur Beschäftigung in der öffentlichen Verwaltung der Mitgliedstaaten – Aktion der Kommission auf dem Gebiet der Anwendung von Artikel 48 Absatz 4 EWG-Vertrag" und auf die Rechtsprechung des EuGH zu Art. 45 Abs. 4 AEUV (ex. Art. 39 Abs. 4 EGV) bzw. Art. 48 Abs. 4 EWG-Vertrag.[768]

Beiden Quellen, sowohl der Mitteilung der Kommission vom 18.3.1988 als auch den Urteilen des EuGH, ist zu entnehmen, dass es sich immer dann um Stellen An-

---

760 EGMR NZA 2010, 1425 (1429), Urteil vom 12.11.2008, Demir und Baykara/Türkei.
761 EGMR NZA 2010, 1425 (1429), Urteil vom 12.11.2008, Demir und Baykara/Türkei.
762 EGMR NZA 2010, 1423 (1425), Urteil vom 21.04.2009, Enerji Yapi-Yol Sen/Türkei.
763 EGMR NVwZ 2000, 661 (663), Urteil vom 8.12.1999, Pellegrin/Frankreich.
764 EGMR NVwZ 2000, 661 (663), Urteil vom 8.12.1999, Pellegrin/Frankreich.
765 EGMR NVwZ 2000, 661 (663), Urteil vom 8.12.1999, Pellegrin/Frankreich.
766 EGMR NVwZ 2000, 661 (663), Urteil vom 8.12.1999, Pellegrin/Frankreich.
767 EGMR NVwZ 2000, 661 (663), Urteil vom 8.12.1999, Pellegrin/Frankreich.
768 EGMR NVwZ 2000, 661 (663), Urteil vom 8.12.1999, Pellegrin/Frankreich.

gehöriger der Staatsverwaltung handelt, wenn diese einen Zusammenhang mit den typischen bzw. spezifischen Tätigkeiten der öffentlichen Verwaltung aufweisen[769], sofern sie also (un-) mittelbar mit der Wahrnehmung hoheitlicher Befugnisse und mit der Ausübung allgemeiner Belange des Staates oder anderer öffentlicher Körperschaften betraut seien[770]. Hierbei sei allerdings zu beachten, dass die hoheitlichen Befugnisse tatsächlich regelmäßig und nicht nur sporadisch von dem fraglichen Stelleninhaber ausgeübt werden.[771] Dementsprechend vertritt der EuGH ebenfalls die Ansicht, dass der Begriff der Staatsverwaltung stets funktional auszulegen sei, indem auf die Art der mit der Stelle verbundenen Aufgaben und Verantwortlichkeiten abzustellen sei.[772] Eine derartige Auslegung sei deshalb geboten, weil die Beschäftigung auf einer solchen Stelle, ein *„Verhältnis besonderer Verbundenheit des jeweiligen Stelleninhabers zum Staat sowie die Gegenseitigkeit von Rechten und Pflichten“* voraussetze.[773] Ohne Bedeutung sei wiederum, ob es sich um einen Arbeitnehmer, einen Angestellten oder einen Beamten handelt oder ob ein Beschäftigungsverhältnis öffentlich-rechtlicher oder privatrechtlicher Natur zugrunde liegt.[774]

Dementsprechend kann den Angehörigen des öffentlichen Dienstes das Streikrecht aus Art. 11 Abs. 1 EMRK nach Art. 11 Abs. 2 S. 2 EMRK verwehrt werden, wenn sie der Polizei bzw. den Streitkräften angehören oder einer für die öffentliche Verwaltung typischen Tätigkeit nachgehen, die regelmäßig mit der Wahrnehmung hoheitlicher Befugnisse und der Ausübung allgemeiner Staatsbelange verbunden ist.

d. Fazit zum Völkerrecht

Zusammenfassend ist daher festzuhalten, dass sich grundsätzlich sowohl aus dem IAO-Übereinkommen Nr. 87, den „international Bill of rights“, Art. 6 Nr. 4 ESC und insbesondere auch aus Art. 11 Abs. 1 EMRK die Gewährleistung eines Streikrechts für die Angehörigen des öffentlichen Dienstes entnehmen lässt. Ein solches Recht auf Streik wird allerdings auch im Bereich des Völkerrechts nicht absolut gewährleistet, sondern kann funktionalen, am Tätigkeitsbereich orientierten Einschränkungen unterworfen werden.

---

769 ABl. 1988 EG C 72/ 2; u. a. EuGH Rs. 149/79, Sgl. 1980, 3881, Rn. 12 (Kommission/ Belgien); EuGH Rs. 66/85, Sgl. 1986, 2121, Rn. 27 (Lawrie-Blum); EuGH Rs. C-473/93, Sgl. 1996, I-3207, Rn. 27 (Kommission/Luxemburg).

770 ABl. 1988 EG C 72/2; u. a. EuGH Rs. 149/79, Sgl. 1980, 3881, Rn. 12 (Kommission/Belgien); EuGH Rs. 66/85, Sgl. 1986, 2121, Rn. 27 (Lawrie-Blum); EuGH Rs. 307/84, Sgl. 1986, 1725, Rn. 7 (Kommission/Frankreich); EuGH Rs. C-473/93, Sgl. 1996, I-3207, Rn. 27 (Kommission/Luxemburg); EuGH Rs. C-47/02, Sgl. 2003, I-10447, Rn. 58 (Anker).

771 EuGH Rs. C-405/01, Sgl. 2003, I-10391, Rn. 44 (Colegio de Oficiales); EuGH Rs. C-47/02, Sgl. 2003. I-10447, Rn. 63 (Anker).

772 EuGH Rs. C-473/93, Sgl. 1996, I-3207, Rn. 27 (Kommission/Luxemburg).

773 EuGH Rs. 149/79, Sgl. 1980, 3881, Rn. 10 (Kommission/Belgien).

774 EuGH Rs. 152/73, Sgl. 1974, 153, Rn. 5 f. (Sotgiu); EuGH Rs. C-47/02, Sgl. 2003, I-10447, Rn. 59, 62 (Anker); EuGH Rs. 109/04, Sgl. 2005, I-2421, Rn. 19 (Kranemann).

e. *Das supranationale Recht: Unionsrecht*

Die bisherige Untersuchung hat gezeigt, dass die verschiedenen arbeitsvölkerrechtlichen Regelungen mehr oder minder deutlich ein Streikrecht gewährleisten. Welche Rolle das Recht der Europäischen Union in diesem Gefüge einnimmt, welche Bedeutung dem Unionsrecht aufgrund dessen für die der Arbeit zugrundeliegenden Frage zukommt und inwieweit das Unionsrecht ein Streikrecht garantiert, bleibt jedoch zu hinterfragen.

Die Europäische Union (Europäische Wirtschaftsgemeinschaft) hat einen ganz ursprünglichen Bezug zum Völkerrecht. Sie wurde durch die Ratifizierung völkerrechtlicher Verträge als internationale Organisation gegründet und fortentwickelt.[775] Allerdings nimmt die EU eine ganz besondere Stellung zum Völkerrecht ein. Denn mit der Gründung der zeitlich unbegrenzten EU (damals noch EWG) durch die Mitgliedstaaten, wurde diese zugleich, mit eigenen Organen, Rechts-, Geschäfts- und internationaler Handlungsfähigkeit, wie auch mit eigenen Hoheitsrechten, ausgestattet.[776] Es entstand eine ganz eigenständige, autonome Rechtsordnung mit einem ausdifferenzierten Normensystem.[777] Triebfeder für die Anerkennung und Ausformung des Autonomieanspruchs war der EuGH, welcher schon in seiner Rechtsprechung im Jahre 1964 das Gemeinschaftsrecht als *„eigene"* Rechtsordnung begriff, die vom Recht *„gewöhnlicher internationaler Verträge"* zu unterscheiden sei.[778] Insbesondere die Exklusivität der unionsinternen Streitbeilegung in Art. 344 AEUV wird vom EuGH zur Abgrenzung zum allgemeinen Völkerrecht und zur Begründung des Autonomieanspruchs herangezogen.[779] Dieser Autonomieanspruch entfaltet sich in zwei im Folgenden darzustellenden, besonderen Wirkungsmechanismen, die wiederum die Abgrenzung des Unionsrechts vom Völkerrecht deutlich machen.

Im Gegensatz zum allgemeinen Völkerrecht bedarf es keines gesonderten Umsetzungsaktes, um dem Unionsrecht im nationalen Recht Geltung zu verschaffen, sondern es entfaltet als solches *unmittelbare Wirkung*.[780] Die unmittelbare Wirkung des Unionsrechts bezieht sich aber nicht nur auf das Verhältnis von Union zu den Mitgliedstaaten, sondern entfaltet sich auch zwischen Unionsbürgern und Mitgliedstaaten wie auch zwischen den Unionsbürgern untereinander.[781] Die Lehre von der unmittelbaren Wirkung des Unionsrechts war schon früh fester Bestandteil der Rechtsprechung des EuGH, der bereits im Jahre 1963 in seiner Van Gend & Loose-Entscheidung Begründung, Voraussetzungen und Konsequenzen im Wesentlichen festlegte.[782] Die dogmatische Begründung der unmittelbaren Wirkung beruht auf

775 Grabitz/Hilf/Nettesheim/*Dörr*, Recht der EU, EUV, Art. 47, Rn. 77.
776 Calliess/Ruffert/*Ruffert*, EUV/AEUV, AEUV, Art. 1, Rn. 4.
777 Grabitz/Hilf/Nettesheim/*Dörr*, Recht der EU, EUV, Art. 47, Rn. 77.
778 EuGH, Rs. 6/64, Slg. 1964, S. 1251 (1269), (Flaminio Costa/ENEL).
779 EuGH Rs. C-459/03, Sgl. 2006, I-4635, Rn. 123 (Kommission/Irland).
780 *Borchardt*, Europäische Union, S. 98.
781 Calliess/Ruffert/*Ruffert*, EUV/AEUV, AEUV, Art. 1, Rn. 26.
782 EuGH Rs. 26/62, Slg. 1963, S. 1ff. (Van Gend & Loos/Niederländische Finanzverwaltung).

verschiedenen miteinander verflochtenen Aspekten, zu welchen der supranationale Charakter des Unionsrechts gehört, der sich schon aus der Präambel der Gemeinschaftsverträge ergibt. Daneben dient die unmittelbare Wirkung aber auch der wirksamen Anwendung des Unionsrechts (effet utile) und der Absicherung des Rechtsschutzes des Einzelnen wie auch der dezentralen Vollzugskontrolle.[783] Somit entfalten die Bestimmungen des Unionsrechts einheitlich in allen Mitgliedstaaten ab Inkrafttreten und während ihrer gesamten Gültigkeitsdauer ihre Wirkung.

Zudem genießt das supranationale Europarecht gegenüber dem nationalen Recht der Mitgliedstaaten einen so genannten *Anwendungsvorrang*. Obwohl die Begründung des Anwendungsvorranges nach wie vor umstritten ist[784], wird dieser nunmehr durch die Erklärung Nr. 17 zur Schlussakte von Lissabon bestätigt.[785] Hieraus erwächst im Kollisionsfall von Unionsrecht mit nationalem Recht die Konsequenz, dass das nationale Recht unangewandt bleibt.[786] Der Anwendungsvorrang darf jedoch nicht als Geltungsvorrang verstanden werden, da das nationale Recht zwar nicht angewendet werden kann, aber dennoch gültig bleibt.[787] Um die Funktionsfähigkeit und Wirksamkeit des Unionsrechts zu sichern, entfaltet der Anwendungsvorrang gegenüber dem gesamten nationalen Recht seine Wirkung, selbst gegenüber dem Verfassungsrecht.[788] Zudem ist der Anwendungsvorrang von allen nationalen Instanzen zu beachten.[789]

Neben den speziellen Wirkungsmechanismen des Unionsrechts wurde mit Inkrafttreten des Vertrags von Lissabon am 01.12.2009 eine weitere Tatsache geschaffen, die für die weitere Untersuchung von enormer Bedeutung sein kann. So wurde die bisherige „Dachfunktion" des EU-Vertrags zu den „drei Säulen" (Europäische Gemeinschaft, GASP, PJZS)[790] beseitigt und damit ein einheitliches Unionsrecht konstruiert. Eine darauf basierende wesentliche Neuerung betrifft den europäischen Grundrechtsschutz wie auch einen möglichen Beitritt der Union zur EMRK. Aufgrund der dargestellten Besonderheiten könnte das Unionsrechts daher für die weitere Untersuchung der in dieser Arbeit aufgeworfenen Frage eine wichtige Rolle spielen. Daher ist im Weiteren zu untersuchen, an welchen Stellen des Unionsrechts ein Recht auf Streik gewährleistet und inwieweit dieses auf das nationale Recht Einfluss nehmen kann.

---

783 Calliess/Ruffert/*Ruffert*, EUV/AEUV, AEUV, Art. 1, Rn. 27ff.

784 Zur nationalen Rechtsansicht siehe BVerfGE 73, 339 (374f.); Nach Ansicht des Europäischen Gerichtshofs erwächst ein uneingeschränkter Anwendungsvorrang direkt und autonom aus dem Unionsrecht, bestätigt durch Art. 288 AEUV. Vgl. EuGH, Rs. 6/64, Slg. 1964, S. 1251 (1269), (Flaminio Costa/ENEL); EuGH, Rs. 11/70, Slg. 1970, S. 1125 (1135), (Internationale Handelsgesellschaft mbH).

785 Calliess/Ruffert/*Ruffert*, EUV/AEUV, AEUV, Art. 1, Rn. 16; *Haratsch/Koenig/Pechstein*, Europarecht, S. 85; *Herdegen*, Europarecht, S. 219f.

786 Calliess/Ruffert/*Ruffert*, EUV/AEUV, AEUV, Art. 1, Rn. 18.

787 Schroeder/*Schroder*, Europarecht, § 5, Rn. 24.

788 EuGH, Rs. 11/70, Slg. 1970, S. 1125 (1125), (Internationale Handelsgesellschaft mbH).

789 EuGH BeckEuRS 2010, 517932, Rn. 43.

790 *Borchardt*, Europäische Union, S. 53; *Haratsch/Koenig/Pechstein*, Europarecht, S. 15.

aa. Das Streikrecht als Unionsgrundrecht

Die Grundrechteordnung der Europäischen Union präsentiert sich nach der Umstrukturierung durch den Vertrag von Lissabon als ein mehrteiliger europäischer Grundrechtsschutz, dessen Struktur in Art. 6 EUV festgelegt wurde. Dementsprechend wird zum einen die Europäische Grundrechtecharta durch die Bezugnahme in Art. 6 Abs. 1 EUV als Primärrecht anerkannt. Daneben stellt Art. 6 Abs. 3 EUV klar, dass auch die vom Europäischen Gerichtshof (EuGH) als „allgemeine Grundsätze" entwickelten ungeschriebenen europäischen Grundrechte wie zuvor nach Art. 6 Abs. 2 EUV a. F. als Teil des Unionsrechts weiterhin fortgelten.[791] Art. 6 Abs. 2 EUV schlägt zudem die Brücke zur Europäischen Menschenrechtskonvention, indem darin der Beitritt der Europäischen Union zur Europäischen Konvention angeordnet wird. Für das Streikrecht hat dies grundsätzlich zur Folge, dass eine derartige Gewährleistung, sei es aus der Europäischen Grundrechtecharta oder ein als allgemeiner Grundsatz entwickeltes Streikrecht, als Unionsgrundrecht und damit als Primärrecht Geltung erlangen. Aufgrund dessen muss im Weiteren analysiert werden, in welchem Umfang dieser europäische Grundrechtsschutz gewährleistet ist, um daraufhin feststellen zu können, welche Auswirkungen dies auf das nationale Streikrecht hat.

(1) Die Charta der Grundrechte der Europäischen Union (EU-GRC)

Bei der Charta der Grundrechte der Europäischen Union handelt es sich um ein Grundrechtsdokument, welches erstmals umfassend europäische Grundrechte sowohl aus dem politischen, als auch dem wirtschaftlichen, sozialen und bürgerlichen Bereich bündelt und gewährleistet. Laut der Präambel *„bekräftigt"* die Charta damit

> *„die Rechte, die sich vor allem aus den gemeinsamen Verfassungstraditionen und den gemeinsamen internationalen Verpflichtungen der Mitgliedstaaten, aus dem Vertrag über die Europäische Union, aus der Europäischen Konvention zum Schutz der Menschenrechte und Grundfreiheiten, aus der von der Union und dem Europarat beschlossenen Sozialcharta sowie aus der Rechtsprechung des Gerichtshofs der Europäischen Union und des Europäischen Gerichtshofs für Menschenrechte ergeben."*

Die damit entstandene Werteordnung ist somit Ausdruck eines mehrschichtigen europäischen Konsenses, welche durch den Vertrag von Lissabon von einer unverbindlichen Rechtserkenntnisquelle, entsprechend Art. 6 Abs. 1 EUV, zu einem rechtsverbindlichen Bestandteil des primären Unionsrechts avancierte. Die Europäische Grundrechtecharta stellt somit nunmehr einen wichtigen Pfeiler des europäischen Grundrechtsschutzes dar.

---

791 Grabitz/Hilf/Nettesheim/*Schorkopf*, Recht der EU, EUV, Art. 6, Rn. 50.

(a) Die Gewährleistung eines Streikrechts in der EU-GRC

In Bezug auf das kollektive Arbeitsrecht enthält die Charta an verschiedenen Stellen Gewährleistungen. So erfasst Art. 12 Abs. 1 EU-GRC die Vereinigungsfreiheit, womit die Koalitionsfreiheit im engeren Sinne, also das Recht Vereinigungen zu bilden und ihnen beizutreten, gemeint ist. Parallel hierzu enthält „Kapitel IV Solidarität" neben weiteren sozialen Grundrechten in Art. 28 EU-GRC das Recht auf Kollektivverhandlungen und Kollektivmaßnahmen. Erfasst wird damit die Koalitionsfreiheit im weiteren Sinne, demnach das Tarifvertragsrecht und das Arbeitskampfrecht, insbesondere das ausdrücklich erwähnte Recht auf Streik. Aufgrund dessen geht Art. 28 EU-GRC hinsichtlich des gegenständlichen Streikrechts als speziellere Norm vor und erlangt für die vorliegende Problematik besondere Wichtigkeit.[792] Darüber hinaus gewinnt Art. 28 EU-GRC auch deswegen an Bedeutung, weil es sich um ein echtes Grundrecht[793] und nicht lediglich um einen Grundsatz i.S.v. Art. 52 Abs. 5 EU-GRC handelt.

(b) Der Anwendungsbereich der EU-GRC als Rahmen des Art. 28 EU-GRC

Damit allerdings die Reichweite der Gewährleistung eines in der EU-GRC garantierten Streikrechts und die damit verbundene entscheidende Frage des Einflusses auf das nationale Recht beurteilt werden kann, muss zunächst der grundsätzliche Anwendungsbereich der Charta in Bezug auf Art. 28 EU-GRC näher beleuchtet werden. Dieser ist in Art. 51 Abs. 1 EU-GRC als Ausdruck des Grundsatzes der begrenzten Einzelermächtigung[794] ausgestaltet. Dementsprechend sind lediglich *„die Organe, Einrichtungen und sonstigen Stellen der Union"* vollständig und ohne weitere Voraussetzungen an die Charta gebunden (Art. 51 Abs. 1 S. 1 Alt. 1 EU-GRC). Im Gegensatz dazu gilt die Charta für die Mitgliedstaaten lediglich beschränkt, nämlich *„ausschließlich bei der Durchführung des Rechts der Union"* (Art. 51 Abs. 1 S. 1 Alt. 2 EU-GRC). Welche Auswirkungen dies allerdings im Einzelnen auf die Gewährleistung des Art. 28 EU-GRC für die Mitgliedstaaten hat, muss im Weiteren näher beleuchtet werden.

(aa) Die Beschränkung des Art. 28 EU-GRC durch fehlende Regelungskompetenz der Union

Nimmt man Art. 51 Abs. 1 S. 1 Alt. 2 EU-GRC wörtlich, wäre die Anwendbarkeit der Chartagrundrechte für die Mitgliedstaaten auf die Durchführung des Unionsrechts begrenzt, sodass die Gewährleistung eines jeden einzelnen Grundrechts anhand der Rechtsetzungskompetenz der Union für diese bestimmte Materie, beschränkt wäre. Das bedeutet, dass ein Grundrecht nur dann eine Gewährleistung für die Mitglied-

---

792 So auch *Jarass*, Charta der Grundrechte, Art. 28, Rn. 5; *Thüsing/Traut*, RdA 2012, 65 (65); a.A. Schwarze/*Holoubek*, EU-Kommentar, GRC Art. 28, Rn. 10.

793 Schwarze/*Holoubek*, EU-Kommentar, GRC Art. 28, Rn. 10.

794 *Thüsing/Traut*, RdA 2012, 65 (66).

staaten enthält, wenn die Union in diesem Bereich überhaupt befugt ist, Recht zu setzen. Ansonsten verbleibt die Regelungskompetenz hinsichtlich dieses Rechtsbereichs allein bei den Mitgliedstaaten, sodass diese kein Unionsrecht „durchführen" können und die Anwendbarkeit dieses speziellen Grundrechts auf die Organe, Einrichtungen und sonstigen Stellen der Union beschränkt wäre. Infolgedessen ist zu hinterfragen, welche Regelungskompetenzen der Union im Bereich des kollektiven Arbeitsrechts überhaupt zukommen und vor allem, welche Auswirkungen dies auf die Streikgarantie aus Art. 28 EU-GRC hat.

Für den Bereich der Sozialpolitik, womit durchaus auch das Arbeitsrecht gemeint ist[795], besteht nach Art. 4 Abs. 2 lit. b) AEUV *„hinsichtlich der in den Verträgen genannten Aspekte"* eine geteilte Zuständigkeit zwischen Union und Mitgliedstaaten. Durch den Zusatz *„hinsichtlich der in den Verträgen genannten Aspekte"* verweist Art. 4 Abs. 2 lit. b) AEUV auf die Kompetenzgrundlagen der Art. 151 ff. AEUV.[796] Das bedeutet, dass die Kompetenz für die Regelung des Arbeitsrechts grundsätzlich bei den Mitgliedstaaten liegt[797], es sei denn, es ergibt sich aus Art. 151 ff. AEUV zumindest erst einmal eine geteilte Zuständigkeit.[798] Insbesondere auf dem Gebiet des kollektiven Arbeitsrechts bildet Art. 153 Abs. 1 lit. f) AEUV die zentrale Kompetenznorm[799], wonach die Union im Bereich der *„Vertretung und kollektiven Wahrnehmung der Arbeitnehmer- und Arbeitgeberinteressen, einschließlich der Mitbestimmung"*, tätig werden und zur Harmonisierung des mitgliedstaatlichen Rechts sekundäres Unionsrecht schaffen kann. Allerdings schließt Art. 153 Abs. 5 AEUV zweifelsfrei gerade das Streikrecht von dieser Unionskompetenz aus.

Abgesehen von Art. 153 AEUV kommen als Grundlage einer arbeits- oder sozialrechtlichen Richtlinie gleichwohl andere Kompetenzbestimmungen in Betracht (u. a.auf dem Gebiet des Wettbewerbs oder der Asylpolitik)[800], die grundsätzlich nicht durch Art. 153 AEUV verdrängt werden[801], soweit die darauf basierende Richtlinie ihren Schwerpunkt nicht im Arbeits- und Sozialrecht hat[802]. Diese Kompetenznormen wiederum werden nicht direkt von der Ausschlussnorm des Art. 153 Abs. 5 AEUV berührt, da diese auf den Regelungsbereich des Art. 153 Abs. 1 bis 4 AEUV beschränkt ist.[803] Allerdings muss die Wertung des Abs. 5 bei deren Auslegung

795 Calliess/Ruffert/*Krebber*, EUV/AEUV, AEUV, Art. 151, Rn. 1.
796 Schwarz/*Pelka*, EU-Kommentar, AEUV, Art. 4, Rn 7.
797 Calliess/Ruffert/*Krebber*, EUV/AEUV, Art. 153 AEUV, Rn. 3.
798 *Thüsing/Traut*, RdA 2012, 65 (66).
799 Calliess/Ruffert/*Krebber*, EUV/AEUV, Art. 153 AEUV, Rn. 1; *Sagan*, Art. 28 Europäische Grundrechtecharta, S. 61.
800 Schwarz/*Rebhahn/Reiner*, EU-Kommentar, AEUV, Art. 153, Rn. 23.
801 Schwarz/*Rebhahn/Reiner*, EU-Kommentar, AEUV, Art. 153, Rn. 23; A. a. *Thüsing/Traut*, RdA 2012, 65 (68).
802 Schwarz/*Rebhahn/Reiner*, EU-Kommentar, AEUV, Art. 153, Rn. 23.
803 Schwarz/*Rebhahn/Reiner*, EU-Kommentar, AEUV, Art. 153, Rn. 23; *Schubert*, Monti-II-Verordnung, S. 20.

berücksichtigt werden[804], damit Art. 153 Abs. 5 AEUV nicht leer läuft und sein eigentlicher Zweck gewahrt bleibt. Dieser liegt im Schutz der Alleinzuständigkeit der Mitgliedstaaten und damit der Tarifpartner auf den in Art. 153 Abs. 5 AEUV aufgeführten wirtschaftspolitisch sensiblen Gebieten.[805] All das führt zu dem Umstand, dass eine grundsätzliche europäische Regelung bezüglich des Streikrechts auch nicht auf andere Kompetenznormen gestützt werden kann. Darüber hinaus soll die Charta nach der Kompetenzschutzklausel des Art. 52 Abs. 2 EU-GRC weder neue Zuständigkeiten oder Aufgaben für die Union begründen, noch die in den Verträgen festgelegten Zuständigkeiten und Aufgaben ändern[806], sodass es bei der oben aufgezeigten Kompetenzverteilung bleibt.

Grundsätzlich findet daher durch die Union keine Harmonisierung des Streikrechts in den Mitgliedstaaten statt, sodass es weiterhin den Staaten vorbehalten bleibt, diesen Rechtsbereich für sich zu regeln. Die fehlende Harmonisierungsbefugnis der Union auf dem Gebiet des Streikrechts führt dementsprechend dazu, dass sie kein „Unionsrecht" setzen kann, welches von den Mitgliedstaaten im Sinne des Art. 51 Abs. 1 S. 1 Alt. 2 EU-GRC „durchgeführt" werden könnte, sodass Art. 28 EU-GRC zumindest auf Streikmaßnahmen ohne Unionsbezug keine Wirkung entfalten kann. Was allerdings tatsächlich unter dem Aspekt der „Durchführung" zu verstehen ist und welche Auswirkung dies auf die Anwendbarkeit des Art. 28 EU-GRC hat, bleibt im Weiteren zu klären.

(bb) Die Bedeutung der „Durchführung des Rechts der Union" unter Bezug auf die Rechtsprechung des EuGH

Grundsätzlich ist davon auszugehen, dass „Durchführung" ein Oberbegriff für Vollziehen und Umsetzen darstellt.[807] Dies umfasst in Bezug auf „das Recht der Union" die Umsetzung von Richtlinien und den Vollzug von Primärrecht, Verordnungen bzw. unmittelbar anwendbaren Richtlinien durch die Mitgliedstaaten.[808] Demnach wären die Mitgliedstaaten nach dem Wortlaut des Art. 51 Abs. 1 S. 1 Alt. 2 EU-GRC nur dann an die Grundrechtecharta gebunden, wenn eine dieser das Unionsrecht betreffende Handlungen von den Mitgliedstaaten durchgeführt werden würde.[809] Da allerdings der Union die Kompetenz fehlt, supranationales Arbeitskampf- bzw. Streikrecht zu

804 So auch Grabitz/Hilf/Nettesheim/*Benecke*, Recht der EU, Art. 153 AEUV, Rn. 101; sinngemäß Schwarz/*Rebhahn/Reiner*, EU-Kommentar, AEUV, Art. 153, Rn. 23.

805 Grabitz/Hilf/Nettesheim/*Benecke*, Recht der EU, Art. 153 AEUV, Rn. 101.

806 *Junker*, ZfA 2013, S. 91 (132); *Waltermann*, RdA 2014, 86 (87); *Sagan*, Art. 28 Europäische Grundrechtecharta, S. 62 f.

807 *Junker*, ZfA 2013, 91 (103); Calliess/Ruffert/*Kingreen*, EUV/AEUV, EU-GRCharta, Art. 51, Rn. 8.

808 Calliess/Ruffert/*Kingreen*, EUV/AEUV, EU-GRCharta, Art. 51, Rn. 8; *Sagan*, Art. 28 Europäische Grundrechtecharta, S. 94 f.

809 Nach *Thüsing/Traut*, RdA 2012, 65 (66) sei dies auch die herrschende Meinung der Literatur.

setzen, kann es auch nicht in diesem Sinne von den Mitgliedstaaten durchgeführt werden. Somit wäre der Gewährleistungsgehalt von Art. 28 EU-GRC gegenüber den Mitgliedstaaten hinsichtlich nationaler Sachverhalte verschwindend gering.

Allerdings entwickelte der EuGH schon vor Inkrafttreten des Vertrags von Lissabon und damit vor der rechtsverbindlichen Geltung des Art. 51 Abs. 1 S. 1 Alt. 2 EU-GRC ungeschriebene europäische Grundrechtsverpflichtung und damit auch eine gewisse Grundrechtsbindung der Mitgliedstaaten. Die Rechtsprechung des EuGH weist diesbezüglich zwei verschiedene Stränge auf. Zum einen die Rechtsprechungslinie nach der so genannten „Wachauf"-Entscheidung[810], der zufolge die Mitgliedstaaten nur bei der Durchführung von Verordnungen, unmittelbar anwendbaren Richtlinien und zum Vollzug von innerstaatlichem Recht, welches der Umsetzung von sekundären Richtlinien dient, an die Grundrechte gebunden sind. Dies entspricht dem Wortlaut und der oben aufgeführten Definition des Art. 51 Abs. 1 S. 1 Alt. 2 EU-GRC, wonach die Mitgliedstaaten nur dann an die EU-GRC gebunden sind, wenn sie sozusagen als „verlängerter Arm" der EU tätig werden.

Daneben entwickelte der EuGH mit der „ERT"-Entscheidung[811] aber auch eine Rechtsprechungslinie, nach der die Mitgliedstaaten nicht nur bei der „Durchführung" von Unionsrecht an die Unionsgrundrechte gebunden sind, sondern auch dann, wenn sie sich im „Anwendungsbereich" des Unionsrechts bewegen. Dies ist namentlich dann der Fall, wenn es um die Beschränkung von Grundfreiheiten oder sonstiger europäischen Rechtspositionen durch nationale Regelungen geht, sodass die Grundrechte als Rechtfertigung für einen Eingriff in eine Grundfreiheit dienen können.[812] Dass es sich bei der „ERT"-Entscheidung des EuGH keineswegs um eine Ausnahmeerscheinung handelte, beweisen die Rechtssachen Viking Line[813] und Laval[814], bei welchen es sich ebenfalls um „ERT-Fälle" handelt[815]. Konkret ging es auch hier um die Rechtfertigung der Beschränkung der Dienstleistungs- bzw. der Niederlassungsfreiheit durch das Recht auf Durchführung einer kollektiven Maßnahme einschließlich des Streikrechts.[816] So stellte der EuGH wiederholt klar, dass es den Mitgliedstaaten in den Bereichen des Art. 153 Abs. 5 AEUV (ex Art. 137 Abs. 5 EGV) zwar grundsätzlich freistehe, *„die Bedingungen für den Bestand der fraglichen Rechte und die Modalitäten ihrer Ausführung festzusetzen"*[817], trotzdem seien sie gehalten, bei der Rechtsausübung das Unionsrecht

810 EuGH 13. 07.1989, Rs. C-5/88, Slg. 1989, 2609 (Wachauf).
811 EuGH 18.06.1991, Rs. C-260/89, Slg. 1991, I-2925 (ERT).
812 EuGH 18.06.1991, Rs. C-260/89, Slg. 1991, I-2925, Rn. 41 (ERT).
813 EuGH Urteil vom 11.12.2007 – C-438/05, NZA 2008, 124 ff. (Viking).
814 EuGH Urteil vom 18.12.2007 – C-341/05, NZA 2008, 159 ff. (Laval).
815 *Thüsing/Traut*, RdA 2012, 65 (69).
816 EuGH Urteil vom 11.12.2007 – C-438/05, NZA 2008, 124 (129) (Viking); EuGH Urteil vom 18.12.2007 – C-341/05, NZA 2008, 159 (165) (Laval).
817 EuGH Urteil vom 11.12.2007 – C-438/05, NZA 2008, 124 (127) (Viking); EuGH Urteil vom 18.12.2007 – C-341/05, NZA 2008, 159 (165) (Laval).

zu beachten.[818] Demnach sind die Grundrechte, die dem Bereich des Art. 153 Abs. 5 AEUV unterfallen, in Sachverhalten mit europäischem länderübergreifendem Bezug keineswegs dem Anwendungsbereich der Grundfreiheiten entzogen und können entsprechend eine rechtfertigende Beschränkung darstellen. Die gegebene Problematik des Ausgleichs zwischen dem Recht auf Durchführung kollektiver Arbeitskampfmaßnahmen einerseits und der Dienstleistung- bzw. der Niederlassungsfreiheit andererseits spiegelte sich ferner in dem Vorschlag der Europäischen Kommission für die so genannte „Monti II – Verordnung“[819] wider. Die Intention dieser Verordnung war nicht, die vorhandene EuGH-Rechtsprechung zu kippen, sondern allgemeine Grundsätze zur Wahrung des Rechts auf Durchführung kollektiver Maßnahmen in Bezug auf die Dienstleistungs- und Niederlassungsfreiheit zu schaffen.[820] Der Vorschlag scheiterte allerdings aufgrund der Einwände eines Großteils der Mitgliedstaaten.[821]

Die soeben aufgezeigte Rechtsprechung geht jedoch auch über den Wortlaut des Art. 51 Abs. 1 S. 1 Alt. 2 EU-GRC hinaus, sodass kontrovers diskutiert wird, ob der Wortlaut die Rechtsprechung des Gerichtshofes einschränken soll oder ob Art. 51 Abs. 1 S. 1 Alt. 2 EU-GRC extensiv entsprechend der bisherigen „ERT“-Rechtsprechung ausgelegt werden muss. In der wissenschaftlichen Literatur gehen die diesbezüglich vertretenen Meinungen weit auseinander.[822] Der EuGH selbst hält allerdings an seiner bisherigen „ERT“ – Rechtsprechung fest und weitet den Geltungsbereich nach Art. 51 Abs. 1 S. 1 Alt. 2 EU-GRC über seinen Wortlaut hinaus anlässlich der Rechtssache Åklagare/Åkerberg Fransson[823] vom 26.02.2013 aus. Demnach folgt die Anwendbarkeit der Unionsgrundrechte durch die Mitgliedstaaten der Anwendbarkeit des Unionsrechts.[824] Der EuGH setzt demnach ein Handeln der Mit-

---

818 EuGH Urteil vom 11.12.2007 – C-438/05, NZA 2008, 124 (127) (Viking); EuGH Urteil vom 18.12.2007 – C-341/05, NZA 2008, 159 (165) (Laval).

819 Entwurf einer Verordnung des Rates über die Ausübung des Rechts auf Durchführung kollektiver Maßnahmen im Kontext der Niederlassungs- und Dienstleistungsfreiheit vom 21.3.2012, vgl. COM (2012) 130 final, 21.3.2012; Näheres hierzu *Bruun/Bücker*, NZA 2012, 1136 ff.

820 *Bruun/Bücker*, NZA 2012, 1136 (1136 f.).

821 Näheres hierzu *Bruun/Bücker*, NZA 2012, 1136 (1137).

822 Eine enge Auslegung beschränkt Art. 51 Abs. 1 S. 1 Alt. 2 EU-GRC auf seinen Wortlaut in Form der „Wachauf“-Rechtsprechung des EuGH. Vgl. Calliess/Ruffert/ *Kingreen*, EUV/AEUV, EU-GRCharta, Art. 51, Rn. 8; *Lindner*, EuR 2008, 786 (792); wohl auch *Nusser*, Unionsgrundrechte, S. 56. Eine andere Ansicht geht davon aus, dass Art. 51 Abs. 1 S. 1 Alt. 2 EU-GRC zusätzlich entsprechend der „ERT“-Rechtsprechung auszulegen ist. Vgl. *Perner*, Grundrechte-Charta, S. 25; *Schmidt*, EU-Grundrechtecharta, S. 107; *Koen Lenaerts*, EuR 2012, 3 (5 f.); *Jarass*, Charta der Grundrechte, Art. 51, Rn. 16; wohl auch *Thüsing/Traut*, RdA 2012, 65 (69). Eine weitere Ansicht geht sogar noch darüber hinaus, indem sie eine umfassende Unionsrechtskonformität fordert. Vgl. *Lindner* EuR 2007, 160 (174).

823 EuGH NJW 2013, 1415 (1415), Urteil vom 26.02.2013, Åklagare/Åkerberg Fransson.

824 Vgl. EuGH NJW 2013, 1415 (1416), Urteil vom 26.02.2013, Åklagare/Åkerberg Fransson.

gliedstaaten „im Anwendungsbereich des Unionsrechts“ mit der „Durchführung des Unionsrechts“ gleich.[825] Kurz gesagt: Gilt das Unionsrecht, so gilt auch die EU-GRC. Bestätigung findet eine derartige Interpretation des Art. 51 Abs. 1 S. 1 Alt. 2 EU-GRC im Übrigen auch in den Erläuterungen zur Charta der Grundrechte für Art. 51 EU-GRC[826], welche aufgrund von Art. 52 Abs. 7 EU-GRC nunmehr auch gebührend zu berücksichtigen sind. Auch hier wird unterstrichen, dass die Mitgliedstaaten zur Einhaltung der Grundrechte verpflichtet sind, soweit sie im Anwendungsbereich des Unionsrechts handeln.[827] Ferner wäre es nicht nachvollziehbar, warum gerade eine zum Schutz der Grundrechte geschaffene Charta hinter dem bisherigen durch die Rechtsprechung des EuGH entwickelten Grundrechteschutz zurückfallen sollte.

Damit führt die extensive Auslegung der „Durchführung von Unionsrecht“ letztlich dazu, dass zumindest in grenzüberschreitenden Arbeitskonflikten, bei welchen sich eine Kollision von Grundfreiheiten und Arbeitskampfmaßnahmen ergibt, Art. 28 EU-GRC von den Mitgliedstaaten zu beachten ist.

(2) Die allgemeinen Grundsätze des Unionsrechts

Wie bereits anfangs erwähnt, gewährleistet die europäische Grundrechtsordnung neben den aus der Grundrechtecharta abgeleiteten Grundrechten, ausweislich des Art. 6 Abs. 3 EUV, auch weiterhin diejenigen Grundrechte, die sich aus den allgemeinen Grundsätzen des Unionsrechts ergeben. Die Struktur des Art. 6 EUV lässt dabei erkennen, dass, obwohl die EU-GRC mit in Kraft treten des Vertrags von Lissabon nunmehr von einer unverbindlichen Rechtserkenntnisquelle zu einem rechtsverbindlichen Bestandteil des primären Unionsrechts avancierte, die Grundrechte der Grundrechtecharta nicht an die Stelle der aus den allgemeinen Grundsätzen abgeleiteten Grundrechte treten, sondern beide Grundrechtsstränge selbstständig nebeneinander stehen.[828]

Dementsprechend begründet die europäische Grundrechteordnung nicht nur in Art. 28 EU-GRC ein Recht auf Streik, sondern gewährleistet ebenfalls

> *„das Recht auf Durchführung einer kollektiven Maßnahme einschließlich des Streikrechts als Grundrecht [...], das fester Bestandteil der allgemeinen Grundsätze des Gemeinschaftsrechts ist“*[829].

Obgleich sich schon in früheren Entscheidungen des EuGH[830] die Entstehung eines europäischen Grundrechtsschutzes abzeichnete, fand die Entwicklung des Rechts

825 *Rabe*, NJW 2013, 1407 (1408).
826 ABl. 2007 C 303/1 (32).
827 ABl. 2007 C 303/1 (32).
828 *Krebber*, RdA 2009, 224 (231).
829 EuGH, Urteil vom 11.12.2007 – C-438/05, NZA 2008, 124 (127) (Viking); EuGH, Urteil vom 18.12.2007 – C-341/05, NZA 2008, 159 (165) (Laval).
830 Vgl. EuGH, Urteil vom 17.12.1970 – Rs.11/70, NJW 1971, 343 (343) (Internationale Handelsgesellschaft).

auf Durchführung kollektiver Maßnahmen in den Rechtssachen Viking[831] und Laval[832] ihren bisherigen Höhepunkt, indem der EuGH aus den unterschiedlichen internationalen Rechtsakten, an denen die Mitgliedsstaaten mitgewirkt haben oder denen sie beigetreten sind, zu welchen beispielsweise die Europäische Sozialcharta, das IAO-Übereinkommen Nr. 87 und die Europäische Grundrechtecharta zählen, ein solches Grundrecht ableitete.[833]

Allerdings ist auch hinsichtlich des Rechts auf Durchführung kollektiver Maßnahmen der Anwendungsbereich für die Mitgliedstaaten hinsichtlich nationaler Streikmaßnahmen stark eingeschränkt. Diesbezüglich kann auf die Ausführungen zu Art. 28 EU-GRC verwiesen werden.[834] Demnach folgt die Anwendbarkeit des Grundrechts in den Mitgliedsstaaten der Anwendbarkeit des Unionsrechts. Da aber die Rechtssetzungskompetenz der Union im Bereich des Streiks zweifelsfrei ausgeschlossen ist, beschränkt sich der Geltungsbereich des Streikrechts als Bestandteil der allgemeinen Grundsätze des Unionsrechts auf grenzüberschreitende Sachverhalte. So hat auch das Recht auf Streik als Bestandteil der allgemeinen Grundsätze des Unionsrechts für die gegebene Problematik nur sehr eingeschränkte Relevanz.

(3) Die unionsrechtliche Bindung der Mitgliedstaaten an die EMRK durch den Beitritt der EU zur EMRK?

Der Beitritt der Europäischen Gemeinschaft bzw. der Europäischen Union[835] zur Konvention zum Schutz der Menschenrechte und Grundfreiheiten ist eine seit vielen Jahrzehnten in der Wissenschaft, aber auch in den Organen der EG/EU diskutierte Überlegung. Daher verabschiedete die Europäische Kommission erstmals 1979[836] ein Memorandum bezüglich des Beitritts der EG zur EMRK. In diesem Sinne stelle der Rat gemäß Art. 300 Abs. 5 EGV 15 Jahre später (am 26.04.1994) einen Antrag an den EuGH zur Begutachtung der Frage, ob der Beitritt der EG zur EMRK mit dem EG-Vertrag überhaupt vereinbar sei.[837] In dem drauf folgenden Gutachten vom 28.03.1996 lehnte der EuGH die Existenz einer tragfähigen Ermächtigungsgrundlage für den Beitritt der EG zur EMRK allerdings mit der Begründung ab,[838] dass eine solche nur im Wege der Verfassungsänderung geschaffen werden könne.[839] Mit Inkrafttreten des Vertrags von Lissabon 2009 wurde Art. 6 EUV daher entscheidend

831 EuGH, Urteil vom 11.12.2007 – C-438/05, NZA 2008, 124ff. (Viking).
832 EuGH, Urteil vom 18.12.2007 – C-341/05, NZA 2008, 159ff. (Laval).
833 EuGH, Urteil vom 11.12.2007 – C-438/05, NZA 2008, 124 (127) (Viking); EuGH, Urteil vom 18.12.2007 – C-341/05, NZA 2008, 159 (165) (Laval).
834 Vgl. Kapitel 2, B., III., 2., e., aa., (1), (b).
835 Seit Inkrafttreten des Vertrages von Lissabon am 01.12.2009.
836 Memorandum der Europäischen Kommission vom 4. April 1979, BullEG, Beilage 2/79.
837 *Cassebohm*, ZERP-Diskussionspapier 5/2008, 5.
838 EuGH, Gutachten 2/94, EMRK, Slg. 1996, S. I-1763, Rn. 35.
839 EuGH, Gutachten 2/94, EMRK, Slg. 1996, S. I-1763, Rn. 35.

abgeändert. So konnte mit der Schaffung von Art. 6 Abs. 2 S. 1 EUV auf Seiten der Europäischen Union das grundlegende Fundament für den Beitritt der EU zur EMRK gelegt werden.[840] Die Regelung des Art. 6 Abs. 2 S. 1 EUV enthält nicht nur eine Kompetenznorm, welche der EU explizit die Befähigung verleiht, der EMRK beizutreten[841], sondern auch eine deutliche Beitrittsverpflichtung, die die EU unionsrechtlich forciert, die zum Beitritt in die EMRK erforderlichen Schritte zu setzen[842].

Durch den Beitritt der EU zur EMRK könnte Art. 11 EMRK daher in Zukunft als Teil des Unionsrechts unmittelbar Anwendung im nationalen Recht finden und dem nationalen Recht unter Umständen sogar vorgehen. Ein künftiger Beitritt der EU zur EMRK wirft daher die Fragen nach der „intra-unionalen" Stellung und Anwendbarkeit der EMRK auf. Insbesondere bleibt zudem zu fragen, wie weit dieser mögliche Anwendungsbereich der EMRK als Unionsrecht im nationalen Recht reicht.

Der Unionsbeitritt zur EMRK setzt zunächst ausgehend von Art. 218 AEUV einen völkerrechtlichen Beitrittsvertrag (Übereinkunft) zwischen der EU und den Vertragsparteien der EMRK voraus.[843] Aufgrund dessen würde sich der unionsrechtliche Stellenwert der EMRK nach der Bedeutung völkerrechtlicher Verträge der Union mit Drittstaaten und internationalen Organisationen richten.[844] Nach ständiger Rechtsprechung des EuGH sind völkerrechtliche Verträge der Union, und damit nach möglichem Unionsbeitritt auch die EMRK, integrierter Bestandteil des Unionsrechts.[845] Der Unionsbeitritt hätte aber nicht nur zur Folge, dass die EMRK zum Unionsrecht avanciert, sondern darüber hinaus würde die EMRK nach Art. 216 Abs. 2 AEUV ganz konkret sowohl für *„die Organe der Union"* als auch *„die Mitgliedstaaten"* eine Bindungswirkung entfalten[846]. Für die Mitgliedstaaten hätte diese unionsrechtliche Bindung und damit die entsprechende unmittelbare Anwendbarkeit zur Konsequenz, dass auch in diesem Fall das Unionsrechts dem nationalen Recht vorginge (Anwendungsvorrang des Unionsrechts)[847]. Angesichts dessen ist für die vorliegende Untersuchung von entscheidender Relevanz, wie (un-)begrenzt die unionsrechtlich wirkende EMRK im nationalen Recht anwendbar sein würde. Da es sich letztlich aber auch hierbei um unmittelbar anwendbares Unionsrecht

---

840 Auf Seiten der EMRK wurde die Grundlage für einen Beitritt der EU durch Einfügen des Art. 59 Abs. 2 EMRK geschaffen. Näheres hierzu: *Huber*, Beitritt, S. 35 ff.; *Obwexer*, EuR 2012, 115 (122); *Niedobitek*, ZBR 2010, 361 (365).

841 *Obwexer*, EuR 2012, 115 (115).

842 Grabitz/Hilf/Nettesheim/*Schorkopf*, Recht der EU, Art. 6 EUV, Rn. 40.

843 Näheres zum Beitrittsverfahren nach Art. 218 AEUV siehe *Obwexer*, EuR 2012, 115 (118 ff.).

844 *Schneiders*, Grundrechte EU, S. 251; Niedobitek, ZBR 2010, 361 (365).

845 EuGH, Rs. 181/73, Slg. 1974, 449 (460), (Haegemann/Belgien); EuGH, Rs. 12/86, Slg. 1987, 3719 (3750), (Demirel/Schwäbisch Gmünd); EuGH, Rs. C-452/01, Slg. 2003, I-9743, Rn. 27 (Ospelt und Schlössle Weissenberg); EuGH, Rs. C-459/03, Slg. 2006, I-4635, Rn. 82 (Kommission/Irland).

846 *Obwexer*, EuR 2012, 115 (143).

847 *Borchardt*, Europäische Union, S. 53; *Haratsch/Koenig/Pechstein*, Europarecht, S. 15.

handeln würde, kann der Anwendungsbereich der unionsrechtlich geltenden EMRK wiederum nicht weitergehen als der Anwendungsbereich des Unionsrechts selbst.[848] Allerdings wurde zuvor festgestellt, dass der Anwendungsbereich des Unionsrechts in den Mitgliedstaaten gerade im Bereich des Streikrechts aufgrund der fehlenden Regelungskompetenz der Union stark begrenzt ist.[849] Diese Tatsache hätte auch in Bezug auf die unionsrechtlich wirkende EMRK zur Folge, dass ihr Geltungsbereich in den Mitgliedstaaten stark eingegrenzt wäre.

Hieran kann auch Art. 6 Abs. 2 EUV nichts ändern. Die „Zuständigkeitswahrungsklausel“ in Art. 6 Abs. 2 S. 2 EUV, nach welcher ein EMRK-Beitritt der Union keine Änderung der Unionszuständigkeit bewirken kann, spricht vielmehr dafür, dass auch die Geltung der unionsrechtlich wirkenden EMRK im nationalen Recht auf den Geltungsbereich des Unionsrecht beschränkt sein soll.[850] Auch Art. 2 S. 1 EU-Protokoll Nr. 8[851] lässt keinen anderen Schluss zu, da dieser ebenfalls vorschreibt, dass der Beitritt der Union die Zuständigkeiten der Union und die Befugnisse ihrer Organe unberührt lässt. Dieses Verbot der Ausweitung der Kompetenzen der Union im Fall eines Beitritts zur EMRK dient der Wahrung des Grundsatzes der begrenzten Einzelermächtigung. Hieran soll auch der Beitritt zur EMRK nichts ändern dürfen. Dies ergibt sich nach Ansicht von *Generalanwältin Kokott* auch aus dem Übereinkunftsentwurf zum Beitritt der EU zur EMRK.[852] Diese Ansicht ist durchaus konsequent, da nur auf diesem Weg eine Grundrechtshomogenisierung zwischen EU-GRC, Grundrechten aus den allgemeinen Grundsätzen des Unionsrechts und unionsrechtlich wirkender EMRK verfestigt werden würde. Wäre dies nicht der Fall, kämen der EMRK eine durchschlagendere Wirkung im nationalen Recht zu, als beispielsweise der EU-GRC. Für das vorliegend zu untersuchende Streikrecht würde ein Beitritt der Union zur EMRK daher nicht zu einer entscheidenden Änderung führen.

Zudem ist der Beitritt der EU zur EMRK entgegen der Erwartungen[853], die in die Neufassung des Art. 6 EUV gesetzt wurden, wieder in die Ferne gerückt. Der Grund hierfür ist der Antrag der Europäischen Kommission vom 04.07.2013 gemäß

---

848 So auch *Köngeter*, in: Becker, Die Europäische Verfassung, S. 230 (253); *Niedobitek*, ZBR 2010, 361 (365); a. A. wohl *Weiß*, ZEuS 2005, 323 (349 ff.).

849 Vgl. Kapitel 2, B., III., 2., e., aa., (1), (b).

850 So auch *Köngeter*, in: Becker, Die Europäische Verfassung, S. 230 (253); *Niedobitek*, ZBR 2010, 361 (365); a.A. wohl *Weiß*, ZEuS 2005, 323 (349 ff.).

851 Hierbei handelt es sich um das 8. Protokoll zum EU-Vertrag und zum AEU-Vertrag, namentlich zu Art. 6 Abs. 2 des Vertrags über die Europäische Union über den Beitritt der Union zur Europäischen Konvention zum Schutz der Menschenrechte und Grundfreiheiten.

852 *Kokott*, Stellungnahme vom 13.07.2014, Gutachtenverfahren 2/13, S. 11, http://curia.europa.eu/juris/document/document.jsf?docid=160929&doclang=DE (12.02.2016).

853 Wohl auch entgegen der Erwartungen von Generalanwältin Juliane Kokott. Siehe hierzu *Kokott*, Stellungnahme vom 13.07.2014, Gutachtenverfahren 2/13, S. 11, http://curia.europa.eu/juris/document/document.jsf?docid=160929&doclang=DE (12.02.2016).

Art. 218 Abs. 11 AEUV auf Begutachtung der Frage der Vereinbarkeit des Beitritt der EU zur EMRK und dem in diesem Zusammenhang entwickelten Übereinkunftsentwurf mit dem EU-Vertrag und dem AEU-Vertrag.[854] Denn im Ergebnis kam der EuGH in seinem Gutachten vom 18.12.2014 zu dem Schluss, dass die Übereinkunft über den Beitritt der EU zur EMRK nicht mit Art. 6 Abs. 2 EUV und dem Protokoll (Nr. 8) zu Artikel 6 Absatz 2 des Vertrags über die Europäische Union über den Beitritt der Union zur Europäischen Konvention zum Schutz der Menschenrechte und Grundfreiheiten vereinbar ist.[855] Die Übereinkunft sei in mehreren Punkten dazu geeignet, die besonderen Merkmale und die Autonomie des Unionsrechts zu beeinträchtigen.[856] Da Art. 218 Abs. 11 S. 2 AEUV vorsieht, dass im Falle eines ablehnenden Gutachtens des EuGH die geplante Übereinkunft nur in Kraft treten kann, wenn sie selbst oder die Verträge abgeändert werden, dürfte sich der Beitritt der EU zur EMRK daher erneut um Jahre verzögern, sodass eine unionsrechtliche Bindung der Mitgliedstaaten an die EMRK weiterhin nur Zukunftsmusik bleibt.

bb. Fazit zum Unionsrecht

Damit der mehrteilige Grundrechtsschutz des Unionsrechts für das nationale Streikrecht Bedeutung erlangt, muss der Anwendungsbereich des Unionsrechts eröffnet sein. Allerdings schließt Art. 153 Abs. 5 AEUV gerade den Regelungsbereich des Streiks von der Rechtsetzungskompetenz der Union ausdrücklich aus, sodass sich der Erlass von sekundärem Unionsrecht dahingehend als unzulässig erweist. Dementsprechend ist der nationale Streik ohne Unionsbezug ausschließlich nach nationalem Recht zu beurteilen, ohne auf Art. 28 EU-GRC und die allgemeine Grundsätze des Unionsrechts Rücksicht nehmen zu müssen. An diesem Ergebnis wird auch der Beitritt der EU zur EMRK nichts ändern können. Den Mitgliedstaaten steht es somit im Bereich des Arbeitskampfrechts frei, welche nationalen Regelungen sie treffen. Eine unionsrechtliche Harmonisierung der nationalen Streikrechte findet nicht statt.

Bei einer extensiven Auslegung des Anwendungsbereichs der EU-GRC nach Art. 51 Abs. 1 S. 1 Alt. 2 EU-GRC entsprechend der EuGH-Rechtsprechung in Sachen „Viking Line" und „Laval" ist Art. 28 EU-GRC für die Mitgliedstaaten aber zumindest in grenzüberschreitenden Arbeitskonflikten einschlägig. All das hat zur Konsequenz, dass das Unionsrecht im Hinblick auf das Streikrecht zwar nicht leer läuft, für die hier zugrundeliegende Fragestellung, die sich lediglich auf nationale Streikmaßnahmen beschränkt, allerdings weniger von Bedeutung ist.

854 EuGH, Gutachten vom 18.12.2014 – C-2/13, BeckRS 2015, 80256, S. 1.
855 EuGH, Gutachten vom 18.12.2014 – C-2/13, BeckRS 2015, 80256, S. 37.
856 EuGH, Gutachten vom 18.12.2014 – C-2/13, BeckRS 2015, 80256, S. 36.

Kapitel 3: Das Streikrecht der Beamten

Das Gesamtbild des Beamtenstreikrechts wurde in der Bundesrepublik Deutschland bisher im Wesentlichen von einem generellen statusbezogenen Streikverbot geprägt. Trotzdem gehört das Streikrecht oder vielmehr das Streikverbot der Beamten zu einem der meist umstrittenen Fragen des Arbeitskampfrechts. Denn obwohl in der Geschichte der Bundesrepublik tatsächlich nur sehr wenige Streikhäufungen einzelner Beamtengruppen aufgetreten sind, symbolisieren solche Arbeitskampfmaßnahmen eine Gefahr für das tief verwurzelte und geschichtlich geprägte deutsche Verständnis des Beamtentums. Gerade deswegen stellen auch die fortwachsenden Einflüsse des europäischen und internationalen Rechts und dessen fragliche Kompatibilität mit diesem traditionell gewachsenen Verständnis ein nunmehr höchst brisantes und hier zu diskutierendes Thema dar. Aufgrund dessen soll im Folgenden zunächst auf das noch vorherrschende Konzept des Beamtenstreikverbots sowie dessen historische Prägung und rechtliche Herleitung eingegangen werden. Anknüpfend daran wird die Vereinbarkeit des Beamtenstreikverbots mit dem europäischen und internationalen Recht untersucht, um anschließend die Folgen für das deutsche Recht herausarbeiten zu können.

A. Das Beamtenstreikverbot in der Bundesrepublik Deutschland

I. Eine historische Hintergrundbetrachtung

Die heute noch im deutschen Rechtsverständnis verwurzelte Vorstellung der Unvereinbarkeit von Beamtentum und Streikrecht stellt rückblickend betrachtet ein aus dem Selbstverständnis des Beamtentums der konstitutionellen Monarchie des 19. Jahrhunderts entwickeltes Faktum dar, welches sich nach überwiegender Ansicht zu einem „hergebrachten Grundsatz des Berufsbeamtentums“ entfaltet hat.

So war zu Beginn des 19. Jahrhunderts eine Diskussion um ein Streikrecht der Beamtenschaft auf deutschem Gebiet unvorstellbar, was primär auf das Selbstverständnis der Beamten zurückzuführen war. Die Beamten hielten sich als Staatsdiener selbst für die Träger des Staates.[857] Diese Überzeugung fußt auf der Lehre der persönlichen Verpflichtung des einzelnen Beamten gegenüber dem Monarchen aufgrund des Beamteneids.[858] Hierdurch war der Beamte dem Souverän gegenüber durch eine sittliche Treuepflicht zur absoluten Pflichterfüllung bestimmt.[859] Der Beamte identifizierte sich derart mit der Staatsgewalt, dass seine Person im

857 *Hattenhauer*, ZBR 1980, 233 (233).
858 *Hoffmann*, AöR 91 (1966), 141 (155).
859 *Hattenhauer*, ZBR 1980, 233 (233).

Staatsdienst aufging und damit ein Teil des monarchischen Willens wurde.[860] Ein Streik wäre demnach einem Kampf gegen sich selbst gleich gekommen und damit undenkbar.

Allerdings bekam dieses traditionelle Verständnis zumindest außerhalb des Beamtentums schon zur Zeit der Monarchie Risse. Bereits jetzt kämpften Arbeiter für das Streikrecht von Angestellten und Beamten.[861] Die Sozialdemokratie als Verfechterin des Gleichheitsgedankens und dessen Anwendung auf die gesamte arbeitende Bevölkerung kratzte an dem Selbstbildnis der Beamtenschaft, was die Beamten vorerst aber keineswegs dazu verleitete, an ihrer Position und Rolle im Staat zu zweifeln.[862] So hielten die Beamten zunächst an ihrer Treuepflicht gegenüber dem Staat fest und arbeiteten auch in der Zeit der Novemberrevolution 1918 weiter, wodurch die Daseinsvorsorge aufrechterhalten werden konnte, ohne die auch die Revolution lahmgelegt worden wäre.[863] Trotzdem erfolgte mit der Gründung der Weimarer Republik ein vorläufiger, aber schon zur Zeit der Monarchie angedeuteter, politisch geprägter Wandel von außen. Am 12.11.1918 erließ der Rat der Volksbeauftragten einen Aufruf, der unter anderem bestimmte, dass die Vereins- und Versammlungsfreiheit keinen Beschränkungen unterliege, auch nicht für Beamte.[864] Dieser Wortlaut wurde später als Koalitionsrecht begriffen, welches schon nach damaligem Verständnis das Streikrecht mit umfasste.[865] Der zuvor bestehende soziale und politische Status des Beamtentums wurde damit aufgeweicht. Die Konsequenz ließ dementsprechend auch nicht lange auf sich warten. Aufgrund der extremen wirtschaftlichen Not bei den Beschäftigten der Eisenbahn kam es im Februar 1919 zu den ersten Beamtenstreiks in Form der Eisenbahnerstreiks.[866] Erst durch die Anordnung eines Streikverbots für die Eisenbahner am 27.06.1919 durch den damaligen Reichswehrminister *Gustav Noske* ebbte die Streikwelle wieder ab.[867] Die durch diese Ereignisse hervorgerufene Furcht vor weiteren Beamtenstreiks drang bis an die Spitze des damaligen politischen Diskurses vor und führte in der Weimarer Nationalversammlung zu heftigen Debatten um die Koalitionsfreiheit und das Streikrecht der Beamten.[868] Aufgrund der zunehmenden Angst und der tiefgreifenden Meinungsverschiedenheiten unter den Parteien wurde mit Verabschiedung der Weimarer Reichsverfassung vom 11.08.1919[869] zwar in Art. 159 die Vereinigungsfreiheit zur Wahrung und Förderung der Arbeits- und Wirtschaftsbedingungen für jedermann und für alle Berufe ausdrücklich aufgenommen und für die Beamten

860 *Hoffmann*, AöR 91 (1966), 141 (156).
861 *Furtwängler*, ÖTV, S. 208.
862 *Hattenhauer*, ZBR 1980, 233 (234 f.).
863 *Hattenhauer*, ZBR 1980, 233 (234 f.).
864 RGBl. I, S. 1303.
865 *Schwittau*, Formen des wirtschaftlichen Arbeitskampfes, S. 68.
866 *Hattenhauer*, ZBR 1980, 233 (235 f.).
867 *Hattenhauer*, ZBR 1980, 233 (236).
868 *Däubler*, Öffentlicher Dienst, S. 9.
869 RGBl. I, S. 1383.

speziell in Art. 130 Abs. 2 WRV wiederholt geregelt. Allerdings wurde bewusst die Formulierung „Vereinigungsfreiheit" und nicht „Koalitionsfreiheit" verwendet, um damit die umstrittene Problematik einer Streikgarantie nicht in die Verfassung aufnehmen zu müssen.[870] Die Frage des Beamtenstreiks wurde damit mehr und mehr undurchsichtiger.

Die gegebene verfassungsrechtliche Situation und die damit verbundene unklare Rechtslage hatten bald zur Konsequenz, dass nicht nur der Beamtenstreik, sondern jegliche kollektive Arbeitsniederlegung als rechtswidrig angesehen wurde.[871] Was letztlich aus gegebenem Anlass[872] dazu führte, dass der damalige Reichspräsident *Friedrich Ebert* durch Notverordnung vom 01.02.1922 ein allgemeines Beamtenstreikverbot verabschiedete[873], welches später auch durch die höchstrichterliche Rechtsprechung bestätigt[874] und damit im damaligen deutschen Recht verfestigt wurde.

In der darauffolgenden NS-Zeit erfuhr das Beamtenverhältnis wiederum eine Umgestaltung, indem eine politische Treuepflicht der Beamten eingeführt wurde, welche sich durch eine persönliche Bindung entsprechend dem Führerprinzip an das Staatsoberhaupt auszeichnete.[875] Dementsprechend stellte sich zu diesem Zeitpunkt der deutschen Geschichte, wie schon zu Zeiten der konstitutionellen Monarchie, gar nicht die Frage nach einem Beamtenstreik bzw. einem Verbot.

Erst nach dem Zweiten Weltkrieg zur Zeit der Besatzung Deutschlands durch die Alliierten strukturierten sich die deutschen Länder neu und beschlossen zum Großteil Landesverfassungen, welche eine explizite Streikgarantie beinhalteten und somit über die Gewährleistung in Art. 159 WRV weit hinausgingen. Im Hinblick auf den Beamtenstreik blieben sich die Verfassungen allerdings uneins. So ließ sich beispielsweise aus der hessischen Verfassung und der Verfassungen der Länder Bremen und Berlin eine Streikgarantie für Beamte ableiten, wohingegen u. a. die Verfassungen von Württemberg-Baden und Südwürttemberg-Hohenzollern eine solche nicht umfassten.[876] Auch an diesem Punkt der Geschichte Deutschlands handelte es sich bei dem Beamtenstreikrecht um eine nicht einmal im Ansatz geklärte rechtliche Problematik. Die diesbezügliche Uneinigkeit setzte sich ebenfalls in der Debatte um die Bundesverfassung fort. Auch die Väter des Grundgesetzes waren sich über die Einordnung und die ausdrückliche Regelung eines Beamtenstreiks nicht einig[877], was letztlich dazu führte, dass Art. 9 GG bis heute keine ausdrückliche Regelung über das Streikrecht bzw. Beamtenstreikrecht/-verbot beinhaltet. Die Rechtslage blieb nach

870 *Däubler,* Öffentlicher Dienst, S. 9; *Hoffmann,* AöR 91 (1966), 141 (163).
871 *Däubler,* Öffentlicher Dienst, S. 10.
872 Es drohte wiederholt ein Beamtenstreik bei den Eisenbahnern.
873 RGBl. I, S. 187.
874 RGSt 56, 412 ff., 419 ff. (3. Strafsenat des Reichsgerichts); RG JW 1927, 1249 (2. Zivilsenat des Reichsgerichts).
875 *Hattenhauer,* ZBR 1980, 233 (238).
876 Im Einzelnen *Däubler,* Öffentlicher Dienst, S. 12 ff., 17.
877 Ausführlich hierzu *Däubler,* Öffentlicher Dienst, S. 17 ff.

wie vor offen, sodass die Frage des Beamtenstreikverbots bei den Vorbereitungen zum Bundesbeamtengesetz abermals aufkam. So sah § 57 des Regierungsentwurfes zwar ein ausdrückliches Streikverbot für Beamte vor, welches aber aufgrund des Protestes des Deutschen Gewerkschaftsbundes letztlich ersatzlos gestrichen wurde.[878] Der Gewerkschaftsbund hielt eine derartige Regelung für unnötig, da das Beamtentum in der Vergangenheit Deutschlands seine Treue zum Staat hinlänglich bewiesen hatte.[879] Damit ist es bis heute zu keinem das Beamtenstreikrecht/-verbot einheitlich regelnden Gesetz gekommen. Lediglich das rheinland-pfälzische[880] und das bayerische Landesbeamtengesetz sahen ein Beamtenstreikverbot vor.[881]

So führten die ungeklärte Rechtslage und die Unzufriedenheit der Beamten bei Post und Bahn über ihre Besoldung im Jahre 1962 zu Aktionen wie „Igel" und „Adler", bei welchen die Beamten den Dienst nach Vorschrift ausübten.[882] Die kurz anhaltenden und zögerlichen Maßnahmen ließen die Diskussion über den Beamtenstreik zumindest in der Öffentlichkeit nicht abreißen.[883] Aber erst mit dem Fluglotsenstreik 1973 wurde deutlich, dass auch die Stimmung innerhalb der Beamtenschaft im Umschwung begriffen war.[884] In relativ weiten Abständen kam es dann erst wieder 1980 zum Streik der Bundespostbeamten oder auch der verbeamteten Lehrer 2009.[885] Ein ersichtlicher Grund für die wenigen Streikaktionen der Beamten stellt wohl das von der Rechtsprechung konzipierte und auf Art. 33 Abs. 4, 5 GG basierende Beamtenstreikverbot dar, welches im Weiteren rechtlich zu beleuchten ist.

II. Die rechtliche Herleitung des Beamtenstreikverbots

Sowohl die Rechtsprechung als auch überwiegende Teile der Literatur sprechen sich bislang für ein Streikverbot für Beamte aus.[886] Obwohl ein solches einfachgesetzlich weder auf Bundesebene noch überwiegend in den Bundesländern – abgesehen von § 64 Abs. 2 LBG Rh.-Pfalz und § 63 Abs. 2 LBG Bayern – ausdrücklich festgeschrieben ist, wird ein Beamtenstreikverbot aus der deutschen Verfassung abgeleitet.

878 *Isensee*, Beamtenstreik, S. 11, 33; *Hattenhauer*, ZBR 1980, 233 (238).
879 Vgl. *Deutschen Gewerkschaftsbund*, Stellungnahme BBG, S. 23f.
880 Damals § 64 Abs. 2, heute § 50 Landesbeamtengesetz Rheinland-Pfalz.
881 *Däubler*, Öffentlicher Dienst, S. 16f.
882 *Isensee*, Beamtenstreik, S. 11; *Hattenhauer*, ZBR 1980, 233 (238); *Hoffmann*, AöR 91 (1966), 141 (142).
883 *Isensee*, Beamtenstreik, S. 11ff.
884 *Hattenhauer*, ZBR 1980, 233 (238).
885 Däubler/*Hensche*, Arbeitskampfrecht, S. 482.
886 BVerfGE 11.06.1958, 8, 1 (17); 11.06.1958, 8, 28 (35); 30.03.1977, 44, 249 (264); BAGE 10.09.1985, 49, 303 (312ff.); BGHZ 31.01.1978, 70, 277 (279); BVerwGE 19.09.1977, 53, 330 (331f.); 03.12.1980, 73, 97 (102); 10.05.1984, 69, 208 (212f.); BVerwG NZA 2014, 616 (618ff.); VG Bremen 03.07.2012 – DK 20/11, Rn 19ff. (juris); OVG Münster 07.03.2012 NVwZ 2012, 890 (893ff.); OVG Lüneburg 12.06.2012, BeckRS 2012, 51816; *Weber* in: Leisner, Berufsbeamtentum, S. 201; *Münch*, DÖV 1982, 337 (340); a.A. VG Kassel AuR 2012, 36 (36); Däubler/*Hensche*, Arbeitskampfrecht, S. 484ff.

1. *Kein Beamtenstreikrecht nach Art. 9 Abs. 3 GG?*

Grundsätzlich steht wohl außer Frage, dass Art. 9 Abs. 3 GG die Koalitionsfreiheit seinem ausdrücklichen Wortlaut nach „für jedermann und alle Berufe“ und damit auch für Beamte[887] gewährleistet. Damit steht den Beamten unstreitig die Koalitionsfreiheit als berufsbezogene Vereinigungsfreiheit insoweit zu, als dass sie Gewerkschaften gründen sowie beitreten können und diese ihre Interessen vertreten lassen dürfen.[888] Daneben gewährleiste Art. 9 Abs. 3 S. 1 GG nach herrschender Meinung als Teil der Koalitionsbetätigungsfreiheit ein Streikrecht, welches allerdings nur unter strengen Voraussetzungen als zulässig erachtet wird. Dementsprechend sei eine Arbeitskampfmaßnahme nur dann nach Art. 9 Abs. 3 S. 1 GG garantiert, wenn sie zur Durchsetzung tarifvertraglich regelbarer Ziele führt.[889] Dies folge aus der Hilfsfunktion des Arbeitskampfes zur Sicherung einer funktionierenden Tarifautonomie[890], sodass das Streikrecht als Annex zur Tarifautonomie gewährleistet ist.

Einem Beamtenstreik mangelt es nach geltendem Recht allerdings an einem solchen Tarifbezug. Schließlich ist Art. 33 Abs. 4 GG der Grundsatz der hoheitlichen Ausgestaltung des Beamtenverhältnisses zu entnehmen, aufgrund dessen die zentralen Beschäftigungsbedingungen der Beamten nicht vertraglich, sondern durch den Gesetzgeber geregelt werden.[891] Dementsprechend wird beispielsweise die Alimentation der Beamten nach § 2 Abs. 1, 2 BBesG, § 3 BeamtVG durch den Gesetzgeber festgeschrieben. Für eine einzel- oder kollektivvertraglich verhandelbare Besoldung bleibt da kein Raum. Ferner legt § 1 Abs. 1 TVG fest, dass der normative Teil eines Tarifvertrages auf Rechtsnormen beschränkt ist, die den Abschluss, den Inhalt und die Beendigung von Arbeitsverhältnissen und nicht auch Beamtenverhältnisse ordnet. Die zuständigen Koalitionen haben somit nicht die Befugnis, bestimmte durch Gesetz geregelte Beschäftigungsbedingungen bezüglich des Beamtenverhältnisses durch Tarifvertrag festzulegen, sodass es einem Beamtenstreik an einem tariflich regelbaren Ziel fehlt.

Aus diesem Umstand ergibt sich zudem die Qualifizierung des Beamtenstreiks als unzulässigen politischen Streik. So ist der politische Streik dadurch gekennzeichnet, dass der Staat in seiner Funktion als Hoheitsträger zu einem bestimmten Verhalten veranlasst werden soll[892], welches naturgemäß nicht der Abschluss einer tariflichen Regelung sein kann. Würde entsprechend ein Beamter zur Verbesserung seiner Arbeits- und Wirtschaftsbedingungen gegen seinen Dienstherrn streiken, wäre

---

887 *Gooren*, ZBR 2011, 400 (401); *Däubler*, Öffentlicher Dienst, S. 98; *Werres*, Beamtenverfassungsrecht, S. 35.

888 Vgl. § 52 BeamtStG, 116 BBG; so auch *Sonntag/Hoffmann*, RiA 2012, 137 (137); *Werres*, Beamtenverfassungsrecht, S. 35.

889 BAGE 48, 160 (168); 58, 343 (348); 62, 171 (182).

890 Statt vieler BAG NZA 2003, 734 (740).

891 *Bitsch*, ZTR 2012, 78 (79); *Gooren*, ZBR 2011, 400 (401); *Weber* in: Leisner, Berufsbeamtentum, 199 (202).

892 *von Münch*, Streikrecht, S. 35; *Engels*, Verfassung, S. 119.

der Streik zwangsläufig gegen den Staat auf Erlass eines entsprechenden Gesetzes gerichtet, da viele beamtenrechtliche Beschäftigungsbedingungen ausschließlich durch den Staat als Gesetzgeber geregelt werden. Demzufolge wäre ein Beamtenstreik gerade nicht auf den Abschluss eines Tarifvertrages gerichtet, da zum einen durch die gesetzlichen Regelungen kein Platz für Kollektivverhandlungen bleibt und zum anderen der Staat nach § 2 Abs. 1 TVG nicht dazu befähigt ist, Tarifvertragspartei zu sein und damit ohnehin keinen wirksamen Tarifvertrag abschließen könnte. Aber auch wenn man so weit geht, den Staat bzw. dessen Organe als „Arbeitgeber" der Beamtenschaft zu betrachten, so würde er im Rahmen der Gesetzgebung nicht mehr als solcher tätig sein. Aufgrund dessen offenbart sich der Beamtenstreik ebenfalls als rechtswidriger politischer Streik im Sinne des Art. 9 Abs. 3 S. 1 GG.[893]

Zudem ist der Streik für Beamte ebenfalls aus Paritätsgründen unzulässig.[894] Für Arbeitskampfmaßnahmen gilt der Grundsatz der Kampfparität.[895] So ist für die Funktionsfähigkeit des Tarifvertragssystems von maßgeblicher Bedeutung, dass zwischen den Tarifvertragsparteien ein Verhandlungsgleichgewicht besteht, da die Tarifautonomie den Gedanken der Vertragsgerechtigkeit auf kollektiver Ebene verwirklicht.[896] Wer sich zum Arbeitskampf entschließt, muss im Grunde auch die Kampfrisiken tragen.[897] Für Beamte gilt allerdings das Alimentationsprinzip, nach welchem ihnen ein amtsgemäßer angemessener Unterhalt zu zahlen ist[898], der gerade kein Entgelt für die geleistete Arbeit darstellt, sondern unabhängig von der Gegenleistung zu zahlen ist[899]. Erfüllt der Beamte daher aufgrund einer streikbedingten Arbeitsniederlegung seine Pflichten aus dem Dienstverhältnis nicht, hat dies nicht zur Folge, dass die Dienstbezüge wie bei einem gegenseitigen Arbeitsverhältnis entfallen[900]. Ferner ist der Beamte aufgrund der mit dem Lebenszeitprinzip einhergehenden Unkündbarkeit keinem Arbeitsplatzrisiko ausgesetzt, wie etwa ein Arbeitnehmer.[901] Somit ist ein Streik durch Beamte gerade nicht mit den für einen Arbeitnehmer typischen Risiken verbunden, sodass ein Verhandlungsungleichgewicht zu Gunsten der Beamten entstehen würde.

Aus den dargestellten Gründen gilt der Beamtenstreik somit als unzulässig im Sinne des Art. 9 Abs. 3 S. 1 GG, obwohl ein ausdrückliches Streikverbot nicht verankert ist.

---

893 So auch *Weber* in: Leisner, Berufsbeamtentum, 199 (202); a. A. *Schnapp*, DÖV 1973, 32 (38).

894 a. A. *von Münch*, Streikrecht, S. 36.

895 BAGE 1, 290 (308); MünchArbR/*Ricken,* § 200, Rn 38.

896 BVerfGE 84, 212 (229).

897 BAGE 1, 291 (311).

898 *Bitsch*, ZTR 2012, 78 (80); BVerfGE 8, 1 (14 ff.); 16, 94 (115); 18, 159 (166); 44, 249 (265).

899 BVerfGE 44, 249 (264); *Isensee*, Beamtenstreik, S. 43.

900 Brox/Rüthers/*Schlüter*, Arbeitskampfrecht, S. 309; *Isensee*, Beamtenstreik, S. 44.

901 *Bitsch*, ZTR 2012, 78 (79); Brox/Rüthers/*Schlüter*, Arbeitskampfrecht, S. 309; *von Münch*, Streikrecht, S. 36.

2. Die weiteren verfassungsrechtlichen Vorgaben für das Beamtentum

Daneben unterliegt das in Art. 9 Abs. 3 S. 1 GG garantierte Koalitionsrecht, obwohl es ohne Gesetzesvorbehalt gewährleistet ist, verfassungsunmittelbaren Schranken durch Rechte bzw. Rechtsgüter, denen im gleichen Maße verfassungsrechtlicher Rang zukommt[902]. Die kollidierenden Verfassungsrechte sind sodann in ihrer Wechselwirkung zu erfassen und im Wege der praktischen Konkordanz zu begrenzen.[903] Konkordanz muss daher in der Weise hergestellt werden, dass zwischen den kollidierenden Verfassungswerten ein Ausgleich gesucht und gefunden wird.[904] Im Fall der in Art. 9 Abs. 3 S. 1 GG garantierten Koalitionsfreiheit der Beamten ergeben sich derartig kollidierende beamtenrechtliche Strukturprinzipien mit Verfassungsrang aus Art. 33 Abs. 4 und 5 GG. Zwar variiert die diesbezügliche Begründung und Argumentation, auf welche hergebrachten Grundsätze letztlich abzustellen ist – überwiegend wird allerdings die Treuepflicht der Beamten, der Alimentationsgrundsatz, eine Gesamtbetrachtung mehrerer hergebrachter Grundsätze oder auch ein Beamtenstreikverbot als eigenständiger hergebrachter Grundsatz des Berufsbeamtentums herangezogen. Im Ergebnis sind sich aber sowohl Rechtsprechung als auch der überwiegende Teil der Literatur darüber einig, dass die hergebrachten Grundsätze des Beamtentums das Koalitionsrecht der Beamten derart einschränken, dass die Beamten von der Tarifautonomie ausgeschlossen sind und ihnen daher kein Streikrecht zuzuerkennen ist. Trotz dieser übermächtigen Wirkung von Art. 33 Abs. 4 und 5 GG gebietet es der Grundsatz der praktischen Konkordanz, dass der verbleibende Grundrechtsgehalt des Art. 9 Abs. 3 GG soweit effektiv gemacht wird, wie es eben Art. 33 Abs. 4, 5 GG gestattet. Als Ausfluss der kollektiven Einflussnahme auf die eigenen Arbeitsbedingungen wurde den Spitzenorganisationen der Beamtenkoalitionen daher zumindest ein Beteiligungsrecht im Gesetzgebungsverfahren bei der Vorbereitung allgemeiner Regelungen der beamtenrechtlichen Verhältnisse in § 118 BBG, § 53 BeamtStG gewährt.[905]

a. Die Treuepflicht

Eine der beständigsten Argumentationen zur Herleitung eines Beamtenstreikverbots bezieht sich auf die Treuepflicht der Beamten. Ansatzpunkt hierfür bildet Art. 33 Abs. 4 GG, nach dem das Beamtenverhältnis als Treueverhältnis ausgestaltet ist. Nach der verfassungsrechtlichen Terminologie umfasst dies bereits bestimmte damit einhergehende Pflichten der Beamten[906], die sich angesichts des Art. 33 Abs. 5 GG konkret zu hergebrachten Grundsätzen des Berufsbeamtentums verdichtet ha-

902 BVerfG NZA 2007, 394 (395); NJW 1991, 2549 (2550).
903 BVerfG NZA 2007, 394 (395); NJW 1991, 2549 (2550).
904 BVerfGE 23, 243 (260); 47, 327 (369); 51, 324 (345 f.); 83, 130 (143).
905 Ausführlich hierzu *Umbach*, ZBR 1998, 8 (14).
906 *Summer*, ZBR 1992, 1 (1, 5); Däubler/*Hensche*, Arbeitskampfrecht, S. 490.

ben.[907] Damit stellt auch die Treuepflicht an sich einen hergebrachten Grundsatz dar[908], welcher verschiedene Teilaspekte beinhaltet.

Allerdings geht mit dem hergebrachten Grundsatz der Treuepflicht die Schwierigkeit einher, in welchem Umfang und wem gegenüber diese Verpflichtung besteht. Ohne Zweifel kann das historisch geprägte Verständnis einer auf die Person des Monarchen statuierten Treue der Beamtenschaft heute nicht mehr spiegelbildlich auf das republikanische Staatsoberhaupt übertragen werden, da die Demokratie eine solche personelle Treuebindung nicht duldet[909]. Dies hat aber nicht zur Konsequenz, dass die Treuepflicht zur inhaltsleeren Floskel verkommen ist[910]; vielmehr hat sie sich von einer personellen zu einer funktionalen Verpflichtung gewandelt[911].

Dementsprechend wird oftmals argumentiert, dass der Beamte durch die Treuebindung als *„Treuhänder der Allgemeinheit“*[912] dem Allgemeinwohl und damit zur uneigennützigen Amtsführung verpflichtet sei[913], wonach er bei Erfüllung seiner ihm anvertrauten Pflichten seine eigenen Interessen oder auch Gruppeninteressen zurückstellen müsse.[914] Aufgrund der Verpflichtung zur Erfüllung öffentlicher Aufgaben im Dienste des Volkes und der Erhaltung der Funktionsfähigkeit der Verwaltung[915] sei es Beamten daher untersagt, *„zur Förderung gemeinsamer Berufsinteressen kollektiv wirtschaftliche Kampfmaßnahmen zu ergreifen“*[916].

Daneben ergebe sich aus der beidseitigen Treueverpflichtung von Beamten und Dienstherrn für den Beamten der hergebrachte Grundsatz der Gehorsams- bzw. Folgepflicht, die ihn zum vollen persönlichen Einsatz, ungeteilter Verantwortung und zur Folgeleistung gegenüber dem Dienstherrn verpflichtet.[917] Eine streikbedingte Arbeitsverweigerung oder auch eine streikähnliche Maßnahme würde damit gleichbedeutend mit der Verletzung der Folgepflicht sein.

Darüber hinaus unterliege der Beamte konkret einer politischen Treuepflicht (Verfassungstreuepflicht), nach der er zu einer gesetzmäßigen und loyalen Amtsführung und Diensterfüllung sowie zu einer aktiven Verfassungstreue verpflichtet sei.[918] Er müsse sich durch sein gesamtes Verhalten zu der freiheitlichen demokratischen, rechts- und sozialpolitischen Grundordnung im Sinne des Grundgesetzes bekennen

---

907 *Werres*, Beamtenverfassungsrecht, S. 25.
908 Maunz/Dürig/*Badura*, Art. 33 Rn. 60.
909 *Isensee*, Beamtenstreik, S. 48.
910 So auch *Westpfahl*, ZBR 1970, 4 (6).
911 Brox/Rüthers/*Schlüter*, Arbeitskampfrecht, S. 317; *von Münch*, Streikrecht, S. 40.
912 *Isensee*, Beamtenstreik, S. 52.
913 *Müller*, RdA 1982, 86 (88).
914 BVerfGE NJW 1978, 1396 (1398); BVerfG NJW 2007, 1396 (1398).
915 *Schubert*, AöR 2012, 92 (95).
916 BVerfGE 8, 1 (17); 44, 249 (264); BGHZ 70, 277 (279); BVerwGE 69, 208 (213); a. A. Däubler/*Hensche*, Arbeitskampfrecht, S. 493f. .; *Schröder*, AuR 2013, 280 (283).
917 BVerfGE 9, 268 (286).
918 U.a. BVerfG NZA 2008, 2568 (2569).

und für deren Erhaltung eintreten.[919] Somit sei der Beamte in der Ausübung seiner Koalitionsfreiheit insoweit beschränkt, als sie mit der Erfüllung der sich aus der Treuepflicht ergebenden Pflichten nicht zu vereinbaren ist.[920] Konkret müsse er daher auch in der Ausübung seines Streikrechts beschränkt sein.[921]

b. Der Alimentationsgrundsatz

Aus dem in Art. 33 Abs. 4 GG verankerten gegenseitigen Treueverhältnis ergibt sich aber nicht nur die Treuepflicht der Beamten, sondern ebenso die Fürsorgepflicht des Dienstherrn gegenüber den Beamten als Korrelat, welche wiederum angesichts des Art. 33 Abs. 5 GG zu den hergebrachten Grundsätzen des Berufsbeamtentums zählt.[922] Dementsprechend ist der Dienstherr grundsätzlich verpflichtet,

> *„den Beamten bei seiner Tätigkeit und in seiner Stellung als Beamten zu schützen, ihn gegen unberechtigte Vorwürfe in Schutz zu nehmen, ihn entsprechend seiner Eignung und Leistung zu fördern und bei seinen Entscheidungen die wohlverstandenen Interessen des Beamten in gebührender Weise zu berücksichtigen"*[923].

Diese breit gefächerte allgemeine Fürsorgepflicht bildet zudem das Fundament für das Alimentationsprinzip.[924] Hierbei handelt es sich ebenfalls um einen vom Gesetzgeber zu beachtenden hergebrachten Grundsatz des Berufsbeamtentums, welcher den Dienstherrn dazu verpflichtet, den Beamten nebst Familie mit einer amtsangemessenen Alimentation zu besolden und zu versorgen.[925] Die Besoldung der Beamten stellt dabei kein Entgelt für bestimmte Dienstleistungen wie etwa solchen aus einem privatrechtlichen Arbeitsvertrag dar, sondern es handelt sich vielmehr um eine Art Gegenleistung des Dienstherrn dafür, dass sich der Beamte mit seiner ganzen Persönlichkeit zur Verfügung stellt und seine Dienstpflicht nach Kräften erfüllt.[926] Damit schließt der Grundsatz der Alimentation die Intention ein, die Voraussetzung dafür zu schaffen,

> *„dass sich der Beamte ganz dem öffentlichen Dienst als Lebensberuf widmen und die im Staatsleben zufallende Funktion, eine stabile Verwaltung zu sichern und damit einen ausgleichenden Faktor gegenüber den das Staatsleben gestaltenden politischen Kräften zu bilden, erfüllen kann"*[927].

---

919 BVerfG NZA 2008, 2568 (2569; *Werres*, Beamtenverfassungsrecht, S. 26, 27.
920 *Bitsch*, ZTR 2012, 78 (79); Maunz/Dürig/*Badura*, Art. 33 Rn. 60.
921 *Bitsch*, ZTR 2012, 78 (80).
922 Maunz/Dürig/*Badura*, Art. 33 Rn. 71.
923 BVerfGE 43, 154 (165 f.).
924 Sowie Laufbahn- und Lebenszeitprinzip.
925 Maunz/Dürig/*Badura*, Art. 33 Rn. 71.
926 BVerfGE 21, 329 (345).
927 BVerfGE 7, 155 (163); 8, 1 (16 f.) 21, 329 (345); 39, 196, (200 f.); 44, 249 (265); 70, 251 (267); 99, 300 (317).

So soll demgemäß die Unabhängigkeit der Amtsführung nach innen und außen gewährleistet und eine stabile und gesetzestreue Verwaltung sichergestellt werden. Aus dieser Intention und Zielführung wird daher häufig abgeleitet, dass der Beamtenstreik mit dem Alimentationsgedanken unvereinbar sei.[928] Insbesondere gefährde eine streikbedingte Arbeitsniederlegung unangemessen die u. a. durch den Alimentationsgrundsatz gesicherte Verwaltungsstabilität.[929] Zudem müsse die Alimentation der Beamten objektiv (im Sinne von amtsangemessen) durch den Gesetzgeber bestimmt werden, sodass eine privatvertragliche und damit erstreikbare Vereinbarung von vornherein ausscheide.[930] Entsprechend formuliert auch das Bundesverfassungsgericht, dass der

> *„Dienstherr [...] in seiner Stellung als Gesetzgeber zugleich [für] die Regelung des Rechtsverhältnisses, die Verteilung der gegenseitigen Rechte und Pflichten allein zuständig und verantwortlich [ist]. Der einzelne Beamte hat keine eigenen rechtlichen Möglichkeiten, auf die nähere Ausgestaltung seines Rechtsverhältnisses, insbesondere auf die Höhe seines Gehalts, einzuwirken“*[931].

Darüber hinaus sei das streikbedingte Eingreifen in den Gestaltungspielraum des Gesetzgebers ebenfalls nicht mit dem Grundsatz der Volkssouveränität vereinbar.[932] Auch stünde das Beamtenstreikverbot gegenüber dem Alimentationsgrundsatz sowie dem Laufbahn- und Lebenslänglichkeitsprinzip[933] in ihrer Gesamtschau in einem reziproken Verhältnis, da der Beamtenstatus durch spezielle Rechte und Einschränkungen ausgestaltet ist, welche sich gegenseitig ausgleichen würden.[934]

c. *Das Beamtenstreikverbot als hergebrachter Grundsatz des Beamtentums*

Unabhängig von einem aus einer Gesamtbetrachtung verschiedener hergebrachter Grundsätze des Berufsbeamtentums abgeleiteten Beamtenstreikverbot, sei ein solches zugleich als eigenständiger hergebrachter Grundsatz anerkannt[935], womit das Streikverbot für Beamte unmittelbar Art. 33 Abs. 5 GG unterfallen würde.

Grundsätzlich wird durch Art. 33 Abs. 4, 5 GG der Fortbestand des Berufsbeamtentums im Interesse der Allgemeinheit, zur Sicherung des Rechtsstaats und der Gesetzmäßigkeit der Verwaltung verfassungsrechtlich sichergestellt[936], wobei

---

928 *Isensee*, Beamtenstreik, S. 40.
929 Umkehrschluss aus BVerfGE 8, 1 (16 f.); a. A. *Schröder*, AuR 2013, 280 (283).
930 *Isensee*, Beamtenstreik, S. 39 f.; *Traulsen*, JZ 2013, 65 (68).
931 BVerfGE 8, 1 (17).
932 *Lindner*, DÖV 2011, 305 (306); *Bitsch*, ZTR 2012, 78 (81).
933 *Isensee*, Beamtenstreik, S. 52.
934 *Traulsen*, JZ 2013, 65 (68).
935 BVerfGE 8, 1 (17); 44, 249 (246); BVerwGE 53, 330 (331); 69, 208 (212 f.); 73, 97 (102); BGHZ 70, 277 (279); BAGE 49, 303 (312); statt vieler *Isensee*, Beamtenstreik, S. 52 ff.; *von Münch*, Streikrecht, S. 37 f.; Brox/Rüthers/*Schlüter*, Arbeitskampfrecht, S. 320 f.
936 BVerfGE 3, 58 (137); 8, 1 (12); BVerfG NVwZ 2007, 1396 (1398).

dieses Ergebnis durch die in Art. 33 Abs. 5 GG verbürgten hergebrachten Grundsätze gewährleistet wird[937]. Damit garantiert Art. 33 Abs. 4, 5 GG die Erhaltung des Instituts des Beamtentums und mithin die hergebrachten Grundsätze des Berufsbeamtentums[938]. In der Zusammenschau mit dieser verfassungsrechtlich vorgegebenen Struktur von Art. 33 Abs. 4, 5 GG stellt sich daher einmal mehr die Frage, ob gerade auch das Streikverbot für Beamte zu

> *„jene[m] Kernbereich von Strukturprinzipien [zählt], die allgemein oder doch ganz überwiegend und während eines längeren, Tradition bildenden Zeitraums, mindestens unter der Reichsverfassung von Weimar als verbindlich anerkannt und gewahrt worden sind“*[939]

und damit als hergebrachter Grundsatz des Berufsbeamtentums im Sinne des Art. 33 Abs. 5 GG zu qualifiziert ist. Es handelt sich daher um Grundsätze, die nicht hinweggedacht werden können, ohne dass damit die Einrichtung des Berufsbeamtentums in ihrem Charakter grundlegend verändert werden würde.[940] Auf diesen Standpunkt stellt sich zumindest das Bundesverfassungsgericht in seiner ständigen Rechtsprechung, indem es formuliert, dass der Beamte

> *„ebensowenig [...] nach hergebrachten Grundsätzen befugt [ist], zur Förderung gemeinsamer Berufsinteressen kollektive wirtschaftliche Kampfmaßnahmen zu ergreifen.“*[941]

Diesbezüglich argumentiert das Bundesverfassungsgericht, dass sich gerade aus der Eigenart des beamtenrechtlichen Rechtsverhältnisses, eben des einseitigen Festlegens der Inhalte des öffentlich-rechtlichen Dienst- und Treueverhältnisses im Sinne des Art. 33 Abs. 4 GG, notwendig ein Streikverbot als hergebrachter Grundsatz entsprechend Art. 33 Abs. 5 GG ergebe.[942] Und obwohl die Begründung eher spärlich bis apodiktisch ausfällt[943], gehen sowohl andere oberste Bundesgerichte[944] als auch der wohl überwiegende Teil des Schrifttums[945] mit dieser Auffassung konform. Dem entgegen wenden einige Autoren des wissenschaftlichen Schrifttums das Argument fehlender historischer Wurzeln, mangelnder Naturnotwendigkeit[946] oder fehlender Grundsätzlichkeit im Sinne eines „Kernbestandes von Strukturprinzipien“[947] ein,

---

937 BVerfG NVwZ 2007, 1396 (1398).
938 *Di Fabio,* Streikverbot, S. 34.
939 BVerfGE 8, 332 (343); 15, 167 (195 f.); 38, 1 (12); 46, 97 (117).
940 BVerfG NVwZ 2007, 1396 (1398).
941 BVerfGE 8, 1 (17); 44, 249 (246).
942 BVerfGE 8, 1 (17); *Jackmann*/Mangoldt/Klein/Starck, GG, Art. 33 Rn. 44.
943 Vgl. BVerfGE 8, 1 (17).
944 BVerwGE 53, 330 (331); 69, 208 (212 f.); 73, 97 (102); BVerwG NZA 2014, 616 (617); BGHZ 70, 277 (279); BAGE 49, 303 (312).
945 statt vieler *Isensee,* Beamtenstreik, S. 52 ff.; *von Münch,* Streikrecht, S. 37 f.; Brox/Rüthers/*Schlüter,* Arbeitskampfrecht, S. 320 f.
946 Däubler/*Hensche,* Arbeitskampfrecht, S. 486 ff.; *Däubler,* Öffentlicher Dienst, S. 107.
947 *Gooren,* ZBR 2011, 400 (403).

wobei die vorherrschende Meinung weiterhin das Beamtenstreikverbot wesensmäßig zu den hergebrachten Grundsätzen des Beamtentums zählt.

III. Fazit

Geht man nun mit der herrschenden Meinung, so kann das verfassungsrechtlich garantierte Berufsbeamtentum und das daraus resultierende Beamtenrecht, bestehend aus spezifischen Rechten und Pflichten, als eine Art austariertes Teilrechtsgebilde bezeichnet werden. Innerhalb dessen bildet das am Status des Beamten anknüpfende Streikverbot abhängig von der Art seiner jeweiligen Herleitung entweder eine zwingende Konsequenz oder aber sogar einen eigenständigen Bestandteil in Form eines hergebrachten Grundsatzes des Berufsbeamtentums.

B. Die Vereinbarkeit des nationalen Beamtenstreikverbots mit den arbeitsvölkerrechtlichen Vorgaben

Nachdem festgestellt werden konnte, dass ein nationales Beamtenstreikverbot verfassungsrechtlich verankert ist, bleibt zu klären, wie dieses Ergebnis mit den Streikgarantien in den unterschiedlichen arbeitsvölkerrechtlichen Regelungen vereinbar ist.

I. Das Streikrecht für Beamte im Arbeitsvölkerrecht

Wie im ersten Kapitel dieser Arbeit erläutert, gewähren grundsätzlich sowohl das IAO-Übereinkommen Nr. 87 in Art. 3 mit Blick auf Art. 8 und Art. 10[948], der UN-Zivilpakt in Art. 22 Abs. 1[949], die Europäische Sozialcharta in Art. 6 Nr. 4[950] als auch insbesondere die Europäische Menschenrechtskonvention in Art. 11 Abs. 1[951] ein Streikrecht, welches für die Bundesrepublik Deutschland völkerrechtliche Bindungswirkung entfaltet. Ein unionsrechtlicher Einfluss scheidet hingegen aus.[952] Aufgrund dessen soll im Weiteren dargestellt werden, inwieweit die wichtigsten arbeitsvölkerrechtlichen Garantien ein Streikrecht für Beamte gewährleisten.

1. Die Gewährleistung des Streikrechts für Beamte im IAO-Übereinkommen Nr. 87

Wie schon ausführlich in Kapitel 2 erörtert, gewährleistet das IAO-Übereinkommen Nr. 87 in Art. 3 in Verbindung mit Art. 8 und Art. 10 ein immanent geschütztes Recht auf Streik. Dies ergibt sich nicht zuletzt aus der ständigen Spruchpraxis der

948 Vgl. Kapitel 2, B., III., 2., b., aa., (2), (a).
949 Vgl. Kapitel 2, B., III., 2., b., bb., (2), (a).
950 Vgl. Kapitel 2, B., III., 2., c., aa., (3).
951 Vgl. Kapitel 2, B., III., 2., c., bb., (2).
952 Vgl. Kapitel 2, B., III., 2., e., aa., (1), (b).

Überwachungsausschüsse der IAO. Zwar kommt der besagten Spruchpraxis keine rechtliche Verbindlichkeit zu[953]; sie dient allerdings als wichtige Orientierungshilfe zur Interpretation der IAO-Übereinkommen, sodass der Auslegungspraxis der Überwachungsausschüsse gleichwohl eine immense Bedeutung zukommt.

Der Sachverständigenausschuss für die Durchführung der Übereinkommen und Empfehlungen führt zur Begründung eines in Art. 3 (Art. 8 und 10) IAO-Übereinkommen Nr. 87 gewährleisteten Streikrechts an, dass es für die Ausübung der gewerkschaftlichen Funktionen aus Art. 3 Übereinkommen Nr. 87 unerlässlich sei.[954] Denn nur durch derartige Kampfmittel sei es den Arbeitnehmerorganisationen möglich, ihrer Aufgabe der Förderung und des Schutzes der Arbeitnehmerinteressen nachzukommen.[955] Damit die Arbeitnehmerorganisationen im Sinne des Art. 3 agieren können, setzte dies Handlungsmittel voraus, durch die letztlich Druck ausgeübt werden könne.[956] Das Streikrecht zähle hierbei zu den wichtigsten Mitteln.[957] Daneben kommt auch der Ausschuss für Vereinigungsfreiheit in ständiger Auslegung zu dem gleichen Ergebnis. Dementsprechend sei der Streik eine legitime „Waffe" der Gewerkschaften, um die Interessen ihrer Mitglieder zu fördern.[958]

Das Streikrecht aus Art. 3 (Art. 8 und 10) des IAO-Übereinkommens Nr. 87 wird in personeller Hinsicht jedoch nicht nur für die Arbeitnehmer der Privatwirtschaft gewährleistet, wie der Wortlaut des Übereinkommens gemessen an der deutschen Rechtsauffassung mutmaßen lassen könnte, sondern gleichermaßen für Beamte. Dem Wortlaut zufolge haben *„workers´ organisations"* ein Recht auf Vereinigungsfreiheit, wodurch ein Streikrecht mitgewährleistet wird. Der Auslegung des Begriffs „worker" kommt somit eine wesentliche Bedeutung zu. Denn würde der deutsche Arbeitnehmerbegriff auf das IAO-Übereinkommen Nr. 87 pauschal übertragen werden, so wäre schon der Anwendungsbereich des IAO-Übereinkommens Nr. 87 für Beamte nicht eröffnet. Jedoch muss die Terminologie der IAO-Übereinkommen autonom[959] und daher unabhängig von den einzelnen nationalen Rechtsordnungen bestimmt werden. Ansonsten käme es zu der abwegigen Konsequenz, dass es jedem Land freigestellt wäre, den Inhalt der Übereinkommen hinsichtlich seiner eigenen Rechtsordnung zu bestimmen und gegebenenfalls außer Kraft zu setzen.[960] Dieser Auffassung folgt auch der IAO-Sachverständigenausschuss und führt zur Begründung an, dass jede nationale Rechtsordnung bestimmte Eigenheiten sowie soziale und rechtliche Traditionen vorweise, die gerade aufgrund ihrer mangelnden Ge-

---

953 Ausführlich zu den Gründen Kapitel 2, B., III., 2., b., aa., (2), (a), (aa).
954 ILC, 81th Session, 1994, General Survey, Report III (Part 4B), S. 65 f., Abs. 147, 149, 151.
955 ILC, 81th Session, 1994, General Survey, Report III (Part 4B), S. 65 f., Abs. 147, 149, 151.
956 ILC, 81th Session, 1994, General Survey, Report III (Part 4B), S. 65 f., Abs. 148.
957 ILC, 69th Session, 1983, General Survey, Report III (Part 4B), S. 62, Abs. 200.
958 ILC, 81th Session, 1994, General Survey, Report III (Part 4B), S. 65 f., Abs. 146.
959 *Schneider*, Vereinbarkeit, S. 99.
960 So auch *Schneider*, Vereinbarkeit, S. 99.

neralisierbarkeit auf die Auslegung von IAO-Übereinkommen keine Auswirkung haben können.[961] Demzufolge müsse der Arbeitnehmerbegriff im Sinne des IAO-Übereinkommens Nr. 87 durch allgemeine und faire Kriterien[962] bestimmt werden. Einen wichtigen Anhaltspunkt für das Verständnis des Arbeitnehmerbegriffes im Sinne des besagten Übereinkommens gibt zudem Art. 9 Abs. 1 des Übereinkommens Nr. 87.[963] Er sieht vor, dass den Angehörigen des Heeres und der Polizei die Rechte aus Übereinkommens Nr. 87 versagt werden können, wenn dies durch innerstaatliches Recht bestimmt ist. Da es sich aber bei Angehörigen des Heeres bzw. der Polizei üblicherweise um Beschäftigte des öffentlichen Dienstes oder Beamte handelt, kann im Umkehrschluss daraus geschlossen werden, dass der Arbeitnehmerbegriff im Sinne des Übereinkommens auch alle Beschäftigten des öffentlichen Dienstes einschließt, da eine solche Einschränkung ansonsten nicht notwendig wäre.[964] Darüber hinaus wird die Vereinigungsfreiheit als zentraler Grundsatz schon in der Präambel der IAO-Satzung und in Ziffer I (b) der Erklärung von Philadelphia aufgeführt, sodass sie als eine Art „Fundamentalrecht" der IAO Geltung für alle Beschäftigten entfaltet, unabhängig davon, ob diese dem öffentlichen Dienst oder der Privatwirtschaft angehören. Würden Beamte daher nicht in den personellen Anwendungsbereich des IAO-Übereinkommens Nr. 87 fallen, würde dieser zentrale IAO-Grundsatz enorm an Schutzwirkung verlieren[965] und nicht effektiv umgesetzt werden können. Das Streikrecht nach Art. 3 (Art. 8 und 10) des IAO-Übereinkommens Nr. 87 ist folglich auch für Beamte gewährleistet.[966]

Allerdings ist auch dieses Streikrecht nicht uneingeschränkt gewährleistet. So betont der Sachverständigenausschuss, dass das Recht auf Streik kein absolutes Recht sei und daher sogar unter außergewöhnlichen Umständen einem grundsätzlichen Verbot unterworfen sein könne.[967] Ein solches generelles Streikverbot sei zeitlich befristet in Notlagen, wie beispielsweise bei Naturkatastrophen, gerechtfertigt, wenn die normalen Bedingungen für das Funktionieren einer Gesellschaft nicht mehr gegeben sind.[968] Ein solches generelles Streikverbot dürfe allerdings nicht so weit gehen, dass die Gewerkschaften unzulässig in ihren Rechten beschränkt werden. Hierzu merkt der Sachverständigenausschuss an, dass auch ein Schlichtungsverfahren, dessen Ergebnis die Tarifparteien zwingend bindet und damit den Arbeitskampf beendet, wie ein absolutes Streikverbot wirken könne.[969] Aufgrund dieser

961 Vgl. ILC. 81th Session, 1994, General Survey, Report III (Part 4B), S. 69, Abs. 158.
962 Vgl. ILC, 81th Session, 1994, General Survey, Report III (Part 4B), S. 69, Abs. 158.
963 Art. 9 Abs. 1 Übereinkommen Nr. 87: *„Die innerstaatliche Gesetzgebung bestimmt, inwieweit die in diesem Übereinkommen vorgesehenen Rechte auf das Herr und die Polizei Anwendung findet."*.
964 So auch *Riegel*, ZTR 1993, 223 (224).
965 *Lörcher*, PersR 1996, 302 (305), zumindest hinsichtlich IAO-Übereinkommen Nr. 98.
966 So auch *Ben-Israel*, International Labour Standards, S. 106.
967 Vgl. ILC. 81th Session, 1994, General Survey, Report III (Part 4B), S. 69, Abs. 151.
968 Vgl. ILC. 81th Session, 1994, General Survey, Report III (Part 4B), S. 69, Abs. 152.
969 Vgl. ILC. 81th Session, 1994, General Survey, Report III (Part 4B), S. 69, Abs. 153.

faktischen Wirkung, beschränkt es die Rechte der Gewerkschaften aus Art. 3 des IAO-Übereinkommens Nr. 87 jedoch derart, sodass es mit IAO-Übereinkommen Nr. 87 nicht vereinbar und damit unzulässig sei.[970]

Daneben ergibt sich aus der Funktion des Streikrechts das Gebot[971], dass das Recht auf Streik zumindest gewissen Beschränkungen unterworfen werden darf, wenn diese der Aufrechterhaltung notwendiger Dienste dienen, deren Unterbrechung zu einer Gefährdung des Lebens, der Gesundheit oder der persönlichen Sicherheit eines wesentlichen Teils oder der gesamten Bevölkerung führen würde[972], somit also kollidierende Rechte Dritter betroffen sind. Hierzu führt der Sachverständigenausschuss aus, dass es gerade in Grenzfällen eine Lösung sein könne, von einem Streikverbot abzusehen und das Streikrecht lediglich dahingehend zu beschränken, dass zumindest eine Art Notdienst aufrechterhalten bleibt, der dafür Sorge trägt, dass durch den Streik keine ernsthaften Konsequenzen für die Bevölkerung entstehen.[973]

Ferner merkt der Sachverständigenausschuss an, dass ein Streikverbot, welches sich lediglich pauschal auf den öffentlichen Dienst oder auf notwendige Dienste bezieht, nicht ausreichend und damit unzulässig sei.[974] Allerdings könne ein Streikverbot für Beschäftigte des öffentlichen Dienstes zulässig sein, dass funktional eingegrenzt ist und sich auf diejenigen Beschäftigten bezieht, die hoheitliche Befugnisse ausüben[975]. Es komme eben nicht darauf an, ob der Beschäftigte eine private oder öffentlich-rechtliche Funktion innehabe, sondern vielmehr auf die Aufgaben, die er erfülle.[976] Ebenso entschied der Ausschuss für Vereinigungsfreiheit in „case No 1820“, bei dem es um das Streikrecht deutscher Lehrer ging. Der Ausschuss kritisierte, dass das Streikrecht nicht lediglich mit der Begründung versagt werden könne, dass die deutschen Lehrer den formellen Status eines Beamten innehaben.[977] Es müsse vielmehr auf die ausgeübten Aufgaben abgestellt werden.[978] Da Lehrer gerade keine speziellen Aufgaben der Staatsverwaltung ausführen, die eine Beschränkung des Streikrechts rechtfertigen könnten, müsse es möglich sein, dass diese streiken dürfen.[979] Somit rechtfertigt nicht der (öffentlich-rechtliche) Status des Beamten ein Streikverbot, sondern ausschließlich die Funktion des Berufsbeamten, soweit er hoheitliche Aufgaben wahrnimmt.[980] In diesem Sinne ergibt sich aus Art. 9

---

970 Vgl. ILC. 81th Session, 1994, General Survey, Report III (Part 4B), S. 69, Abs. 153.
971 *Weiss/Seifert*, GS Zachert, S. 130 (143).
972 Vgl. ILC, 69th Session, 1983, General Survey, Report III (Part 4B), S. 66, Abs. 214.
973 Vgl. ILC. 81th Session, 1994, General Survey, Report III (Part 4B), S. 69, Abs. 158.
974 Vgl. ILC, 69th Session, 1983, General Survey, Report III (Part 4B), S. 66, Abs. 214.
975 Vgl. ILC, 81th Session, 1994, General Survey, Report III (Part 4B), S. 69, Abs. 158; *Novitz*, Right to Strike, S. 305.
976 Vgl. ILC. 81th Session, 1994, General Survey, Report III (Part 4B), S. 69, Abs. 155.
977 Vgl. CFA, Report No. 302, Case No. 1820 (Germany), Abs. 108.
978 Vgl. CFA, Report No. 302, Case No. 1820 (Germany), Abs. 108.
979 Vgl. CFA, Report No. 302, Case No. 1820 (Germany), Abs. 109, 110.
980 *Novitz*, Right to Strike, S. 305; *Weiss/Seifert*, GS Zachert, 130 (143).

Abs. 1 IAO-Übereinkommen Nr. 87 eine ausdrückliche Schranke, nach welcher das Streikrecht gerade für die Beschäftigten des Heeres und der Polizei durch innerstaatliches Recht begrenzt werden kann.

2. *Die Gewährleistung des Streikrechts für Beamte in Art. 6 Nr. 4 ESC*

Im Gegensatz zu Art. 3 (i.V.m. Artt. 8, 10) des IAO-Übereinkommens Nr. 87 gewährleistet Art. 6 Nr. 4 ESC ausdrücklich ein Streikrecht für alle Arbeitnehmer. Da der Wortlaut der Norm auf „Arbeitnehmer" abstellt, ist für das deutsche Recht die Frage entscheidend, welcher Personenkreis im Sinne des Art. 6 Nr. 4 ESC hierunter zu fassen ist. Insbesondere umstritten ist daher, ob auch Beamte als „Arbeitnehmer" im Sinne der ESC zu definieren sind.

Weder der Wortlaut der Norm noch die Charta an sich beinhalten eine nähere Ausführung darüber, was unter „Arbeitnehmern" im Sinne des Art. 6 Nr. 4 ESC zu verstehen ist. Gleichwohl enthält der Wortlaut aber auch keinen Hinweis darauf, dass Beschäftigte des öffentlichen Dienstes, insbesondere Beamte nicht hierunter zu fassen sind.[981] Die Systematik der Europäischen Sozialcharta spricht allerdings für eine Einbeziehung von Beamten. Denn in Absatz 4 ihrer Präambel wird ausgeführt, dass die in der Europäischen Sozialcharta enthaltenen Rechte der „Bevölkerung" der Mitgliedstaaten dienen sollen, um den Lebensstandard zu verbessern und das soziale Wohl zu fördern. Ausweislich dessen sollen die Gewährleistungen allen Angehörigen der Vertragsstaaten zukommen. Zu diesen Angehörigen gehören aber nicht nur die Beschäftigten der Privatwirtschaft, sondern auch Beamte. Sie sind weder in der Präambel noch sonst in der Charta ausdrücklich dem Anwendungsbereich entzogen. Hinzu kommt, dass Art. 5 S. 1 ESC das Recht auf Vereinigungsfreiheit für alle Arbeitnehmer gewährleistet. In Art. 5 S. 2 bzw. S. 3 kann die Anwendung dieses Rechts jedoch für Mitglieder der Polizei oder der Streitkräfte eingeschränkt werden. Da es sich typischerweise bei diesen Berufsgruppen um Beamte handelt, muss im Umkehrschluss daraus geschlossen werden, dass unter „Arbeitnehmern" in diesem Sinne ebenfalls Beamte zu fassen sind. Eine solche Beschränkung wäre ansonsten nicht notwendig gewesen.[982] Die Einschränkung bezieht sich zudem auch nur auf die Anwendung und nicht auf die Gewährleistung der Rechte, sodass damit zum Ausdruck kommt, dass Polizisten und Soldaten weiterhin Träger dieser Rechte sind.[983] Dass der Arbeitnehmerbegriff des Art. 6 ESC dem des Art. 5 ESC entspricht, lässt sich zudem daraus ableiten, dass die Artikel unmittelbar aufeinanderfolgen und die gleiche Begrifflichkeit verwendet wird, ohne dass eine Differenzierung vorgenommen wurde. Es ist somit davon auszugehen, dass die Europäische Sozialcharta einen einheitlichen Arbeitnehmerbegriff besitzt. Zwar enthält Art. 31 ESC auch funktionale Einschränkungen; die gesamte Beamtenschaft kann aber keineswegs

981 *Kovács*, Comp. Labor Law & Pol'y Journal, 2005, 445 (462).
982 So auch *Dumke*, Streikrecht i.S.d. Art. 6 Nr. 4 ESC, S. 85.
983 So auch *Dumke*, Streikrecht i.S.d. Art. 6 Nr. 4 ESC, S. 85.

auf eine oder wenige Funktionen reduziert werden, sodass Beamte generell ausgeschlossen wären. Eine statusmäßige Einschränkung sieht Art. 31 ESC daneben nicht vor, sodass von einer generellen Einbeziehung der Beamten ausgegangen werden kann.[984]

Für dieses Verständnis spricht aber nicht nur die dargestellte systematische Interpretation des Art. 5 ESC, sondern auch seine Entstehungsgeschichte. Denn ursprünglich war es angedacht, nicht nur Polizei und Streitkräfte aus dem Anwendungsbereich des Art. 5 ESC auszuschließen, sondern sogar „administrators of State", demnach alle Beamten.[985] Das spricht dafür, dass die Väter der ESC unter „Arbeitnehmer" im Sinne der ESC auch Beamte verstanden haben.

Daneben lässt sich ebenfalls aus dem international gängigen Sprachgebrauch eine derartige Interpretation des Art. 6 Nr. 4 ESC ableiten. So verwendet die maßgebliche englische bzw. französische Fassung der ESC den Begriff „worker" bzw. „travailleur", denen gegenüber man sich durchaus einig ist, dass diese auch Beamte inkludieren.[986] Eine wörtliche Übersetzung mit dem im deutschen Recht gebräuchlichen Arbeitnehmerbegriff, welcher gerade auf ein privatrechtliches Dienstverhältnis abstellt, wäre daher verfehlt. Hätte man folglich wirklich beabsichtigt, Beamte auszuschließen, hätte dies in der Charta ausdrücklich kenntlich gemacht werden müssen. Folglich können sich sowohl die Angestellten des öffentlichen Dienstes wie auch Beamte grundsätzlich auf das Streikrecht aus Art. 6 Nr. 4 ESC berufen.

Aber auch das in Art. 6 Nr. 4 ESC garantierte Beamtenstreikrecht ist weder uneingeschränkt noch vorbehaltslos gewährleistet. Wie in Kapitel 2 dieser Arbeit ausführlich erläutert[987], ist das in Art. 6 Nr. 4 ESC garantierte Recht auf Streik in sachlicher Hinsicht dahingehend beschränkt, dass es zwar als ein Individualrecht gewährleistet ist und auch im Kollektiv ausgeübt werden kann, aber nur mit der Zielsetzung, die Interessen gegenüber dem Arbeitgeber durchzusetzen.[988] Gleichwohl geben weder der Wortlaut noch Sinn und Zweck der Regelung einen Hinweis darauf, dass es sich bei diesen Verhandlungen ausschließlich um solche mit Tarifbezug handeln muss.[989]

Darüber hinaus ist ein Streik nur dann vom Schutzbereich des Art. 6 Nr. 4 ESC umfasst, wenn er auf einem *„Interessenkonflikt"* basiert. Durch eine systematische Gesamtschau des Art. 6 ESC ergibt sich ein Interessenspektrum, welches sich jedenfalls auf das Arbeits-/Dienstverhältnis zwischen Beschäftigten und Arbeitgeber/Dienstherrn und diesen als Konfliktparteien beschränken lässt.[990] Letztlich werden damit Interessenkonflikte basierend auf politischen oder privaten Interessen, die

---

984 So auch *Däubler*, in: ESC, S. 130f.

985 *Mitscherlich*, Europäische Sozialcharta, S. 100; *Däubler*, in: ESC, S. 129.

986 So auch *Däubler*, in: ESC, S. 128; *Neubeck*, Europäische Sozialcharta, S. 71 .

987 Vgl. Kapitel 2, B., III., 2., c., aa., (3).

988 Ebenfalls *Czycholl/Frieling*, ZESAR 2011, 322 (325).

989 Conclusion I, 180f., 184; Conclusion II, 27f.; Conclusion III, 41; Conclusion IV, 50; Conclusion XVIII-1, 307ff.; so auch *Dumke*, Streikrecht i.S.d. Art. 6 Nr. 4 ESC, S. 65ff.

990 Ähnlich *Czycholl/Frieling*, ZESAR 2011, 322 (325).

keinen Bezug zu einer das Dienst-/Arbeitsverhältnis betreffenden Streitigkeit haben[991], von vornherein ausgeschlossen, sodass beispielsweise Streikmaßnahmen, die ausschließlich der Meinungsbekundung zu bestimmten sozialen oder politischen Fragestellungen dienen („Demonstrationsstreik") oder die zu einer politischen Frage Stellung nehmen wollen, um damit auf die Beugung des Willens eines politischen Organs abzuzielen, um so gewisse staatliche Entscheidungen zu erzwingen („politischer Streik"), dem Anwendungsbereich des Art. 6 Nr. 4 ESC entzogen sind[992].

Ferner wird das Streikrecht nach Art. 6 Nr. 4 Halbs. 2 ESC nur *„vorbehaltlich etwaiger Verpflichtungen aus geltenden Gesamtarbeitsverträgen"* gewährleistet. Aufgrund dieses Vorbehalts ist die tarifvertragliche Friedenspflicht nach Ansicht des BAG, und nunmehr auch des Sachverständigenausschusses, in Gestalt einer Beschränkung des deutschen Streikrechts, mit Art. 6 Nr. 4 ESC vereinbar.[993]

Das sich dergestalt aus Art. 6 Nr. 4 ESC ergebende Streikrecht unterliegt zudem außerhalb des eigentlichen Wortlautes Grenzen. So besagt der Anhang zu Art. 6 Nr. 4 ESC[994], dass *„jede Vertragspartei für sich die Ausübung des Streikrechts durch Gesetz regeln kann, vorausgesetzt, dass jede weitere Einschränkung dieses Rechts auf Grund des Artikels 31 gerechtfertigt werden kann."* Dementsprechend darf das Streikrecht aus Art. 6 Nr. 4 ESC nur dann gemäß Art. 31 Nr. 1 ESC einer Einschränkung unterliegen,

> *„wenn diese gesetzlich vorgeschrieben und in einer demokratischen Gesellschaft zum Schutz der Rechte und Freiheiten anderer oder zum Schutz der öffentlichen Sicherheit und Ordnung, der Sicherheit des Staates, der Völkergesundheit und der Sittlichkeit notwendig ist."*

Folglich ist eine Einschränkung des Streikrechts gerechtfertigt, wenn diese notwendig ist, um ein oben beschriebenes Gut zu schützen und wenn kein geringeres bzw. weniger einschneidendes Mittel zur Verfügung steht, welches der Gefahr in gleichem Maße begegnen könnte[995]. Eine am Status des Beschäftigten orientierte Einschränkung des Streikrechts kann damit nicht pauschal gerechtfertigt sein.[996] Eine Einschränkung oder gar ein Streikverbot wäre nur dann zulässig, wenn eine streikbedingte Arbeitsniederlegung eines jeden Beschäftigten der statusbezogenen Gruppe zu einer Verletzung oder eklatanten Gefährdung eines oben benannten Schutzgutes führen würde. Aufgrund dessen ist nach Ansicht des Sachverständigenausschusses ein absolutes Streikverbot beispielsweise für Beamte nicht mit Art. 6 Nr. 4 ESC vereinbar, da nicht

---

991 *Dumke*, Streikrecht i.S.d. Art. 6 Nr. 4 ESC, S. 114.

992 *Fabricius*, Streik und Aussperrung, S. 32; *Dumke*, Streikrecht i.S.d. Art. 6 Nr. 4 ESC, S. 114 f.

993 Vgl. u.a. BAG NZA 2003, 734 (739); BAG NZA 2007, 1055 (1057); ebenfalls *Ramm*, AuR 1967, 97 (110); *Evju*, AuR 2012, 276 (279); Conclusion XVII-1, 404 f.

994 Der Anhang der ESC gilt nach Art. 38 Abs. 1 ESC als deren Bestandteil, wodurch der Anhang zu Art. 6 Nr. 4 ESC unmittelbar zur Auslegung herangezogen werden kann.

995 Vgl. *Dumke*, Streikrecht i.S.d. Art. 6 Nr. 4 ESC, S. 139.

996 Vgl. *Dumke*, Streikrecht i.S.d. Art. 6 Nr. 4 ESC, S. 92.

alle Beamte originär hoheitliche Tätigkeiten mit Grundrechtsrelevanz für die Staatsbürger ausüben[997], auf die auch nicht bloß vorübergehend verzichtet werden kann und daher eine besondere Treueverpflichtung gegenüber dem Staat gewahrt werden muss. Allerdings kann eine Einschränkung des Streikrechts bezüglich bestimmter Gruppen von Beamten, wie beispielsweise Polizisten, Richter oder Mitglieder des Heeres auf der Grundlage von Art. 31 Abs. 1 ESC, gerechtfertigt sein.[998]

Darüber hinaus müsste die Einschränkung oder Begrenzung *„gesetzlich vorgeschrieben"* sein. Wie in Kapitel 2 erörtert[999], kann dies nach hier vertretener Ansicht nicht nur durch förmliche Gesetze, sondern auch durch Richterrecht geschehen.

3. Die Gewährleistung des Streikrechts für Beamte in Art. 11 EMRK

Ähnlich wie in Art. 3 des IAO-Übereinkommens Nr. 87 gewährleistet Art. 11 Abs. 1 EMRK kein ausdrücklich garantiertes Streikrecht; jedoch lässt sich ein solches durch teleologische Auslegung des Vertragstextes ermitteln. Dem reinen Wortlaut des Art. 11 Abs. 1 EMRK zufolge ist lediglich die individuelle Koalitionsfreiheit in Form des Rechts, Gewerkschaften zu bilden und diesen beizutreten, gewährleistet. Ein effektiver Schutz der Rechte und die Durchsetzung der Interessen der Beschäftigten können gleichwohl nur dann erreicht werden, wenn eine entsprechende „Betätigungsfreiheit" mit gewährleistet ist.[1000] Dies entspricht einem Recht auf gemeinsames Aushandeln von Arbeitsbedingungen, welchem aus Gründen der „Waffengleichheit" ein Druckmittel zum Ausgleich der Unterlegenheit der Beschäftigten gegenüber dem Arbeitgeber/Dienstherrn und damit zur Durchsetzung der entsprechenden Positionen an die Hand gegeben werden muss.[1001] Demzufolge garantiert Art. 11 Abs. 1 EMRK aus teleologischer Sicht und aus Gründen der Effektivität ebenfalls Arbeitskampfmittel mithin ein Streikrecht.

Dies entspricht auch der nunmehr ständigen Rechtsprechung des EGMR.[1002] So wies der Gerichtshof schon früh darauf hin, dass die Worte *„zum Schutz seiner Interessen"* nicht ohne Bedeutung seien und einen gewissen Zweck verfolgen würden. Demnach schütze die Konvention die Freiheit, die beruflichen Interessen der Gewerkschaftsmitglieder durch kollektive Maßnahmen zu verteidigen.[1003] Art. 11

---

997 Conclusion XVII-1, 12; Conclusion XVIII-1, 9; Conclusion XIX-3, 14.

998 *Kovács*, Comp. Labor Law & Pol'y Journal, 2005, 445 (462 f.).

999 Vgl. Kapitel 2, B., III., 2., c., aa., (3).

1000 So auch *Witter*, Europarechtliche Aspekte, S. 27.

1001 Vgl. *Gitter*, ZfA 1971, 127 (134); *Witter*, Europarechtliche Aspekte, S. 27; *Däubler*, Öffentlicher Dienst, S. 175.

1002 So auch *Dorssemont*, European Labour Law Journal, 2010, 185 (230).

1003 EGMR-E 1, 158 (160), Urteil vom 27.10.1975, Nationale Belgische Polizeigewerkschaft/Belgien; EGMR-E 1, 165 (168), Urteil vom 06.02.1976, Schwedischer Lokomotivführerverband/Schweden; EGMR-E 1, 172 (174), Urteil vom 06.02.1976, Schmidt und Dahlström/Schweden; EGMR AuR 1997, 408 (409), Urteil vom 25.04.1996, Gustafsson/Schweden.

Abs. 1 EMRK gewährleiste daher nicht nur die Freiheit, Gewerkschaften zu bilden und diesen beizutreten, sondern auch das Recht für den Schutz der Interessen ihrer Mitglieder einzustehen und kämpfen zu können.[1004] In diesem Zusammenhang deklarierte der Gerichtshof schon in der Entscheidung Schmidt und Dahlström/Schweden das Streikrecht als eines der bedeutendsten Mittel, dieses Ziel zu erreichen, merkt aber sogleich an, dass Art. 11 Abs. 1 EMRK die Wahl der Mittel den Vertragsstaaten überlasse.[1005] Damit erkannte der Gerichtshof zu diesem Zeitpunkt das Recht auf kollektive Verhandlung noch nicht als konstitutives Element von Art. 11 Abs. 1 EMRK an.[1006] Gleichwohl deutete sich schon mit der Jahrhundertwende eine Abkehr von dieser Rechtsprechung an. So erachtete der EGMR in seiner späteren Rechtsprechung das Streikverbot als eine Einschränkung der durch Art. 11 Abs. 1 EMRK garantierten Assoziierungsfreiheit.[1007] In der Entscheidung Wilson u. a./GB ging der Gerichtshof dann sogar so weit, einer Gewerkschaft das Recht anzuerkennen, Schritte wie Arbeitskampfmaßnahmen einzuleiten, um den Arbeitgeber geneigt zu machen, Kollektivvereinbarungen abzuschließen.[1008] Der einschneidende Paradigmenwechsel des Gerichtshofs erfolgte jedoch erst mit der Entscheidung der Großen Kammer in Sachen Demir und Baykara/Türkei[1009]. So erkannte der Gerichtshof mit der Entscheidung vom 12.11.2008 erstmals ein Recht auf Kollektivverhandlungen aus Art. 11 EMRK an.[1010] Der EGMR begründete seinen entscheidenden Rechtsprechungswechsel mit einer umfassenden rechtsvergleichenden Argumentation, indem er das Recht auf Kollektivverhandlungen im internationalen Recht, deren Auslegung sowie die rechtliche Praxis der europäischen Staaten heranzog. Da die Regelungen von der Mehrheit der europäischen Staaten ratifiziert worden seien und sie damit einen internationalen und nationalen anerkannten Rechtsstandard widerspiegeln würden, könne sich der Gerichtshof wie auch die EMRK als lebendes Instrument dieser rechtlichen Wirklichkeit nicht verschließen.[1011] Die Anerkennung eines Rechts auf Kollektivverhandlung wie auch des Streikrechts und dessen Verankerung in Art. 11 Abs. 1 EMRK wurden bis 2014 ebenfalls durch alle fünf Sektionen des EGMR bestätigt.[1012]

1004 EGMR-E 1, 158 (160), Urteil vom 27.10.1975, Nationale Belgische Polizeigewerkschaft/Belgien; EGMR-E 1, 165 (168), Urteil vom 06.02.1976, Schwedischer Lokomotivführerverband/Schweden.

1005 EGMR-E 1, 172 (175), Urteil vom 06.02.1976, Schmidt und Dahlström/Schweden, so auch in EGMR ÖJZ 2003, 276 (277), Urteil vom 10.01.2002, Unison/Vereinigtes Königreich.

1006 *Dorssemont*, European Labour Law Journal, 2010, 185 (224).

1007 EGMR ÖJZ 2003, 276 (277), Urteil vom 10.01.2002, Unison/Vereinigtes Königreich.

1008 EGMR ÖJZ 2003, 729 (730), Urteil vom 02.07.2002, Wilson/Vereinigtes Königreich.

1009 EGMR AuR 2009, 269 ff., Urteil vom 12.11.2008, Demir und Baykara/Türkei.

1010 EGMR NZA 2010, 1425 ff., Urteil vom 12.11.2008, Demir und Baykara/Türkei.

1011 EGMR AuR 2009, 269 (271), Urteil vom 12.11.2008, Demir und Baykara/Türkei.

1012 EGMR AuR 2011, 304 ff., Urteil vom 15.09.2009, Kaya und Seyhan/Türkei; EGMR AuR 2011, 306 f., Urteil vom 13.07.2010, Cerikci/Türkei; EGMR AuR 2014, 208,

Anknüpfend an die Entscheidung in Sachen Demir und Baykara/Türkei entschied der EGMR am 21.04.2009 ferner ausdrücklich, dass Art. 11 Abs. 1 EMRK nicht nur ein Streikrecht für Arbeitnehmer garantiere, sondern ebenfalls für Beamte.[1013] Zu Recht, da das in Art. 11 Abs. 1 EMRK gewährleistete Streikrecht in personeller Hinsicht „everyone", also jedermann zusteht. Und obwohl Art. 11 Abs. 2 S. 1 EMRK den Rechten aus Art. 11 Abs. 1 EMRK gerade für Angehörige der Streitkräfte, der Polizei oder der Staatsverwaltung Schranken setzt, erfolgt hierdurch kein genereller Ausschluss der Beamten aus dem Anwendungsbereich des Art. 11 EMRK. Da es sich bei den genannten Personengruppen zumeist um Beamte handelt, kann im Umkehrschluss hieraus vielmehr geschlussfolgert werden, dass die Rechte aus Art. 11 Abs. 1 EMRK grundsätzlich allen Beamten zustehen müssen, da diese Schrankenregelung sonst ins Leere laufen würde.

Das Streikrecht ist jedoch nicht absolut, sondern erfährt unter anderem durch die Regelung des Art. 11 Abs. 2 S. 1 EMRK Einschränkungen. Demgemäß kann ein Eingriff in Art. 11 Abs. 1 EMRK gerechtfertigt sein, wenn er „gesetzlich vorgesehen" ist, eines oder mehrere der in Art. 11 Abs. 2 S. 1 EMRK aufgezählten funktionalen Ziele verfolgt und „in einer demokratischen Gesellschaft notwendig" ist, um dieses Ziel zu erreichen.[1014] Zu diesen zählen: die nationale oder öffentliche Sicherheit, die Aufrechterhaltung der Ordnung, die Verhütung von Straftaten, der Schutz der Gesundheit oder der Moral wie auch der Schutz der Rechte und Freiheiten anderer. Wie in Kapitel 2 erläutert[1015], handelt es sich sowohl bei materiell geschriebenem als auch ungeschriebenem Recht in Form von Gesetzen oder Richterrecht um eine „gesetzlich vorgesehene" Eingriffsgrundlage im Sinne des Art. 11 Abs. 2 S. 1 EMRK. Das zu verfolgende legitime Ziel ergibt sich ferner aus den in Art. 11 Abs. 2 S. 1 EMRK aufgezählten Beschränkungsgründen, welche eng auszulegen und abschließend sind[1016]. Um die Voraussetzungen des Art. 11 Abs. 2 S. 1 EMRK zu erfüllen, müsste der Eingriff darüber hinaus „in einer demokratischen Gesellschaft notwendig" sein. Dementsprechend muss sowohl ein dringendes soziales Bedürfnis für den Eingriff als auch eine angemessene Zweck-Mittel-Relation zwischen dem legitimen Ziel und dem Eingriff bestehen.[1017] Der EGMR prüft daher an dieser

---

Urteil vom 08.04.2014, RMT/Vereinigtes Königreich; EGMR AuR 2015, 140 (142 f.), Urteil vom 02.10.2014, Tymoshenko u. a./Ukraine; EGMR AuR 2015, 146 (148), Urteil vom 27.11.2014, HLS/Kroatien.

1013 EGMR NZA 2010, 1423 ff., Urteil vom 21.04.2009, Enerji Yapi-Yol Sen/Türkei.

1014 Art. 11 Abs. 2 EMRK: *„[...] (2) [1]Die Ausübung dieser Rechte darf nur Einschränkungen unterworfen werden, die gesetzlich vorgesehen und in einer demokratischen Gesellschaft notwendig sind für die nationale oder öffentliche Sicherheit, zur Aufrechterhaltung der Ordnung oder zur Verhütung von Straftaten, zum Schutz der Gesundheit oder der Moral oder zum Schutz der Rechte und Freiheiten anderer. [2]Dieser Artikel steht rechtmäßigen Einschränkungen der Ausübung dieser Rechte für Angehörige der Streitkräfte, der Polizei oder der Staatsverwaltung nicht entgegen."*

1015 Vgl. Kapitel 2, B., III., 2., c., bb., (3), (a).

1016 Dörr/Grote/Marauhn/*Bröhmer*, Konkordanzkommentar EMRK/GG, Art. 11, Rn. 76.

1017 Dörr/Grote/Marauhn/*Bröhmer*, Konkordanzkommentar EMRK/GG, Art. 11, Rn. 64.

Stelle, ob die entsprechende Maßnahme unter Berücksichtigung der Umstände des Einzelfalls und in Bezug auf das erstrebte Ziel verhältnismäßig i.e.S. ist.[1018] Damit nimmt der Gerichtshof eine Art Konkordanzprüfung vor, indem er eine Abwägung zwischen den konkurrierenden Interessen und Rechten und der Koalitionsfreiheit vornimmt. Dies hat zur Folge, dass die eingriffsbegründende Maßnahme oder die Vorschrift auch so eindeutig und begrenzt wie möglich die Gruppen der betroffenen Beschäftigten bestimmen muss[1019], sodass ein allgemeines Streikverbot, welches sich auf statusbezogene oder auf nicht eindeutig definierte Gruppen bezieht, nicht nach Art. 11 Abs. 2 S. 1 EMRK gerechtfertigt sein kann.

Darüber hinaus kann die Ausübung des Streikrechts nach Art. 11 Abs. 2 S. 2 EMRK für diejenigen Personen durch rechtmäßige Einschränkungen begrenzt werden, bei welchen es sich um Angehörige der Streitkräfte, der Polizei oder der Staatsverwaltung handelt. Wie zuvor ausführlich dargestellt, handelt es sich nach der Rechtsprechung des EGMR, der seinerseits das Urteil in Sachen Pellegrin/Frankreich[1020] und die Mitteilung vom 18.3.1988 der Europäische Kommission zur „Freizügigkeit der Arbeitnehmer und Zugang zur Beschäftigung in der öffentlichen Verwaltung der Mitgliedstaaten – Aktion der Kommission auf dem Gebiet der Anwendung von Artikel 48 Absatz 4 EWG-Vertrag“ wie auch die Rechtsprechung des EuGH zu Art. 45 Abs. 4 AEUV (ex. Art. 39 Abs. 4 EGV) bzw. Art. 48 Abs. 4 EWG-Vertrag[1021] zur Auslegung heranzieht, um Angehörige der Staatsverwaltung, wenn sie regelmäßig (un-)mittelbar mit der Wahrnehmung hoheitlicher Befugnisse und mit der Ausübung allgemeiner Belange des Staates oder anderer öffentlicher Körperschaften betraut seien. Der Begriff der Staatsverwaltung ist folglich funktional auszulegen, indem auf die Art der mit der Stelle verbundenen Aufgaben und Verantwortlichkeiten abzustellen ist. Dementsprechend kann Beamten das Streikrecht aus Art. 11 Abs. 1 EMRK nach Art. 11 Abs. 2 S. 2 EMRK verwehrt werden, wenn sie der Polizei bzw. den Streitkräften angehören oder einer für die öffentliche Verwaltung typischen Tätigkeit nachgehen, die regelmäßig mit der Wahrnehmung hoheitlicher Befugnisse und der Ausübung allgemeiner Staatsbelange verbunden ist.

4. *Zwischenfazit*

Betrachtet man die näher dargestellten völkerrechtlichen Regelungen in ihrer Gesamtheit, wird deutlich, dass sich alle Einzelregelungen, die ein Streikrecht für Beamte garantieren, in vielen Punkten entsprechen. Selbst der EGMR berücksichtigt bei seiner Auslegung des Art. 11 Abs. 1 EMRK andere internationale und völkerrechtliche Vereinbarungen, die ein Streikrecht gewährleisten sowie die jeweilige

1018 Vgl. statt vieler EGMR AuR 2011, 303 (303f.), Urteil vom 27.03.2007, Karacay/Türkei; EGMR AuR 2015, 146 (149), Urteil vom 27.11.2014, HLS/Kroatien; Dörr/Grote/Marauhn/*Bröhmer*, Konkordanzkommentar EMRK/GG, Art. 11, Rn. 76.

1019 EGMR NZA 2010, 1423 (1424f.), Urteil vom 21.04.2009, Enerji Yapi-Yol Sen/Türkei.

1020 EGMR NVwZ 2000, 661 (663), Urteil vom 8.12.1999, Pellegrin/Frankreich.

1021 EGMR NVwZ 2000, 661 (663), Urteil vom 8.12.1999, Pellegrin/Frankreich.

Auslegung durch die zuständigen Institutionen. Und obwohl diese Methodik eher kritisch zu beurteilen ist, trifft diese Vorgehensweise doch eine wichtige Aussage: Die kontinuierliche Weiterentwicklung der Vorschriften, die Grundsätze des Völkerrechts und die des staatlichen Rechts der Mehrheit der Mitgliedstaaten des Europarats zeigen auf, dass hinsichtlich des Streikrechts eine übereinstimmende rechtliche Auffassung der modernen Gesellschaften besteht, der sich auch der deutsche Gesetzgeber nicht verschließen kann.

So garantieren die verschiedenen völkerrechtlichen Normen ein jeweiliges Streikrecht, mit speziellen sich entsprechenden Merkmalen. Alle Regelungen gewähren einhellig ein Streikrecht für den öffentlichen Dienst, welches grundsätzlich sowohl den Arbeitnehmern des öffentlichen Dienstes als auch den Beamten zusteht. Allerdings ist auch dieses Streikrecht nicht grenzenlos gewährleistet, sondern kann Einschränkungen unterworfen werden, sodass es unter bestimmten Voraussetzungen durchaus begrenzt oder sogar gänzlich verboten werden kann. Folglich können (variierend nach dem jeweiligen völkerrechtlichen Vertrag) Eingriffe in das Beamtenstreikrecht gerechtfertigt sein, wenn innerstaatliche Regelungen ein Beamtenstreikverbot für diejenigen Beamten vorsehen, die der Polizei, den Streitkräften (bzw. dem Heer) oder auch der Staatsverwaltung angehören (z. B. Art. 9 Abs. 1 IAO-Übereinkommen Nr. 87, Art. 11 Abs. 2 S. 2 EMRK). Demnach für diejenigen Personen, die typischerweise einer Tätigkeit nachgehen, die regelmäßig mit der Wahrnehmung hoheitlicher Befugnisse und der Ausübung allgemeiner Staatsbelange verbunden ist.

Darüber hinaus können Eingriffe in das Streikrecht der Beamten zulässig sein, wenn der Eingriff im nationalen förmlichen oder materiellen Recht wie auch im gesetzesvertretenden Richterrecht vorgesehen ist wie auch die Aufrechterhaltung von notwendigen und lebenswichtigen Diensten bezweckt und somit in einer demokratischen Gesellschaft im Interesse der nationalen oder öffentlichen Sicherheit, der öffentlichen Ordnung, zum Schutz der Volksgesundheit, der öffentlichen Sittlichkeit oder zum Schutz der Rechte und Freiheiten anderer notwendig ist (z. B. Anhang zu Art. 6 Nr. 4 ESC i.V.m. Art. 31 Nr. 1 ESC, Art. 11 Abs. 2 S. 1 EMRK).

II. Das nationale Beamtenstreikverbot im Verhältnis zum völkerrechtlich verankerten Streikrecht für Beamte

1. Grundsätzliche Überlegung zum gegenseitigen Verhältnis

Dem Erörterten entsprechend stehen sich sowohl ein nationales Beamtenstreikverbot, welches ausschließlich am Beamtenstatus orientiert und durch Richterrecht entwickelt und ausgestaltet ist, als auch ein völkerrechtliches, funktional einschränkbares Streikrecht gegenüber.

Da das völkerrechtliche Streikrecht grundsätzlich für alle Angehörigen des öffentlichen Dienstes gewährleistet ist, stellt das deutsche Beamtenstreikverbot ohne Zweifel einen Eingriff dar. Die entscheidende Frage an dieser Stelle ist daher, ob ein solcher Eingriff völkerrechtlich durch die oben aufgeführten Schranken gerechtfertigt werden kann.

Das nationale Beamtenstreikverbot, welches durch gesetzesvertretendes Richterrecht diktiert ist, würde schon dann nicht gerechtfertigt werden können, wenn es sich bei Richterrecht nicht um eine „gesetzliche Einschränkung“ handeln würde. Wie hinlänglich erläutert[1022], zählt hierzu aber nicht nur formelles Gesetzesrecht, sondern auch materielles Recht sowie Richterrecht, sodass eine Rechtfertigung durchaus möglich erscheint.

Eine solche ist ferner denkbar, wenn es sich bei Beamten um Angehörige der Polizei, der Streitkräfte oder der Staatsverwaltung handeln würde (Art. 9 Abs. 1 IAO-Übereinkommen Nr. 87, Art. 11 Abs. 2 S. 2 EMRK) oder das deutsche Beamtenstreikverbot in einer demokratischen Gesellschaft im Interesse der nationalen oder öffentlichen Sicherheit, der öffentlichen Ordnung, zum Schutz der Volksgesundheit, der öffentlichen Sittlichkeit oder zum Schutz der Rechte und Freiheiten anderer notwendig wäre (Anhang zu Art. 6 Nr. 4 ESC i.V.m. Art. 31 Nr. 1 ESC, Art. 11 Abs. 2 S. 1 EMRK).

Die erste Alternative kann im Fall des generellen deutschen Beamtenstreikverbots nicht greifen, da der Beamtenstatus in Deutschland nicht lediglich den Angehörigen der Polizei, der Streitkräfte oder der Staatsverwaltung verliehen wird, sondern auch anderen Berufsgruppen wie beispielsweise Lehrern, die gerade nicht in Wahrnehmung hoheitlicher Befugnisse und der Ausübung allgemeiner Staatsbelange handeln[1023]. In diesem Sinne könnte allenfalls ein Streikverbot zulässig sein, das sich auf bestimmte hier aufgezählte Berufsgruppen beschränkt und dementsprechend näher bestimmt ist.

Aber auch die zweite hier angeführte Alternative kann den durch das Beamtenstreikverbot ausgelösten Eingriff in den Schutzbereich des völkerrechtlich gewährleisteten Streikrechts nicht rechtfertigen. So handelt es sich um eine funktionale und zielorientierte Möglichkeit, das Streikrecht einzuschränken. Bei dem deutschen Beamtenstreikverbot handelt es sich aber ausschließlich um ein statusbezogenes Verbot. So kann zwar argumentiert werden, dass das deutsche Beamtentum als „ausführende Hand“ der Staatsgewalt durchaus der Aufrechterhaltung der öffentlichen Ordnung dient. Allerdings wird dabei übersehen, dass nicht jeder Beamte öffentliche Aufgaben im Sinne der Staatsverwaltung übernimmt und damit auch nicht jeder der Aufrechterhaltung der öffentlichen Ordnung dient – ein generelles Verbot für alle Beamten kann einer solchen Rechtfertigung damit nicht unterfallen. Aufgrund dessen ist ein verallgemeinertes, nur am Beamtenstatus orientiertes Streikverbot zu unbestimmt und wird den Anforderungen der völkerrechtlichen Eingriffsschranken nicht gerecht. Das statusbezogene deutsche Beamtenstreikverbot stellt damit einen

1022 Vgl. entsprechende Problematik zu Art. 31 ESC, Kapitel 2, B., III., 2., c., aa., (3) und zu Art. 11 Abs. 2. S. 1 EMRK, Kapitel 2, B., III., 2., c., bb., (3), (a).

1023 Vgl. u. a. EuGH Rs. 66/85, Slg. 1986, 2121, Rn. 28 (Lawrie-Blum); EuGH Rs. C-473/93, Slg. 1996. I-3207, Rn. 33 (Kommission/Luxemburg); BVerwG NZA 2014, 616 (619 f.).

ungerechtfertigten Eingriff in das völkerrechtlich gewährleistete Streikrecht dar und ist somit völkerrechtswidrig.

2. Das Verhältnis des deutschen Beamtenstreikverbots zum Streikrecht aus Art. 11 Abs. 1 EMRK

Aufgrund der herausragenden Bedeutung der Entscheidungen des EGMR in Sachen Demir und Baykara/Türkei und Enerji Yapi-Yol Sen/Türkei für das Streikrecht im öffentlichen Dienst und der damit verbundenen Signifikanz für die Bundesrepublik Deutschland soll im Folgenden besonderes Augenmerk auf die Vereinbarkeit des deutschen Beamtenstreikverbots mit dem Streikrecht aus Art. 11 Abs. 1 EMRK gelegt werden.

Dementsprechend stellt sich zunächst die Frage, ob das deutsche Beamtenstreikverbot einen Eingriff in den Schutzbereich des Art. 11 Abs. 1 EMRK darstellt. Wie zuvor herausgestellt, umfasst der Schutzbereich des Art. 11 Abs. 1 EMRK in personeller Hinsicht nicht nur ein Streikrecht für Arbeitnehmer, sondern auch eines für die Angehörigen des öffentlichen Dienstes. Und obwohl oder gerade weil der EGMR in den einschlägigen Entscheidungen nicht näher darauf eingeht, welche Personengruppen im Einzelnen zu diesen Beschäftigten gehören, kann davon ausgegangen werden, dass hierzu sowohl die Arbeitnehmer des öffentlichen Dienstes als auch die Beamten zählen. Hätte der Gerichtshof eine Beschränkung beabsichtigt, wären zusätzliche Ausführungen notwendig gewesen.

Darüber hinaus könnte der Schutzbereich des Streikrechts allerdings sachlich eingeschränkt sein, da das Recht auf Streik lediglich der Durchsetzung der Betätigungsfreiheit der Gewerkschaft dient. Demgemäß gewährleiste Art. 11 Abs. 1 EMRK die Betätigung der Gewerkschaft, um damit die Interessen ihrer Mitglieder zu schützen.[1024] In diesem Zusammenhang sei es laut Gerichtshof den einzelnen Staaten frei überlassen, welches Mittel sie wählen, um die Gewerkschaft in den Stand zu versetzen, die Rechte ihrer Mitglieder zu vertreten.[1025] Damit lässt sich aus Art. 11 Abs. 1 EMRK ein Recht der Gewerkschaft und ihrer Mitglieder auf Kollektivverhandlung ableiten. In der Entscheidung Demir und Baykara/Türkei erkennt der EGMR sogar das Recht auf Tarifverhandlungen an.[1026] Darüber hinaus sei auch der Streik ein in Art. 11 Abs. 1 EMRK gewährleistetes Instrument, wenn die Gewerkschaft damit die von ihr wahrgenommenen Mitgliederinteressen durchsetzen kann. In diesem Zusammenhang verweist der Gerichtshof auf das IAO-Übereinkommen Nr. 87, nach dem das Streikrecht gerade als Mittel zur wirksamen Ausübung des Rechts auf Kollektivverhandlung dient.[1027] Aufgrund dessen könnte man zu dem Schluss gelangen, dass ähnlich dem deutschen Recht ein Streik nur insoweit zulässig

1024 EGMR NZA 2010, 1425 (1430), Urteil vom 12.11.2008, Demir und Baykara/Türkei.
1025 EGMR NZA 2010, 1425 (1430), Urteil vom 12.11.2008, Demir und Baykara/Türkei.
1026 EGMR NZA 2010, 1425 (1430), Urteil vom 12.11.2008, Demir und Baykara/Türkei.
1027 EGMR NZA 2010, 1423 (1424), Urteil vom 21.04.2009, Enerji Yapi-Yol Sen/Türkei.

ist, als er als Druckmittel zur Durchsetzung der Interessen der Gewerkschaftsmitglieder in Tarifverhandlungen dient und damit ein tariflich regelbares Ziel zum Gegenstand haben muss. Allerdings ist in Art. 11 Abs. 1 EMRK – anders als in Art. 9 Abs. 3 GG – nur das Recht auf Kollektivverhandlung, nicht aber das Recht auf Tarifautonomie garantiert.[1028] Denn Kollektivverhandlung in diesem Sinne meint nicht ausschließlich Tarifverhandlungen, sondern vielmehr das Verhandeln im Kollektiv. Auf welche Weise das Verhandlungsergebnis erzielt wird, gibt Art. 11 Abs. 1 EMRK gerade nicht vor. Es muss daher nicht durch Abschluss eines Tarifvertrages erzielt werden. Dementsprechend gewährleistet Art. 11 Abs. 1 EMRK nicht den Schutz eines funktionierenden Tarifvertragssystems, sondern ausschließlich die Koalitionsfreiheit und die damit verbundene Betätigungsfreiheit der Koalitionen zur Durchsetzung der Rechte ihrer Mitglieder. Der Arbeitskampf bzw. das Arbeitskampfmittel des Streiks sind daher keine Hilfsmittel zur Verwirklichung der Tarifautonomie wie im deutschen Recht, sondern bezwecken einzig die wirkungsvolle Betätigung der Koalitionen. Betrachtet man zudem die Auslegung des Art. 11 Abs. 1 EMRK im Sinne der EGMR-Rechtsprechung genauer, wird deutlich, dass das Recht auf Tarifverhandlung und das Recht auf Streik gesonderte nebeneinander existierende Instrumente der Gewerkschaft und ihrer Mitglieder sind, die dazu dienen, die Interessen der Arbeitnehmer durchzusetzen. Es ist nicht ersichtlich, dass eines dieser Mittel lediglich als Annex zum anderen gewährleistet ist.

Damit unterfällt ein Streikrecht dann dem Schutzbereich des Art. 11 Abs. 1 EMRK, wenn es für die Interessendurchsetzung der Gewerkschaftsmitglieder notwendig ist. Gewerkschaftsmitglieder in diesem Sinne sind unproblematisch auch Beamte. Allerdings ist fraglich, ob auch eine Beamtengewerkschaft wie beispielsweise der Deutsche Beamtenbund (DBB) ein Streikrecht benötigt, um die Interessen ihrer Beamten durchzusetzen. Das würde dann in Frage stehen, wenn die Interessen der Beamten beispielsweise gegenüber dem Dienstherrn in der Bundesrepublik Deutschland auch ohne Zutun der Gewerkschaft hinreichend geschützt wären. Grundsätzlich werden die Beschäftigungsbedingungen für Beamte in Deutschland nicht unter Einbeziehung des Dienstherrn, sondern durch Gesetz geregelt (Art. 33 Abs. 4 GG). So normieren beispielsweise § 40 BeamtStG/§§ 97 ff. BBG (Nebentätigkeit), § 44 BeamtStG/§ 89 BBG (Erholungsurlaub), § 87 BBG (Arbeitszeit) oder § 2 Abs. 1 BBesG (Besoldung) zentrale Beschäftigungsbedingungen der Beamten. Damit wird eine einzel- oder kollektivvertragliche Regelung dieser Angelegenheiten, auf die die Gewerkschaft im Sinne ihrer Mitglieder Einfluss nehmen könnte, gerade ausgeschlossen. Darüber hinaus wird eine tarifvertragliche Gestaltung des Beamtenverhältnisses ebenfalls durch § 1 Abs. 1 TVG unterbunden, der regelt, dass die Rechtsnormen eines Tarifvertrages lediglich die Arbeitsbedingungen betreffen können. Ein Einsatz einer Beamtengewerkschaft zur Interessenvertretung ihrer Mitglieder erscheint daher nicht notwendig. Allerdings werden bei Weitem nicht alle Beschäftigungsbedingungen durch Gesetz geregelt. Bezüglich sozialer oder

---

1028 So auch *Schubert*, AöR 2012, 92 (107).

personeller Angelegenheiten beispielsweise ist der Abschluss von Kollektivvereinbarungen in Form von Dienstvereinbarung möglich (§§ 73, 75 ff. BPersVG). Auf den Abschluss einer solchen Vereinbarung könnten grundsätzlich auch die Gewerkschaften durch gezielte Streikmaßnahmen hinwirken oder Einfluss nehmen, da im Gegensatz zum deutschen Recht der in Art. 11 Abs. 1 EMRK gewährleistete Streik nicht den Abschluss eines Tarifvertrages zum Ziel haben muss. Somit kann das menschenrechtskonforme Streikrecht den Gewerkschaften sehr wohl dazu dienen, die Interessen ihrer Mitglieder durchzusetzen. Demzufolge steht das durch Art. 11 Abs. 1 EMRK garantierte Streikrecht auch den Beamten der Bundesrepublik zu, sodass das deutsche Beamtenstreikverbot einen Eingriff in dieses darstellt. Abgesehen davon garantiert Art 11 Abs. 1 EMRK auch für Beamte ein Recht auf Tarifverhandlungen[1029], aufgrund dessen der grundsätzliche Ausschluss eines Beamtentarifvertrages im Recht der Bundesrepublik Deutschland zu überdenken ist. Eine dahingehende Öffnung des deutschen Rechts würde ebenfalls eine Schnittstelle zur Interessenwahrnehmung der Gewerkschaft für Beamte schaffen.

Da das von der Konvention gewährleistete Streikrecht aber nicht absolut ist[1030], sondern in Art. 11 Abs. 2 EMRK Schranken unterworfen ist, ist im Folgenden zu untersuchen, ob das pauschale statusbezogene Streikverbot für Beamte durch eine solche gerechtfertigt sein kann.

Eine Rechtfertigung nach Art. 11 Abs. 2 S. 2 EMRK ist im Fall des generellen deutschen Beamtenstreikverbots allerdings nicht ersichtlich.[1031] Der Beamtenstatus in Deutschland wird nicht lediglich den Angehörigen der Polizei, der Streitkräfte oder der Staatsverwaltung verliehen, sondern auch anderen Berufsgruppen wie Lehrern, die gerade nicht in Ausübung der Staatsgewalt handeln, sodass Art. 11 Abs. 2 S. 2 EMRK und das allgemeine Beamtenstreikverbot, abgeleitet aus Art. 33 Abs. 5 GG inhaltlich unvereinbar sind. In diesem Sinne könnte allenfalls ein Streikverbot zulässig sein, das sich auf bestimmte hier aufgezählte Berufsgruppen beschränkt und dementsprechend näher bestimmt ist – diese Voraussetzungen kann das deutsche Beamtenstreikverbot aber gerade nicht bieten. Zwar mag behauptet werden, dass das deutsche Beamtenstreikverbot dann zumindest für diejenigen Beamten Gültigkeit beansprucht, die eine derartige Stellung innehaben.[1032] Allerdings begründet sich das Beamtenstreikverbot auf Art. 33 Abs. 4, 5 GG für die Gesamtheit der Beamtenschaft. Einzelne Gruppen nur für die Rechtfertigung aus Art. 11 Abs. 2 S. 2 EMRK zu isolieren, stellt eine nach innerstaatlichem Recht unzulässige Differenzierung dar, die gerade nicht der statusbezogenen Herleitung des Beamtenstreikverbots entspricht.[1033]

1029 EGMR NZA 2010, 1425 (1430 f.), Urteil vom 12.11.2008, Demir und Baykara/Türkei.

1030 EGMR NZA 2010, 1423 (1424), Urteil vom 21.04.2009, Enerji Yapi-Yol Sen/Türkei.

1031 Hinsichtlich der Berufsgruppe der Lehrer, *Pollin*, Streikverbot verbeamteter Lehrer, S. 185.

1032 VG Kassel AuR 2012, 36 (36 f.).

1033 Im Ergebnis auch *Ickenroth*, Beamtenstreikverbot, S. 181 f.

Ferner könnte eine Rechtfertigung des Eingriffs nach Art. 11 Abs. 2 S. 1 EMRK in Frage kommen. Hierfür müsste das Beamtenstreikverbot gesetzlich vorgesehen, in einer demokratischen Gesellschaft notwendig sein und ein in Art. 11 Abs. 2 S. 1 EMRK aufgezähltes Ziel verfolgen. Wie zuvor dargestellt[1034], ist ein solcher Eingriff schon dann „gesetzlich vorgesehen", wenn er, wie das deutsche Beamtenstreikverbot, durch Richterrecht geregelt ist. Darüber hinaus ist eine Maßnahme oder eine Vorschrift, auf welcher der Eingriff beruht, nach der Rechtsprechung des Gerichtshofes nur dann „in einer demokratischen Gesellschaft notwendig", wenn diese dem Verhältnismäßigkeitsgrundsatz entspricht und damit so eindeutig und begrenzt wie möglich die Gruppen der betroffenen Beschäftigten des öffentlichen Dienstes bestimmt[1035]. Hierfür ist es nach hier vertretener Auffassung nicht ausreichend, allgemein „Beamte" als hinreichend und eindeutig definierte Gruppe aus der Gesamtheit der Beschäftigten des öffentlichen Dienstes zu betrachten[1036]. Zwar stellen die „Beamten" unzweifelhaft eine bestimmte Gruppe der Beschäftigten des öffentlichen Dienstes dar, allerdings handelt es sich nicht um eine Gruppenbestimmung, die so eindeutig und begrenzt *wie möglich* ist. Denn der Grundtenor des Gerichtshofes ist dahingehend auszulegen, dass eine Einschränkung des Streikrechts für den öffentlichen Dienst nur für diejenigen Bediensteten gerechtfertigt sein kann, die funktional im Namen des Staates Hoheitsgewalt ausüben[1037]. Dementsprechend ist auch eine Gruppenbestimmung nur dann so eindeutig und begrenzt wie möglich, wenn sie funktional vorgenommen wird. Eine Einschränkung des Streikrechts für eine Gruppe „Beamte" kann daher nur dann durch Art. 11 Abs. 2 S. 1 EMRK gerechtfertigt sein, wenn es sich um hoheitlich tätige Beamte handelt.[1038] Das deutsche Beamtenstreikverbot gilt aber für alle Beamte, unabhängig davon, ob sie eine hoheitliche Tätigkeit ausüben oder nicht. Es handelt sich um einen rein statusbezogenen Eingriff in das Streikrecht der Beamten. Diese Gruppenbildung ist daher nicht eindeutig genug.

Darüber hinaus ist davon auszugehen, dass bezüglich eines allgemeinen statusbezogenen Streikverbots keine ausreichende Abwägung der in Art. 11 Abs. 2 S. 1 EMRK aufgeführten Ziele vorgenommen wurde und es damit unverhältnismäßig ist. Denn obwohl Beamte, die im Namen des Staates Hoheitsgewalt ausüben durchaus zur Aufrechterhaltung der Ordnung oder zum Schutz der Rechte und Freiheiten anderer tätig sind, betrifft das Streikverbot auch diejenigen Beamten, die gerade nicht hoheitlich tätig sind und damit keinem dieser Ziele nachkommen.[1039]

Folglich kann der Eingriff durch das deutsche Beamtenstreikverbot in das Streikrecht aus Art. 11 Abs. 1 EMRK weder durch Art. 11 Abs. 2 S. 1 EMRK noch durch

1034 Vgl. Kapitel 2, B., III., 2., c., bb., (3), (a).

1035 EGMR NZA 2010, 1423 (1424 f.), Urteil vom 21.04.2009, Enerji Yapi-Yol Sen/Türkei.

1036 So beispielsweise auch OVG Münster, Urteil vom 7.3.2012–3dA 317/11.O, NVwZ 2012, 890 (897 f.); *Bitsch*, ZTR 2012, 78 (82); *Kersten*, Neues Arbeitskampfrecht, S. 25 f.

1037 EGMR NZA 2010, 1423 (1424), Urteil vom 21.04.2009, Enerji Yapi-Yol Sen/Türkei.

1038 Ähnlich auch *Schlachter*, RdA 2011, 341 (347).

1039 A.A. *Bitsch*, ZTR 2012, 78 (81).

Art. 11 Abs. 2 S. 2 EMRK gerechtfertigt werden. Das statusbezogene Beamtenstreikverbot, abgeleitet aus Art. 33 Abs. 4, 5 GG, ist in seiner allgemeinen Gestalt mit der Konvention inhaltlich nicht vereinbar.[1040]

III. Fazit

Das deutsche, ausschließlich am Beamtenstatus orientierte Streikverbot ist nicht vereinbar mit den Vorgaben des in den verschiedenen arbeitsvölkerrechtlichen Normen gewährleisteten Streikrechts. Demnach kommt ein Streikverbot nur für diejenigen Beamten in Betracht, die funktional hoheitliche Befugnisse ausüben. Entsprechend handelt es sich bei dem deutschen Beamtenstreikverbot um einen ungerechtfertigten Eingriff in das Streikrecht der unterschiedlichen völkerrechtlichen Verträge, insbesondere in jenes des Art. 11 Abs. 1 EMRK, sodass es als völkerrechtswidrig deklariert werden muss. Angesichts dessen bedarf es einer Öffnung des deutschen Rechts hin zu einem Beamtenstreikrecht, welches lediglich in den völkerrechtlich vorgezeichneten Schranken einem Verbot unterliegen kann.

C. Die Folgen der Völkerrechtswidrigkeit des Beamtenstreikverbots für das nationale Recht

Mit der Feststellung der Konventions- bzw. Völkerrechtswidrigkeit des deutschen Beamtenstreikverbots stellt sich die wohl komplexeste Frage in der Diskussion um die Vereinbarkeit des nationalen Streikverbots mit dem völkerrechtlich gewährleisteten Streikrecht der Beamten – nämlich, welche Auswirkungen der Verstoß insbesondere gegen die Konvention auf das nationale Recht hat und in welcher Form die deutsche Rechtsordnung dem zu begegnen hat.

Grundsätzlich steht zwar außer Frage, dass das konventionswidrige nationale Beamtenstreikverbot prinzipiell von jedem Beamten nach Art. 34 EMRK mit einer Individualbeschwerde vor dem Europäischen Gerichtshof für Menschenrechte angegriffen werden kann, sobald der innerstaatliche Rechtsweg erschöpft ist. Ein hieraus ergehendes Urteil würde die Bundesrepublik dann sogar nach Art. 46 Abs. 1 EMRK inter partes verpflichten dieses zu befolgen. Würde der EGMR daher eine Konventionsverletzung (hier Art. 11 EMRK) feststellen, wäre die Bundesrepublik verpflichtet diese abzustellen. Hierbei bestünde für Deutschland ein Ermessensspielraum, wie es seine Pflichten aus dem Urteil nachkäme. Die Bundesrepublik müsste demnach unter der Aufsicht des Ministerkomitees nach Art. 46 Abs. 2 EMRK individuelle oder allgemeine Maßnahmen in seiner Rechtsordnung treffen, um die Verletzung abzustellen und den Folgen so weit wie möglich abzuhelfen.[1041] Ob die notwendigen Maßnahmen getroffen sind, kontrolliert also nicht der EGMR, sondern

1040 So ebenfalls BVerwG, Urteil vom 27.2.2014–2 C 1/13, NZA 2014, 616 (620); *Polakiewicz/Kessler*, NVwZ 2012, 841 (842 f.).

1041 EGMR NJW 2004, 3397 (3400 f.), Urteil vom 26.2.2004, Görgülü/Deutschland.

das Ministerkomitee des Europarates. Sollte das Ministerkomitee allerdings feststellen, dass die Bundesrepublik dem Urteil nicht nachkommt, ist eine Zwangsvollstreckung im eigentlichen Sinne nicht möglich, gleichwohl kann das Ministerkomitee oder die Parlamentarische Versammlung durch Resolutionen politischen Druck erzeugen.[1042] So kann der Generalsekretär des Europarates sein Anfragerecht nach Art. 52 EMRK nutzen. Ferner könnte der Bundesrepublik nach Art. 8 der Satzung des Europarats (SER) sein Recht auf Vertretung vorläufig abgesprochen und vom Ministerkomitee sogar dazu aufgefordert werden, gemäß Art. 7 SER aus dem Europarat auszutreten. Sollte dieser Aufforderung nicht Folge geleistet werden, so kann das Ministerkomitee zudem beschließen, dass die Bundesrepublik, von einem durch das Komitee selbst bestimmten Zeitpunkt an, dem Europarat nicht mehr angehört (vgl. Art. 8 SER). Solange allerdings das aufgezeigte Szenario (noch) nicht eingetreten ist, haben zumindest die bisherigen Entscheidungen des Gerichtshofes gegen die Türkei eine so genannte Orientierungswirkung[1043] für die Bundesrepublik Deutschland. Dementsprechend haben die Konventionsstaaten erst kürzlich in der „Brighton Declaration" vom 19./20.4.2012 darauf hingewiesen, dass eine wirksame Umsetzung der Konvention auf nationaler Ebene nur dann gelingen kann, wenn die einzelnen innerstaatlichen Gerichte die durch die Rechtsprechung des EGMR aufgestellten Grundsätze beachten.[1044] Darüber hinaus hat das Bundesverfassungsgericht den Grundsatz der völkerrechtsfreundlichen Auslegung entwickelt, nach dem insbesondere die Konvention bei der Auslegung von einfachem Recht wie auch der Verfassung zu berücksichtigen ist.[1045]

Aufgrund dessen ist im Weiteren zu untersuchen, ob der bestehende Konflikt zwischen nationalem statusbezogenem Beamtenstreikverbot und völkerrechtlichem funktional einschränkbarem Beamtenstreikrecht gegebenenfalls durch eine völkerrechtsfreundliche Auslegung des einfachgesetzlichen Beamtenrechts oder auch des Verfassungsrechts aufgelöst werden kann oder ob nicht doch Handlungsbedarf seitens des (verfassungsändernden) Gesetzgebers besteht. Parallel zu der Frage, welche rechtlichen Möglichkeiten der Bundesrepublik zur Verfügung stehen, um das deutsche Recht den internationalen Vorgaben anzugleichen, bleibt zu erörtern, in welcher Form eine solche Völkerrechtskonformität praktisch hergestellt werden kann.

I. Die völkerrechtsfreundliche Auslegung des nationalen Rechts

Die wohl schonendste Möglichkeit der Angleichung des deutschen Beamtenrechts an die internationalen Vorgaben besteht möglicherweise in einer völker-

1042 Meyer-Ladewig/*Meyer-Ladewig*, Komm. EMRK, Art. 46 Rn. 55.
1043 Vgl. Kapitel 2, B., III., 2., c., bb., (2), (b), (cc).
1044 Brighton Declaration, Nr. 9. c) iv), https://wcd.coe.int/ViewDoc.jsp?id=1934031 (Stand 25.09.2015).
1045 Statt vieler BVerfGE 111, 307 (316, 324); BVerfG NJW 2011, 1931 (1935 ff.).

rechtsfreundlichen Auslegung des nationalen Rechts. Eine solche begründet sich zum einen über die durch Zustimmungsgesetz im Sinne des Art. 59 Abs. 2 GG ausgelöste Pflicht zur Berücksichtigung völkerrechtlicher Verträge und deren Gewährleistungen. Hierdurch wird das entsprechende Völkervertragsrecht in nationales Recht transformiert und erlangt damit im Normengefüge der Bundesrepublik den Rang eines einfachen Bundesgesetzes.[1046] Als Norm des objektiven Rechts binden es somit nach Art. 20 Abs. 3 GG die öffentliche Gewalt.[1047] Damit sind die durch die Bundesrepublik ratifizierten völkerrechtlichen Gewährleistungen sowohl für Behörden, für Gerichte wie auch für den Gesetzgeber verpflichtend, was zur Konsequenz hat, dass diese in den jeweiligen Willensprozess eingebunden werden müssen.[1048] Das nationale Recht ist demzufolge unabhängig von dem Zeitpunkt seines Inkrafttretens nach Möglichkeit im Einklang mit dem Völkerrecht auszulegen und damit namentlich mit in eine gegebenenfalls notwendige Verhältnismäßigkeitsprüfung einzubeziehen.[1049]

Und obwohl die ratifizierten völkervertraglichen Regelungen aufgrund ihres Ranges in der deutschen Normenhierarchie folglich keinen unmittelbaren verfassungsrechtlichen Prüfungsmaßstab darstellen, kommt ihnen und insbesondere der EMRK nach ständiger Rechtsprechung des Bundesverfassungsgerichts verfassungsrechtliche Bedeutung zu.[1050] So enthält das Grundgesetz verschiedene Normen, die sich mit der Regelung des Verhältnisses von deutschem Recht und Völkerrecht befassen und aus denen sich eine Grundentscheidung des Verfassungsgebers zur offenen Staatlichkeit folgern lässt.[1051] In diesem Sinne bestätigt auch das BVerfG ein Zusammenspiel von Präambel und Art. 1, 23 bis 25 GG, aus dem sich die Völkerrechtsfreundlichkeit der deutschen Verfassungsordnung ableiten lasse, durch die der Grundsatz der völkerrechtsfreundlichen Auslegung zum Ausdruck komme.[1052] Dementsprechend sei die Völkerrechtsfreundlichkeit Ausfluss eines Grundgesetzes, welches eine staatliche Einbindung in inter- und supranationale Zusammenhänge voraussetze und sogar fördere.[1053] Damit diene eine völkerrechtskonforme Interpretation auf der Ebene des Verfassungsrechts dazu, den entsprechenden Gewährleistungen in der Bundesrepublik Geltung zu verschaffen, um damit eine Völkerrechtsverletzung und eine damit verbundene internationale Verurteilung der Bundesrepublik Deutschland zu vermeiden.[1054]

1046 BVerfGE 19, 342 (347); 22, 254 (265); 25 327 (331).
1047 Vgl. BT-Drs. 12/3495, S. 10 für IAO-Normen.
1048 BVerfGE 111, 307 (324).
1049 Vgl. BVerfG NJW 1987, 2427 (2427); BVerfGE 111, 307 (324).
1050 BVerfGE 111, 307 (317); BVerfG NJW 2011, 1931 (1935).
1051 *Kirchhof*, EuGRZ 1994, 16 (31).
1052 BVerfGE 111, 307 (317 f.).
1053 BVerfGE 111, 307 (317 f.).
1054 BVerfG NJW 2011, 1931 (1935 f.).

Insbesondere in Bezug auf die EMRK machen sowohl das BVerfG als auch das BVerwG in seiner Entscheidung vom 27.02.2014[1055] die Bedeutung und Reichweite des Grundsatzes der völkerrechtsfreundlichen Auslegung im Verhältnis zur deutschen Verfassung deutlich. So beeinflusse die Konvention die Auslegung der Grundrechte und der rechtsstaatlichen Grundsätze der Verfassung, indem sowohl der Konventionstext als auch die Rechtsprechung des EGMR als Auslegungshilfe für die Bestimmung von Inhalt und Reichweite des Grundgesetzes über den Einzelfall hinaus diene.[1056]

Die Grenzen seien allerdings dann erreicht, wenn die völkerrechtskonforme Interpretation zu einer Einschränkung oder Minderung des Grundrechtsschutzes nach dem Grundgesetz führe.[1057] Das werde gerade in mehrpoligen Grundrechtsverhältnissen akut, in denen ein „Mehr“ an Freiheit für den einen Grundrechtsträger zugleich ein „Weniger“ für einen anderen bedeute.[1058] Somit ende die Option auf eine völkerrechtskonforme Auslegung, wo diese nach anerkannten Methoden der Gesetzesauslegung und Verfassungsinterpretation nicht mehr vertretbar erscheine, insbesondere dann, wenn hierdurch der Kerngehalt der Verfassungsidentität des Grundgesetzes gem. Art. 79 Abs. 3 GG angetastet werde.[1059] Und auch dann, wenn der eindeutige Wortlaut der Norm oder der erkennbare Wille des Gesetzgebers entgegenstehe.[1060] Grundsätzlich sei insbesondere die Rechtsprechung des Gerichtshofes möglichst schonend in das dogmatisch ausbalancierte nationale Rechtssystem einzuflechten, sodass sich eine unreflektierte Regulation völkerrechtlicher Begriffe verbiete.[1061]

Der Grundgedanke dieser mehr oder minder ausführlichen Prinzipien der völkerrechtsfreundlichen Auslegung kann selbstredend nicht nur für die EMRK Gültigkeit beanspruchen, sondern ist ebenso auf die Gewährleistungen anderer völkerrechtlicher Normen wie der ESC, dem UN-Zivilpakt oder auch des IAO-Übereinkommens Nr. 87 übertragbar. Und obwohl die Möglichkeit einer derartigen Berücksichtigung völkerrechtlicher Gewährleistungen durch die deutschen Gerichte bisher eher vorsichtig wahrgenommen wurde, ist doch eine verhaltene Tendenz hingehend zur Einbeziehung zu erkennen.[1062]

1055 BVerwG NZA 2014, 616 (620).

1056 BVerfGE 111, 307 (317); BVerfG NJW 2011, 1931 (1935); BVerwG NZA 2014, 616 (620).

1057 BVerfG NJW 1987, 2427 (2427); BVerfGE 111, 307 (317); BVerfG NJW 2011, 1931 (1935).

1058 BVerfG NJW 2011, 1931 (1936).

1059 BVerfG NJW 2011, 1931 (1936); BVerwG NZA 2014, 616 (620).

1060 BVerwG NZA 2014, 616 (620).

1061 BVerfG NJW 2011, 1931 (1936); ähnlich auch *Böhmert*, Recht der ILO, S. 170f.

1062 So beispielsweise durch BAG, Urteil vom 12.9.1984–1 AZR 342/83, NJW 1985, 85 (89); BAG, Urteil vom 10.12.2002–1 AZR 96/02, NZA 2003, 734 (739f.); BAG, Urteil vom 15.5.1997–6 AZR 26/96, NJW 1998, 1012 (1013); BVerwG, Urteil vom

1. *Die völkerrechtskonforme Auslegung des einfachgesetzlichen Beamtenrechts*

Bei der aufgezeigten Problematik erscheint es zumindest naheliegend, sich zunächst mit dem geltenden deutschen Beamtenrecht auseinanderzusetzen. Es ist daher zu untersuchen, ob das einfachgesetzliche Recht unter Beachtung der völkerrechtlichen Vorgaben die Einbeziehung eines Beamtenstreikrechts bzw. eines funktionsbezogenen Beamtenstreikverbotes zulässt. Nach Art. 33 Abs. 4 GG gilt der Grundsatz der hoheitlichen Ausgestaltung des Beamtenrechts. Dieser findet umfassend dadurch Ausdruck, dass wichtige Beschäftigungsbedingungen, insbesondere Besoldungs-, Arbeitszeit- und Urlaubsregelungen, formell gesetzlich und ersichtlich abschließend geregelt sind. Für eine einzel- oder tarifvertragliche Gestaltung dieser Beschäftigungsbedingungen bleibt da kein Raum. Auch das BVerwG stellt in diesem Zusammenhang fest, dass sich die Rechtsnatur des Beamtenverhältnisses nicht damit vereinbaren lasse, die Konkretisierung des beamtenrechtlichen Regelungsgefüges zur Disposition der Tarifparteien zu stellen.[1063] Damit würde das Institut des Beamtentums tiefgreifend verändert werden, da die tarifliche Gestaltung des Beamtenrechts unmittelbar mit einem Verzicht der Dienstherrn auf ihre hoheitliche Regelungsbefugnis verbunden wäre.[1064] Damit wäre der Grundsatz der hoheitlichen Ausgestaltung des Dienst- und Treueverhältnisses (Art. 33 Abs. 4 GG) richtigerweise im Kerngehalt berührt, sodass eine völkerrechtskonforme Auslegung ausscheidet.

Einfachgesetzlich wird dies zudem durch § 1 Abs. 1 TVG verdeutlicht, nach dem sich der Regelungsgegenstand der Rechtsnormen eines Tarifvertrages lediglich auf Arbeitsverhältnisse, also privatrechtliche Arbeitsverträge zwischen Arbeitnehmer und Arbeitgeber, beziehen kann. Demzufolge fehlt für den Abschluss eines wirksamen Beamtentarifvertrags auch hier der rechtliche Rahmen. Die Gesamtschau des einfachgesetzlichen Bundesrechts lässt demzufolge eine tarifliche Regelung der Beschäftigungsverhältnisse von Beamten nicht zu. Nach der ständigen Rechtsprechung des BVerfG bedarf es aber für die Zulässigkeit eines Streiks ein tariflich regelbares Ziel. Hierin allerdings eine auslegungsbedürftige Regelungslücke zu sehen, schlägt fehl, da der Gesetzgeber das fehlende Recht der Beamten, ihre Beschäftigungsverhältnisse tarifautonom zu gestalten und damit Tarifverträge abzuschließen bzw. ihre Forderungen durch Streikmaßnahmen durchzusetzen, durchaus gesehen hat und dies auf einfachgesetzlicher Ebene durch das Beteiligungsrecht der Spitzenorganisationen der Beamten im Rahmen von Gesetzgebungsverfahren mit beamtenrechtlichem Bezug (§ 53 BeamtStG, § 118 BBG) kompensiert hat.[1065] Aufgrund dessen ist das einfachgesetzliche Beamtenrecht einer völkerrechtskonformen Auslegung nicht zugänglich.

10.11.1999–6 C30/98, NVwZ 2000, 1290 (1296); BVerfG, Beschluss vom 13.1.1987–2 BvR 209/84, BVerfGE 74, 102 (121).

1063 BVerwG NZA 2014, 616 (618).

1064 BVerwG NZA 2014, 616 (618).

1065 Ebenso *Seifert*, EuZA 2013, 205 (218).

2. *Die völkerrechtskonforme Auslegung des Grundgesetzes durch die Fachgerichte oder das Bundesverfassungsgericht?*

Bevor sich überhaupt die Frage stellt, inwieweit das Grundgesetz einer völkerrechtskonformen Auslegung zugänglich ist, gilt es zu erörtern, wem im Grunde die Kompetenz obliegt, Art. 33 Abs. 4, 5 GG völkerrechtlich zu interpretieren – nicht zuletzt deswegen, weil das fragliche Beamtenstreikverbot nicht ausdrücklich in Art. 33 Abs. 5 GG geregelt, sondern der ständigen Rechtsprechung des BVerfG zu Art. 33 Abs. 4, 5 GG zu entnehmen ist. In dieser Frage sind sich sowohl Literatur als auch Fachgerichte uneins, was zu erheblicher Rechtsunsicherheit führen kann. Demgemäß sprechen sich insbesondere das Verwaltungsgericht Kassel[1066] sowie *Polakiewicz/Kessler*[1067], *Gooren*[1068] und *Buchholz*[1069] für eine völkerrechtskonforme Interpretation des Grundgesetzes durch die Fachgerichte aus. Das Verwaltungsgericht Kassel trifft diese Entscheidung, indem es schlicht selbst versucht, die Fortentwicklungsklausel aus Art. 33 Abs. 5 GG völkerrechtskonform auszulegen und dabei darauf hinweist, dass die EMRK für alle staatlichen Stellen bindende Wirkung entfalte und daher entsprechend völkerrechtskonform zu interpretieren sei.[1070] *Polakiewicz/Kessler* und *Gooren* hingegen erkennen zwar die Problematik um die Bindungswirkung der Fachgerichte an die Rechtsprechung des Bundesverfassungsgerichts nach § 31 Abs. 1 BVerfGG, mit dem Hinweis auf die Völkerrechtsfreundlichkeit der Verfassung plädieren sie allerdings für eine Lockerung dieser Bindung, wenn einem Urteil des EGMR zu folgen ist.[1071] Die Begründung hierfür basiert jeweils auf der Entscheidung des BVerfG in Sachen Görgülü[1072] zur völkerrechtskonformen Auslegung, wonach Fachgerichte gehalten sind, im Rahmen der Rechtsanwendung die Gewährleistung der EMRK und die Rechtsprechung des EGMR ausreichend zu berücksichtigen. Dementsprechend wird das Argument fruchtbar gemacht, dass auch die Fachgerichte nach Art. 20 Abs. 3 GG an Gesetz und Recht gebunden seien, wozu auch die EMRK gehöre, da diese im deutschen Recht im Rang eines einfachen Gesetzes stehe.[1073] Es handle sich daher um ein verfassungsrechtliches Gebot, das nationale Recht völkerrechtskonform auszulegen.[1074] Da es sich bei § 31 Abs. 1 BVerfGG lediglich um eine einfachgesetzliche Regelung handle, müsse das Fachgericht dem Grundsatz der völkerrechtskonformen Auslegung des Grundgesetzes vorrangig nachkommen.[1075] Somit seien die Fachgerichte entgegen

---

1066 VG Kassel AuR 2012, 36 (36 f.).
1067 *Polakiewicz/Kessler*, NVwZ 2012, 841 (844).
1068 *Gooren,* ZBR 2011, 400 (405).
1069 *Buchholtz,* DVBl.. 2014, 786 (788).
1070 VG Kassel AuR 2012, 36 (36 f.).
1071 *Polakiewicz/Kessler*, NVwZ 2012, 841 (844).
1072 BVerfGE 111, 307 (317, 326).
1073 *Gooren*, ZBR 2011, 400 (405); *Polakiewicz/Kessler*, NVwZ 2012, 841 (845).
1074 *Gooren*, ZBR 2011, 400 (405); *Polakiewicz/Kessler*, NVwZ 2012, 841 (845).
1075 *Polakiewicz/Kessler*, NVwZ 2012, 841 (845).

des § 31 Abs. 1 BVerfGG befugt, die Rechtsprechung des BVerfG völkerrechtskonform weiterzuentwickeln.[1076]

Dem ist aus mehreren Gründen nicht zu folgen. Zum einen handelt es sich um einen Zirkelschluss, wenn aufgrund der Möglichkeit der völkerrechtskonformen Auslegung des Grundgesetzes (insbesondere Art. 33 Abs. 5 GG) auf eine Nichtbeachtung der Bindungswirkung aus § 31 Abs. 1 BVerfGG geschlossen wird. Denn die in Bezug genommenen Entscheidungen des EGMR in Sachen Demir/Baykara und Enerji Yapi-Yol Sen befassen sich gerade nicht unmittelbar mit der Bindungswirkung von Bundesverfassungsgerichtsentscheidungen. Zum anderen weist das BVerfG in seiner Görgülü-Entscheidung explizit darauf hin, dass

> *„die Bindungswirkung von Entscheidungen des Europäischen Gerichtshofs für Menschenrechte [...] von dem jeweiligen Zuständigkeitsbereich der staatlichen Organe und des einschlägigen Rechts ab[hängt]. [...] Gerichte können sich nicht unter Berufung auf eine Entscheidung des Europäischen Gerichtshofs für Menschenrechte von der rechtsstaatlichen Kompetenzordnung [...] lösen.“*[1077]

Damit bringt das BVerfG gerade zum Ausdruck, dass die Gerichte zwar die EMRK und die diesbezügliche Rechtsprechung des EGMR zu beachten habe, aber nur in den Grenzen ihrer Kompetenzen – welche u. a. durch § 31 Abs. 1 BVerfGG aufgezeigt werden. Denn nach § 31 Abs. 1 BVerfGG ist lediglich das BVerfG als maßgeblicher Interpret und Hüter der Verfassung befugt, das Grundgesetz auszulegen.[1078] Aufgrund dessen sind die Fachgerichte unter Berücksichtigung des Hierarchieverhältnisses zwischen Verfassung und einfachem Gesetz an die Vorgaben des Grundgesetzes und dessen Auslegung durch das BVerfG gebunden. Im Ergebnis ist es daher ausschließlich dem BVerfG möglich, seine ständige Rechtsprechung zu Art. 33 Abs. 4, 5 GG und zum statusbezogenen Beamtenstreikverbot völkerrechtskonform zu ändern.[1079]

3. *Die völkerrechtskonforme Auslegung des Art. 33 Abs. 4 GG*

Wie den vorhergehenden Ausführungen hinlänglich zu entnehmen ist, liegt die Krux der Diskussion um die Zulässigkeit eines Beamtenstreikrechts nicht im einfachgesetzlichen Recht, sondern vielmehr auf verfassungsrechtlicher Ebene. Aufgrund dessen muss im Ausgangspunkt weiterhin beachtet werden, dass Art. 9 Abs. 3 GG die Koalitionsfreiheit und damit ebenfalls das Streikrecht für jedermann, also grundsätzlich auch für Beamte, gewährleistet. Da es sich hierbei um ein schrankenlos gewährtes Grundrecht handelt, kommt eine Einschränkung lediglich durch

---

1076 *Gooren*, ZBR 2011, 400 (405).

1077 BVerfGE 111, 307 (323).

1078 BVerfG NJW 1975, 1355 (1356).

1079 So im Ergebnis u. a. auch *Widmaier/Alber*, ZEuS 2012, 387 (401); *Nokiel*, DÖD 2012, 152 (155); VG Bremen, Urteil vom 3.7.2012, Az.: DK 20/11 Rn. 28, zitiert nach juris; VG Osnabrück NVwZ-RR 2012, 323 (326); OVG Lüneburg BeckRS, 51816, S. 17; OVG Münster NVwZ 2012, 890 (898).

Grundrechte Dritter sowie Rechtsgüter mit Verfassungsrang in Betracht. Ein solches Gut wird aus Art. 33 Abs. 4, 5 GG hergeleitet, welchem im Gegensatz zu dem in Art. 9 Abs. 3 GG garantierten Streikrecht im Wege der praktischen Konkordanz ein größeres Gewicht beigemessen wird, was zur Konsequenz hat, dass der Beamtenschaft aufgrund ihres Status ein Streikrecht versagt bleibt. Fraglich ist daher an diesem Punkt, ob eine völkerrechtskonforme funktionsbezogene Auslegung des Art. 33 Abs. 4 GG zu einer anderen Gewichtung führen kann oder sogar muss, die im Ergebnis eine generelle statusbezogene Begrenzung des in Art. 9 Abs. 3 GG gewährleisteten Beamtenstreikrechts verbietet. Hierbei muss beachtet werden, dass eine völkerrechtskonforme Auslegung nicht zur Folge haben muss, dass ein absolutes Beamtenstreikrecht besteht. Ein solches ist auch nach Ansicht des EGMR nicht angezeigt.[1080] Vielmehr ist zu untersuchen, ob dem nationalen Recht, entgegen eines statusbezogenen Beamtenstreikverbotes, ein in funktionalen Grenzen gewährleistetes Beamtenstreikrecht zu entnehmen ist oder – in anderen Worten – ein funktionales Beamtenstreikverbot besteht.

Hierfür ist zunächst ein näherer Blick auf die Grundaussage des Art. 33 Abs. 4 GG zu werfen, nach welcher diejenigen Angehörigen des öffentlichen Dienstes, welchen hoheitsrechtliche Befugnisse als ständige Aufgabe übertragen werden, in der Regel in einem Beamtenverhältnis zu beschäftigen sind. Das bedeutet zum einen, dass Art. 33 Abs. 4 GG als Organisationsnorm einen so genannten Funktionsvorbehalt enthält, der als Mindesteinsatzbereich dahingehend zu verstehen ist, dass diejenigen Angehörigen des öffentlichen Dienstes, die hoheitsrechtliche Aufgaben erfüllen, in der Regel verbeamtet werden müssen. Entscheidend hierfür ist die „Ausübung hoheitsrechtlicher Befugnisse“, wobei gerade die Interpretation dieser Begriffe seit Inkrafttreten des Grundgesetzes heftig umstritten ist.[1081] Der Funktionsvorbehalt ist damit nicht nur hochgradig auslegungsbedürftig, es ist auch nach nationalen Maßstäben nicht abschließend geklärt, wie er zu interpretieren ist. Somit könnte der Funktionsvorbehalt durchaus einen Anknüpfungspunkt für die völkerrechtliche funktionsbezogene Differenzierung zwischen Angehörigen des öffentlichen Dienstes mit und ohne Streikrecht darstellen. Denn in Bezug auf die Begrenzung des Streikrechts aus Art. 11 Abs. 2 S. 2 EMRK geht der EGMR auf die Reichweite des Begriffes des öffentlichen Dienstes ein. Bei der Kategorisierung der Angehörigen bedient er sich funktionaler Kriterien entsprechend seiner Pellegrin-Entscheidung aus dem Jahr 1999 und der EuGH Rechtsprechung zu Art. 45 Abs. 4 AEUV (ex. Art. 39 Abs. 4 EUV)[1082], sodass lediglich denjenigen Angehörigen des öffentlichen Dienstes nach Art. 11 Abs. 2 S. 2 EMRK ein Streikrecht versagt werden kann, die im Namen des Staates Hoheitsgewalt ausüben oder Anteil an der Ausübung der Staatsgewalt und Amtspflichten zur Wahrung der allgemeinen Interessen

1080 EGMR NZA 2010, 1423 (1424), Urteil vom 21.04.2009, Enerji Yapi-Yol Sen/Türkei.
1081 Vgl. *Determann*, NVwZ 2000, 1346 (1346 f.).
1082 Ausführlich hierzu Kapitel 2, B., III., 2., c., bb., (3), (b).

des Staates haben[1083]. Überträgt man diesen funktionalen Abgrenzungsansatz im Wege der völkerrechtskonformen Interpretation auf das Merkmal „Ausübung hoheitsrechtlicher Befugnisse“ und legt diese damit eng aus, so könnte der Funktionsvorbehalt aus Art. 33 Abs. 4 GG dahingehend gedeutet werden, dass nur diejenigen Beschäftigten des öffentlichen Dienstes verbeamtet werden müssen, für die auch der EGMR ein Streikrecht aufgrund des Art. 11 Abs. 2 S. 2 EMRK für zulässig erachtet.[1084] Auf diesem Wege könnten die völkerrechtlichen Vorgaben relativ schonend in das deutsche Recht inkludiert werden.

Dagegen spricht allerdings, dass es sich bei dem aufgezeigten Funktionsvorbehalt aus Art. 33 Abs. 4 GG nur um einen Grundsatz mit Regelcharakter („in der Regel“) handelt, von welchem durchaus Ausnahmen gemacht werden können und werden. Das bedeutet, dass unter bestimmten Voraussetzungen, die gerade nicht an funktionale Kriterien, sondern an die Ratio des Funktionsvorbehaltes gebunden sind[1085], ebenfalls Angehörige des öffentlichen Dienstes verbeamtet werden können, die keine hoheitsrechtlichen Befugnisse ausüben. Darüber hinaus ist der oben aufgezeigte Funktionsvorbehalt lediglich in positiver, nicht aber in negativer Hinsicht als Mindesteinsatzbereich geregelt, sodass eine Wahrnehmung von nicht hoheitsrechtlichen Aufgaben durch Beamte keineswegs ausgeschlossen ist.[1086] Das hat zur Folge, dass, auch wenn der Funktionsvorbehalt völkerrechtskonform ausgelegt werden würde, die Gesamtaussage des Art. 33 Abs. 4 GG nicht auf eine funktionale Differenzierung zwischen Bediensteten, die hoheitsrechtlich tätig sind, denen aber ein Streikrecht verwehrt bleibt und Arbeitnehmern des öffentlichen Dienstes, die nicht hoheitsrechtlich tätig sind, welchen aber ein Streikrecht zusteht, reduziert werden könnte.

Hinzu kommt, dass Art. 33 Abs. 4 GG vorgibt, Beamtenverhältnisse (Dienst- und Treueverhältnisse) öffentlich-rechtlich auszugestalten. Die beamtenrechtlichen Beschäftigungsbedingungen sind daher größtenteils gesetzlich geregelt, was zur Folge hat, dass diesbezüglich einzel- oder tarifvertragliche Regelungen ausgeschlossen sind. Im Ergebnis führt dies auch über Art. 9 Abs. 3 GG zur arbeitskampfrechtlichen Unzulässigkeit eines Beamtenstreikrechts, da nach ständiger Rechtsprechung des BVerfG ein Streik nur dann zulässig ist, wenn er ein tariflich regelbares Ziel zum Gegenstand hat. Aufgrund dessen bedürfte es ebenfalls einer völkerrechtskonformen Änderung der bisherigen Rechtsprechung durch das BVerfG zu Art. 9 Abs. 3 GG. Denn betrachtet man etwa die konventionsrechtlichen Vorgaben, so besteht auch ohne Tarifbezug ein zulässiges Streikrecht für Beamte, wenn diese sich für Streikziele einsetzen, die zumindest unmittelbar mit ihren eigenen Beschäftigungs-

1083 EGMR NVwZ 2000, 661 (663), Urteil vom 8.12.1999, Pellegrin/Frankreich.

1084 Ähnlich *Traulsen*, JZ 2013, 65 (69f.); *Gooren*, ZBR 2011, 400 (405).

1085 Vgl. zum Verhältnis von zulässigen Ausnahmen vom Funktionsvorbehalt und der Ratio des Funktionsvorbehalts: *Haug*, NVwZ 1999, 816 (817ff.).

1086 Battis/*Battis*, BBG Komm., § 5 Rn. 3.

bedingungen im Zusammenhang stehen.[1087] Nach Art. 11 Abs. 1 EMRK stellen das Recht auf Tarifverhandlung und das Recht auf Streik gesonderte nebeneinander existierende Instrumente der Gewerkschaft dar, die dazu dienen, es der Gewerkschaft zu ermöglichen, die Interessen ihrer Mitglieder durchzusetzen. Es ist nicht ersichtlich, dass eines dieser Mittel lediglich als Annex zum anderen gewährleistet ist. Demnach kann ein Streik immer dann zulässig sein, wenn er als Mittel der Gewerkschaft dazu dient, die Rechte ihrer Mitglieder durchzusetzen,[1088] unabhängig davon, ob mit diesem Streik ein tariflich regelbares Ziel verfolgt wird oder nicht.

Abgesehen von einer Änderung der Rechtsprechung des BVerfG bezüglich der Zulässigkeitsvoraussetzungen eines rechtmäßigen Streiks könnte eine Öffnung des Tarifvertragswesens für alle Angehörigen des öffentlichen Dienstes (so auch für Beamte), wie es auch der EGMR vorsieht[1089], ein mögliches Mittel sein, das nationale Beamtenstreikrecht den internationalen Vorgaben anzupassen. Die Schaffung der rechtlichen Rahmenbedingungen für die Ermöglichung eines Beamtentarifrechts wären allerdings mit schwerwiegenden Umstrukturierungen sowohl auf verfassungsrechtlicher als auch auf einfachgesetzlicher Ebene verbunden, sodass sich eine solche Lösung einer völkerrechtskonformen Auslegung entzieht.[1090]

4. Die völkerrechtskonforme Auslegung des Art. 33 Abs. 5 GG

Wie zuvor ausgeführt ist eine völkerrechtskonforme Auslegung des Art. 33 Abs. 4 GG für die hier geführte Erörterung nicht zielführend. Gleichwohl könnte aber Art. 33 Abs. 5 GG für eine derartige Auslegung zugänglich sein.

Da das Beamtenstreikverbot aus Art. 33 Abs. 5 GG abgeleitet wird (unabhängig davon, ob nun in Form eines eigenständigen hergebrachten Grundsatzes des Berufsbeamtentums oder auch lediglich als Ableitung aus mehreren Grundsätzen), liegt die Vermutung eines bestimmten Auslegungsspielraumes nahe, innerhalb dessen die völkerrechtlichen Vorgaben fruchtbar gemacht werden könnten.[1091] Allerdings handelt es sich bei der langjährigen Interpretation des Art. 33 Abs. 5 GG, hin zu einem absoluten statusbezogenen Streikverbot um eine konsistente Praxis, aus der ein Grundsatz hervorgegangen ist, der eine tatsächliche „Konkretisierungswirkung" entfaltet.[1092] Gerade diese Verfestigung belässt durchaus Zweifel an einer möglichen völkerrechtskonformen Interpretation des Beamtenstreikverbots.

Geht man zudem davon aus, dass es sich bei dem statusbezogenen Beamtenstreikverbot um einen hergebrachten Grundsatz des Berufsbeamtentums handelt, zählt das Streikverbot zum Kernbestand der Strukturprinzipien des Abs. 5, die keiner

---

1087 Ebenso *Schlachter*, RdA 2011, 341 (348).
1088 So auch EGMR NZA 2010, 1423 (1424), Urteil vom 21.04.2009, Enerji Yapi-Yol Sen/Türkei.
1089 EGMR NZA 2010, 1425 (1431), Urteil vom 12.11.2008, Demir und Baykara/Türkei.
1090 A. A. *Ickenroth*, Beamtenstreikverbot, S. 234 ff.
1091 So zumindest *Lörcher*, AuR 2009, 229 (242).
1092 *Schlachter*, RdA 2011, 341 (348); a.A. wohl *Klaß*, Fortentwicklung, S. 303.

Auslegung zugänglich sind[1093]. Dieser Ansicht folgt richtigerweise auch das BVerwG in seiner Entscheidung vom 27.02.2014, indem es feststellt, dass es sich bei dem Beamtenstreikverbot um einen hergebrachten Grundsatz des Berufsbeamtentums handle, dessen Inhalt sich in einem traditionsbildenden Zeitraum herausgebildet habe, sodass dieser Traditionsbestand nicht im Wege der konventionskonformen Auslegung geändert werden dürfe.[1094] Dem ist zuzustimmen, da die völkerrechtskonforme Auslegung dort endet, wo diese nach anerkannten Methoden der Gesetzesauslegung und Verfassungsinterpretation nicht mehr vertretbar erscheint.[1095] Will man Inhalt und Reichweite der im Grundgesetz garantierten Grundrechte in ihrem Kernbestand modifizieren, ist das auch nach Ansicht des BVerwG[1096] nicht mehr durch eine Auslegung, sondern lediglich durch den Gesetzgeber im Wege des Art. 79 GG möglich[1097], solange die Änderung nicht die verfassungsrechtliche Kernstruktur im Sinne des Art. 79 Abs. 3 GG betrifft.

Ferner stellen die hergebrachten Grundsätze ein Gesamtgebilde von Strukturprinzipien dar, die nur in ihrer Summe die tradierten und funktionswesentlichen Charakteristika des Berufsbeamtentums bilden.[1098] Dementsprechend besteht eine Balance zwischen den hergebrachten Grundsätzen des Berufsbeamtentums, aus welcher den Beamten mit Eintritt in das Beamtenverhältnis synallagmatische Rechte, Pflichten und damit verbundene Einschränkungen in einem ausgewogenen Verhältnis innerhalb eines Gesamtregelsystems erwachsen[1099]. Die Herausnahme eines solchen Grundsatzes – wie das Beamtenstreikverbot – würde folglich die strukturellen Zusammenhänge auflösen und damit die institutionelle Garantie des Berufsbeamtentums in seinen Grundfesten antasten.[1100] Dies wäre aber nur dann die zwingende Konsequenz, wenn die Beamtenschaft weiterhin unabhängig von ihrer funktionalen Tätigkeit sowohl aus Angehörigen bestünde, die im Namen des Staates Hoheitsgewalt ausüben oder Anteil an der Ausübung der Staatsgewalt und Amtspflichten zur Wahrung der allgemeinen Interessen des Staates haben[1101], als auch aus solchen Beamten, die gerade nicht hoheitsrechtlich in diesem Sinne tätig sind. Würde die Verbeamtung allerdings an funktionale Kriterien geknüpft werden, sodass nur noch diejenigen Angehörigen des öffentlichen Dienstes, die hoheitsrechtlich im soeben beschriebenen Sinne tätig sind, verbeamtet werden würden, könnte die Gesamtstruktur der hergebrachten

1093 So grundsätzlich auch BVerwG NZA 2014, 616 (618); VG Düsseldorf AuR 2011, 74 (75); VG Bremen, Urteil vom 3.7.2012, Az.: DK 20/11, Rn. 28 zitiert nach juris.
1094 BVerwG NZA 2014, 616 (621).
1095 BVerfG NJW 2011, 1931 (1936).
1096 BVerwG NZA 2014, 616 (621).
1097 So u. a. auch OVG Münster NVwZ 2012, 890 (898); OVG Lüneburg AuR 2012, 329 (329).
1098 Vgl. BVerfG NVwZ 2007, 679 (679); BVerfG NVwZ 2007, 1396 (1398).
1099 BVerwG NZA 2014, 616 (617, 618); OVG Lüneburg AuR 2012, 329 (329);VG Osnabrück NVwZ-RR 2012, 323 (324).
1100 Ähnlich OVG Lüneburg AuR 2012, 329 (329).
1101 EGMR NVwZ 2000, 661 (663), Urteil vom 8.12.1999, Pellegrin/Frankreich.

Grundsätze des Berufsbeamtentums aufrechterhalten werden. Denn unter diesen Umständen wäre es möglich, an die Stelle eines statusbezogenen absoluten Streikverbots ein funktional begrenztes Streikrecht treten zu lassen. Es würde sich damit die funktionale Zulässigkeit eines Streikverbots mit der zulässigen Verbeamtung kombinieren lassen, sodass im Ergebnis wieder alle Beamte einem funktionalen Streikverbot unterworfen wären, für die auch weiterhin alle hergebrachten Grundsätze des Beamtentums gelten. Dieser mögliche Lösungsansatz ist allerdings nicht im Wege einer völkerrechtskonformen Auslegung herbeizuführen, sondern lediglich, wie oben dargestellt[1102], durch ein Tätigwerden des Verfassungsgesetzgebers, insbesondere in Bezug auf Art. 33 Abs. 4 GG.

Dessen ungeachtet könnte aber in der so genannten Fortentwicklungsklausel, welche mit dem 52. Gesetz zur Änderung des Grundgesetzes vom 28.8.2006[1103] in Art. 33 Abs. 5 GG eingefügt wurde, ein Ansatzpunkt für eine völkerrechtskonforme Auslegung der hergebrachten Grundsätze des Berufsbeamtentums liegen. Hiernach ist das Recht des öffentlichen Dienstes unter Berücksichtigung der hergebrachten Grundsätze des Berufsbeamtentums fortzuentwickeln. Aufgrund dessen wird vertreten, dass unter Zuhilfenahme der Fortentwicklungsklausel eine völkerrechtskonforme funktionale Eingrenzung des Streikverbots in die vorhandene Systematik der hergebrachten Grundsätze des Berufsbeamtentums eingepasst werden könne.[1104] Diese Auffassung übersieht allerdings, dass die eingefügte Fortentwicklungsklausel lediglich die kodifizierte Fassung des bisherigen Fortentwicklungsgebots des BVerfG darstellt, nach welchem eine Weiterentwicklung des Beamtenrechts nach Art. 33 Abs. 5 GG nur zulässig ist, solange an den für das Erscheinungsbild und die Funktion des Berufsbeamtentums wesentlichen Regelungen (hergebrachten Grundsätzen) keine strukturellen Veränderungen vorgenommen werden[1105]. Dem Gesetzgeber ist es daher nur möglich, die Ausgestaltung des Dienstrechts den jeweiligen Entwicklungen der Staatlichkeit anzupassen und das Beamtenrecht damit „in die Zeit" zu stellen.[1106] Veränderungen im Dienstrecht verstoßen folglich sogar gegen Art. 33 Abs. 5 GG, wenn sie in den Kernbestand der Strukturprinzipien eingreifen.[1107] Es kann daher lediglich das Recht des öffentlichen Dienstes den sich ändernden Rahmenbedingungen angepasst und weiterentwickelt werden, nicht aber der hierfür geltende Maßstab die hergebrachten Grundsätze des Berufsbeamtentums.[1108] Hierfür sprechen sowohl der klare Wortlaut des Abs. 5 als auch die Entstehungsgeschichte

---

1102 Vgl. Kapitel 3, C., I., 1., 2. und 3.

1103 BGBl. I 2006, 2034.

1104 So *Werres*, DÖV 2011, 873 (880); *Buchholtz*, DVBl. 2014, 786 (788); *Schuppert*, Gutachten Hans Böckler Stiftung 2014, S. 55; VG Kassel AuR 2012, 36 (36).

1105 BVerfG NVwZ 2007, 1396 (1398), ebenso *Klaß*, Fortentwicklung, S. 303.

1106 BVerfG NJW 1954, 21 (26); BVerfG NJW 1984, 915 (915f.); BVerfG NVwZ 2007, 1396 (1398).

1107 BVerfG NVwZ 2007, 679 (683); BVerfG NVwZ 2007, 1396 (1398).

1108 So auch BVerfG NVwZ 2007, (679 (683); BVerfG NVwZ 2007, 1396 (1401); OVG Lüneburg BeckRS20112, 51816, S. 18; a. A. *Schuppert*, Gutachten Hans Böckler

der Fortentwicklungsklausel. So heißt es in der Gesetzesbegründung zum 52. Gesetz zur Änderung des Grundgesetzes vom 28.8.2006:

> *„Mit der Ergänzung des Artikels 33 Abs. 5 um die Wörter „und fortzuentwickeln" wird die Notwendigkeit einer Modernisierung und Anpassung des öffentlichen Dienstrechts an sich ändernde Rahmenbedingungen hervorgehoben. So sollen Gesetzgebung und Rechtsprechung die Weiterentwicklung des öffentlichen Dienstrechts erleichtern. Die hergebrachten Grundsätze des Berufsbeamtentums sind auch weiterhin zu berücksichtigen. Unberührt bleibt die verfassungsrechtliche Garantie des Berufsbeamtentums."*[1109]

Da das statusbezogene Streikverbot zumindest eine Ausprägung der hergebrachten Grundsätze darstellt, würde mit dessen Abänderung auch das sich aus Art. 33 Abs. 5 GG ergebende prägende Bild des Beamtentums beseitigt werden, wodurch die Grenzen der völkerrechtskonformen Auslegung überschritten sind.

Eine Art vermittelnde Ansicht vertritt dagegen *Battis*[1110], der zwar anerkennt, dass die Fortentwicklungsklausel nach ständiger Rechtsprechung des BVerfG lediglich für das Beamtenrecht Wirkung entfalte, aber auch die Möglichkeit in Betracht zieht, dass das BVerfG seine bisherige Rechtsprechung aufgeben könnte und damit eine Weiterentwicklung ebenfalls in Bezug auf die hergebrachten Grundsätze des Berufsbeamtentums ermögliche. Eine solche Rechtsprechungsänderung liegt allerdings im Bereich des Unwahrscheinlichen, da gegen eine solche Auslegung der Fortentwicklungsklausel sowohl der Wortlaut des Abs. 5 als auch die Entstehungsgeschichte der Fortentwicklungsklausel sprechen.

Darüber hinaus könnte die Vorgabe des Art. 33 Abs. 5 GG zur „Berücksichtigung" der hergebrachten Grundsätze des Berufsbeamtentums suggerieren, dass dem Gesetzgeber bei der Beachtung der Grundsätze ein gewisser Gestaltungsspielraum zustehe.[1111] Innerhalb dieses Spielraumes könnten daher die völkerrechtlichen Vorgaben zumindest für den Gesetzgeber einzubeziehen sein. Veränderungen im Beamtenrecht verstoßen nach ständiger Rechtsprechung des BVerfG allerdings dann gegen Art. 33 Abs. 5 GG, wenn sie in den Kernbestand der Strukturprinzipien eingreifen.[1112] Diejenigen Grundsätze, welche solche prägenden Strukturmerkmale des Berufsbeamtentums darstellen, sind daher nicht lediglich zu berücksichtigen, sondern vielmehr zu beachten[1113], sodass ein möglicher Gestaltungsspielraum als Zugangspunkt für eine völkerrechtskonforme Auslegung des Beamtenstreikverbots

---

Stiftung 2014, S. 55, 66, nach dessen Meinung sich die Fortentwicklungsklausel auch auf die hergebrachten Grundsätze des Berufsbeamtentums bezieht.

1109 BT-Drs. 16/813, S. 10.

1110 *Battis*, ZBR 2011, 397 (399).

1111 So *Gooren*, ZBR 2011, 400 (403).

1112 BVerfG NVwZ 2007, 679 683); BVerfG NVwZ 2007, 1396 (1398).

1113 BVerfGE 8, 1 (16f.), 11, 203 (201); 61, 43 (58); 62, 374 (383); BVerfG NVwZ 2007, 1396 (1398).

entfällt, wenn der Ansicht gefolgt wird, dass es sich bei dem Beamtenstreikverbot um einen solchen strukturprägenden Grundsatz handelt[1114].

Einen anderen Weg beschreitet hingegen *Schröder*, indem er eine funktionale Differenzierung in das Grundgesetz, speziell in das Verhältnis zwischen Art. 33 Abs. 4 und Abs. 5 GG, interpretiert.[1115] Demnach entfalten die hergebrachten Grundsätze des Berufsbeamtentums aus Art. 33 Abs. 5 GG lediglich für diejenigen Beamten ihre Geltung, die aufgrund des Verfassungsgebots des Funktionsvorbehalts aus Abs. 4 ins Beamtenverhältnis berufen wurden.[1116] Für diejenigen Beamten, die lediglich aufgrund von politischen bzw. fiskalischen Entscheidungen den Beamtenstatus erlangt haben, gelte dies nicht.[1117] Dementsprechend könne nur für Beamte, die hoheitsrechtliche Aufgaben im Sinne des Funktionsvorbehalts wahrnehmen, Art. 33 Abs. 5 GG als Einschränkung ihres vorbehaltlos gewährten Streikrechts nach Art. 9 Abs. 3 GG dienen.[1118] Dies hätte zur Folge, dass das Streikverbot lediglich für eben diese Beamten Wirkung entfaltet, die hoheitsrechtlich tätig sind. Das Ergebnis erfüllt im Grunde die völkerrechtlichen Vorgaben. Allerdings entspricht die Interpretation *Schröders* in Bezug auf das Verhältnis zwischen Art. 33 Abs. 4 und Abs. 5 GG nicht den verfassungsrechtlichen Vorgaben. Richtig ist zwar, dass sich Art. 33 Abs. 5 GG durchaus auf Abs. 4 bezieht. Allerdings knüpfen die hergebrachten Grundsätze des Berufsbeamtentums, und damit Abs. 5, gerade nicht nur an den Funktionsvorbehalt und die damit verbundene Tätigkeit an, sondern an den Beamtenstatus[1119]. Die hergebrachten Grundsätze des Berufsbeamtentums gelten daher ausnahmslos für alle Beamten.

Demzufolge ist Art. 33 Abs. 5 GG ebenso wenig einer völkerrechtskonformen Auslegung zugänglich wie Art. 33 Abs. 4 GG, was zur Folge hat, dass lediglich der Gesetzgeber einen völkerrechtskonformen Zustand herbeiführen kann.

II. Die Möglichkeiten des Gesetzgebers zur Auflösung des Konflikts zwischen nationalem Beamtenstreikverbot und den völkerrechtlichen Vorgaben

Den vorstehenden Ausführungen ist hinlänglich zu entnehmen, dass der bestehende Konflikt zwischen dem nationalen statusbezogenen Beamtenstreikverbot und dem völkerrechtlichen Beamtenstreikrecht nach hier vertretener Auffassung nicht durch eine völkerrechtskonforme Auslegung des nationalen Rechts beseitigt werden kann.[1120] Aufgrund dessen bleibt im Folgenden zu untersuchen, welche Möglichkeiten

1114 So VG Osnabrück NVwZ-RR 2012, 323 (324).
1115 Vgl. *Schröder*, AuR 2013, 280 (282 f.).
1116 Vgl. *Schröder*, AuR 2013, 280 (282).
1117 Vgl. *Schröder*, AuR 2013, 280 (282).
1118 Vgl. *Schröder*, AuR 2013, 280 (282).
1119 U.a. *Di Fabio*, Streikverbot, 58; *Nokiel*, DÖD 2012, 152 (156); *Traulsen*, JZ 2013, 65 (70); BVerfG NVwZ 2007, 1396 (1398); BVerwG NZA 2014, 616 (618).
1120 Ebenso u. a. *Widmaier/Albert*, ZEuS 2012, 387 (414); *Seifert*, KritV 2009, 357 (374), a.A. *Klaß*, Fortentwicklung, S. 311.

dem Gesetzgeber zur Verfügung stehen, um den gegebenen Konflikt völkerrechtskonform aufzulösen. Diesbezüglich sind verschiedene Lösungsansätze gangbar.

1. Die „Reduktions-Lösung"

Zum einen ist eine „Reduktions-Lösung" denkbar, bei welcher die Beamten auf denjenigen Kreis an Beschäftigten begrenzt werden, der Tätigkeiten im Sinne des Schrankenvorbehalts nach Art. 11 Abs. 2 S. 2 EMRK ausübt.[1121] Demnach dürfen lediglich Angehörige des öffentlichen Dienstes verbeamtet werden, die regelmäßig eine originär hoheitliche Tätigkeit wahrnehmen und in Ausübung von Staatsbelangen handeln. Alle anderen Angehörigen des öffentlichen Dienstes sind entsprechend als Arbeitnehmer des öffentlichen Dienstes aufgrund eines privatrechtlichen Vertrages zu beschäftigen. Die „Reduktions-Lösung" ermöglicht somit die Schaffung eines funktional abgrenzbaren Beamtenstatus, auf welchen sich das Beamtenstreikverbot bezieht und welcher den völkerrechtlichen Anforderungen entspricht. Demzufolge stünde allen Angehörigen des öffentlichen Dienstes ein Streikrecht zu, abgesehen von dem stark limitierten Kreis der Beamten, der aufgrund seiner auszuführenden Tätigkeit die Kontinuität der hoheitlichen Staatsfunktionen sichern soll, sodass sein Streikrecht gegenüber dem öffentlichen Interesse an einer rechtsstaatlichen (gesetzmäßigen, effektiven, unparteiischen) Erfüllung der Staatsaufgaben zurückstehen muss.

Fraglich bleibt allerdings, welche Änderungen der Gesetzgeber vornehmen müsste, um eine derartige Gestaltungsalternative umsetzen zu können. Anknüpfungspunkt hierfür ist zunächst eine Änderung des Art. 33 Abs. 4 GG. Wie zuvor erläutert, beinhaltet Art. 33 Abs. 4 GG zwar einen so genannten Funktionsvorbehalt, nach welchem diejenigen Angehörigen des öffentlichen Dienstes, welchen hoheitsrechtliche Befugnisse als ständige Aufgabe übertragen werden, in der Regel in einem Beamtenverhältnis zu beschäftigten sind und der daher in vielen Punkten mit der vorgestellten „Reduktions-Lösung" konform geht. Allerdings handelt es sich lediglich um eine „Regel" von der durchaus Ausnahmen gemacht werden dürfen. Hinzu kommt, dass Art. 33 Abs. 4 GG keinen negativen Ausschluss hinsichtlich Verbeamtungen in nicht originär hoheitsrechtlichen Tätigkeitsbereichen beinhaltet, sodass Art. 33 Abs. 4 GG in seiner bestehenden Form nicht der „Reduktions-Lösung" genügt und damit einer Abänderung bedarf. Ferner besteht im deutschen Recht die Tendenz, den Passus „in Ausübung hoheitsrechtlicher Befugnisse" extensiv zu interpretieren, sodass neben der Eingriffs- auch die Leistungsverwaltung hierunter zu fassen ist. Dies entspricht nicht

1121 Indem lediglich auf Art. 11 Abs. 2 S. 2 EMRK und nicht auch auf Art. 11 Abs. 2 S. 1 EMRK abgestellt wird, wird sicherlich der völkerrechtskonforme Personenkreis der Beamten, die einem Streikverbot unterliegen, künstlich eingeschränkt. Allerdings ist Art. 11 Abs. 2 S. 1 EMRK zum einen höchst auslegungsbedürftig, sodass durch diesen Schritt mehr Rechtssicherheit geboten wird. Und zum anderen entspricht eine solche Einschränkung eher den Vorgaben des Funktionsvorbehalts des Art. 33 Abs. 4 GG.

der engen völkerrechtlichen Interpretation hoheitlicher Befugnisse. Eine Änderung des Wortlautes des Art. 33 Abs. 4 GG ist diesbezüglich allerdings nicht zwingend. Es steht dem BVerfG im Wege der völkerrechtskonformen Auslegung offen, den betreffenden Passus enger zu interpretieren. Welche Tätigkeitsbereiche oder Dienstposten aber im Detail als im Kern hoheitsrechtlich zu qualifizieren sind, ist zumindest einfachgesetzlich im Bundesbeamtengesetz und Beamtenstatusgesetz zu regeln. Diese Konkretisierung kann, wie es auch der EGMR getan hat, mit Hilfe der Vorgaben der Pellegrin-Entscheidung des EGMR[1122] sowie der Mitteilung der Europäischen Kommission zur Freizügigkeit der Arbeitnehmer und Zugang zur Beschäftigung in der öffentlichen Verwaltung der Mitgliedstaaten (Aktion der Kommission auf dem Gebiet der Anwendung von Artikel 48 Absatz 4 EWG-Vertag) vom 18.3.1988[1123] wie auch der Rechtsprechung des EuGH zu Art. 45 Abs. 4 AEUV (ex Art. 39 Abs. 4 EGV)[1124], Art. 48 Abs. 4 EWG-Vertrag vorgenommen werden.[1125]

Eine Änderung des Art. 33 Abs. 5 GG ist bei dem vorliegenden Lösungsansatz nicht notwendig. Denn obwohl die hergebrachten Grundsätze des Berufsbeamtentums und so auch das Beamtenstreikverbot, weiterhin an den Beamtenstatus anknüpfen, wird die Beamtenschaft schon durch die Neuformulierung des Art. 33 Abs. 4 GG funktional und somit völkerrechtskonform bestimmt, sodass auch das Streikverbot nur in den völkerrechtlichen Grenzen gewährt wird.

Darüber hinaus kann für „Neuverbeamtungen“[1126] von einer weitreichenden Umstrukturierung, beispielsweise des Tarifvertragsrechts, insbesondere aufgrund einer Einbeziehung der Beamten abgesehen werden, da mit dieser Lösung der gesamte Kreis der Beamten grundsätzlich einem Streikverbot unterfällt. Unabhängig von der Frage, ob es nun für die rechtmäßige Ausübung eines Streikrechts eines Tarifbezuges bedarf oder nicht.

2. *Die „Trialismus-Lösung“*

Daneben ist ebenfalls eine „Trialismus-Lösung“ vorstellbar, bei welcher die derzeitige personelle Einteilung des öffentlichen Dienstes, welche von einem Dualismus (Beamte und Arbeitnehmer des öffentlichen Dienstes) geprägt ist, zu einer Dreiteilung (Trialismus) erweitert wird. Bei diesem Lösungsansatz bleibt der generelle Kreis der Beamten und der Arbeitnehmer des öffentlichen Dienstes erhalten. Allerdings werden die Beamten darüber hinaus in zwei Arten aufgeteilt. Zum einen in die „privilegierten Beamten“, welchen ein Streikrecht zuerkannt wird, die allerdings keinen originär hoheitsrechtlichen Tätigkeiten nachgehen und daher in einem

1122 EGMR NVwZ 2000, 661 ff., Urteil vom 8.12.1999, Pellegrin/Frankreich.
1123 ABl. EG C 72, S. 2 ff.
1124 U.a. EuGH Rs. 149/79, Slg. 1980, 3881, Rn. 12 (Kommission/Belgien); EuGH Rs. 66/85, Slg. 1986, 2121, Rn. 27 (Lawrie-Blum); EuGH Rs. C-473/93, Slg. 1996. I-3207, Rn. 27 (Kommission/Luxemburg).
1125 Ausführlich hierzu Kapitel 2, B., III., 2., c., bb., (3), (b).
1126 Bei Bestandbeamten würde sich ein anderes Bilder ergeben. Hierzu im Weiteren.

öffentlich-rechtlichen Dienstverhältnis eigener Art zu beschäftigen sind. Und zum anderen in die „nicht privilegierten Beamten", denen gerade kein Streikrecht zusteht, da ihre Tätigkeit dem Kernbereich hoheitlichen Handelns entspricht und diese daher, wie gehabt, in einem üblichen öffentlich-rechtlichen Dienstverhältnis zu beschäftigen sind.

Für die „nicht privilegierten Beamten" ergeben sich bei dieser Lösungsvariante grundsätzlich keine Veränderungen. Die Zuerkennung eines Streikrechts für die „privilegierten Beamten" hingegen wäre derzeit mit Art. 33 Abs. 5 GG unvereinbar, da dieser schlicht an einen einheitlichen Beamtenstatus anknüpft und das Beamtenstreikverbot daher für alle Beamte Geltung entfaltet. Darüber hinaus ist ein partielles Beamtenstreikrecht für „privilegierte Beamte" mit dem hergebrachten Grundsatz des Alimentationsprinzips unvereinbar, da sich Beamtenstreikverbot und Alimentationsprinzip gegenseitig bedingen. So ist nach ständiger Rechtsprechung des BVerfG[1127] der Dienstherr nach dem Alimentationsgrundsatz dazu verpflichtet, den Beamten mit einer amtsangemessenen Alimentation zu besolden. Bei der Besoldung handelt es sich allerdings nicht um ein Entgelt, sondern um eine Art Gegenleistung des Dienstherrn dafür, dass sich der Beamte mit seiner ganzen Persönlichkeit zur Verfügung stellt, seiner Dienstpflicht nachgeht und dadurch die Unabhängigkeit der Amtsführung nach innen und außen gewährleistet und eine stabile und gesetzestreue Verwaltung sichergestellt wird. Aufgrund dieser Intention und Zielführung ist der Beamtenstreik mit dem Alimentationsgedanken unvereinbar[1128], insbesondere deswegen, weil eine streikbedingte Arbeitsniederlegung unangemessen die u. a. durch den Alimentationsgrundsatz gesicherte Verwaltungsstabilität gefährdet. Zum einen machen diese Umstände daher eine Änderung des Art. 33 Abs. 5 GG notwendig. Denn eine lediglich einfachgesetzliche Regelung, welche den „privilegierten Beamten" ein Streikrecht zuerkennt, würde trotz allem gegen Art. 33 Abs. 5 GG verstoßen.[1129] Zum anderen ist eine Anpassung des Besoldungsrechts zumindest hinsichtlich der „privilegierten Beamten" vorzunehmen. Gerade auch deswegen, weil mit Zuerkennung eines Streikrechts ebenfalls die Möglichkeit gegeben sein muss, Arbeitsbedingungen kollektivvertraglich festlegen zu können, typischerweise auch die Gegenleistung für erbrachte Dienste, um das Streikrecht effektiv nutzen zu können. Es muss den „privilegierten Beamten" zumindest die Möglichkeit eingeräumt werden, aktiv auf Umfang und Modalitäten ihrer Vergütung einwirken zu können – möglicherweise durch „Beamtentarifvertrag" oder einer Art Kollektivvertrag sui generis mit eigenständigem Verhandlungs- und Schlichtungssystem.

Einer Änderung des Art. 33 Abs. 4 GG bedarf es zur Umsetzung der „Trialismus-Lösung" allerdings nicht, da Abs. 4 derart formuliert und auszulegen ist, dass er auch einen Beamtenstatus inkludiert, der nicht originär hoheitliche Tätigkeitsbereiche

1127 BVerfGE 7, 155 (163); 8, 1 (16 f.) 21, 329 (345); 39, 196, (200 f.); 44, 249 (265); 70, 251 (267); 99, 300 (317).

1128 *Isensee*, Beamtenstreik, S. 40.

1129 A. A. aber wohl BVerwG NZA 2014, 616 (621 f.).

umfasst. Denn nach Art. 33 Abs. 4 GG sind in der Regel diejenigen Angehörigen des öffentlichen Dienstes, die mit der Ausübung hoheitsrechtlicher Befugnisse betraut sind, in einem öffentlich-rechtlichen Dienst- und Treueverhältnis zu beschäftigen. Ein negativer Ausschluss, dahingehend, dass alle Beamten ausschließlich hoheitsrechtliche Befugnisse ausüben müssen, ist dieser Formulierung nicht zu entnehmen.

3. *Die „Vereinheitlichungs-Lösung"*

Als dritte Möglichkeit der Umsetzung der völkerrechtlichen Vorgaben kommt eine „Vereinheitlichungs-Lösung" in Betracht.[1130] Dementsprechend ist die typische Zweiteilung des öffentlichen Dienstes in Beamte und Arbeitnehmer zu Gunsten eines einheitlichen privatrechtlichen Beschäftigungsstatus aufzugeben. Für die neuartigen Beschäftigten des öffentlichen Dienstes muss demnach ein einheitliches Dienstrecht entwickelt werden, das sowohl durch Gesetz als auch durch Tarifvertrag zu regeln ist. Vorstellbar ist die Regelung des Grundstatus (u. a. Vertragsbegründung, Versetzung, Pflichten, Beendigung) durch gesetzliche Regelungen und die der Beschäftigungsbedingungen (u. a. Höhe der Ausgestaltung der Vergütung, Urlaub, Arbeitszeit) durch Tarifvertrag. Aufgrund der damit verbundenen Abschaffung des Beamtenstatus stünden allen Beschäftigten des öffentlichen Dienstes nach Art. 9 Abs. 3 GG grundsätzlich ein Streikrecht zu. In Bezug auf Beschäftigte des öffentlichen Dienstes, die originär hoheitsrechtliche Aufgaben im Sinne des Art. 11 Abs. 2 S. 2 EMRK erfüllen, sind allerdings Einschränkungen zu machen und arbeitsrechtliche Sonderregelungen zu entwickeln. Zum einen sind die verschiedenen originär hoheitlichen Dienstposten und Tätigkeitsbereiche im Detail einfachgesetzlich zu konkretisieren. Darüber hinaus ist ebenfalls zu bedenken, dass diesen „hoheitlich Beschäftigten des öffentlichen Dienstes" eine höhere Loyalität und Pflichtenbindung aufgrund ihrer für den Staat wichtigen Tätigkeit gegenüber dem Arbeitgeber abzuverlangen ist, wobei ihnen im Gegenzug mehr Sicherheit und Unabhängigkeit gewährt werden muss. Dementsprechend sind beispielsweise verschärfte Kündigungsschutzvorschriften und ein Streikverbot im Gesetz zu etablieren.

Aufgrund der völligen Umstrukturierung des öffentlichen Dienstes und der Abschaffung des Beamtentums wäre eine damit verbundene Streichung des Art. 33 Abs. 5 GG nur konsequent. Art. 33 Abs. 4 GG hingegen müsste derart umformuliert werden, dass an die Stelle eines öffentlich-rechtlichen Dienst- und Treueverhältnisses ein privatrechtliches Beschäftigungsverhältnis tritt, welches durch ein einheitliches Arbeitsrecht auszugestalten ist. Darüber hinaus muss den Beschäftigten

---

1130 Ein solcher Lösungsansatz ist allerdings weder abwegig noch neu. Beispielsweise wurde ein ähnliches Konzept im Jahre 1973 von der Studienkommission für die Reform des öffentlichen Dienstes (vgl. *Studienkommission*, Bericht, S. 141 ff.) und im Januar 2003 in einem Bericht der von der Landesregierung Nordrhein-Westfalen unter dem Vorsitz von Prof. Hans Peter Bull eingesetzten Kommission „Zukunft des öffentlichen Dienstes – öffentlicher Dienst der Zukunft" vertreten. Vgl. www.regierungskommission.nrw.de.

des öffentlichen Dienstes, die originär hoheitliche Aufgaben wahrnehmen, die oben benannte Sonderstellung durch Art. 33 Abs. 4 GG gewährleistet werden. Hier muss insbesondere klargestellt werden, dass die Beschäftigten, die originär hoheitliche Aufgaben wahrnehmen, aufgrund ihrer Befugnisse besonderen Pflichten unterworfen sind, ihnen hieraus aber auch spezielle Rechte erwachsen. So unterliegen sie gegenüber ihrem Arbeitgeber und der Bevölkerung beispielsweise höheren Loyalitäts- und Treuepflichten, die wiederum zu bestimmten Einschränkungen bezüglich ihrer Rechte führen können. Hierauf basierend wäre ein funktionales Streikverbot zulässig. Im Gegenzug muss diesen Beschäftigten ein gesteigertes Maß an vertraglicher Sicherheit zugestanden werden, welches wiederum Ausfluss der gesteigerten Loyalitätspflicht gegenüber dem Arbeitgeber ist. Konkretisieren könnte sich dies durch verschärfte Kündigungsschutzvorschriften oder gesteigerten Schutzpflichten des Arbeitgebers.

4. *Stellungnahme*

Allen dargestellten Lösungsansätzen ist zwar gemein, dass sie einer Änderung des Grundgesetzes sowie des einfachen Gesetzesrechts bedürfen. Allerdings handelt es sich abgestuft von der ersten bis zur dritten Lösungsvariante um verschieden starke Eingriffe, sowohl in die Verfassung als auch in das systematische Gesamtgefüge des Beamtenrechts. Dementsprechend handelt es sich bei der „Vereinheitlichungs-Lösung" um eine vollständige Abkehr von der bisher bestehenden Beschaffenheit des öffentlichen Dienstes. Unabhängig von der rechtsdogmatischen Umsetzbarkeit eines solchen Lösungsansatzes stellt er einen derart fundamentalen Eingriff in das bestehende tradierte Dienstrecht dar, dass auch aus rechtspolitischer Sicht kaum zu erwarten ist, dass sich solch ein Ansatz realisieren lässt, nicht zuletzt auch aufgrund der notwendigen Zustimmung einer qualifizierten Mehrheiten in Bundestag und Bundesrat nach Art. 79 Abs. 2 GG (zwei Dritteln der Mitglieder des Bundestages und zwei Dritteln der Stimmen des Bundesrates).

Darüber hinaus stellt sich ebenso die Frage, ob die Institution des Berufsbeamtentums nicht unter die Ewigkeitsklausel des Art. 79 Abs. 3 GG fällt und damit einer Abschaffung entzogen ist. Die hierfür notwendigen Änderungen des Art. 33 Abs. 4, 5 GG betreffen nun aber gerade nicht die in Art. 79 Abs. 3 GG aufgeführten Grundsätze. Allerdings könnte man erwägen, dass bei einer Abschaffung des Beamtentums die in Art. 1 GG oder Art. 20 GG aufgeführten Grundsätze ihres Inhalts entleert würden und damit ebenso im Sinne des Art. 79 Abs. 3 GG berührt wären. So vertritt beispielsweise *Ule*, dass aufgrund der Bindung der vollziehenden Gewalt an Recht und Gesetz (Gesetzmäßigkeit der Verwaltung) nach Art. 20 Abs. 3 GG das Beamtentum nicht gänzlich abgeschafft werden dürfe.[1131] Denn nur die Beamten seien in der Lage und vom Grundgesetzgeber dazu bestimmt, aufgrund ihrer un-

1131 *Ule*, in: Studienkommission, Grenzen einer Reform des öffentlichen Dienstrechts, S. 441(451).

abhängigen Stellung die Bindung der öffentlichen Gewalt an Recht und Gesetz herzustellen.[1132] Eine solche Ansicht ist durchaus vertretbar, allerdings nur unter der Prämisse, dass man wie *Ule* Art. 79 Abs. 3 GG weit auslegt.[1133] Die Formulierung „berührt" sei demzufolge schon dann gegeben,

> *„wenn in einem Teilbereich der Freiheitssphäre des Einzelnen die sich aus Art. 1 und 20 ergebenden Grundsätze ganz oder zum Teil außer Acht gelassen werden".*[1134]

Die herrschende Meinung geht hingegen davon aus, dass Art. 79 Abs. 3 GG nur dann einschlägig ist, wenn die oder einer der Grundsätze vollständig aufgehoben werden oder das jeweilige Prinzip generell preisgegeben wird.[1135] Diesem Ansatz folgend kann generell nicht davon ausgegangen werden, dass der Grundsatz der Rechtsstaatlichkeit ausgehöhlt würde, wenn das Beamtentum abgeschafft werden würde. Daneben vertritt *Balzer* ebenfalls die Ansicht, dass eine Abschaffung des Berufsbeamtentums gegen Art. 79 Abs. 3 GG verstoße. Er hingegen rekurriert hierfür auf das Republikprinzip.[1136] Ausgehend von einem materiellen Republikbegriff nehme das Amtsprinzip in der Republik eine wesentliche Stellung ein, da die Gesetzmäßigkeit der Verwaltung durch das Ämterprinzip sichergestellt werde.[1137] Da dies laut *Balzer* nur funktionieren kann, wenn die Dienstverhältnisse der Amtswalter entsprechend als Beamtenverhältnisse ausgestaltet sind, führe die Abschaffung des Berufsbeamtentums zu einer völligen Aufgabe des Republikprinzips.[1138]

Der Versuch, ein völkerrechtskonformes Dienstrecht mit Hilfe der „Vereinheitlichungs-Lösung" zu konstruieren, steht aufgrund dessen eher auf „wackligen Beinen". Im Gegensatz zur „Vereinheitlichungs-Lösung" handelt es sich bei den beiden anderen Lösungsansätzen allerdings um weit weniger einschneidende Wege, das deutsche Dienstrecht mit den völkerrechtlichen Vorgaben in Einklang zu bringen. Jedoch sind auch zwischen den verbleibenden Vorgehensweisen Abstufungen erkennbar. So stellt die „Reduktions-Lösung" auf lange Sicht gesehen gegenüber der „Trialismus-Lösung" eine schonendere Möglichkeit dar, deutsches Recht völkerrechtskonform anzupassen. Denn lässt man die für die Übergangszeit notwendige Regelung der Bestandsbeamtenverhältnisse außer Betracht, bedarf es bei der Umsetzung der „Reduktions-Lösung" keiner systemverändernden gesetzgeberischen Eingriffe. Wohingegen die „Trialismus-Lösung", im Gegensatz zur bisher vorherrschenden Struktur des öffentlichen Dienstes

---

1132 *Ule,* in: Studienkommission, Grenzen einer Reform des öffentlichen Dienstrechts, S. 441(451).

1133 Näheres hierzu *Ule,* in: Studienkommission, Grenzen einer Reform des öffentlichen Dienstrechts, S. 441(447 f.).

1134 *Ule,* in: Studienkommission, Grenzen einer Reform des öffentlichen Dienstrechts, S. 441(447).

1135 Maunz/Dürig/*Herdegen,* Art. 79 GG, Rn. 78, 83.

1136 *Balzer,* Republikprinzip, S. 189.

1137 Vertiefend hierzu *Balzer,* Republikprinzip, S. 121 ff., 189.

1138 Vertiefend hierzu *Balzer,* Republikprinzip, S. 121 ff., 189.

mit zwei Arten von Beamten, eine systemverändernde Intervention unvermeidbar macht. Daneben spricht ebenfalls gegen die „Trialismus-Lösung", dass ein so konstruierter Beamtenstatus, dessen Rechtsstellung der der Arbeitnehmer des öffentlichen Dienstes weitestgehend angenähert ist, gegen das Gleichheitsgebot verstößt, weil nicht mehr nachvollziehbar gerechtfertigt werden kann, beide Personengruppen des öffentlichen Dienstes in unterschiedlichen Rechtsverhältnissen zu beschäftigen.[1139]

Da es nicht Sinn und Zweck der Völkerrechtsfreundlichkeit der Verfassung ist, das Völkerrecht unter allen Umständen in das deutsche Recht zu transplantieren, sondern so schonend wie möglich in die nationalen Rechtsordnung mit ihrer entsprechenden Tradition und Rechtskultur einzupassen, ist nach hier vertretener Ansicht der „Reduktions-Lösung" der Vorzug einzuräumen.[1140]

III. Ein Lösungsvorschlag – dessen Umsetzung und Folgeprobleme

Als eine realistisch umsetzbare Option des Gesetzgebers zur Auflösung des Konflikts zwischen dem nationalen Beamtenstreikverbot und den völkerrechtlichen Vorgaben zum Streikrecht im öffentlichen Dienst wird somit die „Reduktions-Lösung"[1141] favorisiert. Aufgrund dessen soll im Weiteren dargestellt werden, welche Verfassungs- und Gesetzesänderungen realisiert werden müssen, damit die angestrebte Lösung im deutschen Recht umgesetzt werden kann. In einem zweiten Schritt werden anschließend die mit der Umsetzung der „Reduktions-Lösung" auftretenden Folgeprobleme erörtert.

1. Die Änderungen in der Verfassung

Damit das deutsche Recht den völkerrechtlichen Vorgaben entsprechen kann, bedarf es zunächst eines Blickes auf die Verfassung. Denn sowohl Abänderungen als auch Ergänzungen des hiesigen Gesetzesrechts im Sinne der „Reduktions-Lösung" sind auch dann unbrauchbar, wenn eine solche Umsetzung mit der deutschen Rechtsordnung nicht im Einklang steht, da sie gegen das höherrangige Recht namentlich gegen das Grundgesetz verstößt. Wie zuvor angedeutet, richtet sich der Fokus bei der Frage der Realisierung der „Reduktions-Lösung" hier im

---

1139 Ähnlich *Schubert,* AöR 2012, 92 (116).

1140 Ebenfalls *Seifert,* EuZA 2013, 205 (218f.); *Schubert,* AöR 2012, 92 (116).

1141 Bei der „Reduktions-Lösung" werden die Beamten auf denjenigen Kreis an Beschäftigten begrenzt, der Tätigkeiten im Sinne des Schrankenvorbehalts nach Art. 11 Abs. 2 S. 2 EMRK ausübt. Demnach dürfen lediglich Angehörige des öffentlichen Dienstes verbeamtet werden, die originär hoheitsrechtlich tätig sind. Alle anderen Angehörigen des öffentlichen Dienstes sind entsprechend als Arbeitnehmer des öffentlichen Dienstes aufgrund eines privatrechtlichen Vertrages zu beschäftigen.

Speziellen auf Art. 33 Abs. 4 GG.[1142] Wie herausgearbeitet wurde, ist eine völkerrechtskonforme Auslegung des Art. 33 Abs. 4 GG gleichwohl nicht zielführend[1143], da eine solche Auslegung nicht dazu führt, dass eine generelle statusbezogene Einschränkung des Beamtenstreikrechts aus Art. 9 Abs. 3 GG nach nationalem Recht unzulässig und ausschließlich eine funktionale Beschränkung rechtmäßig wäre. Es bedarf daher vielmehr einer Änderung durch den verfassungsändernden Gesetzgeber.

Eine derartige Abänderung des Art. 33 Abs. 4 GG zur Umsetzung der „Reduktions-Lösung" ist allerdings in mehrfacher Hinsicht erforderlich. Zum einen handelt es sich bei dem in Abs. 4 vorgegebenen Funktionsvorbehalt, nach welchem gerade Beamte mit hoheitlichen Befugnissen betraut werden sollen, lediglich um eine Regel, von welcher sehr wohl Ausnahmen gemacht werden können und gemacht werden, sodass ebenfalls den Arbeitnehmern des öffentlichen Dienstes hoheitliche Aufgabenbereiche zugeordnet werden. Um der „Reduktions-Lösung" zu entsprechen, müsste der Funktionsvorbehalt daher nicht nur als Regel, sondern als Grundsatz ohne Ausnahmemöglichkeit formuliert werden.

Zum anderen beinhaltet Art. 33 Abs. 4 GG keinen negativen Ausschluss hinsichtlich eines Tätigwerdens von Beamten in nicht hoheitlichen Aufgabenbereichen. Dem Lösungsvorschlag entsprechend müsste ein solcher daher in Abs. 4 aufgenommen werden, sodass verfassungsrechtlich eindeutig geregelt ist, dass Beamte ausschließlich im Kern hoheitliche Tätigkeiten und Arbeitnehmer des öffentlichen Dienstes ausschließlich nicht hoheitliche Tätigkeiten ausüben dürfen.

Optional könnte zudem schon bei der Abänderung des Art. 33 Abs. 4 GG klargestellt werden, dass es sich bei den durch Beamte auszuübenden hoheitlichen Befugnissen lediglich um solche handelt, die regelmäßig originär, also im Kern hoheitlich sind, die Ausübung allgemeiner Staatsbelange betreffen und damit typischerweise der Staatsverwaltung zugeordnet sind[1144]. Ein enges Verständnis, welches den völkerrechtlichen Vorgaben entspricht, kann aber auch durch eine völkerrechtskonforme Auslegung in den Wortlaut des Art. 33 Abs. 4 GG hineininterpretiert werden.

Ein entsprechender Formulierungsvorschlag lautet daher wie folgt:

Art. 33 [Staatsbürgerliche Rechte und Pflichten, Beamte]
[...]
(4) Den Angehörigen des öffentlichen Dienstes, die in einem öffentlich-rechtlichen Dienst- und Treueverhältnis stehen, ist ausschließlich die Ausübung originär hoheitlicher Befugnisse zur Wahrnehmung von Staatsbelangen als ständige Aufgabe zu übertragen.

1142 Vgl. Kapitel 3, C., II., 1.
1143 Vgl. Kapitel 3, C., I., 3.
1144 Vgl. Kapitel 2, B., III., 2., c., bb., (3), (b).

2. *Die Änderungen und Ergänzungen im einfachen Gesetzesrecht zur Zulässigkeit des Beamtenverhältnisses*

Darüber hinaus müsste der in der Verfassung gewährleistete und modifizierte Funktionsvorbehalt ebenfalls in das Beamtenrecht umgesetzt und idealerweise konkretisiert werden. Eine Verortung könnte in § 5 Bundesbeamtengesetz und § 3 Abs. 2 Beamtenstatusgesetz stattfinden. Um eine solche Änderung jedoch bewerkstelligen zu können, ist zunächst herauszuarbeiten, welche Tätigkeitsbereiche bzw. Dienstposten im Speziellen, unter Bezugnahme eines internationalen Verständnisses des öffentlichen Dienstes bzw. der öffentlichen Verwaltung, hierunter zu definieren sind.

Da Art. 11 Abs. 2 EMRK den konventionsrechtlichen Rahmen vorgibt, in dem ein Streikverbot für Angehörige des öffentlichen Dienstes zulässig ist, muss der Funktionsvorbehalt aus Art. 33 Abs. 4 GG in diesem Sinne interpretiert und konkretisiert werden, um das nationale Recht und die konventionsrechtlichen Vorgaben in Einklang zu bringen. Das heißt, die Angehörigen des öffentlichen Dienstes, welche originär hoheitliche Befugnisse zur Wahrnehmung von Staatsbelangen i. S. d. Art. 33 Abs. 4 GG ausüben, müssen dem Personenkreis angehören, der einen Tätigkeitsbereich nach Art. 11 Abs. 2 S. 2 EMRK innehat. Hierzu zählen sowohl Angehörige der Polizei, der Streitkräfte als auch der Staatsverwaltung.

Wie im ersten Kapitel dieser Arbeit ausführlich dargestellt[1145], gehören nach der Rechtsprechung des EGMR in Sachen Enerji Yapi-Yol Sen/Türkei[1146] und der Entscheidung in der Rechtssache Pellegrin/Frankreich[1147], die explizit auf die Rechtsprechung des EuGH zu Art. 45 Abs. 4 AEUV (ex. Art. 39 Abs. 4 EGV bzw. Art. 48 Abs. 4 EWG-Vertrag)[1148] Bezug nimmt, diejenigen Beschäftigten der öffentlichen Verwaltung an, die einer für die öffentliche Verwaltung typischen Tätigkeit nachgehen und daher regelmäßig mit der Wahrnehmung hoheitlicher Befugnisse und der Ausübung allgemeiner Staatsbelange betraut sind, also diejenigen Beschäftigten, deren Diensterfüllung eine (in)direkte Teilhabe an der Ausübung von Hoheitsbefugnissen darstellt und deren Pflichten dazu dienen, die allgemeinen Interessen des Staates und seiner Körperschaften zu schützen und durchzusetzen. Welche Angehörigen explizit darunter zu fassen sind, ist nach EGMR ferner *„so eindeutig und begrenzt wie möglich"* in den entsprechenden Normen zu bestimmen.[1149] Nach hier vertretener Ansicht will der Gerichtshof mit dieser Anforderung nicht die Reichweite der Definition näher bestimmen,

1145 Ausführlich hierzu Kapitel 2, B., III., 2., c., bb., (3), (b).

1146 EGMR NZA 2010, 1423 (1425), Urteil vom 21.04.2009, Enerji Yapi-Yol Sen/Türkei.

1147 EGMR NVwZ 2000, 661 (663), Urteil vom 8.12.1999, Pellegrin/Frankreich.

1148 U.a. EuGH Rs. 149/79, Sgl. 1980, 3881, Rn. 12 (Kommission/Belgien); EuGH Rs. 66/85, Sgl. 1986, 2121, Rn. 27 (Lawrie-Blum); EuGH Rs. C-473/93, Sgl. 1996, I-3207, Rn. 27 (Kommission/Luxemburg).

1149 EGMR NZA 2010, 1423 (1425), Urteil vom 21.04.2009, Enerji Yapi-Yol Sen/Türkei.

sondern die Umsetzung in den einzelnen Rechtsordnungen.[1150] Aufgrund dessen ist im Folgenden herauszuarbeiten, welche Dienststellen im Einzelnen unter diese Definition zu subsumieren sind.

Die nähere Betrachtung der angeführten Begriffsbestimmung der Angehörigen der Staatsverwaltung führt zu dem Schluss, dass es sich nicht nur um eine an funktionalen Kriterien orientierte Definition handelt, sondern auch um eine Auslegung im engen Sinne. Demzufolge sind hiervon nur Bedienstete erfasst, deren Tätigkeit zum Kernbereich des originär hoheitlichen Handelns zu zählen ist und die damit hoheitliche Befugnisse im engeren Sinne entsprechend der klassischen Eingriffsverwaltung innehaben. Demzufolge handelt es sich sowohl bei Beschäftigten in den Versorgungssystemen für Wasser, Gas, Elektrizität[1151], in der Forschung[1152], im Gesundheitswesen[1153], im Straßen- und Schienenverkehr[1154], im See- und Luftverkehr[1155], im Eisenbahnverkehr[1156], im Stadt- und Regionalverkehr[1157], im Bildungswesen[1158] (u. a. Studienreferendare[1159], Lehrer[1160], Fremdsprachenlektoren[1161]), im Fernmeldewesen[1162], im Rundfunk- und Fernsehwesen[1163] wie auch im Dienst der Krankenhausverwaltung[1164] nicht um solche, die unter den Funktionsvorbehalt des neu formulierten Art. 33 Abs. 4 GG zu subsumieren sind. Daran kann auch der Umstand nichts ändern, dass in einigen Tätigkeitsbereichen gelegentlich Hoheitsbefug-

---

1150 A.A. *Widmaier/Alber*, ZEuS 2012, 387 (411).

1151 Vgl. ABl. EG C 72, S. 3; EuGH Rs. C-473/93, Slg. 1996. I-3207, Rn. 50 (Kommission/Luxemburg); EuGH Rs. C-173/94, Slg. 1996. I-3265, Rn. 24 (Kommission/Belgien); EuGH Rs. C-290/94, Slg. 1996. I-3285, Rn. 39 (Kommission/Griechenland).

1152 Vgl. EuGH Rs. 225/85, Slg. 1987, 2625, Rn. 7 ff. (Kommission/Italien); EuGH Rs. C-290/94, Slg. 1996. I-3285, Rn. 39 (Kommission/Griechenland); ABl. EG C 72, S. 3.

1153 Vgl. ABl. EG C 72, S. 3; EuGH Rs. C-473/93, Slg. 1996. I-3207, Rn. 50 (Kommission/Luxemburg); EuGH Rs. C-290/94, Slg. 1996. I-3285, Rn. 39 (Kommission/Griechenland).

1154 Vgl. EuGH Rs. C-473/93, Slg. 1996, I-3207, Rn. 50 (Kommission/Luxemburg).

1155 Vgl. EuGH Rs. C-290/94, Slg. 1996, I-3285, Rn. 39 (Kommission/Griechenland); EuGH Rs. C-405/01, Slg. 2003. I-10391, Rn. 41 ff. (Colegio de Oficiales); ABl. EG C 72, S. 3.

1156 Vgl. EuGH Rs. C-290/94, Slg. 1996. I-3285, Rn. 39 (Kommission/Griechenland).

1157 Vgl. EuGH Rs. C-290/94, Slg. 1996. I-3285, Rn. 39 (Kommission/Griechenland).

1158 Vgl. EuGH Rs. C-473/93, Slg. 1996, I-3207, Rn. 50 (Kommission/Luxemburg).

1159 Vgl. EuGH Rs. 66/85, Slg. 1986, 2121, Rn. 27 f. (Lawrie-Blum).

1160 Vgl. EuGH Rs. C-4/91, Slg. 1991. I-5627, Rn. 8 (Bleis); EuGH Rs. C-473/93, Slg. 1996. I-3207, Rn. 33 f. (Kommission/Luxemburg).

1161 Vgl. EuGH Rs. 33/88, Slg. 1989, 1591, Rn. 9 (Allué u. a.).

1162 Vgl. ABl. EG C 72, S. 3; EuGH Rs. C-473/93, Slg. 1996, I-3207, Rn. 50 (Kommission/Luxemburg).

1163 Vgl. ABl. EG C 72, S. 3; EuGH Rs. C-290/94, Slg. 1996, I-3285, Rn. 39 (Kommission/Griechenland).

1164 Vgl. EuGH Rs. C-285/01, Slg. 2003, I-8219, Rn. 40 (Burland).

nisse ausgeübt werden, wie beispielsweise die Vergabe von Noten bei Lehrern[1165] oder Studienreferendaren[1166], da diese marginale Tätigkeit hinter die prägende, nicht hoheitliche Lehrtätigkeit zurücktritt.[1167]

Im Gegensatz hierzu umfasst die klassische Eingriffsverwaltung Tätigkeitsbereiche, die durch die Handlungsinstrumentarien einseitiger Ge- und Verbote, belastender Rechtsgestaltungen und Verwaltungsvollstreckungsakte gekennzeichnet sind[1168] und damit zum Kernbereich hoheitlichen Handelns gehören. Hierzu zählen insbesondere Dienste der Polizei und sonstiger Ordnungskräfte, der Rechtspflege, der Steuerverwaltung, der Streitkräfte, des Auswärtigen Dienstes (Diplomatie), der Verwaltungsstellen, die in die Zuständigkeit staatlicher Ministerien, Regionalregierungen, Gebietskörperschaften und sonstiger gleichgestellter Organe wie der Bundesbank fallen, sofern sie mit der Ausarbeitung von Rechtsakten, ihrer Durchführung und mit Aufsichtsfunktionen betraut sind.[1169] Ferner können ebenfalls Stellen der Leistungsverwaltung hinzugerechnet werden, soweit sie durch Hoheitsakt Vergünstigungen gewähren[1170], wie beispielsweise Sozialämter, die Leistungen der Sozialhilfe nach SGB XII gewähren oder Jobcenter[1171], die Arbeitslosengeld II gemäß SGB II bewilligen. Aber auch die Einordung einer bestimmten Dienststelle unter einen der vorstehenden Bereiche enthebt den Mitgliedstaat nicht von der Pflicht zu prüfen, ob im Einzelfall die vom Stelleninhaber ausgeübten hoheitlichen Befugnisse nicht nur einen geringen Teil der Gesamttätigkeit ausmachen. Umgekehrt handelt es sich bei den hier dargestellten Aufzählungen lediglich um eine Gesamtschau der in der Rechtsprechung des EuGH beurteilten Fälle und beansprucht daher nicht den Status der Vollständigkeit. Trotzdem gibt sie einen gefestigten Rahmen vor, an welchem sich bei der Umsetzung im deutschen Recht orientiert werden kann und muss.

Hinzu kommt, dass sich die tatsächliche Abgrenzung zwischen obrigkeitlich-hoheitlicher Eingriffsverwaltung und schlicht-hoheitlicher Leistungsverwaltung oft sehr schwierig gestaltet. Und auch wenn sich nicht an dieser sprachlichen Kategorisierung von Tätigkeitsbereichen orientiert, sondern sich nur an der Ausübung von im Kern hoheitlichen Befugnissen gerichtet wird, muss darüber hinaus bei der Konkretisierung des Funktionsvorbehalts im einfachen Gesetzesrecht eine Art

---

1165 Vgl. EuGH Rs. C-473/93, Slg. 1996, I-3207, Rn. 34 (Kommission/Luxemburg).

1166 Vgl. EuGH Rs. 66/85, Slg. 1986, 2121, Rn. 27 f. (Lawrie-Blum).

1167 Grundsätzlich zur Notwendigkeit der regelmäßigen Ausübung von hoheitlichen Befugnissen EuGH Rs. C-405/01, Slg. 2003. I-10391, Rn. 44 (Colegio de Oficiales); EuGH Rs. C-47/02, Slg. 2003. I-10447, Rn. 63 (Anker).

1168 MünchKomm BGB/*Papier*, § 839, Rn. 149.

1169 Vgl. ABl. EG C 72, S. 3, ebenfalls BVerwG NZA 2014, 616 (621).

1170 So zumindest Calliess/Ruffert/*Brechmann*, EUV/AEUV, Art. 45 AEUV, Rn. 108.

1171 Jobcenter sind gemeinsame Einrichtungen der Agentur für Arbeit und einem kommunalen Träger oder die Einrichtung eines zugelassenen Kreises oder einer zugelassenen kreisfreien Stadt (§§ 44b, 6a, 6d SGB II).

Zweifelregelung aufgenommen werden.[1172] Gerade auch für solche Fälle, in welchen nicht eindeutig festgestellt werden kann, ob auf einer Position regelmäßig oder überwiegend obrigkeitlich-hoheitliche Befugnisse wahrgenommen werden. In einer solchen Konstellation ist letztlich auf den Einzelfall abzustellen und im Rahmen einer Verhältnismäßigkeitsprüfung abzuwägen, ob bei einer Beeinträchtigung der jeweiligen Tätigkeit schwerwiegend in schützenswerte Grundrechte der Bürger oder in die öffentliche Sicherheit und Ordnung eingegriffen wird, soweit zuvor zumindest feststeht, dass überhaupt in einem gewissen Maß hoheitliche Tätigkeiten ausgeübt werden. Eine solche Abgrenzung entspricht auch dem Sinne des Art. 11 Abs. 2 S. 1 EMRK.

Unter Beachtung all dieser Kriterien könnte eine einfachgesetzliche Norm (§ 5 Bundesbeamtengesetz, § 3 Abs. 2 Beamtenstatusgesetz), die den neu gefassten Funktionsvorbehalt nach Art. 33 Abs. 4 GG umsetzt und zugleich konkretisiert, folgendermaßen lauten:

Bundesbeamtengesetz
§ 5 Zulässigkeit des Beamtenverhältnisses.
(1) Die Berufung in das Beamtenverhältnis ist nur zulässig zur Ausübung originär hoheitlicher Befugnisse zur Wahrnehmung von Staatsbelangen als ständige Aufgabe.
(2) Hierzu zählen insbesondere folgende Tätigkeitsbereiche:
1. Leitung der obersten Bundesbehörden
2. Stellen, die in die Zuständigkeit oberster Bundesbehörden und sonstiger gleichgestellter Organe fallen, sofern sie mit der Ausarbeitung von Rechtsakten oder ihrer Durchführung betraut sind,
3. Fach- und Rechtsaufsicht,
4. Polizei,
5. sonstige Ordnungs- und Sicherheitsbehörden,
6. Rechtspflege,
7. Diplomatische Dienste,
8. Steuer- und Zollverwaltung,
9. Finanzverwaltung,
10. Wehrverwaltung und
11. Teile der Leistungsverwaltung, soweit sie durch Verwaltungsakt staatliche Vergünstigungen gewähren.
(3) Kann nicht eindeutig festgestellt werden, dass der Tätigkeitsbereich ausreichend die Wahrnehmung staatlicher Belange und die Ausübung von originär hoheitlichen Befugnissen umfasst, ist im Zweifel auf die Intensität des Eingriffes in die öffentliche Sicherheit und Ordnung oder in die Rechte und Freiheiten der Allgemeinheit abzustellen, die eine Beeinträchtigung der jeweiligen Tätigkeit mit sich bringen würde.

1172 Ähnlich auch *Steinau-Steinbrück/Sura*, NZA 2014, 580 (583).

Beamtenstatusgesetz
§ 3 Beamtenverhältnis
[...]
(2) Die Berufung in das Beamtenverhältnis ist nur zulässig zur Ausübung originär hoheitlicher Befugnisse zur Wahrnehmung von Staatsbelangen als ständige Aufgabe.
(2) Hierzu zählen insbesondere folgende Tätigkeitsbereiche
1. Leitung der obersten Landesbehörden und Gebietskörperschaften,
2. Stellen, die in die Zuständigkeit oberster Landesbehörden, Gebietskörperschaften und sonstiger gleichgestellter Organe fallen, sofern sie mit der Ausarbeitung von Rechtsakten oder ihrer Durchführung betraut sind,
3. Fach- und Rechtsaufsicht,
4. Polizei,
5. sonstige Ordnungs- und Sicherheitsbehörden einschließlich Feuerwehr und Katastrophenschutz,
6. Rechtspflege,
7. Diplomatische Dienste,
8. Steuer- und Finanzverwaltung und
9. Teile der Leistungsverwaltung, soweit sie durch Verwaltungsakt staatliche Vergünstigungen gewähren.
(3) Kann nicht eindeutig festgestellt werden, dass der Tätigkeitsbereich ausreichend die Wahrnehmung staatlicher Belange und die Ausübung von originär hoheitlichen Befugnissen umfasst, ist im Zweifel auf die Intensität des Eingriffes in die öffentliche Sicherheit und Ordnung oder in die Rechte und Freiheiten der Allgemeinheit abzustellen, die eine Beeinträchtigung der jeweiligen Tätigkeit mit sich bringen würde.

3. *Die Folgeproblematik der „Bestandsbeamten“*

Die soeben dargelegte in sich konsistente Umsetzung der „Reduktions-Lösung“ erscheint auf den ersten Blick durchaus als stringent und fast sogar als unkompliziert. Auf lange Sicht gesehen, stellt diese Lösungsvariante daher auch die schonendste Art dar, die internationalen Vorgaben in das deutsche Recht zu integrieren. Allerdings ist es mit den oben aufgezeigten Änderungen nicht getan. Denn die eigentliche Schwierigkeit an der Umsetzung der „Reduktions-Lösung“ liegt nicht etwa in der fernliegenden Zukunft, sondern gerade in der Übergangszeit der kommenden Jahrzehnte und betrifft diejenigen Beamten, die aufgrund ihrer derzeitigen Verbeamtung einen entsprechenden lebenslangen Status (mit den damit verbundenen Rechten und Pflichten) erworben haben, aber entgegen der aufgezeigten Lösung gerade nicht genuin hoheitliche Tätigkeiten ausüben („Bestandsbeamte“). Hierzu zählen beispielsweise Beamte, die im Bildungswesen, in den Versorgungssystemen für Wasser, Gas, Elektrizität, in der Forschung, im Gesundheitswesen, im Straßen- und Schienenverkehr, im See- und Luftverkehr tätig sind, aber auch die so genannten

„Privatbeamten“ der Post und der Bahn. Diese Situation ist ebenfalls mit der aufgezeigten Lösung in Einklang zu bringen.

Aufgrund dessen stellt sich zunächst die Frage, ob den so genannten „Bestandsbeamten“ im Sinne der „Reduktions-Lösung“ ein Recht auf Streik gewährt werden muss. Und wenn dies der Fall ist, welche rechtlichen Konsequenzen eine solche Umsetzung mit sich bringt.

a. Das Streikrecht und das Recht auf Tarifverhandlungen für „Bestandsbeamte“

Nach den oben aufgezeigten internationalen Vorgaben – insbesondere der Rechtsprechung des EGMR – ist gerade den Gewerkschaften solcher „Bestandsbeamten“, die eben keine genuin hoheitlichen Funktionen erfüllen, das Recht zu gewähren, sich zur Durchsetzung der Rechte ihrer Mitglieder und zum Schutz deren Interessen einzusetzen.[1173] Als wesentliches Element zur Umsetzung dieses Rechts ist sowohl das Streikrecht als auch das Recht auf Tarifverhandlung anerkannt.[1174]

In diesem Zusammenhang ist daher zunächst zu fragen, ob den „Bestandsbeamten“ ein solches Recht auf Streik bzw. auf Tarifverhandlung überhaupt zwingend in dieser Form gewährt werden muss oder ob die internationalen, im Speziellen die konventionsrechtlichen Vorgaben eine Art „milderes Mittel“ zulassen, die denselben Zweck erfüllen und sich zugleich harmonischer in das deutsche Beamtenrecht integrieren lassen. Ein Hinweis hierauf gibt der EGMR selbst, indem er vorgibt, dass es den einzelnen Staaten frei überlassen sei, welches Mittel sie wählen, um die Gewerkschaft in den Stand zu versetzen, die Rechte ihrer Mitglieder zu vertreten.[1175] Daneben akzeptiert der Gerichtshof aber *„keine Einschränkung, die wesentliche Bestandteile der gewerkschaftlichen Freiheit“* beeinträchtigt.[1176] Dies bedeutet im Zusammenhang, dass zwar jeder Mitgliedstaat bei der Wahl der Mittel zur Einhaltung des Rechts aus Art. 11 Abs. 1 EMRK frei, aber auch verpflichtet ist, dabei die vom Gerichtshof als wesentlich angesehenen Aspekte zu berücksichtigen.[1177] Als wesentlich in diesem Sinne sind sowohl das Recht auf Tarifverhandlung als auch das Recht auf Streik durch die aktuelle Rechtsprechung des EMRK anerkannt worden.[1178] Aufgrund dessen dürfen etwaige Beteiligungs-, Verhandlungs- oder Schlichtungsmodelle, die als Umsetzungsmöglichkeit für „Bestandsbeamte“ herangezogen werden, nicht hinter dem Niveau eines Rechts auf Tarifverhandlung bzw. auf Streik im internationalen Sinne zurückbleiben, da hiermit eine unzulässige Ein-

---

1173 EGMR NZA 2010, 1423 (1424), Urteil vom 21.04.2009, Enerji Yapi-Yol Sen/Türkei; EGMR NZA 2010, 1425 (1430), Urteil vom 12.11.2008, Demir und Baykara/Türkei.

1174 EGMR NZA 2010, 1423 (1424), Urteil vom 21.04.2009, Enerji Yapi-Yol Sen/Türkei; EGMR NZA 2010, 1425 (1430 f.), Urteil vom 12.11.2008, Demir und Baykara/Türkei.

1175 EGMR NZA 2010, 1425 (1430), Urteil vom 12.11.2008, Demir und Baykara/Türkei.

1176 EGMR NZA 2010, 1425 (1430), Urteil vom 12.11.2008, Demir und Baykara/Türkei.

1177 EGMR NZA 2010, 1425 (1430), Urteil vom 12.11.2008, Demir und Baykara/Türkei.

1178 EGMR NZA 2010, 1423 (1424), Urteil vom 21.04.2009, Enerji Yapi-Yol Sen/Türkei; EGMR NZA 2010, 1425 (1430 f.), Urteil vom 12.11.2008, Demir und Baykara/Türkei.

schränkung dieser Rechte verbunden wäre und sie kein adäquates Mittel darstellen würden, den internationalen Vorgaben gerecht zu werden bzw. der „Reduktions-Lösung" zu genügen.

Einen entsprechenden Ansatzpunkt hierfür könnten die Beteiligungsrechte nach § 118 BBG, § 53 BeamtStG und deren Weiterentwicklung bieten. Entsprechend gab es in der Wissenschaft immer wieder Bestrebungen, das in § 118 BBG, § 53 BeamtStG etablierte Beteiligungsmodell der Spitzenorganisationen der Beamtengewerkschaften zu einem Verhandlungsmodell mit Hilfe eines öffentlich-rechtlichen Vertrages (Beamtenkollektivvertrag, Kollektivvertrag sui generis) auszubauen.[1179] Diese Erwägungen basierten überwiegend auf der Überlegung, dass das in Art. 9 Abs. 3 GG gewährleistete Recht auf Tarifverhandlung, verbunden mit einem Recht auf Streik, den Beamten zwar aus bekannten Gründen verwehrt ist, aber Art. 9 Abs. 3 GG gleichwohl den Beamtenkoalitionen und ihren Mitgliedern Beteiligungsrechte zur Regelung ihrer Beschäftigungsbedingungen gewährleistet.[1180] Dieser Ansicht entsprechend garantiere Art. 9 Abs. 3 GG daher eine so genannte „beamtenrechtliche Vereinbarungsautonomie", die die Beamtenkoalitionen dazu befähigen, Vereinbarungen über beamtenrechtliche Beschäftigungsbedingungen gegenseitig zu verhandeln und zu vereinbaren, ohne allerdings auf Arbeitskampfmittel zurückgreifen zu dürfen.[1181] Unabhängig davon, ob Art. 9 Abs. 3 GG tatsächlich eine solche Autonomie für Beamte gewährleistet, machen die Vertreter dieser Ansicht aber selbst das Zugeständnis, dass es sich hierbei lediglich um eine Ersatzgarantie handle, die nur anstelle des Tarifvertrags- und Streikrechts zur Verfügung gestellt wird und deren Intensität hinsichtlich ihrer Verhandlungsmöglichkeit und Druckstärke hinter dem Tarifvertrags- und Streikrecht zurückbleibt.[1182] Diese Ersatzgarantie nähert sich somit dem Streikrecht lediglich an, soweit es verfassungsrechtlich möglich ist.[1183] Das bedeutet in diesem Fall, soweit es Art. 33 Abs. 4, 5 GG zulässt. Da die Beteiligungsrechte aus § 118 BBG, § 53 BeamtStG daher ohne adäquates Druckmittel ausgestaltet wären, kann ein hierauf basierendes Verhandlungsmodell nicht den internationalen Vorgaben an ein Streik- oder Tarifverhandlungsrecht oder der hier vertretenen „Reduktions-Lösung" gerecht werden und scheidet damit aus.

Auch das Bundesverwaltungsgericht hält eine erhebliche Erweiterung der Beteiligungsrechte nach § 118 BBG, § 53 BeamtStG für unerlässlich,[1184] um den gegebenen internationalen Anforderungen gerecht zu werden. Hierfür komme beispielsweise ein Verhandlungs- und Schlichtungsmodell unter paritätischer Beteiligung der Beamtengewerkschaften im Sinne des „Dritten Weges" der Kirchen in Betracht.[1185]

1179 U.a. *Plander*, Vereinbarungsautonomie, S. 63 ff.; *Wohlgemuth*, PersR 1992, 81 ff.; *Battis/Schlenga*, PersR 1995, 50 (61 ff.).
1180 *Plander*, Vereinbarungsautonomie, S. 63 ff.; *Wohlgemuth*, PersR 1992, 81 (83).
1181 *Plander*, Vereinbarungsautonomie, S. 63 ff.; *Wohlgemuth*, PersR 1992, 81 (83).
1182 *Plander*, Vereinbarungsautonomie, S. 63 ff.; *Wohlgemuth*, PersR 1992, 81 (83).
1183 *Plander*, Vereinbarungsautonomie, S. 63 ff.; *Wohlgemuth*, PersR 1992, 81 (83).
1184 BVerwG NZA 2014, 616 (621).
1185 BVerwG NZA 2014, 616 (621 f.).

Dementsprechend müssten die beamtenrechtlichen Beschäftigungsbedingungen in einer paritätisch besetzten Kommission ausgehandelt werden, wobei im Konfliktfall eine Schlichtungskommission mit einem unabhängigen Dritten als Vorsitzenden eingesetzt werden würde, welche von beiden Seiten uneingeschränkt angerufen werden könnte.[1186] Das Ergebnis der Verhandlung oder gegebenenfalls der Schlichtung müsse für die Verhandlungsparteien hierbei bindend und einer einseitigen Änderung durch den Dienstherrn entzogen sein.[1187] Dieses Verfahren ist zwar grundsätzlich darauf gerichtet, die Beschäftigungsbedingungen sinnvoll zu ordnen, indem es typische Interessengegensätze zwischen Dienstherrn und Dienstnehmer durch kollektives Handeln zu einem angemessenen Ausgleich bringen soll, um damit ein Verhandlungsgleichgewicht sicherzustellen.[1188] Trotzdem bleibt es in seiner Intensität hinter einem Recht auf Streik und Tarifverhandlung zurück. Der Grund hierfür liegt schlicht darin, dass es sich bei diesem Verhandlungs- und Schlichtungsmodell um eine auf das Kirchenrecht zugeschnittene Lösung handelt, die auf einer Kollision zwischen der Koalitionsfreiheit aus Art. 9 Abs. 3 GG und dem kirchlichen Selbstbestimmungsrecht aus Art. 4 Abs. 1, 2, Art. 140 GG i. V. m. Art. 137 Abs. 3 WRV beruht, welche nach dem Grundsatz der praktischen Konkordanz zum Ausgleich gebracht werden müssen. Demgemäß schränkt das kirchliche Selbstbestimmungsrecht und das damit verbundene Leitbild der Dienstgemeinschaften Art. 9 Abs. 3 GG derart ein, dass lediglich ein solches Schlichtungsmodell als „Gewährleistungsrest“ des Tarifvertrags- und Streikrechts verbleibt. Dies entspricht ebenfalls den Vorgaben der EMRK. So gewährt auch das Konventionsrecht nach Art. 11 Abs. 2 S. 1 GG und unter Heranziehung von Art. 9 EMRK eine zulässige Einschränkung der Rechte aus Art. 11 Abs. 1 EMRK.[1189] Eine Übertragung auf „Bestandsbeamte“ ist aber gerade nicht möglich, da im Gegensatz zur Kirche für „Bestandsbeamten“ ein derartiger Autonomieraum bzw. eine Gewährleistung wie Art. 9 EMRK nicht besteht, sodass eine Berufung auf Art. 11 Abs. 2 S. 1 EMRK ausscheidet. Das hat zur Folge, dass den „Bestandsbeamte“ ein Recht aus Art. 11 Abs. 1 EMRK uneingeschränkt zugestanden werden muss. Davon ausgehend würde ein Verhandlungs- und Schlichtungsmodell im Sinne des „Dritten Weges“ zudem auch ein unzulässiges Zwangsschlichtungsverfahren bedeuten.

Zur Umsetzung der internationalen Vorgaben bzw. der „Reduktions-Lösung“ bleibt es daher letztlich bei der Konsequenz, dass den „Bestandsbeamten“ ein Streikrecht gewährt werden muss. Inwiefern damit zudem die Gewährleistung eines Rechts auf Tarifverhandlung verbunden ist, kann pauschal nicht beantwortet werden. Denn das internationale Recht, insbesondere die EMRK, gewährt sowohl das Recht auf Streik als auch das Recht auf Tarifverhandlung als voneinander unabhängiges Mittel der Gewerkschaften und ihrer Mitglieder zur Durchsetzung der

1186 BAG NZA 2014, 448 (449).
1187 BAG NZA 2014, 448 (449).
1188 BAG NZA 2014, 448 (448 f.).
1189 So ebenfalls BAG NZA 2014, 448 (465); *Greiner*, DÖV 2013, 623 (626 f.).

Interessen der Beschäftigten und zum Schutz deren Rechte.[1190] Es ist nicht ersichtlich, dass eines dieser Mittel lediglich als Annex zum anderen zu gewährleisten ist. Ähnlich ist auch Art. 6 ESC zu verstehen.[1191] Aufgrund dessen bedarf es nach internationalem Recht, anders als nach deutschem Recht, für die Zulässigkeit eines rechtmäßigen Streiks kein tariflich regelbares Ziel. Damit allerdings das Streikrecht für „Bestandsbeamte" relativ schonend in das deutsche Recht eingefügt werden kann, ist es nach hier vertretener Ansicht vorzugswürdig, auch dieses Streikrecht, einheitlich entsprechend den Vorgaben der deutschen Rechtsprechung[1192], als Annex zur Tarifautonomie zu gewähren.

Hiervon ausgehend könnte ein weiterer Denkansatz des Bundesverwaltungsgerichts, in Form einer Beteiligung der Beamtengewerkschaften an den Tarifverhandlungen des öffentlichen Dienstes unter einer etwaigen Streikbeteiligung der „Bestandsbeamten"[1193], eine adäquate Form der Ausgestaltung des Streikrechts der „Bestandsbeamten" darstellen. Begründet wird dieser Ansatz damit, dass sich der Gesetzgeber zur Festlegung der angemessenen Alimentation der Beamten unter anderem am Nettoeinkommen der Tarifbeschäftigten im öffentlichen Dienst orientiert.[1194] Aufgrund dessen haben zumindest die Lohntarifverhandlungen im öffentlichen Dienst mittelbar Einfluss auf die Besoldungshöhe der Beamten. Dies wird als Grund dafür herangezogen, die Beamtengewerkschaften sowie die „Bestandsbeamten" zumindest innerhalb dieser Tarifverhandlungen zu beteiligen, ohne von dem Grundsatz abweichen zu müssen, dass Beamte bezüglich ihrer eigenen Besoldung weder ein Verhandlungs- noch ein Streikrecht zusteht, da diese gesetzlich festgelegt wird. Ein solcher Ansatz erscheint auf den ersten Blick als eine handhabbare Option, das Streikrecht der „Bestandsbeamten" in das deutsche Beamtenrecht zu integrieren, ohne jedoch vom bisherigen Besoldungssystem abweichen zu müssen. Bei genauerer Betrachtung ist allerdings auch dieser zu kurz gedacht. Denn einerseits steht den „Bestandsbeamten" nicht lediglich ein Streikrecht bezüglich ihrer Vergütung zu, sondern auch hinsichtlich aller anderen Beschäftigungsbedingungen. Da sich aber der Gesetzgeber hinsichtlich aller anderen Beschäftigungsbedingungen nicht notwendig an den Vorgaben des öffentlichen Dienstes orientiert, können die Beamten und ihre Gewerkschaften auch nicht nach diesem Prinzip an den entsprechenden Tarifverhandlungen beteiligt werden, sodass ihnen ein Großteil ihres Tarifverhandlungs- und Streikrechts versagt bleibt. Es ist daher nicht zielführend, sich die Besoldungsthematik herauszupicken und hierfür eine Streiklösung zu finden, wenn gleichzeitig für alle anderen Beschäftigungsbedingungen ein solches verwehrt bleibt. Abgesehen davon stellt sich auch die Frage, ob nicht ein „mittelbares" Tarifverhandlungs- und Streikrecht, welches weder auf die eigenen Tarifverhandlungen noch auf die eigenen Beschäftigungs-

---

1190 Näheres hierzu siehe Kapitel 3, B., 2.

1191 Näheres hierzu siehe Kapitel 2, B., III., 2., c., aa., (3).

1192 Statt vieler BVerfG NJW 1991, 2549 (2550); BAG NZA 2003, 734 (740).

1193 BVerwG NZA 2014, 616 (622).

1194 BVerwG NZA 2014, 616 (622).

bedingungen gerichtet ist, überhaupt haltbar ist. Das könnte man zwar mit der Nähe zum so genannten Unterstützungsstreik bejahen, der nach neuerer Rechtsprechung des BAG[1195] nunmehr als zulässig erachtet wird. Allerdings wird hierdurch nicht notwendig sichergestellt, dass sich der Besoldungsgesetzgeber auch ausreichend auf diese Tarifergebnisse bezieht, schließlich hat er bei der Besoldungsgesetzgebung einen weiten Entscheidungsspielraum[1196], wobei auch andere Aspekte auf diesen Entscheidungsprozess einwirken (u.a. Dienstrang, mit dem jeweiligen Amt verbundene Verantwortung, die Bedeutung des Berufsbeamtentums für die Allgemeinheit, das Ansehen des Amtes in der Gesellschaft, Attraktivität des Dienstverhältnisses sowie die Ermöglichung eines „Minimums an Lebenskomfort")[1197]. Darüber hinaus dienen auch nicht nur die Tarifabschlüsse des öffentlichen Dienstes der Orientierung des Gesetzgebers zur Regelung einer angemessenen Alimentation, sondern auch Tarifabschlüsse aus der Privatwirtschaft[1198]. In diese Tarifverhandlungen Beamtengewerkschaften einzubeziehen, würde allerdings den Grundsatz der Verhältnismäßigkeit überstrapazieren. Es sprechen daher gute Gründe gegen eine derartige Ausgestaltung des Streikrechts für „Bestandsbeamte". Letztlich bleibt daher festzustellen, dass auch den „Bestandsbeamten" ein Streikrecht in gleicher Form wie den Arbeitnehmern des öffentlichen Dienstes gewährt werden muss – als Annex zu eigenständigen Tarifverhandlungen der Beamtengewerkschaften.

b. Die rechtlichen Folgen

Nachdem festgestellt wurde, dass auch den „Bestandsbeamten" sowohl ein Tarifverhandlungs- als auch ein Streikrecht zugestanden werden muss, sind im Weiteren die daran geknüpften rechtlichen Folgen näher zu beleuchten.

aa. Die rechtspolitischen Erwägungen des Dienstherrn

Um dem vorgezeichneten Ansatz Rechnung zu tragen, könnten in einem vorgelagerten Schritt zunächst rechtspolitische Änderungen seitens des Dienstherrn in Erwägung gezogen werden. Hierbei handelt es sich zwar nicht um eine direkte Folge des Zugeständnisses eines Streikrechts an die „Bestandsbeamten", gleichwohl aber um eine mittelbare Folge zur Einschränkung des Repertoires an „Bestandsbeamten", um damit die Übergangszeit bis zur vollständigen Umsetzung der „Reduktions-Lösung" so weit wie möglich zu verkürzen.

Hierfür stehen der Verwaltung mehrere Maßnahmen zur Verfügung. So wäre es denkbar, dass in Verwaltungsbereichen, in welchen keine im Kern hoheitlichen Tätigkeiten ausgeübt werden (beispielsweise im Schulwesen), künftig von vornherein nur noch Tarifbeschäftigte eingestellt werden. Darüber hinaus könnte den

1195 BAG NZA 2007, 1055 (1055ff.).
1196 BVerfGE 76, 256 (295); 81, 363 (375f.).
1197 BVerfGE 44, 249 (265f.); 99, 300 (315).
1198 BVerfG NVwZ 2005, 1294 (1299).

bestehenden „Bestandsbeamten“ die Wahlmöglichkeit eingeräumt werden, in ein privatrechtliches Beschäftigungsverhältnis zu wechseln. Da allerdings davon auszugehen ist, dass ein Großteil der „Bestandsbeamten“ in ihrem Beamtenverhältnis verbleiben möchte, ist zu erwägen, denjenigen Beamten, die nicht hoheitliche Funktion wahrnehmen, genuin hoheitliche Tätigkeitsfelder innerhalb ihres Fachbereichs zu übertragen oder sie innerhalb ihres Qualifikationsrahmens in einen entsprechenden Bereich zu versetzen. Dies ist natürlich nur insoweit praktikabel, als es die strukturellen und personellen Möglichkeiten zulassen. Für die verbleibenden „Bestandsbeamten“ gelten allerdings die folgenden Überlegungen.

bb. Die verfassungsrechtlichen Folgen und der notwendige Änderungsbedarf

Ausgehend von der Prämisse, dass den künftigen „Bestandsbeamten“ bzw. ihren Gewerkschaften sowohl ein Recht auf Tarifverhandlung als auch auf Streik zugesprochen werden wird, stellt sich im Weiteren die gewichtige Frage, welche Auswirkung dieser Umstand auf die hergebrachten Grundsätze des Berufsbeamtentums nach Art. 33 Abs. 5 GG hat. Denn folgt man der bisher herrschenden Meinung, so knüpfen die hergebrachten Grundsätze und damit Art. 33 Abs. 5 gerade nicht an den Funktionsvorbehalt des Art. 33 Abs. 4 GG und die damit verbundene Tätigkeit an, sondern an den Beamtenstatus[1199] im Allgemeinen. Das bedeutet, obwohl die „Bestandsbeamten“ keine genuin hoheitliche Funktion im Sinne des Art. 33 Abs. 4 GG n.F. erfüllen, würden die hergebrachten Grundsätze – insbesondere das Beamtenstreikverbot und der Alimentationsgrundsatz – für sie weitergelten. Ob diese Auffassung nach der Änderung von Art. 33 Abs. 4 GG gleichwohl haltbar ist, wird im Folgenden noch zu untersuchen sein.

Geht man allerdings zunächst hiervon aus, so hat es zur Folge, dass unabhängig davon, ob das Beamtenstreikverbot nun als eigenständiger oder als abgeleiteter hergebrachter Grundsatz des Berufsbeamtentums angesehen wird, die Gewährleistung eines Tarifvertrags- und Streikrechts für „Bestandsbeamte“ in jedem Fall gegen dieses verstoßen würde und im Zuge dessen gegen Art. 33 Abs. 5 GG. Für „Bestandsbeamte“ muss das Beamtenstreikverbot daher entfallen, damit ein Verfassungsverstoß vermieden werden kann.

Damit hat es aber noch nicht seine Bewandtnis. Denn je nachdem, welcher Ansatz zur Herleitung des Beamtenstreikverbots dem Vorzug gegeben wird, hat die Gewährleistung eines Streikrechts für „Bestandsbeamte“ Auswirkungen auf weitere Grundsätze des Berufsbeamtentums. Hierzu zählt etwa die Loyalitäts- bzw. Treuepflicht der Beamten, nach welcher der Beamte dem Allgemeinwohl und damit zur uneigennützigen Amtsführung verpflichtet ist.[1200] Aufgrund der Verpflichtung zur Erfüllung öffentlicher Aufgaben im Dienste des Volkes und der Erhaltung der

1199 U.a. *Di Fabio*, Streikverbot, 58; *Nokiel*, DÖD 2012, 152 (156); *Traulsen*, JZ 2013, 65 (70); BVerfG NVwZ 2007, 1396 (1398); BVerwG NZA 2014, 616 (618).

1200 BVerfG NVwZ 2007, 1396 (1398).

Funktionsfähigkeit der Verwaltung[1201] ist es Beamten nach herrschender Meinung daher untersagt, *„zur Förderung gemeinsamer Berufsinteressen kollektiv wirtschaftliche Kampfmaßnahmen zu ergreifen"*[1202]. Im Umkehrschluss bedeutet dies, dass „Bestandsbeamte", die trotz allem ein Streikrecht ausüben, gegen ihre Treueverpflichtung verstoßen, sodass auch dieser hergebrachte Grundsatz bezüglich „Bestandsbeamten" zum Teil hinfällig wird – was nicht notwendig zur Konsequenz hat, dass der Grundsatz der Treueverpflichtung für „Bestandsbeamte" vollständig obsolet wird.

Daneben wird aber auch der Alimentationsgrundsatz fundamental in Frage gestellt. Nach diesem ist der Dienstherr aus seiner Fürsorgepflicht heraus dazu verpflichtet, den Beamten nebst Familie mit einer amtsangemessenen Alimentation zu besolden und zu versorgen.[1203] Die Besoldung der Beamten stellt dabei allerdings kein Entgelt für bestimmte Dienstleistungen dar, sondern es handelt sich vielmehr um eine Art Gegenleistung des Dienstherrn dafür, dass sich der Beamte mit seiner ganzen Persönlichkeit zur Verfügung stellt und seine Dienstpflicht nach Kräften erfüllt,[1204] sodass eine stabile Verwaltung sichergestellt werden kann[1205]. Also eine Gegenleistung dafür, dass der Beamte seiner Treuepflicht gegenüber dem Dienstherrn und dem Allgemeinwohl genügt. Durch die Gewährleistung bzw. die Ausübung eines Streikrechts durch die „Bestandsbeamten" wird dieses Gefüge allerdings in sich unstabil und brüchig. Denn mit Ausübung des Streikrechts verstoßen die „Bestandsbeamten" gegen ihre Treuepflicht, welche damit als Korrelat zur Fürsorgepflicht des Dienstherrn entfällt und damit der Grund für die Besonderheit der verhandlungsunabhängigen Alimentation. Die Sonderstellung der „Bestandsbeamten" wird aufgeweicht, indem sie sich wie alle anderen Beschäftigten zur Aushandlung ihres Entgelts Tarifverhandlungen bedienen. Aus einem ursprünglichen Dienst- und Treueverhältnis wird daher letztlich ein Austauschverhältnis, in dem der Alimentationsgrundsatz keinen Platz und keine Legitimation mehr hat.

Aufgrund dessen bedarf es auch hier einer Änderung bzw. einer Ergänzung des Art. 33 Abs. 5 GG, in welcher klargestellt wird, dass bestimmte hergebrachte Grundsätze des Berufsbeamtentums gerade nicht für „Bestandsbeamte" zur Anwendung gelangen. Vorstellbar wäre, hierfür einen Satz 2 in Art. 33 Abs. 5 GG oder eine ergänzende Norm in den Übergangs- und Schlussvorschriften des Grundgesetzes einzufügen.

Wie zuvor angedeutet, stellt sich allerdings in Anbetracht der neuen Fassung des Art. 33 Abs. 4 GG die Frage, ob es einer Änderung des Art. 33 Abs. 5 GG überhaupt bedarf oder ob Art. 33 Abs. 4 GG n.F. i. V. m. Art. 33 Abs. 5 GG nicht

---

1201 *Schubert*, AöR 2012, 92 (95).

1202 BVerfGE 8, 1 (17); 44, 249 (264); BGHZ 70, 277 (279); BVerwGE 69, 208 (213); a. A. Däubler/*Hensche*, Arbeitskampfrecht, S. 493f.; *Schröder*, AuR 2013, 280 (283).

1203 Maunz/Dürig/*Badura*, Art. 33 Rn. 71.

1204 BVerfGE 21, 329 (345).

1205 BVerfGE 7, 155 (163); 8, 1 (16f.) 21, 329 (345); 39, 196 (200f.); 44, 249 (265); 70, 251 (267); 99, 300 (317).

schon dahingehend ausgelegt werden kann, dass spezielle hergebrachte Grundsätze des Berufsbeamtentums für „Bestandsbeamte" nicht zur Anwendung gelangen. Denn mit der entsprechenden Änderung des Art. 33 Abs. 4 GG n.F. im Sinne der „Reduktions-Lösung" ist eine aufgabenbezogene Intention des verfassungsändernden Gesetzgebers verbunden, lediglich diejenigen Bediensteten zu verbeamten, die gerade im Kern hoheitliche Tätigkeiten ausüben. Entsprechend dieser Intention können die beamtenrechtlichen Besonderheiten, die sich in den hergebrachten Grundsätzen widerspiegeln, auch nur denjenigen Beamten zukommen, die genuin hoheitliche Aufgaben erfüllen, da die Übertragung dieser hoheitlichen Funktion und das Zugeständnis von besonderen beamtenrechtlichen Rechten und Pflichten in einer direkten Wechselbeziehung stehen. Damit entfällt der für die Geltung der hergebrachten Grundsätze des Berufsbeamtentums gängige, ausschließlich statusbezogene Bezugspunkt und wird durch eine zumindest indirekte funktionale Verknüpfung ersetzt, welche damit auch den internationalen Vorgaben entspricht. Aufgrund dessen entfällt zwar nicht automatisch die Bezugnahme der hergebrachten Grundsätze des Berufsbeamtentums auf den allgemeinen Beamtenstatus. Da dieser Status aber nun von vornherein funktional bestimmt wird, muss dieser Umstand ebenfalls Auswirkung auf das Recht der verbleibenden „Bestandsbeamten" haben, die keine Funktion im Sinne des Art. 33 Abs. 4 GG n.F. ausüben. Den „Bestandsbeamten" kommen daher grundsätzlich nicht mehr die hergebrachten Grundsätze des Berufsbeamtentums zu, da es ihnen an dem herausgearbeiteten funktionalen Beamtenstatus mangelt.

Dies gilt allerdings nicht für diejenigen hergebrachten Grundsätze, die aufgrund des Vertrauensschutzes unabwendbar sind. Hierzu zählt beispielsweise die Lebenszeitlichkeit des Beamtenverhältnisses, da der Beamte mit seiner Ernennung eine Rechtsposition erlangt hat, die sich durch ihre Dauerhaftigkeit auszeichnet. Die nachträgliche Aberkennung des Lebenszeitprinzips würde daher eine echte Rückwirkung[1206] im Sinne des rechtsstaatlichen Rückwirkungsverbots bedeuten[1207]. Im Gegensatz hierzu kann den „Bestandsbeamten" aber beispielsweise der zuvor angesprochene hergebrachte Grundsatz der Alimentation entzogen werden. Schließlich würde die Aberkennung dieses Grundsatzes für die „Bestandsbeamten" lediglich für die Zukunft Wirkung entfalten, da die bereits geleistete Alimentation nicht wieder entzogen werden soll. Damit handelt es sich um eine unechte Rückwirkung, bei der auf gegenwärtige, noch nicht abgeschlossene Rechtsbeziehungen für die Zukunft eingewirkt wird; also künftige Rechtsfolgen (Zahlung Alimentation) von Gegebenheiten aus der Zeit vor der Gesetzesänderung abhängig gemacht werden.[1208] Eine solche unechte Rückwirkung ist grundsätzlich zulässig[1209], es sei denn, das

1206 Vgl. BVerfG 30, 367 (386); 57, 361 (391); 68, 287 (306); 72, 200 (242); 97, 67 (79); 126, 369 (391).

1207 So auch *Traulsen,* JZ 2013, 65 (71).

1208 BVerfG NJW 1986, 39 (41); NJW 2000, 413 (415); BVerfGE 95, 64 (86).

1209 BVerfG NJW 1986, 39 (41); NJW 2000, 413 (415); BVerfGE 95, 64 (86).

Bestandsinteresse der Betroffenen überwiegt dem Veränderungsinteresse des Gesetzgebers[1210]. Ein solches Bestandsinteresse lässt sich für die Beamten allerdings nicht erkennen, da ihre Überführung von der Alimentation in das Tarifvertragssystem nicht nachteilig ist.[1211] Entsprechend steht auch der Vertrauensschutz der Aberkennung des Alimentationsgrundsatzes für „Bestandsbeamte" nicht entgegen.

Wird dem Ansatz einer funktionalen Auslegung des Art. 33 Abs. 5 GG im Sinne des Art. 33 Abs. 4 GG n.F. gefolgt, so macht es eine Änderung des Art. 33 Abs. 5 GG entbehrlich. Andernfalls bedarf es einer oben beschriebenen Ergänzung von Art. 33 Abs. 5 GG. Unabhängig von dieser Frage erfordert es aber einer Ergänzung im Grundgesetz, in der klargestellt wird, dass Art. 33 Abs. 4 GG n.F. nicht für „Bestandsbeamte" gilt, da diese gerade nicht dem Funktionsvorbehalt im Sinne des Abs. 4 n.F. entsprechen.

cc. Die einfachgesetzlichen Folgen und der entsprechende Änderungsbedarf

Wie zuvor festgestellt wurde, unterfällt der „Bestandsbeamtenstatus" aufgrund der Umsetzung der „Reduktions-Lösung" bestimmten Spezifika. Zum einen ist den „Bestandsbeamten" ein Streikrecht zuzuerkennen, was zur Konsequenz hat, dass auch den Beamtengewerkschaften, zu deren Mitgliedern „Bestandsbeamte" zählen, ein Recht auf Tarifverhandlung zukommen muss. Das hat wiederum zur Folge, dass die Beschäftigungsbedingungen der „Bestandsbeamten" ebenfalls tarifvertraglich geregelt werden können. Zum anderen sind damit Abstriche hinsichtlich der hergebrachten Grundsätze des Berufsbeamtentums verbunden. Insbesondere das Beamtenstreikverbot und der Alimentationsgrundsatz verlieren damit ihre Legitimation für diese Gruppe Beamter. Aufgrund dieses Verlustes bestimmter hergebrachter Grundsätze und dem damit verbundenen Wegfall der Rechtfertigung für gewisse beamtenrechtliche Besonderheiten sind die Beschäftigungsbedingungen der „Bestandsbeamten" aus Gleichbehandlungsgesichtspunkten an die der Arbeitnehmer im öffentlichen Dienst anzugleichen. Somit sind die „Bestandsbeamten" in das Tarifvertragssystem des TVöD einzugliedern, oder es sind alternativ spezielle Beamtentarifverträge zu schließen, was wiederum zur Konsequenz hat, dass eine Fülle an einfachgesetzlichen Änderungen[1212] zu bewerkstelligen ist.

Entsprechend der Zuerkennung eines Streikrechts bzw. eines Rechts auf Tarifverhandlung sind somit unter anderem im Tarifvertragsgesetz, im Bundesbeamtengesetz, im Beamtenstatusgesetz als auch in den Landesbeamtengesetzen[1213] Änderungen oder Ergänzungen vorzunehmen. Demgemäß müsste der Anwen-

1210 BVerfGE 101, 239 (263).

1211 Ebenso *Traulsen*, JZ 2013, 65 (71).

1212 Die im Weiteren aufgeführten einfachgesetzlichen Änderungen beanspruchen nicht das Anrecht auf Vollständigkeit, sondern dienen der exemplarischen Darstellung des Ausmaßes der Änderungen anhand der wichtigsten Gesetze.

1213 Im Folgenden werden die notwendigen Änderungen in den Landesbeamtengesetzen statt an allen Gesetzen anhand des Thüringer Beamtengesetzes dargestellt.

dungsbereich des Tarifvertragsgesetzes auf „Bestandsbeamtenverhältnisse" erweitert werden. Dies könnte durch eine Ergänzung des § 1 Abs. 1 TVG geschehen. Darüber hinaus ist in den aufgezählten beamtenspezifischen Gesetzen klarstellend zu ergänzen, dass sowohl den „Bestandsbeamten" ein Recht auf Streik als auch den entsprechenden Gewerkschaften ein Recht auf Tarifverhandlung zusteht. Diese Ergänzungen könnten in §§ 52, 53 BeamtStG, in §§ 116, 118 BBG und in §§ 95, 96 ThürBG aufgenommen werden.

Des Weiteren sind die „Bestandsbeamten" aufgrund des Wegfalles des Alimentationsgrundsatzes aus dem Besoldungssystem herauszunehmen Da der Alimentationsgrundsatz nach Art. 33 Abs. 5 GG für die „Bestandsbeamten" als Rechtfertigungsgrund für eine beamtenrechtliche Privilegierung entfällt, sind sie aus Gleichbehandlungsgründen wie die Arbeitnehmer des öffentlichen Dienstes zu behandeln. Demzufolge sind ihre Bezüge nicht mehr einseitig vom Gesetzgeber zu regeln, sondern können tarifvertraglich aufgrund gegenseitiger Aushandlung festgelegt werden. Dementsprechend sind die „Bestandsbeamten" aus dem Anwendungsbereich des Bundesbesoldungsgesetzes durch Ergänzung des § 1 Abs. 1 Nr. 1 BBesG auszunehmen. Der Fortfall des Alimentationsgrundsatzes hat aber nicht nur eine Änderung hinsichtlich der Bezüge zur Folge, sondern steht im direkten Zusammenhang mit der Ruhestandsversorgung der „Bestandsbeamten". Dementsprechend müssen die „Bestandsbeamten", die in das Tarifvertragssystem überführt wurden, auch in das gesetzliche Rentenversicherungssystem eingegliedert[1214] und von §§ 50–59 BBG, § 25 BeamtStG und § 25 ThürBG ausgeschlossen werden. Im Gegensatz dazu können die „Bestandsbeamten" im System der Beihilfe verbleiben, wenn davon auszugehen ist, dass die Fürsorgeverpflichtung des Dienstherrn gegenüber den „Bestandsbeamten" nicht endet, da die Beihilfe nicht auf dem Alimentationsgrundsatz basiert, sondern auf der Fürsorgepflicht des Dienstherrn beruht[1215].

Ferner hat das Zugeständnis eines Streikrechts für „Bestandsbeamte" und das damit verbundene Recht auf Tarifverhandlung nicht ausschließlich zur Folge, dass die Entlohnung der „Bestandsbeamten" in das Tarifvertragssystem überführt wird – schließlich ist das Streikrecht nicht nur auf den Lohn beschränkt, sondern bezieht sich auch auf alle anderen Beschäftigungsbedingungen, sodass auch diese zukünftig für die „Bestandsbeamten" verhandelbar und erstreikbar sind. Entsprechend sind „Bestandsbeamte" ebenfalls von den Normen auszunehmen, die ihre Beschäftigungsbedingungen abschließend regeln. Hierzu zählen beispielsweise die im Bundesbeamtengesetz unter „Abschnitt 6, Rechtliche Stellung im Beamtenverhältnis" geregelten Unterabschnitte und die hierunter gefassten Paragraphen wie „Unterabschnitt 1, Allgemeine Pflichten und Rechte"[1216]: u.a. § 74 Dienstkleidung,

---

1214 So auch *Traulsen*, JZ 2013, 65 (71).

1215 BVerfGE 106, 225 (232).

1216 Der Unterabschnitt 1 „Allgemeine Pflichten und Rechte" des Bundesbeamtengesetzes umfasst die §§ 60–86.

§ 81 Reisekosten, § 82 Umzugskosten, § 84 Jubiläumszuwendung, „Unterabschnitt 2, Arbeitszeit"[1217]: u. a. § 88 Mehrarbeit, § 89 Erholungsurlaub oder „Unterabschnitt 3, Nebentätigkeit"[1218]: u. a. § 98 Nebentätigkeit im öffentlichen Dienst. Ferner gehören hierzu die im Bundesbeamtengesetz unter „Abschnitt 6, Rechtliche Stellung im Beamtenverhältnis"[1219] gefassten Regelungen wie § 37 Verschwiegenheitspflicht, § 40 Nebentätigkeit oder § 44 Erholungsurlaub. Im Thüringer Beamtengesetz würde es darüber hinaus den „Ersten Teil, Vierten Abschnitt, Rechtliche Stellung im Beamtenverhältnis"[1220] betreffen, beispielsweise § 59 Regelmäßige Arbeitszeit, Bereitschaftsdienst, Mehrarbeit, § 66 Erholungsurlaub.

Je nachdem, ob die „Bestandsbeamten" in die Tarifverhandlungen und -verträge des öffentlichen Dienstes (TVöD, TV-L) integriert oder ob für sie eigene Beamtentarifverträge ausgehandelt werden, bedarf es entweder einer Erweiterung des persönlichen Anwendungsbereiches der Tarifverträge des öffentlichen Dienstes bezüglich der „Bestandsbeamten" oder eines eigenständigen Tarifvertrages.

Hinzu kommt, dass einige Verordnungen wie beispielsweise die Arbeitszeitverordnung oder auch die Erholungsurlaubsverordnung für „Bestandsbeamte" nicht mehr zur Anwendung gelangen dürfen, da es sich hierbei um spezielle einseitige und abschließende Regelungen handelt, die nur noch für Beamte im Sinne des Art. 33 Abs. 4 GG n. F. Gültigkeit beanspruchen.

Obwohl diese Aufzählung nicht den Anspruch hat, abschließend den gesamten einfachgesetzlichen Änderungsbedarf bezüglich „Bestandsbeamter" darzustellen, so veranschaulicht sie doch sehr deutlich dessen enormes Ausmaß. Aufgrund dessen kann ebenfalls in Erwägung gezogen werden, nicht jeden einzelnen der betroffenen Paragraphen zu bearbeiten, sondern den Änderungsbedarf einheitlich in einem gesonderten „Bestandsbeamtengesetz" zu regeln.

4. Fazit

Zur Auflösung des Konflikts zwischen dem nationalen statusbezogenen Beamtenstreikverbot und den völkerrechtlichen Vorgaben zum Streikrecht ist die „Reduktions-Lösung" heranzuziehen. Entsprechend sind lediglich diejenigen Beschäftigten des öffentlichen Dienstes zu verbeamten, die im Kern hoheitliche Tätigkeiten ausüben. Dies hat jedoch zwingend eine Änderung des Grundgesetzes in Art. 33 Abs. 4 GG zur Folge. Um der „Reduktions-Lösung" zu entsprechen, muss der Funktionsvorbehalt als Grundsatz ohne Ausnahmemöglichkeit formuliert

---

1217 Der Unterabschnitt 2 „Arbeitszeit" des Bundesbeamtengesetzes umfasst die §§ 87–96.

1218 Der Unterabschnitt 3 „Nebentätigkeit" des Bundesbeamtengesetzes umfasst die §§ 97–105.

1219 Der Abschnitt 6 „Rechtliche Stellung im Beamtenverhältnis" des Beamtenstatusgesetzes umfasst §§ 33–53.

1220 Der vierte Abschnitt des ersten Teils des Thüringer Beamtengesetzes umfasst die §§ 35–87.

werden. Darüber hinaus ist verfassungsrechtlich eindeutig zu regeln, dass Beamte ausschließlich im Kern hoheitliche Tätigkeiten ausüben dürfen. Der in der Verfassung gewährleistete und modifizierte Funktionsvorbehalt ist ferner in das einfachgesetzliche Beamtenrecht umzusetzen und idealerweise zu konkretisieren (u. a. im Bundesbeamtengesetz, Bundesstatusgesetz).

Darüber hinaus muss den so genannten „Bestandsbeamten", die gerade keine genuin hoheitlichen Tätigkeiten ausüben, aber dennoch verbeamtet sind, im Sinne der „Reduktions-Lösung" ein eigenständiges Streikrecht zugestanden werden. Dies wiederum hat zur Folge, dass bestimmte hergebrachte Grundsätze des Berufsbeamtentums mit der Anerkennung eines Streikrechts für diese entfallen (u. a. Beamtenstreikverbot, Alimentationsgrundsatz). Entsprechend bedarf es im Hinblick auf die „Bestandsbeamten" einer Änderung des Art. 33 Abs. 5 GG, wenn nicht schon davon auszugehen ist, dass Art. 33 Abs. 5 GG funktional im Sinne der hier erörterten neuen Fassung des Art. 33 Abs. 4 GG auszulegen ist.

Mit dem Verlust bestimmter hergebrachter Grundsätze und damit gewisser beamtenrechtlicher Besonderheiten sind die Beschäftigungsbedingungen der „Bestandsbeamten" aus Gleichbehandlungsgesichtspunkten an die der Arbeitnehmer im öffentlichen Dienst anzugleichen und die „Bestandsbeamten" in das Tarifvertragssystem einzugliedern. Hiermit sind wiederum Änderungen bzw. Ergänzungen des einfachen Gesetzesrechts verbunden (u. a. im Tarifvertragsgesetz, im Bundesbeamtengesetz, im Beamtenstatusgesetz, in den Landesbeamtengesetzen, in der Arbeitszeitverordnung, in der Erholungsurlaubsverordnung).

Kapitel 4: Das Streikrecht der Arbeitnehmer des öffentlichen Dienstes

Eine Betrachtung des deutschen Beamtenstreikverbotes und dessen Vereinbarkeit mit den internationalen Vorgaben zum Streikrecht, wie sie im zweiten Teil dieser Arbeit durchgeführt wurde, mag isoliert zwar durchaus seine Berechtigung haben, ist aber nach hier vertretener Ansicht allein in praktischer Hinsicht nicht zielführend. Gerade unter der Prämisse der vorgeschlagenen „Reduktions-Lösung" kommt es zu einem erheblichen Änderungsbedarf im Dienstrecht, der den gesamten öffentlichen Dienst betrifft. Der angedachte Weg kann demzufolge auch Auswirkungen auf das Streikrecht der Arbeitnehmer des öffentlichen Dienstes haben und muss daher zwingend in die Erörterung einbezogen werden.

Aufgrund dessen wird im Weiteren einführend ein historischer Überblick hinsichtlich des Streikrechts der Arbeitnehmer des öffentlichen Dienstes gegeben, bevor auf dessen grundsätzliche Zulässigkeit eingegangen werden soll. Darüber hinaus ist die Vereinbarkeit mit den internationalen Vorgaben, insbesondere mit der vorgeschlagenen „Reduktions-Lösung", näher zu beleuchten. Anschließend wird auf die Grenzen des Streikrechts der Arbeitnehmer des öffentlichen Dienstes einzugehen sein, um sodann die Sonderproblematik der „Daseinsvorsorge" näher erörtern zu können.

A. Der Streik der Arbeitnehmer des öffentlichen Dienstes – Eine historische Betrachtung

Die Anfänge der Diskussion um ein Streikrecht der Arbeiter und der Angestellten des öffentlichen Dienstes ist weitaus jünger als die des Streikrechts der Arbeitnehmer per se. Dieser Umstand ist schlichtweg der Tatsache geschuldet, dass eine Tätigkeit im öffentlichen Dienst in der Geschichte Deutschlands lange Zeit zum Großteil nur im Beamtenverhältnis möglich war. Entsprechend ist beispielsweise im Preußischen Allgemeinen Landrecht lediglich von Beamten die Rede[1221]. Erst im Zuge der Industriellen Revolution (ca. 1800–1914) mit der Industrialisierung Deutschlands, der Urbanisierung, der aufkommenden industriellen Massengesellschaft und der damit verbundenen Änderung der Staatsaufgaben wurden im größeren Umfang Arbeiter und Angestellte im öffentlichen Dienst beschäftigt – insbesondere im kommunalen Bereich.[1222] Der enorme Bevölkerungszuwachs führte spiegelbildlich zu einem sprunghaften Bedarf an staatlicher „Daseinsvorsorge".[1223] Soziale Konflikte

1221 Vgl. Zweiter Teil, Zehnter Titel: „Von den Rechten und Pflichten der Diener des Staates".
1222 *Wiese*, Staatsdienst, S. 15.
1223 *Wiese*, Staatsdienst, S. 15.

wurden Teil des politischen Diskurses („Soziale Frage"), was als direkte Reaktion die Schaffung der Sozialpolitik des deutschen Kaiserreiches zur Folge hatte. Damit einhergehend war das exorbitante Wachstum der Hoheits-, aber vor allem auch der Leistungsverwaltung, in welchen vermehrt Arbeitnehmer des öffentlichen Dienstes beschäftigt waren. Der Einsatz von Arbeitnehmern des öffentlichen Dienstes und die Entwicklung des „Sozialstaates" standen historisch daher in einem engen Zusammenhang. Dies hatte gerade in der Zeit der Hochindustrialisierung[1224] zur Folge, dass sich nicht nur vermehrt gewerkschaftliche Zusammenschlüsse der Arbeitnehmer des öffentlichen Dienstes bildeten, sondern dass auch zunehmend Streikmaßnahmen dieser Beschäftigtengruppe zu verzeichnen waren.[1225] So kam es unter anderem 1897 zur Gründung des kleinen „Gemeindebetriebsarbeiter-Verbandes" (später „Verband der Gemeinde- und Staatsarbeiter")[1226] und des „Zentralverbandes der Handels-, Transport- und Verkehrsarbeiter"[1227]. 1904 wurde der „Deutsche Verband für berufliche Kranken- und Wohlfahrtspflege" (ab 1922 weitergeführt als Fachabteilung im Zentralverband der Arbeitnehmer der öffentlichen Betreibe und Verwaltung)[1228] gegründet und 1922 der „Zentralverband der Arbeitnehmer der öffentlichen Betriebe und Verwaltung"[1229], um nur einige gewerkschaftliche Zusammenschlüsse exemplarisch zu nennen. Entsprechend wurden schon von der Gründung an vereinzelt Streikaktionen durchgeführt.[1230] Erwähnenswert ist hierbei etwa der Kieler Streik der Gemeinde- und Staatsarbeiter von 1907, der bis dahin, mit einer Dauer von 10 Wochen, der wohl erbittertste Streik der Arbeiter des öffentlichen Dienstes war.[1231]

Allerdings war das Streikrecht der Arbeitnehmer im öffentlichen Dienst zu dieser Zeit, trotz wiederkehrender Streikaktionen, alles andere als anerkannt.[1232] Zwar war in § 152 Abs. 1 der Gewerbeordnung von 1896[1233] geregelt, dass alle Verbote und Strafbestimmungen gegen Gewerbetreibende, gewerbliche Gehilfen, Gesellen oder Fabrikarbeiter wegen Verabredungen und Vereinigungen zum Zweck der Erlangung günstiger Lohn- und Arbeitsbedingungen, insbesondere mittels Einstellung der Arbeit oder Entlassung der Arbeiter, aufgehoben werden sollten[1234], die Praxis war jedoch eine andere. Zum einen war schon fraglich, ob Arbeitnehmer des öffentlichen Dienstes überhaupt als gewerbliche Arbeitnehmer zu verstehen sind[1235], darüber hinaus wurden

---

1224 Dies umfasst ca. den Zeitraum um 1870 bis 1914.
1225 Ausführlich hierzu: *Furtwängler*, ÖTV, S. 112ff.
1226 *Furtwängler*, ÖTV, S. 112.
1227 *Furtwängler*, ÖTV, S. 152.
1228 *Furtwängler*, ÖTV, S. 303.
1229 *Furtwängler*, ÖTV, S. 304.
1230 Ausführlich hierzu *Furtwängler*, ÖTV, S. 112ff.
1231 *Furtwängler*, ÖTV, S. 200.
1232 *Däubler*, Öffentlicher Dienst, S. 7.
1233 Die Gewerbeordnung für den Norddeutschen Bund von 1896 wurde im Zuge der Reichsgründung 1918 auf die übrigen deutschen Einzelstaaten ausgedehnt.
1234 *Furtwängler*, ÖTV, S. 204f.
1235 *Furtwängler*, ÖTV, S. 196f.

sie bereits wegen der bloßen Zugehörigkeit zu den entsprechenden Organisationen entlassen[1236]. Erst mit dem Untergang der Monarchie im November 1918 kam es zu einem vorübergehenden Wandel. Der Rat der Volksbeauftragten erließ am 12.11.1918 einen Aufruf, der bestimmte, dass das Vereins- und Versammlungsrecht keiner Beschränkung, auch nicht für Beamte und Staatsarbeiter, unterliege[1237]. Dieser Wortlaut wurde später als Koalitionsrecht begriffen, welches schon nach damaligem Verständnis das Streikrecht mit umfasste[1238] und damit zum ersten Mal auch den Arbeitnehmern im öffentlichen Dienst zuerkannt wurde. Diese Entwicklung hielt allerdings nicht lange vor. Aufgrund der zunehmenden Angst, insbesondere vor Beamtenstreiks[1239] und der tiefgreifenden Meinungsverschiedenheiten unter den Parteien, wurde mit Verabschiedung der Weimarer Rechtsverfassung vom 11.08.1919[1240] zwar in Art. 159 die Vereinigungsfreiheit zur Wahrung und Förderung der Arbeits- und Wirtschaftsbedingungen für jedermann und für alle Berufe ausdrücklich aufgenommen und damit auch für die Arbeitnehmer im öffentlichen Dienst. Allerdings wurde bewusst die Formulierung „Vereinigungsfreiheit" und nicht „Koalitionsfreiheit" verwendet, um damit die umstrittene Problematik einer Streikgarantie nicht in die Verfassung aufnehmen zu müssen.[1241] Die gegebene verfassungsrechtliche Situation und die damit verbundene unklare Rechtslage hatten bald zur Konsequenz, dass jegliche kollektive Arbeitsniederlegung als Vertragsbruch angesehen wurde.[1242] Die damalige Rechtslage mündete im Erlass zweier Verordnungen des damaligen Reichspräsidenten Friedrich Ebert. In der ersten Verordnung vom 20.01.1920 wurde den Arbeitern, welche mit den Staatsarbeitern grundsätzlich gleichgestellt waren[1243], *„jede Betätigung durch Wort, Schrift oder andere Maßnahmen, die darauf gerichtet sind, lebenswichtige Betriebe zur Stillegung zu bringen"*[1244] untersagt. Die zweite Verordnung vom 10.11.1920 sah darüber hinaus vor, dass in Betrieben, die die Bevölkerung mit Gas, Wasser und Elektrizität versorgen, ausschließlich unter der Bedingung gestreikt werden darf, dass zuvor der zuständige Schlichtungsausschuss einen Schiedsspruch gefällt hatte und seit dessen Verkündung drei Tage vergangen waren.[1245] Die Verordnungen zielten damit auf die Bediensteten der Betriebe der so genannten „Daseinsvorsorge" ab, bei welchen es sich fast ausschließlich um Arbeitnehmer des öffentlichen Dienstes oder Beamte handelte, da sich diese Betriebe zur damaligen Zeit fast ausschließlich in öffentlicher Hand befanden.

1236 *Furtwängler*, ÖTV, S. 205.
1237 RGBl. I, S. 1303.
1238 *Schwittau*, Formen des wirtschaftlichen Arbeitskampfes, S. 68.
1239 Vgl. hierzu Teil 2, A., 1.
1240 RGBl. I, S. 1383.
1241 *Däubler*, Öffentlicher Dienst, S. 9; *Hoffmann*, AöR 91 (1966), 141 (163); *Rüthers*, Verfassung, S. 21; ausführlich hierzu *Seiter*, Streikrecht, S. 58 ff.
1242 *Däubler*, Öffentlicher Dienst, S. 10.
1243 *Däubler*, Öffentlicher Dienst, S. 10.
1244 RGBl. I, S. 195.
1245 RGBl. I, S. 1865.

In der nachfolgenden Zeit des Nationalsozialismus kam es zur Beseitigung aller Arbeitnehmerkoalitionen und zur Begründung der Deutschen Arbeitsfront als Einheitsorganisation für alle Arbeitnehmer und Arbeitgeber.[1246] Die Arbeitnehmerschaft verlor das Koalitions- und Arbeitskampfrecht, die Privatautonomie des Arbeitsvertrages und die paritätische Gestaltung der Arbeitsbedingungen – es galt ausschließlich das Führerprinzip.[1247] Ein Streik war somit mit einem Angriff auf den Staat gleichgestellt.[1248]

Mit Beendigung der Terrorherrschaft und der Begründung eines demokratischen Staates war auch ein Neuaufbau des Arbeitsrechts verbunden. Diesbezüglich wurde an bekannte Weimarer Traditionen angeknüpft mit der Bestrebung, aus vergangenen Fehlern zu lernen. Dementsprechend enthielten fast alle Länderverfassungen, die zwischen 1945 und 1949 in der westlichen Besatzungszone geschlossen wurden, anders als die Weimarer Reichsverfassung, sowohl ein Koalitions- als auch ein Streikrecht für alle Arbeitnehmer, auch für die des öffentlichen Dienstes.[1249] Damit zeichnete sich in den Länderverfassungen ein einheitliches Bild ab, dass das Streikrecht der Arbeitnehmer des öffentlichen Dienstes von Anfang an nicht in Frage stellte.[1250] Die Väter der heutigen Verfassung waren sich über diese Frage allerdings weniger einig.[1251] Da der umstrittene „Streikartikel" (Art. 9 Abs. 4 GG Entwurf) allerdings nicht in die Verfassung aufgenommen wurde, kam die Diskussion um das Streikrecht zum Ruhen. Im Zusammenhang mit dem Erlass des Personalvertretungsgesetzes, welches in § 55 Abs. 2 S. 3[1252] lediglich Arbeitskämpfe zwischen Personalrat und Dienststelle verbot, wurde aber deutlich, dass grundsätzlich von einem unbeschränkten Streikrecht der Arbeiter und Angestellten des öffentlichen Dienstes ausgegangen wurde.[1253] Auch die Rechtsprechung[1254] und die herrschende Meinung in der Literatur[1255] gingen in den Folgejahren nach der Gründung der Bundesrepublik davon aus, dass ein Streik der Arbeitnehmer des öffentlichen Dienstes grundsätzlich zulässig sei.

Obwohl es schon in den ersten Jahren nach der Gründung der Bundesrepublik Deutschland zu branchenbezogenen Arbeitskämpfen der Arbeitnehmer des öffentlichen Dienstes kam[1256], blieben große Streikmaßnahmen aus. Zu den ersten bundesweiten Streiks der Arbeitnehmer des öffentlichen Dienstes kam es erst im Jahre 1974

1246 Brox/Rüthers/*Rüthers*, Arbeitskampfrecht, S. 4 f.; *Furtwängler*, ÖTV, S. 592.
1247 *Furtwängler*, ÖTV, S. 594.
1248 Brox/Rüthers/*Rüthers*, Arbeitskampfrecht, S. 5.
1249 *Däubler*, Öffentlicher Dienst, S. 13 f.
1250 *Däubler*, Öffentlicher Dienst, S. 17.
1251 Ausführlich hierzu *Däubler*, Öffentlicher Dienst, S. 17 ff.
1252 Entspricht dem heutigen § 66 Abs. 2 S. 3 BPersVG.
1253 *Däubler*, Öffentlicher Dienst, S. 22.
1254 Vgl. LAG Berlin 24.09.1958–1 Sa 29/58 (unveröffentlicht) – Näheres zum Inhalt der Entscheidung: siehe *Menkens*, RdA 1982, 101 (102).
1255 Vgl. *Däubler*, Öffentlicher Dienst, S. 22 ff.
1256 Ausführlich hierzu *Lieb*, Arbeitskampf, S. 280 ff.

und 1992. Am 10. Februar 1974 legten erstmals in der gesamten Bundesrepublik die Arbeitnehmer des öffentlichen Dienstes für drei Tage ihre Arbeit nieder.[1257] In der Zwischenzeit streikten im November 1980 die Beschäftigten der Deutschen Post[1258], die zu diesem Zeitpunkt noch Sondervermögen des Bundes war[1259] und damit ausschließlich Beamte sowie Arbeitnehmer des öffentlichen Dienstes beschäftigte. Im April und Mai 1992 kam es dann zum wohl härtesten Streik der Arbeitnehmer des öffentlichen Dienstes seit Anbeginn der Bundesrepublik.[1260] In einem 12-tägigen Streik legten u. a.Arbeitnehmer des Nahverkehrs, der Müllentsorgung, der Deutschen Post, der Flughäfen und der Autobahnmeistereien ihre Arbeit nieder.[1261] Für die Übernahme des TVöD in den Bundesländern kam es auch 2006 zu größeren Streikmaßnahmen der Arbeitnehmer des öffentlichen Dienstes der Länder und Gemeinden.[1262] Darüber hinaus erregten immer wieder Arbeitskampfmaßnahmen von so genannten Sparten- und Berufsgewerkschaften, die zumindest früher dem öffentlichen Dienst zuzurechnen waren, Aufsehen. Hierzu zählen Arbeitskampfmaßnahmen des Marburger Bundes, der GDL oder der Vereinigung Cockpit. Aber auch in der jüngeren Vergangenheit fanden immer wieder Arbeitskampfmaßnahmen der Arbeitnehmer des öffentlichen Dienstes statt. So kam es aufgrund von Tarifverhandlungen im öffentlichen Dienst von Bund und Kommunen oder der Länder jüngst im März 2014 bzw. im März 2015 immer wieder zu Warn- oder Wellenstreiks, zu denen die Gewerkschaft ver.di, die Lehrergewerkschaft GEW und die Gewerkschaft der Polizei aufgerufen hatten. Ab dem Jahr 1990 stand der Streik im öffentlichen Dienst daher statistisch an zweiter Stelle in Deutschland.[1263]

B. Das Recht auf Streik der Arbeitnehmer des öffentlichen Dienstes

I. Ein generelles Streikverbot?

Die aufgezeigte historische Betrachtung macht deutlich, dass auch das Streikrecht der Arbeitnehmer des öffentlichen Dienstes in der Geschichte Deutschlands einem ständigen Wandel unterworfen war. Aufgrund dessen und der Nähe zum Beamtenrecht erscheint es daher nicht ganz fernliegend, dass gerade in den Anfangsjahren der Bundesrepublik Deutschland unter dem Eindruck einer neuen Verfassung und

---

1257 FAZ vom 6.1.2003, Streiks und Schlichtungen im öffentlichen Dienst, S. 1; ausführlich hierzu *Lieb*, Arbeitskampf, S. 285 ff.

1258 Ausführlich hierzu *Lieb*, Arbeitskampf, S. 291 ff.

1259 Die deutsche Post AG wurde im Zuge der ersten und zweiten Postreform im Jahre 1994 aufgelöst. Aus ihr gingen sowohl die Deutsche Post AG als auch die Deutsche Telekom und die Deutsche Postbank hervor.

1260 FAZ vom 6.1.2003, Streiks und Schlichtungen im öffentlichen Dienst, S. 1.

1261 FAZ vom 6.1.2003, Streiks und Schlichtungen im öffentlichen Dienst, S. 1.

1262 Däubler/*Hensche*, Arbeitskampfrecht, S. 475.

1263 *Dribbusch*, WSI-Tarifhandbuch, S. 64 f.

fehlender Rechtssicherheit Stimmen laut wurden, die im Lichte des Beamtenstreikverbotes ein generelles Streikverbot bezüglich aller Angehörigen des öffentlichen Dienstes vertraten.

Als exemplarischer Vertreter dieser Auffassung ist *Wacke*[1264] zu nennen, der die Arbeitnehmer des öffentlichen Dienstes der gleichen Treue- und Gehorsamspflicht unterwirft, wie sie auch den Beamten zukommt.[1265] Hinzu treten weitere „große Pflichten", aus welchen nicht nur den Beamten, sondern auch den Arbeitnehmern des öffentlichen Dienstes ein Streikverbot erwachse.[1266] Aufgrund der Ausgestaltung des Dienstverhältnisses mit den entsprechenden Verpflichtungen unterfallen die Arbeitnehmer des öffentlichen Dienstes daher ebenfalls dem Dienstrecht im Sinne des Art. 33 Abs. 5 GG[1267], sodass der Streik grundsätzlich kein zulässiges Kampfmittel des öffentlichen Dienstes darstelle und damit generell auch den Arbeitnehmern des öffentlichen Dienstes verwehrt bleibe.[1268]

Dieser Argumentation wurde allerdings schon früh entgegengehalten, dass Art. 33 Abs. 5 GG gerade nicht auf Arbeitnehmer des öffentlichen Dienstes anzuwenden sei, sondern lediglich für Beamte gelte und daher auch kein generelles Streikverbot für Arbeitnehmer des öffentlichen Dienstes rechtfertigen könne.[1269] Zum einen spreche hierfür die Entstehungsgeschichte des Art. 33 Abs. 5 GG. Der Redaktionsausschuss habe bei der Diskussion um Abs. 5 schon damals zwischen den hergebrachten Grundsätzen der Beamten und denen der Arbeitnehmer des öffentlichen Dienstes unterschieden.[1270] Da in Art. 33 Abs. 5 GG aber nur die des Berufsbeamtentums aufgenommen wurden, können diese auch nur für Beamte gelten. Darüber hinaus spreche ebenfalls die systematische Stellung des Art. 33 Abs. 5 GG gegen dessen Anwendbarkeit auf Arbeitnehmer des öffentlichen Dienstes. Denn es würde keinen Sinn ergeben, beispielsweise in Art. 33 Abs. 4 GG zwischen Beamten und Arbeitnehmern des öffentlichen Dienstes zu unterscheiden, wenn sie doch denselben Grundsätzen unterworfen wären.[1271] Würden zudem die Arbeitnehmer des öffentlichen Dienstes den hergebrachten Grundsätzen des Beamtentums unterworfen und dem Arbeitsrecht entzogen werden, so würde ebenfalls das Alimentationsprinzip zur Anwendung gelangen und die bestehenden Tarifverträge wären hinfällig.[1272] Ebenfalls würde die Beschäftigung der Arbeitnehmer des öffentlichen Dienstes aufgrund von privatrechtlichen Verträgen im Widerspruch zu den hergebrachten Grundsätzen stehen. Es sprechen daher gute Gründe gegen

---

1264 Vgl. *Wacke*, Grundlagen, S. 88ff.
1265 *Wacke*, Grundlagen, S. 90f.
1266 *Wacke*, Grundlagen, S. 91.
1267 *Wacke*, Grundlagen, S. 96.
1268 *Wacke*, Grundlagen, S. 96.
1269 U.a. *Däubler*, Öffentlicher Dienst, S. 95ff.; *Berger-Delhey*, ZTR 1993, 3 (5f.).
1270 *Däubler*, Öffentlicher Dienst, S. 95f.
1271 *Däubler*, Öffentlicher Dienst, S. 96.
1272 *Däubler*, Öffentlicher Dienst, S. 96.

die Anwendbarkeit des Art. 33 Abs. 5 GG auf die Arbeitnehmer des öffentlichen Dienstes und ein sich hieraus ergebendes generelles Streikverbot.

Daneben ging beispielsweise auch *Thieme*[1273] von einem generellen Streikverbot für die Arbeitnehmer des öffentlichen Dienstes aus, indem er auf die Gefährdung der Staatsfunktion abstellt. In Anbetracht der wesentlichen Bedeutung der staatlichen Aufgaben für die Gesellschaft habe eine Arbeitsniederlegung der Arbeitnehmer des öffentlichen Dienstes nicht nur negative Auswirkungen auf den Dienstherrn, sondern auch auf den Staat an sich, auf die Gemeinden und auf die gesamte Gesellschaft.[1274] Damit sei ein Streik gegen die öffentliche Hand auch ein Streik gegen die Gemeinschaft.[1275] *Wacke* folgt ebenfalls dieser Auffassung, indem er den Extremfall aufzeigt, in welchem sämtliche Arbeitnehmer des öffentlichen Dienstes die Arbeit niederlegen.[1276] Gegen diese Ansicht wird allerdings zu Recht eingewandt, dass eine solche Darstellung der Rechtslage viel zu generalisiert sei.[1277] Es könne nicht pauschal anhand eines Grenzbeispiels beurteilt werden, ob das Streikrecht der Arbeitnehmer des öffentlichen Dienstes wegen der Gefährdung von Staatsfunktionen generell auszuschließen ist.[1278] Denn bildet man das Gegenbeispiel, in welchem alle Arbeitnehmer der Privatwirtschaft auf einmal streiken würden, könne auch dieses Szenario gleichgelagerte extreme Auswirkungen auf den Staat und die Gesellschaft haben; was nach der dargestellten Auffassung dann aber auch zum Streikverbot in der Privatwirtschaft führen müsste.[1279] Diese Konsequenz wäre offensichtlich absurd. Vielmehr sei auch an dieser Stelle zu differenzieren: Es müsse beachtet werden, welche Art von Streikmaßnahme im Einzelfall durchgeführt wird, welche Auswirkungen der Streik hat oder auch welche konkrete Funktion der streikende Arbeitnehmer innehat.[1280] Da dies alles einzelfallbezogene Faktoren seien, könne nicht von einer pauschalen Gefährdung der Staatsfunktion ausgegangen werden.[1281] Ein generelles Streikverbot komme daher nicht in Betracht.

Entsprechend hat sich im Laufe der Jahrzehnte die Ansicht[1282] bezüglich des Bestehens eines generellen Streikverbots für die Arbeitnehmer des öffentlichen Dienstes, unabhängig von den verschiedenen Argumentationsansätzen, nicht durchsetzen können und wird heute auch nicht mehr ernsthaft vertreten.

1273 *Thieme*, Verfassungsordnung, S. 75.
1274 *Thieme*, Verfassungsordnung, S. 75.
1275 *Thieme*, Verfassungsordnung, S. 75.
1276 *Wacke*, Grundlagen, S. 94.
1277 U.a. *Otto*, Arbeitskampf, S. 174; *Scherer*, Grenzen, S. 79.
1278 U.a. *Scherer*, Grenzen, S. 79.
1279 U.a. *Scherer*, Grenzen, S. 79.
1280 U.a. *Otto*, Arbeitskampf, S. 174.
1281 U.a. *Scherer*, Grenzen, S. 79.
1282 U.a. *Thieme*, Verfassungsordnung, S. 75; *Feindt*, PersV 1982, 481 (486); *Wacke*, Grundlagen, S. 90ff.; *Mayer*, ZBR 1974, 275 (277f.); *Janssen*, Streikrecht, S. 64f.; *Isensee*, ZBR 1988, 141 (146).

II. Die Gewährleistung eines Streikrechts

Abgesehen von den eher historischen Ansätzen eines generellen Streikverbots stellt sich trotz allem die Frage nach der grundsätzlichen Gewährleistung eines Streikrechts für die Arbeitnehmer des öffentlichen Dienstes.

Grundlegend gewährleistet Art. 9 Abs. 3 S. 1 GG die Koalitionsfreiheit und das damit verbundene Streikrecht[1283] seinem eindeutigen Wortlaut nach „für jedermann und alle Berufe". Zweifelsohne spricht diese Formulierung dafür, dass hierunter ebenfalls die Arbeitnehmer des öffentlichen Dienstes zu zählen sind. Dem folgt sowohl die ständige Rechtsprechung[1284] als auch die gefestigte herrschende Meinung in der Literatur[1285].

Diese aus der Verfassung zu folgernde Konsequenz wird darüber hinaus mit der Argumentation untermauert, dass der Staat als Arbeitgeber ebenfalls dem Arbeitsrecht und dessen notwendigen Bestandteil der kollektiven Interessenwahrnehmung unterliege, da er schließlich auch von der Möglichkeit Gebrauch mache, Arbeitnehmer auf der Basis von privatrechtlichen Vertragsverhältnissen zu beschäftigen.[1286] Somit müssen die Arbeitsbedingungen der Arbeitnehmer des öffentlichen Dienstes ebenfalls durch Tarifvertrag bestimmbar sein[1287], da ihnen die besonderen Rechte der Beamten verwehrt blieben und ihre Arbeitsbedingungen gerade nicht durch Gesetz geregelt werden.[1288] Aufgrund ihrer hierbei auftretenden Unterlegenheit gegenüber dem Arbeitgeber seien sie auf das Druckmittel des Arbeitskampfes angewiesen.[1289] Denn die Tarifvertragsparteien benötigen ein Mittel zur Erzwingung einer Einigung, da ein anderer Regelungsmechanismus, wie der der Zwangsschlichtung, fehle.[1290] Wollte man den Arbeitnehmern

---

1283 Das Recht auf Streik ist durch die Koalitionsfreiheit aus Art. 9 Abs. 3 GG zumindest mit gewährleistet. Vgl. Kapitel 2, B., III., 1., a., bb.

1284 BVerfG NJW 1993, 1379 (1380); BVerwG NJW 1984, 2713 (2714); BAG NJW 1984, 210 (212).

1285 U.a. *Däubler*, Öffentlicher Dienst, S. 54 ff.; Brox/Rüthers/*Schlüter*, Arbeitskampfrecht, S. 334; *Otto*, Arbeitskampf, S. 174; *Menkens*, RdA 1982, 101 (102); *Schinkel*, ZBR 1974, 282 (287 f.); *Hanau*, ZRP 1974, 111 (111); *Ramm*, JZ 1977, 737 ff.; *Schneider*, RdA 1982, 104 (106); *Müller*, RdA 1982, 86 (91 f.); *von Münch*, DÖV 1982, 337 (339); *Scherer*, Grenzen, S. 75 ff.; *Lieb*, Arbeitskampf, S. 347; *Wollenschläger*, ZAS 1979, 87 (90 f.) .

1286 BVerfG NJW 1993, 1379 (1380); *Schneider*, RdA 1982, 104 (107).

1287 Dies ergab sich bis 1999 einfachgesetzlich aus § 191 BBG: *„Die Rechtsverhältnisse der im Dienst des Bundes oder einer bundesunmittelbaren Körperschaft, Anstalt oder Stiftung des öffentlichen Rechts stehenden Angestellten und Arbeiter werden durch Tarifvertrag geregelt."*.

1288 BVerfG NJW 1993, 1379 (1380); *Müller/Landshuter*, Arbeitsrecht öffentlicher Dienst, Rn. 190; *Menkens*, RdA 1982, 101 (102).

1289 BVerfG NJW 1993, 1379 (1380).

1290 *Scherer*, Grenzen, S. 79; *Müller/Landshuter*, Arbeitsrecht öffentlicher Dienst, Rn. 190; *Müller*, RdA 1982, 86 (92).

des öffentlichen Dienstes ein Streikrecht versagen, so würde damit das Geflecht zwischen Streikrecht, Konsensualprinzip und Tarifautonomie leer laufen.[1291] Dies sei auch der Grund dafür, dass den Arbeitnehmern des öffentlichen Dienstes das Recht auf Streik nicht lediglich deswegen vorenthalten werden dürfe, weil bei einem Arbeitskampf im öffentlichen Dienst, im Gegensatz zur Privatwirtschaft, das Spannungsverhältnis zwischen Kapital und Arbeit fehle.[1292] Zwar seien die ökonomischen Gesichtspunkte für die Zuerkennung eines Streikrechts durchaus relevant, doch überwiege die Bedeutung der funktionalen Stellung des Streikrechts im System der Tarifautonomie.[1293]

Darüber hinaus bestätige § 66 Abs. 2 S. 3 BPersVG und die entsprechenden Vorschriften in den Landespersonalvertretungsgesetzen[1294] einfachgesetzlich diese Konsequenz.[1295] Nach dessen Satz 2 dürfen weder Dienststellen noch die Personalvertretung Arbeitskampfmaßnahmen durchführen, wobei Satz 3 von diesem Verbot gerade die Arbeitskämpfe tariffähiger Personen ausschließt. Der Gesetzgeber selbst geht daher von rechtmäßigen Arbeitskampfmaßnahmen im öffentlichen Dienst aus – andernfalls wäre diese Vorschrift überflüssig.[1296]

Somit bleibt festzuhalten, dass nach allgemeiner Rechtsüberzeugung Art. 9 Abs. 3 S. 1 GG grundsätzlich allen Arbeitnehmern des öffentlichen Dienstes ein Streikrecht als Annex zur Tarifautonomie gewährleistet. Ob und in welchem Umfang diesem Streikrecht allerdings Schranken gesetzt sind, ist an anderer Stelle dieser Untersuchung zu klären[1297].

III. Die Übertragbarkeit der „Reduktions-Lösung“ auf das Streikrecht der Arbeitnehmer des öffentlichen Dienstes

Wie zuvor festgestellt wurde, steht den Arbeitnehmern des öffentlichen Dienstes nach ständiger Rechtsprechung und gefestigter Ansicht in der wissenschaftlichen Literatur ebenso ein Streikrecht zu wie den Arbeitnehmern der Privatwirtschaft. Für die zugrundeliegende Untersuchung stellt sich allerdings in Anbetracht dessen die Frage, ob die für die Beamten präferierte „Umgestaltung“ des Streikrechts in Form der „Reduktions-Lösung“ auf die Arbeitnehmer des öffentlichen Dienstes übertragen und damit eine Gesamtlösung für den öffentlichen Dienst geschaffen werden kann, der zudem den internationalen Vorgaben entspricht.

1291 *Scherer*, Grenzen, S. 79.

1292 So aber u. a. *Wacke*, Grundlagen, S. 96; *Feindt*, PersV 1982, 481 (486); *Isensee*, ZBR 1988, 141 (146).

1293 *Scherer*, Grenzen, S. 78f.

1294 U.a. § 66 Abs. 2 S. 3 ThürPersVG; Art. 67 Abs. 2 S. 3 BayPVG; § 71 Abs. 2 S. 3 SächsVersVG.

1295 U.a. *Däubler*, Öffentlicher Dienst, S. 54; *Seiter*, Streikrecht, S. 248; *Otto*, Arbeitskampf, S. 174; *Menkens*, RdA 1982, 101 (102) .

1296 *Däubler*, Öffentlicher Dienst, S. 94.

1297 Siehe Kapitel 4, C.

1. *Die Umsetzung der „Reduktions-Lösung" im Arbeitsrecht des öffentlichen Dienstes*

Für die angedachte Analyse der Umsetzung der „Reduktions-Lösung" im Arbeitsrecht des öffentlichen Dienstes ist zunächst die Zielsetzung der favorisierten Lösung auf das Streikrecht der Arbeitnehmer des öffentlichen Dienstes zu übertragen, um den notwendigen Änderungsbedarf und in einem weiteren Schritt die rechtlichen Konsequenzen beleuchten zu können.

a. Der Änderungsbedarf

Die entsprechende Zielvorstellung, die der „Reduktions-Lösung" zugrunde liegt, mündet darin, dass all diejenigen Beschäftigten des öffentlichen Dienstes, die regelmäßig eine originär hoheitliche Tätigkeit wahrnehmen und in Ausübung von Staatsbelangen handeln, auf lange Sicht gesehen zu verbeamten und demzufolge einem Streikverbot zu unterwerfen sind. Hierzu zählen sowohl Angehörige der Polizei, der Streitkräfte als auch der Staatsverwaltung. Wie im ersten Kapitel dieser Arbeit ausführlich dargestellt, gehören der Staatsverwaltung in diesem Sinne diejenigen Angehörigen des öffentlichen Dienstes an, die einer für die öffentliche Verwaltung typischen Tätigkeit nachgehen und daher regelmäßig mit der Wahrnehmung hoheitlicher Befugnisse und der Ausübung allgemeiner Staatsbelange betraut sind,[1298] also diejenigen Beschäftigten, deren Diensterfüllung eine (in)direkte Teilhabe an der Ausübung von Hoheitsbefugnissen darstellt und deren Pflichten dazu dienen, die allgemeinen Interessen des Staates und seiner Körperschaften zu schützen und durchzusetzen.[1299] Alle anderen Angehörigen des öffentlichen Dienstes, die gerade keine derartige Funktion ausüben, sind als Arbeitnehmer des öffentlichen Dienstes aufgrund eines privatrechtlichen Vertragsverhältnisses zu beschäftigen. Dementsprechend steht letztgenannten grundsätzlich ein Streikrecht zu, das den allgemeinen Rechtmäßigkeitsvoraussetzungen unterliegt. Die Abgrenzung zwischen den beiden Beschäftigungsarten des öffentlichen Dienstes und der damit verbundenen Zu- oder Aberkennung eines Streikrechts wird demzufolge funktional vollzogen.

Den Arbeitnehmern des öffentlichen Dienstes werden allerdings in der bundesweiten Praxis, ebenso wie den Beamten, originär hoheitliche Aufgabenbereiche übertragen. Eine Unterscheidung der verschiedenen Klassifizierungen nach funktionalen Gesichtspunkten findet demnach nicht statt. Hiergegen spricht auch nicht die aktuelle Fassung des Funktionsvorbehaltes nach Art. 33 Abs. 4 GG, da es sich hierbei lediglich um eine Regel handelt, von der durchaus Ausnahmen gemacht werden können.[1300] Darüber hinaus wird das Streikrecht nach herrschender Meinung ebenfalls, unabhängig vom individuellen Tätigkeitsbereich oder der jewei-

1298 Ausführlich Kapitel 2, B., III., 2., c., bb., (3), (b).
1299 Vgl. *Widmaier*, ZBR 2002, 244 (247).
1300 Vgl. Kapitel 3, C., II., 1.

ligen Funktion[1301], allen Arbeitnehmern des öffentlichen Dienstes zuerkannt. Diese Situation ist mit der Zielvorstellung der „Reduktions-Lösung“ unvereinbar und daher in Einklang zu bringen.

b. Die Konsequenzen

Damit eine solche funktionale Abgrenzung der Angehörigen des öffentlichen Dienstes und infolgedessen des Streikrechts vollzogen werden kann, bedarf es, nach hier vertretener Auffassung, einer Modifikation des Funktionsvorbehalts nach Art. 33 Abs. 4 GG durch den verfassungsändernden Gesetzgeber[1302].[1303] So wird sichergestellt, dass in Zukunft ausschließlich den Beamten originär hoheitliche Befugnisse zur Wahrnehmung von Staatsbelangen übertragen werden. Dies hat ebenfalls zur Folge, dass all diejenigen Angehörigen des öffentlichen Dienstes, die keine originär hoheitlichen Aufgaben erfüllen, in Zukunft aufgrund eines privatrechtlichen Vertragsverhältnisses als Arbeitnehmer des öffentlichen Dienstes eingestellt und beschäftigt werden müssen, ihnen aber weiterhin ein Streikrecht zusteht.

Für all diejenigen Arbeitnehmer des öffentlichen Dienstes, die derzeit schon aufgrund eines privatrechtlichen Vertragsverhältnisses im öffentlichen Dienst beschäftigt sind, aber (entgegen der „Reduktions-Lösung“) regelmäßig originär hoheitliche Aufgaben wahrnehmen, müsste eine konsequente Umsetzung der „Reduktions-Lösung“ ebenfalls eine Änderung zur Folge haben. Dementsprechend könnte, die Übergangszeit bis zur vollständigen Umsetzung der angestrebten „Reduktions-Lösung“ durch gezielte Maßnahmen des Dienstherrn erheblich verkürzt werden. Hierbei erscheinen mehrere Wege gangbar, um den bestehenden Konflikt aufzulösen. Zum einen könnte den Arbeitnehmern ein anderes Tätigkeitsfeld in ihrem Fachbereich zugewiesen werden, welches gerade keine originär hoheitlichen Aufgaben umfasst – genau wie eine Versetzung innerhalb ihres Qualifikationsrahmens in einen solchen Bereich in Betracht käme. Dies ist natürlich nur insoweit praktikabel, als es die strukturellen und personellen Möglichkeiten zulassen. Sollte der genuin hoheitliche Aufgabenbereich allerdings im Vertrag festgehalten sein, bleiben die Optionen eines Änderungsvertrages oder einer Änderungskündigung. Mit dem Einverständnis des jeweiligen Bediensteten besteht zum anderen die Möglichkeit der Verbeamtung unter der Weiterführung der bisherigen Tätigkeit, wobei die Umsetz-

1301 Vgl. BVerfG NJW 1993, 1379 (1380); *Wollenschläger*, ZAS 1979, 87 (91); a.A. bezüglich Angestellter im öffentlichen Dienst, die hoheitliche Aufgaben wahrnehmen: *Berger-Delhey*, ZTR 1993, 3 (5 f.); *von Münch*, DÖV 1982, 337 (339) .

1302 Vgl. Kapitel 3, C., II., 1.

1303 Formulierungsvorschlag: Art. 33 [Staatsbürgerliche Recht und Pflichten, Beamte] [...]
(4) Den Angehörigen des öffentlichen Dienstes, die in einem öffentlich-rechtlichen Dienst- und Treueverhältnis stehen, ist ausschließlich die Ausübung originär hoheitlicher Befugnisse zur Wahrnehmung von Staatsbelangen als ständige Aufgabe zu übertragen.

barkeit dieser Lösungsvariante stark von der Möglichkeit der Schaffung einer Planstelle im jeweiligen Haushaltsplan abhängt.

c. *Die Problematik der „Bestandsarbeitnehmer"*

Sollte keine dieser vorgeschlagenen Varianten realisierbar sein, so ist zu überlegen, den Arbeitnehmern des öffentlichen Dienstes, welche regelmäßig genuin hoheitliche Tätigkeiten ausüben („Bestandsarbeitnehmer"), das Streikrecht zu entziehen. Dieser Ansatz ist allerdings nicht zwingend, sondern lediglich einer konsequenten Umsetzung der „Reduktions-Lösung" geschuldet. Weder die verfassungsrechtlichen Vorgaben[1304] noch das internationale Recht beinhalten ein generelles Streikverbot für Arbeitnehmer des öffentlichen Dienstes mit einem genuin hoheitlichen Tätigkeitsbereich. Dementsprechend würde beispielsweise eine einfachgesetzliche Regelung, die den „Bestandsarbeitnehmern" ein Streikrecht versagt, gegen Art. 9 Abs. 3 S. 1 GG verstoßen, da ihnen, wie aufgezeigt, nicht die verfassungsimmanente Schranke des Art. 33 Abs. 5 GG zukommt. Folglich würde es einer Ergänzung des Grundgesetzes durch den verfassungsändernden Gesetzgeber bedürfen.

Weitaus problematischer gestaltet sich in diesem Zusammenhang allerdings die Frage nach der Konsequenz der Aberkennung des Streikrechts. Denn grundsätzlich steht den „Bestandsarbeitnehmern" nach deutschem Recht das Streikrecht als Annex zur Tarifautonomie zu. Wenn ihnen allerdings das Arbeitskampfmittel des Streiks entzogen wird, so verkommt das Recht auf Tarifautonomie zu einem stumpfen Schwert. Es gäbe für die „Bestandsarbeitnehmer" nur noch sehr eingeschränkte Möglichkeiten, mit Nachdruck auf die Tarifverhandlungen Einfluss zu nehmen, sodass die Kampfparität nicht mehr gewährleistet wäre. Folglich liefe die Tarifautonomie leer und wäre ihrer Funktionsfähigkeit fast vollständig beraubt. Die Aberkennung des Streikrechts führt daher zur Makulatur der Teilnahme der „Bestandsarbeitnehmer" am Tarifvertragssystem.

Wie aber sonst könnten die Arbeitsbedingungen der „Bestandsarbeitnehmer" geregelt werden, wenn das Tarifvertragssystem kein adäquates Mittel mehr darstellt? Sicherlich gäbe es die Möglichkeit, die „Bestandsarbeitnehmer" an den Tarifverhandlungen der übrigen Arbeitnehmer des öffentlichen Dienstes partizipieren zu lassen und weiterhin auch die Tarifverträge des öffentlichen Dienstes (TVöD, TV-L) auf diese anzuwenden. Allerdings könnte sich zur Regelung der Arbeitsbedingungen der „Bestandsarbeitnehmer" auch am Konzept der Dienstordnungsangestellten orientiert werden. Dementsprechend würde das Rechtsverhältnis der „Bestandsarbeitnehmer" durch eine Dienstordnung geregelt werden. Hierbei handelt es sich um sonstiges autonomes Recht, das dem öffentlich-rechtlichen Satzungsrecht gleichsteht[1305] und kraft seiner Normenwirkung zwingend die Arbeitsverhältnisse der ihm unterworfenen Arbeitnehmer gestaltet, indem unter anderem auf das jeweilige Beamtenrecht verwiesen wird. Die Übertragung des „Dienstord-

1304 Vgl. Kapitel 3, B., I. und II.
1305 *Peters*, Kasseler Kom., § 351 RVO, Rn. 6.

nungsrechts“ auf die „Bestandsarbeitnehmer“ ist aus historischem Blickwinkel gesehen auch naheliegend, da die Schaffung des Dienstordnungsangestelltenverhältnisses dem Zweck geschuldet war, die Arbeitsbedingungen der Angestellten der Sozialversicherungsträger, aufgrund von Gleichbehandlungsgründen, denen der Beamten anzugleichen, da diese zum Teil ebenfalls Hoheitsaufgaben wahrnehmen, aber in einem privatrechtlichen Vertragsverhältnis beschäftigt sind – gerade wie die „Bestandsarbeitnehmer“.[1306] Hierbei stellt sich allerdings das Problem, dass die „Bestandsarbeitnehmer“ aufgrund ihres Arbeitsvertrages der Dienstordnung unterstellt sein müssten. Dafür bedürfte es wiederum eines Änderungsvertrages oder einer Änderungskündigung. Beide Alternativen sind jedoch nicht in jedem Fall zu bewerkstelligen. Eine weitere Option könnte ferner die Schaffung einer einfachgesetzlichen Regelung u. a. im Beamtenstatusgesetz, im Bundesbeamtengesetz, in den Landesbeamtengesetzen oder im Bundesbesoldungsgesetz sein, welche die Anwendung des Beamtenrechts auf „Bestandsarbeitnehmer“ vorsieht, ähnlich der Dienstordnung. In diesem Sinne könnte entweder eine Regelung im Geltungsbereich hinzugefügt werden oder auch im Abschnitt der Übergangs- und Schlussvorschriften. Der Vorteil an dieser Lösung wäre zumindest, dass es keiner Änderung der Arbeitsverträge bedarf. Da es sich hierbei um Gesetzesrecht handelt, geht dieses grundsätzlich auch den Tarifverträgen (TVöD, TV-L) vor, welchen die „Bestandsarbeitnehmer“ bisher unterworfen waren.

Um die angedachte „Reduktions-Lösung“ allerdings konsequent umzusetzen, könnte ferner daran gedacht werden, den „Bestandsarbeitnehmern“ nicht nur das Streikrecht verfassungsrechtlich zu entziehen, sondern von vornherein die hergebrachten Grundsätze des Art. 33 Abs. 5 GG auf die „Bestandsarbeitnehmer“ anzuwenden. Hierfür bedarf es aber wiederum einer Änderung des Grundgesetzes, vorzugsweise in den Übergangs- und Schlussbestimmungen. Hiermit wäre die Koalitionsfreiheit der „Bestandsarbeitnehmer“ von vornherein, aufgrund der Herstellung praktischer Konkordanz zwischen Art. 9 Abs. 3 S. 1 GG und Art. 33 Abs. 5 GG, begrenzt. Die hergebrachten Grundsätze würden das Koalitionsrecht sogar derart einschränken, dass die „Bestandsarbeitnehmer“ von der Tarifautonomie ausgeschlossen und ihnen daher auch kein Streikrecht zuzuerkennen wäre. Damit wäre die Ausgestaltung der Arbeitsbedingungen, insbesondere der Besoldung, dem Gesetzgeber überlassen.

Der Aberkennung des Streikrechts sowie der Teilnahme der „Bestandsarbeitnehmer“ am Tarifvertragssystem steht auch nicht der Gedanke des Vertrauensschutzes entgegen, da es sich hierbei lediglich um eine unechte Rückwirkung[1307] handelt, bei der die geänderte Rechtslage auf in der Vergangenheit begründete, noch nicht abgeschlossene Sachverhalte oder Rechtsbeziehungen für die Zukunft einwirkt[1308].

1306 *Herrmann/Buchheim*, LKV 2014, 49 (50).
1307 Ähnlich MünchArbR/*Löwisch/Rieble*, § 155 Rn. 92.
1308 BVerfG NJW 1986, 2561 (2563); BVerfG NJW 1992, 1307 (1309).

Darüber hinaus würde aufgrund der Umsetzung der „Reduktions-Lösung" in Art. 33 Abs. 4 GG n. F. zumindest indirekt festgelegt werden, dass die Arbeitnehmer des öffentlichen Dienstes keine originär hoheitlichen Aufgaben ausüben dürfen, da dies ausschließlich Beamten vorbehalten ist. Aufgrund dessen könnte es einer Ergänzung des Art. 33 Abs. 4 GG n.F. erfordern, in der klargestellt wird, dass Abs. 4 nicht für „Bestandsarbeitnehmer" gilt. Aber auch diesem Zusatz innerhalb des Art. 33 Abs. 4 GG ist eine entsprechende Ergänzung im Abschnitt der Übergangs- und Schlussbestimmungen des Grundgesetzes vorzuziehen.

d. Die Dienstordnungsangestellten

Innerhalb der Gruppe der Arbeitnehmer des öffentlichen Dienstes existiert eine besondere Form der Beschäftigten, die bei den Trägern der gesetzlichen Kranken- und Unfallversicherung tätig sind. Hierbei handelt es sich um die so genannten Dienstordnungsangestellten, welche eine Art „Zwitterstellung" im Recht des öffentlichen Dienstes einnehmen. So sind sie zwar aufgrund eines privatrechtlichen Vertrages beschäftigt, ihr Arbeitsverhältnis wird allerdings durch eine Dienstordnung geprägt, welche im großen Umfang die Anwendung des Beamtenrechts vorsieht. Demnach gelten nicht nur die jeweiligen Beamtengesetze wie auch die Besoldungs- und Versorgunggesetze für die Dienstordnungsangestellten, sondern auch Art. 33 Abs. 5 GG sowie die hergebrachten Grundsätze des Berufsbeamtentums.[1309] Der Grund hierfür besteht darin, dass die Sozialversicherungsträger in ihrer Position als mittelbare Staatsverwaltung ihren Beschäftigten zum Teil Aufgaben der unmittelbaren Staatsverwaltung übertragen haben, die sonst nur von Beamten wahrgenommen werden.[1310] Demnach sollten denjenigen Beschäftigten der Sozialversicherungsträger, die hoheitliche Funktionen wahrnehmen, auch den Beamten gleichwertige Arbeitsbedingungen zukommen. Die Übertragung der angedachten „Reduktions-Lösung" bringt daher für die Dienstordnungsangestellten keine Änderung mit sich. Es handelt sich um Arbeitnehmer des öffentlichen Dienstes, die hoheitliche Aufgaben erfüllen, sodass ihnen aus diesem Grund kein Streikrecht zusteht[1311] und ihr Arbeitsverhältnis entsprechend des Beamtenrechts ausgestaltet ist.

2. Die Vereinbarkeit mit dem internationalen Recht

Wie im ersten Teil dieser Untersuchung herausgestellt wurde, gewährleisten grundsätzlich sowohl das IAO-Übereinkommen Nr. 87 in Art. 3 mit Blick auf Art. 8 und Art. 10[1312], der UN-Zivilpakt in Art. 22 Abs. 1[1313], die Europäische

1309 *Herrmann/Buchheim*, LKV 2014, 49 (50).
1310 *Herrmann/Buchheim*, LKV 2014, 49 (50).
1311 *Ricke*, Kasseler Kom., § 144 SGB VII, Rn. 11; a.A. *Otto*, Arbeitskampf, S. 175.
1312 Vgl. Kapitel 2, B., III., 2., b., aa., (2), (a).
1313 Vgl. Kapitel 2, B., III., 2., b., bb., (2), (a).

Sozialcharta in Art. 6 Abs. 4[1314] als auch insbesondere die Europäische Menschenrechtskonvention in Art. 11 Abs. 1[1315] ein Streikrecht. Allen diesen Regelungen ist dabei gemein, dass das Streikrecht für den gesamten öffentlichen Dienst und damit auch für die Arbeitnehmer des öffentlichen Dienstes gewährleistet ist. Im Folgenden stellt sich daher die Frage, ob der aufgezeigte Änderungsbedarf infolge der Umsetzung der „Reduktions-Lösung" mit dem internationalen Recht im Einklang steht. Insbesondere ist hierbei fraglich, ob den „Bestandsarbeitnehmern" ein Streikrecht gänzlich entzogen werden kann. Für diesen Eingriff in das Streikrecht der „Bestandsarbeitnehmer" bedarf es daher einer entsprechenden Rechtfertigung. Eine solche könnte sich aus den Schranken des „internationalen Streikrechts" ergeben, da dieses nicht grenzenlos gewährleistet ist und damit unter bestimmten Voraussetzungen begrenzt oder sogar gänzlich verboten werden kann. Folglich können (variierend nach dem jeweiligen völkerrechtlichen Vertrag) Eingriffe in das Streikrecht der Arbeitnehmer des öffentlichen Dienstes gerechtfertigt sein, wenn innerstaatliche Regelungen ein Streikverbot für diejenigen Angehörigen des öffentlichen Dienstes vorsehen, die der Polizei, den Streitkräften (bzw. dem Heer) oder auch der Staatsverwaltung angehören (u. a. Art. 11 Abs. 2 S. 2 EMRK).[1316] Demnach für diejenigen Personen, die typischerweise einer Tätigkeit nachgehen, die regelmäßig mit der Wahrnehmung hoheitlicher Befugnisse und der Ausübung allgemeiner Staatsbelange verbunden sind. Die nationale Rechtsordnung kann somit das „internationale Streikrecht" zulässigerweise für diejenigen Angehörigen des öffentlichen Dienstes beschränken, die eine solche Funktion innehaben. Dies trifft gerade für die „Bestandsarbeitnehmer" zu, welche regelmäßig originär hoheitliche Tätigkeiten wahrnehmen und in Ausübung von Staatsbelangen handeln. Demnach entspricht auch die Umsetzung der „Reduktions-Lösung" im Bereich der Arbeitnehmer des öffentlichen Dienstes dem internationalen Recht.

IV. Fazit

Die für Beamte präferierte „Umgestaltung" des Streikrechts in Form der „Reduktions-Lösung" kann somit auf die Arbeitnehmer des öffentlichen Dienstes übertragen werden, wodurch eine Gesamtlösung für den öffentlichen Dienst geschaffen wird, die zudem den internationalen Vorgaben entspricht.

1314 Vgl. Kapitel 2, B., III., 2., c., aa., (3).
1315 Vgl. Kapitel 2, B., III., 2., c., bb., (2).
1316 Vgl. Kapitel 2, B., III., 2., c., bb., (3), (b).

C. Die Grenzen des Streikrechts der Arbeitnehmer des öffentlichen Dienstes

Nachdem festgestellt wurde, dass auch den Arbeitnehmern des öffentlichen Dienstes in Umsetzung der „Reduktions-Lösung" und im Rahmen ihrer nicht genuin hoheitlichen Tätigkeit ein Streikrecht zusteht, stellt sich im Folgenden die Frage, nach den weiteren Grenzen dieses Rechts, wobei insbesondere diejenigen Schranken fokussiert werden sollen, die für den öffentlichen Dienst von besonderer Bedeutung sind.

I. Die Ausgestaltung und die Beschränkung der Koalitionsfreiheit im Sinne der Rechtsprechung des Bundesverfassungsgerichts

Obwohl die Koalitionsfreiheit und damit auch das Streikrecht als Teil der Koalitionsfreiheit vorbehaltslos gewährleistet sind, hat dies nicht zur Folge, dass jede Regelung im Schutzbereich des Art. 9 Abs. 3 S. 1 GG verwehrt wäre.[1317] Vielmehr bedarf die Koalitionsfreiheit als normgeprägtes Grundrecht der Ausgestaltung durch die Rechtsordnung[1318], da beide Tarifvertragsparteien gleichermaßen den Schutz von Art. 9 Abs. 3 S. 1 GG genießen und diese Rechte bei ihrer Ausübung im enormen Gegensatz stehen[1319]. Um diese widerstreitenden Interessen koordinieren zu können, erfordert es einer gesetzlichen Regelung, die gewährleistet, dass die aufeinander bezogenen Grundrechtspositionen nebeneinander bestehen können.[1320] Darüber hinaus macht es der durch Art. 9 Abs. 3 S. 1 GG gewährleistete Einsatz von Arbeitskampfmitteln unerlässlich, gewisse Rahmenbedingungen zu schaffen, um damit den Sinn und Zweck der Arbeitskampffreiheit und deren Einbettung in die Verfassungsrechtsordnung zu sichern.[1321] Entsprechend verlangt gerade die Erzwingung der tarifvertraglichen Arbeitsbedingungen durch Arbeitskampf nach einer Ausgestaltung durch den Gesetzgeber. Da das Arbeitskampfrecht allerdings weitestgehend einfachgesetzlich ungeregelt blieb, standen die Gerichte in der Pflicht, eine „gesetzesvertretende" Konkretisierung[1322] vorzunehmen.[1323] Daraus erwuchs im Laufe der Jahre eine umfangreiche Rechtsprechung sowohl des Bundesarbeitsgerichts als auch des Bundesverfassungsgerichts bezüglich der Ausgestaltung des Arbeits-

1317 U.a. BVerfG NZA 1996, 1157 (1158); BVerfG NZA 2004, 1338 (1339).
1318 U.a. BVerfG NZA 1996, 1157 (1158); BVerfG NZA 2004, 1338 (1339); Moll, HB Arbeitsrecht, *Hamacher,* § 71, Rn. 30.
1319 U.a. BVerfG NJW 1991, 2549 (2550); BVerfG NJW 1993, 1379 (1380); BVerfG NZA 2004, 1338 (1339).
1320 U.a. BVerfG NJW 1993, 1379 (1380); BVerfG NZA 1996, 1157 (1158).
1321 U.a. BVerfG NJW 1993, 1379 (1380).
1322 U.a. BVerfG NJW 1993, 1379 (1380); BVerfG NZA 2004, 1338 (1339).
1323 Vertiefend hierzu *Lerche,* NJW 1987, 2465 ff.

kampf- bzw. Streikrechts, aus der sich eine Vielzahl von Rechtmäßigkeitsvoraussetzungen ableiten lässt.[1324]

Von der Ausgestaltung der Koalitionsfreiheit werden ferner die Eingriffe in den Schutzbereich der Koalitionsfreiheit unterschieden, welche durch Grundrechtsschranken legitimiert sein müssen[1325]. Da auch die Koalitionsfreiheit nicht grenzenlos gewährleistet ist[1326], setzen die Schranken der Koalitionsfreiheit daher weitere Grenzen. Die Ausgestaltung unterscheidet sich von den rechtfertigungsbedürftigen Eingriffen grundsätzlich dadurch, dass sie sich durch das Regelungsziel auszeichnet, die Koalitionsfreiheit zu sichern und die rechtlichen Voraussetzungen für ein praxistaugliches Tarifvertragssystem oder Arbeitskampfrecht zu schaffen[1327]. Wobei die Abgrenzung nicht immer ganz klar und vor allem definitionsabhängig ist.[1328]

Die soeben dargestellten rechtlichen Grenzen, die der Koalitionsfreiheit, der Arbeitskampffreiheit und damit dem Streikrecht im Allgemeinen gezogen sind, gelten grundsätzlich auch für das Streikrecht der Arbeitnehmer des öffentlichen Dienstes[1329], sodass auf diese im Weiteren einzugehen ist.

II. Die Schranken des Streikrechts als Teil der Koalitionsfreiheit

Wie zuvor angerissen wurde, gibt es zahlreiche Grenzen, die nicht nur typischerweise streikbezogen sind, sondern ebenfalls die Koalitions- bzw. Arbeitskampffreiheit betreffen. Entsprechend wird beispielsweise diskutiert, ob der Verbotsvorbehalt nach Art. 9 Abs. 2 GG aufgrund seiner systematischen Stellung vor Art. 9 Abs. 3 GG überhaupt auf diesen Anwendung findet.[1330] Allerdings ist die Frage, ob eine Koalition einem Zweck oder einer Tätigkeit nachgeht, die dem Strafgesetzbuch zuwiderläuft oder gegen die verfassungsmäßige Ordnung bzw. gegen den Gedanken der Völkerverständigung verstößt, im Hinblick auf die Grenzen des Streikrechts in der Regel nicht relevant. Darüber hinaus sind auch die tarifrechtlichen Voraussetzungen, welche für einen rechtmäßigen Streik gegeben sein müssen, gerade hinsichtlich des öffentlichen Dienstes eher unproblematisch. Die Tarifbezogenheit eines Streiks, insbesondere die Führung des Streiks durch tariffähige Parteien und aufgrund eines tariflich regelbaren Ziels, sowie die Einhaltung der Friedenspflicht setzen zwar auch dem Streikrecht der Arbeitnehmer des öffentlichen Dienstes Grenzen, sind aber üblicherweise gegeben.

1324 Vgl. u. a. MünchArbR/*Ricken*, § 200, Rn. 27 ff.; ErfKomm/GG/*Linsenmaier*, Art. 9, Rn. 112 ff.; BeckOK ArbR/*Waas*, Art. 9 GG, Rn. 29 ff.

1325 *Hufen*, NZA 2014, 1237 (1238); *Löwisch/Rieble*, § 155 Rn. 75.

1326 *Moll*, HB Arbeitsrecht, *Hamacher*, § 71, Rn. 30.

1327 ErfKomm/GG/*Linsenmeier*, Art. 9, Rn. 83.

1328 *Gamillscheg*, KollArbR I, S. 230.

1329 Brox/Rüthers/*Schlüter*, Arbeitskampfrecht, S. 335; *Otto*, Arbeitskampfrecht, S. 175.

1330 Zum Streikstand siehe Maunz/Dürig/*Scholz*, Art. 9, Rn. 335, 343 ff.; *Scholz*, Koalitionsfreiheit, S. 328 f.; *Pieroth/Schlink*, Staatsrecht II, S. 210.

Aufgrund dessen sollen im Weiteren nur diejenigen Schranken näher beleuchtet werden, die gerade für das Streikrecht der Arbeitnehmer des öffentlichen Dienstes von besonderer Bedeutung sind. Hierzu zählen im Speziellen diejenigen Schranken, die auf Drittbetroffenheit und auf Belange der Bürger und Bürgerinnen basieren. Dieser Umstand beruht auf der Tatsache, dass Arbeitnehmer des öffentlichen Dienstes historisch bedingt häufig Aufgaben erfüllen, die für die Bevölkerung von lebenswichtiger Bedeutung sind.[1331] Denn der Einsatz von Arbeitnehmern des öffentlichen Dienstes und die Entwicklung des „Sozialstaates“ standen, geschichtlich gesehen, in einem sehr engen Zusammenhang.[1332] Aufgrund dessen ist heute noch ein Großteil der Arbeitnehmer des öffentlichen Dienstes in Bereichen tätig, die sich mit der Existenzsicherung der Bevölkerung befassen. Bei einem Streik der Arbeitnehmer des öffentlichen Dienstes kollidieren daher oftmals Grundrechte Dritter und öffentliche Interessen mit dem Streikrecht der Arbeitnehmer.

Darüber hinaus ist in diesem Zusammenhang ebenfalls ein Blick auf die arbeitsvölkerrechtlichen Schranken der verschiedenen Streikrechtsgarantien zu werfen, die für die gegebene Problematik von besonderer Bedeutung sind.

1. *Die verfassungsimmanenten Schranken – insbesondere die Grundrechte Dritter*

Im Folgenden stellt sich daher die Frage, inwieweit Grundrechte Dritter oder Gemeinwohlbelange dem Streikrecht der Arbeitnehmer des öffentlichen Dienstes Schranken setzen können. Obwohl der Wortlaut des Art. 9 Abs. 3 GG explizit keine Schranken vorsieht, können sich solche aus der Verfassung selbst ergeben.[1333] Dementsprechend ist das Streikrecht zum Schutz von Rechten und Rechtsgütern, die mit Verfassungsrang ausgestattet sind und zum Schutz von Grundrechten Dritter, grundsätzlich einschränkbar.[1334] Hierbei handelt es sich um die so genannten verfassungsimmanenten Schranken, die einen Eingriff in den Schutzbereich der Koalitionsfreiheit und dem Streikrecht als Teil der Koalitionsfreiheit rechtfertigen können.

Im Kollisionsfall sind die durch die Koalitionsfreiheit geschützten Rechte und die kollidierenden Verfassungsrechte entsprechend in ihrer Wechselwirkung zu erfassen und nach dem Prinzip der praktischen Konkordanz zu begrenzen, sodass sie für die Beteiligten weitestgehend wirksam werden und einen tunlichst schonenden Ausgleich erfahren.[1335] Um eine solche Abwägung zwischen der Betätigungsfreiheit nach Art. 9 Abs. 3 S. 1 GG und den kollidierenden Grundrechten Dritter zu ermöglichen, wird in ständiger Rechtsprechung des BAG zudem der

1331 Vgl. Kapitel 3, A.
1332 Vgl. Kapitel 3, A.
1333 *Scholz*, Koalitionsfreiheit, S. 326.
1334 U.a. BVerfG NJW 1991, 2549 (2550); BVerfG NZA 2007, 394 (395); BAG NZA 2007, 1055 (1059).
1335 U.a. BVerfG NJW 1991, 2549 (2550); BVerfG NZA 2007, 394 (395).

Grundsatz der Verhältnismäßigkeit herangezogen.[1336] Eine mögliche Beschränkung des Streikrechts durch verfassungsimmanente Schranken, wie die Rechte Dritter, ist daher im Rahmen der Verhältnismäßigkeit im engeren Sinne (Proportionalität) zu prüfen.[1337]

2. *Der Grundsatz der Verhältnismäßigkeit*[1338]

„Arbeitskampfmaßnahmen stehen unter dem Gebot der Verhältnismäßigkeit“[1339] – diese Prämisse hat das BAG erstmals in seiner Grundsatzentscheidung aus dem Jahre 1971[1340] herausgestellt und in ständiger Rechtsprechung weitergeführt. Der Grund hierfür liege darin, dass Arbeitskampfmaßnahmen *„nicht nur die am Arbeitskampf unmittelbar Beteiligten“* betreffen, *„sondern auch Nichtstreikende und sonstige Dritte sowie die Allgemeinheit“*.[1341] Hinsichtlich der aufgrund von Arbeitskampfmaßnahmen kollidierenden Grundrechte bedarf es daher einer Abwägung, die unter der Heranziehung des Verhältnismäßigkeitsgrundsatzes stattfindet und in der gewürdigt wird,

> *„ob ein Kampfmittel zur Erreichung eines rechtmäßigen Kampfziels geeignet und erforderlich und bezogen auf das Kampfziel angemessen (proportional bzw. verhältnismäßig im engeren Sinne) eingesetzt worden ist“*.[1342]

Hierbei darf allerdings, abgesehen von Extremfällen, keine Kontrolle des Tarifziels durch die Gerichte stattfinden, da dies eine Art Tarifzensur darstellen würde.[1343] In ständiger Rechtsprechung hat das BAG dieses eher allgemein gehaltene Abwägungspostulat anhand einzelner Kampfmaßnamen konkretisiert und ausdifferenziert.

Entsprechend gilt ein Kampfmittel als geeignet im Sinne des Verhältnismäßigkeitsgebots, *„wenn durch seinen Einsatz die Durchsetzung des Kampfziels gefördert werden kann“*.[1344] Ob es sich hierbei allerdings um ein solches taugliches Arbeitskampfmittel handelt, liegt in der Entscheidungsprärogative der kampfführenden Koalition als Teil deren Kampfmittelfreiheit.[1345] Lediglich wenn sich das Arbeits-

---

1336 BAG NJW 1971, 1668 (1669); BAG NJW 1980, 1642 (1650); BAG NJW 1985, 2548 (2549); BAG NJW 1993, 2829 (2830), BAG NZA 2007, 1055 (1058); BAG NZA 2009. 1347 (1352); Däubler/*Däubler*, Arbeitskampfrecht, S. 266.

1337 *Müller/Landshuter*, Arbeitsrecht öffentlicher Dienst, Rn. 192.

1338 Der Verhältnismäßigkeitsgrundsatz wird vom BAG auch synonym als Übermaßverbot bezeichnet. Vgl. BAG NJW 1980, 1642 (1650).

1339 BAG NJW 1971, 1668 (1669).

1340 BAGE 23, 292 ff. = BAG NJW 1971, 1668 ff.

1341 BAG NJW 1971, 1668 (1669); BAG NJW 1980, 1642 (1650); BAG NJW 1985, 2548 (2549); BAG NZA 2007, 1055 (1058).

1342 BAG NJW 1993, 2829 (2830); BAG NZA 2007, 1055 (1058); BAG NZA 2009, 1347 (1352).

1343 BAG NJW 1980, 1642 (1650).

1344 BAG NZA 2007, 1055 (1058); BAG NZA 2009, 1347 (1352).

1345 BAG NZA 2007, 1055 (1058); BAG NZA 2009, 1347 (1352).

kampfmittel zur Verwirklichung des Kampfziels als *„offensichtlich ungeeignet“* erweist, kann eine Kampfmaßnahme als rechtswidrig eingestuft werden.[1346]

Darüber hinaus ist das Kampfmittel erforderlich, wenn kein milderes, gleichgeeignetes Mittel zur Verfügung steht, um das entsprechende Kampfziel zu erreichen.[1347] Damit muss das im Arbeitskampf eingesetzte Mittel nach Ausschöpfung aller anderer Verständigungsmöglichkeiten „ultima ratio“ sein,[1348] wobei das Scheitern der Verhandlungen hierbei keiner förmlichen Erklärung bedarf[1349]. Auch in diesem Zusammenhang steht der kampfführenden Koalition die eigenständige Einschätzung zu, ob das gewählte Arbeitskampfmittel die Voraussetzungen der Erforderlichkeit erfüllt.[1350] Die Grenzen liegen daher ebenfalls im Rechtsmissbrauch, wenn es demnach offensichtlich ist, dass es des Kampfmittels nicht bedarf[1351], weil beispielsweise der Kampfgegner die Forderung ohne Gegenwehr mitträgt.

Letztlich muss ein Arbeitskampfmittel proportional, also verhältnismäßig im engeren Sinne sein. Dies ist der Fall, wenn unter gebührender Würdigung der Betätigungsfreiheit zur Umsetzung des angedachten Kampfziels und unter Berücksichtigung der kollidierenden, verfassungsrechtlich geschützter Rechtsgüter des von der Kampfmaßnahme Betroffenen, das Kampfmittel als angemessen zu bewerten ist.[1352] Hierbei ist allerdings zu beachten, dass es dem Wesen einer Arbeitskampfmaßnahme entspricht, den Gegner wirtschaftlich zu schädigen[1353], sodass der Umfang des wirtschaftlichen Nachteils des Tarifgegners nur bedingt in die Abwägung einzubeziehen ist. Dies verhält sich allerdings dann anders, wenn die wirtschaftliche Existenz des Arbeitskampfgegners droht, vernichtet zu werden.[1354] Da es sich hierbei aber nicht um eine tatsächliche Einschätzung, sondern um eine rechtliche Wertungsfrage handelt, steht der kampfführenden Koalition an dieser Stelle keine Entscheidungsprärogative zu.[1355] Umso dringlicher ist die Frage zu klären, was genau unter Angemessenheit zu verstehen ist. Für die Beurteilung der Angemessenheit eines Arbeitskampfmittels sind viele verschiedene Umstände zu berücksichtigen, die jedoch nicht abschließend in ihrer Bedeutung und Gewichtung bestimmt werden können, da sie je nach Kampfmittel einen anderen Stellenwert einnehmen.[1356] Eine zu verallgemeinernde Formel, die

1346 BAG NZA 2007, 1055 (1058); BAG NZA 2009, 1347 (1352).
1347 BAG NZA 2007, 1055 (1058); BAG NZA 2009, 1347 (1352).
1348 BAG NJW 1971, 1668 (1669).
1349 AP GG Art. 9 Arbeitskampf Nr. 51; BAG NZA 1984, 393 (398); BAG NZA 1988, 846 (847).
1350 BAG NZA 2007, 1055 (1058); BAG NZA 2009, 1347 (1352).
1351 BAG NZA 2007, 1055 (1058); BAG NZA 2009, 1347 (1352).
1352 BAG NZA 2007, 1055 (1058); BAG NZA 2009, 1347 (1352).
1353 BAG NZA 2007, 1055 (1058); BAG NZA 2009, 1347 (1352).
1354 BAG AP GG Art. 9 Arbeitskampf Nr. 74.
1355 BAG NZA 2007, 1055 (1058); BAG NZA 2009, 1347 (1352).
1356 BAG NZA 2009, 1347 (1352).

alle denkbaren Konstellationen erfassen könnte, ist daher nicht denkbar. Somit beschränkt sich die Konkretisierung der Rechtsprechung lediglich auf typische Grenzfälle (Unterstützungsstreik, Flashmob).

Obwohl die dargestellte BAG-Rechtsprechung, und damit die Verhältnismäßigkeit als Schranke des Streikrechts, grundsätzlich auf Zustimmung stieß[1357] und auch vom BVerfG nie beanstandet wurde[1358], war der Verhältnismäßigkeitsgrundsatz von Beginn an Kritik in der wissenschaftlichen Literatur ausgesetzt. Die mittlerweile eingehend diskutierten Einzelprobleme, die sich im Schwerpunkt auf die generelle Anwendbarkeit des Verhältnismäßigkeitsgrundsatzes[1359], auf den konkreten Bezugspunkt der Verhältnismäßigkeitsprüfung[1360] und auf das Ultima-ratio-Prinzip[1361] beziehen, sollen allerdings nur insoweit zum Gegenstand dieser Arbeit gemacht werden, soweit sie für die im Folgenden zu diskutierenden Problembereiche von Bedeutung sind.

3. *Die Wahrung des Gemeinwohls als Schranke?*

Eine weitere Schranke des Streikrechts der Arbeitnehmer des öffentlichen Dienstes könnte ferner im Gemeinwohl zu finden sein. So hat der Große Senat des BAG bereits im Beschluss von 1955 angemerkt:

> *„Die sachgerechte Verteilung des Risikos des Arbeitskampfes in der Hand der Sozialpartner ist ebenfalls ein Gebot der Kampfparität, gleichzeitig aber eine staatspolitische Notwendigkeit, die es gebietet, Arbeitskämpfe im Interesse des Gemeinwohls nicht zu erleichtern“*[1362].

Deutlicher kommt dieser Aspekt allerdings im Beschluss von 1971 zum Ausdruck, in welchem der Große Senat darauf hinweist, dass

> *„in unserer verflochtenen und wechselseitig abhängigen Gesellschaft [...] Streik wie Aussperrung nicht nur die am Arbeitskampf Beteiligten, sondern auch Nichtbeteiligte und sonstige Dritte sowie die Allgemeinheit vielfach nachteilig [berühren]. Arbeitskämpfe müssen deshalb unter dem obersten Gebot der Verhältnismäßigkeit stehen. Dabei sind*

1357 U.a. Brox/Rüthers/*Rüthers*, Arbeitskampfrecht, S. 99 ff.; *Kissel*, Arbeitskampfrecht, S. 318 ff.; *Kreuz*, Verhältnismäßigkeit, S. 164 f., allerdings nur als Rechtmäßigkeitsmaßstab, der sich auf extreme Fälle der Rechtswidrigkeit bei Arbeitskampfmaßnahmen beschränkt; *Fischinger*, RdA 2007, 99 (99 ff.).

1358 BVerfG NJW 1996, 185 (186); BVerfG NZA 2004, 1338 (1340); BVerfG NZA 2014, 493 (494).

1359 U.a. *Otto*, Arbeitskampf, S. 144; Däubler/*Däubler*, Arbeitskampfrecht, S. 271; .*Joachim*, AuR 1973, 289 (292); *Pfarr/Brandt*, AuR 1981, 325 (330 ff.).

1360 *Löwisch*, ZfA 1971, 319 (326 ff.); *von Hoyningen-Huene*, JuS 1987, 505 (507); *Seiter*, Streikrecht, S. 172; *ders.*, RdA 1981, 65 (75 f.); *Konzen*, Jura 1981, 585 (587); *Kersten*, *in:* Waldhoff/Thüsing, Verfassungsfragen, S. 15 (26).

1361 Vgl. hierzu BeckOK ArbR/*Waas*, Art. 9 GG, Rn. 51 ff.

1362 BAGE 1, 291 (311).

die wirtschaftlichen Gegebenheiten zu berücksichtigen, und das Gemeinwohl darf nicht offensichtlich verletzt werden.“[1363]

Eine ganz ähnliche Überlegung trifft auch das BVerfG, indem es formuliert:

> *„Selbstverständlich müssen auch die Gewerkschaften angesichts der Bedeutung ihrer Tätigkeit für die gesamte Wirtschaft und ihres (auch günstigen) Einflusses auf weite Bereiche des öffentlichen Lebens bei allen ihren Aktivitäten das gemeine Wohl berücksichtigen.“*[1364]

Ob diese Rechtsprechung tatsächlich so verstanden werden kann, dass der Koalitionsfreiheit und damit dem Streikrecht durch das Gemeinwohl eine ungeschriebene Schranke gesetzt ist, kann durchaus in Zweifel gezogen werden. Schon die Aussage des Großen Senats in der Entscheidung von 1971 kann ebenso dahingehend interpretiert werden, dass innerhalb der Verhältnismäßigkeitsprüfung lediglich der Aspekt des Gemeinwohls einbezogen werden muss.[1365] Damit wäre das Gemeinwohl allenfalls als Teil der Verhältnismäßigkeit und nicht als eigenständige Schranke zu verstehen.

Über die höchstrichterliche Rechtsprechung hinaus hat sich ferner eine breit gefächerte wissenschaftliche Diskussion um die Schrankenqualität des Gemeinwohls entwickelt, die in ihrer Gänze kaum noch nachzuskizzieren ist.[1366] Aufgrund dessen sollen an dieser Stelle nur besonders markante Ansichten gegenübergestellt werden.

Zu den Vertretern des wissenschaftlichen Schrifttums, die eine Gemeinwohlbindung der Koalitionen und eine sich hieraus ergebende Schranke für die Arbeitskampffreiheit und damit dem Streikrecht bejahen[1367], zählt exemplarisch *Gamillscheg*[1368]. Seine Begründung basiert unter anderem auf der Überlegung eines Erst-Recht-Schlusses. So dürfe eine Koalition nicht gegen das Gemeinwohl verstoßen: Denn wenn schon der Staat, welcher doch im Interesse der Allgemeinheit handelt, nicht in höchste Rechtsgüter Dritter wie Art. 1 und 2 GG eingreifen könne, dann erst recht nicht Koalitionen, die lediglich „private Macht“ im Sinne ihrer Mitglieder ausüben.[1369] Art. 9 Abs. 3 GG könne derart nicht ausgelegt werden, zumal auch dessen Entstehungsgeschichte für eine Gemeinwohlbindung stehe.[1370] Hierfür spreche nach *Gamillscheg*, dass schon der Formulierungsvorschlag des allgemeinen Redaktionsausschusses des Parlamentarischen Rats deutlich zeige, dass Arbeitskämpfe nur unter Wahrung des „gemeinen Wohls“ möglich sein sollten.[1371]

1363 BAG NJW 1971, 1668 (1669).
1364 BAG AP GG Art. 9 Nr. 23, S. 12.
1365 Ähnlich *Scherer*, Grenzen, S. 61; *Mösch*, Verhältnismäßigkeit, S. 12.
1366 Vgl. hierzu für die älteren Ansichten *Knebel*, Gemeinwohl, S. 79 ff.
1367 U.a. *Rüfner*, RdA 1985, 191 (194 f.); *Biedenkopf*, Tarifautonomie, S. 63 ff.; *Scholz*, DB 1987, 1192 (1194); *Sodan*, JZ 1998, 421 (424, 426).
1368 Vgl. *Gamillscheg*, KollArbR I, S. 1173 ff.
1369 *Gamillscheg*, KollArbR I, S. 1174.
1370 *Gamillscheg*, KollArbR I, S. 1174.
1371 *Gamillscheg*, KollArbR I, S. 1174.

Allerdings muss stark bezweifelt werden, dass diese Argumentation gegenwärtig noch haltbar ist, denn auch wenn es unter den Vätern der Verfassung allgemeiner Konsens war, dass ein Streik lediglich unter Rücksichtnahme auf die Allgemeinheit zulässig ist, so ist doch eine derartige Einigkeit heute nicht mehr vorzufinden.[1372] Darüber hinaus kann der Vorschlag des Redaktionsausschusses des Parlamentarischen Rats zur Formulierung des Art. 9 Abs. 3 GG auch durchaus anders interpretiert werden. Die Formulierung: „Beschränkungen sind nur im Interesse des gemeinen Wohls und nur durch förmliche Gesetze möglich."[1373] kann ebenfalls dahingehend verstanden werden, dass lediglich der Staat selbst bei der Ausgestaltung des Arbeitskampfrechts die Interessen des gemeinen Wohls zu berücksichtigen hat.[1374]

Darüber hinaus wird die „Breitenwirkung" der von den Koalitionen ausgehandelten Tarifverträge für eine Gemeinwohlbindung angeführt. Denn obwohl es sich bei den Koalitionen um privatrechtlich organisierte Interessenvertretungen handelt, blieben die Tarifverträge in ihrer Wirkung nicht auf die Verbände oder deren Mitglieder beschränkt.[1375] Vielmehr komme ihnen eine Art „Ausstrahlwirkung" zu, etwa durch Verweisung in Einzelarbeitsverträge, mittelbar durch „Kostenabschiebung" auf andere Bereiche der Wirtschaft[1376] oder durch Allgemeinverbindlicherklärungen.[1377] Damit seien Tarifverträge durchaus als Teil der normativen Ordnung zu verstehen, für die in ihrer Gesamtheit letztlich der Staat verantwortlich ist.[1378] Hinzu komme, dass der Staat im Bereich der Tarifautonomie einen Teil seiner Rechtsetzungs- bzw. Ordnungsbefugnis an die Koalitionen abgegeben habe, damit diese ihre Arbeits- und Wirtschaftsbedingungen autonom und im Wesentlichen ohne staatlichen Einfluss gestalten können, wodurch sie eine öffentliche Aufgabe erfüllen[1379]. Aufgrund dessen müssen die Koalitionen, über ihre eigenen Koalitionsinteressen hinaus, gewisse Ordnungsaspekte[1380] und damit auch Gemeinwohlbelange zumindest berücksichtigen.[1381]

Dem hält allerdings u. a. *Scholz* entgegen, dass die Koalitionen gerade nicht wie der Staat „öffentliche Aufgaben" im politisch-demokratischen Sinne wahrnehmen und somit keine staatspolitischen Funktionen, sondern allein „soziale Öffentlich-

---

1372 *Scherer*, Grenzen, S. 62.

1373 *v. Doemming/Füsslein/Matz*, JöR 1 (1951), 119 (119).

1374 So *Otto*, Arbeitskampf, S. 43.

1375 *Kissel*, Arbeitskampfrecht, S. 118.

1376 *Kissel*, Arbeitskampfrecht, S. 118.

1377 Ähnlich auch *Rüfner*, RdA 1985, 191 (194).

1378 *Kissel*, Arbeitskampfrecht, S. 118f.

1379 So auch BVerfG NJW 1970, 1635 (1635); ähnlich *Thüsing*, in: FS 50 Jahre BAG, S. 898 (893); a.A. *Junker*, ZfA 1996, 383 (392), der die Tarifautonomie als Substanz gebündelter Privatautonomie begreift und nicht als staatlich verliehene Rechtsetzungsmacht.

1380 So auch *Lerche*, Zentralfragen, S. 28.

1381 *Kissel*, Arbeitskampfrecht, S. 118f.; *Rüfner*, RdA 1985, 191 (194f.).

keitsfunktionen" erfüllen.[1382] Entsprechend seien die Koalitionen nicht wie der Staat an das politische Gemeinwohl gebunden.[1383]

Ferner wird eine Gemeinwohlschranke des Streikrechts vielfach mit dem Argument abgelehnt, dass der Begriff des Gemeinwohls deutlich zu unbestimmt sei.[1384] Es handle sich um einen konturlosen Begriff, der gerade in Bezug auf einen speziellen Tarifvertrag und der damit verbundenen Einzelelemente weder justiziabel[1385] noch nachprüfbar sei[1386].

Dem Gemeinwohl jedoch aufgrund seiner Unbestimmtheit gänzlich eine Schrankenqualität abzuerkennen, geht nach hier vertretener Ansicht zu weit.[1387] Schließlich ist es unserem Rechtssystem nicht fremd, dass unbestimmte Rechtsbegriffe der „Interpretationswillkür"[1388] der Gerichte unterworfen sind, soweit der Gesetzgeber nicht tätig wird. Darüber hinaus erkennt sogar der Gesetzgeber das Gemeinwohl als justiziablen Begriff an, indem unter anderem in Art. 14 Abs. 2 S. 2, Abs. 3 S. 1 GG auf das „Wohl der Allgemeinheit" abgestellt wird.[1389] Das „Allgemeinwohlinteresse" stellt in diesem Zusammenhang sogar Grund und Grenze der Enteignung dar[1390], sodass es für die Interpretation des Enteignungsbegriffs unentbehrlich wird. Entsprechend hat das „Wohl der Allgemeinheit" im Sinne des Art. 14 Abs. 3 S. 1 GG trotz seiner Unbestimmtheit eine Konkretisierung durch die Rechtsprechung erfahren.[1391] Es würde sich daher berechtigterweise die Frage stellen, warum das Gemeinwohl im Sinne einer allgemeinen Schranke des Art. 9 Abs. 3 GG nicht auch derart konkretisiert werden könnte.

Darüber hinaus wird gegen die Qualifizierung des Gemeinwohls als Schranke des Streikrechts eingewandt, dass die Koalitionen, abgesehen von dem Gesetz, nicht an staatliche Vorgaben gebunden seien.[1392] Vielmehr ergebe sich aus ihrer besonderen Koalitionsverantwortung eine freiheitliche Gemeinwohlbindung, die sich durch das *„antagonistische"* und einigende Zusammenwirken der Koalitionen selbst

---

1382 *Scholz*, Koalitionsfreiheit, S. 217 f.

1383 *Scholz*, Koalitionsfreiheit, S. 221.

1384 *Kempen*, AuR 1990, 237 (239 f.); *Söllner*, NZA 2000, Sonderbeilage, Heft 24, 33 (33); *Hufen*, NJW 1994, 2913 (2918); *Mösch*, Verhältnismäßigkeit, S. 12 ff.

1385 *Söllner*, NZA 2000, Sonderbeilage, Heft 24, 33(33); ErfKomm/GG/*Linsenmaier*, Art. 9, Rn. 81.

1386 Vgl. *Henschel*, RdA 1986, 1 (2), wobei dieser nicht den Begriff als nicht justiziabel ansieht, sondern die Gemeinwohlverpflichtung der Tarifvertragsparteien an sich.

1387 So auch *Rudkowski*, Daseinsvorsorge, S. 20; *Seiter*, Streikrecht, S. 544.

1388 *Seiter*, Streikrecht, S. 544.

1389 Weiterhin findet sich beispielsweise in § 51 S. 1 GewO das Tatbestandsmerkmal des „Gemeinwohls". Auch in § 24 Abs. 3 Baugesetzbuch wird auf das „Wohl der Allgemeinheit" abgestellt – genau wie in § 9 Abs. 8 Bundesfernstraßengesetz.

1390 BeckOK GG/*Axer*, Art. 14, Rn. 114.

1391 Vgl. u. a. BVerfG NJW 1977, 2349 (2350); BVerfG NJW 1984, 1872 (1872); BVerfG NVwZ 2009, 1283 (1283).

1392 *Scholz*, Koalitionsfreiheit, S. 221.

erzeuge.[1393] Das Gemeinwohl sei entsprechend durch die Verfassung den Koalitionspartner anvertraut, indem diese zur gemeinschaftlichen Regelung der Arbeits- und Wirtschaftsbedingungen ermächtigt werden.[1394] Indem die Koalitionen die sozialen Interessengegensätze bestmöglich, unter Beachtung der Belange aller Beteiligten, zum Ausgleich bringen, seien sie in der Lage, dadurch ein hohes Grad an Richtigkeitsgewähr und damit gerechte und zweckmäßige Regelungen zu schaffen.[1395] Es wird also dahingehend argumentiert, dass der durch die Koalitionen im Tarifvertragssystem gefundene Kompromiss die Gegensätze von Arbeitnehmer- und Arbeitgeberinteressen sozialgerecht ausgleiche und dadurch dem Gemeinwohl genüge getan sei.[1396]

Eine solche Einordung des Gemeinwohls geht allerdings an der Realität vorbei. Denn letztlich handelt es sich bei den durch Arbeitskampf gefundenen und in Tarifverträgen festgeschriebenen Kompromissen in erster Linie um einen Ausgleich von Koalitionsinteressen und eben der Interessen ihrer Mitglieder.[1397] Das gerechte und zweckmäßige Ergebnis mit hoher Richtigkeitsgewähr existiert daher nur für die Beteiligten. Belange unbeteiligter Dritter oder des öffentlichen Interesses sind damit aber nicht selbstverständlich mit berücksichtigt. Daher sollte, wie *Hufen* richtig anmerkt, tunlichst vermieden werden, Individual- und Gruppeninteressen mit Gemeinschaftsbelangen gleichzusetzen.[1398] Zumal nicht von der Hand zu weisen ist, dass Arbeitskämpfe tatsächlich gemeinwohlschädlich sein können[1399], obwohl hierdurch gerade der soeben beschriebene antagonistische Ausgleich zwischen den Koalitionen gefunden wird. Wenn durch die im Tarifvertragssystem, unter Heranziehung des Arbeitskampfes, gefundenen Kompromisse der Tarifvertragspartner dem Gemeinwohl ausreichend Rechnung getragen wäre, so müsste doch denklogisch ein solches gemeinwohlschädliches Ergebnis ausgeschlossen sein. Das dies tatsächlich nicht der Fall ist, bemerkt schon das BAG in seiner Entscheidung aus dem Jahre 1971, indem es anmerkt, dass

> *„Streik wie Aussperrung nicht nur die am Arbeitskampf Beteiligten, sondern auch Nichtbeteiligte und sonstige Dritte sowie die Allgemeinheit vielfach nachteilig [berühren]. [...] Dabei sind die wirtschaftlichen Gegebenheiten zu berücksichtigen, und das Gemeinwohl darf nicht offensichtlich verletzt werden.“*[1400]

1393 *Lerche*, Zentralfragen, S. 30; *Herschel*, RdA 1986, 1 (2).
1394 *Scholz*, Koalitionsfreiheit, S. 221.
1395 *Herschel*, RdA 1986, 1 (2).
1396 *Scholz*, Koalitionsfreiheit, S. 222.
1397 Ähnlich *Konzen*, NZA 1995, 913 (914); *Junker*, ZfA 1996, 383 (392).
1398 *Hufen*, NJW 1994, 2913 (2918); ebenso *Rüfner*, RdA 1985, 191 (194); MünchArbR/ *Richardi*, § 152, Rn. 21.
1399 Ähnlich *Reuter* in: Fischer, Soziale Marktwirtschaft, S. 515; *Konzen*, NZA 1995, 913 (914).
1400 BAG NJW 1971, 1668 (1669).

Eine offensichtliche Gemeinwohlverletzung müsste nicht ausgeschlossen werden, wäre sie nicht tatsächlich möglich.

Unabhängig davon, welcher dieser unterschiedlichen Argumentationsansätze als plausibel erachtet wird, ist doch allen gemein, dass die Überlegungen sehr grundsätzlich gehalten sind. Nach hier vertretener Ansicht könnte die Lösungsfindung daher erheblich erleichtert werden, wenn die gegebene Problematik differenzierter betrachtet werden würde, indem danach gefragt wird, in welcher Weise das Gemeinwohl durch einen Arbeitskampf betroffen ist.

So kann das Gemeinwohl zum einen durch das Kampfziel, also durch die Höhe bzw. durch den Gegenstand der Tarifforderung betroffen sein. In diesem Fall ist stets Zurückhaltung geboten, da eine gerichtliche Überprüfung des Tarifziels und damit der Tarifnormen einer Tarifzensur gleich käme, die grundsätzlich unzulässig ist[1401]. Die freie Einigung in Bezug auf autonome Reglungen, die aus der tarifvertraglichen Normsetzungsbefugnis erwächst, wäre durchbrochen, wenn aus Gründen des Gemeinwohls inhaltlich Grenzen gezogen werden könnten.[1402] Denn damit wäre Tür und Tor für eine richterliche Überprüfung und gar einer Verwerfung der Tarifinhalte geöffnet.[1403] Entsprechend könnte der Richter in eigener Abwägung das Tarifziel ersetzen, obwohl dies letztlich nur den Tarifparteien obliegt.[1404] Eine derartige Angemessenheitskontrolle ist mit dem Gedanken der Tarifautonomie nicht vereinbar[1405], da sich der Richter an die Stelle der Tarifparteien setzen würde. Wäre dies zulässig, könnte der Staat die Regelung der Arbeits- und Wirtschaftsbedingungen auch gleich selbst übernehmen. Im Hinblick auf das Kampfziel kann das Gemeinwohl daher nicht als Schranke dienen.

Zum anderen, und das wäre wohl die häufigere Art der Beeinträchtigung, kann das Gemeinwohl durch die Art und Weise der Kampfführung betroffen sein. In diesem Zusammenhang könnte das Gemeinwohl durchaus als Schranke der Arbeitskampffreiheit dienen, um damit dem öffentlichen Interesse und den betroffenen Drittinteressen gerecht zu werden. Wenn allerdings unbeteiligte Dritte von der Arbeitskampfmaßnahme konkret beeinträchtigt werden, so führt das in der Regel gleichermaßen zum Eingriff in ihre verfassungsrechtlich geschützten absoluten Rechte. Diese Grundrechte wiederum treten entsprechend in Kollision mit der Arbeitskampffreiheit der Koalitionen, sodass sie als verfassungsimmanente Schranken grundsätzlich zu beachten sind und im Wege der praktischen Konkordanz mit der Arbeitskampffreiheit und unter Heranziehung des Verhältnismäßigkeitsgrundsatzes zum Ausgleich gebracht werden müssen.[1406] Bei dieser stets erforderlichen Verhält-

---

1401 ErfKomm/GG/*Linsenmeier*, Art. 9, Rn. 81; *Seiter*, Streikrecht, S. 176 f.; *Kalb*, RdA 1994, 385 (390).

1402 MünchArbR/*Richardi*, § 152, Rn. 22; Löwisch/Rieble/*Löwisch/Rieble*, TVG, Grundlagen, Rn. 194; *Kissel*, Arbeitskampfrecht, S. 122.

1403 Löwisch/Rieble/*Löwisch/Rieble*, TVG, Grundlagen, Rn. 198.

1404 Löwisch/Rieble/*Löwisch/Rieble*, TVG, Grundlagen, Rn. 197 f.

1405 BVerfG NZA 1991, 809 (812).

1406 Vgl. Kapitel 4, C., II.,1.

nismäßigkeitsprüfung handelt es sich allerdings mitnichten um eine Besonderheit. Es bedarf daher gar keiner Einschränkung der Arbeitskampffreiheit bzw. des Streikrechts durch eine abstrakte Gemeinwohlschranke, da die Rechte der Allgemeinheit und damit Dritter grundsätzlich geschützt sind.[1407] Das Gemeinwohl ist letztlich nur eine Pluralisierung der einzelnen Rechte Dritter. Diesen ist aber dadurch hinlänglich genüge getan, dass die Arbeitskampfmaßnahmen daraufhin zu überprüfen sind, ob sie verhältnismäßig sind.[1408]

4. Die arbeitsvölkerrechtlichen Schranken des Streikrechts

Aufgrund der gegebenen Fragestellung ist neben den nationalen Schranken des Streikrechts der Arbeitnehmer des öffentlichen Dienstes ein Blick auf die arbeitsvölkerrechtlichen Begrenzungen zu werfen. Zum einen, um feststellen zu können, in welchem Umfang die verschiedenen Regelungen des Arbeitsvölkerrechts Einschränkungen des Streikrechts der Arbeitnehmer des öffentlichen Dienstes zulassen und zum anderen, um ermitteln zu können, inwieweit dies den nationalen Vorgaben entspricht.

a. Die Schranken des Streikrechts aus IAO-Übereinkommen Nr. 87

Das IAO-Übereinkommen Nr. 87 enthält im Gegensatz zu den anderen völkerrechtlichen Vorgaben nur wenige ausdrückliche Schranken. Lediglich in Art. 9 Abs. 1 IAO-Übereinkommen Nr. 87 ist ein Vorbehalt hinsichtlich der Streitkräfte und der Polizei geregelt, dessen Anwendung jedoch in das Ermessen der nationalen Gesetzgebung gestellt ist. Die Spruchpraxis des Ausschusses für Vereinigungsfreiheit und des Sachverständigenhausschusses beinhalten hingegen eine ausdifferenzierte Systematik bezüglich der Beschränkbarkeit des Streikrechts aus IAO-Übereinkommen Nr. 87, die zumindest als Orientierungshilfe herangezogen werden kann.

Dementsprechend kommt der Ausschuss für Vereinigungsfreiheit zu dem Schluss, dass ein absolutes Streikverbot bei akuten nationalen Notfällen zumindest für einen begrenzten Zeitraum gerechtfertigt sei.[1409] Darüber hinaus könne ein Streikverbot im öffentlichen Dienst oder auch eine Beschränkung des Streikrechts für diejenigen Staatsbediensteten zulässig sein, die Hoheitsgewalt im Namen des Staates ausüben.[1410] Diesbezüglich merkt der Sachverständigenausschuss jedoch an, dass ein Streikverbot, welches sich lediglich pauschal auf den öffentlichen Dienst beziehe, keine ausreichende Rechtfertigung für einen Eingriff in das Streikrecht darstellen könne und damit unzulässig sei.[1411] Ein Streikverbot für Beschäftigte des

---

1407 So auch MünchArbR/*Ricken,* § 200, Rn. 61 f.; ähnlich wohl ebenfalls *Hufen,* NZA 2014, 1237 (1239).

1408 So auch MünchArbR/*Ricken,* § 200, Rn. 63.

1409 ILO, Digest, S. 119, Rn. 570.

1410 ILO, Digest, S. 119, Rn. 574.

1411 Vgl. ILC, 69th Session, 1983, General Survey, Report III (Part 4B), S. 66, Abs. 214.

öffentlichen Dienstes sei jedoch zulässig, wenn es funktional eingegrenzt sei und sich auf diejenigen Beschäftigten beziehe, die hoheitliche Befugnisse ausüben[1412].

Neben der Ausübung von Hoheitsgewalt hält der Ausschuss für Vereinigungsfreiheit eine Einschränkung oder gar ein Verbot des Streikrechts für gerechtfertigt, wenn dies der Aufrechterhaltung notwendiger Dienste im „engen Sinne"[1413] (*„essential services in the strikt sense"*) diene, deren Unterbrechung zu einer Gefährdung des Lebens, der Gesundheit oder der Sicherheit eines wesentlichen Teils oder der gesamten Bevölkerung führen würde,[1414] demnach grundlegende Rechte Dritter betroffen sind und mit dem Streikrecht kollidieren. Was genau unter dem Terminus „notwendige Dienste im engen Sinne" zu verstehen ist, sei im hohen Maße abhängig von den besonderen Umständen im betreffenden Land.[1415]

Hiervon unterscheidet der Ausschuss für Vereinigungsfreiheit die nicht „streng genommen" notwendigen Dienste. In diesem Bereich könne das Streikrecht begrenzt werden, wenn ein Streik über eine bestimmte Zeit hinaus andauere oder ein gewisses Ausmaß übersteige und damit ebenfalls das Leben, die Gesundheit oder die Sicherheit eines wesentlichen Teils oder der gesamten Bevölkerung gefährden würde[1416]

> (*„services which are not essential in the strict sense of the term but where the extent and duration of a strike might be such as to result in an acute national crisis endangering the normal living conditions of the population"*)[1417].

Dies sei beispielsweise bei einem sehr langen Streik der Müllabfuhr der Fall[1418].[1419] Vergleichbar damit seien auch öffentliche Dienstleistungen von fundamentaler Bedeu-

---

1412 Vgl. ILC, 81th Session, 1994, General Survey, Report III (Part 4B), S. 69, Abs. 158; *Novitz*, Right to Strike, S. 305.

1413 Hierzu zählen beispielsweise die Bereiche des Krankenhaussektors, der Wasser- und Elektrizitätsversorgung, des Telefonnetzes, der Polizei und Armee, der Feuerwehr, des Gefängnisbetriebs, der Versorgung von Schulkindern mit Essen, der Reinigung von Schulgebäuden und der Flugaufsicht. Vgl. ILO, Digest, S. 119, Rn. 585. Hierunter zählen nicht die Bereiche der Vergnügungsparks und Kaufhäuser, der Metallindustrie und des Bergbaus, des Transportgewerbes, des Flugverkehrs, der Produktion und der Versorgung mit Brennstoffen, der Eisenbahn, des öffentlichen Nahverkehrs, der Post, der Müllabfuhr, des Hotelgewerbes und des Bildungssektors. Vgl. ILO, Digest, S. 119, Rn. 587.

1414 ILC, 69th Session, 1983, General Survey, Report III (Part 4B), S. 66, Rn. 214.

1415 ILO, Digest, S. 119, Rn. 582.

1416 ILO, Digest, S. 119, Rn. 582, 591.

1417 ILO, Digest, S. 119, Rn. 606.

1418 ILO, Digest, S. 119, Rn. 591.

1419 Hierzu zählen ferner die Bereiche der Fährdienste, der staatlichen Häfen, der U-Bahn und des unterirdischen Gütertransports, der Eisenbahn, des Bankensektors, der Versorgung mit Treibstoff, des Erziehungssektors bei länger andauernden Streikmaßnahmen und der tierärztlichen Versorgung. Vgl. ILO, Digest, S. 119, Rn. 615–626.

tung („*public services of fundamental importance*“)[1420]. In diesen Bereichen könne ein Streikverbot oder eine Einschränkung im erheblichen Maße zwar nicht gerechtfertigt sein, jedoch die Beschränkung durch Einrichtung eines „Notdienstes“ („*minimum service*“).[1421] Dementsprechend seien Maßnahmen zu treffen, die sicherstellen, dass durch den „Notdienst“ Gefahren für die öffentliche Gesundheit und Sicherheit vermieden werden.[1422] Ein derartiger „Notdienst“ sollte jedoch ausschließlich auf solche Maßnahmen beschränkt werden, die notwendig sind, um die Gefährdung des Lebens oder der normalen Lebensbedingungen der Bevölkerung oder Teilen davon zu vermeiden.[1423] Kommen die Arbeitskampfparteien zu keiner freiwilligen Einigung hinsichtlich des Umfangs der Notversorgung, so sei dies nicht durch eine staatliche, sondern durch eine unabhängige Stelle festzulegen.[1424] Auch der Sachverständigenausschuss vertritt die Ansicht, dass es gerade in Grenzfällen eine Lösung sein könne, von einem Streikverbot abzusehen und das Streikrecht lediglich dahingehend zu beschränken, dass zumindest eine Art „Notdienst“ aufrechterhalten bleibt, der dafür Sorge trägt, dass durch den Streik keine ernsthaften Konsequenzen für die Bevölkerung entstehen.[1425] Die Ausschüsse nehmen damit ähnlich wie im deutschen Recht (durch Herstellung praktischer Konkordanz) eine Abwägung zwischen den kollidierenden Grundrechten vor und versuchen diese in Einklang zu bringen, indem sie die Grundrechte Dritter und das Streikrecht weitest möglich zur Anwendung gelangen lassen.

Darüber hinaus erachtet der Ausschuss für Vereinigungsfreiheit gewisse Beschränkungen des Streikrechts aufgrund verschiedener Verfahrensregelungen für zulässig. So sei ein freiwilliges Schlichtungsverfahren grundsätzlich mit der Vereinigungsfreiheit vereinbar[1426], soweit es adäquat, schnell und unparteiisch[1427] sei. Auch ein obligatorisches Schiedsverfahren zur Beendigung eines Tarifkonflikts bzw. eines Streiks sei akzeptabel, wenn es auf Antrag beider in einem Rechtsstreit beteiligten Parteien eingeleitet werde oder in den Fällen, in denen das Streikrecht beschränkt werden kann oder sogar ein Streikverbot zulässig wäre, also bei Beschäftigten des öffentlichen Dienstes, die Hoheitsgewalt im Namen des Staates ausüben oder wenn notwendige Dienste im „engen Sinne“ („essential services in the strikt sense“) betroffen sind, deren Unterbrechung zu einer Gefährdung des Lebens, der Gesundheit oder der Sicherheit eines wesentlichen Teils oder der gesamten Bevölkerung führen würde.[1428] Ferner könne die Verpflichtung zulässig sein, den Arbeitgeber vor Ausrufen eines Streiks zu benachrichtigen.[1429] Grundsätzlich sei es auch denkbar, eine

---

1420 ILO, Digest, S. 119, Rn. 606.
1421 ILO, Digest, S. 119, Rn. 606 ff.
1422 ILO, Digest, S. 119, Rn. 608.
1423 ILO, Digest, S. 119, Rn. 610.
1424 ILO, Digest, S. 119, Rn. 613.
1425 Vgl. ILC. 81th Session, 1994, General Survey, Report III (Part 4B), S. 69, Abs. 158.
1426 ILO, Digest, S. 119, Rn. 549.
1427 ILO, Digest, S. 119, Rn. 551.
1428 ILO, Digest, S. 119, Rn. 564.
1429 ILO, Digest, S. 119, Rn. 552.

(geheime) Abstimmung unter den Arbeitnehmern zur Zulässigkeitsvoraussetzung eines Streiks zu machen.[1430] Jedoch ginge eine in diesem Zusammenhang geforderte Mehrheit von mehr als der Hälfte der betroffenen Arbeitnehmer zu weit.[1431]

b. Die Schranken des Streikrechts aus Art. 6 Nr. 4 ESC

Das Streikrecht aus Art. 6 Nr. 4 ESC unterliegt außerhalb des eigenen Wortlautes[1432] nach Art. 31 ESC i.V.m. dem Anhang zu Art. 6 Nr. 4 ESC ebenfalls Grenzen. Dementsprechend darf das Streikrecht aus Art. 6 Nr. 4 ESC gemäß Art. 31 Nr. 1 ESC Einschränkungen unterworfen werden,

> *„wenn diese gesetzlich vorgeschrieben und in einer demokratischen Gesellschaft zum Schutz der Rechte und Freiheiten anderer oder zum Schutz der öffentlichen Sicherheit und Ordnung, der Sicherheit des Staates, der Völkergesundheit und der Sittlichkeit notwendig"*

sind. Folglich ist eine Beschränkung des Streikrechts dann gerechtfertigt, wenn diese notwendig ist, um ein oben beschriebenes Gut zu schützen und wenn kein geringeres bzw. weniger einschneidendes Mittel zur Verfügung steht, welches der Gefahr in gleichem Maße begegnen könnte[1433]. Art. 31 Abs. 1 ESC lässt daher nur dann eine Einschränkung des Streikrechts zu, soweit eine Proportionalität zwischen Begrenzung und verfolgtem Ziel besteht.[1434] Der Europäische Ausschuss für soziale Rechte ist daher der Ansicht, dass ein derartiges legitimes Ziel durchaus ein Streikverbot in Bereichen, die für die Gemeinschaft grundlegend sind, rechtfertigen kann, da ein solcher Streik eine Gefahr für die Allgemeinheit, die nationale Sicherheit oder die öffentliche Gesundheit darstellen könne.[1435] Allerdings seien uneingeschränkt formulierte Verbote im öffentlichen Dienst oder auch in den grundlegenden Sektoren in Bezug auf die spezifischen Anforderungen des jeweiligen Sektors unverhältnismäßig.[1436] Die Beurteilung der Zulässigkeit der Einschränkung des Streikrechts hängt somit wiederum vom jeweiligen Einzelfall ab.[1437] Eine Beschränkung des Streikrechts kann daher nur in dem Maße gerechtfertigt sein, in dem die Arbeitsunterbrechung einer bestimmten Gruppe von Arbeitnehmern des öffentlichen Dienstes gemessen an ihrer Funktion und damit einhergehenden Verantwortlichkeit zu einer Gefährdung eines in Art. 31 Abs. 1 ESC genannten Schutzgutes führt. Ein pauschales Streikverbot für bestimmte Sektoren kommt daher nicht

---

1430 ILO, Digest, S. 119, Rn. 558.

1431 ILO, Digest, S. 119, Rn. 557.

1432 Bezüglich der Schranken, die sich schon aus dem Wortlaut des Art. 6 Nr. 4 ESC ergeben, wird auf Kapitel 2, B., III., 2., c., aa., (3) Bezug genommen.

1433 Vgl. *Dumke*, Streikrecht i.S.d. Art. 6 Nr. 4 ESC, S. 139.

1434 Vgl. *Dumke*, Streikrecht i.S.d. Art. 6 Nr. 4 ESC, S. 132.

1435 ECSR, Digest, Part I, S. 56.

1436 ECSR, Digest, Part I, S. 56.

1437 Conclusion I (1969–70), S. 38.

in Betracht. Jedoch kann die Einrichtung eines „Notdienstes“ nach Art. 31 Abs. 1 ESC gerechtfertigt sein.[1438]

Zu den in Art. 31 Abs. 1 ESC aufgeführten Schutzgütern, die eine Einschränkung des Streikrechts nach Art. 6 Nr. 4 ESC rechtfertigen können, zählen u. a. die Rechte und die Freiheiten anderer. Unter dem Begriff „andere“ sind aber nicht nur Arbeitgeber als soziale Gegenspieler zu verstehen, sondern insbesondere auch Dritte, die gerade nicht Partei der kollektiven Maßnahme sind. Hierzu zählen jedoch nicht alle Rechte und Freiheiten Dritter. Die hieraus resultierenden Grenzen des Streikrechts sind dahingehen reguliert, als dass sie zum Schutz der Rechte und der Freiheiten nach Art. 31 Abs. 1 ESC „notwendig“ sind. Somit kann den Arbeitnehmern des öffentlichen Dienstes nur dann ein Streikverbot oder eine Beschränkung ihres Streikrechts auferlegt werden, wenn ihre Arbeitsniederlegung zur Folge hat, dass unverzichtbare Leistungen, auf die die Bevölkerung angewiesen ist, eingestellt werden.[1439] Somit kann nicht jede Beeinträchtigung eines Drittrechts zu einer Beschränkung des Streikrechts aus Art. 6 Nr. 4 ESC führen.

Eine weitere Schranke im Sinne des Art. 31 Abs. 1 ESC bildet der Schutz der öffentlichen Sicherheit und Ordnung. Sollte diese durch einen Streik daher gefährdet sein, so ist eine Einschränkung des Streikrechts möglich. Jedoch kann hieraus kein generelles Streikverbot für bestimmte Berufsgruppen wie beispielsweise Feuerwehrleute oder Ärzte abgeleitet werden. Vielmehr kommt es auch hier auf die jeweilige Funktion des Beschäftigten an.[1440] Eine Einschränkung in diesem Sinne ist folglich dann zulässig, wenn die ordnungsgemäße Erfüllung der übertragenen Tätigkeit aufgrund des Streiks nicht mehr gewährleistet werden kann.[1441]

Art. 31 Abs. 1 ESC lässt ferner Einschränkungen zum Schutz der Sicherheit des Staates zu. Im Gegensatz zum Schutz der öffentlichen Sicherheit und Ordnung bezieht sich diese Schranke vielmehr auf die äußere Sicherheit des Staates und damit in personeller Hinsicht auf Beschäftigte des Heeres/der Streitkräfte. Da eine Einschränkung des Streikrechts nur dann möglich ist, wenn tatsächlich die Sicherheit des Staates gefährdet ist, ist hier ein enger Maßstab anzulegen.[1442] Es ist daher nur konsequent, ausschließlich das Streikrecht derjenigen Bediensteten der Streitkräfte zulässig beschränken zu können, die tatsächliche durch ihre Tätigkeit zur äußeren Sicherheit des Staates beitragen.[1443] Dies kann gleichwohl soweit gehen, dass eine Einschränkung des Streikrechts auch für solche Arbeitnehmer zulässig ist, die die Infrastruktur des Heeres bilden, denn nur dann ist die Funktionsfähigkeit gewährleistet.

Letztlich kann das Streikrecht ebenfalls zum Schutz der Volksgesundheit beschränkt werden. Einschränkungen des Streikrechts für Bedienstete des Ge-

---

1438 *Kovács*, Comp. Labor Law & Pol'y Journal, 2005, 445 (466).

1439 *Mikkola*, Human Rights, S. 290.

1440 *Schubert*, AöR 2012, 92 (104).

1441 Vgl. *Dumke*, Streikrecht i.S.d. Art. 6 Nr. 4 ESC, S. 136.

1442 Vgl. *Dumke*, Streikrecht i.S.d. Art. 6 Nr. 4 ESC, S. 137.

1443 So auch *Dumke*, Streikrecht i.S.d. Art. 6 Nr. 4 ESC, S. 136.

sundheitswesens können daher zulässig sein. Dies betrifft insbesondere Ärzte, Krankenschwestern oder auch Apotheker. Eine pauschale Begrenzung des Streikrechts in diesen Bereichen kommt jedoch auch hier nicht in Betracht, da diese ebenfalls „notwendig" im Sinne des Art. 31 Abs. 1 ESC sein müssen, sodass zumindest eine konkrete Gefahr für die Volksgesundheit bestehen muss.

Darüber hinaus verpflichten sich die Vertragsparteien gemäß Art. 6 Nr. 3 ESC

> *„die Einrichtung und die Benutzung geeigneter Vermittlungs- und freiwilliger Schlichtungsverfahren zur Beilegung von Arbeitsstreitigkeiten zu fördern und anzuerkennen"*.

Derartige Verfahrensbestimmungen können gleichwohl zu Beschränkungen des Streikrechts führen, sodass die Vorgabe des Art. 6 Nr. 3 ESC dem Streikrecht aus Art. 6 Nr. 4 ESC durchaus eine Schranke setzen kann. Zumindest steht aber ein Schlichtungsverfahren insoweit mit Art. 6 Nr. 4 ESC im Einklang, als ein Streik dadurch nicht an Wirkung verliert.[1444] Obwohl die ESC keine weiteren Ausführungen zur Ausgestaltung des Schlichtungsverfahrens macht, lässt sich aus der Formulierung des Art. 6 Nr. 3 ESC zumindest schließen, dass eine Entscheidung der Tarifvertragsparteien, die nicht auf einer freiwilligen Einigung beruht oder eine staatliche Beendigung von Tarifverhandlungen durch ein Schlichtungsverfahren, eine unzulässige Beschränkung des Streikrechts darstellt, die nicht mit der ESC im Einklang steht.[1445] Die Rechtmäßigkeit eines Streiks von einer vorherigen Abstimmung der betroffenen Arbeitnehmer abhängig zu machen und damit das Streikrecht einzuschränken, steht ebenfalls im Einklang mit Art. 6 Nr. 4 ESC, wenn das Wahlverfahren und die erforderliche Mehrheit die Ausübung des Streikrechts nicht zu stark einschränkt.[1446]

c. Die Schranken des Streikrechts aus Art. 11 Abs. 1 EMRK

Im Hinblick auf die möglichen Schranken des Streikrechts der Arbeitnehmer des öffentlichen Dienstes kommt der Regelung des Art. 11 Abs. 2 S. 1 EMRK besondere Bedeutung zu. Hiernach kann ein Eingriff in Art. 11 Abs. 1 EMRK gerechtfertigt sein, wenn er „gesetzlich vorgesehen"[1447] ist, eines oder mehrere der in Art. 11 Abs. 2 S. 1 EMRK aufgezählten funktionalen Ziele verfolgt und „in einer demokratischen Gesellschaft notwendig" ist, um dieses Ziel zu erreichen. Zu diesen zählen explizit die nationale oder öffentliche Sicherheit, die Aufrechterhaltung der Ordnung, die Verhütung von Straftaten, der Schutz der Gesundheit oder der Moral wie auch der Schutz der Rechte und Freiheiten anderer. Art. 11 Abs. 2 S. 1 EMRK weist daher sehr viele Parallelen zu Art. 31 Abs. 1 ESC auf – sowohl hinsichtlich der formalen Voraussetzungen einer Einschränkung als auch hinsichtlich der genannten Schutzgüter. Letztgenannte sind eng auszulegen und abschließend in Art. 11 Abs. 2 S. 1

1444 *Mikkola*, Human Rights, S. 290.
1445 So auch *Behning*, Schlichtung, S. 109.
1446 Vgl. *Mikkola*, Human Rights, S. 290.
1447 Nähere Erläuterungen hierzu: Kapitel 2, B., III., 2., c., bb., (3), (a).

EMRK aufgezählt.[1448] Da es sich jedoch um unbestimmte Rechtsbegriffe handelt, besteht für die Mitgliedstaaten ein recht großer Handlungsspielraum.

Die größere Kontrollbarriere für die Rechtmäßigkeit einer Einschränkung stellt vielmehr die Voraussetzung der „Notwendigkeit in einer demokratischen Gesellschaft“ dar. Dies setzt ein dringendes soziales Bedürfnis für den Eingriff voraus, wobei der Eingriff in einer angemessenen Zweck-Mittel-Relation zum legitimen Ziel stehen muss („Ziel-Eingriff-Relation“).[1449] Der EGMR prüft daher, ob die entsprechende Maßnahme unter Berücksichtigung der Umstände des Einzelfalls und in Bezug auf das erstrebte Ziel verhältnismäßig i.e.S. ist.[1450] Der Gerichtshof nimmt damit eine Art Konkordanzprüfung vor, indem er die konkurrierenden Interessen wie auch Rechte mit der Koalitionsfreiheit abwägt und zu einem gerechten Ausgleich bringt.

5. Zwischenfazit

Zusammenfassend lässt sich daher festhalten, dass sich die für das Streikrecht der Arbeitnehmer des öffentlichen Dienstes als wesentlich zu erachteten nationalen Schranken gerade auf die Interessen Dritter bzw. auf Belange der Allgemeinheit beziehen. Dies hat zur Folge, dass zum einen insbesondere Grundrechte Dritter als so genannte verfassungsimmanente Schranke und zum anderen der Grundsatz der Verhältnismäßigkeit zu beachten sind. Das Gemeinwohl hingegen kann nicht als generelle Schranke des Art. 9 Abs. 3 GG qualifiziert werden, da dies entweder hinsichtlich des Kampfziels zu einer unzulässigen Tarifzensur führen würde oder bezüglich der Art und Weise der Kampfführung schlichtweg entbehrlich ist, da die betroffenen Rechte unbeteiligter Dritter durch die soeben aufgezeigten Schranken hinreichend geschützt werden.

Auch die arbeitsvölkerrechtlichen Regelungen gestatten insbesondere dann eine Einschränkung des Streikrechts, wenn Rechte Dritter oder Allgemeininteressen betroffen sind, ganz ähnlich dem deutschen Recht. Vor allem der EGMR nimmt eine Art Verhältnismäßigkeitsprüfung im engeren Sinne vor und prüft damit die Angemessenheit des Eingriffs in das Streikrecht.

III. Die Zulässigkeit der Einführung eines (gesetzlichen) obligatorischen Schlichtungsverfahrens

Basierend auf der Tatsache, dass sich die Schadenserheblichkeit von Arbeitskämpfen in den letzten Jahrzehnten nicht nur hinsichtlich der Tarifvertragsparteien, sondern

---

1448 Dörr/Grote/Marauhn/*Bröhmer*, Konkordanzkommentar EMRK/GG, Art. 11, Rn. 76.

1449 EGMR ÖJZ 2003, 276 (278), Urteil vom 10.01.2002, Unions/das Vereinigte Königreich; Dörr/Grote/Marauhn/*Bröhmer*, Konkordanzkommentar EMRK/GG, Art. 11, Rn. 64.

1450 Vgl. statt vieler EGMR AuR 2011, 303 (303f.), Urteil vom 27.03.2007, Karacay/Türkei; EGMR AuR 2015, 146 (149), Urteil vom 27.11.2014, HLS/Kroatien; Dörr/Grote/Marauhn/*Bröhmer*, Konkordanzkommentar EMRK/GG, Art. 11, Rn. 76.

auch für die Bevölkerung stark erhöht hat,[1451] wird immer öfter die Möglichkeit eines gesetzlichen Schlichtungsverfahrens in Erwägung gezogen. In Anbetracht der diskutierten nationalen und internationalen Schranken des Streikrechts der Arbeitnehmer des öffentlichen Dienstes stellt sich daher die Frage nach der Zulässigkeit eines solchen Verfahrens.

Da eine Zwangsschlichtung mit bindendem Vermittlungsergebnis offensichtlich weder dem nationalem Verfassungsrecht noch den untersuchten arbeitsvölkerrechtlichen Regelungen entspricht, beschränkt sich die nachfolgende Untersuchung auf obligatorische Schlichtungsverfahren, deren Vermittlungsvorschlag am Ende des Verfahrens für die Tarifvertragsparteien unverbindlich ist, es sei denn, beide Parteien stimmen dem Vorschlag freiwillig zu und verpflichten sich damit zur Umsetzung. Ein derartiges Schlichtungsverfahren kann mit generellem Einlasszwang vor Beginn eines jeden Arbeitskampfes oder auf Antrag einer Partei mit Einlasszwang des sozialen Gegenspielers ausgestaltet werden. Aber unabhängig in welcher Art und Weise die Schlichtung erfolgen soll, ihre rechtliche Zulässigkeit ist stets im Rahmen einer Verhältnismäßigkeitsprüfung daran zu messen, inwieweit das Schlichtungsverfahren die Arbeitskampffreiheit der Tarifvertragsparteien einschränkt und ob dieser Eingriff proportional zum verfolgten Zweck steht.

Obwohl es zu keiner inhaltlichen Bindung der Tarifvertragsparteien kommt, führt ein dem eigentlichen Arbeitskampfgeschehen vorgelagertes Schlichtungsverfahren mit generellem Einlasszwang zumindest für einen gewissen Zeitraum zu einer Beschränkung des tarifautonomen Verhandlungsprozesses der beteiligten Parteien, da den sozialen Gegenspielern die freie Entscheidung über den zeitlichen Ablauf der Tarifauseinandersetzungen genommen wird. Zudem wird den Parteien die Möglichkeit entzogen, freiwillige Schlichtungsvereinbarungen zu treffen und damit das Verfahren autonom zu bestimmen.[1452] Ein solcher Eingriff in die Betätigungsfreiheit bedarf daher einer Rechtfertigung aufgrund anderer verfassungsrechtlich gewährleisteter Rechte. So ist ein Schlichtungsverfahren durchaus in der Lage und geeignet, die Rechte unbeteiligter Dritter zu schützen, indem mögliche Tarifkonflikte durch unparteiische Kompromissfindung entschärft werden oder erst gar nicht entstehen. Jedoch ist nicht jeder Tarifkonflikt bzw. Arbeitskampf im öffentlichen Dienst dazu geeignet, dergestalt in grundlegende Rechte der Bevölkerung einzugreifen, dass der durch ein generelles vorgeschaltetes Schlichtungsverfahren entstehende Eingriff in die Koalitionsfreiheit der Tarifvertragsparteien gerechtfertigt sein könnte. Eine solche generelle Regelung, die unabhängig von dem verletzten Drittrecht im Einzelfall eine derartige Schlichtung im öffentlichen Dienst vorsieht, wäre daher unverhältnismäßig.[1453]

Etwas anderes ergibt sich auch nicht aus den arbeitsvölkerrechtlichen Vorgaben, da auch hier stets auf die kollidierenden Rechte abgestellt wird. Insbesondere der

---

1451 Vgl. *Behning*, Schlichtung, S. 222.

1452 So auch *Behning*, Schlichtung, S. 243.

1453 A.A. *Behning*, Schlichtung, S. 244f.; ähnlich jedoch SchaubArbRHdb/*Treber*, § 195, Rn. 8.

EGMR nimmt in ständiger Rechtsprechung eine Art einzelfallbezogene Konkordanzprüfung vor. Aber auch die IAO-Kontrollausschüsse halten ein obligatorisches Schlichtungsverfahren nur insoweit für zulässig, als es auf Antrag beider in einem Tarifkonflikt beteiligten Parteien eingeleitet wird oder in den Fällen, in denen das Streikrecht beschränkt werden kann oder sogar ein Streikverbot zulässig wäre, also bei Beschäftigten des öffentlichen Dienstes, die Hoheitsgewalt im Namen des Staates ausüben oder wenn notwendiger Dienste im „engen Sinne" („essential services in the strikt sense") betroffen sind, deren Unterbrechung zu einer Gefährdung des Lebens, der Gesundheit oder der Sicherheit eines wesentlichen Teils oder der gesamten Bevölkerung führen würde. Daneben betont Art. 6 Nr. 3 ESC zwar die Förderung von Schlichtungsverfahren, jedoch ebenso die Freiwilligkeit eines solchen Verfahrens.

Nichts anderes ergibt sich im Hinblick auf obligatorische Schlichtungen, die auf Antrag einer Partei eingeleitet werden können und damit einen Einlasszwang für den sozialen Gegenspieler begründen. Für die Tarifvertragspartei, die dem Einlasszwang gesetzlich unterworfen wird, besteht ein genauso erheblicher Eingriff in die Tarifautonomie wie bei einem generellen Einlasszwang, sodass die rechtlichen Überlegungen zur Zulässigkeit den obigen entsprechen.

D. Das Streikrecht in der Daseinsvorsorge[1454]

Die soeben dargestellten nationalen und arbeitsvölkerrechtlichen Schranken des Streikrechts, vor allem die Rechte unbeteiligter Dritter und die Belange der Allgemeinheit, erlangen nicht mehr nur bei Streikmaßnahmen im öffentlichen Dienst große Bedeutung, sondern gerade auch in den Bereichen der Daseinsvorsorge. Aus historischer Sicht betrachtet, ist dies auch nicht verwunderlich, da die Aufrechterhaltung und Sicherung einer gewissen „Mindestvorsorge" der Bevölkerung in erster Linie Aufgabe der Verwaltung und damit auch der Arbeitnehmer des öffentlichen Dienstes war. Entsprechend wurden die sozialen Probleme der Bevölkerung ab der Mitte des 19. Jahrhunderts, in Anbetracht der Säkularisierung, der Industrialisierung und der urbanen Massengesellschaft, zum Teil des politischen Diskurses. Die damit aufgeworfene „soziale Frage" mündete in der Bismarck'schen staatlichen Sozialpolitik, welche durch den damaligen stark wachsenden Verwaltungsapparat gewährleistet wurde. In der Phase der Hochindustrialisierung kam es ferner zu einer schubhaften Entwicklung von Wasserwerken, Elektrizitäts- und Gasversorgung, Kanalisationen, Straßenreinigung, Schlachthöfen, Abfallbeseitigung oder auch vom öffentlichen Personenverkehr, um nur einige zu nennen, welchen sich vor allem die Verwaltung der Kommunen annahm.[1455] Aber auch der Erste und Zweite Weltkrieg trugen dazu bei, dass Bereiche wie etwa die Familien- oder Hinterbliebenenfürsorge sowie die Wohnungsvorsorge Teil der städtischen und gemeindlichen Auf-

1454 Zur Begriffsbestimmung vgl.: Kapitle 2, A., II.
1455 *Henneke*, in: Krautscheid, Daseinsvorsorge, S. 17 (19).

gaben wurden.[1456] Seit jeher war die Daseinsvorsorge daher Aufgabe des Bundes, der Länder aber vor allem der Kommunen.

Aber auch in der heutigen Bundesrepublik stellt die Sicherung einer menschenwürdigen Existenz und die Wahrung elementarer Rechtsgüter für die Bevölkerung eine verfassungsrechtlich anerkannte Aufgabe der öffentlichen Hand dar[1457], die unter anderem mit Hilfe der Leistungsverwaltung zu bewältigen ist. Wenngleich die derzeitige Entwicklung eine andere ist. Die öffentlichen Aufgaben, wie die Versorgung der Bevölkerung mit den für den Alltag notwendigen Leistungen, fallen heute immer öfter der Privatisierung anheim, sodass sich der Bezug zum öffentlichen Dienst mehr und mehr löst. Die Thematik ist somit nicht mehr ausschließlich auf den öffentlichen Dienst beschränkt, aber dennoch mit diesem verknüpft. Folglich soll die historische Verknüpfung zwischen öffentlichem Dienst und der Daseinsvorsorge zum Anlass genommen werden, diese Thematik näher zu beleuchten.

Dementsprechend stellt sich im Folgenden die Frage, inwieweit sich innerhalb der Daseinsvorsorge Besonderheiten für das Streikrecht der Arbeitnehmer des öffentlichen Dienstes ergeben.

I. Die spezifische Problemstellung der Streikmaßnahmen in der Daseinsvorsorge

1. Hohe Drittbetroffenheit und geringe Effektivität

Die besondere Problematik der Streikmaßnahmen in der Daseinsvorsorge setzt bei einem Vergleich zur „klassischen" Form des Streiks in der „freien Wirtschaft" und dessen Wirkung an. So liegt der traditionelle Grund hinter einer solchen streikbedingten Arbeitsniederlegung darin, die Produktion bzw. den Absatz der herzustellenden Ware oder die Erbringung der Dienstleistung einzuschränken, sodass dem Arbeitgeber ein wirtschaftlicher Schaden entsteht. Der Gedanke dahinter zielt auf die Herstellung eines Verhandlungsgleichgewichts der Arbeitnehmer gegenüber einem übermächtigen Arbeitgeber, um adäquate Tarifverhandlungen führen zu können.

Streikmaßnahmen in Bereichen der Daseinsvorsorge führen darüber hinaus, in wesentlich mehr Fällen als in der „freien Wirtschaft", nicht nur zu Schädigungen des Kampfgegners, sondern vor allem zu nicht unerheblichen unmittelbaren Beeinträchtigungen oder Schädigungen unbeteiligter Dritter. Damit entsteht eine ganz andere Konfliktkonstellation.[1458] Ein markantes Beispiel hierfür bildet der öffentliche Nahverkehr. Legen die Fahrer des städtischen Nahverkehrs (Straßenbahn, U-Bahn, Bus) ihre Arbeit nieder, so hat dies erhebliche Auswirkungen auf die Bevölkerung.

1456 *Henneke*, in: Krautscheid, Daseinsvorsorge, S. 17 (19f.).

1457 U.a. BVerfG NVwZ 2015, 559 (561); BVerfG NJW 1984, 1872 (1873); *Kissel*, Arbeitskampfrecht, S. 1014.

1458 *Scherer*, Grenzen, S. 321.

Eine aktuelle Forschungsstudie der Universität Passau[1459] belegt, dass Streikmaßnahmen des öffentlichen Nahverkehrs beträchtliche negative Folgen für die Bevölkerung haben können. Ausgangspunkt der Studie waren 77 Streiks im Nahverkehr der fünf größten deutschen Städte (Berlin, München, Hamburg, Köln, Frankfurt a.M.) in den Jahren 2002–2011.[1460] Diese führten im Ergebnis zu einem gesteigerten Verkehrsaufkommen im morgendlichen Berufsverkehr um 6 % und über den ganzen Tag betrachtet um 4 %[1461], da die Nahverkehrsnutzer gezwungen waren auf private PKW, Fahrräder, Leihwagen oder Taxis auszuweichen. Hierdurch verlängerte sich die durchschnittliche Fahrdauer von Auto-Pendlern um durchschnittlich 11 % am Morgen und 4 % über den gesamten Tag betrachtet.[1462] Aufgrund dessen war eine erhöhte Anzahl von Verkehrsunfällen und darauf zurückzuführenden Verletzungen von 20 % am Morgen und 8 % über den gesamten Tag verteilt festzustellen.[1463] Ferner stieg die Luftverschmutzung mit Feinstaubpartikeln morgens um 26 %, über den Tag verteilt um 17 %, was wiederum die diagnostizierten Atemwegsstörungen in Krankenhäusern um 18 % ansteigen ließ.[1464] In Anbetracht dieser Streikfolgen lassen sich konkrete Schädigungen unbeteiligter Dritter sowie der Allgemeinheit ausmachen. So können den Nutzern des öffentlichen Nahverkehrs durch das Ausweichen auf andere Verkehrsmittel zusätzliche Kosten entstehen. Ferner führen das zusätzliche Verkehrsaufkommen und die daraus resultierenden Verspätungen von Arbeitnehmern zu Opportunitätskosten der Allgemeinheit, die in Großstädten zu einem Millionenschaden führen können.[1465] Auch ist ein konkreter Lohnausfall derjenigen Arbeitnehmer anzunehmen, die ihren Arbeitsplatz nur mit Verspätung erreichen können. Darüber hinaus werden alldiejenigen, die aufgrund von verkehrsbedingten Unfällen und der zusätzlichen Luftverschmutzung konkret an ihrer Gesundheit beeinträchtigt werden oder ihr Leben lassen müssen, in ihrem Grundrecht aus Art. 2 Abs. 2 GG verletzt. Ganz ähnliche Folgen entstehen denknotwendig auch bei Streikmaßnahmen der Lokführer im Personenverkehr der Deutschen Bahn AG.[1466]

Aber auch in anderen Bereichen der Daseinsvorsorge können unbeteiligte Dritte unmittelbar empfindliche Grundrechtseingriffe durch Arbeitskampfmaßnahmen erleiden. So tangieren Streikmaßnahmen an Schulen beispielsweise das Grund-

---

1459 Es handelt sich hierbei um eine unveröffentlichte Studie von *Prof. Dr. Stefan Bauernschuster* (Inhaber des Lehrstuhls für Volkswirtschaftslehre mit Schwerpunkt Wirtschaftspolitik an der Universität Passau), *Anita Fichtl, Timo Hener* und *Helmut Rainer* hinsichtlich der negativen Folgen für Verkehr, Umwelt und Gesundheit eines Streiks im öffentlichen Nahverkehr. Die Forschungsergebnisse sind allerdings veröffentlicht in: *Bauernschuster/Fichtl/Hener/Rainer*, ifo Schnelldienst, 2014, 31 ff.

1460 *Bauernschuster/Fichtl/Hener/Rainer*, ifo Schnelldienst, 2014, 31 (31).

1461 *Bauernschuster/Fichtl/Hener/Rainer*, ifo Schnelldienst, 2014, 31 (33).

1462 *Bauernschuster/Fichtl/Hener/Rainer*, ifo Schnelldienst, 2014, 31 (33).

1463 *Bauernschuster/Fichtl/Hener/Rainer*, ifo Schnelldienst, 2014, 31 (34).

1464 *Bauernschuster/Fichtl/Hener/Rainer*, ifo Schnelldienst, 2014, 31 (34).

1465 *Bauernschuster/Fichtl/Hener/Rainer*, ifo Schnelldienst, 2014, 31 (35).

1466 Vgl. *Kernfert/Kooths*, DIW Berlin 2008, 25 (28 f.).

recht auf Bildung und die staatliche Schulverantwortung nach Art. 7 Abs. 1 GG. In Kindertagesstätten können Streikmaßnahmen bei alleinerziehenden Eltern zudem zu Eingriffen in die Berufsfreiheit nach Art. 12 GG führen. Zudem kann es in medizinischen Bereichen ebenfalls zu Beeinträchtigungen der körperlichen Unversehrtheit und damit zu einem Grundrechtseingriff nach Art. 2 Abs. 2 GG kommen, um nur einige Beispiele zu nennen.

Neben dieser akuten Drittbetroffenheit ist eine weitere Besonderheit hinsichtlich der Wirkung der Streikmaßnahmen in Bereichen der Daseinsvorsorge zu beobachten. Im Gegensatz zu den Streikmaßnahmen in Bereichen der übrigen Wirtschaft führen diejenigen in der Daseinsvorsorge für den eigentlichen Kampfgegner zu weit weniger harten Folgen. Zum Teil sind diese Streiks derart ineffektiv, dass dem sozialen Gegenspieler nicht einmal ein nennenswerter wirtschaftlicher Schaden entsteht, wie beispielsweise bei bestreikten Kindertagesstätten. In diesem Fall gehen dem Träger der Kindertagesstätte keinerlei Einnahmen verloren. Ganz im Gegenteil können sogar Personal- und Betriebskosten eingespart werden. Aber auch der oben angeführte öffentliche Nahverkehr ist ein Beispiel für die Ineffektivität des Streiks in der Daseinsvorsorge gegenüber dem eigentlichen Kampfgegner. Denn dem Nahverkehrsunternehmen entgehen zwar die Einnahmen durch den Verkauf von Bartickets, allerdings werden diese Verluste dadurch eingedämmt, dass die Gewinne aufgrund von Jahres- oder Monatstickets, die gerade von Pendlern genutzt werden, nicht verloren gehen. Darüber hinaus werden streikbedingt Personal- und Betriebskosten eingespart.

2. *Privatisierung*

Ein wesentlicher Grund für die angestiegenen Streikzahlen in Bereichen der Daseinsvorsorge ist die zunehmende Privatisierung von Staatsaufgaben[1467], die in den 1990er Jahren zu einer regelrechten „Privatisierungswelle“[1468] anwuchs. So wurde beispielsweise die Deutsche Bundesbahn mit der Deutschen Reichsbahn der ehemaligen DDR im Zuge der Bahnreform 1994 zur privatrechtlich organisierten Deutschen Bahn AG vereinigt.

Darüber hinaus wurden die Organisationseinheiten der Deutschen Bundespost zum 1. Juli 1989 aufgrund des Poststrukturgesetzes („Postreform I“) neu gegliedert. Anschließend folgte im Jahre 1994 die Privatisierung dieser mit der „Postreform II“, aus der die Deutsche Post AG, die Deutsche Telekom AG und die Postbank AG hervorgingen.

Zuvor konnten die Arbeitskampfmaßnahmen in der Daseinsvorsorge auf ein Minimum beschränkt werden, da der Einsatz von Beamten[1469] in diesen Sektoren nach herrschender Meinung mit einem statusbezogenen Streikverbot verknüpft war. Mit der Privatisierung entfallen die Aufgaben der Daseinsvorsorge jedoch

---

1467 *Ziebarth*, ArbRAktuell 2015, 122, S. 1; *Kersten, in: Waldhoff/Thüsing*, Verfassungsfragen, S. 15 (19 f.).

1468 *Püttner*, ZÖR 2001 (56), 227 (230).

1469 *Ziebarth*, ArbRAktuell 2015, 122, S. 1.

weitestgehend auf Arbeitnehmer, welchen grundsätzlich ein verfassungsrechtlich gewährleistetes Streikrecht aus Art. 9 Abs. 3 GG zusteht.

Die Thematik des Streikrechts in der Daseinsvorsorge und die damit verbundene Drittbetroffenheit können somit nicht mehr nur auf die Problematik des Streikrechts im öffentlichen Dienst heruntergebrochen werden. Aufgrund der zunehmenden Privatisierung von staatlichen „Daseinsvorsorgeaufgaben" hat sich ein eigenständiger rechtlicher Bereich herausgebildet, der dementsprechend zu beleuchten ist.

3. *Tarifpluralität, Spartengewerkschaften und Tarifwettbewerb*

Darüber hinaus wird auch oftmals die Abkehr des Bundesarbeitsgerichts vom Grundsatz der Tarifeinheit im Betrieb[1470] und das damit verbundene Erstarken der Spartengewerkschaften (Berufsgruppengewerkschaften) in einen engen Zusammenhang mit der Problematik des Arbeitskampfes in der Daseinsvorsorge und der hiermit verbundenen Erhöhung der Drittbetroffenheit gebracht.[1471]

Ein möglicher Grund hierfür war wohl die Befürchtung, dass durch die Tarifpluralität in den Betrieben die Spartengewerkschaften „wie Pilze aus dem Boden schießen" und sich der damit einhergehende Gewerkschaftswettbewerb sowie das enorme „Drohpotential" der Spartengewerkschaften gerade in den Bereichen der Daseinsvorsorge verwirklichen würden[1472]. Aufgrund dessen bestand gleichfalls die Besorgnis einer nachhaltigen Beeinträchtigung unbeteiligter Dritter, die nicht nur den arbeitskampfbedingten Ausfall diverser Dienstleistungen in den Bereichen der Daseinsvorsorge hinnehmen müssten, sondern darüber hinaus auch die den „Daseinsvorsorgeerbringern" aus den Tarifabschlüssen mit den Spartengewerkschaften entstehenden höheren Kosten, die in Form von höheren Steuern oder Preiserhöhungen auf die Bevölkerung umgelegt werden würden.[1473]

Im Nachgang betrachtet, sind jedoch nicht alle Szenarien in der befürchteten Intensität eingetroffen. So ist nicht ersichtlich, dass sich nach Aufgabe des Grundsatzes der Tarifeinheit in Betrieben eine extreme Anzahl an neuen berufsgruppenorientierten Gewerkschaften gegründet hätte. Alle der vordergründig agierenden Spartengewerkschaften wie etwa der Marburger Bund – Vereinigung angestellter Ärzte, die Gewerkschaft Deutscher Lokomotivführer (GDL) oder die Vereinigung Cockpit entstanden schon zuvor im Jahre 1984, 1919 und 1969. Werden ferner die Streikmaßnahmen der GDL bei der Deutschen Bahn AG als Beispiel für den durch die Abschaffung des Grundsatzes der Tarifeinheit initiierten, Tarifwettbewerb in Bereichen der Daseinsvorsorge angeführt, so kann dem entgegengehalten werden, dass derartige Arbeitskampfmaßnahmen ausgehend von der GDL auch schon vor 2010 stattfanden[1474].

1470 Siehe BAG NZA 2010, 778 ff.

1471 U.a. *Kersten, in: Waldhoff/Thüsing*, Verfassungsfragen, S. 15 (21 f.).

1472 Vgl. Monopolkommission 2008/2009, BT-Drs. 17/2600, S. 349 f., 351.

1473 Vgl. Monopolkommission 2008/2009, BT-Drs. 17/2600, S. 349 f., 351.

1474 Vgl. LAG Sachsen NZA 2008, 59 (59).

Gleichwohl lässt sich eine faktische Verknüpfung zwischen Spartengewerkschaften und den Arbeitskampfmaßnahmen in Bereichen der Daseinsvorsorge tatsächlich nicht von der Hand weisen. Entsprechend agieren die Berufsgruppengewerkschaften fast ausschließlich in Sektoren der Daseinsvorsorge. Der vermehrte Tarifwettbewerb spiegelt sich daher gerade auch in der Daseinsvorsorge wider, was zwangsläufig mit einer höheren Drittbetroffenheit verbunden ist. Dennoch finden darüber hinaus in der Daseinsvorsorge auch zahlreiche Arbeitskampfmaßnahmen statt, die durch Branchengewerkschaften wie der Vereinten Dienstleistungsgewerkschaft Ver.di (Streik Post AG/Juni 2015) oder der Gewerkschaft für Erziehung und Wissenschaft (Streik in den Kindertagesstätten/Juni 2015) geführt werden. Es lässt sich daher festhalten, dass der spürbar stärker werdende Tarifwettbewerb zwischen den Gewerkschaften, der zum Teil auch durch das zunehmende Agieren von Spartengewerkschaften entsteht, vermehrt für die Arbeitskämpfe in Bereichen der Daseinsvorsorge prägend ist und zu einer Erweiterung der Beeinträchtigung unbeteiligter Dritter führt.[1475]

Ob diese Entwicklung durch das am 22. Mai 2015 verabschiedete Gesetz zur Tarifeinheit[1476] aufgehalten werden kann, wird an dieser Stelle stark bezweifelt – das Gegenteil wird der Fall sein. So muss beispielsweise davon ausgegangen werden, dass sich der Gewerkschaftswettbewerb, der sich u. a. schon aufgrund der bloßen Aussicht auf das Tarifeinheitsgesetz im Mai bis Juli 2015 zwischen der GDL sowie der Eisenbahn- und Verkehrsgewerkschaft (EVG) um die Mitgliederzahlen angedeutet hat, zusätzlich verstärkt. Denn nach § 4a TVG entsprechend dem Gesetz zur Tarifeinheit[1477], gelangt im Fall einer Tarifkollision im Betrieb nur der Tarifvertrag derjenigen Gewerkschaft zur Anwendung, der zum Zeitpunkt des Abschlusses des zuletzt abgeschlossenen kollidierenden Tarifvertrags im Betrieb die meisten in einem Arbeitsverhältnis stehenden Mitglieder hat. Diese Regelung schürt regelrecht den Wettbewerb um jedes Mitglied. Dieser wird sich aber nicht nur in einer stärkeren direkten Mitgliederwerbung, sondern auch in einem Überbietungskampf in Form besserer Tarifabschlüsse realisieren, welche zwangsläufig mit Streikmaßnahmen verbunden sein werden. Darüber hinaus ist durchaus zweifelhaft, ob das Gesetz in der verabschiedeten Form im Hinblick auf kleinere Gewerkschaften mit Art. 9 Abs. 3 GG vereinbar ist. Aus diesem Grund haben u. a. sowohl die Pilotenvereinigung Cockpit[1478] als auch der Marburger Bund[1479] Verfassungsbeschwerde gegen das Gesetz zur Tarifeinheit vor dem Bundesverfassungsgericht erhoben.

1475 So auch *Kersten, in: Waldhoff/Thüsing*, Verfassungsfragen, S. 15 (21 f.).

1476 Vgl. Entwurf des Gesetzes zur Tarifeinheit: BT-Drs. 18/1462.

1477 Vgl. BT-Drs. 18/1462, S. 5, Anlage 1.

1478 http://www.vcockpit.de/verein/aktuelles/details/news/tarifeinheitsgesetz-unterzeichnet-vereinigung-cockpit-klagt-in-karlsruhe.html (Stand 13.8.2015).

1479 https://www.marburger-bund.de/artikel/allgemein/pressemitteilungen/2015/marburger-bund-erhebt-verfassungsbeschwerde-gegen-tarifeinheitsgesetz (Stand 13.8.2015).

4. *Zwischenfazit*

Die besondere Problematik von Arbeitskampfmaßnahmen in Bereichen der Daseinsvorsorge liegt daher in der erhöhten Betroffenheit unbeteiligter Dritter, die wiederum einer geringen Streikeffektivität hinsichtlich des eigentlichen Arbeitskampfgegners gegenübersteht. Dieses Phänomen wird durch die derzeitigen wirtschaftlichen und politischen Entwicklungen verstärkt, namentlich durch Privatisierung, dem stärkeren Agieren von Spartengewerkschaften und dem steigenden Tarif- und Gewerkschaftswettbewerb.

II. Die möglichen Beschränkungen des Streikrechts in der Daseinsvorsorge am Maßstab des nationalen Rechts

Aufgrund dieser spezifischen Auswirkungen eines Arbeitskampfes in der Daseinsvorsorge stößt das derzeitige Streikrecht in diesem Bereich vermehrt auf Kritik. Daher stellt sich im Folgenden die Frage nach dessen rechtlicher Behandlung – insbesondere nach der Zulässigkeit möglicher Einschränkungen im nationalen Recht.

1. *Der Status quo der Rechtsprechung zum Streikrecht in der Daseinsvorsorge*

Inwieweit Arbeitskampfmaßnahmen in Bereichen der Daseinsvorsorge, im Hinblick auf die Beeinträchtigung der Rechte Dritter und der Allgemeinheit unzulässig und somit einschränkbar sein können, ist jedoch bisher nicht explizit höchstrichterlich entschieden.[1480] Aus einer Gesamtbetrachtung der Rechtsprechung der obersten Bundesgerichte lässt sich aber zumindest eine gewisse Grundtendenz dahingehend ableiten, anhand welcher Kriterien eine solche Konstellation zu beurteilen ist. Dies machen sich auch die Instanzgerichte zunutze, um die Zulässigkeit von Streikmaßnahmen in Bereichen der Daseinsvorsorge zu klären.[1481]

Zunächst besteht unter den obersten Bundesgerichten grundsätzlich Einigkeit darüber, dass in unserer verwobenen und sich gegenseitig bedingenden, voneinander abhängigen Gesellschaft Arbeitskampfmaßnahmen unausweichlich auch die Rechte unbeteiligter Dritter sowie der Allgemeinheit nachhaltig berühren.[1482] Damit wird ein gewisses Maß an Drittbetroffenheit, wenn sich diese als eine mehr oder weniger beabsichtigte Nebenfolge eines Arbeitskampfes darstellt[1483], von der

---

1480 Unter Umständen aber in BAG, 25.08.2015, Az: 1 AZR 754/13 (noch unveröffentlicht).

1481 U.a. LAG Hessen, BeckRS 2015, 68424; LAG Sachsen NZA 2008, 59 ff.; LAG Baden-Württemberg NZA 2009, 631 ff.; LAG Hamm NZA-RR 2007, 250 ff.

1482 U.a. BVerfG NJW 1993, 1379 (1380); BAG AP GG Art. 9 Arbeitskampfrecht Nr. 43, S. 8 (A. I.); BGH AP GG Art. 9 Arbeitskampf Nr. 61, S. 4.

1483 BAG NZA 2007, 1055 (1060): ArbG Frankfurt BeckRS 2012, 67886, S. 18; Hessisches LAG AuR 2013, 233.

Rechtsprechung als hinnehmbar akzeptiert. Eine ansonsten rechtmäßige Arbeitskampfmaßnahme ist daher nicht schon aufgrund einer jeden Drittbeeinträchtigung unzulässig. Aufgrund dessen sind zumindest nach der Instanzrechtsprechung auch Arbeitskampfmaßnahmen in Bereichen der Daseinsvorsorge nicht von vornherein unzulässig.[1484]

Nach der höchstrichterlichen Rechtsprechung können der Koalitions- und damit auch der Arbeitskampffreiheit allerdings durch Rechte und Rechtsgüter unbeteiligter Dritter Schranken gesetzt sein. So hat das Bundesverfassungsgericht immer wieder betont, dass sich auch Art. 9 Abs. 3 GG einer Konkordanzabwägung mit Grundrechten Dritter oder anderen Rechten mit Verfassungsrang stellen müsse.[1485] Diesen Weg geht auch das Bundesarbeitsgericht, indem es als zentralen Maßstab zur Beurteilung der Zulässigkeit einer Arbeitskampfmaßnahme den Verhältnismäßigkeitsgrundsatz heranzieht, bei welchem mitunter ebenfalls die Rechte Dritter im Rahmen der Verhältnismäßigkeitsprüfung im engeren Sinne (Angemessenheit/Proportionalität) zu berücksichtigen sind.[1486] Entsprechend sei eine Arbeitskampfmaßnahme nur dann verhältnismäßig im engeren Sinne, wenn sie sich unter hinreichender Würdigung der grundrechtlich gewährleisteten Betätigungsfreiheit zur Erreichung des angestrebten Kampfziels unter Berücksichtigung der Rechtspositionen der von der Kampfmaßnahme unmittelbar oder mittelbar Betroffenen als angemessen darstelle.[1487] Folglich ist an dieser Stelle eine rechtliche Abwägung vorzunehmen, indem unter Berücksichtigung sämtlicher Umstände des Einzelfalls[1488] die Betätigungsfreiheit und die damit kollidierenden Grundrechte betroffener Dritter im Wege der praktischen Konkordanz zum Ausgleich gebracht werden müssen. Hierbei sei nach Ansicht der Instanzgerichte unter anderem darauf abzustellen, ob es dem Streikgegner möglich ist, Ersatzdienstleistungen anzubieten, in welchem Umfang tatsächlich Dritte von einem Streik betroffen sind und ob bzw. welche Ausweichmöglichkeiten für die Betroffenen bestehen.[1489] Ferner sei besonders darauf zu achten, dass, trotz der Arbeitskampfmaßnahme, eine ausreichende Grundversorgung der Bevölkerung mit lebensnotwendigen Gütern in Form eines Notdienstes gewährleistet ist – vor allem in den Bereichen der Daseinsvorsorge, in welchen die ausfallenden Leistungen nicht substituierbar sind.[1490]

1484 U.a. LAG Hessen, BeckRS 2015, 68424, Rn. 241; LAG Sachsen NZA 2008, 59 (59 Ls.); LAG Baden-Württemberg NZA 2009, 631 (631 Ls.).

1485 Ausführlich hierzu Kapitel 4, C., II., 1.

1486 Ausführlich hierzu Kapitel 4, C., II., 2.

1487 Ausführlich hierzu Kapitel 4, C., II., 2.

1488 LAG Hessen, BeckRS 2015, 68424, S. 20; LAG Sachsen NZA 2008, 59 (68).

1489 LAG Sachsen NZA 2008, 59 (68).

1490 BAG AP GG Art. 9 Arbeitskampfrecht Nr. 43, S. 9 (A. I. 3.); LAG Sachsen NZA 2008, 59 (69).

2. *Die verschiedenen Lösungsansätze zum Streikrecht in der Daseinsvorsorge*

Über die bisherige Instanzrechtsprechung hinaus haben sich sowohl in der Wissenschaft als auch in der Politik verschiedenste Lösungsansätze herausgebildet, um die spezifischen Probleme des Streikrechts in der Daseinsvorsorge zu bewältigen. Hierbei ist es den divergenten Überlegungen gemein, übermäßige Schädigungen unbeteiligter Dritter zu vermeiden, indem sie versuchen, das Streikrecht in der Daseinsvorsorge auf verschiedenen Wegen mehr oder weniger einzuschränken. Ob dies allerdings in den unterschiedlichen Ausprägungen verfassungsrechtlich zulässig oder gar notwendig ist, soll im Weiteren näher beleuchtet werden, um letztlich selbst zur gegebenen Problematik Stellung zu nehmen. In diesem Rahmen werden jedoch nicht alle denkbaren Lösungsalternativen diskutiert, sondern nur diejenigen, die überwiegend Anerkennung erfahren haben oder einen neuartigen Ansatz bieten.[1491]

a. *Die Kodifikationsbestrebungen*

Ein sehr weitreichender Ansatz zur Regulierung des Streikrechts in der Daseinsvorsorge besteht in der gesetzlichen Normierung. Dahingehend wurden diverse Vorschläge erarbeitet, die sich in einigen Punkten durchaus ähnlich sind. Hierbei handelt es sich unter anderem um einen Professorenentwurf von *Martin Franzen, Gregor Thüsing und Christian Waldhoff*, der auf Anregung der Carl Friedrich von Weizäcker-Stiftung entstand und im Jahre 2012 veröffentlicht wurde.[1492] Darüber hinaus gab es auch seitens der CSU einen ähnlichen, jedoch weniger konkreten Vorschlag, Sonderregelungen für das Streikrecht in der Daseinsvorsorge zu statuieren.[1493] Ebenso durch den Ministerialrat *Martin Stegmüller*, der einen Gesetzesentwurf für ein Streikfolgenentlastungsgesetz (SfEG) vorschlägt.[1494] Neben diesen Gesetzesvorschlägen, die sich explizit auf den Arbeitskampf in der Daseinsvorsorge beziehen, entwickelten die Professoren *Rolf Birk, Horst Konzen, Manfred Löwisch, Thomas Reiser und Hugo Seiter* schon 1988 einen Gesetzesentwurf, der sich zwar auf die Normierung des gesamten Arbeitskampfrechts bezieht, aber auch hierbei Regelungen enthält, die gerade in den Bereichen der Daseinsvorsorge besonders relevant werden.[1495] Ob die den Kodifikationsversuchen zugrundeliegenden Be-

1491 Zu allen anderen Alternativen vgl. *Rudkowski*, Daseinsvorsorge, S. 57 ff.; *Franzen/Thüsing/Waldhoff*, Daseinsvorsorge, S. 82 ff.

1492 *Franzen/Thüsing/Waldhoff*, Arbeitskampf in der Daseinsvorsorge, Vorschläge zur gesetzlichen Reglung von Streik und Aussperrung in Unternehmen der Daseinsvorsorge, Tübingen, 2012.

1493 Beschluss des Parteivorstandes, 26. Januar 2015, Für ein modernes Streikrecht, Koalitionsfreiheit achten – Daseinsvorsorge sicherstellen, München.

1494 *Stegmüller*, NZA 2015, 723 ff.

1495 *Birk/Konzen/Löwisch/Raiser/Seiter*, Gesetz zur Regelung kollektiver Arbeitskonflikte – Entwurf und Begründung –, Tübingen, 1988.

stimmungen allerdings den angestrebten Schutz unbeteiligter Dritter sicherstellen können und damit im gleichen Zuge kein rechtswidriger Eingriff in Art. 9 Abs. 3 GG verbunden ist, soll im Weiteren näher untersucht werden.

aa. Ankündigungspflicht

Der Professorenentwurf von *Franzen, Thüsing und Waldhoff* für ein *„Gesetz zur Regelung kollektiver Arbeitskonflikte in der Daseinsvorsorge"* (Entwurf-GkAD) sieht zunächst in § 3 eine Ankündigungspflicht für Arbeitskampfmaßnahmen vor, wobei Ort, Beginn und Dauer der Maßnahmen mitgeteilt werden müssen.[1496] Nach § 3 Abs. 1 Entwurf-GkAD soll die Ankündigungsfrist gegenüber dem Arbeitskampfgegner vier Tage betragen, wohingegen die Öffentlichkeit nach § 3 Abs. 2 Entwurf-GkAD in geeigneter Weise über den Arbeitskampf und die in Abs. 1 S. 2 genannten Umstände informiert werden soll. Sowohl der CSU-Vorschlag wie auch der Vorschlag von *Stegmüller*[1497] beinhalten ebenfalls eine grundsätzliche Ankündigungspflicht, verbunden mit einer Ankündigungsfrist von vier Werktagen, damit sich die Bevölkerung auf den Arbeitskampf einstellen könne.[1498] Demgegenüber sieht der Professorenentwurf von *Birk, Konzen, Löwisch, Reiser* und *Seiter* für ein *„Gesetz zur Regelung kollektiver Arbeitskonflikte"* (Entwurf-GRA) speziell in § 11 Regelungen für Bereiche der Daseinsvorsorge vor.[1499] Nach § 11 Abs. 3 Entwurf-GRA hat die Gewerkschaft ebenfalls die Pflicht, den Kampfgegner mindestens drei Tage vor Aufruf zum Streik über diesen zu informieren. Die Streikabsicht ist ferner der Öffentlichkeit in geeigneter Weise mitzuteilen. Zumindest der Entwurf-GkAD und der Entwurf-GRA unterscheiden somit zwischen der Ankündigung gegenüber dem Arbeitskampfgegner und gegenüber der Öffentlichkeit, sodass beide gesondert zu beleuchten sind.

(1) Ankündigungspflicht gegenüber dem Arbeitskampfgegner

Die Ankündigungspflicht/-frist gegenüber dem Kampfgegner wird damit begründet, dass sich die andere Arbeitskampfpartei infolgedessen auf den Leistungsausfall vorbereiten könne.[1500] Hierdurch sei die Organisation geeigneter Abhilfemaßnahmen möglich, sodass eine Mindestversorgung sichergestellt werden könne.[1501] Dies diene dem Schutz der durch den Streik betroffenen, aber unbeteiligten Dritten.[1502]

Allerdings vermag es diese Begründung nicht, den mit der Ankündigungspflicht/-frist einhergehenden Eingriff in die Arbeitskampffreiheit der Ge-

---

1496 *Franzen/Thüsing/Waldhoff*, Daseinsvorsorge, S. 134f.

1497 *Stegmüller*, NZA 2015, 723 (725).

1498 Beschluss des Parteivorstandes, 26. Januar 2015, Für ein modernes Streikrecht, Koalitionsfreiheit achten – Daseinsvorsorge sicherstellen, S. 2.

1499 *Birk/Konzen/Löwisch/Raiser/Seiter*, Kollektive Arbeitskonflikte, S. 4.

1500 *Franzen/Thüsing/Waldhoff*, Daseinsvorsorge, S. 139.

1501 *Franzen/Thüsing/Waldhoff*, Daseinsvorsorge, S. 107, 139.

1502 *Franzen/Thüsing/Waldhoff*, Daseinsvorsorge, S. 107.

werkschaften zu rechtfertigen. Zunächst verkennen sowohl die Autoren des Entwurfs-GkAD als auch die Befürworter einer Ankündigungspflicht[1503] die Erheblichkeit des Eingriffes in Art. 9 Abs. 3 GG. Denn nach Art. 9 Abs. 3 GG gehört zur verfassungsrechtlich geschützten Betätigungsfreiheit der Koalitionen auch die Wahl der Mittel, die sie zur Erreichung ihres Zwecks für geeignet halten.[1504] Dementsprechend wird den Gewerkschaften mit der Ankündigungspflicht/-frist nicht einfach nur der „Überraschungseffekt" genommen. Vielmehr ist damit eine wesentliche Verkürzung der Wahl der Arbeitskampfmittel und der damit einhergehenden Kampfstrategie verbunden.[1505] Richtig ist zwar, dass ein Arbeitskampf damit nicht gänzlich ausgeschlossen ist.[1506] Allerdings wären sowohl „Warnstreiks" als auch kurzfristige Streikmaßnahmen unmöglich, sodass den Gewerkschaften ein heute wichtiger „Kernbestand an Kampftaktiken"[1507] genommen werden würde. Denn in bestimmten Branchen oder Konstellationen sind gerade kurzfristige Streikmaßnahmen die einzig effektiven Arbeitskampfmittel, die den Gewerkschaften bleiben, wie etwa in kleineren Betrieben mit wenig Streikbeteiligung oder bei leichter Austauschbarkeit von Arbeitnehmern.[1508] In solch einer Situation wäre die Arbeitgeberseite durch eine mehrtägige Ankündigungspflicht übermäßig privilegiert. Schon an dieser Stelle ist die fehlende Ausdifferenzierung einer pauschalen Ankündigungsregelung erkennbar, die dem jeweiligen Einzelfall nicht gerecht werden kann.

Der hierdurch entstehende Eingriff in das Streikrecht der Gewerkschaften könnte freilich durch streikbetroffene Grundrechte Dritter gerechtfertigt sein, allerdings nur dann, wenn eine solche Ankündigungspflicht/-frist gegenüber dem Kampfgegner tatsächlich in der Lage wäre, die Rechte streikbetroffener Dritter grundsätzlich zu schützen. Eine solche Konstellation ist nach hier vertretener Ansicht jedoch nicht gegeben. Denn die Ankündigung soll dem Zweck dienen, den Kampfgegner rechtzeitig zu informieren, sodass dieser ausreichend Zeit hat, Maßnahmen einzuleiten, die eine Mindestversorgung der Öffentlichkeit gewährleisten. Hierfür ist allerdings keine gesonderte Ankündigung notwendig, da der Kampfgegner üblicherweise aufgrund vorangegangener Verhandlungen um die Konfliktlage weiß.[1509] In den Bereichen der Daseinsvorsorge kommt ferner die Besonderheit hinzu, dass sowohl die Gewerkschaften als auch die Arbeitgeberseite regelmäßig gewillt sind, und dies auch

1503 U.a. *Kersten, in: Waldhoff/Thüsing,* Verfassungsfragen, S. 15 (38).
1504 Statt vieler BAG NZA 2009, 1347 (1351).
1505 *Berg,* in: FS Kempen, Modernes kollektives Arbeitsrecht, S. 278 (282).
1506 So das Argument von Kersten: *Kersten, in: Waldhoff/Thüsing,* Verfassungsfragen, S. 15 (38).
1507 Vgl. *Bayreuther,* NZA 2013, 704 (706); *Berg,* in: FS Kempen, Modernes kollektives Arbeitsrecht, S. 278 (282).
1508 Vgl. *Otto,* Arbeitskampf, S. 147.
1509 Ähnlich *Rudkowski,* ZfA 2012, 467 (475).

für selbstverständlich erachten, Notdienstvereinbarungen[1510] zu treffen[1511], durch die eine ausreichende Mindestversorgung der Öffentlichkeit ohnehin gewährleistet ist. Da diese Notdienstvereinbarungen zumeist mit den Forderungen zu Beginn einer jeden Tarifverhandlung vorgelegt werden, hat der Kampfgegner regelmäßig genug Zeit, notwendige Vorbereitungen zu treffen.[1512] Spätestens bei Abschluss dieser Vereinbarungen wird der Kampfgegner notwendigerweise auch über die Modalitäten wie Ort, Dauer und Beginn der Arbeitskampfmaßnahme informiert. Nicht selten werden zudem auch schon in den Notdienstvereinbarungen Ankündigungsfristen geregelt.[1513] Überdies hat es sich in der Praxis eingebürgert, einen Streik in der Daseinsvorsorge zumindest 24 Stunden zuvor anzukündigen.[1514] Auch ein solcher Zeitraum sei durchaus ausreichend, damit der Kampfgegner organisatorische Vorkehrungen treffen und eine ausreichende Mindestversorgung gewährleisten könne.[1515] Der Blick auf die Praxis macht daher deutlich, dass eine Ankündigungspflicht/-frist gegenüber dem Arbeitskampfgegner nicht notwendig ist.

Darüber hinaus wird oftmals übersehen, dass schon die bloße Streikankündigung eine ähnlich schädigende Wirkung auf das betroffene Unternehmen und auf unbeteiligte Dritte haben kann, wie der Streik selbst.[1516] Am Beispiel der Personenbeförderung durch die Bahn, den öffentlichen Nahverkehr oder den Flugverkehr lässt sich dies gut veranschaulichen. Hier führt zumeist schon die Ankündigung eines Streiks dazu, dass die Kunden ihre Buchungen stornieren, Buchungen ganz unterlassen oder ihrer Zahlungsverpflichtungen nicht nachkommen. Kommt es in dieser Situation, durch den erheblichen Druck, vor Streikbeginn zu einer Einigung der Tarifvertragsparteien, hat das Unternehmen einen erheblichen finanziellen Schaden erlitten, ohne dass ein Streik jemals durchgeführt wurde. Hinzu kommen die Schädigungen betroffener Dritter, die aufgrund der Streikankündigung teurere Reisemöglichkeiten gebucht bzw. zusätzliche Buchungen vorgenommen haben, obwohl sie etwa ein

---

1510 Diese werden vom Bundesarbeitsgericht auch synonym als Notstandsvereinbarungen bezeichnet. Vgl. statt vieler BAG NJW 1995, 2869 (2870).

1511 Für Ver.di: *Schubert*, AuR 2014, 176 (182); sinngemäß: *Sylvana Donath*, Geschäftsführerin des Kommunalen Arbeitgeberverbands Thüringen e. V., persönliches Gespräch vom 04.06.2015; *Gregor Klöcker*, Referat Tarifpolitik Marburger Bund (Bund), persönliches Gespräch vom 19.05.2015; *Kerstin Boldt*, Geschäftsführerin Marburger Bund (Thüringen), persönliches Gespräch vom 26.05.2015.

1512 *Schubert*, AuR 2014, 176 (182).

1513 *Berg*, in: FS Kempen, Modernes kollektives Arbeitsrecht, S. 278 (284).

1514 So sinngemäß: *Sylvana Donath*, Geschäftsführerin des Kommunalen Arbeitgeberverbands Thüringen e. V., persönliches Gespräch vom 04.06.2015.

1515 So sinngemäß: *Sylvana Donath*, Geschäftsführerin des Kommunalen Arbeitgeberverbands Thüringen e. V., persönliches Gespräch vom 04.06.2015; *Gregor Klöcker*, Referat Tarifpolitik Marburger Bund (Bund), persönliches Gespräch vom 19.05.2015.

1516 Ähnlich auch *Bayreuther*, NZA 2013, 704 (706).

Jahresticket besitzen oder Urlaubs- oder Geschäftsreisen kostenpflichtig storniert haben. Es ist dabei anzunehmen, dass die Schäden höher sind, je länger der Streik im Voraus angekündigt wurde.

In der Gesamtbetrachtung stellt die undifferenzierte Ankündigungspflicht/-frist gegenüber dem Kampfgegner daher keine geeignete Maßnahme dar, um die Grundrechtseingriffe gegenüber streikunbeteiligten Dritten in der Daseinsvorsorge einschränken zu können, sodass damit ein rechtwidriger Eingriff in die Arbeitskampffreiheit der Gewerkschaften einhergeht.

(2) Ankündigungspflicht gegenüber der Bevölkerung

Die Ankündigungspflicht gegenüber der Öffentlichkeit verfolgt ebenfalls das Ziel, die Rechte streikbetroffener Dritter zu schützen, indem die Bevölkerung von dem bevorstehenden Streik in Kenntnis gesetzt wird, sodass ihr genug Zeit bleibt, sich auf den Streik einstellen zu können. Den Professorenentwürfen entsprechend soll die Öffentlichkeit aus diesem Grund *„in geeigneter Weise"*[1517] über den Streik und dessen Modalitäten (Ort, Dauer, Zeit) informiert werden.

In formaler Hinsicht lässt sich hieran kritisieren, dass die Ankündigungspflicht generalklauselartig formuliert und daher sehr unpräzise gefasst ist, sodass sie stets einer Auslegung bedarf. Dies macht die Reglung zwar unpraktikabel und dient auch nicht der Rechtssicherheit, spricht allerdings nicht gegen ihre Verfassungsmäßigkeit.[1518]

Trotzdem ist eine solche Ankündigungspflicht gegenüber der Öffentlichkeit nicht in jedem Fall geeignet, die Schädigung streikbetroffener Dritter einzuschränken, sodass das mit der Ankündigungspflicht angestrebte Ziel nicht erreicht wird. Denn gerade in Bereichen der Daseinsvorsorge kann der Bürger trotz frühzeitiger Ankündigung einer Arbeitskampfmaßnahme oftmals nicht auf andere Dienstleister ausweichen und wird in seinen verfassungsrechtlich geschützten Rechten verletzt. So ist es der Bevölkerung nicht möglich, ihre Abfälle anderweitig zu entsorgen, wenn es zu Streikmaßnahmen in der Abfallentsorgung kommt. Gleiche Probleme stellen sich etwa in der Abwasserentsorgung, Gas- und Stromversorgung. Auch nützt es Patienten in akuten Notallsituationen nichts, wenn sie schon frühzeitig über einen Ärztestreik informiert werden. Bei einem Streik der Feuerwehr zeigt sich ein ähnliches Bild. In all diesen Situationen läuft die Ankündigungspflicht gegenüber der Öffentlichkeit leer und schränkt die Arbeitskampffreiheit der Gewerkschaften unverhältnismäßig ein.

Darüber hinaus ist die Ankündigungspflicht gegenüber der Bevölkerung auch nicht erforderlich, da die Tarifparteien gerade in der „Daseínsvorsorge" die Medien instrumentalisieren und damit ihre Konflikte für die Bürger erkenntlich in der me-

---

1517 *Franzen/Thüsing/Waldhoff*, Daseinsvorsorge, S. 135; *Birk/Konzen/Löwisch/Raiser/Seiter*, Kollektive Arbeitskonflikte, S. 4.

1518 Dahingehend ist *Kersten* zuzustimmen. *Kersten, in: Waldhoff/Thüsing*, Verfassungsfragen, 15 (39).

dialen Öffentlichkeit austragen.[1519] Die Information der Öffentlichkeit über Tarifkonflikte oder Streikvorhaben ist daher heutzutage durch die tagesaktuellen Medien stets gewährleistet.

Aus den dargelegten Gründen ist auch eine solche Ankündigungspflicht verfassungswidrig.

bb. Aufrechterhaltung einer Grundversorgung

Der Entwurf-GkAD sieht in § 4 die wohl umfangreichste Regelung zur Aufrechterhaltung einer Grundversorgung vor.[1520] Nach § 4 Abs. 1 S. 1 Entwurf-GkAD haben die Arbeitskampfparteien die erforderliche Grundversorgung aufrecht zu erhalten, die der Befriedigung *„der elementaren persönlichen, sozialen und öffentlichen Bedürfnisse“* dient. Eine solche Regelung beinhaltet ebenfalls § 11 Abs. 1 Entwurf-GRA[1521] und auch der CSU-Vorschlag sowie § 4 SfEG[1522] sehen Ähnliches vor[1523]. Darüber hinaus stellt § 4 Abs. 1 S. 2 Entwurf-GkAD klar, dass die ArbeitnehmerInnen, die für die Aufrechterhaltung der Grundversorgung eingesetzt werden, vom Arbeitskampf ausgeschlossen sind. Über diese Grundversorgung sollen die Arbeitskampfparteien einvernehmlich entscheiden und damit eine Vereinbarung treffen, § 4 Abs. 2 S. 2 Entwurf-GkAD. Die Inhalte sind von den Sozialpartnern autonom zu bestimmen. Sollte keine Einigung zustande kommen, entscheidet eine Einigungsstelle hierüber verbindlich, § 4 Abs. 2 S. 2 Entwurf-GkAD. § 4 Abs. 3 und 4 regeln darüber hinaus die Einzelheiten bezüglich der Zusammensetzung der Einigungsstelle und des Einigungsstellenverfahrens. Letztlich bestimmt § 4 Abs. 5 Entwurf-GkAD, dass ein Arbeitskampf nur dann zulässig ist, wenn auch eine Grundversorgung sichergestellt ist.

Aus den Erläuterungen zum Entwurf-GkAD und zum Entwurf-GRA wird deutlich, dass sowohl § 4 Abs. 1 S. 1 Entwurf-GkAD als auch § 11 Abs. 1 S. 1 Entwurf-GRA auf die Problematik der Notdiensttätigkeiten abzielen[1524] und nicht darüber hinausgehen. Die Notwendigkeit der Durchführung eines Notdienstes in bestimmten Bereichen der Daseinsvorsorge ist allerdings nach einhelliger Ansicht in

---

1519 So auch *Berg*, in: FS Kempen, Modernes kollektives Arbeitsrecht, S. 278 (284).

1520 Vgl. hierzu und bezüglich der weiteren Ausführungen *Franzen/Thüsing/Waldhoff*, Daseinsvorsorge, S. 135.

1521 *Birk/Konzen/Löwisch/Raiser/Seiter*, Kollektive Arbeitskonflikte, S. 3f.

1522 *Stegmüller*, NZA 2015, 723 (725)

1523 Beschluss des Parteivorstandes, 26. Januar 2015, Für ein modernes Streikrecht, Koalitionsfreiheit achten – Daseinsvorsorge sicherstellen, S. 2.

1524 *Franzen/Thüsing/Waldhoff*, Daseinsvorsorge, S. 122ff.; *Birk/Konzen/Löwisch/Raiser/Seiter*, Kollektive Arbeitskonflikte, S. 58; a. A. *Kersten, in: Waldhoff/Thüsing*, Verfassungsfragen, S. 15 (40), der meint, dass die angestrebte Sicherstellung der Grundversorgung über die Notdiensttätigkeit hinaus geht. Hierfür lassen sich allerdings keine Anhaltspunkte in der Gesetzesbegründung finden.

Rechtsprechung und Wissenschaft längst anerkannt.[1525] Ferner besteht auch bei den Sozialpartnern Einigkeit darüber, Notdienstarbeiten während eines Streiks durchzuführen bzw. im Vorfeld Notdienstvereinbarungen zu schließen.[1526] Trotz terminologischer Unterschiede wäre diese Regelung somit rein deklaratorischer Natur.

Der Entwurf-GkAD geht aber noch weiter, indem er nicht nur auf die tatsächliche erforderliche Grundversorgung abstellt, sondern vor Arbeitskampfbeginn Einigkeit hinsichtlich der Sicherstellung der Grundversorgung zwischen den Arbeitskampfparteien verlangt und damit den Abschluss einer Notdienstvereinbarung, § 4 Abs. 2 S. 2 Entwurf-GkAD. Sollte eine derartige Einigung nicht möglich sein, soll diese durch ein Einigungsstellenverfahren aber zumindest erzwungen werden können. § 4 Abs. 5 Entwurf-GkAD macht ferner deutlich, dass die Notdienstvereinbarung respektive der Einigungsstellenbeschluss zur Rechtmäßigkeitsvoraussetzung des Arbeitskampfes avanciert.

Im Gegensatz dazu erachtet die Rechtsprechung eine derartige Vereinbarung zwar auch für *„sinnvoll und geboten"*, hält sie aber aus gutem Grund weder für eine *„konstitutive Voraussetzung"* für *„die Durchführung"* des Notdienstes noch für eine generelle Rechtmäßigkeitsvoraussetzung einer jeden Arbeitskampfmaßnahme.[1527] Denn die Pflicht zur Durchführung eines Notdienstes ergibt sich aus dem Schutz der Rechte streikunbeteiligter Dritter. Bei Arbeitskampfmaßnahmen in der Daseinsvorsorge treffen zum einen die Arbeitskampffreiheit aus Art. 9 Abs. 3 GG und verfassungsrechtlich geschützte Rechte Dritter aufeinander, die im Wege der praktischen Konkordanz zum Ausgleich gebracht werden müssen. Aufgrund dessen sind bestimmte Arbeitskämpfe nur dann verhältnismäßig, wenn ein Notdienst gewährleistet ist, um die Grundrechte Dritter hinreichend schützen zu können. In diesem Maße muss die Arbeitskampffreiheit der Gewerkschaften zurückstehen. Im Umkehrschluss hat dies aber gleichwohl zur Konsequenz, dass ein Notdienst auch in Bereichen der Daseinsvorsorge dann nicht erforderlich ist, wenn kein oder kein hinreichender Eingriff in die Rechte Dritter gegeben ist, um innerhalb der Konkordanzabwägung Art. 9 Abs. 3 GG einzuschränken. Somit bedarf es auch in der Daseinsvorsorge eine einzelfallbezogene Abwägung der entgegenstehenden Grundrechte, um feststellen zu können, ob es überhaupt eines Notdienstes bedarf. Der Entwurf-GkAD trifft diese Unterscheidung aber gerade nicht, sondern macht eine Notdienstvereinbarung zur generellen Rechtmäßigkeitsvoraussetzung. In all den Fällen, in denen die Arbeitskampfmaßnahme auch ohne Notdienst verhältnis-

---

1525 Vgl. BAG NJW 1982, 2835 (2836): BAG NJW 1994, 1300 (1302); BAG NJW 1995, 2869 (2870); statt vieler *Otto*, Arbeitskampf, S. 151; Däubler/*Reinfelder*, Arbeitskampfrecht, S. 286.

1526 Für Ver.di: *Schubert*, AuR 2014, 176 (181 f.); sinngemäß: *Sylvana Donath*, Geschäftsführerin des Kommunalen Arbeitgeberverbands Thüringen e. V., persönliches Gespräch vom 04.06.2015; *Gregor Klöcker*, Referat Tarifpolitik Marburger Bund (Bund), persönliches Gespräch vom 19.05.2015; *Kerstin Boldt*, Geschäftsführerin Marburger Bund (Thüringen), persönliches Gespräch vom 26.05.2015.

1527 BAG NJW 1994, 1300 (1302).

mäßig wäre, greift die Reglung somit rechtswidrig in die Arbeitskampffreiheit der Gewerkschaften ein. Dies wäre, wie *Schubert* richtig anführt, beispielsweise bei Arbeitskampfmaßnahmen des Reinigungspersonals in Krankenhäusern der Fall (ausgenommen der Hygienebereiche der Operationsräume) – hier bedarf es keines Notdienstes.[1528]

Darüber hinaus übergeht die Regelung im Falle der Aushandlung eines Verbandstarifvertrages den einzelnen verbandsangehörigen Arbeitgeber. Denn die Parteien, welche die Notdienstvereinbarung abschließen, sind in diesem Fall der Arbeitgeberverband und die Gewerkschaft. Da die Vereinbarung aber im Gegensatz zum Tarifvertrag lediglich schuldrechtliche Wirkung entfaltet, den einzelnen Arbeitgeber aber trotzdem zur Sicherstellung der Grundversorgung verpflichtet, handelt es sich um einen unzulässigen Vertrag zu Lasten Dritter[1529].

Insgesamt mag es zwar wünschenswert sein, eine Regelung zu finden, mit der eine angemessene Grundversorgung sichergestellt werden kann, um die Rechte arbeitskampfbetroffener Dritter in gewissen Bereichen schützen zu können. Allerdings sind die untersuchten Vorschläge hierfür nicht geeignet, da sie entweder rein deklaratorisch und daher nicht notwendig oder aber unverhältnismäßig sind.

cc. Urabstimmung

Ferner legt § 5 Entwurf-GkAD die Durchführung einer Urabstimmung als Zulässigkeitsvoraussetzung für die Arbeitskämpfe in der Daseinsvorsorge fest.[1530] Nach § 5 Abs. 1 Entwurf-GkAD ist die jeweilige Arbeitskampfmaßnahme nur dann zulässig, wenn 50 % der teilnahmeberechtigten Mitglieder der Gewerkschaft an der Urabstimmung teilnehmen und mehr als 50 % der abstimmenden Mitglieder dem Arbeitskampf zustimmen. Die Ergebnisse der Urabstimmung sind sowohl dem Kampfgegner als auch der Öffentlichkeit mitzuteilen, § 5 Abs. 2 Entwurf-GkAD. Das Abstimmungsverfahren ist in der Satzung der Gewerkschaft zu regeln, § 5 Abs. 3 Entwurf-GkAD. Diese Regelungen gelten nach § 5 Abs. 4 Entwurf-GkAD entsprechend für Arbeitskampfmaßnahmen der Arbeitgeberseite. Nach § 6 Abs. 1 Entwurf-GRA ist darüber hinaus bei jeder Arbeitskampfmaßnahme eine Urabstimmung durchzuführen. Allerdings hat ein Verstoß gegen diese Urabstimmungsverpflichtung nach § 6 Abs. 3 Entwurf-GRA keine Auswirkungen auf die Zulässigkeit des Arbeitskampfes, sondern hat lediglich verbandsrechtliche Konsequenzen.[1531]

Die Befürworter einer Urabstimmungsverpflichtung führen als Argument die Legitimationsfunktion hinsichtlich des Arbeitskampfes an. So führt etwa *Kersten* dazu aus, dass ein derartiger Legitimationszusammenhang der verfassungsrechtlich gewährleisteten Koalitionsfreiheit zu entnehmen sei, als *„doppelt gestufte Gegen-*

1528 *Schubert*, AuR 2014, 176 (181).

1529 Ebenfalls *Bayreuther*, NZA 2013, 704 (705).

1530 Vgl. hierzu und bezüglich der weiteren Ausführungen: *Franzen/Thüsing/Waldhoff*, Daseinsvorsorge, S. 135 f.

1531 *Birk/Konzen/Löwisch/Raiser/Seiter*, Kollektive Arbeitskonflikte, S. 2.

seitigkeitsordnung".[1532] Entsprechend legitimiere die individuelle Koalitionsfreiheit die kollektive Vereinigungsfreiheit und konstruiere damit die Tarifautonomie.[1533] Aufgrund dessen legitimiere eine Urabstimmung nicht nur den Arbeitskampf nach „innen", sondern obendrein nach „außen".[1534]

Aber auch wenn von einer derartigen Legitimationswirkung einer Urabstimmung auszugehen wäre, erklärt dies nur die Legitimation gegenüber dem Arbeitskampfgegner, nicht jedoch gegenüber streikunbeteiligten Dritten, die sich eben nicht auf Art. 9 Abs. 3 GG berufen können. Dem Schutz streikgefährdeter Dritter, der gerade den Sinn und Zweck der Regelung darstellt, wird daher mit der Durchführung einer Urabstimmung in keiner Weise Genüge getan. So ist nicht ersichtlich, in welcher Weise die Legitimationsfunktion der Urabstimmung die streikunbeteiligten Dritten vor Rechtsgutverletzungen schützen soll. Schließlich wird der Arbeitskampf nicht weniger schädlich für Dritte, nur weil der Großteil der Mitglieder einer Gewerkschaft diesem zustimmt.

Aufgrund dessen handelt es sich ebenfalls um einen unverhältnismäßigen Eingriff in die Satzungs- und Verbandsautonomie der Gewerkschaften wie auch der Arbeitgeberverbände.[1535] Diese Autonomie lässt sich aus Art. 9 Abs. 3, 1 GG ableiten, welche das Recht auf

> *„Selbstbestimmung über die eigene Organisation, das Verfahren ihrer Willensbildung und die Führung ihrer Geschäfte"*

beinhalten.[1536] Der Eingriff könnte zwar wiederum, dem Gesetzeszweck entsprechend, durch Grundrechte Dritter gerechtfertigt sein, allerdings ist das Urabstimmungserfordernis gerade nicht dazu geeignet, die Rechte streikbetroffener Dritter grundsätzlich zu schützen.

dd. Schlichtung

Darüber hinaus regelt § 6 Entwurf-GkAD[1537] ein obligatorisches staatliches Schlichtungsverfahren für die Tarifvertragsparteien, wenn sie selbst keine eigenen Regelungen zum Schlichtungsverfahren getroffen haben, § 6 Abs. 2 Entwurf-GkAD. Nach § 6 Abs. 3 Entwurf-GkAD kann dieses staatliche Schlichtungsverfahren von jeder der Arbeitskampfparteien eingeleitet werden, soweit die Tarifverhandlungen gescheitert sind. Die hierfür vorgesehene Schlichtungsstelle wäre beim Bundesministerium für Arbeit und Soziales angesiedelt und wird von einem Bundesschlich-

---

1532 *Kersten, in: Waldhoff/Thüsing,* Verfassungsfragen, S. 15 (41 f.).
1533 *Kersten, in: Waldhoff/Thüsing,* Verfassungsfragen, S. 15 (41 f.).
1534 *Kersten, in: Waldhoff/Thüsing,* Verfassungsfragen, S. 15 (42).
1535 So ebenfalls *Rudkowski,* ZfA 2012, 467 (479); ähnlich *Berg,* in: FS Kempen, Modernes kollektives Arbeitsrecht, S. 278 (288).
1536 BAGE 127, 27 (35 f.); BVerfGE 50, 292 (367).
1537 Vgl. hierzu und bezüglich der weiteren Ausführungen *Franzen/Thüsing/Waldhoff,* Daseinsvorsorge, S. 136.

ter geleitet, der zusammen mit dem Tarifausschuss nach § 5 Abs. 1 TVG für eine Amtszeit von vier Jahren bestellt wird, § 6 Abs. 4 Entwurf-GkAD. Die weiteren Modalitäten der Besetzung und der Arbeitsweise der Schlichtungsstelle regeln § 6 Abs. 5 und 6 Entwurf-GkAD. Sollten die Sozialpartner den Schlichtungsvorschlag innerhalb einer zweiwöchigen Frist annehmen, gilt dieser wie ein formwirksamer, zwischen den Parteien vereinbarter Tarifvertrag, § 6 Abs. 6 S. 5 Entwurf-GkAD. Die Einführung einer derartigen „Schlichtungsobliegenheit“ im Bereich der Daseinsvorsorge sieht ebenfalls der CSU-Vorschlag vor.[1538] Auch der Entwurf-GRA regelt in §§ 13–20[1539] ein ähnliches Schlichtungsverfahren, allerdings wiederum hinsichtlich aller Tarifverhandlungen und nicht nur hinsichtlich der Daseinsvorsorge.[1540]

Alle dargestellten Vorschläge haben die Gemeinsamkeit, dass die Regelung eines Schlichtungsverfahrens grundsätzlich den Sozialpartnern vorbehalten bleibt. Zum einen ist das staatliche Schlichtungsverfahren lediglich subsidiär zu denjenigen Schlichtungsvereinbarungen, die autonom durch die Sozialpartner geschlossen werden. Sollte eine solche autonome Schlichtungsvereinbarung nicht existieren, ist zum anderen das staatliche Schlichtungsverfahren nicht zwangsweise durchzuführen, sondern lediglich auf Antrag einer der Tarifvertragsparteien. Der Schlichtungsvorschlag ist darüber hinaus ebenfalls nur dann bindend, wenn die Tarifvertragsparteien diesen freiwillig annehmen oder sich diesem im Voraus unterwerfen.

Damit haben die Sozialpartner stets die Möglichkeit, die Schlichtungsmodalitäten eigenverantwortlich zu regeln. Aber auch wenn sie dies nicht tun, stellt die Durchführung eines subsidiären staatlichen Schlichtungsverfahrens keine Rechtmäßigkeitsvoraussetzung für eine mögliche, im Anschluss stattfindende Arbeitskampfmaßnahme dar. Der Unterschied zur freiwilligen Schlichtung besteht lediglich darin, dass es genügt, wenn eine der Tarifparteien die Schlichtungsstelle anruft. Mit der Folge, dass die andere Partei zur Teilnahme an einem Schlichtungsverfahren verpflichtet wird (Einlasszwang). Hierbei handelt es sich zweifelsohne um einen Eingriff in die Tarifautonomie, da zumindest einer Tarifvertragspartei vorgeschrieben wird, wie ein Teil der Tarifverhandlungen ausgestaltet sein muss. Allerdings ergeben sich mit der Durchführung des Schlichtungsverfahrens keine rechtlich verbindlichen Folgen für die Tarifvertragsparteien. Faktisch wird allenfalls durch die Öffentlichkeit Druck auf die Verhandlungsparteien ausgeübt. Da die Tarifvertragsparteien aber selbst die Medien in Tarifverhandlungen der Daseinsvorsorge instrumentalisieren, ergeben sich in tatsächlicher Hinsicht keine weitreichenden Unterschiede, außer dass sich die Tarifverhandlungen um maximal acht Wochen verlängern. Wobei auch diese Zahl relativ ist, wird bedacht, dass sich ein ver-

1538 Beschluss des Parteivorstandes, 26. Januar 2015, Für ein modernes Streikrecht, Koalitionsfreiheit achten – Daseinsvorsorge sicherstellen, S. 2.

1539 *Birk/Konzen/Löwisch/Raiser/Seiter*, Kollektive Arbeitskonflikte, S. 4 ff.

1540 Auch die badische Landesschlichtungsordnung vom 19. Oktober 1949 sieht ähnliche Regelungen zur Schlichtung von Arbeitsstreitigkeiten hinsichtlich Tarifverträgen und Betriebsvereinbarungen vor.

fahrener Tarifkonflikt noch viel länger hinziehen kann. Mit der Regelung eines solchen Schlichtungsverfahrens besteht daher kein unverhältnismäßiger Eingriff in die Tarifautonomie der Tarifvertragsparteien, wie es etwa bei einer staatlichen Zwangsschlichtung[1541] der Fall wäre.

Für die Zulässigkeit eines derartigen Schlichtungsverfahrens sprechen ferner Paritätserwägungen. Nach ständiger Rechtsprechung des BAG müsse zwischen den Arbeitskampfparteien ein Mindestmaß an Verhandlungs- und Kampfgleichgewicht bestehen (Grundsatz der Waffengleichheit), sodass durch die Tarifabschlüsse vertretbare Arbeitsbedingungen geschaffen werden können. In den Bereichen der Daseinsvorsorge kann der Arbeitgeber jedoch mit den ihm zur Verfügung stehenden Kampfmitteln, wie beispielsweise der Aussperrung oder der Betriebsstilllegung, eine derartige gleichwertige Kampfstärke gegenüber den Gewerkschaften nur schwer erreichen. Dies ist der Tatsache geschuldet, dass die Streikmaßnahmen in den Bereichen der Daseinsvorsorge oftmals darauf angelegt sind, den Arbeitgeber durch den Unmut der Bevölkerung unter Druck zu setzen, der bedingt durch die Arbeitsniederlegung und dem damit verbundenen Ausfall von wichtigen Dienstleistungen entsteht. Würde der Arbeitgeber in dieser Situation auf das Kampfmittel der Aussperrung oder der Betriebsstillegung zurückgreifen, würde dies dem verfolgten Ziel der Gewerkschaften nur noch zuträglicher sein. Zumal eine vollständige Stilllegung in vielen Bereichen der Daseinsvorsorge zum Schutz der Rechte Dritter gar nicht rechtmäßig wäre, da gewisse Notstandsarbeiten erhalten bleiben müssen. Dem Arbeitgeber sind somit mehr oder weniger die Hände gebunden. Aufgrund dessen könnte die Möglichkeit der einseitigen Einleitung eines Schlichtungsverfahrens für die Arbeitgeber in den Bereichen der Daseinsvorsorge ein geeignetes Mittel sein, die Kampfparität wiederherzustellen.[1542]

Auch nach den Vorgaben des internationalen Rechts ergeben sich keine Einwände gegen eine derartige Regelung. Ganz im Gegenteil verpflichtet Art. 6 Abs. 3 ESC die Vertragsparteien sogar zur Förderung von Einrichtungen und der Benutzung von freiwilligen Schlichtungsverfahren zur Beilegung von Arbeitsstreitigkeiten. Zwar handelt es sich bei den vorgeschlagenen staatlichen Schlichtungsverfahren um solche mit Einlasszwang für eine der Tarifvertragsparteien. Allerdings wird auch durch diese Regelung der Grundaussage des Art. 6 Abs. 3 ESC, den Versuch einer friedlichen Schlichtung zu fördern, Genüge getan.

Die einzige Frage, die sich stellen könnte, wäre die nach der Zweckmäßigkeit einer solchen Regelung, wenn davon auszugehen ist, dass die Gesetzesvorschläge auf den Schutz der streikbetroffenen Grundrechte Dritter in den Bereichen der Daseinsvorsorge abzielen. Denn ohne einen bindenden Schlichtungsspruch kann auch nicht gewährleistet werden, dass nach dem Schlichtungsverfahren keine Arbeits-

---

1541 A.A. wohl *Stegmüller*, NZA 2015, 723 (725 f.).

1542 Ähnlich *Rüthers*, FAZ 12.11.2014, Gastbeitrag. Abrufbar unter: http://www.faz.net/aktuell/politik/staat-und-recht/gastbeitrag-flaechendeckende-streiks-wem-wir-sie-zu-verdanken-haben-13262727.html (Stand:18.04.2016).

kampfmaßnahmen zu Lasten unbeteiligter Dritter durchgeführt werden. Aber auch wenn es hierfür keine Garantie gibt, so können durch den schlichtungsbedingten Diskurs durchaus verhärtete Fronten und Konflikte friedlich ohne Durchführung eines Arbeitskampfes gelöst werden. Denn jeder durch Schlichtung erreichte Tarifabschluss lässt einen Arbeitskampf, der zu Lasten der Grundrechte unbeteiligter Dritter geht, entfallen. Wobei auch an dieser Stelle fraglich bleibt, ob dies notwendigerweise gesetzlich geregelt werden muss oder ob nicht schon die zahlreichen, in der Praxis geschlossenen freiwilligen Schlichtungsvereinbarungen ausreichen.[1543]

ee. Mindestrepräsentation

Letztlich sieht § 7 Entwurf-GkAD[1544] eine Einschränkung hinsichtlich der Zulässigkeit von Arbeitskampfmaßnahmen von Sparten- bzw. Berufsgruppengewerkschaften vor. Demnach ist eine gewerkschaftliche Kampfmaßnahme nur zulässig, wenn sie auf einen Tarifvertragsabschluss gerichtet ist, der bezogen auf seinen räumlichen und betrieblichen Geltungsbereich 15 % oder mehr Arbeitsverhältnisse erfassen würde, § 7 S. 1 Entwurf-GkAD. Dieses Quorum bezieht sich bei Firmentarifverträgen auf die Arbeitsverhältnisse im Unternehmen, § 7 S. 2 Entwurf-GkAD.

Die Regelung hätte damit zur Konsequenz, dass all denjenigen Gewerkschaften, die diesen Prozentsatz bei ihren Tarifbestrebungen nicht erreichen können, ein Arbeitskampfrecht schlichtweg vollständig versagt wird. In Art. 9 Abs. 3 GG ist eine solche Schlechterstellung von gewissen Gewerkschaftsarten jedoch nicht vorgesehen. Ganz im Gegenteil, die Betätigungsfreiheit kommt allen Koalitionen gleichermaßen zu. Sogar der Wortlaut des Art. 9 Abs. 3 GG suggeriert die Existenz und die Betätigung von Berufsgruppengewerkschaften, da die Koalitionsfreiheit nicht nur für jedermann, sondern auch für „alle Berufe" gewährleistet ist.[1545] Somit greift die Regelung massiv in die Betätigungsfreiheit von Kleingewerkschaften nach Art. 9 Abs. 3 GG ein, um die Rechte unbeteiligter Dritter zu schützen.

Die Intention ist wohl eine ähnliche wie bei dem neuen Tarifeinheitsgesetz und daher auch aus ähnlichen Gründen unzulässig. Die Problematik der Aufgabe des Grundsatzes der Tarifeinheit wird somit vom Tarif- in das Arbeitskampfrecht in der Daseinsvorsorge verlagert. In den Bereichen der Daseinsvorsorge sind zwar durchaus Fallgestaltungen denkbar, in welchen ein solcher Eingriff in Art. 9 Abs. 3 GG durch verfassungsrechtlich geschützte Rechte Dritter (Leben, Gesundheit) gerechtfertigt sein könnte. Aber auch nicht jeder Arbeitskampf in der Daseinsvorsorge, der durch Spartengewerkschaften geführt wird, hat die Beeinträchtigung oder gar Verletzung von Rechten Dritter zur Folge. Unabhängig davon würde aber in jedem Fall die Regelung des § 7 Entwurf-GkAD zur Anwendung gelangen. § 7 Entwurf-GkAD

1543 So sinngemäß: *Sylvana Donath*, Geschäftsführerin des Kommunalen Arbeitgeberverbands Thüringen e.V., persönliches Gespräch vom 04.06.2015.

1544 Vgl. hierzu und bezüglich der weiteren Ausführungen: *Franzen/Thüsing/Waldhoff*, Daseinsvorsorge, S. 136 f.

1545 So auch *Rudkowski*, Daseinsvorsorge, S. 69.

ist demnach viel zu undifferenziert und damit abzulehnen. Ein gerechter Weg, auf dem alle betroffenen Rechte gleichermaßen Beachtung finden, könnte allerdings über den Verhältnismäßigkeitsgrundsatz führen.[1546] Entsprechend könnte jeder Einzelfall gesondert beleuchtet werden, um im Wege der praktischen Konkordanz die betroffenen Grundrechte zum Ausgleich zu bringen. Dabei können ebenfalls Aspekte wie vorhandene Notstandsvereinbarungen oder die Einsatzmöglichkeit von gleich qualifizierten Ersatzkräften ohne übermäßigen zeitlichen bzw. finanziellen Aufwand in die Überlegung einbezogen werden. Ferner können Art und Umfang der Kampfmaßnahme in der Abwägung Beachtung finden. In diesem Lichte würde § 7 Entwurf-GkAD in einer Vielzahl von Fällen einen unverhältnismäßigen Eingriff in die Arbeitskampffreiheit der betroffenen Gewerkschaften nach sich ziehen.

Die Argumentation der Befürworter einer solchen Quotenregelung, die sich auf das Repräsentationsprinzip stützt, ist daneben ebenfalls nicht haltbar. Hierbei wird angeführt, dass kleine Gewerkschaften zur Durchsetzung von nicht repräsentativen Sonderrechten die Grundrechte Dritter oder Gemeinwohlbelange unverhältnismäßig beeinflussen.[1547] Die Praxis zeigt allerdings, dass bestimmte Berufsgruppen (Funktionseliten) und ihre spezifischen Belange von Einheitsgewerkschaften kaum hinreichend vertreten werden können.[1548] Nur durch entsprechende Berufsgruppen- bzw. Spartengewerkschaften können für viele dieser Arbeitnehmer adäquate Arbeitsbedingungen ausgehandelt werden.[1549] Würde das unterbunden werden, könnten für zahlreiche Gruppen von qualifizierten und dringend notwendigen Fachkräften keine geeigneten Tarifverträge geschlossen werden (z.B. Ärzte). Hierbei handelt es sich ebenfalls um einen Eingriff in die individuelle Koalitionsfreiheit eines jeden betroffenen Arbeitnehmers, der einer Berufsgruppengewerkschaft angehört, aber aufgrund dieser Regelung nicht an einer geschützten Koalitionstätigkeit teilnehmen darf.

ff. Zwischenfazit

Die diskutierten Kodifikationsbestrebungen machen allesamt deutlich, dass eine gesetzliche Regelung entweder aus rechtlichen oder tatsächlichen Gesichtspunkten zumeist keine adäquate Lösung zum Schutz von Rechten streikunbeteiligter Dritter in der Daseinsvorsorge darstellt. Der überwiegende Teil solcher Regelungen ist ferner zu undifferenziert und führt in einer Vielzahl von Fällen zu einem ungerechtfertigten Eingriff in Art. 9 Abs. 3 GG. Um alle widerstreitenden Grundrechte zum Ausgleich bringen zu können, bedarf es eines Instruments, das dem jeweiligen Einzelfall und seinen individuellen Aspekten gerecht werden kann. Die Anwendung des Grundsatzes der Verhältnismäßigkeit könnte ein solches adäquates Mittel dar-

1546 So auch *Rudkowski*, ZfA 2012, 467 (481).

1547 U.a. Kersten, in: Waldhoff/Thüsing, Verfassungsfragen, S. 15 (44f.).

1548 Sinngemäß: *Gregor Klöcker*, Referat Tarifpolitik Marburger Bund (Bund), persönliches Gespräch vom 19.05.2015.

1549 Sinngemäß *Gregor Klöcker*, Referat Tarifpolitik Marburger Bund (Bund), persönliches Gespräch vom 19.05.2015.

stellen. Darüber hinaus wird bei allen Kodifikationsversuchen übersehen, dass es sich sowohl bei der Daseinsvorsorge als auch bei Arbeitskampfmaßnahmen um „Phänomene" handelt, die immer in Abhängigkeit ihrer gesellschaftlichen Einbettung begriffen werden müssen. Bei einem stetigen Wandel von Gesellschaft und Arbeitswelt müssen beide Bereiche daher auch rechtlich anpassungsfähig bleiben, um eine für alle Betroffenen gerechte und zeitgemäße Lösung finden zu können. Ein statisches Gesetz vermag dies hingegen nicht zu leisten.

Demnach wäre nach hier vertretener Ansicht ausschließlich eine Schlichtungsregelung im Sinne des § 6 Entwurf-GkAD zulässig.

b. Die Lösung durch „monetäre Arbeitskämpfe"

Eine andere Lösung schlägt *Ziebarth* vor, indem er das Arsenal der Arbeitskampfmittel für den Bereich der Daseinsvorsorge auf einen rein „monetären Streik" beschränkt.[1550] Es handelt sich hierbei um ein Kampfmittel, das den Arbeitgeber in finanzieller Hinsicht schädigen soll, ohne jedoch eine tatsächliche Arbeitsniederlegung seitens der Arbeitnehmer zur Folge zu haben.[1551] Damit könne der Betrieb aufrecht erhalten bleiben, aber gleichzeitig auch eine Zahlungsverpflichtung des Arbeitgebers in Höhe der Tageseinahmen durch einseitige Willenserklärung erreicht werden, die beispielsweise einer gemeinnützigen Organisation gespendet wird.[1552] Demgegenüber stehe eine „monetäre Aussperrung" der Arbeitnehmer, bei der zwar die Arbeitspflicht aufrechterhalten bleiben soll, der Vergütungsanspruch aber entfalle.[1553] Der so genannte „Monetarstreik" könne somit den Arbeitgeber genauso stark unter Druck setzen wie ein herkömmlicher Streik, schone aber die Allgemeinheit.[1554] Die Voraussetzungen sowie Modalitäten des „Monetarstreiks" und die damit verbundenen Zahlungspflichten müssten allerdings ebenfalls gesetzlich geregelt werden.

Der Einsatz eines solchen atypischen bzw. neuartigen Kampfmittels ist nicht generell ausgeschlossen. Zwar sind Streik und Aussperrung die klassischen Arbeitskampfmittel, die Koalitionen sind aber keineswegs auf diese beschränkt. In Anlehnung an die Rechtsprechung des BVerfG

> *„ist es den Tarifvertragsparteien selbst überlassen, ihre Kampfmittel den sich wandelnden Umständen anzupassen, um dem Gegner gewachsen zu bleiben und ausgewogene Tarifabschlüsse zu erzielen."*[1555] *[...] Sie werden jedenfalls insoweit von der Koalitionsfreiheit erfaßt, als sie erforderlich sind, um eine funktionierende Tarifautonomie sicherzustellen."*[1556]

1550 Vgl. *Ziebarth*, ArbRAktuell 2015, 122 ff.
1551 *Ziebarth*, ArbRAktuell 2015, 122 (124).
1552 *Ziebarth*, ArbRAktuell 2015, 122 (124).
1553 *Ziebarth*, ArbRAktuell 2015, 122 (124).
1554 *Ziebarth*, ArbRAktuell 2015, 122 (124).
1555 BVerfG NJW 1996, 185 (186).
1556 BVerfG NJW 1991, 2549 (2550); BVerfG NJW 1996, 185 (186).

Darüber hinaus gehört es ebenfalls zur verfassungsrechtlich geschützten Betätigungsfreiheit der Koalitionen, die Mittel, die sie zur Erreichung ihres Kampfziels für geeignet halten, selbst zu wählen.[1557] Das bedeutet aber zugleich, dass grundsätzlich nur die Koalitionen dazu befähigt sind, Kampfmittel anzupassen und darüber hinaus zu wählen, nicht aber der Gesetzgeber. Die Beschränkung der Gewerkschaften auf ein „monetäres Streikrecht" in der Daseinsvorsorge hat somit eine wesentliche Verkürzung der Wahl der Arbeitskampfmittel und der damit einhergehenden Kampfstrategie zur Folge. Ein gegenseitiges Taktieren, verbunden mit dem öffentlichen und medienwirksamen Druck wäre nicht mehr möglich. Der Arbeitskampf in der Daseinsvorsorge würde zur schlichten finanziellen Schädigungen verkommen, ohne das die jeweils andere Partei eine weitere adäquate Reaktionsmöglichkeit nutzen könnte. So muss der Arbeitgeber immer die monetäre Schädigung erdulden, auch wenn er bei einem herkömmlichen Streik in der Lage gewesen wäre, die Schäden abzufangen. Damit würde die Einführung eines „Monetarstreiks" nicht nur einen erheblichen Eingriff in die Koalitionsfreiheit der Gewerkschaften zur Folge haben, sondern zugleich auch einen Eingriff in die Rechte des Arbeitgebers.

Nach *Ziebarth* wäre zumindest der Eingriff in die Koalitionsfreiheit der Gewerkschaften durch die verfassungsmäßigen Rechte der sonst erheblich betroffenen unbeteiligten Dritten gerechtfertigt.[1558] An dieser Stelle wird die Argumentation allerdings, wie auch bei den oben beleuchteten Kodifikationsbestrebungen, zu vage und undifferenziert. Es besteht auch hier das Problem der Pauschalisierung. Denn nicht jede Arbeitskampfmaßnahme in der Daseinsvorsorge führt zwangsläufig zu einer derart schwerwiegenden Gefährdung von verfassungsrechtlich geschützten Grundrechten unbeteiligter Dritter, dass wiederum der Eingriff in die Betätigungsfreiheit der Gewerkschaften gerechtfertigt wäre. Es bedarf vielmehr einer einzelfallbezogenen und abgestuften Betrachtung. Die darauffolgende Entscheidung, ab welchem Punkt die Umstände des Einzelfalles und der Eingriff in die Rechte unbeteiligter Dritter so gravierend sind, den Einsatz des „Monetarstreiks" und damit die Zahlungsverpflichtung des Arbeitgebers rechtfertigen zu können, bleibt daher sehr schwierig. Es obläge wie gehabt der Rechtsprechung, die widerstreitenden Grundrechte zum Ausgleich zu bringen. Damit wäre ein „Monetarstreik" immer nur dann ein zulässiges Kampfmittel, wenn die Grundrechte streikbetroffener Dritter derart betroffen wären, dass ein herkömmlicher Streik ohnehin ausgeschlossen wäre. Das wird wiederum praktisch kaum der Fall sein, da die Koalitionen bei Arbeitskämpfen in der Daseinsvorsorge zumeist ohnehin schon Maßnahmen treffen (u.a. freiwillige Notstandsvereinbarungen), damit die Rechte unbeteiligter Dritter nicht derart gravierend gefährdet werden, dass ein Streikrecht unverhältnismäßig wäre. Ein „monetärer Streik" würde somit nicht zur Verbesserung der Lage streikunbeteiligter Dritter führen.

1557 Statt vieler BAG NZA 2009, 1347 (1351); BVerfG NJW 1996, 185 (186).
1558 *Ziebarth*, ArbRAktuell 2015, 122 (124).

c. *Die Lösung über den Grundsatz der Verhältnismäßigkeit*

Den bisherigen Ausführungen zu Folge ist es schlichtweg falsch anzunehmen, dass das Streikrecht in der Daseinsvorsorge pauschal eingeschränkt werden sollte oder könnte. Auch wenn zuvor feststehen würde, welche Branchen unter die Daseinsvorsorge zu subsumieren sind, wird dabei übersehen, dass sich eine Arbeitskampfmaßnahme in jeder spezifischen Branche der Daseinsvorsorge anders auswirken kann. Rechte Dritter sind bei Streikmaßnahmen in der Krankenversorgung grundsätzlich intensiver betroffen als beispielsweise im Postsektor. Ferner gibt es monopolisierte Branchen, bei deren Leistungsausfall die Betroffenen nicht selbstständig auf andere Alternativen ausweichen können, so etwa bei der Müllentsorgung. Im ÖPNV hingegen sind denkbare Alternativen vorhanden, die eine Umgehung der Streikauswirkungen zum Teil möglich machen. Aufgrund dessen sind zum Schutz von Grundrechten Dritter unterschiedliche branchenspezifische Einschränkungen des Streikrechts notwendig.[1559] Aber nicht nur das. Zudem können Arbeitskampfmaßnahmen durch Arbeitnehmer, die zwar in der gleichen Branche tätig sind, aber unterschiedlichen Berufen bzw. Tätigkeiten nachgehen, verschieden stark in die Rechte unbeteiligter Dritter eingreifen. Entsprechend werden die Rechte Dritter (Patienten) im Bereich der Krankenversorgung durch einen Ärztestreik viel stärker betroffen sein, als durch die Arbeitsniederlegung des Hausmeisterdienstes des Krankenhauses oder des Personals der Krankenhauskantine. All das macht eine am speziellen Einzelfall orientierte Lösung unabdingbar.[1560] Ein verallgemeinertes Gesetz können diese nicht gewährleisten.

Ein adäquates Mittel zur Herbeiführung einer gerechten Lösung unter hinreichender Würdigung aller spezifischen Umstände des Einzelfalles und der Grundrechte streikbetroffener Dritter könnte jedoch der Grundsatz der Verhältnismäßigkeit sein. Im Speziellen würden diese Aspekte bei der Prüfung der Verhältnismäßigkeit im engeren Sinne zum Tragen kommen. Schließlich sind nach ständiger Rechtsprechung bei der Prüfung der Proportionalität stets die Rechte aller Streikbetroffenen zu berücksichtigen. Entsprechend ist ausschließlich das Arbeitskampfmittel proportional,

> *„das sich unter hinreichender Würdigung der grundrechtlich gewährleisteten Betätigungsfreiheit zur Erreichung des angestrebten Kampfziels unter Berücksichtigung der Rechtspositionen der von der Kampfmaßnahme unmittelbar oder mittelbar Betroffenen als angemessen darstellt.“*[1561]

Damit findet an genau dieser Stelle der Prüfung des Grundsatzes der Verhältnismäßigkeit eine rechtliche Würdigung statt, die in der Lage sein sollte, einen einzelfallbezogenen situationsgemäßen Ausgleich zwischen den widerstreitenden Rechten zu finden, der alle betroffenen Grundrechte so weit wie möglich zur Geltung kommen

1559 So grundsätzlich auch *Rudkowski,* Daseinsvorsorge, S. 144 ff.
1560 So auch *Kissel,* Arbeitskampfrecht, S. 337.
1561 BAG NZA 2007, 1055 (1058); BAG NZA 2009, 1347 (1352).

lässt und sich dabei am entsprechenden Kampfziel orientiert. Es handelt sich hierbei zwar um eine eher vage Vorgabe, die im Gegensatz zu einem Gesetz viel weniger Rechtssicherheit verspricht, aber durchaus in der Lage ist, sich den gegebenen oder sich wandelnden Umständen flexibel anzupassen. Immer natürlich nur unter der Prämisse, dass die (höchstrichterliche) Rechtsprechung diese Vorgaben dementsprechend anwendet und umsetzt.[1562] Die Instanzrechtsprechung geht hierbei den Weg in die richtige Richtung.[1563]

Allerdings stößt der Verhältnismäßigkeitsgrundsatz in Anwendung auf das Arbeitskampfrecht immer wieder auf erhebliche Bedenken. Diese sind oftmals von allgemeiner Natur[1564], insbesondere hinsichtlich der Geeignetheit und der Erforderlichkeit des Kampfmittels, da es der eigenständigen Einschätzung der kampfführenden Koalition obliegt, zu entscheiden, ob das gewählte Arbeitskampfmittel eben diese Voraussetzungen erfüllt.[1565] Nur wenn offensichtlich ist, dass das Kampfmittel ungeeignet oder nicht erforderlich ist, kann das Gericht eine Maßnahme für rechtwidrig erklären. Die Entscheidungsprärogative der Koalitionen geht ersichtlich sehr weit, sodass die verbleibende Prüfung durchaus auch durch eine Rechtsmissbrauchskontrolle ersetzt werden könnte.[1566] Diese grundsätzliche Frage soll aber an dieser Stelle nicht Gegenstand der Untersuchung sein, sondern vielmehr die spezielle Problematik der hier fokussierten Verhältnismäßigkeit im engeren Sinne bezogen auf den Bereich der Daseinsvorsorge.

Dahingehend wird wiederum kritisiert, dass durch die *„typologisierten und evidenzbasierten Missbrauchskontrolle"* der Gerichte, die streikbetroffenen Rechte Dritter nicht angemessen in die Abwägung einbezogen werden.[1567] Richtig daran ist, dass die Abwägungsmodalitäten hinsichtlich des Grundsatzes der Verhältnismäßigkeit auf das besondere Gegenseitigkeitsverhältnis von Arbeitgeber und Arbeitnehmer im Sinne des Art. 9 Abs. 3 GG zurückgehen und sich auch dahingehend weiterentwickelt haben. Eine darüber hinausgehende Beachtung und Einbeziehung der Rechte (un)mittelbar betroffener Dritter war jedoch schon seit Beginn der Anwendung des Verhältnismäßigkeitsgrundsatzes auf das Arbeitskampfrecht vorgesehen und in der Prüfung angelegt.[1568] Dieser Aspekt muss aber natürlich auch konsequent durch die Rechtsprechung umgesetzt werden, indem die entwickelten Prüfungsstandards dahingehend aufgebrochen und für den Fall der Drittbetroffenheit neu austariert werden. Diesbezüglich ist den Ansätzen der Instanzgerichte zu folgen.

1562 Dahingehend geht auch die Kritik von *Kersten*, der das BAG dergestalt kritisiert, dass die suggerierte komplexe Abwägung rechtlichen und praktisch nicht stattfindet. *Kersten, in: Waldhoff/Thüsing*, Verfassungsfragen, S. 15 (27).

1563 Hierzu Kapitel 4, D., III., 1.

1564 U.a. *Otto*, Arbeitskampf, S. 143 f.; *Litschen*, NZA-RR 2015, 57 (62 ff.).

1565 BAG NZA 2007, 1055 (1058); BAG NZA 2009. 1347 (1352).

1566 Vgl. *Otto*, Arbeitskampf, S. 145.

1567 *Kersten, in: Waldhoff/Thüsing*, Verfassungsfragen, S. 15 (26 ff.).

1568 U.a. BAG AP GG Art. 9 Arbeitskampf Nr. 43 (Teil III, A., I.).

Ferner kritisiert *Kersten*, dass die in der Rechtsprechung anerkannte „Institution“ der Notdienstarbeiten, welche im Streikfall der Bevölkerung „lediglich“ die Versorgung mit lebensnotwendigen Diensten und Gütern gewährleisten soll, die Grundrechte Dritter im Gegensatz zur Tarifautonomie nach Art. 9 Abs. 3 GG abwerte.[1569] Die Reduzierung der Gewährleistung der Grundrechte der Bevölkerung auf ein „Minimum“ entspreche jedoch nicht der Verfassungsdogmatik, da das Grundgesetz keine abstrakte Werteordnung kenne.[1570] Um den verschiedenen Drittgrundrechten gerecht zu werden, sei eine „angemessene Grundversorgung“ angebracht, die sich anhand der Abwägung aller betroffenen Grundrechte ableiten lasse.[1571] Dem zuletzt genannten Aspekt ist im vollen Umfang zuzustimmen. Wie zuvor ausgeführt, müssen alle betroffenen Grundrechte gleichermaßen, einzelfallabhängig und unter Beachtung des Kampfziels im Wege der praktischen Konkordant in Einklang gebracht werden.[1572] Hieraus allerdings stets die Notwendigkeit einer „angemessenen Grundversorgung“ ableiten zu wollen, geht zu Gunsten der Rechte streikbetroffener Dritter weit über eine gerechte Lösung hinaus. Denn es existieren auch in der Daseinsvorsorge Bereiche, die keine existenziellen Leistungen erbringen, sondern „lediglich“ der Grundversorgung der Bevölkerung dienen, wie etwa der Theater- und Museumsbetrieb. Finden in solchen Sektoren Arbeitskampfmaßnahmen statt, werden die Rechte streikbetroffener Dritter meist nur in geringem Maße tangiert. In diesem Fall würde eine unabdingbare Durchführung von Grundversorgungsarbeiten, aber auch Notdienstarbeiten zu einem unverhältnismäßigen Eingriff in die Arbeitskampffreiheit der Sozialpartner führen. Die Existenz der Bevölkerung ist gerade nicht betroffen und Drittrechte sind in einem solch geringen Maße beeinträchtigt, dass bei einer Konkordanzabwägung aller betroffenen Grundrechte das Recht aus Art. 9 Abs. 3 GG überwiegen würde. Zumal in unserer verwobenen und sich gegenseitig bedingenden, voneinander abhängigen Gesellschaft Arbeitskampfmaßnahmen unausweichlich auch Rechte unbeteiligter Dritter nachhaltig berühren.[1573] Somit ist ein gewisses Maß an Drittbetroffenheit, wenn sich diese als eine mehr oder weniger beabsichtigte Nebenfolge darstellt[1574], einem jeden Arbeitskampf immanent und muss als hinnehmbar akzeptiert werden. Damit ist eine ansonsten rechtmäßige Arbeitskampfmaßnahme nicht schon aufgrund einer jeden Drittbeeinträchtigung unzulässig. Je mehr die Grundrechte streikunbeteiligter Dritter allerdings durch den Arbeitskampf betroffen oder gefährdet sind, desto eher führt eine Abwägung zur Einschränkung der Koalitionsfreiheit der Tarifvertragsparteien. Insbesondere wenn höherrangige Rechte wie Leben, Gesundheit, körperliche Unversehrtheit oder

1569 *Kersten, in: Waldhoff/Thüsing,* Verfassungsfragen, S. 15 (29).
1570 *Kersten, in: Waldhoff/Thüsing,* Verfassungsfragen, S. 15 (30).
1571 *Kersten, in: Waldhoff/Thüsing,* Verfassungsfragen, S. 15 (31).
1572 So auch *Kissel*, Arbeitskampfrecht, S. 337.
1573 U.a. BVerfG NJW 1993, 1379 (1380); BAG AP GG Art. 9 Arbeitskampfrecht Nr. 43, S. 8 (A. I.); BGH AP GG Art. 9 Arbeitskampf Nr. 61, S. 4.
1574 BAG NZA 2007, 1055 (1060); ArbG Frankfurt BeckRS 2012, 67886, S. 18; Hessisches LAG AuR 2013, 233.

die Menschenwürde selbst betroffen sind.[1575] Da die widerstreitenden Grundrechte allerdings so schonend wie möglich zum Ausgleich gebracht werden müssen, kann eine verhältnismäßige Streikmaßnahme, gemessen am Kampfziel, dadurch erreicht werden, dass ein Notdienst oder gar eine Grundversorgung aufrecht zu erhalten ist. Die Aufrechterhaltung eines Notdienstes stellt daher in vielen Fällen ein probates Mittel dar, in Bereichen der Daseinsvorsorge rechtmäßige Arbeitskämpfe durchführen zu können. Damit werden die Grundrechte Dritter aber keineswegs abgewertet, sondern lediglich im Verhältnis zu den anderen betroffenen Rechten so weit wie möglich einzelfallabhängig zur Wirkung gebracht.

Ausgehend von dieser Argumentation ist die Frage ganz naheliegend, ob die Prüfung der Verhältnismäßigkeit im engeren Sinne nicht ebenfalls ganz entbehrlich ist, da eine jede Grundrechtskollision ohnehin im Wege der praktischen Konkordanz gelöst werden muss.[1576] Hierbei wird allerdings übersehen, dass durch die Proportionalitätsprüfung nicht nur die Grundrechte zum Ausgleich gebracht werden, sondern darüber hinaus anhand des Kampfziels bestimmt wird, ob unter Einbeziehung der Grundrechte das Kampfmittel auch angemessen ist. Somit wird auch geprüft, ob eine Zweck-Mittel-Relation gegeben ist.

d. Die Lösung durch eine Verschärfung des Erforderlichkeitsmaßstabes innerhalb der Verhältnismäßigkeitsprüfung

Da jeder Arbeitskampf mit Beeinträchtigungen fremder Rechte einhergeht, sind diese nur dann gerechtfertigt, wenn sie für die Funktionsfähigkeit der Tarifautonomie unter anderem erforderlich sind.[1577] Über die bloße Anwendung des Verhältnismäßigkeitsgrundsatzes hinaus könnte daher zum intensiveren Schutz von Rechten streikbetroffener Dritter eine Modifizierung des von der Rechtsprechung etablierten Erforderlichkeitsmaßstabes angezeigt sein. Wie zuvor angerissen[1578], beschränkt sich das BAG bei der Prüfung der Erforderlichkeit im Rahmen der Verhältnismäßigkeit auf eine Missbrauchskontrolle. Zum Schutz der Rechte streikbetroffener Dritter könnte dieser Maßstab allerdings verschärft werden, indem die selbst geschaffene Prüfungsbeschränkung auf offensichtlich nicht erforderliche Arbeitskampfmaßnahmen aufgegeben wird, um nunmehr objektiv zu prüfen, ob die jeweiligen Verhandlungen gescheitert sind und die Arbeitskampfmaßnahme damit „ultima-ratio" ist.

In Anbetracht der Entscheidung des Großen Senats vom 21.4.1971, wonach Arbeitskampfmaßnahmen nur dann verhältnismäßig sind, wenn sie *„nach Ausschöpfung aller Verständigungsmöglichkeiten ergriffen werden; der Arbeitskampf* [...] *also das letzte mögliche Mittel (ultima ratio) sein* [muss]"[1579], könnte eine derartige

1575 Ähnlich *Scherer*, Grenzen, S. 116.
1576 So Däubler/*Däubler*, Arbeitskampfrecht, S. 271.
1577 Brox/Rüthers/*Rüthers*, Arbeitskampfrecht, S. 123.
1578 Hierzu Kapitel 4, C., II., 2.
1579 BAG NJW 1971, 1668 (1669).

Verschärfung durchaus im Bereich des Möglichen liegen. Denn dieser Entscheidung zufolge ist eine Arbeitskampfmaßnahme in zeitlicher Hinsicht erst zulässig, wenn die Tarifverhandlungen in diesem Sinne gescheitert sind und damit auf dem Verhandlungswege keine Einigung mehr erzielt werden kann. Voraussetzung hierfür ist, dass zunächst überhaupt Verhandlungen mit dem ernsthaften Willen zur Einigung stattgefunden haben.[1580] Verweigert daraufhin eine der Tarifparteien diese und gibt dies auch nach außen kund, so ist das Scheitern der Verhandlungen objektiv feststellbar. Problematisch wird es allerdings dann, wenn keine der Parteien offen eine solche Verweigerungshaltung einnimmt. Wann in einem solchen Fall die Verhandlungen gescheitert sind, also keine Verhandlungsbereitschaft der Tarifvertragsparteien mehr vorhanden ist, ist jedoch eine innere Tatsache, deren objektive Feststellung mit unüberwindbaren Problemen verknüpft ist.[1581] Denn würden objektive Kriterien aufgestellt werden, nach welchen zu beurteilen wäre, ob noch Kompromisse in der Tarifverhandlung hätten geschlossen werden können, wäre damit eine Fremdentscheidung darüber verbunden, ob eine der Tarifvertragsparteien hinsichtlich einer Tarifforderung noch zum Einlenken verpflichtet gewesen wäre.[1582] Dieser Umstand würde aber zu einer unzulässigen Tarifzensur führen, da die Tarifautonomie nur den Tarifvertragsparteien die Entscheidung über die Aushandlung der Arbeitsbedingungen überantwortet.[1583] Eine Verschärfung des Erforderlichkeitsmaßstabes hinsichtlich einer objektiven Feststellung des Scheiterns der Verhandlungen durch das Gericht ist daher abzulehnen.

Allerdings könnte die eindeutige Erklärung des Scheiterns der Tarifverhandlungen zur Voraussetzung einer erforderlichen Arbeitskampfmaßnahme gemacht werden.[1584] Indem das Scheitern der Verhandlungen ausdrücklich formuliert werden müsste, zwingt dies die Tarifpartei zum nochmaligen Überdenken der geplanten Kampfmaßnahme und könnte damit zumindest eine Art psychologischen Effekt haben[1585]. Damit stellt eine solche ausdrückliche Erklärung eine „letzte Hemmschwelle" für die Tarifvertragsparteien dar, die als Mittel der „praktischen Kampfvorbeugung" dienen könnte.[1586] Der Vorteil gegenüber dem schlichten Feststellen des Scheiterns der Verhandlungen anhand objektiver Kriterien liegt offensichtlich darin, dass die inneren Tatsachen ersichtlich nach außen getragen werden und damit objektiv ermittelt werden können.

Die Rechtsprechung hingegen erachtet eine förmliche Erklärung des Scheiterns der Verhandlungen gegenüber dem Kampfgegner nicht als Rechtmäßigkeitsvoraus-

1580 *Gamillscheg*, KollArbR I, S. 1147; Brox/Rüthers/*Rüthers*, Arbeitskampfrecht, S. 124.
1581 BAG NJW 1989, 57 (59); *Kissel*, Arbeitskampfrecht, S. 345.
1582 BAG NJW 1989, 57 (59).
1583 So ebenfalls BAG NJW 1989, 57 (59); *Kissel*, Arbeitskampfrecht, S. 345; Brox/Rüthers/*Rüthers*, Arbeitskampfrecht, S. 124.
1584 So beispielsweise Brox/Rüthers/*Rüthers*, Arbeitskampfrecht, S. 124; *Rudkowski*, Daseinsvorsorge, S. 97 ff. *Gamillscheg*, KollArbR I, S. 1152.
1585 So auch *Rudkowski*, Daseinsvorsorge, S. 98.
1586 *Gamillscheg*, KollArbR I, S. 1152.

setzung einer Arbeitskampfmaßnahme – dies gebe das ultima-ratio-Prinzip nicht her.[1587] Das BAG macht dies im Rahmen der so genannten „vierten Warnstreikentscheidung“ vom 21.6.1988 deutlich, indem es feststellt, dass vielmehr schon

> *„in der Einleitung von Arbeitskampfmaßnahmen* [...] *die freie und nicht nachprüfbare Entscheidung der Tarifvertragspartei* [liege], *dass sie die Verhandlungsmöglichkeiten ohne begleitende Arbeitskampfmaßnahme als ausgeschöpft ansieht“.*[1588]

Entsprechend muss zwar das Scheitern der Verhandlungen vorliegen, allerdings kann dies auch konkludent durch Ergreifen einer Kampfmaßnahme zum Ausdruck kommen. Begründet wird diese Auffassung wiederum damit, dass der Umstand, ab welchem Zeitpunkt alle Verhandlungsmöglichkeiten ausgeschöpft sind und keine Kompromissbereitschaft der kampfführenden Tarifvertragspartei mehr besteht, innere Tatsachen seien, die nur die Sozialpartner selbst subjektiv und persönlich bestimmen können.[1589] Aufgrund dessen könne materiell nicht festgestellt werden, wann tatsächlich alle Verhandlungsmöglichkeiten ausgeschöpft sind oder weitere Tarifverhandlungen noch Aussicht auf Einigung bieten.[1590] Da der Umstand des Scheiterns damit gerichtlich nicht nachprüfbar sei, könne eine Arbeitskampfmaßnahme nicht erst zulässig sein, wenn das Scheitern „offiziell“ erklärt oder festgestellt würde.[1591] Dahinter steht der Gedanke, dass die Gerichte schlichtweg nicht in der Lage wären, zu überprüfen, ob tatsächlich die fehlende Verhandlungsmöglichkeit zur expliziten Erklärung des Scheiterns der Verhandlungen geführt hätte und die Tarifverhandlungen damit tatsächlich gescheitert wären oder ob die Partei dies nur erklären würde, um schnellstmöglich eine Arbeitskampfmaßnahme einleiten zu können, obwohl ein Kompromiss noch möglich gewesen wäre.

Der Umstand, dass es keiner expliziten Erklärung des Scheiterns der Tarifverhandlungen bedarf, gilt aber nicht nur für den Warnstreik, sondern für jede Streik-/Arbeitskampfmaßnahme. Denn das BAG weist in der soeben zitierten Entscheidung zugleich darauf hin, dass ein *„Warnstreik wie jede andere Streikform ein Erzwingungsstreik“* sei[1592], da auch er in keinem relevanten Kriterium von diesem abweiche[1593]. Aufgrund dessen könne er *„nur den gleichen Regeln unterliegen“.*[1594] Der Warnstreik finde seine Grenzen daher ebenfalls im Grundsatz der Verhältnismäßigkeit[1595] und unterliege damit dem ultima-ratio-Prinzip[1596]. Entsprechend müssen die für den

---

1587 BAG NJW 1989, 57 (59).
1588 BAG NJW 1989, 57 (57, 2. LS).
1589 BAG NJW 1989, 57 (59).
1590 BAG NJW 1989, 57 (59).
1591 BAG NJW 1989, 57 (59).
1592 BAG NJW 1989, 57 (60).
1593 BAG NJW 1989, 57 (59).
1594 BAG NJW 1989, 57 (59).
1595 BAG NJW 1989, 57 (60).
1596 BAG NJW 1989, 57 (59).

Warnstreik festgelegten Regeln hinsichtlich des Scheiterns der Verhandlungen folgerichtig auch für den „normalen" Vollstreik gelten.

Etwas anderes ergibt sich auch nicht daraus, dass nach ständiger Rechtsprechung des BAG der Streikbeschluss bzw. der Aussperrungsbeschluss gegenüber dem Kampfgegner bekannt zu machen ist.[1597] Denn obwohl hierdurch ebenfalls das Scheitern der Verhandlung zum Ausdruck kommt, erfordert diese Informationspflicht gleichwohl keine förmliche oder ausdrückliche Erklärung.[1598] Es reiche vielmehr sogar aus, wenn sich rechtzeitig aus den Umständen ergibt, dass die jeweilige Tarifvertragspartei einen solchen Beschluss gefasst hat.[1599]

Aber nicht nur der Mangel an gerichtlicher Überprüfbarkeit des Inhaltes einer formalisierten Erklärung des Scheiterns der Verhandlungen spricht gegen eine solche. Problematisch ist zudem die Frage, ab welchem Zeitpunkt tatsächlich die Verhandlungen als gescheitert zu erklären wären. Ist dies erst dann der Fall, wenn überhaupt keine Verständigungsmöglichkeit mehr besteht, sodass der Arbeitskampf wirklich als allerletztes Mittel verbleibt oder auch schon dann, wenn die Verständigungsmöglichkeiten zwar noch bestehen, aber das spezielle angestrebte Verhandlungsziel nur noch mit entsprechendem Druck möglich erscheint. Zu Letzterem tendiert wohl das BAG, wenn es den Warnstreik als zulässiges Arbeitskampfmittel anerkennt. Denn die Funktion des Warnstreiks liegt darin, Druck auf den Arbeitgeber auszuüben, um dessen Kompromissbereitschaft in den Tarifverhandlungen zu erhöhen[1600] oder festgefahrene Verhandlungen voranzutreiben. Ein solches Verständnis des Scheiterns der Verhandlungen würde auch grundsätzlich der Erforderlichkeit einer Arbeitskampfmaßnahme entsprechen. Denn eine Kampfmaßnahme kann auch dann erforderlich sein, wenn die Gegenseite erst durch den Kampfdruck dazu angehalten wird, ernsthaft zu verhandeln oder einen besseren Kompromiss einzugehen, soweit dies Ziel der Verhandlung ist.[1601] Streng genommen wären solche Arbeitskampfmaßnahmen dann nicht „ultima ratio", aber doch letztes Mittel zur Erreichung des angestrebten Verhandlungsziels.

Trotz einer solchen Leseart würde die Erklärung des Scheiterns dem kurzfristigen Warnstreik allerdings stets den Überraschungseffekt nehmen. Damit wäre eine Beeinträchtigung der gewerkschaftlichen Kampftaktik verbunden, welche durch die Kampfmittelfreiheit verfassungsrechtlich geschützt ist. Hinzu kommt, dass durch eine derartige Erklärung weder die Arbeitskampfmaßnahmen noch die Beeinträchtigung von Rechten Dritter verhindert werden könnten. Die Sozialpartner könnten allenfalls zum nochmaligen Nachdenken angeregt werden, wobei zweifelhaft ist, ob diese wiederholte Reflexion die Anzahl an Streikmaßnahmen in Bereichen der

---

1597 BAG NZA 1996, 389 (390); BAG NZA 1997, 397 (398); a.A. *Rudkowski*, Daseinsvorsorge, S. 97.

1598 BAG NZA 1996, 389 (390); BAG NZA 1997, 397 (398).

1599 BAG NZA 1996, 389 (390); BAG NZA 1997, 397 (398).

1600 *Berg/Koch/Platow/Schoof/Schumann*, TVG – AKR, S. 751.

1601 So auch *Otto*, Arbeitskampf, S. 133.

Daseinsvorsorge verringern würde. Schließlich hat die Erklärung einen weit geringeren Einfluss auf die Arbeitskampfparteien als etwa eine freiwillige Schlichtung, bei der durch einen unbeteiligten Schlichter weitergehende Überlegungen und Kompromisse angeregt werden, die in den Verhandlungsprozess einfließen können. Die Erklärung hingegen kann zwar eine weitere „Hemmschwelle" darstellen, in den Abwägungsprozess fließen allerdings keine neuen Gedanken ein, die die Einstellung der Arbeitskampfparteien beeinflussen oder ändern könnten. Die Partei, die sich einmal zum Arbeitskampf entschlossen hat, wird diesen einleiten, auch wenn sie dafür zuerst das Scheitern der Verhandlungen erklären muss. Die Verschärfung des Erforderlichkeitsmaßstabes in Form einer formalisierten Erklärung des Scheiterns der Verhandlungen ist daher nicht tauglich, die Rechte Dritter hinreichend zu schützen und würde auch zur Beeinträchtigung der Kampfmittelfreiheit der Gewerkschaften führen.

Aufgrund dessen kann auch der in § 4 i.V.m. § 23 Abs. 1 Entwurf-GRA vorgeschlagene Kompromiss, bei dem zwar die Erklärung des Scheiterns der Verhandlung zur Rechtmäßigkeitsvoraussetzung einer Arbeitskampfmaßnahme gemacht wurde, der Warnstreik hiervon allerdings ausgenommen wurde[1602], nicht überzeugen.

e. *Zwischenfazit*

Zusammenfassend lässt sich daher festhalten, dass eine pauschalisierte Gesetzgebung hinsichtlich des Arbeitskampfes in der Daseinsvorsorge den widerstreitenden Grundrechten nicht gerecht werden kann, zumal sie in den meisten Fällen auch nicht zum Schutz der Rechte unbeteiligter Dritter beiträgt, sondern lediglich die Arbeitskampfreiheit der Sozialpartner auf unzulässige Weise beschränkt. Eine adäquate Lösung für alle mittelbar und unmittelbar Betroffenen kann am ehesten durch den richtigen Umgang mit dem Grundsatz der Verhältnismäßigkeit gefunden werden.

Der Kritik hinsichtlich mangelnder tatsächlicher Umsetzung einer komplexen Güterabwägung im Rahmen der Proportionalitätsprüfung könnte ferner entgegengewirkt werden, indem zumindest hinsichtlich der Abwägungsmodalitäten ein Gesetz geschaffen wird, das sicherstellt, dass eine hinreichend einzelfallbezogene Auseinandersetzung der betroffenen und widerstreitenden Grundreche und Rechtsgüter stets gewährleistet ist. Obwohl diese auch nur rein deklaratorische Wirkung hätte, könnte eine solche Regelung die Rechtsprechung in die richtigen „Bahnen lenken".

Daneben wäre ebenfalls an ein Schlichtungsverfahren mit Einlasszwang für die Gegenpartei zu denken. Es handelt sich hierbei um ein adäquates Mittel, die möglichen Tarifkonflikte auf friedlichem Wege zu lösen ohne unverhältnismäßig in die Arbeitskampffreiheit der Gewerkschaften einzugreifen.

1602 *Birk/Konzen/Löwisch/Raiser/Seiter*, Kollektive Arbeitskonflikte, S. 1, 39, 41.

III. Die möglichen Beschränkungen des Streikrechts in der Daseinsvorsorge am Maßstab des internationalen Rechts

Parallel zu der bisher geführten Diskussion um die Vereinbarkeit des statusbezogenen Streikrechts/-verbots der Beschäftigten des öffentlichen Dienstes mit dem internationalen Recht stellt sich auch hinsichtlich des Streikrechts in der Daseinsvorsorge die Frage nach der Kompatibilität. Wie die zuvor gemachten Ausführungen zeigen, geht die Debatte hinsichtlich des Streikrechts in der Daseinsvorsorge gewissermaßen in die entgegengesetzte Richtung. Wo bei den Beamten eine Liberalisierung gefordert wird, wird bei den Beschäftigten in der Daseinsvorsorge über eine Einschränkung des Streikrechts bzw. ein Streikverbot diskutiert.

Wie die bisherigen Ausführungen allerdings gezeigt haben, genügt ein pauschalisiertes Gesetz mit diversen regulierenden Verfahrensregelungen hinsichtlich des Streikrechts in der Daseinsvorsorge nicht den nationalen verfassungsrechtlichen Anforderungen. Lediglich eine Regelung bezüglich eines Schlichtungsverfahrens mit Einlasszwang für den Gegner wäre nach hier vertretener Ansicht denkbar. Gleichwohl stellt sich nach wie vor die Frage, ob sich aus dem internationalen Recht nicht doch etwas anderes ergeben kann bzw. ob der hier für den öffentlichen Dienst diskutierte funktionsbezogene Ansatz auf das Streikrecht in der Daseinsvorsorge übertragen werden kann. Damit geht die Überlegung einher, dass in der Daseinsvorsorge ebenfalls Sektoren abhängig von der ausgeübten Tätigkeit herausgearbeitet werden könnten, für die eine Streikbeschränkung gerechtfertigt wäre.

1. Die völkerrechtlichen Schranken für das Streikrecht in der Daseinsvorsorge

Bezüglich der völkerrechtlichen Schranken, die eine Regulierung des Streikrechts in der Daseinsvorsorge rechtfertigen könnten, wird auf die Ausführungen zu den Grenzen des Streikrechts der Arbeitnehmer des öffentlichen Dienstes in Kapitel IV., C., II., 4. Bezug genommen. Obwohl beide Themenbereiche nicht exakt deckungsgleich sind, da einige Bereiche der Daseinsvorsorge nicht mehr dem öffentlichen Dienst, sondern der Privatwirtschaft zuzuordnen sind, sind doch beide Thematiken stark miteinander verknüpft, sodass sich hinsichtlich ihrer Einschränkbarkeit erhebliche Überschneidungen ergeben.

So hat sich gezeigt, dass das völkerrechtlich gewährleistete Streikrecht der Arbeitnehmer (des öffentlichen Dienstes) ebenfalls nicht grenzenlos gewährleistet ist, sodass unter gewissen Voraussetzungen eine Einschränkung gerechtfertigt sein kann. Im Unterschied zu der Diskussion um ein funktionsbezogenes Streikverbot für Beamte, bei dem im Kern am Merkmal der genuin hoheitlichen Tätigkeit angeknüpft wird und damit die Streikschranken der Art. 9 Abs. 1 IAO-Übereinkommen Nr. 87, Art. 22 Abs. 2 IPBPR, Art. 11 Abs. 2 S. 2 EMRK zur Rechtfertigung herangezogen werden, ist dieser Rechtfertigungsgrund für ein mögliches Streikverbot in der Daseinsvorsorge weniger relevant. So ist zum einen die Tätigkeit in den Bereichen der Daseinsvorsorge gegenwärtig nicht mehr zwingend eine genuin hoheitliche.

Zum anderen führen streikbedingte Arbeitsniederlegungen in den Bereichen der Daseinsvorsorge oftmals auch dann zu erheblichen Grundrechtsverletzungen unbeteiligter Dritter, wenn die Beschäftigten nicht regelmäßig mit der Wahrnehmung hoheitlicher Befugnisse betraut sind. Die Eindämmung von Grundrechtsverletzungen streikunbeteiligter Dritter ist aber gerade der Grund für die geforderte Beschränkung des Streikrechts in der Daseinsvorsorge, sodass es einer anderen rechtfertigenden Einschränkungsgrundlage bedarf.

Entsprechend der Ausführungen hinsichtlich der Arbeitnehmer des öffentlichen Dienstes ist eine Beschränkung des Streikrechts oder gar das Verbot in den Bereichen der Daseinsvorsorge auch dann zulässig, wenn die eingriffsbegründende Maßnahme (abhängig von der jeweiligen Norm) gesetzlich vorgesehen ist und in einer demokratischen Gesellschaft im Interesse der nationalen oder öffentlichen Sicherheit, zur Aufrechterhaltung der öffentlichen Ordnung oder zur Verhütung von Straftaten, zum Schutz der (Volks-)Gesundheit, der öffentlichen Sittlichkeit (Moral) oder zum Schutz der Rechte und Freiheiten anderer notwendig ist (vgl. Art. 22 Abs. 2 IPBPR, Anhang zu Art. 6 Nr. 4 ESC i.V.m. Art. 31 Nr. 1 ESC, Art. 11 Abs. 2 S. 1 EMRK). Insbesondere der Schutz der Gesundheit und der Schutz der Rechte und Freiheiten anderer sind daher wesentliche Anknüpfungspunkte für die Rechtfertigung einer Einschränkung des Streikrechts in der Daseinsvorsorge.

Gemäß Art. 31 Abs. 1 ESC i.V.m. Art. 6 Nr. 4 ESC ist eine Beschränkung des Streikrechts daher gerechtfertigt, wenn diese notwendig ist, um ein oben beschriebenes Gut zu schützen und daher kein weniger einschneidendes Mittel zur Verfügung steht, welches der Gefahr in gleichem Maße begegnen könnte[1603]. Art. 31 Abs. 1 ESC verlangt somit eine Proportionalität zwischen Begrenzung und verfolgtem Ziel.[1604] Nach der Ansicht des Europäischen Ausschusses für soziale Rechte kann ein Streikverbot daher in Bereichen, die für die Gemeinschaft grundlegend sind (essential services) und die ein derartiges legitimes Ziel verfolgen, durchaus gerechtfertigt sein.[1605] Jedoch nur in dem Maße, in dem die Arbeitsunterbrechung zu einer konkreten Gefährdung eines in Art. 31 Abs. 1 ESC genannten Schutzgutes führt. Ein pauschales Streikverbot für bestimmte Sektoren kommt daher nicht in Betracht. Jedoch kann die Einrichtung eines „Notdienstes“ nach Art. 31 Abs. 1 ESC gerechtfertigt sein.[1606] Darüber hinaus kann auch ein in Art. 6 Nr. 3 ESC vorgesehenes und zulässiges Schlichtungsverfahren dem Streikrecht Grenzen setzen, zumindest insoweit als es dem Streik nicht seiner Wirkung beraubt.[1607] Obwohl die ESC keine weiteren Ausführungen zur Ausgestaltung des Schlichtungsverfahrens macht, lässt sich aus der Formulierung des Art. 6 Nr. 3 ESC schließen, dass eine Entscheidung der Tarifvertragsparteien, die nicht auf einer freiwilligen Einigung beruht oder eine

---

1603 Vgl. *Dumke*, Streikrecht i.S.d. Art. 6 Nr. 4 ESC, S. 139.
1604 Vgl. *Dumke*, Streikrecht i.S.d. Art. 6 Nr. 4 ESC, S. 132.
1605 ECSR, Digest, Part I, S. 56.
1606 *Kovács*, Comp. Labor Law & Pol'y Journal, 2005, 445 (466).
1607 *Mikkola*, Human Rights, S. 290.

staatliche Beendigung von Tarifverhandlungen bzw. von Arbeitskämpfen durch ein Schlichtungsverfahren, eine unzulässige Beschränkung des Streikrechts darstellt, die nicht mit der ESC im Einklang steht.[1608] Die Ausführungen des Ausschusses machen deutlich, dass den Überlegungen zur Beschränkbarkeit des Streikrechts im Rahmen der Proportionalitätsprüfung stets eine Abwägung zwischen den in Art. 31 Abs. 1 ESC geschützten Rechten und der Koalitionsfreiheit immanent ist.

Das IAO-Übereinkommen Nr. 87 inkludiert im Gegensatz zu den anderen völkerrechtlichen Vorgaben zwar keine vergleichbare ausdrückliche Regelung. Allerdings enthält die Spruchpraxis der entsprechenden Ausschüsse im Hinblick auf die Schranken des Streikrechts eine detaillierte Systematik – auch bezüglich der Bereiche der Daseinsvorsorge. Dementsprechend könne das Streikrecht gerade dann Einschränkungen oder sogar einem Ausschluss unterliegen, wenn dies der Aufrechterhaltung notwendiger Dienste im engen Sinne[1609] (*„essential services in the strikt sense"*) diene, deren Unterbrechung zu einer Gefährdung des Lebens, der Gesundheit oder der Sicherheit eines wesentlichen Teils oder der gesamten Bevölkerung führen würde.[1610] Was genau unter dem Terminus „notwendige Dienste im engen Sinne" zu verstehen ist, sei in hohem Maße abhängig von den besonderen Umständen im betreffenden Land.[1611] Grundsätzlich ist der Ausschuss für Vereinigungsfreiheit somit der Ansicht, dass die Beurteilung, wann ein notwendiger Dienst gegeben ist, von den Umständen des Einzelfalles abhängt und damit auch die Beschränkbarkeit des Streikrechts.[1612] Ein Streikverbot, welches sich lediglich im Allgemeinen auf notwendige Dienste im engen Sinne bezieht, sei demnach unzulässig.[1613] Von den notwendigen Diensten im engen Sinne unterscheidet der Ausschuss ferner die nicht notwendige Dienste, deren Ausfall aber dennoch die normalen Lebensbedingungen der Bevölkerung bedroht

> *(„services which are not essential in the strict sense of the term but where the extent and duration of a strike might be such as to result in an acute national crisis endangering the normal living conditions of the population")*[1614]

1608 So auch *Behning*, Schlichtung, S. 109.

1609 Hierzu zählen beispielsweise die Bereiche des Krankenhaussektors, der Wasser- und Elektrizitätsversorgung, des Telefonnetzes, der Polizei und Armee, der Feuerwehr, des Gefängnisbetriebs, der Versorgung von Schulkindern mit Essen, der Reinigung von Schulgebäuden und der Flugaufsicht. Vgl. ILO, Digest, S. 119, Rn. 585. Hierunter zählen nicht die Bereiche der Vergnügungsparks und Kaufhäuser, der Metallindustrie und des Bergbaus, des Transportgewerbes, des Flugverkehrs, der Produktion und der Versorgung mit Brennstoffen, der Eisenbahn, des öffentlichen Nahverkehrs, der Post, der Müllabfuhr, des Hotelgewerbes und des Bildungssektors. Vgl. ILO, Digest, S. 119, Rn. 587.

1610 ILC, 69th Session, 1983, General Survey, Report III (Part 4B), S. 66, Rn. 214.

1611 ILO, Digest, S. 119, Rn. 582.

1612 EGMR AuR 2015, 140 (142), Urteil vom 02.10.2014, Tymoshenko u. a./Ukraine.

1613 ILC, 69th Session, 1983, General Survey, Report III (Part 4B), S. 66, Rn. 214.

1614 ILO, Digest, S. 119, Rn. 606.

und die öffentlichen Dienstleistungen von primärer Bedeutung („*public services of fundamental importance*")[1615], bei welchen ein Streikverbot oder eine Einschränkung in erheblichem Maße nicht in Betracht komme, sondern allenfalls die Beschränkung durch einen „Notdienst" gerechtfertigt sein könne[1616].[1617] All diese Sektoren können ebenfalls unter den hier verwendeten Begriff der Daseinsvorsorge subsumiert werden. Diesbezüglich seien Maßnahmen zu treffen, die sicherstellen, dass durch den „Notdienst" Gefahren für die öffentliche Gesundheit und Sicherheit vermieden werden.[1618] Auch der Sachverständigenausschuss vertritt die Ansicht, dass es gerade in Grenzfällen eine Lösung sein könne, von einem Streikverbot abzusehen und das Streikrecht lediglich dahingehend zu beschränken, dass zumindest eine Art „Notdienst" aufrechterhalten bleibt, der dafür Sorge trägt, dass durch den Streik keine ernsthaften Konsequenzen für die Bevölkerung entstehen.[1619] Die Ausschüsse nehmen damit ähnlich wie im deutschen Recht ebenfalls eine Abwägung zwischen den kollidierenden Grundrechten vor und versuchen diese in Einklang zu bringen, indem sie die Grundrechte Dritter und das Streikrecht weitest möglich zur Anwendung gelangen lassen.

Darüber hinaus erachtet der Ausschuss für Vereinigungsfreiheit ein freiwilliges Schlichtungsverfahren grundsätzlich mit der Vereinigungsfreiheit vereinbar[1620], soweit es adäquat, schnell und unparteiisch[1621] sei. Auch ein obligatorisches Schiedsverfahren zur Beendigung eines Tarifkonflikts bzw. eines Streiks sei akzeptabel, wenn es auf Antrag beider in einem Rechtsstreit beteiligten Parteien eingeleitet werde oder in den Fällen, in denen das Streikrecht beschränkt werden kann oder sogar ein Streikverbot zulässig wäre.[1622]

Diese ständige Spruchpraxis der jeweiligen Ausschüsse macht sich auch der EGMR zu eigen. Schließlich müsse der Gerichtshof

> *„bei der näheren Bestimmung von Bedeutung und Umfang des Schutzes der sozialen Rechte nach der Konvention Elemente des internationalen Rechts außerhalb der Konvention und ihrer vorbereitenden Arbeit berücksichtigen, wie die Instrumente des internationalen Arbeitsrechts und die Spruchpraxis, die auf der für die Auslegung dieser Elemente zuständigen Organe basiert, […] die die gemeinsamen Werte reflektieren"*[1623].

1615 ILO, Digest, S. 119, Rn. 606.

1616 ILO, Digest, S. 119, Rn. 606 ff.

1617 Hierzu zählen die Bereiche der Fährdienste, der staatlichen Häfen, der U-Bahn und des unterirdischen Gütertransports, der Eisenbahn, der Müllabfuhr, des Bankensektors, der Versorgung mit Treibstoff, des Erziehungssektors bei länger andauernden Streikmaßnahmen und der tierärztlichen Versorgung. Vgl. ILO, Digest, S. 119, Rn. 615–626.

1618 ILO, Digest, S. 119, Rn. 608.

1619 Vgl. ILC. 81th Session, 1994, General Survey, Report III (Part 4B), S. 69, Abs. 158.

1620 ILO, Digest, S. 119, Rn. 549.

1621 ILO, Digest, S. 119, Rn. 551.

1622 ILO, Digest, S. 119, Rn. 564.

1623 So *Richter Pinto De Albuquerque*, EGMR AuR 2015, 146 (149), Urteil vom 27.11.2014, HLS/Kroatien.

So etwa auch in seiner Entscheidung Tymoshenko u. a./Ukraine[1624], bei der die gegebene Problemstellung ebenfalls im Bereich der Daseinsvorsorge zu verorten ist. Diesbezüglich ist insbesondere die Schranke des Art. 11 Abs. 2 S. 1 EMRK von Bedeutung, welche ebenfalls unter den oben aufgezählten legitimen Zielen eine Einschränkung des Streikrechts zulässt, wenn die eingriffsbegründende Maßnahme „gesetzlich vorgesehenen" und „in einer demokratischen Gesellschaft notwendig" ist. Aufgrund der Voraussetzung der „Notwendigkeit in einer demokratischen Gesellschaft" kommt der EGMR in ständiger Rechtsprechung zu dem Schluss, dass ein dringendes soziales Bedürfnis für den Eingriff notwendig sei, wobei der Eingriff ebenfalls in einer angemessenen Zweck-Mittel-Relation zum legitimen Ziel stehe müsse („Ziel-Eingriff-Relation").[1625] Der EGMR prüft daher an dieser Stelle die Verhältnismäßigkeit des Eingriffs im engeren Sinne.[1626] Die Abwägung der konkurrierenden Rechte im Rahmen dieser Angemessenheitsprüfung sei ferner abhängig von der Schwere des Eingriffs.[1627]

2. *Die Zulässigkeit einer Einschränkung des Streikrechts in der Daseinsvorsorge*

Nachdem festgestellt werden konnte, dass die arbeitsvölkerrechtlichen Regelungen durchaus Beschränkungen des Streikrechts in den Bereichen der Daseinsvorsorge zulassen, ist im Folgenden zu untersuchen, ob hiernach auch tatsächlich in bestimmten Bereichen der Daseinsvorsorge ein Streikverbot rechtmäßig wäre oder zumindest einschränkende Verfahrensregelungen, wie sie etwa im Gesetzesentwurf der Professoren *Martin Franzen, Gregor Thüsing* und *Christian Waldhoff*[1628] vorgesehen sind, zulässig wären.

Die vorhergehenden Ausführungen machen deutlich, dass Einschränkungen des Streikrechts auch in den Bereichen der Daseinsvorsorge insbesondere nur dann rechtmäßig sein können, wenn sie in Anbetracht der Umstände des Einzelfalls verhältnismäßig i.e.S. sind. Somit muss der Eingriff in das Streikrecht angemessen, also proportional zum legitimen Ziel sein („Ziel-Eingriff-Relation"). In diesem Rahmen ist zum einen die Schwere des Eingriffs in das Streikrecht entscheidend. Sollte der Eingriff daher das Streikrecht im Kern antasten, wäre ein Streikverbot oder auch eine Einschränkung nur unter ganz außergewöhnlicher Gefährdung von Drittrechten verhältnismäßig. Zum anderen muss das legitime Ziel durch den Eingriff erreichbar sein und eine bestimmte Qualität aufweisen. Der EGMR beispielsweise hält entsprechend ein dringendes

---

1624 EGMR AuR 2015, 140 ff., Urteil vom 02.10.2014, Tymoshenko u. a./Ukraine.

1625 Dörr/Grote/Marauhn/*Bröhmer*, Konkordanzkommentar EMRK/GG, Art. 11, Rn. 64.

1626 Vgl. statt vieler EGMR AuR 2011, 303 (303 f.), Urteil vom 27.03.2007, Karacay/Türkei; EGMR AuR 2015, 146 (149), Urteil vom 27.11.2014, HLS/Kroatien; Dörr/Grote/Marauhn/*Bröhmer*, Konkordanzkommentar EMRK/GG, Art. 11, Rn. 76.

1627 EGMR NZA 2010, 1423 (1425), Urteil vom 21.04.2009, Enerji Yapi-Yol Sen/Türkei.

1628 *Franzen/Thüsing/Waldhoff*, Arbeitskampf in der Daseinsvorsorge, Vorschläge zur gesetzlichen Regelung von Streik und Aussperrung in Unternehmen der Daseinsvorsorge, Tübingen, 2012.

soziales Bedürfnis für den Eingriff für unerlässlich. Aufgrund dessen kann es auch nach völkerrechtlichen Maßstäben nicht genügen, dass durch den Eingriff überhaupt ein legitimes Ziel verfolgt wird. Nicht jede noch so geringe Drittrechtsverletzung kann eine Einschränkung des Streikrechts rechtfertigen. Unter den aufgeworfenen Aspekten sind daher die widerstreitenden Rechte zu beurteilen, miteinander abzuwägen und zu einem gerechten Ausgleich zu bringen (praktische Konkordanz). Damit sind die rechtlichen Grundsätze, anhand derer die Zulässigkeit eines Eingriffs in das Streikrecht beurteilt werden, mit denen des deutschen Rechts durchaus vergleichbar.

Wie die Untersuchung zur Vereinbarkeit der Verfahrensregelungen innerhalb der angestrebten Kodifikationsbestrebungen mit dem nationalen Recht allerdings zeigt, wird eine pauschalisierte Gesetzgebung trotz Festlegung spezifischer Sektoren den Anforderungen an den Verhältnismäßigkeitsgrundsatz nicht gerecht.[1629] So sind die Eingriffe in das Streikrecht der Beschäftigten zumeist schwerwiegend. Den Gewerkschaften bzw. den organisierten Arbeitnehmern wird durch die Streikregulierung ein wesentlicher Teil der Arbeitskampfmittel in den Bereichen der Daseinsvorsorge genommen (u. a. bei Ankündigungspflichten und -fristen), da gerade kurzfristige Streiks unmöglich werden.[1630] Damit ist der Kernbestand des Streikrechts betroffen. Schließlich sind gerade in bestimmten Branchen oder Konstellationen der Daseinsvorsorge kurzfristige Streikmaßnahmen die einzig effektiven Arbeitskampfmittel, die den Gewerkschaften bleiben.[1631] Darüber hinaus genügen andere Verfahrensregelungen zur Streikregulierung kaum dem damit angestrebten Ziel, da die Rechte streikbetroffener Dritter durch den Eingriff nur marginal geschützt werden (Urabstimmung, Mindestrepräsentation).[1632] Werden diese Überlegungen auf die völkerrechtliche Ebene übertragen, auf der ebenfalls eine Art Angemessenheitsprüfung stattfinden muss, führt dies ebenfalls zu dem Ergebnis, dass keine angemessene Zweck-Mittel-Relation zwischen dem Eingriff und dem legitimen Ziel gegeben ist und die vorgeschlagenen Verfahrensregelungen daher auch nach völkerrechtlichen Aspekten unverhältnismäßig wären.

Die Möglichkeit der funktionalen Einschränkung des Beamtenstreikrechts anhand des Merkmals der genuin hoheitlichen Tätigkeit kann zudem nicht in Gänze auf die Problematik der Einschränkung des Streikrechts in der Daseinsvorsorge übertragen werden, wie zuweilen behauptet wird[1633]. So kann das Vorliegen einer überwiegend hoheitlichen Tätigkeit bei Staatsbediensteten in bestimmten Sektoren zumeist unproblematisch festgestellt werden. Im Gegensatz dazu bedarf es für die Beurteilung, ob eine ausreichend schwerwiegende Drittrechtsbetroffenheit einen Eingriff in das Streikrecht der Daseinsvorsorge rechtfertigen kann, in der Regel einer

1629 Ausführlich hierzu Kapitel 4, D., II., 2., a.
1630 Ausführlich hierzu 4, D., II., 2., a., aa.
1631 Vgl. *Otto*, Arbeitskampf, S. 147.
1632 Ausführlich hierzu Kapitel 4, D., II., 2., a., cc., ee.
1633 *Greiner*, DÖV 2012, 623 (629 f.); *Steinau-Steinbrück/Sura*, NZA 2014, 580 (583).

einzelfallbezogenen Betrachtung. Eine dahingehende pauschalisierte gesetzliche Regelung ist daher schwierig zu konstruieren.

Diesbezüglich wäre allenfalls denkbar, ein Gesetz zu schaffen, das für bestimmte Sektoren der Daseinsvorsorge eine einzelfallbezogene Angemessenheitsprüfung vorschreibt und nach positiver Feststellung der Angemessenheit des Eingriffs, unter Einbeziehung der Schwere des Eingriffs, des jeweiligen legitimen Ziels und der Qualität der Drittbetroffenheit, eine entsprechende Einschränkung (beispielsweise einen Notdienst) gestattet. Diese Regelung wäre nach deutschem Recht allerdings rein deklaratorischer Natur, da die Rechtsprechung grundsätzlich eine solche Verhältnismäßigkeitsprüfung ohnehin vorsieht. Damit ist der Verhältnismäßigkeitsgrundsatz auch im deutschen Recht „gesetzlich vorgesehen“ i.S.v. Art. 11 Abs. 2 S. 1 EMRK[1634] und genügt den völkerrechtlichen Anforderungen. Es bedarf keiner formell-gesetzlichen Regelung, sondern lediglich einer konsequenten Anwendung des Verhältnismäßigkeitsgrundsatzes, um die Rechte Dritter in der Daseinsvorsorge ausreichend zu schützen.

Zwar würde ein Gesetz auch dann dem Verhältnismäßigkeitserfordernis standhalten, wenn extreme Ausnahmefälle (Naturkatastrophen, Krieg, extrem lange Streikmaßnahmen) betroffen wären. Es müsste daher eine entsprechende Notsituation gegeben sein, bei der eine Streikmaßnahme zur Gefährdung des Lebens, der Gesundheit oder der Sicherheit eines wesentlichen Teils oder der gesamten Bevölkerung führen würde. Allerdings sind das Ausnahmesituationen, auf welche die Bestrebungen zur Regulierung des Streikrechts gerade nicht abzielen. Vielmehr sollen nur die „regulären“ Streikmaßnahmen, wie etwa die bei der Deutschen Bahn, an Flughäfen oder in Kindertagesstätten eingeschränkt und vermieden werden. Hinzu kommt, dass nicht davon auszugehen ist, dass die Sozialpartner in derartigen Situationen Arbeitskampfmaßnahmen durchführen würden. Sodass auch für diese Fallgestaltungen keine gesetzliche Regelung geboten ist.

Die vorgeschlagene Möglichkeit der Einführung eines obligatorischen Schlichtungsverfahrens mit einseitigem Einlasszwang für den sozialen Gegenspieler ist hingegen auch nach den arbeitsvölkerrechtlichen Vorgaben ein zulässiges Mittel, den Rechten unbeteiligter Dritter in den Bereichen der Daseinsvorsorge einen verbesserten Schutz zu bieten. So sieht nicht nur die ausdrückliche Regelung des Art. 6 Nr. 3 ESC die Einführung eines Schlichtungsverfahrens vor, sondern auch die IAO-Kontrollausschüsse in ihrer ständigen Spruchpraxis, wenn dadurch grundlegende Rechte der Allgemeinheit geschützt werden.

3. *Zwischenfazit*

Nach völkerrechtlichen Vorgaben besteht durchaus die Möglichkeit allgemeine Regelungen für die Beschränkung des Streikrechts in den Bereichen der Daseinsvorsorge und zum Schutz der Rechte streikbetroffener Dritter zu schaffen. Aller-

1634 Vgl. Kapitel 2, B., III., 2., c., bb., (3), (a).

dings würde damit, zumindest für den deutschen Rechtsraum, keine konstitutive Regelung geschaffen werden, die eine über die bisherige Rechtsprechung hinausgehende Einschränkung des Streikrechts mit sich bringen würde. Es könnte allenfalls der Status quo kodifiziert werden. Daher bliebe auch hiernach lediglich die Möglichkeit, ein obligatorisches Schlichtungsverfahren mit einseitigem Einlasszwang einzuführen.

IV. Fazit

Die Daseinsvorsorge wird vorliegend als die staatlich gewährleistete, entgeltliche, flächendeckende, kontinuierliche und gemeinwohlorientierte Leistungserbringung verstanden, die der Befriedigung der Bedürfnisse der Bevölkerung dient, um eine zeitgemäße, dem Lebensstandard einer jeweiligen Gesellschaft entsprechende Lebensführung eines gedachten Normalbürgers zu sichern.[1635] Aufgrund der sich hieraus ergebenden Zweckbindung der Daseinsvorsorge an die Befriedigung der Bedürfnisse der Bevölkerung verursachen Störungen in diesen Bereichen spezifische Grundrechtsbeeinträchtigungen der Bürger. Angesichts dessen führen Arbeitskampfmaßnahmen in der Daseinsvorsorge zu einer erhöhten Betroffenheit unbeteiligter Dritter, der wiederum eine geringe Streikeffektivität hinsichtlich des eigentlichen Arbeitskampfgegners gegenübersteht. Diese Konstellation wird ferner durch die zunehmende Privatisierung, das vermehrte Agieren von Spartengewerkschaften und den steigenden Tarif- und Gewerkschaftswettbewerb verstärkt. Dadurch kommt es in Politik und Wissenschaft mehr und mehr zu Bestrebungen, das Streikrecht in der Daseinsvorsorge zu Gunsten der Rechte streikunbeteiligter Dritter durch Verfahrensregelung einzuschränken. Allerdings genügt eine solche pauschalisierte Gesetzgebung weder den nationalen noch den völkerrechtlichen Vorgaben. Eine adäquate Lösung für alle mittelbar und unmittelbar Betroffenen kann vielmehr durch den richtigen Umgang mit dem durch die Rechtsprechung etablierten Grundsatz der Verhältnismäßigkeit gefunden werden. Eine dahingehende Kodifizierung der Abwägungsmodalitäten, die zumindest sicherstellen könnten, dass eine hinreichend einzelfallbezogene Auseinandersetzung der betroffenen und widerstreitenden Grundrechte gewährleistet wäre, ist durchaus denkbar. Obwohl diese auch nur eine rein deklaratorische Wirkung hätte, könnte eine solche Regelung die Rechtsprechung in die richtige Richtung dirigieren. Auch an ein obligatorisches Schlichtungsverfahren mit Einlasszwang für die Gegenpartei wäre zu denken. Es handelt sich hierbei um ein adäquates Mittel, die möglichen Tarifkonflikte auf friedlichem Wege zu lösen und damit den Rechten unbeteiligter Dritter einen stärkeren Schutz zu verschaffen, ohne unverhältnismäßig in die Tarifautonomie der Gewerkschaften einzugreifen.

1635 Vgl. Kapitel 2, A., II.

Kapitel 5: Zusammenfassende Schlussbetrachtung und Thesen

Die vorangegangene Untersuchung hat gezeigt, dass das Streikrecht im öffentlichen Dienst aufgrund der zunehmenden Europäisierung und Internationalisierung des deutschen Rechtssystems keine Sonderausformung darstellt, die in dieser Gestalt aufrechterhalten werden kann.

Entsprechend wurde herausgearbeitet, dass verschiedene völkerrechtliche Regelungen bestehen, die direkt oder implizit ein Streikrecht garantieren, welches allen Beschäftigten des öffentlichen Dienstes zusteht und für die Bundesrepublik Deutschland innerstaatliche Geltung entfaltet. Hierzu zählen nicht nur Art. 6 Nr. 4 ESC, Art. 22 Abs. 1 UN- Zivilpakt, Art. 3 i.V.m. Artt. 8, 10 des IAO-Übereinkommens Nr. 87, sondern vor allem auch Art. 11 Abs. 1 EMRK. Als „lebendes Instrument" kommt der Konvention die Besonderheit zu, dass sie im Lichte der heutigen Verhältnisse auszulegen ist. Dies hat zur Folge, dass bei der näheren Bestimmung von Inhalt und Umfang des Streikrechts aus Art. 11 EMRK auch andere internationale Regelungen und dessen Auslegung durch die Spruchpraxis der entsprechenden Organe zu berücksichtigen sind. Aufgrund dessen kann selbst Art. 28 EU-GRC über die Auslegung der konventionsrechtlichen Streikgarantie Einfluss auf das nationale Streikrecht nehmen. Wenngleich Art. 153 Abs. 5 AEUV eine unionsrechtliche Harmonisierung des deutschen Streikrechts verhindert und der mehrteilige Grundrechtsschutz des Unionsrechts daher keine direkte Auswirkung auf nationale Streikmaßnahmen ohne Unionsbezug haben kann, so wird doch der inhärente Gedanke auf diesem Weg wirksam.

Bei der näheren Analyse der Schranken des völkerrechtlich gewährleisteten Streikrechts, im Speziellen der des Art. 11 Abs. 2 EMRK, konnte ferner festgestellt werden, dass es sich hierbei übereinstimmend um funktionale Grenzen handelt. Vor allem die Schranke des Art. 11 Abs. 2 S. 2 EMRK, die für die gegebene Problematik des öffentlichen Dienstes bzw. des Beamtenstreikverbotes von besonderer Wichtigkeit ist, rechtfertigt einen Eingriff in das Streikrecht u. a. nur dann, wenn es sich um Angehörige der Staatsverwaltung handelt. Auch dieses Restriktionsmerkmal ist nach ständiger Rechtsprechung des EGMR funktional zu verstehen. Dies stellte der EGMR in der Rechtssache Enerji Yapi-Yol Sen/Türkei[1636] heraus, indem er auf die Entscheidung in der Sache Pellegrin/Frankreich[1637] und die Rechtsprechung des EuGH zu Art. 45 Abs. 4 AEUV (ex. Art. 39 Abs. 4 EGV bzw. Art. 48 Abs. 4 EWG-Vertrag)[1638] Bezug nimmt, wonach nur diejenigen Bediensteten zum öffentlichen

1636 EGMR NZA 2010, 1423 (1425), Urteil vom 21.04.2009, Enerji Yapi-Yol Sen/Türkei.

1637 EGMR NVwZ 2000, 661 (663), Urteil vom 8.12.1999, Pellegrin/Frankreich.

1638 U.a. EuGH Rs. 149/79, Sgl. 1980, 3881, Rn. 12 (Kommission/Belgien); EuGH Rs. 66/85, Sgl. 1986, 2121, Rn. 27 (Lawrie-Blum); EuGH Rs. C-473/93, Sgl. 1996, I-3207, Rn. 27 (Kommission/Luxemburg).

Dienst bzw. zur Staatsverwaltung zu zählen sind, die im Namen des Staates Hoheitsgewalt ausüben. Ein generelles Streikverbot für Angehörige des öffentlichen Dienstes ohne grundsätzliches funktionales Abgrenzungsmerkmal ist daher unverhältnismäßig und konventionswidrig. Das am Status des Berufsbeamten orientierte deutsche Streikverbot entspricht demzufolge weder den völkerrechtlichen Vorgaben allgemein noch den konventionsrechtlichen im Speziellen.

Wie sich gezeigt hat, kann die Auflösung dieses Konfliktes jedoch nicht durch eine völkerrechtskonforme Auslegung des nationalen Rechts gelingen, sondern bedarf vielmehr eines völkerrechtsorientierten Tätigwerdens des verfassungsgebenden Gesetzgebers. Es ist in Art. 33 Abs. 4 GG verfassungsrechtlich klarzustellen, dass der öffentliche Dienst funktional dahingehend zu strukturieren ist, dass nur noch diejenigen Bediensteten verbeamtet werden, die originär hoheitliche Tätigkeiten ausüben. Anknüpfend an diesen funktional bestimmten Beamtenstatus ist nur noch denjenigen Beamten ein Streikrecht verwehrt, die eben einer solchen Tätigkeit nachgehen. Alle anderen Angehörigen des öffentlichen Dienstes, die nicht originär hoheitlich tätig sind, sind nunmehr als Arbeitnehmer des öffentlichen Dienstes zu beschäftigen, welchen grundsätzlich ein Streikrecht zusteht. Damit kann die im deutschen Dienstrecht verwurzelte Zweiteilung des öffentlichen Dienstes beibehalten werden, da sie gleichzeitig auch den funktionalen völkerrechtlichen Anforderungen genügt.

Somit ist die statusbezogene Sonderproblematik des Streikrechts im öffentlichen Dienst zwar nicht haltbar, aber in den gewohnten „zwei Akten" fortführbar.

Der in der Verfassung gewährleistete und modifizierte Funktionsvorbehalt ist zudem in das Beamtenrecht umzusetzen und idealerweise darin zu konkretisieren. Eine Verortung könnte in § 5 Bundesbeamtengesetz und § 3 Abs. 2 Beamtenstatusgesetz stattfinden, indem die einzelnen Sektoren, in welchen originär hoheitliche Tätigkeiten ausgeführt werden, beispielhaft aufgelistet werden. Hierzu zählen u. a. die Leitung der obersten Bundesbehörden, die Fach- und Rechtsaufsicht, die Polizei, sonstige Ordnungs- und Sicherheitsbehörden, die Rechtspflege, Diplomatische Dienste, die Steuer- und Zollverwaltung, die Finanz- und auch Wehrverwaltung. Darüber hinaus ist eine Zweifelregelung aufzunehmen, die sich an der Intensität des Eingriffes in die öffentliche Sicherheit und Ordnung oder in die Rechte und Freiheiten der Allgemeinheit orientiert, die eine Beeinträchtigung der jeweiligen Tätigkeit mit sich bringen würde.

Darüber hinaus muss denjenigen Beamten, die gerade keine genuin hoheitliche Tätigkeit ausüben, aber dennoch bereits verbeamtet sind („Bestandsbeamten"), i.S.d. aufgezeigten Lösungsansatzes ein eigenständiges Streikrecht zuerkannt werden. Mit dieser Anerkennung entfallen für die „Bestandsbeamten" allerdings bestimmte hergebrachte Grundsätze des Berufsbeamtentums (u. a. Beamtenstreikverbot, Alimentationsgrundsatz), sodass es einer Änderung des Art. 33 Abs. 5 GG bedarf. Es sei denn, Art. 33 Abs. 5 GG wird nicht schon funktional im Sinne der hier konstatierten neuen Fassung des Art. 33 Abs. 4 GG ausgelegt. Hierdurch entsteht wiederum Änderungs- und Ergänzungsbedarf im einfachen Gesetzesrecht (u. a. im Tarifvertragsgesetz, im

Bundesbeamtengesetz, im Beamtenstatusgesetz, in den Landesbeamtengesetzen, in der Arbeitszeitverordnung, in der Erholungsurlaubsverordnung).

Um eine konsequente Umsetzung des vorgegebenen Lösungsansatzes zu gewährleisten, müssen ferner diejenigen Arbeitnehmer des öffentlichen Dienstes, die genuin hoheitliche Funktionsbereiche innehaben („Bestandsarbeitnehmer"), verbeamtet werden. Sollte diese Möglichkeit nicht bestehen, so ist das Grundgesetz, vorzugsweise in den Übergangs- und Schlussbestimmungen, dahingehend abzuändern, dass die hergebrachten Grundsätze des Berufsbeamtentums ebenfalls auf die „Bestandsarbeitnehmer" Anwendung finden, um einen funktionalen Gleichlauf mit den Beamten herzustellen. Entsprechend würden die hergebrachten Grundsätze des Berufsbeamtentums das Koalitionsrecht der „Bestandsarbeitnehmer" derart einschränken, dass sie von der Tarifautonomie ausgeschlossen wären und ihnen ein Streikrecht verwehrt bliebe. Damit wäre die Ausgestaltung der Arbeitsbedingungen, insbesondere die Entlohnung, dem Gesetzgeber überlassen. Darüber hinaus bedarf es einer Ergänzung in Art. 33 Abs. 4 GG n.F. oder vorzugsweise in den Übergangs- und Schlussbestimmungen des Grundgesetzes, in der klargestellt wird, dass Abs. 4 nicht für „Bestandsarbeitnehmer" gilt.

Die am internationalen Recht angelehnte funktionale Einschränkbarkeit des Streikrechts kann allerdings nicht auf die spiegelbildliche Parallelproblematik in der Daseinsvorsorge übertragen werden. Selbstverständlich wäre es wünschenswert, Restriktionsmöglichkeiten für das Streikrecht in diesen Bereichen zu finden, die den streikbetroffenen Rechten Dritter zu mehr Schutz verhilft und diese zu kodifizieren, um dadurch mehr Rechtssicherheit zu schaffen. Jedoch genügen die bisher aufgezeigten Regelungsvorschläge weder dem nationalen Verfassungsrecht noch dem internationalen Recht, vor allem aber auch nicht dem Konventionsrecht. Eine geeignete Lösung für alle mittelbar und unmittelbar Betroffenen kann aber durch den richtigen Umgang mit dem Grundsatz der Verhältnismäßigkeit im engeren Sinne gefunden werden. Die diesbezüglichen Abwägungsmodalitäten, die in einer hinreichend einzelfallbezogenen Auseinandersetzung der betroffenen und widerstreitenden Grundrechte bestehen, könnten jedoch gesetzlich geregelt werden. Wenngleich eine solche Regelung nur eine rein deklaratorische Wirkung hätte, könnte sie für die Rechtsprechung richtungsweisend sein. Ein Schlichtungsverfahren mit Einlasszwang für die Gegenpartei wäre zwar ebenfalls denkbar, jedoch wird die Zweckmäßigkeit einer solchen Schlichtungsregelung bezweifelt, da die zahlreichen in der Praxis geschlossenen freiwilligen Schlichtungsvereinbarungen bereits die damit angestrebte Wirkung entfalten.

Abschließend lassen sich die Ergebnisse dieser Arbeit in die folgenden Thesen fassen:

1. Der öffentliche Dienst definiert sich in der Bundesrepublik Deutschland formell über das Kriterium der Rechtsform des Dienstherrn, sodass die Beschäftigung im Dienste einer juristischen Person des öffentlichen Rechts, also des Bundes, eines Landes, einer Körperschaft, Anstalt oder Stiftung des öffentlichen Rechts, hierunter zu verstehen ist. Daneben unterliegt der öffentliche Dienst einer

personellen Zweiteilung in den Status des Beamten und den Status des Arbeitnehmers des öffentlichen Dienstes.

2. Der Streik als gemeinsame und planmäßig durchgeführte Arbeitseinstellung einer größeren Anzahl von Arbeitnehmern innerhalb eines Berufes oder Betriebes zu einem Kampfzweck (mit dem Willen zur Fortsetzung der Arbeit nach Erreichen des Kampfzieles und Beendigung des Arbeitskampfes) ist in Deutschland verfassungsrechtlich als Annex zur Tarifautonomie in Art. 9 Abs. 3 S. 1 GG garantiert.
3. Das Unionsrecht enthält zwar in Art. 28 EU-GRC und als allgemeinen Grundsatz des Unionsrechts eine Streikrechtsgewährleistung, allerdings schließt Art. 153 Abs. 5 AEUV eine unionsrechtliche Harmonisierung der mitgliedstaatlichen Streikrechte aus, sodass der nationale Streik ohne Unionsbezug ausschließlich nach nationalem Recht zu beurteilen ist.
4. Das universelle wie auch das regionale Völkerrecht enthalten mit Art. 3 i.V.m. Artt. 8, 10 IAO-Übereinkommen Nr. 87, Art. 22 Abs. 1 UN-Zivilpakt, Art. 6 Nr. 4 ESC sowie Art. 11 Abs. 1 EMRK Regelungen, die unmittelbar aber auch implizit ein Streikrecht gewährleisten, das den Beschäftigten des öffentlichen Dienstes zusteht und in der Bundesrepublik innerstaatliche Geltung entfaltet.
5. Hinsichtlich der Auslegung des Art. 11 EMRK kommen den Entscheidungen des EGMR in den Rechtssachen Demir und Baykara/Türkei (Urteil vom 12.11.2008–34503/97) und Enerji Yapi-Yol Sen/Türkei (Urteil vom 21. 4. 2009–68959/01) eine besondere Bedeutung zu, da der Gerichtshof erstmals eindeutig feststellt, dass Art. 11 Abs. 1 EGMR ein implizit gewährleistetes Streikrecht garantiert.
6. Indem der EGMR zur Interpretation des Art. 11 EMRK auf nicht ratifizierte internationale Normen und die Spruchpraxis internationaler Kontrollgremien, welchen es an der nötigen Authentizität mangelt, Bezug nimmt, nutzt er eine rechtsvergleichende Methodik, deren Richtigkeit zweifelhaft ist. Gleichwohl besitzen die Entscheidungen des EGMR für die Bundesrepublik Deutschland zumindest eine Orientierungswirkung, auch wenn sie nicht Partei des zugrundeliegenden Verfahrens ist.
7. Das arbeitsvölkerrechtlich garantierte Streikrecht ist nicht grenzenlos gewährleistet, sondern unterliegt Schranken, sodass Restriktionen zulässig sind, wenn die eingriffsbegründende Maßnahme im nationalen förmlichen oder materiellen Gesetzesrecht, wie auch im gesetzesvertretenden Richterrecht vorgesehen und verhältnismäßig i.e.S. ist, die Aufrechterhaltung von notwendigen und lebenswichtigen Diensten bezweckt und somit in einer demokratischen Gesellschaft im Interesse der nationalen oder öffentlichen Sicherheit, der öffentlichen Ordnung, zum Schutz der Volksgesundheit, der öffentlichen Sittlichkeit oder zum Schutz der Rechte und Freiheiten anderer notwendig ist.
8. Je nach völkerrechtlichem Vertrag ist ein Streikverbot oder eine Einschränkung des Streikrechts auch dann gerechtfertigt, wenn es/sie Angehörige der Polizei, der Streitkräfte (des Heeres) oder auch der Staatsverwaltung betrifft und es/sie verhältnismäßig i.e.S. ist.

9. Bei den Angehörigen der Staatsverwaltung i.S.d. Art. 11 Abs. 2 S. 2 EMRK handelt es sich um Personen, die typischerweise einer Tätigkeit nachgehen, die regelmäßig mit der Wahrnehmung hoheitlicher Befugnisse und der Ausübung allgemeiner Staatsbelange verbunden ist. Das Merkmal ist daher funktional nach dem jeweiligen Tätigkeitsbereich zu bestimmen.
10. Das deutsche Beamtenstreikverbot ist lediglich am Status des Beamten orientiert, unabhängig davon, ob dieser eine hoheitliche Tätigkeit ausübt oder nicht, sodass es nicht durch Art. 11 Abs. 2 S. 2 EMRK gerechtfertigt werden kann. Das statusbezogene Beamtenstreikverbot ist sowohl völkerrechts- als auch konventionswidrig.
11. Weder das einfache Bundesrecht noch Art. 33 Abs. 4 oder Abs. 5 GG sind einer völkerrechtskonformen Auslegung zugänglich, um den Konflikt zwischen dem deutschen statusbezogenen Beamtenstreikverbot und den funktionalen völkerrechtlichen Maßgaben aufzulösen, sodass es eines Tätigwerdens des Gesetzgebers bedarf.
12. Das deutsche Dienstrecht bedarf einer völkerrechtsorientierten Umgestaltung, bei welcher der Beamtenstatus auf denjenigen Kreis der Beschäftigten des öffentlichen Dienstes beschränkt wird, der im Kern hoheitliche Tätigkeiten ausübt und für die das Beamtenstreikverbot Wirkung entfaltet. Alle anderen Angehörigen des öffentlichen Dienstes sind entsprechend als Arbeitnehmer des öffentlichen Dienstes aufgrund eines privatrechtlichen Vertrages zu beschäftigen.
13. Für die völkerrechtskonforme Ausgestaltung des Dienstrechts erfordert es einer Abänderung des Funktionsvorbehalts in Art. 33 Abs. 4 GG, indem klargestellt wird, dass ausschließlich diejenigen Beschäftigten des öffentlichen Dienstes verbeamtet werden, die mit der Ausübung originär hoheitlicher Befugnisse zur Wahrnehmung von Staatsbelangen als ständige Aufgabe betraut sind. Der modifizierte Funktionsvorbehalt ist in das Beamtenrecht umzusetzen und in § 5 Bundesbeamtengesetz und § 3 Abs. 2 Beamtenstatusgesetz durch die Aufnahme einer beispielhaften Auflistung derjenigen Sektoren, in welchen originär hoheitliche Tätigkeiten ausgeführt werden, zu konkretisieren.
14. Denjenigen Beamten, die nicht mit der Ausübung originär hoheitlicher Befugnisse zur Wahrnehmung von Staatsbelangen als ständige Aufgabe betraut sind („Bestandsbeamten"), ist ein Streikrecht zu gewähren, was zur Folge hat, dass sie in das vorhandene Tarifvertragssystem zu integrieren sind. Hierfür bedarf es einer Änderung des Grundgesetzes, in der klargestellt wird, dass diesen Beamten die hergebrachten Grundsätze des Berufsbeamtentums i.S.d. Art. 33 Abs. 5 GG verschlossen bleiben, die der Gewähr eines Streikrechts zuwiderlaufen.
15. Denjenigen Arbeitnehmern des öffentlichen Dienstes, die mit der Ausübung originär hoheitlicher Befugnisse zur Wahrnehmung von Staatsbelangen als ständige Aufgabe betraut sind („Bestandsarbeitnehmer"), sind zur konsequenten Umgestaltung des deutschen Dienstrechtes, wenn möglich, zu verbeamten. Andernfalls ist ihnen ein Streikrecht zu verwehren, indem sie den hergebrach-

ten Grundsätzen des Berufsbeamtentums i.S.d. Art. 33 Abs. 5 GG untergeordnet werden. Die „Bestandsarbeitnehmer" sind ebenfalls von Art. 33 Abs. 4 GG n.F. auszuschließen.

16. Die in der Wissenschaft und in der Politik diskutierten Kodifikationsbestrebungen zur Restriktion des Streikrechts in den Bereichen der Daseinsvorsorge genügen weder dem deutschen Verfassungsrecht noch den völkerrechtlichen Anforderungen, da sie unverhältnismäßig sind. Lediglich ein Schlichtungsverfahren mit Einlasszwang für die Gegenpartei wäre umsetzbar.
17. Es bedarf keiner gesetzlichen Regelung zur Einschränkung des Streikrechts in der Daseinsvorsorge, da der richtige Umgang mit dem Grundsatz der Verhältnismäßigkeit im engeren Sinne zu einem gerechten Ausgleich aller widerstreitenden Rechte führt. Allenfalls könnten die diesbezüglichen Abwägungsmodalitäten, die eine hinreichend einzelfallbezogene Auseinandersetzung mit den betroffenen und widerstreitenden Grundrechten gewährleisten, gesetzlich geregelt werden.

Literaturverzeichnis

Arras, Gerth: Streikrecht und Arbeitsvertrag, NJW 1953, S. 241 ff.

Auffarth, Fritz: Der gegenwärtige Stand des Arbeitskampfrechts in der Bundesrepublik Deutschland unter besonderer Berücksichtigung des Streikrechts, RdA 1977, S. 129 ff.

Badura, Peter: Wirtschaftliche Betätigung der öffentlichen Hand zur Gewährleistung von Daseinsvorsorge, in: Schwarze, Jürgen (Hrsg.), Daseinsvorsorge im Lichte des Wettbewerbsrechts, 1. Auflage, Baden-Baden 2001, S. 25 ff. [zitiert: *Badura*, in: Schwarze, Daseinsvorsorge Wettbewerbsrecht]

Baeck, Ulrich/Deutsch, Markus: Kommentar zum Arbeitszeitgesetz, 2. Auflage, München 2004, [zitiert: Baeck/Deutsch/*Bearbeiter*]

Balzer, Ralph: Republikprinzip und Berufsbeamtentum, Nürnberg 2008, [zitiert: *Balzer*, Republikprinzip]

Barby, Hanno von: Notstandsverfassung und Arbeitskampfrecht, AuR 1986, S. 267 ff.

Battis, Ulrich: Kommentar zum Bundesbeamtengesetz, 4. Auflage, München 2009, [zitiert: Battis/*Bearbeiter*, BBG Komm.]

–: Streikrecht für Beamte?, ZBR 2011, S. 397 ff.

Battis, Ulrich/Schlenga, Hans-Dieter: Möglichkeiten zur Weiterentwicklung gewerkschaftlicher Beteiligungsrechte im Beamtenrecht, PersR 1995, S. 50 ff.

Bayreuther, Frank: Gesetzliche Regelungen kollektiver Arbeitskonflikte in der Daseinsvorsorge, NZA 2013, S. 704 ff.

Ben-Israel, Ruth: International Labour Standards: The Case of Freedom to Strike, A study prepared fort the International Labour Office, u. a. Deventer, Antwerp, London 1988, [zitiert: *Ben-Israel*, International Labour Standards]

Behning, Bettina: Die Schlichtung in der kollektiven Arbeitsverfassung der Bundesrepublik Deutschland, u. a. Frankfurt am Main, Berlin 1994, [zitiert: *Behning*, Schlichtung]

Berg, Peter: Streikverbot durch Verfahren – „Tariffrieden“ statt Tarifautonomie in der Daseinsvorsorge?, in: Schubert, Jens (Hrsg.), Anforderungen an eine modernes kollektives Arbeitsrecht: Festschrift für Otto Ernst Kempen, 1. Auflage, Baden-Baden 2013, S. 278 ff., [zitiert: *Berg*, in: FS Kempen, Modernes kollektives Arbeitsrecht]

Berg, Peter/Kocher, Eva/Platow, Helmut/Schoof, Christian/Schumann, Dirk: Tarifvertragsgesetz und Arbeitskampfrecht, Kompaktkommentar, 4., vollständig überarbeitete Auflage, Frankfurt am Main 2013, [zitiert: *Berg/Koch/Platow/Schoof/Schumann*, TVG – AKR]

Berger-Delhey, Ulf: Der Streik im öffentlichen Dienst – Probleme, Wechselwirkung und Fragen, ZTR 1993, S. 3 ff.

Bepler, Klaus: Deutsches Streikrecht und Europäische Sozialcharta (ESC), in: Kohte, Wolfhard/Dörner, Hand-Jürgen/Anzinger, Rudolf (Hrsg.), Arbeitsrecht im sozialen Dialog: Festschrift für Hellmut Wissmann zum 65. Geburtstag, München 2006, S. 97 ff., [zitiert: *Bepler*, FS Wissmann]

Bernstein, Eduard: Der Streik, Sein Wesen und sein Wirken, Frankfurt am Main 1920, [zitiert: *Bernstein*, Streik]

Bleckmann, Albert: Zu den Auslegungsmethoden des Europäischen Gerichtshofs, NJW 1982, S. 1177 ff.

Biedenkopf, Kurt: Grenzen der Tarifautonomie, Karlsruhe 1964, [zitiert: *Biedenkopf*, Tarifautonomie]

Birk, Rolf/Konzen, Horst/Löwisch, Manfred/Raiser, Thomas/Seiter, Hugo: Gesetz zur Regelung kollektiver Arbeitskonflikte – Entwurf und Begründung –, Tübingen 1988, [zitiert: *Birk/Konzen/Löswisch/Raiser/Seiter*, Kollektive Arbeitskonflikte]

Bitsch, Christian: Streikrecht für Beamte, ZTR 2012, S. 78 ff.

Bocklet, Reinhold: Leistungen der Daseinsvorsorge im Konflikt mit EU-Wettbewerbsrecht, in: Schader-Stiftung (Hrsg.), Schader-Kolloquium, Die Zukunft der Daseinsvorsorge, Öffentliche Unternehmen und Wettbewerb, Darmstadt 2001, S. 11 ff., [zitiert: *Bocklet*, in: Schader-Stiftung: Zukunft]

Böckenförde, Ernst-Wolfgang/Grawert, Rolf: Kollisionsfälle und Geltungsprobleme im Verhältnis von Bundesrecht und Landesrecht, DÖV 1971, S. 119 ff.

Böhmert, Sabine: Das Recht der ILO uns sein Einfluss auf das deutsche Arbeitsrecht im Zeichen der europäischen Integration, 1. Auflage, Baden-Baden 2002, [zitiert: *Böhmert*, Recht der ILO]

Borchardt, Klaus-Dieter: Die rechtlichen Grundlagen der Europäischen Union, Eine systematische Darstellung für Studium und Praxis, 5. Auflage, Wien 2012, [zitiert: *Borchardt*, Europäische Union]

Bötticher, Eduard: Zum Begriff des Arbeitskampfes, RdA 1955, S. 81 ff.

Box, Hans-Jürgen: Öffentlicher Dienst im Wiederaufbau, LKV 1991, S. 87 ff.

Brinkmann, Gisbert: Der Anfang des internationalen Arbeitsrechts: Die Berliner Internationale Arbeitsschutzkonferenz von 1890 als Vorläufer der Internationalen Arbeitsorganisation, in: Bundesministerium für Arbeit und Sozialordnung u. a. (Hrsg.), Weltfriede durch soziale Gerechtigkeit, 75 Jahre Internationale Arbeitsorganisation, 1. Auflage, Baden-Baden 1994, S. 13 ff., [zitiert: *Brinkmann*, in: 75 Jahre IAO]

Brox, Hans/Rüthers, Bernd/Schlüter, Wilfried/Jülicher, Friedrich: Arbeitskampfrecht, 2. Auflage, Stuttgart 1982, [zitiert: Brox/Rüthers/*Verfasser*, Arbeitskampfrecht]

Bruun, Niklas/Bücker, Andreas: Der Monti II Verordnungsvorschlag der EU Kommission, NZA 2012, S. 1136 ff.

Buchholz, Gabriele: Anmerkung zu BVerwG, Urteil vom 27.02.2014–2 C 1.13 – Beamtenrechtliches Streikverbot beansprucht weiterhin Geltung, DVBl. 2014, S. 786 ff.

Buergenthal, Thomas/Thürer, Daniel: Menschenrechte, Ideale, Instrumente, Institutionen, Zürich, St. Gallen 2010, [zitiert: *Buergenthal/Thürer*, Menschenrechte]

Bull, Hans Peter: Daseinsvorsorge im Wandel der Staatsform, Der Staat 2008 (47), S. 1 ff.

Buschmann, Rudolf: Arbeitskampf zwischen Europäischem Unionsrecht, Europäischen und Internationalen Menschenrechten und Verfassungsrecht, in: Schubert, Jens (Hrsg.), Anforderungen an ein modernes kollektives Arbeitsrecht: Festschrift für Otto Ernst Kempen, Baden Baden 2013, S. 255 ff., [zitiert: *Buschmann*, FS Kempen]

Conzemius, Max: Arbeitgeber setzen sich mit Forderung nach einer tripartiten Diskussion über das Streikrecht durch, Bundesvereinigung der Deutschen Arbeitgeberverbände (Hrsg.), euro-info Nr. 5, Berlin, 2014, [zitiert: *Conzemius* in: BDA, euro-info Nr. 5, 2014]

Cremer, Hans-Joachim: Zur Bindungswirkung von EGMR-Urteilen – Anmerkung zum Görgülü-Beschluss des BVerfG vom 14.10.2004, EuGRZ 2004, 741 –, EuGRZ 2004, S. 683 ff.

Czerweny von Arland, Katharina: Die Arbeitskampfmittel der Gewerkschaften und der Verhältnismäßigkeitsgrundsatz. Europäische Hochschulschriften: Reihe 2, Rechtswissenschaft, Bd. 1332, Frankfurt am Main 1993, zugl. Diss. Heidelberg 1992, [zitiert: *Czerweny von Arland*, Die Arbeitskampfmittel]

Calliess, Christian/Ruffert, Matthias: EUV/AEUV, Das Verfassungsrecht der Europäischen Union mit Europäischer Grundrechtecharta, Kommentar, 4. Auflage, München 2011, [zitiert: Calliess/Ruffert/*Verfasser*, EUV/AEUV, Gesetz]

Council of Europe: Digest of the case law of the European Committee of Social Rights, 1. September 2008, http://www.coe.int/t/dghl/monitoring/socialcharter/Digest/DigestSept2008_en.pdf (Stand 27.09.2015), [zitiert: ECSR, Digest]

Czycholl, Roland/Frieling, Tino: Auswirkung der Europäischen Sozialcharta auf das Arbeitskampfrecht, Das Streikrecht aus Art. 6 Abs. 4 ESC als vorrangige gesetzgeberische Entscheidung, ZESAR 2011, S. 322 ff.

Dahm, Georg: Die völkerrechtliche Verbindlichkeit von Empfehlungen internationaler Organisationen, DÖV 1959, S. 361 ff.

Däubler, Wolfgang: Arbeitskampf und Sozialcharta, in: Council of Europe (Hrsg.), Die Europäische Sozialcharta, Weg zu einer europäischen Sozialordnung?, Baden-Baden 1978, S. 103 ff., [zitiert: *Däubler*, in: ESC]

–: Arbeitskampfrecht, Handbuch für die Rechtspraxis, 3. Auflage, Baden-Baden 2011, [zitiert: Däubler/*Verfasser*, Arbeitskampfrecht]

–: Der Streik im öffentlichen Dienst, Tübingen 1979, [zitiert: *Däubler*, Öffentlicher Dienst]

–: Neue Grundsätze im Arbeitskampf?, Zur Entscheidung des Ministerkomitees des Europarats, AuR 1998, S. 144 ff.

Denecke, Johannes: Zum Begriff und Wesen des öffentlichen Dienstes, RdA 1955, S. 401 ff.

Determann, Lothar: Müssen Professoren von Verfassung wegen Beamte sein?, NVwZ 2000, S. 1346 ff.

Deutscher Gewerkschaftsbund: Stellungnahme des Deutschen Gewerkschaftsbundes zum Entwurf eines Bundesbeamtengesetzes, 2. durchgehende und erweitere Auflage, Düsseldorf 1952, [zitiert: *Deutscher Gewerkschaftsbund*, Stellungnahme BBG]

Deutsches Institut für Menschenrechte: Die „General Comments" zu den VN-Menschenrechtsverträgen, Deutsche Übersetzung und Kurzeinführung, Baden-Baden 2005, [zitiert: *Deutsches Institut für Menschenrechte*, General Comments]

Di Fabio, Udo: Das beamtenrechtliche Streikverbot, Das Streikverbot der Beamten als konstitutiver Bestandteil rechtsstaatlicher Demokratie, München 2012, [zitiert: *Di Fabio*, Streikverbot]

–: Nationales Arbeitsrecht im Spannungsfeld von Grundgesetz und Grundrechtecharta, RdA 2012, S. 262 ff.

Dietlein, Johannes: Landesgrundrechte im Bundesstaat, JA 1994, S. 57 ff.

Dietz, Rolf: Zur Abgrenzung des öffentlichen Dienstes – insbesondere im Hinblick auf das Ges. zu Art. 131 GG –, in: Beiträge zum Arbeits-, Handels- und Wirtschaftsrecht, Festschrift für Alfred Huck zum 70. Geburtstag, München und Berlin 1959, [zitiert: *Dietz*, FS A. Huck]

Doemming, Klaus-Berto v./Füsslein, Rudolf Werner/Matz, Werner: Jahrbuch des öffentlichen Rechts der Gegenwart, Entstehungsgeschichte der Artikel des Grundgesetzes: im Auftrage der Abwicklungsstelle des Parlamentarischen Rates und des Bundesministers des Innern auf Grund der Verhandlungen des Parlamentarischen Rates, Tübingen 1951, [zitiert: *v. Doemming/Füsslein/Matz*, JöR 1 (1951)]

Dörr, Oliver/Grote, Rainer/Marauhn, Thilo (Hrsg.): EMRK/GG, Konkordanzkommentar zum europäischen und deutschen Grundrechtsschutz, Band I, Kapitel 1–19, 2. Auflage, Tübingen 2013, [zitiert: Dörr/Grote/Marauhn/*Verfasser*, Konkordanzkommentar EMRK/GG]

Dreier, Horst (Hrsg.): Grundgesetz Kommentar, Band 3, Art. 83–146, 2. Auflage, Tübingen 2008, [zitiert: Dreier/*Verfasser*]

Dorssemont, Filip: The Right to form and to join Trade Unions for the Protection of his Interests under Article 11 ECHR, An Attempt „to Digest" the Case Law

(1975–2009) of the European Court on Human Rights, European Labour Law Journal, 2010, S. 185 ff.

Dumke, Matthias: Streikrecht i. S. des Art. 6 Nr. 4 ESC und deutsches Arbeitskampfrecht, Vorgaben, Vereinsbarkeit und Umsetzung, Frankfurt am Main 2013, zugl. Diss. Heidelberg 1992, [zitiert: *Dumke*, Streikrecht i.S.d. Art. 6 Nr. 4 ESC]

Dütz, Wilhelm/Thüsing, Gregor: Arbeitsrecht, 16. Auflage, München 2011, [zitiert: *Dütz/Thüsing*, Arbeitsrecht]

Engelen-Kefer, Ursula: Bedeutung der Internationalen Arbeitsorganisation für den Schutz von Gewerkschaftsrechten, in: Bundesministerium für Arbeit und Sozialordnung u. a. (Hrsg.), Weltfriede durch soziale Gerechtigkeit, 75 Jahre Internationale Arbeitsorganisation, 1. Auflage, Baden-Baden 1994, S. 87 ff., [zitiert: *Engelen-Kefer*, in: 75 Jahre IAO]

Engels, Andreas: Verfassung und Arbeitskampfrecht, Verfassungsrechtliche Grenzen arbeitsgerichtlicher Arbeitskampfjudikatur, Berlin 2008, zugl. Diss. Köln 2007, [zitiert: *Engels*, Verfassung]

Epping, Volker/Hillgruber, Christian (Hrsg.): Beck´scher Online-Kommentar Grundgesetz, Edition 24, München 2015, [zitiert: BeckOK GG/*Bearbeiter*]

Evers, Hans-Ulrich: Arbeitskampffreiheit, Neutralität, Waffengleichheit und Aussperrung, Hamburg 1969, [zitiert: *Evers*, Arbeitskampffreiheit]

Evju, Stein: Das Recht auf kollektive Maßnahmen unter der Sozialcharta des Europarates, AuR 2012, S. 276 ff.

Fabricius, Fritz: Streik und Aussperrung im Internationalen Recht, Eine kritische Betrachtung auf der Grundlage der Europäischen Sozialcharta und allgemeiner Menschenrechte, 1. Auflage, Heidelberg 1988, [zitiert: *Fabricius*, Streik und Aussperrung]

Feindt, Erich: Verpflichtende Werte für den öffentlichen Dienst, PersV 1982, S. 481 ff.

Fischbach, Oscar Gregor: Beamtenrecht und öffentliches Dienstrecht, DVBl. 1951, S. 524 ff.

–: Der Rechtsbegriff des öffentlichen Dienstes unter besonderer Berücksichtigung der Vorschriften des Gesetzes zu Art. 131 GG, DÖV 1955, S. 709 ff.

Fischer-Lescano, Andreas/Kommer, Steffen: Zwingende Menschenrechte und ihre Durchsetzung in der Weltgeschichte, in: Sandkühler, Hans Jörg (Hrsg.), Menschenrechte in die Zukunft denken, 60 Jahre Allgemeine Erklärung der Menschenrechte, 1. Auflage, Baden-Baden 2009, S. 91 ff., [zitiert: *Fischer-Lescano/Kommer*, in: Sandkühler, Menschenrechte]

Fischinger, Phillip S.: Zur Begrenzung des Streikrechts durch den Grundsatz der Verhältnismäßigkeit, RdA 2007, S. 99 ff.

Forsthoff, Ernst: Die Verwaltung als Leistungsträger, Stuttgart und Berlin 1938, [zitiert: *Forsthoff*, Verwaltung]

–: Die Daseinsvorsorge und die Kommunen, Köln-Marienburg 1958, [zitiert: *Forsthoff*, Kommunen]

–: Rechtsfragen der leistenden Verwaltung, Stuttgart 1959, [zitiert: *Forsthoff*, Rechtsfragen]

–: Der Staat der Industriegesellschaft, Darstellung am Beispiel der Bundesrepublik Deutschland, München 1971, Nachdruck 1995, [zitiert: *Forsthoff*, Industriegesellschaft]

–: Lehrbuch des Verwaltungsrechts, Erster Band, Allgemeiner Teil, 10. neubearbeitete Auflage, München 1973, [zitiert: *Forsthoff*, Verwaltungsrecht]

Franzen, Martin/Thüsing, Gregor/Waldhoff, Christian: Arbeitskampf in der Daseinsvorsorge, Vorschläge zur gesetzlichen Regelung von Streik und Aussperrung in Unternehmen der Daseinsvorsorge, Tübingen, 2012, [zitiert: *Franzen/Thüsing/Waldhoff*, Daseinsvorsorge]

Frowein, Jochen Abr.: Zur völkerrechtlichen und verfassungsrechtlichen Gewährleistung der Aussperrung, Tübingen 1976, [zitiert: *Frowein*, Aussperrung]

Frowein, Jochen Abr./Villinger, Mark Eugen: Constitutional jurisdiction in the context of state powers, Modalities, contents and effects of the decisions on the constitutionality of legal regulations, Report of the European Commission of Human Rights, 7th conference of the European Constitutional Courts, Lisbon, 26. – 30. April 1987, Human Rights Law Journal, 1988, S. 23 ff.

Fütterer, Patrik: Das Koalitions- und Streikrecht im EU-Recht nach dem Wandel der Rechtsprechung des EGMR zur Koalitionsfreiheit gemäß Art. 11 EMRK (Demir und Baykara und andere), EuZA 2011, S. 505 ff.

Furtwängler, Franz Josef: ÖTV, Die Geschichte einer Gewerkschaft, Stuttgart 1955, [zitiert: *Furtwängler*, ÖTV]

Gallwas, Hans-Ullrich: Konkurrenz von Bundes- und Landesgrundrechten, JA 1981, S. 536 ff.

Gamillscheg, Franz: Kollektives Arbeitsrecht, ein Lehrbuch, Band I: Grundlagen/Koalitionsfreiheit/Tarifvertrag/Arbeitskampf und Schlichtung, München 1997, [zitiert: *Gamillscheg*, KollArbR I]

–: Die Grundrechte im Arbeitsrecht, Berlin 1989, [zitiert: *Gamillscheg*, Grundrechte]

Ganser-Hillgruber, Karin: Die Internationale Arbeitsorganisation, Aufbau, Kompetenzen und mögliche Einflüsse auf das deutsche Beamtenrecht, ZBR 1998, S. 15 ff.

Gerke, Jürgen: Die wirtschaftliche Betätigung der Gemeinden, Jura 1985, S. 349 ff.

Gitter, Wolfgang: Probleme des Arbeitskampfes in supranationaler, internationaler und international-privatrechtlicher Sicht, ZfA 1971, S. 127 ff.

Glietsch, Herbert: Die Zulässigkeit neuer Arbeitskampfformen, Frankfurt am Main 1976, [zitiert: *Glietsch*, Zulässigkeit]

Glückert, Jürgen: Die Arbeitskampfschutzklausel des Art. 9 Abs. 3 Satz 3 Grundgesetz, Berlin 1973, [zitiert: *Glückert*, Arbeitskampfschutzklausel]

Gooren, Paul: Das Ende des Beamtenstreikverbots, ZBR 2011, S. 400 ff.

Grabitz, Eberhard/Hilf, Meinhard/Nettesheim, Martin: Das Recht der Europäischen Union, EUV/AEUV, 50. Ergänzungslieferung Mai 2013, [zitiert: Grabitz/Hilf/Nettesheim/*Verfasser*, Recht der EU, Gesetz]

Grabenwarter, Christoph/Pabel, Katharina: Europäische Menschenrechtskonvention, Ein Studienbuch, 5. Auflage, München, Basel, Wien 2012, [zitiert: *Grabenwarter/Pabel*, EGMR]

Greiner, Stefan: EMRK, Beamtenstreik und Daseinsvorsorge, DÖV 2013, S. 623 ff.

Grewe, Wilhelm: D. Öffentlich-Rechtliche Abteilung, Thema: Inwieweit lässt Art. 33 Abs. 5 des Grundgesetzes eine Reform des Beamtenrechts zu?, in: Verhandlungen des 39. (außerordentlichen) Deutschen Juristentages in Stuttgart 1951, Tübingen 1952, [zitiert: *Grewe*, Verh. 39. DJT]

Gross, Rolf: Streikrecht und Grundgesetz, GMH 1963, S. 560 ff.

Grote, Hermann: Der Streik – Taktik und Strategie, Köln 1952, [zitiert: *Grote*, Streik]

Gröbing, Karl: Zum Begriff des öffentlichen Dienstes, AuR 1959, S. 225 ff.

Guradze, Heinz: Die Europäische Menschenrechtskonvention, Konvention zum Schutz der Menschenrechte und Grundfreiheiten nebst Zusatzprotokollen, Kommentar, Berlin und Frankfurt am Main 1968, [zitiert: *Guradze*, EGMR]

Hanau, Peter: Streiks im öffentlichen Dienst, ZRP 1974, S. 111 ff.

Haratsch, Andreas/Koenig, Christian/Pechstein, Matthias: Europarecht, 8. Auflage, Tübingen 2012, [zitiert: *Haratsch/Koenig/Pechstein*, Europarecht]

Hartung, Otto: Der Streik, Sein Begriff, seine Arten und die Voraussetzungen seiner Rechtmäßigkeit, Halle 1934, [zitiert: *Hartung*, Der Streik]

Hattenhauer, Hans: Sollen die Beamten streiken?, ZBR 1980, S. 233 ff.

Haug, Volker: Funktionsvorbehalt und Berufsbeamtentum als Privatisierungsschranken, NVwZ 1999, S. 816 ff.

Henneke, Hans-Günter: Die Daseinsvorsorge in Deutschland – Begriff, historische Entwicklung, rechtliche Grundlagen und Organisation, in: Krautscheid, Andreas (Hrsg.), Die Daseinsvorsorge im Spannungsfeld von europäischem Wettbewerb und Gemeinwohl, Eine sektorspezifische Betrachtung, 1. Auflage, Wiesbaden 2009, S. 17 ff., [zitiert: *Henneke*, in: Krautscheid, Daseinsvorsorge]

Herdegen, Matthias: Europarecht, 15. Auflage, München 2013, [zitiert: *Herdegen*, Europarecht]

Herrmann, Klaus/Buchheim, Christin: Auswirkungen des Lebenszeitprinzips bei Dienstordnungsangestellten, LKV 2014, S. 49 ff.

Herschel, Wilhelm: Tarifautonomie und Gemeinwohl, RdA 1986, S. 1 f.

Hoffmann, Reinhard: Beamtentum und Streik, AöR 91 (1966), S. 141 ff.

Hofmann, Claudia: Streik(recht) in der Internationalen Arbeitsorganisation, Steht das System zur Überwachung internationaler Arbeits- und Sozialstandards auf der Kippe?, Friedrich-Ebert-Stiftung (Hrsg.), Globale Politik und Entwicklung, Berlin 2014, http://library.fes.de/pdf-files/iez/10738.pdf (Stand 27.09.2015), [zitiert: *Hofmann* in: Friedrich-Ebert-Stiftung, Globale Politik]

Hofmann, Claudia/Schuster, Norbert: Internationale Arbeitsorganisation, quo vadis?, Einige Gedanken zur Debatte um das Streikrecht und das Mandat des Sachverständigenausschusses, AVR 2013, Band 51, S. 483 ff.

Hofmann, Hasso: Die Entdeckung der Menschenrechte, Zum 50. Jahrestag der Allgemeinen Menschenrechtserklärung vom 10. Dezember 1948, Berlin u. a. 1999, [zitiert: *Hofmann*, Menschenrechte]

Hohenstatt, Klaus-Stefan/Schramm, Nils: Erneute Erweiterung des Kampfarsenals: Zulässigkeit von Unterstützungsstreiks, NZA 2007, S. 1034 ff.

Hoyningen-Huene, Gerrick von: Rechtmäßigkeitsvoraussetzungen aktueller Arbeitskampfmittel der Gewerkschaften, JuS 1987, S. 505 ff.

Hromadka, Wolfgang/Maschmann, Frank: Arbeitsrecht, Band 2, Kollektivarbeitsrecht + Arbeitsstreitigkeiten, 5. Auflage, Berlin u. a. 2010, [zitiert: *Hromadka/Maschmann*, Arbeitsrecht]

Huber, Andrea: Der Beitritt der Europäischen Union zur Europäischen Menschenrechtskonvention, Art. 6 Abs. 2 S. 1 EUV, Regensburg, Hamburg 2008, [zitiert: *Huber*, Beitritt]

Hueck, Alfred: Die Bedeutung des Notstandsrechts für das Arbeitskampfrecht, RdA 1968, S. 430 ff.

Hueck, Alfred/Nipperdey, Hans Carl/Säcker, Franz Jürgen: Lehrbuch des Arbeitsrechts, Zweiter Band: Kollektives Arbeitsrecht, Zweiter Halbband (II/2), 7 Auflage, Mannheim, Berlin, Leipzig 1970, [zitiert: *Hueck/Nipperdey/Säcker*, Arbeitsrecht]

Hufen, Friedhelm: Gesetzliche Tarifeinheit und Streik im Bereich der öffentlichen Infrastruktur: Der verfassungsrechtliche Rahmen, NZA 2014, S. 1237 ff.

–: Berufsfreiheit – Erinnerung an ein Grundrecht, NJW 1994, S. 2913 ff.

Huhle, Rainer/Krennerich, Michael: Die Allgemeine Erklärung der Menschenrechte: eine grundlegende Antwort auf historisches Unrecht, Nürnberg, 2. Ausgabe, 2008, S. 4 ff.

Ickenroth, Christoph: Das deutsche Beamtenstreikverbot im Lichte der Europäischen Menschenrechtskonvention, Berlin, 2016, [zitiert: *Ickenroth*, Beamtenstreikverbot]

International Labour Conference: 69st Session 1983, Report III (Part 4B) Third item on the agenda: Information and reports on the application of Conventions and Recommendations, Freedom of Association and Collective Bargaining: General Survey, Report of the Committee of Experts on the Application of Conventions and Recommendations (articles 19, 22 and 35 of the Constitution), [zitiert: General Survey, ILC 1983, Report III (Part 4B)]

International Labour Conference: 77th Session 1990, Report III (Part 4A) Third item on the agenda: Information and reports on the application of Conventions and Recommendations, Report of the Committee of Experts on the Application of Conventions and Recommendations (articles 19, 22 and 35 of the Constitution), General Report and observations concerning particular countries, [zitiert: General Report, ILC 1990, Report III (Part 4A)]

International Labour Conference: 78th Session 1991, Report III (Part 4A) Third item on the agenda: Information and reports on the application of Conventions and Recommendations, Report of the Committee of Experts on the Application of Conventions and Recommendations (articles 19, 22 and 35 of the Constitution), General Report and observations concerning particular countries, [zitiert: General Report, ILC 1991, Report III (Part 4A)]

International Labour Conference: 81st Session 1994, Report III (Part 4B) Third item on the agenda: Information and reports on the application of Conventions and Recommendations, General Survey of Reports on the Freedom of Association and the Right to Organize Convention (No. 87), 1948 and the Right to Organize and Collective Bargaining Convention (No. 98), 1949, Report of the Committee of Experts on the Application of Conventions and Recommendations (articles 19, 22 and 35 of the Constitution), [zitiert: General Survey, ILC 1994, Report III (Part 4B)]

International Labour Conference: 102nd Session 2013, Report of the Committee of Experts on the Application of Conventions and Recommendations (articles 19, 22 and 35 of the Constitution), Third item on the agenda: Information and reports on the application of Conventions and Recommendations, Report III (Part 1A), General Report and observations concerning particular countries, [zitiert: General Report, ILC 2013, Report III (Part 1A)]

International Labour Office: Freedom of Association – Digest of decisions and principles of the Freedom of Association Committee of the Covering Body of the ILO, fifth edition, 2006 Geneva, [zitiert: ILO, Digest]

Ipsen, Knut: Völkerrecht, ein Studienbuch, 6. Auflage, München, 2014, [zitiert: *Ipsen*, Völkerrecht]

Isensee, Josef: Beamtenstreik, Zur rechtlichen Zulässigkeit des Dienstkampfes, Bonn-Bad Godesberg 1971, [zitiert: *Isensee*, Beamtenstreik]

–: Dienst nach Vorschrift als vorschriftswidriger Dienst, Verwaltungsrechtliche Betrachtung zu einem Streiksurrogat der Beamten, JZ 1971, S. 73 ff.

–: Beamtentum – Sonderstatus in der Gleichheitsgesellschaft, Bundesrepublikanische Spannungsfelder und Legitimationsprobleme, ZBR 1988, S. 141 ff.

Jacobs, Matthias: Das neue Arbeitskampfrecht des Bundesarbeitsgerichts – Kritische Überlegungen zur Akzentuierung der Kampfmittelfreiheit und zur Entwertung des Verhältnismäßigkeitsgrundsatzes in der neuen Rechtsprechung des Ersten Senats, ZfA 2011, S. 71 ff.

Janssen, Albert: Das Streikrecht der Angestellten und Arbeiter im öffentlichen Dienst und der „Dritte Weg" der Kirche, Heidelberg 1982, [zitiert: *Janssen*, Streikrecht]

Jarass, Hans D.: Charta der Grundrechte der Europäischen Union unter Einbeziehung der vom EuGH entwickelten Grundrechte, der Grundrechtsregelungen der Verträge und der EMRK, Kommentar, 2. Auflage, München 2013, [zitiert: *Jarass*, Charta der Grundrechte]

Joachim, Hans G.: Ist der Grundsatz der Verhältnismäßigkeit ein geeignetes Kriterium für die rechtliche Erfassung des Phänomens „Arbeitskampf"?, AuR 1973, S. 289 ff.

Joseph, Sarah/Schultz, Jenny/Castan, Melissa: The international covenant on civil and political right: Cases, Materials, and Commentaray, Oxford 2000, [Zitiert: *Joseph/Schultz/Castan*, IPBPR]

Jung, Jörg: Die Zweispurigkeit des öffentlichen Dienstes, Eine Untersuchung über die Veränderung der Personalstruktur im öffentlichen Dienst und die Verankerung des Berufsbeamtentums im Grundgesetz, Berlin 1971, [zitiert: *Jung*, Zweispurigkeit]

Junker, Abbo: Europäische Grund- und Menschenrechte und das deutsche Arbeitsrecht (unter besonderer Berücksichtigung der Koalitionsfreiheit), ZfA 2013, S. 91 ff.

–: Der Flächentarifvertrag im Spannungsverhältnis von Tarifautonomie und betrieblicher Reglung, ZfA 1996, S. 383 ff.

Kalb, Heinz-Jürgen: Die Entwicklung des Arbeitskampfrechts durch das Bundesarbeitsgericht, RdA 1994, S. 385 ff.

Kälin, Walter/Künzli, Jörg: Universeller Menschenrechtsschutz, 2. Auflage, Basel 2008, [zitiert: *Kälin/Künzli*, Menschenrechtsschutz]

Kahn-Freund, Otto: Das Streikrecht, sein Umfang und seine Grenzen, in: Die Europäische Sozialcharta, Weg zu einer europäischen Sozialordnung?, Baden-Baden 1978, S. 151 ff., [zitiert: *Kahn-Freund*, in: ESC]

Karpenstein, Urlich/Mayer, Franz C.: EMRK Konvention zum Schutz der Menschenrechte und Grundfreiheiten, Kommentar, München 2012, [zitiert: Karpenstein/Mayer/*Verfasser*, EMRK Komm.]

Kaskel, Walter: Arbeitsrecht, 3. Auflage, Berlin 1928, [zitiert: *Kaskel*, Arbeitsrecht]

Kaskel, Walter/Dersch, Hermann: Arbeitsrecht, 4. Auflage, Berlin 1932; [zitiert: *Kaskel/Dersch*, Arbeitsrecht]

Kempen, Otto Ernst: Warnstreik, Sympathiestreik und gewerkschaftliche Demonstration im grundgesetzlichen Arbeitsverfassungsrecht, RdA 1990, S. 237ff.

Kemper, Michael: Die Bestimmung des Schutzbereichs der Koalitionsfreiheit (Art. 9 Abs. 3 S. 3 GG), Zugleich ein Beitrag zur Lehre von den Einrichtungsgarantien, Heidelberg 1990, zugl. Diss. Köln 1988 [zitiert: *Kemper*, Koalitionsfreiheit]

Kernfert, Claudia/Kooths, Stefan: Die wirtschaftlichen Folgen von Bahnstreiks, Deutsches Institut für Wirtschaftsforschung (DIW Berlin), Wirtschaft, Politik, Wissenschaft, 2008, Heft Nr. 03, S. 25ff.

Kersten, Jens: Der Streik in der Daseinsvorsorge, in: Waldhoff, Christina/Thüsing, Gregor (Hrsg.), Verfassungsfragen des Arbeitskampfes, Baden-Baden 2014, S. 15ff., [zitiert: *Kerstens* in: Waldhoff/Thüsing, Verfassungsfragen]

–: Neues Arbeitskampfrecht, Über den Verlust institutionellen Verfassungsdenkens, Tübingen 2012, [zitiert: *Kersten*, Neues Arbeitskampfrecht]

Kersten, Jens/Neu, Claudia/Vogle, Berthold: Für eine Gemeinschaftsaufgabe zur Stärkung der regionalen Daseinsvorsorge, WISO direkt, Analysen und Konzepte zur Wirtschafts- und Sozialpolitik, Friedricht-Ebert-Stiftung (Hrsg.), Januar 2015, S. 1ff.

Kilian, Michael: Der Einfluss der Europäischen Menschenrechtskonvention auf die deutsche Verfassungsrechtsprechung, in: Höland, Armin (Hrsg.), Wirkung der Rechtsprechung des Europäischen Gerichtshofs für Menschenrechte im deutschen Recht, Berlin 2012, S. 119ff., [zitiert: Kilian, in: Höland, Rechtsprechung des EGMR]

Kirchhof, Paul: Verfassungsrechtlicher Schutz und internationaler Schutz der Menschenrechte: Konkurrenz oder Ergänzung?, EuGRZ 1994, S. 16ff.

Kissel, Otto Rudolf: Arbeitskampfrecht, Ein Leitfaden, München 2002, [zitiert: *Kissel*, Arbeitskampfrecht]

Klaß, Franziska: Die Fortentwicklung des deutschen Beamtenrechts durch das europäische Recht, Baden-Baden 2014, [zitiert: *Klaß*, Fortentwicklung]

Klein, Eckart: Vertragsauslegung und „spätere Praxis" Internationaler Organisationen, in: Bieber, Roland/Ress, Georg (Hrsg.), Die Dynamik des Europäischen Gemeinschaftsrechts/The dynamics of EC-law, Die Auslegung des Europäischen Gemeinschaftsrechts im Lichte nachfolgender Praxis der Mitgliedstaaten und der EG-Organe, Baden-Baden 1987, S. 101ff., [zitiert: *Klein* in: Bieber/Ress, Dynamik]

Knauff, Matthias: Der Gewährleistungsstaat: Reform der Daseinsvorsorge, Eine rechtswissenschaftliche Untersuchung unter besonderer Berücksichtigung des ÖPNV, Berlin 2004, [zitiert: *Knauff*, Gewährleistungsstaat]

Knebel, Jürgen: Koalitionsfreiheit und Gemeinwohl, Zur verfassungsrechtlichen Zulässigkeit staatlicher Einwirkung auf die tarifautonome Lohngestaltung, Berlin 1978, [zitiert: *Knebel*, Gemeinwohl]

Köngeter, Matthias: Völkerrechtliche und innerstaatliche Probleme eines Beitritts der Europäischen Union zur EMRK, in: Becker, Yvonne u. a. (Hrsg.), Die Europäische Verfassung – Verfassung in Europa, 45. Assistententagung Öffentliches Recht, Baden-Baden 2005, S. 230 ff., [zitiert: *Köngeter*, in: Becker, Die Europäische Verfassung]

Koenig, Christian: Daseinsvorsorge durch Wettbewerb!, EuZW 2001, S. 481

Koen, Lenaerts: Die EU-Grundrechtecharta: Anwendungsbereich und Auslegung, EuR 2012, S. 3 ff.

Körner, Anne/Leitherer, Stephan/Mutschler, Bernd: Kassler Kommentar Sozialversicherungsrecht, Band 1, 84. Ergänzungslieferung, 2014, [zitiert: *Bearbeiter*, Kassler Kom., Gesetz]

Kohte, Wolfhard/Doll, Christine: Neues aus Erfurt zur Bedeutung der Europäischen Sozialcharta im Arbeitskampfrecht?!, ZESAR 2003, S. 393 ff.

Konzen, Horst: Der Arbeitskampf im Verfassungs- und Privatrechtssystem, AcP 177, 1977, S. 473 ff.

–: Die Besondere Entscheidung, Parität, Übermaßverbot, Aussperrung, Jura 1981, S. 585 ff.

–: Die Tarifautonomie zwischen Akzeptanz und Kritik, NZA 1995, S. 913 ff.

–: Europäische Sozialcharta und ultima ratio-Prinzip, JZ 1986, S. 157 ff.

Kornbichler, Hendrik: Die Stilllegung des Betriebs im Arbeitskampf, München, 1999, [zitiert: *Kornbichler*, Stilllegung]

Kovács, Erika: The Right to strike in the European Sozial Charta, Comperative Labor Law & Policy Journal, 2005, S. 445 ff.

Krajewski, Markus: Rechtsbegriff Daseinsvorsorge?, VerwArch 2008 (99), S. 174 ff.

Krebbe, Sebastian: Soziale Rechte in der Gemeinschaftsrechtsordnung, RdA 2009, S. 224 ff.

Krejci, Heinz: Recht auf Streik, Ein Paradigmenwechsel mit Folgen im Arbeitskampfrecht Österreichs, Wien 2015, [zitiert: *Krejci*, Recht auf Streik]

Kreuz, Harald: Der Grundsatz der Verhältnismäßigkeit im Arbeitskampfrecht, Schriften zum Sozial- und Arbeitsrecht, Band 93, Berlin 1988, [zitiert: *Kreuz*, Verhältnismäßigkeit]

Kümmel, Wilhelm: Der Begriff des öffentlichen Dienstes im Beamten-, Besoldungs- und Tarifrecht, RiA 1954, 64 ff.

–: Rechtsstellung der Angestellten des öffentlich-rechtlichen Kreditanstalten nach dem Bundesgesetz zu Art. 131 GG, RiA 1954, 207 ff.

Kutzki, Jürgen: Beamte und Streikrecht – eine aktuelle Bestandsaufnahme, DÖD 2011, S. 169 ff.

Leinemann, Wolfgang (Hrsg.): Kasseler Handbuch zum Arbeitsrecht, Band 2, Besondere Arbeitsverhältnisse und Arbeitsverhältnisse mit erhöhtem Schutz,

Kollektives Arbeitsrecht, Arbeitsgerichtliches Verfahren, Neue Bundesländer, Europarecht, Neuwied u. a. 1997, [zitiert: *Verfasser*, KassHdB, Bd. 2]

Lerche, Peter: Verfassungsrechtliche Zentralfragen des Arbeitskampfes, Zum hessischen Aussperrungsverbot, Bad Homburg v.d.H. [u. a.] 1968, [zitiert: *Lerche*, Zentralfragen]

–: Koalitionsfreiheit und Richterrecht, NJW 1987, S. 2465 ff.

Lieb, Raimund: Der Arbeitskampf im öffentlichen Dienst, Zur Zulässigkeit von Streikmaßnahmen der Arbeiter und Angestellten im öffentlichen Dienst im Vergleich zu den faktischen und rechtlichen Voraussetzungen eines Arbeitskampfes in der Privatwirtschaft, Mainz 2003, [zitiert: *Lieb*, Arbeitskampf]

Litschen, Kai: Das BAG und der Arbeitskampf oder die Kunst, ein totes Pferd zu reiten, NZA-RR 2015, S. 57 ff.

Löwer, Wolfgang: Energieversorgung zwischen Staat, Gemeinde und Wirtschaft, DVBl.. 1991, S. 132 ff.

Lohse, Volker Heinrich: Streik und Staatsnotstand unter Berücksichtigung der Rechtslage in der Schweiz, Schriften des öffentlichen Rechts, Band 90, Berlin 1969, [zitiert: *Lohse*, Streik]

Lindner, Josef Franz: Grundrechtsschutz in Europa – System einer Kollisionsdogmatik, EuR 2007, S. 160 ff.

Löffler, Martin: Dürfen Presse-Betriebe bestreikt werden?, Ein Beitrag zum Problem der Bestreikung lebenswichtiger Betriebe, NJW 1962, S. 1601 ff.

Lörcher, Klaus: Die Normkontrolle in der IAO – Aktueller Stand und neue Entwicklung – , in: Bundesministerium für Arbeit und Sozialordnung u. a. (Hrsg.), Weltfriede durch soziale Gerechtigkeit, 75 Jahre Internationale Arbeitsorganisation, 1. Auflage, Baden-Baden 1994, S. 77 ff., [zitiert: *Lörcher*, in: 75 Jahre IAO]

–: Internationale Arbeitsorganisation fordert Verhandlungsrechte für Beschäftigte im Beamtenverhältnis, PersR 1996, S. 302 ff.

–: Soziale Menschenrechte im individuellen Arbeitsrecht nach Demir und Baykara – am Beispiel von Art. 8 EMRK (Recht auf Achtung des Privat- und Familienlebens), AuR 2011, S. 88 ff.

Löwisch, Manfred: Der rundfunkpolitische Streik, RdA 1982, S. 73 ff.

–: Arbeitskampf- und Schlichtungsrecht, Schriften zur Arbeitsrecht-Blattei, N.F., Band 4, Heidelberg 1997, [zitiert: *Löwisch*, Arbeitskampf- und Schlichtungsrecht]

–: Das Übermaßverbot im Arbeitskampfrecht, Bemerkungen zum Beschluß des Großen Senats des Bundesarbeitsgerichts vom 21.4.1971, ZfA 1971, S. 319 ff.

Löwisch, Manfred/Rieble, Volker: Tarifvertragsgesetz, Kommentar, 3. Auflage, München 2012, [zitiert: Löwisch/Rieble/*Verfasser*, TVG]

Luch, Anika/Schulz, Sönke: eDaseinsvorsorge, Neuorientierung des überkommenen (Rechts-)Begriffs Daseinsvorsorge im Zuge technischer Entwicklung?, MMR 2009, S. 19 ff.

Louis, Hans Walter: Die Besteuerung der öffentlichen Unternehmen und Einrichtungen der Daseinsvorsorge, Göttingen 1981, [zitiert: *Louis*, Besteuerung]

Mahler, Claudia: Wirtschaftliche, soziale und kulturelle Rechte sind einklagbar!, UN-Sozialpakt hat mehr als Apell-Funktion – Bundesverfassungsgericht wendet ihn an, AnwBl. 2013, S. 245 ff.

Mangoldt, Hermann von/Klein, Friedrich/Starck, Christian (Hrsg.): Kommentar zum Grundgesetz, Band 1, Art. 1–19, 6. Auflage, München 2010, [zitiert: *Bearbeiter*/Mangoldt/Klein/Starck, GG]

–: Kommentar zum Grundgesetz, Band 2, Art. 20–82, 6. Auflage, München 2010, [zitiert: *Bearbeiter*/Mangoldt/Klein/Starck, GG]

Maunz, Theodor (Begr.)/Dürig, Günter (Begr.)/Herzog, Roman u. a. (Hrsg.): Kommentar Grundgesetz, 62. Lieferung, München 2011, [zitiert: Maunz/Dürig/*Bearbeiter*]

Maunz, Theodor/Schmidt-Bleibtreu, Bruno/Klein, Franz/Bethge, Herbert: Kommentar Bundesverfassungsgerichtsgesetz, Band 1, 38. Ergänzungslieferung, München 2012, [zitiert: Maunz/Schmidt-Bleibtreu/Klein/Bethge/*Bearbeiter*]

Maurer, Hartmut: Allgemeines Verwaltungsrecht, 18. Auflage, München 2011, [zitiert: *Maurer*, Verwaltungsrecht AT]

Mayer, Franz: Verfassungsrechtliche Grenzen einer Reform des öffentlichen Dienstrechts, ZBR 1974, S. 275 ff.

Merkens, Heinz: Zum Streikrecht der Arbeitnehmer der Deutschen Bundespost, RdA 1982, S. 101 ff.

Meyer, Jürgen: Charta der Grundrechte der Europäischen Union, 4. Auflage, Baden-Baden 2014, [zitiert: Meyer/Bearbeiter, Komm. EU-GRC]

Meyer-Ladewig, Jens: Europäische Menschenrechtskonvention, Handkommentar, 3. Auflage, Baden-Baden 2011, [zitiert: Meyer-Ladewig/*Bearbeiter*, Komm. EMRK]

Meyer-Ladewig, Jens/Uhink, Gerhard (Hrsg.): Völkerrechtliche Übereinkommen und andere Dokumente des Europarates und der Vereinigten Nationen in deutscher Übersetzung, Aus Anlaß des 40. Jahrestages der Allgemeinen Erklärung der Menschenrechte, Köln 1988, [zitiert: *Meyer-Ladewig/Uhink*, Deutsche Übersetzung]

Mikkola, Matti: Social Human Right of Europe, Provoo 2010, [zitiert: *Mikkola*, Human Right]

Mitscherlich, Matthias: Das Arbeitskampfrecht der Bundesrepublik Deutschland und die Europäische Sozialcharta, Frankfurt am Main 1975, [zitiert: *Mitscherlich*, Europäische Sozialcharta]

Mösch, Reinhold: Gilt der Grundsatz der Verhältnismäßigkeit im Arbeitskampf?, Bamberg 1990, [zitiert: *Mösch*, Verhältnismäßigkeit]

Moll, Wilhelm (Hrsg.): Münchner Anwaltshandbuch Arbeitsrecht, 3. Auflage, München 2012, [zitiert: Moll, HB Arbeitsrecht, *Bearbeiter*]

Müller, Bernd/Landshuter, Francisca: Arbeitsrecht im öffentlichen Dienst, 7. Auflage, München 2009, [zitiert: *Müller/Landshuter*, Arbeitsrecht öffentlicher Dienst]

Müller, Gerhard: Der Einsatz von Beamten auf Arbeitnehmerplätzen bei einem legitimen Tarifstreik im öffentlichen Dienst, RdA 1982, S. 86ff.

Müller-Glöge, Rudi/Preis, Ulrich/Schmidt, Ingrid: Erfurter Kommentar zum Arbeitsrecht, 16. Auflage, München 2016, [zitiert: ErfKomm/Gesetz/*Bearbeiter*]

Münch, Ingo von: Verfassungsrechtliche Grundlagen des Arbeitskampfrechts, Jura 1979, S. 25ff.

–: Zur Streikarbeit von Beamten, DÖV 1982, S. 337ff.

–: Rechtsgutachten zur Frage eines Streikrechts der Beamten, Hilden 1970, [zitiert: *von Münch*, Streikrecht]

Neubauer, Gerald: Judizialisierungsprozesse im Arbeitsschutzbereich: Vom Vorreiter zum Nachzügler – die ILO, in: Zangl, Bernd (Hrsg.), Auf dem Weg zu internationaler Rechtsherrschaft?, Streitbeilegung zwischen Politik und Recht, S. 191ff., [zitiert: *Neubauer*, in: Zangl, Rechtsherrschaft]

Neubeck, Xenia: Die Europäische Sozialcharta und deren Protokolle, Frankfurt am Main u. a. 2002, [*Neubeck*, Europäische Sozialcharta]

Niedobitek, Matthias: Denationalisierung des Streikrechts – auch für Beamte?, Tendenzen im europäischen und im internationalen Recht, ZBR 2010, S. 361ff.

Nikisch, Arthur: Arbeitsrecht, II. Band, Koalitionsrecht, Arbeitskampfrecht und Tarifvertragsrecht, 2. Auflage, Tübingen 1959, [zitiert: *Nikisch*, Arbeitsrecht II]

Nokiel, Werner: Weiterhin kein Streikrecht für Beamtinnen und Beamte, DÖD 2012, S. 152ff.

Novitz, Tonia: International and European Protection oft the Right to Strike, A Comparative Study of Standards Set by the Interantional Labour Organization, the Council of Europe and the European Union, Oxford 2005, [zitiert: *Novitz*, Right to Strike]

Nußberger, Angelika: Sozialstandards im Völkerrecht, Eine Studie zu Entwicklung und Bedeutung der Normsetzung der Vereinten Nationen, der Internationalen Arbeitsorganisation und des Europarats zur Frage des Sozialschutzes, Berlin 2005, [zitiert: *Nußberger*, Sozialstandards]

Nusser, Julian: Die Bindung der Mitgliedstaaten an die Unionsgrundrechte, Vorgaben für die Auslegung von Art. 51 Abs. 1 S. 1 EuGrCh, Tübingen 2011, [zitiert: *Nusser*, Unionsgrundrechte]

Obwexer, Walter: Der Beitritt der EU zur EMRK: Rechtsgrundlagen, Rechtsfragen und Rechtsfolgen, EuR 2012, S. 115 ff.

Otto, Hansjörg: Arbeitskampf- und Schlichtungsrecht, München 2006, [zitiert: *Otto*, Arbeitskampf]

–: Das konturlose Arbeitskampfrecht des BAG, Vom Arbeitskampf als ultima ratio zur nahezu unbeschränkten Kampffreiheit?, RdA 2010, S. 135 ff.

Pache, Eckhard: Die Europäische Menschenrechtskonvention und die deutsche Rechtsordnung, EuR 2004, S. 393 ff.

Papier, Hans-Jürgen: Kommunale Daseinsvorsorge im Spannungsfeld zwischen nationalem Recht und Gemeinschaftsrecht, DVBl. 2003, S. 686 ff.

Payandeh, Mehrdad: Die EMRK als grundrechtsbeschränkendes Gesetz?, JuS 2009, S. 212 ff.

Perner, Stefan: Grundfreiheiten, Grundrecht-Charta und Privatrecht, Tübingen 2013, [zitiert: *Perner*, Grundrechte-Charta]

Pfarr, Heide/Brandt, Hermann: Zur Geltung des Verhältnismäßigkeitsgrundsatzes bei Streik und Aussperrung, AuR 1981, S. 325 ff.

Pfennig, Gerhard: Der Begriff des öffentlichen Dienstes und seiner Angehörigen, 1960 Berlin, [zitiert: *Pfennig*, Begriff]

Pieroth, Bodo/Schlink, Bernhard/Kingreen, Thorsten/Poscher, Ralf: Grundrechte Staatsrecht II, 30. Auflage, Heidelberg, Hamburg 2014, [zitiert: *Pieroth/Schlink*, Staatsrecht II]

Pikart, Eberhard/Werner, Wolfram/Deutscher Bundestag/Bundesarchiv (Hrsg.): Der Parlamentarische Rat 1948–1949, Akten und Protokolle, Ausschuß für Grundsatzfragen, Band 5/I, Boppard am Rhein 1993, [zitiert: Parlamentarischer Rat, Ausschuß für Grundsatzfragen, Band 5/I, Protokoll Nr.]

–: Der Parlamentarische Rat 1948–1949, Akten und Protokolle, Ausschuß für Grundsatzfragen, Band 5/II, Boppard am Rhein 1993, [zitiert: Parlamentarischer Rat, Ausschuß für Grundsatzfragen, Band 5/II, Protokoll Nr.]

Deutscher Bundestag/Bundesarchiv (Hrsg.)/ Feldkamp, Michael F. (Bearb.): Der Parlamentarische Rat 1948–1949, Akten und Protokolle, Hauptausschuß, Band 14 Teilband I, München 2009, [zitiert: Parlamentarischer Rat, Hauptausschuss, Band 14/I, Protokoll Nr.]

Plander, Harro: Die beamtenrechtliche Vereinbarungsautonomie, Die Reform der beamtenrechtlichen Beteiligung als Verfassungsproblem, Baden-Baden 1991, [zitiert: *Plander*, Vereinbarungsautonomie]

Polakiewicz, Jörg/Kessler, Andriana: Das Streikverbot für deutsche BeamtInnen, Die Bedeutung der Rechtsprechung des EGMR für deutsche Gerichte, NVwZ 2012, S. 841 ff.

Pollin, Ulrike: Das Streikverbot für verbeamtete Lehrer – Eine Analyse unter Berücksichtigung der Rechtsprechung des Europäischen Gerichtshofs für Menschenrechte –, unveröffentlichte Dissertation, Jena 2015, [zitiert: Pollin, Streikverbot verbeamteter Lehrer]

Pollmann, Arnd/Lohmann, Georg: Menschenrechte, Ein interdisziplinäres Handbuch, Stuttgart u. a.2012, [zitiert: Pollmann/Lohmann/*Verfasser*, Menschenrechte]

Preis, Ulrich: Arbeitsrecht, Kollektivarbeitsrecht, Lehrbuch für Studium und Praxis. 2. Auflage, Köln 2009, [zitiert: *Preis*, Kollektivarbeitsrecht]

Püttner, Günter: Die Zukunft öffentlicher Unternehmen im europäischen Binnenmarkt, ZÖR 2001 (56), S. 227 ff.

–: Das grundlegende Konzept der Daseinsvorsorge. Kommunale Daseinsvorsorge – Begriff, Geschichte, Inhalt, in: Hrbek, Rudolf/Nettesheim, Martin (Hrsg.), Europäische Union und mitgliedstaatliche Daseinsvorsorge, Baden-Baden 2002, S. 32 ff., [zitiert: *Püttner*, in: Hrbek/Nettesheim, Mitgliedstaatliche Daseinsvorsorge]

Rabe, Hans-Jürgen: Grundrechtsbindung der Mitgliedstaaten, NJW 2013, S. 1407 ff.

Ramm, Thilo: Der Begriff des Arbeitskampfes, AcP 160 (1961), S. 336 ff.

- Die Anerkennung des Streikrechts, AuR 1967, S. 97 ff.

- Kollektives Arbeitsrecht und öffentlicher Dienst, JZ 1977, S. 737 ff.

Ress, Georg: Supranationaler Menschenrechtsschutz und der Wandel der Staatlichkeit, ZaöRV 2004, S. 621 ff.

Reuss, Wilhelm: Arbeitskampf im Bereich der öffentlichen Verwaltung, DVBl. 1968, S. 57 ff.

Reuss, Wilhelm: Grenzen der Streikfreiheit im öffentlichen Dienst, in: König, Klaus/Laubinger, Hans-Werner/Wagener, Frido (Hrsg.), Öffentlicher Dienst: Festschrift für Carl Hermann Ule zum 70. Geburtstag am 26. Februar 1977, 2. unveränderte Auflage, Köln 1977, S. 417 ff., [zitiert: *Reuss*, FS Ule]

Reuter, Dieter: Funktionsfähigkeit der Arbeitsmärkte durch Tarifautonomie?, in: Fischer, Wolfram (Hrsg.), Jahrestagung des Vereins für Sozialpolitik, Gesellschaft für Wirtschafts- und Sozialwissenschaften in Freiburg i. Br. Vom 5.-7. Oktober 1988, Währungsreform und Soziale Marktwirtschaft, Erfahrungen und Perspektiven nach 40 Jahren, Berlin 1989, S. 507 ff., [zitiert: *Reuter*, in: Fischer, Soziale Marktwirtschaft]

Richardi, Reinhard: Arbeitskampfbegriff und Arbeitskampfrecht, in: Bickel, Dietrich/Hadding, Walther/Jahnke, Volker/Lüke, Gerhard (Hrsg.), Recht und Rechtskenntnis: Festschrift für Ernst Wolf zum 70. Geburtstag, Köln 1985, S. 549 ff., [zitiert: *Richardi*, FS Wolf]

Richardi, Reinhard/Wlotzke, Otfried/Wißmann, Hellmut/Oetker, Hartmut: Münchner Handbuch zum Arbeitsrecht, Band 2 Kollektivarbeitsrecht/Sonderformen, 3. Auflage, München 2009, [zitiert: MünchArbR/*Bearbeiter*]

Rieble, Volker: Flash-Mob – ein neues Kampfmittel?, NZA 2008, S. 796 ff.

Riedel, Eibe: Zur Durchsetzung wirtschaftlicher, sozialer und kultureller Rechte im Völkerrecht, in: Giegerich, Thomas/Zimmermann, Andreas (Hrsg.), Wirtschaftliche, soziale und kulturelle Rechte im globalen Zeitalter, Berlin 2008, S. 71 ff., [zitiert: *Riedel*, in: Giegerich/Zimmermann, Recht im globalen Zeitalter]

Riegel, Reinhard: Überlegungen zum Arbeitnehmerbegriff und zum Streikrecht nach internationalem und europäischem Gemeinschaftsrecht, ZTR 1993, S. 223 ff.

Rolfs, Christian/Giesen, Richard/Kreikebohm, Ralf/Udsching, Peter: Beck´scher Online-Kommentar Arbeitsrecht, Edition 22, München 2011, [zitiert BeckOK ArbR/*Bearbeiter*]

Ronellenfitsch, Michael: Daseinsvorsorge als Rechtsbegriff, Aktuelle Entwicklungen im nationalen und europäischen Recht, in: Blümel, Willi (Hrsg.), Ernst Forsthoff: Kolloquium aus Anlaß des 100. Geburtstags vom Prof. Dr. Dr. h.c. Ernst Forsthoff, Berlin 2003, S. 53 ff., [zitiert: *Ronellenfitsch*, in: Blümel, Daseinsvorsorge als Rechtsbegriff]

–: Daseinsvorsorge und Wirtschaftlichkeit des Eisenbahnwesens, DVBl. 2008, S. 201 ff.

Rüfner, Wolfgang: Zur Gemeinwohlbindung der Tarifvertragsparteien, RdA 1985, S. 191 ff.

Rüthers, Bernd: Streik und Verfassung, Köln 1960, [zitiert: *Rüthers*, Verfassung]

–: Flächendeckende Streiks – wem wir sie zu verdanken haben, Gastbeitrag, FAZ 12.11.2014, http://www.faz.net/aktuell/politik/staat-und-recht/gastbeitrag-flaechendeckende-streiks-wem-wir-sie-zu-verdanken-haben-13262727.html (Stand: 18.04.2016)

Rudkowski, Lena: Der Streik in der Daseinsvorsorge, München 2010, [zitiert: *Rudkowski*, Daseinsvorsorge]

–: Eine „scharfe Waffe" wohl gebrauchen: Der Professorenentwurf zur Regelung des Arbeitskampfs in der Daseinsvorsorge, ZfA 2012, S. 467 ff.

Sachs, Michael: Die Grundrechte im Grundgesetz und in den Landesverfassungen – Zur Voraussetzung des Normenwiderspruchs im Bereich der Art. 31 und 142 GG –, DÖV 1985, S. 469 ff.

–: Grundgesetz, Kommentar, 7. Auflage, München 2014, [zitiert: Sachs/*Verfasser*]

Säcker, Franz Jürgen: Grundprobleme der kollektiven Koalitionsfreiheit, Rechtsquellen- und interpretationstheoretische Bemerkungen zur legislativen und judikativen Konkretisierung des Art. 9 Abs. 3 GG, Düsseldorf 1969, [zitiert: *Säcker*, Grundprobleme]

Säcker, Franz Jürgen/Rixecker, Roland: Münchner Kommentar zum Bürgerlichen Gesetzbuch, 5. Auflage, München 2009, [zitiert: MünchKomm BGB/*Bearbeiter*]

Sagan, Adam: Das Gemeinschaftsgrundrecht auf Kollektivmaßnahmen – Eine dogmatische Analyse des Art. 28 der Europäischen Grundrechtecharta, Berlin 2008, [zitiert: *Sagan*, Art. 28 Europäische Grundrechtecharta]

Sandmann, Tina: Kommunale Unternehmen im Spannungsfeld von Daseinsvorsorge und europäischem Wettbewerbsrecht, Frankfurt am Main u. a. 2005, [zitiert: *Sandmann*, Kommunale Unternehmen]

Schaub, Günter (Begr.)/Koch, Ulrich u. a. (Bearb.): Arbeitsrechtshandbuch, Systematische Darstellung und Nachschlagewerk für die Praxis, 16. Auflage, München 2015, [zitiert: SchaubArbRHdb/*Bearbeiter*]

Scheidemann, Dieter: Der Begriff Daseinsvorsorge, Ursprung, Funktion und Wandel der Konzeption Ernst Forsthoffs, Göttingen 1991, [zitiert: *Scheidemann*, Begriff]

Scherer, Inge: Grenzen des Streikrechts in den Arbeitsbereichen der Daseinsvorsorge, Schutz der Bürger vor gezielter Schädigung durch Streiks. Berlin 2000, [zitiert: *Scherer*, Grenzen]

Schink, Alexander: Kommunale Daseinsvorsorge in Europa, DVBl. 2005, S. 861 ff.

Schinkel, Manfred-Carl: Arbeitskampfrecht im öffentlichen Dienst, ZBR 1974, S. 282 ff.

Schlachter, Monika: Beamtenstreik im Mehrebenensystem, RdA 2011, S. 341 ff.

Schmid, Hans Dieter: Arbeitskampf und Notstand aus der Sicht des Art. 9 Abs. 3 S. 3 GG, Berlin 1972, [zitiert: *Schmid*, Notstand]

Schmidt, Johannes: Die Grundsätze im Sinne der EU-Grundrechtecharta, Tübingen 2010, [zitiert: *Schmidt*, EU-Grundrechtecharta]

Schmidt-Aßmann, Eberhard/Schoch, Friedrich: Besonders Verwaltungsrecht, 14 Auflage, Berlin 2008, [zitiert: *Schmidt-Aßmann/Schoch*, Verwaltungsrecht]

Schnapp, Friedrich E.: Beamtenstreik – Eine Zwischenbilanz, DöV 1973, S. 32 ff.

Schneiders, Benedikt: Die Grundrechte der EU und die EMRK, Das Verhältnis zwischen ungeschriebenen Grundrechten, Grundrechtscharta und Europäischer Menschenrechtskonvention, 1. Auflage, Baden-Baden, 2010, [zitiert: *Schneiders*, Grundrecht der EU]

Schneider, Egbert: Die Vereinbarkeit des deutschen Arbeitsrechts mit den Übereinkommen Nr. 87 und 98 der Internationalen Arbeitsorganisation, Berlin 1998, [zitiert: *Schneider*, Vereinbarkeit]

Schneider, Hans-Peter: Beamte im Streikeinsatz?, RdA 1982, S. 104 ff.

Schneiderhan, Volker: Daseinsvorsorge und Vergaberecht, Darstellung eines Spannungsverhältnisses unter besonderer Berücksichtigung des Öffentlichen Personennahverkehrs, Berlin 2012, [zitiert: *Schneiderhan*, Vergaberecht]

Schoch, Friedrich: Gewährleistungsverwaltung: Stärkung der Privatrechtsgesellschaft?, NVwZ 2008, S. 241 ff.

Scholz, Rupert: Koalitionsfreiheit als Verfassungsproblem, München 1971, [zitiert: *Scholz*, Koalitionsfreiheit]

–: Grundgesetzliche Arbeitsverfassung – Grundlagen und Herausforderung, DB 1987, S. 1192 ff.

Schroeder, Werner: Grundkurs Europarecht, 4. Auflage, München 2015, [zitiert: Schroeder/*Verfasser*, Europarecht]

Schröder, Hartwig: Ist ein funktional differenziertes Streikrecht für Beamte iSv. Art. 11 EMRK mit dem Grundgesetz vereinbar?, AuR 2013, S. 280 ff.

Schubert, Claudia: Das Streikverbot für Beamte und das Streikrecht aus Art. 11 EMRK im Konflikt, AöR 2012, S. 92 ff.

Schubert, Jens: Der Vorschlag der EU-Kommission für eine Monti-II-Verordnung – eine kritische Analyse unter Einbeziehung der Überlegungen zu der Enforcement-Richtlinie, Saarbrücken 2012, [zitiert: *Schubert*, Monti-II-Verordnung]

–: Beamte, Kirchen und Daseinsvorsorge – arbeitskampffreie Zonen?, Eine Thesenschrift, AuR 2014, S. 176 ff.

Schuh, Claudia: Streik und Aussperrung, Vergleichende Bestandsaufnahme und Kritik, Augsburg 2003, [zitiert: *Schuh*, Streik]

Schuhmacher, Armin: Es geht ums ganze Streikrecht, ILO-Konventionen unter Beschuss, express, Zeitung für sozialistische Betriebs- und Gewerkschaftsarbeit, 12/2014, S. 1 ff.

Schuppert, Folke Gunnar: Das beamtenrechtliche Streikverbot auf dem Prüfstand – Verfassungsrechtliches Gutachten für die Hans Böckler Stiftung, Februar 2014, [*Schuppert*, Gutachten Hans Böckler Stiftung 2014]

Schwarze, Jürgen u. a. (Hrsg.): EU-Kommentar, 3. Auflage, Baden-Baden 2012, [zitiert: Schwarze/*Verfasser*, EU-Kommentar, Gesetz]

Schwarze, Roland: Zur arbeitskampfrechtlichen Zulässigkeit der Streikbruchprämie, RdA 1993, S. 264 ff.

Schwittau, Georgij Georgievič: Die Formen des wirtschaftlichen Arbeitskampfes, (Streik, Boykott, Aussperrung usw.), eine volkswirtschaftliche Untersuchung auf dem Gebiet der gegenwärtigen Arbeitspolitik, Berlin 1912, [zitiert: *Schwittau*, Formen des wirtschaftlichen Arbeitskampfes]

Seibert-Fohr, Anja: Neue internationale Anforderungen an die Überführung von Menschenrechtsabkommen in nationales Recht – Das Verhältnis des Internationalen Pakts über bürgerliche und politische Rechte zu nationalem Recht, ZaöRV 2002, S. 391 ff.

Seifert, Achim: Recht der Kollektivverhandlungen und Streikrecht für Beamte – Anmerkung zur neuen Rechtsprechung des EGMR zur Vereinigungsfreiheit – , KritV 2009, S. 357 ff.

–: Die Bedeutung von EMRK und GRCh für das deutsche kollektive Arbeitsrecht, EuZA, S. 205 ff.

–: Die Auslegung von Übereinkommen der Internationalen Arbeitsorganisation – zur aktuellen Auseinandersetzung in der IAO um das Streikrecht, in: Freiheit – Gerechtigkeit – Sozial(es) Recht, Festschrift für Eberhard Eichenhofer, Baden-Baden 2015, [zitiert: *Seifert*, FS Eichenhofer]

Seiter, Hugo: Streikrecht und Aussperrungsrecht, Ein Arbeitskampfrechtssystem auf der Grundlage subjektiv-privater Kampfrecht, Tübingen 1975, [zitiert: *Seiter*, Streikrecht]

–: Die neue Aussperrungsrechtsprechung des Bundesarbeitsgerichts, RdA 1981, S. 65 ff.

Sengenberger, Werner: Für konstruktiven Wettbewerb – Zur Rolle internationaler Arbeitsstandards in der Weltwirtschaft, in: Bundesministerium für Arbeit und Sozialordnung u. a. (Hrsg.), Weltfriede durch soziale Gerechtigkeit, 75 Jahre Internationale Arbeitsorganisation, 1. Auflage, Baden-Baden 1994, S. 55 ff., [zitiert: *Sengenberger*, in: 75 Jahre IAO]

Simon, Sven: Liberalisierung von Dienstleistungen der Daseinsvorsorge im WTO- und EU-Recht, Tübingen 2009, [zitiert: *Simon*, Liberalisierung]

Sinzheimer, Hugo: Grundzüge des Arbeitsrechts. 2. Auflage, Jena 1927, [*Sinzheimer*, Arbeitsrecht]

Sodan, Helge: Verfassungsrechtliche Grenzen der Tarifautonomie, JZ 1998, S. 421 ff.

Söllner, Alfred/Waltermann, Raimund: Arbeitsrecht. 15. Auflage, München 2009, [zitiert: *Söllner/Waltermann*, Arbeitsrecht]

Sonntag, Arnold W./Hoffmann, Christof: Streikrecht für Beamten? – OVG Münster räumt Irritation aus, RiA 2012, S. 137 ff.

Staudinger, Julius von (Begr.): Kommentar zum Bürgerlichen Gesetzbuch mit Einführungsgesetzen und Nebengesetzen BGB, Buch 2: Schuldrecht, §§ 611–613 (Dienstvertragsrecht 1), Neubearbeitung 2011, [zitiert: StaudingerBGB/*Bearbeiter*]

Stegmüller, Martin: Einschränkungen des Streikrechts in Betrieben der Daseinsvorsorge, Varianten einer denkbaren gesetzlichen Normierung, NZA 2015, S. 723 ff.

Steinau-Steinbrück, Robert/Sura, Stephan: (Noch) kein Streikrecht für Beamte – Der öffentliche Dienst im Spannungsfeld zwischen Verfassung und EMRK, NZA 2014, S. 580 ff.

Stern, Klaus: Das Staatsrecht der Bundesrepublik Deutschland, Band 1, Grundbegriffe und Grundlagen des Staatsrechts, Strukturprinzipien der Verfassung, 2. Auflage, München 1984, [zitiert: *Stern*, Staatsrecht – I]

Stoermer, Siegfried: Die rechtlichen Grundlagen der Zweispurigkeit des öffentlichen Dienstes, PersV 1997, S. 4 ff.

Studienkommission für die Reform des öffentlichen Dienstes: Bericht der Kommission, Bonn 1973, [zitiert: *Studienkommission*, Bericht]

Summer, Rudolf: Die hergebrachten Grundsätze des Berufsbeamtentums – ein Torso, ZBR 1992, S. 1 ff.

Swiatkwoski, Andrzej Marian: Charter of Social Rights of the Council of Europe, Alphen a. d. Rijn 2007, [zitiert: Swiatkwoski, Charter of Social Rights]

Thieme, Werner: Der öffentliche Dienst in der Verfassungsordnung des Grundgesetzes, Göttingen 1961, [zitiert: *Thieme*, Verfassungsordnung]

Thüsing, Gregor: Tarifautonomie und Gemeinwohl, in: Oetker, Hartmut/Preis, Ulrich/Rieble, Volker (Hrsg.), 50 Jahre Bundesarbeitsgericht, München 2004, S. 889 ff., [zitiert: *Thüsing*, in: FS 50 Jahre BAG]

Thüsing, Gregor/Traut, Johannes: Zur begrenzten Reichweite der Koalitionsfreiheit im Unionsrecht, RdA 2012, S. 65 ff.

Tjarks, Eric: Zur Bedeutung der Grundrechte – Materielle und prozessuale Probleme der Grundrechte in den deutschen Landesverfassungen, Studien und Materialien zur Verfassungsgerichtsbarkeit, Band 79, 1. Auflage, Baden-Baden 1999, [zitiert: *Tjarks*, Landesgrundrechte]

Traulsen, Christian: Das Beamtenstreikverbot zwischen Menschenrechtskonvention und Grundgesetz, JZ 2013, S. 65 ff.

Treber, Jürgen: Aktiv produktionsbehindernde Maßnahmen, Zur Zulässigkeit von Betriebsbesetzungen und Betriebsblockaden unter Berücksichtigung des Funktionszusammenhangs von Privatautonomie, Tarifautonomie und Arbeitskampfrecht, Schriften zum Sozial- und Arbeitsrecht Band 146, Berlin 1996, [zitiert: *Treber*, Maßnahmen]

Ule, Carl Hermann: Rechtsgutachten, in: Studienkommission für die Reform des öffentlichen Dienstrechts (Hrsg.), Verfassungsrechtliche Grenzen einer Reform des öffentlichen Dienstrechts, Band 5, Baden Baden 1973, S. 441 ff., [zitiert: *Ule*, in: Studienkommission, Grenzen einer Reform des öffentlichen Dienstrechts]

Umbach, Dieter: Der beamtenrechtliche Beteiligungsanspruch und seine Entwertung durch die verwaltungsgerichtliche Rechtsprechung, ZBR 1998, S. 8 ff.

Wacke, Andreas: Die europäischen Rechtswörter für den Arbeitskampf, RdA 1992, S. 34 ff.

Wacke, Gerhard: Grundlagen des Öffentlichen Dienstrechts, Verfassungsrechtlicher Stand und Lösung vom Arbeitsrecht, Tübingen 1957, [zitiert: *Wacke*, Grundlagen]

Wagner, Niklas Dominik: Internationaler Schutz sozialer Rechte, Die Kontrolltätigkeit des Sachverständigenausschusses der IAO, Konstanz 2001, [*Wagner*, Internationaler Schutz]

Waltermann, Raimund: Entwicklungslinien der Tarifautonomie, RdA 2014, S. 86 ff.

Wank, Rolf: Aktuelle Probleme des Arbeitskampfrechts, Unterstützungsstreik, Streik um Tarifsozialplan, Schadensersatz und einstweilige Verfügung, RdA 2009, S. 1ff.

Warneck, Wiebke (Bearb.)/ETUI-REHS (Hrsg.): Streikregeln in der EU27 und darüber hinaus, ein vergleichender Überblick, Brüssel 2008, [zitiert: *Warneck*, Streikregeln in der EU27]

Weber, Werner: Das Streikrecht der Beamten, in: Leisner, Walter (Hrsg.), Das Berufsbeamtentum im demokratischen Staat, Beiträge zum Dienstrecht und zur Dienstrechtsreform, Berlin 1975, S. 199ff., [zitiert: *Weber*, in: Leisner, Berufsbeamtenrum]

–: Die Rechtsstellung der Dienstordnungsangestellten der Sozialversicherungsträger, ZBR 1955, S. 129ff.

Weiss, Manfred/Seifert, Achim: Der Streik im Recht der Internationalen Arbeitsorganisation, in: Thomas Dieterich u. a. (Hrsg.), Individuelle und kollektive Freiheit im Arbeitsrecht: Gedächtnisschrift für Ullrich Zachert, 1. Auflage, Baden-Baden 2010, S. 130ff., [zitiert: *Weiss/Seifert*, GS Zachert]

Weiß, Wolfgang: Grundrechtsquellen im Verfassungsvertrag, ZEuS 2005, S. 323ff.

Werres, Stefan: Beamtenverfassungsrecht, Systematische Darstellung des Berufsbeamtentums auf Grundlage der verfassungsrechtlichen Vorschriften, Heidelberg u. a. 2011, [zitiert: *Werres*, Beamtenverfassungsrecht]

Wesch, Martin: Neue Arbeitskampfmittel am Beispiel von Betriebsbesetzung und Betriebsblockanden, Tübingen 1993, [zitiert: *Wesch*, Arbeitskampfmittel]

Westpfahl, Manfred: Streikrecht der Beamten?, ZBR 1970, S. 4ff.

Widmaier, Ulrich: Zur Bedeutung der EMRK – insbesondere aus der Sicht der Rechtsprechung des EGMR zu öffentlichen Bediensteten, ZBR 2002, S. 244ff.

Widmaier, Ulrich/Alber, Siegbert: Menschenrecht auf Streik auch für deutsche Beamte?, ZEuS 2012, S. 387ff.

Winkelmann, Martin: Das Verhältnis der religionsrechtlichen Bestimmungen der nordrhein-westfälischen Landesverfassung zu den Regelungen des Grundgesetzes, DVBl. 1991, S. 791ff.

Wisskirchen, Alfred: Die normsetzende und normüberwachende Tätigkeit der Internationalen Arbeitsorganisation (IAO), Rechtsfragen und praktische Erfahrungen, ZfA 2003, S. 691ff.

Witter, Jan Michael: Europarechtliche Aspekte des Streikrechts, Hamburg 2008, [*Witter*, Europarechtliche Aspekte]

Wohlgemuth, Hans H.: Die Zulässigkeit beamtenrechtlicher Vereinbarungen als Verfassungsproblem, PersR 1992, S. 81ff.

Wollenschläger, Michael: Das Streikrecht im öffentlichen Dienst in der BRD, ZAS 1979, S. 87ff.

Ziebarth, Wolfgang: Ein Plädoyer für rein „monetäre Arbeitskämpfe“ im Bereich der Daseinsvorsorge, ArbRAktuell 2015, S. 122

Zöller, Wolfgang/Loritz, Karl-Georg/Hergenröder, Curt Wolfgang: Arbeitsrecht, Ein Studienbuch, 6. Auflage, München 2008 [zitiert: *Zöller/Loritz/Hergenröder,* Arbeitsrecht]

Zuleeg, Manfred: Die innerstaatliche Anwendbarkeit völkerrechtlicher Verträge am Beispiel des GATT und der Europäischen Sozialcharta, ZaöRV, Band 35, 1975, S. 341 ff.

Studien zum Arbeitsrecht und zur Arbeitsrechtsvergleichung

Herausgegeben von Manfred Weiss, Bernd Waas und Spiros Simitis

Band 1 Sebastian Fritzsche: Die Vereinbarkeit des Arbeitnehmer-Entsendegesetzes sowie der erfassten Tarifverträge mit höherrangigem Recht. 2001.

Band 2 Arnd Hermann: Outplacement. Eine Untersuchung der individualvertraglichen Gestaltung und kollektivarbeitsrechtlichen Aspekte eines neuen Instruments des Personalabbaus. 2001.

Band 3 Christoph Schmid: Das Personalrecht der Europäischen Zentralbank. Grundlagen und Grenzen der rechtlichen Bindungen der Europäischen Zentralbank unter besonderer Berücksichtigung der Bereiche Arbeitnehmervertretung, Kündigungsschutz und Datenschutz. 2002.

Band 4 Charis Chaldoupis: Auswirkungen neuer Technologien auf die Tarifautonomie. Funktionsfähigkeit und Legitimität qualitativer Tarifpolitik anhand der Rationalisierungsentwicklungen im industriellen Produktionsbereich. 2003.

Band 5 Robert Kretzschmar: Die Rolle der Koalitionsfreiheit für Beschäftigungsverhältnisse jenseits des Arbeitnehmerbegriffs. Zur Abgrenzung abhängiger von selbständiger Beschäftigung und zur Eröffnung kollektiver Handlungsformen für selbständig Beschäftigte durch Art. 9 Abs. 3 GG. 2003.

Band 6 Thilo Mahnhold: Compliance und Arbeitsrecht. Insiderrechtliche Verhaltenskonzepte im nationalen und multinationalen Unternehmen. 2004.

Band 7 Nicole Löblich: Transformation des kollektiven Arbeitsrechts in der Tschechischen Republik. 2004.

Band 8 Lena Huth: Voraussetzungen und Grenzen nachträglicher Sozialplanänderungen. 2004.

Band 9 Nisha Biswas: Vertrauensarbeitszeit und Arbeitszeitfreiheit im arbeitszeitrechtlichen und betriebsverfassungsrechtlichen Kontext. 2004.

Band 10 Dirk Schäfer: Der europäische Rahmen für Arbeitnehmermitwirkung. 2005.

Band 11 Jochen A. Keilich: Die Auswirkungen der Grundrechte / Menschenrechte für das Arbeitsrecht in Deutschland und England. 2004.

Band 12 Boris Kaehler: Rechtsprobleme betrieblicher Personalauswahl. Die Zulässigkeit eignungsdiagnostischer Maßnahmen im arbeitsvertraglichen Anbahnungsverhältnis. 2005.

Band 13 Natascha Ahmad: Rechtsschutz für und durch Gewerkschaften bei tarifwidrigem Arbeitgeberverhalten in Deutschland und Frankreich. 2005.

Band 14 Volker Güntzel: Die Richtlinie über die Arbeitnehmerbeteiligung in der Europäischen Aktiengesellschaft (SE) und ihre Umsetzung in das deutsche Recht. 2006.

Band 15 Peter Gumnior: Die Rechtmäßigkeit des Sympathiestreiks. 2007.

Band 16 Elena Benz: Auf dem Weg zum lebenslangen Lernen? Die Berufsbildungspolitik der Europäischen Union und die tatsächliche und rechtliche Situation der beruflichen Weiterbildung in der Bundesrepublik Deutschland. 2007.

Band 17 Cessy Kühl: Flexibilisierung von Arbeitsbedingungen. Vergleich ausgewählter arbeitsrechtlicher Gestaltungsmittel zwischen dem deutschen und dem tschechischen Individualarbeitsrecht. 2007.

Band 18 Carolin Siegrist: Einschränkung der unternehmerischen Entscheidungsfreiheit durch Arbeitnehmervertreter im deutsch-amerikanischen Vergleich. 2008.

Band 19 Ingebjörg Darsow-Faller: Kündigungsschutz in Deutschland und Spanien. Eine rechtsvergleichende Untersuchung mit besonderer Beachtung der Beendigung des Arbeitsverhältnisses gegen Abfindung. 2008.

Band 20 Enrico Iannone: Die Kodifizierung des Arbeitsvertragsrechts - ein Jahrhundertprojekt ohne Erfolgsaussicht? Eine Untersuchung vorangegangener Bemühungen um ein Arbeitsvertragsgesetz und Analyse möglicher Erfolgsaussichten des Reformprojekts. 2009

Band 21 Max Sleik: Arbeitnehmerbeteiligung in Deutschland und in Schweden. 2011.

Band 22 Christoph Gyo: Diskriminierung aufgrund der Religion im deutschen und französischen Arbeitsrecht. Völker-, europarechtliche und nationale Regelungen.

Band 23 Martina Büter: Die Befristung von Arbeitsverhältnissen in Deutschland und Frankreich. Eine rechtsvergleichende Untersuchung. 2013.

Band 24 Andreas Hofelich: Von der Bereichsausnahme zur Bereichseinschränkung. Grundfragen der dogmatischen Integration des Individualarbeitsrechts in das Recht der Allgemeinen Geschäftsbedingungen. 2013.

Band 25 Elena Heimann: Substantielle Vereinbarungen Europäischer Betriebsräte: Praxis und Recht. 2014.

Band 26 Mathias Kaufmann: Schadensersatz und Entschädigung in Folge von Diskriminierung im deutschen und englischen Arbeitsrecht. Eine rechtsvergleichende Studie unter Berücksichtigung des Europarechts. 2014.

Band 27 Elisa Theresa Hauch: International Framework Agreements. Hintergrund, Rechtsnatur und Justiziabilität. 2015.

Band 28 Christoph Löbig: Einstweilige Verfügungen und neue Arbeitskampfwirklichkeit. 2015.

Band 29 Willem Schulte: Vereinbarungen über die Arbeitnehmermitwirkung nach dem Recht der Europäischen Union. Strukturprinzipien eines neuen Kollektivvertragstypus. 2016.

Band 30 Sebastian Schulte: Die Möglichkeit transnationaler Tarifverträge in Europa anhand eines Vergleichs des britischen und deutschen Tarifvertragsrechts. 2016.

Band 31 Christin Mett: Das Streikrecht im öffentlichen Dienst. Eine arbeitsvölkerrechtliche Untersuchung. 2017.

www.peterlang.com

www.ingramcontent.com/pod-product-compliance
Ingram Content Group UK Ltd.
Pitfield, Milton Keynes, MK11 3LW, UK
UKHW021836290926
8980IPUK00004B/499

9 783631 717684